Gangkou Weixian Huowu Zuoye Anquan Jichu Zhishi Jiaocheng

港口危险货物作业安全基础知识教程

江苏省交通运输厅港口局　主编

人民交通出版社

内 容 提 要

随着港口生产建设的快速发展，在港劳务人员数量逐年递增，已经成为港口生产建设的一支不可或缺的重要力量。对从业人员培训工作的需求愈来愈迫切，这方面的专门培训教材较少，本书为江苏省交通运输厅港口局组织编写，专门针对港口危货作业人员进行职业培训的教材。本书共分十一章，包括相关国际公约、规章、国内法律、法规和标准规范、危险货物基础知识、散装液体港口危险货物作业、危险货物集装箱港口作业、包装(件)、固体散装港口危险货物作业、石油化工码头及库区安全设施配备、港口危险货物重大危险源管理、港口危险货物事故应急救援、港口危险货物作业职业卫生、石油化工码头企业安全生产标准化、事故案例及原因分析。基本覆盖了目前港口作业中危险货物的管理和处置。

本书为行业培训教材，可作为相关专业培训用书，也可供从业人员、管理人员日常参考学习使用。

图书在版编目(CIP)数据

港口危险货物作业安全基础知识教程 / 江苏省交通运输厅港口局主编. -- 北京：人民交通出版社，2013.5

ISBN 978-7-114-10583-8

Ⅰ. ①港… Ⅱ. ①江… Ⅲ. ①港口－危险物品管理－基础知识 Ⅳ. ①U691

中国版本图书馆 CIP 数据核字(2013)第 086571 号

书　　名：**港口危险货物作业安全基础知识教程**
著 作 者：江苏省交通运输厅港口局
责任编辑：刘　君　杨　川
出版发行：人民交通出版社
地　　址：(100011)北京市朝阳区安定门外外馆斜街 3 号
网　　址：http://www.ccpress.com.cn
销售电话：(010)59757973
总 经 销：人民交通出版社发行部
经　　销：各地新华书店
印　　刷：北京鑫正大印刷有限公司
开　　本：787×1092　1/16
印　　张：25.5
字　　数：653 千
版　　次：2013 年 5 月　第 1 版
印　　次：2013 年 5 月　第 1 次印刷
书　　号：ISBN 978-7-114-10583-8
定　　价：80.00 元

《港口危险货物作业安全基础知识教程》

编　委　会

主　　编：司马华炜

副 主 编：谭瑞兵　李吉平　顾忠芹

主要编写人员：朱家宝　赵秉源　郁志祥　孙国庆　潘　雄
谢天生　屠跃清　刘圣勇　马　健　彭天华
费　斌　秦珊珊　高　峰　宋晓伟　林胜军
陈杏华　葛　毅　沈理君　应后强　殷鑫奋
刘志刚　蔡　靖

审　　稿：钱满清　李佃双　李立峰　季剑斌　邹隆涛
何　宇　黄春曦

前 言

港口是交通运输的枢纽和对外开放的窗口，在促进国际贸易和地区经济发展中发挥着重要的作用。港口又好又快发展的前提是安全与稳定，加强港口的安全管理，维护安全形势的持续稳定，对现代化港口建设具有重要的意义。

港口安全的重中之重是港口危险货物作业安全。新颁布的《危险化学品安全管理条例》、《港口危险货物安全管理规定》对港口危险货物装卸、储存及储运设施建设、经营、生产作出了明确的法律规定。就江苏省的港口来说，全省80%的石化原材料和产品经港口装卸、储存、分拨，万吨级以上的石油化工码头泊位有90多个，港区内危险货物储罐达3600多个，年危险货物吞吐量近1亿吨，港口危险货物安全管理任务十分艰巨。一旦港口危险货物发生安全事故，极易产生火灾、爆炸，造成重大人员伤亡和环境污染，也极易在政治和经济上造成严重社会影响，因此，有效保障港口危险货物安全生产十分重要。

做好安全工作的关键是提高从业人员的素质。近期，国务院安委会印发了《关于进一步加强安全培训工作的决定》，要求重视安全培训，编写针对性、实效性强的培训教材，重点对危险化学品从业人员进行培训教育。为加强港口危险货物管理人员和作业人员的培训教育，提高从业人员和监管人员的业务素质。针对目前国内尚无专门的港口危险货物作业安全知识培训教材的情况，江苏省交通运输厅港口局组织了有关专家和科研单位，共同编写了本教程。本教程内容共十一章，主要包括：第一章相关国际公约、规章、国内法律、法规和标准规范；第二章危险货物基础知识；第三章散装液体港口危险货物作业；第四章危险货物集装箱港口作业；第五章包装（件）、固体散装港口危险货物作业；第六章石油化工码头及库区安全设施配备；第七章港口危险货物重大危险源管理；第八章港口危险货物事故应急救援；第九章港口危险货物作业职业卫生；第十章石油化工码头企业安全生产标准化；第十一章事故案例及原因分析。本教程介绍了危险货物的基础知识，阐述了各种类型的港口危险货物作业安全管理，收录了江苏港口系统在港口安全设施配备、安全生产标准化等方面的最新研究成果，凝聚了港口危险货物作业安全管理专家的实践经验。教程编写力求做到系统性、科学性、可操作性、通俗易懂，希望借此为港口企业和地方港口行政管理部门学习培训提供一本实用的教材。

港口危险货物作业安全管理是一项长期而艰巨的任务，必须引起高度重视，特别要在安全设施、规章制度、人员素质、应急救援等方面下工夫，并在实践中不断总结和提升管理的方法和手段，以全面提升港口危险货物安全管理的水平，保障港口安全形势的稳定，促进港口行业的健康持续发展。

由于编写人员的水平有限，且编写的时间较短，本书难免存在疏漏或不妥之处，敬请读者予以指正。

本书编写组

二〇一三年四月

目　　录

第一章　相关国际公约、规章、国内法律、法规和标准规范

港口危险货物作业是水路危险货物运输的重要环节，在以往的安全管理实践中，许多国家和地区是将港口危险货物作业视为水路危险货物运输的一部分进行安全管理。我国承袭了国际上的一贯做法，因此，国内港口危险货物作业安全管理的要求大部分分散在水路危险货物运输安全管理相关的国际公约、规章，以及国内制定的相关法律、法规和标准规范中。

第一节　有关水路危险货物运输及港口危险货物作业的国际规则和公约

一、综述

随着全球工业化及世界经济的快速发展，大量具有易燃、易爆、毒害、腐蚀性、放射性的危险货物不断问世，水路危险货物运输种类和运输量也随之日益增长。危险货物运输船只在满足工业发展需求的同时，也带来了安全隐患，因此，水路危险货物运输的安全管理变的越发重要。

对水路危险货物运输的管理，最早是采用立法或采取建议措施的方法加以管理，但各个国家和地区的规章和做法均不一致，造成了管理上的困难。1929 年，国际海上人命安全会议认识到对海上运输危险货物进行国际管理的必要性，并建议相关方面的规则应具有国际效力。1948 年，国际海上人命安全会议通过了危险货物分类和有关船舶运输危险货物的一般规定，并建议应作进一步的研究，以便能起草一个国际规则。1956 年，联合国危险货物运输专家委员会向联合国大会递交了一份议案——《关于危险货物运输的建议书》，即"橙皮书"。"橙皮书"对危险货物运输提供了一个最基础的行动框架，在此基础上，相关组织根据运输特点的不同，相应制定了不同运输形式下的危险货物运输规定。

1959 年，国际海事协商组织(IMCO)〔现国际海事组织，简称 IMO〕正式成立，该组织是联合国负责海上航行安全和防止船舶造成海洋污染的一个专门机构，IMCO 于 1965 年颁布的第一部《国际海运危险货物规则》(简称 IMDG CODE 或《国际危规》)，是危险货物运输管理具体到水运领域的国际规则。该规则由 IMO 推荐给各国政府。经过多数海运国家的使用以及相关组织的修订，1982 年《国际海上危险货物运输规则》再版，IMO(第 51 号建议案)建议各国政府以它作为制定本国规章的基础。迄今为止，已有五十多个国家全面接受了该规则，有些国家部分接受，有些国家正在考虑接受。我国在 1973 年就加入了 IMO，自 1982 年 10 月起开始执行《国际海运危险货物规则》。

除《国际海运危险货物规则》之外，IMO 还组织制定了一系列与危险货物运输相关的国际

公约，其中包括著名的《经1978年议定书修订的1973年国际防止船舶造成污染公约》(简称MARPOL 73/78)和《经修正的1974年国际海上人命安全公约》(简称SOLAS公约)，并进行了多次修订。在对上述公约修订的过程中又确定了一些强制性的国际规则，如《国际散装运输危险化学品船舶构造和设备规则》(简称IBC code)、《国际散装运输液化气体船舶构造和设备规则》(简称IGC code)等。2006年11月通过强制实施时间表的《固体散装货物安全操作规则》也将有望成为SOLAS公约项下配套实施的强制性规则。

二、重点国际规则和公约简介

1. 联合国《关于危险货物运输的建议书》

1956年，联合国危险货物运输专家委员会出版了适用于所有运输形式的危险货物运输最低要求的《关于危险货物运输的建议书》，并在历次专家委员会会议上进行修订。

在第十九届会议(1996年12月2日至10日)上，委员会通过了《危险货物运输规章范本》(简称《规章范本》)第一版，并列入《关于危险货物运输的建议书》第十修订版中作为附件。《规章范本》共分7个部分和2个附录：第一部分　总则、定义和培训；第二部分　分类；第三部分　危险货物明细表和限量内免除；第四部分　包装和罐柜规定；第五部分　托运程序；第六部分　容器、中型散装容器、大宗包装、可移动罐柜和公路槽罐车的构造和试验；第七部分　运输作业有关规定；附录A　通用的和未另列明条目的正确运输名称清单；附录B　术语汇编。

截至目前，《规章范本》已经更新至2011年第17版。此外，作为《关于危险货物运输的建议书》及其附件《规章范本》的补充——《试验和标准手册》目前已更新至第5版。

2.《经1978年议定书修订的1973年国际防止船舶造成污染公约》(MARPOL 73/78)

1973年，在伦敦召开的国际海洋污染会议上通过了《1973年国际防止船舶造成污染公约》，是为保护海洋环境缔结的有关防止和限制船舶排放油类和其他有害物质污染海洋方面的安全规定的国际公约。为了执行该公约，1978年在伦敦召开的油船安全和防止污染联席会议(TSPP)上又通过了《关于1973年国际防止船舶造成污染公约的1978年议定书》。

该公约经过多次修正，目前由20个条款、2个议定书和6个附则组成。我国于1983年7月1日加入该公约，该公约于1983年10月2日生效。2011年7月15日，在第MEPC.201(62)号决议上通过了《〈1973年国际防止船舶造成污染公约〉1978年议定书》附则的修正案。

3.《经修正的1974年国际海上人命安全公约》(SOLAS公约)

SOLAS公约是有关海上安全最早的国际公约，第一版是1914年在伦敦召开的一次大会上通过的，该公约的制定是为了保障海上航行船舶上的人命安全，在船舶结构、设备和性能等方面规定了统一标准。经过1929年和1948年两次修正，1959年，IMCO通过了1960年SOLAS。1974年IMCO在1960年SOLAS的基础上组织各缔约国政府议定了1974年SOLAS，并统一原则和有关规定，以增进海上人命安全，因此，该公约虽然历经不断的修正，仍然被称为《1974年国际海上人命安全公约》。

该公约由十三个条款和一个附则组成。我国政府于1979年11月7日加入该公约，该公约于1980年5月25日生效。截至目前，该公约于2011年5月20日通过了最新一次修正，修正案于2013年1月1日起生效。

4.《国际海运危险货物规则》(IMDG CODE)

(1)《国际海运危险货物规则》(IMDG CODE)简介。为保障船舶载运危险货物和人命财产安全,防止事故发生和海洋污染,IMO 与联合国危险货物专家委员会合作制订了《国际海运危险货物规则》(IMDG CODE)。《国际危规》于 1965 年决议通过,其制定原则是除非符合规则的要求,否则禁止装运危险货物。就承运货物而言,《国际危规》针对包装危险货物运输,不适用于散装液态危险货物和船用物料及设备。

《国际危规》是全球海洋运输包装危险货物的指导规则,其统一了危险货物海上运输的惯例与程序,并对《经修正的 1974 年国际海上人命安全公约》和《经 1978 年议定书修正的 1973 年国际防止船舶造成污染公约》附则Ⅲ的强制规定的履行起到了保证作用。

《国际危规》自问世以来一直进行着定期(两年)修正。2000 年出版的《国际危规》第 30 版修正案,将以前的 5 本(4 册正本和 1 个补充本)改为 3 本(2 册正本和 1 个补充本),将原来的 32 开活页形式改为大 16 开合订本形式,版面结构也进行了较大调整,使第 30 版修正案与《联合国关于危险货物运输建议书-规章范本》主要目录基本统一,成为《关于危险货物运输的建议书》制定的危险货物运输基本原则在水运领域的具体化。经第 30 版修正的《国际危规》自 2004 的 1 月 1 日起成为强制性的,有部分内容是建议性的。

《国际危规》(IMDG CODE)的最新版是第 35 版(简称第 35-10 版),于 2011 年 1 月 1 日起自愿实施,有一年过渡期,2012 年 1 月 1 日起强制实施。

(2)《国际海运危险货物规则》(IMDG CODE)的主要内容。《国际危规》从第 30 版到第 35 版,其总体结构没有变化,分成 2 册正本和 1 个补充本。

第 1 册正本的内容有:第 1 部分　总则、定义和培训;第 2 部分　分类;第 3 部分　危险货物一览表和限量内免除;第 4 部分　包装和罐柜规定;第 5 部分　托运程序;第 6 部分　包装、中型散装容器、大宗包装、可移动罐柜、多单元气体容器和公路罐车的构造和试验;第 7 部分　运输作业的有关规定。

第 2 册正本的内容有:附录 A　通用的和未另列明条目的正确运输名称清单;附录 B　术语汇编,危险货物英文索引,危险货物中文索引。

第 3 册是补充本,内容有:船舶载运危险货物应急反应措施(简称 EmS 指南)、危险货物事故医疗急救指南(简称 MFAG)、报告程序、IMO/ILO/UN ECE 货物运输组件装载指南、船舶安全使用杀虫剂建议书、船舶安全使用杀虫剂建议书货舱熏蒸应用、适用于熏蒸货物组件的船舶安全使用杀虫剂建议书、国际船舶安全载运包装辐射核燃料、钚和高强度放射性废弃物规则(简称 INF 规则)。

5.《国际油船和油码头安全指南》(简称 ISGOTT)

《国际油船和油码头安全指南》是国际航运公会(ICS)、石油公司国际海事论坛(OCIMF)以及国际港口协会等国际组织(IAPH),在分析多年来石油储运过程中发生火灾、爆炸等事故原因的基础上,参照国际海事组织的有关标准撰写的一部安全技术规范及安全操作规范。

《国际油船和油码头安全指南》(以下简称《指南》)目前已更新到第 5 版,其在我国是强制适用的。《中华人民共和国海事局船舶载运散装油类安全与防污染监督管理办法》第十三条规定:"油船、油码头和装卸设施及其所有人、经营人均应配备《指南》,所有有关人员均应熟悉和掌握《指南》的全部内容。在油船、油码头和装卸设施所有生产、运输的各个环节中均应遵守《指南》和有关规定中所提出的安全技术要求。"

第二节 国内对于水路危险货物运输及港口危险货物作业的相关要求

一、综述

我国是一个海运大国,船舶危险货物运箱量目前已有大幅度的增长,为了有效地防止危险货物对人员造成伤亡和财产损毁,保证安全运输,近年来,我国对危险货物的运输管理工作日益重视,通过一系列的立法确定了相关管理要求。我国水路危险货物运输管理的立法主要包括法律、行政法规和行政规章几个层面的内容。

在法律层面上,2002 年 11 月 1 日起实施的《中华人民共和国安全生产法》是普通法,是各类生产经营单位及其从业人员实现安全生产所必须遵循的行为准则,其确定的安全生产领域基本的方针原则、法律制度和新的法律规定是具体行业的特殊法无法确定并且没有规定的。1984 年 1 月 1 日起实施的《中华人民共和国海上交通安全法》和 2004 年 1 月 1 日起实施的《中华人民共和国港口法》是水路运输方面的两个特殊法,分别从海上运输及港口作业两个方面对危险货物的水路运输管理作出了具体规定。

在行政法规方面,我国早在 1987 年 1 月 1 日就实施了《中华人民共和国内河交通安全管理条例》,对在内河从事危险货物运输的船舶及从事危险货物装卸、过驳和载运的港口提出了要求。2011 年 12 月 1 日起施行的《危险化学品安全管理条例》规定了危险化学品港口管理的相关事宜,正式将危险化学品港口管理权限划分到港口行政管理部门。2013 年 1 月 1 日起实施的《国内水路运输管理条例》替代了 1987 年 5 月 12 日国务院发布的《中华人民共和国水路运输管理条例》,其中增加了危险货物水路运输配载和运输方面的要求。此外,我国对于烟花爆竹、民用爆炸品、放射性物品等具有特殊性的危险货物制定了专门的行政法规。

国内水路危险货物运输相关的行政规章主要由原交通部发布。原交通部最早于 1954 年就制定了《船舶装运危险品暂行规则》,1959 年和 1962 年经两次修改,更名为《水上危险货物运输规则》,经国务院批准于 1962 年 3 月 16 日颁布实施。20 世纪 70 年代初,原交通部和铁道部合并共同制定了《危险货物运输规则》,于 1972 年 1 月 1 日起实施。1996 年 11 月 4 日以交通部 1996 年第 10 号令形式颁布的《水路危险货物运输规则—第一部分:包装危险货物运输规则》吸取了国际危险货物水运管理的经验,并结合了我国实际情况,是目前规范国内水路危险货物运输最主要的行政规章。此外,原交通部还颁布了《港口货物作业规则》、《港口危险货物管理规定》等一系列规定,细化了港口危险货物作业的要求。

二、重点法律、法规简介

1.《中华人民共和国安全生产法》(简称《安全生产法》)

《安全生产法》于 2002 年 6 月 29 日第九届全国人民代表大会常务委员会第二十八次会议通过,中华人民共和国第 70 号主席令公布,2002 年 11 月 1 日正式实施。

该法共七章,包括:总则;生产经营单位的安全生产保障;从业人员的权利和义务;安全生产的监督管理;生产安全事故的应急救援与调查处理;法律责任;附则。

该法以加强安全生产监督管理,防止和减少生产安全事故,保障人民群众生命和财产安全,促进经济发展为目的,以规范生产经营单位的安全生产为重点,以确认从业人员安全生产基本权利和义务为基础，以强化安全生产监督执法为手段，坚持安全第一、预防为主的方针，确立了安全生产的基本法律制度，明确了安全生产法律责任。它是我国第一部安全生产基本法律，是各类生产经营单位及其从业人员实现安全生产所必须遵循的行为准则，是各级人民政府和各有关部门进行监督管理和行政执法的法律依据，是制裁各种安全生产违法犯罪行为的法律武器。

2.《中华人民共和国港口法》（简称《港口法》）

《港口法》于2003年6月28日第十届全国人民代表大会常务委员会第三次会议通过，中华人民共和国第5号主席令公布，2004年1月1日正式实施。

该法共六章，包括：总则；港口规划与建设；港口经营；港口安全与监督管理；法律责任；附则。

该法以加强港口管理，维护港口的安全与经营秩序，保护当事人的合法权益，促进港口的建设与发展为目的，规定了相关管理部门在港口安全管理方面的职责和义务，明确规定由港口管理部门负责港口的危险货物安全管理。

该法第13、17、33、34、35条均涉及港口危险货物作业的相关事宜。

第13条规定："港口经营人应当依法制定本单位的危险货物事故应急预案。"

第17条规定："港口危险货物作业场所应符合港口总体规划和国家有关安全生产、消防、检验检疫和环境保护的要求，其与人口密集区客运设施的距离应当符合国务院的有关部门的规定，依法办理有关手续，并经港口行政管理部门批准后方可建设。"

第33条规定："港口行政管理部门应当依法制定可能危及社会公共利益的港口危险货物事故应急预案。"

第34条规定："船舶载运危险货物进出港口，应当按照国务院交通主管部门的规定将危险货物的名称、特性、包装和进出港口的时间报告海事管理机构。海事管理机构接到报告后，应当在国务院交通主管部门规定的时间内作出是否同意的决定，通知报告人，并报港口行政管理部门。但是定船舶、定航线、定货种的船舶可以定期报告。"

第35条规定："在港口内进行危险货物的装卸、过驳作业，应按照国务院交通主管部门的规定将危险货物的名称、特性、包装和作业时间、地点报告港口行政管理部门，由该部门在规定的时间作出是否同意的决定，通知报告人，并通报海事管理机构。"

3.《危险化学品安全管理条例》

《化学危险物品安全管理条例》首次由国务院于1987年2月17日发布并在发布之日实施。该条例经2002年1月9日国务院第52次常务会议修订后更名为《危险化学品安全管理条例》，以国务院第344号令发布，于2002年3月15日起施行，原条例同时废止。后又经2011年2月16日国务院第144次常务会议修订通过，国务院第591号令发布，自2011年12月1日起施行。

该条例第12、22、25、33、60条对港口危险化学品管理作出了相关规定。

第12条规定："新建、改建、扩建储存、装卸危险化学品的港口建设项目，由港口行政管理部门按照国务院交通运输主管部门的规定进行安全条件审查。"

第22条规定："生产、储存危险化学品的企业，应当将安全评价报告以及整改方案的落实情况报所在地县级人民政府安全生产监督管理部门备案。在港区内储存危险化学品的企业，应当将安全评价报告以及整改方案的落实情况报港口行政管理部门备案。"

第 25 条规定："对剧毒化学品以及储存数量构成重大危险源的其他危险化学品，储存单位应当将其储存数量、储存地点以及管理人员的情况，报所在地县级人民政府安全生产监督管理部门（在港区内储存的，报港口行政管理部门）和公安机关备案。"

第 33 条规定："依照《中华人民共和国港口法》的规定取得港口经营许可证的港口经营人，在港区内从事危险化学品仓储经营，不需要取得危险化学品经营许可。"

第 60 条规定："船舶载运危险化学品进出内河港口，应当将危险化学品的名称、危险特性、包装以及进出港时间等事项，事先报告海事管理机构。海事管理机构接到报告后，应当在国务院交通运输主管部门规定的时间内作出是否同意的决定，通知报告人，同时通报港口行政管理部门。定船舶、定航线、定货种的船舶可以定期报告。

在内河港口内进行危险化学品的装卸、过驳作业，应当将危险化学品的名称、危险特性、包装和作业的时间、地点等事项报告港口行政管理部门。港口行政管理部门接到报告后，应当在国务院交通运输主管部门规定的时间内作出是否同意的决定，通知报告人，同时通报海事管理机构。

载运危险化学品的船舶在内河航行，通过过船建筑物的，应当提前向交通运输主管部门申报，并接受交通运输主管部门的管理。"

4.《中华人民共和国内河交通安全管理条例》（简称《内河交通安全管理条例》）

《内河交通安全管理条例》原由国务院于 1986 年 12 月 16 日以国发〔1986〕109 号文颁布，1987 年 1 月 1 日起施行。后针对内河交通运输存在的管理职责不清，责任不明，导致内河交通安全管理脱节或者缺位；有些船舶和浮动设施的技术条件差、安全标准低；船舶和浮动设施经营人的行为不规范等问题进行了修正，其修正案经 2002 年 6 月 19 日国务院第 60 次常委会议通过，国务院第 355 号令发布，自 2002 年 8 月 1 日起实施。

该条例共十一章，包括：总则；船舶、浮动设施和船员；航行、停泊和作业；危险货物监管；渡口管理；通航保障；救助；事故调查处理；监督检查；法律责任；附则。其中第四章：危险货物监管（第 30 ~ 34 条）中，明确了对从事危险货物装卸的码头、泊位及载运危险货物的船舶的要求。

第 30 条规定："从事危险货物装卸的码头、泊位，必须符合国家有关安全规范要求，并征求海事管理机构的意见，经验收合格后，方可投入使用。禁止在内河运输法律、行政法规以及国务院交通主管部门规定禁止运输的危险货物。"

第 31 条规定："载运危险货物的船舶，必须持有经海事管理机构认可的船舶检验机构依法检验并颁发的危险货物适装证书，并按照国家有关危险货物运输的规定和安全技术规范进行配载和运输。"

第 32 条规定："船舶装卸、过驳危险货物或者载运危险货物进出港口，应当将危险货物的名称、特性、包装、装卸或者过驳的时间、地点以及进出港时间等事项，事先报告海事管理机构和港口管理机构，经其同意后，方可进行装卸、过驳作业或者进出港口；但是，定船、定线、定货的船舶可以定期报告。"

第 33 条规定："载运危险货物的船舶，在航行、装卸或者停泊时，应当按照规定显示信号；其他船舶应当避让。"

第 34 条规定："从事危险货物装卸的码头、泊位和载运危险货物的船舶，必须编制危险货物事故应急预案，并配备相应的应急救援设备和器材。"

5.《水路运输管理条例》

《水路运输管理条例》于2012年9月26日国务院第218次常务会议通过,国务院第625号令发布,自2013年1月1日起施行。

该条例是为规范国内水路运输经营行为,维护国内水路运输市场秩序,保障国内水路运输安全,促进国内水路运输业健康发展而制定,适用于国内水路运输以及水路运输辅助业务。

第20条规定:"水路运输经营者运输危险货物,应当遵守法律、行政法规以及国务院交通运输主管部门关于危险货物运输的规定,使用依法取得危险货物适装证书的船舶,按照规定的安全技术规范进行配载和运输,保证运输安全。"

6.《烟花爆竹安全管理条例》

《烟花爆竹安全管理条例》于2006年1月11日国务院第121次常务会议通过,国务院第455号令发布,自公布之日起施行。

该条例所称烟花爆竹,是指烟花爆竹制品和用于生产烟花爆竹的民用黑火药、烟火药、引火线等物品。该条例是水运及港口管理部门对烟花爆竹水路运输实施管理的重要法律依据,其明确规定,经由铁路、水路、航空运输烟花爆竹的,依照铁路、水路、航空运输安全管理的有关法律、法规和规章的规定执行。

7.《民用爆炸物品安全管理条例》

《民用爆炸物品安全管理条例》于2006年4月26日国务院第134次常务会议通过,国务院第466号令发布,自2006年9月1日起施行。

该条例所称民用爆炸物品,是指用于非军事目的、列入民用爆炸物品品名表的各类火药、炸药及其制品和雷管、导火索等点火、起爆器材。民用爆炸物品品名表由国务院国防科技工业主管部门会同国务院公安部门制订、公布。国家对民用爆炸物品的生产、销售、购买、运输和爆破作业实行许可证制度。运输民用爆炸物品,收货单位应当向运达地县级人民政府公安机关提出申请;运输民用爆炸物品的,应当凭受理公安机关核发的《民用爆炸物品运输许可证》,按照许可的品种、数量运输。民用爆炸物品应当储存在专用仓库内,并按照国家规定设置技术防范设施。

8.《放射性物品运输安全管理条例》

《放射性物品运输安全管理条例》于2009年9月7日国务院第80次常务会议通过,国务院第562号令发布,自2010年1月1日起施行。

该条例所称放射性物品是指含有放射性核素,并且其活度和比活度均高于国家规定的豁免值的物品。根据放射性物品的特性及其对人体健康和环境的潜在危害程度,将放射性物品分为一类、二类和三类。该条例明确了对放射性物品运输的核与辐射安全实施监督管理的主管部门及职责;确定了对放射性物品运输容器的设计、放射性物品运输容器的制造与使用、放射性物品运输的管理程序;建立了相应的管理制度和法则。

三、重点行政规章简介

1.《水路危险货物运输规则—第一部分:包装危险货物运输规则》

20世纪80年代初,我国已在国际航线和涉外港口使用《国际海运危险货物规则》,在总结我国危险货物运输实践,参照《国际海运危险货物规则》和联合国《关于危险货物运输的建议书》及相关国际公约、规则的基础上,原交通部着手制订我国新的《水路危险货物运输规则》,直到1996年11月4日以交通部1996年第10号令形式颁布了《水路危险货物运输规则—第一部分:包装危险货物运输规则》,该规则于1996年12月1日起生效。其适用范围为国内水路危险货物运输。

该规则的制定是以加强水路危险货物运输管理,保障运输安全,防止事故发生,适应国民经济的发展为目的。在中华人民共和国境内从事危险货物的船舶运输、港口装卸、储存等业务均适用于该规则,国际航线运输(包括港口装卸)、军运、散装危险货物另有规定的除外。其内容包括8章正文、7个附件、7个格式及2个附录。

8章正文具体为:总则;包装和标志;托运;承运;装卸;储运和交付;消防和泄漏处理;附则。

7个附件具体为:各类危险货物的引言和明细表;危险货物标志;包装型号、方法、规格和性能试验;积载和隔离;可移动罐柜;适用于中型散装容器装运的货物及要求;危险性优先顺序表。

7个格式具体为:危险货物运输声明;放射性物品运输声明;危险货物包装检验证明书;放射性物品包装件辐射水平检查证明书;集装箱装箱证明书;危险货物鉴定表;放射性物品空容器检查证明书。

2个附录具体为:船舶装运危险货物应急措施和危险货物事故医疗急救指南。

2.《港口危险货物安全管理规定》

《港口危险货物安全管理规定》于2012年11月27日交通运输部第9次部务会议通过,以2012年第9号交通运输部令发布,自2013年2月1日起施行。

该规定的制定是以加强港口危险货物管理,保障人民生命、财产安全为目的。在港口装卸、过驳、储存、包装危险货物或者对危险货物集装箱进行装拆箱等项作业时适用该规定。用于港口危险货物作业的港口设施的建设和运营应当符合该规定的有关要求。

该规则共分为7章:总则;港口建设项目安全审查;港口危险货物作业管理;应急管理;安全监督与管理;法律责任;附则。

3.《港口货物作业规则》

《港口货物作业规则》于2000年7月17日经第八次部长办公会议通过,以2000年第10号交通部令发布,自2001年1月1日起施行。

该规则的制定是以明确水路运输货物港口作业有关当事人的权利、义务为目的。在中华人民共和国境内,为水路运输货物提供的装卸、驳运、储存、装拆集装箱等港口作业适用该规则。除一般规定外,其中第17条"危险货物作业"规定:"作业委托人应当按照有关危险货物运输的规定妥善包装,制作危险品标志和标签,并将其正式名称和危害性质以及必要时应当采取的预防措施书面通知港口经营人。"

4.《港口经营管理规定》

《港口经营管理规定》于2009年10月29日交通运输部第10次部务会议通过,以2009年第13号发布,自2010年3月1日起施行。

该规定的制定是以规范港口经营行为,维护港口经营秩序为目的。港口经营及相关活动适用该规定。该规定对于港口经营人的相关资质、从业要求及经营行为提出了要求,并规定了港口行政管理部门的相关职能。

5.《港口设施保安规则》

《港口设施保安规则》于2007年11月30日交通部第12次部务会议通过,以2007年第10号发布,自2008年3月1日起施行。

该规则主要明确了各级港口设施保安主管部门的职责,并针对保安等级、保安评估、保安计划、保安符合证书的申请、保安申明、保安培训演习、保安信息与联络和相关法律责任作了具体的细化和规定。

6.《油船、油码头防油气中毒规定》

《油船、油码头防油气中毒规定》由原交通部/劳动部于1991年5月9日以(91)交人劳字523号文颁布,1991年10月1日起实施。

该规定的制定是以防止石油及其制品在油船、油码头装卸运输及储存过程中逸散油气引起的职业危害,改善劳动条件,保障油运作业人员在生产过程的安全、健康,促进油气防治规范化,确保油船、油码头安全生产为目的,适用于交通行业。

7.《海运出口危险货物包装检验管理办法》(试行)

《海运出口危险货物包装检验管理办法》由国家经委、对外经贸部、交通部、国家商检局于1985年5月20日以国检四联字〔1985〕217号文公布,1985年7月1日起实施。

该办法是以加强对海运出口危险货物包装的检验和监督管理,保障生产、人身和运输安全,扩大出口为目的,根据《中华人民共和国进出口商品检验条例》的规定,参照《国际海运危险货物规则》的要求制定。其针对《国际海运危险货物规则》范围海运出口危险货物的包装,建立了有关包装容器生产检验、危险货物包装鉴定、危险货物包装查验及包装容器使用检验的管理程序。

8.《海运精选矿粉及含水矿产品安全管理暂行规定》

《海运精选矿粉及含水矿产品安全管理暂行规定》由原交通部于1988年4月22日以交海字〔1988〕275号发布。该规定为确保海运精选矿粉及含水矿产品运输安全,对托运人、装卸作业、承运人分别提出了要求。

第三节　有关水路危险货物运输管理的国家和行业标准

危险货物运输及其管理是一项技术性很强的工作,近年来我国在加强危险货物运输的立法管理中颁布了不少有关危险货物运输的技术标准和管理标准,涵盖了确认物品危险性,规范危险货物运输包装,规定危险货物运输包装标记、标志,规范危险货物装卸作业、储存保管规定,确定防护准则和用具,确认防火防灾设备和方法,化学品安全标签等方面的内容。《中华人民共和国标准化管理条例》规定了标准的法律性质,明确标准具有技术立法和经济立法的效力。

下表列出一些常用的与水路危险货物运输管理有关的国家和行业标准:

有关水路危险货物运输管理的常用国家和行业标准一览表

序　号	名　　称
1	《危险货物品名表》(GB 12268—2012)
2	《危险货物运输包装通用技术条件》(GB 12463—2009)
3	《危险货物包装标志》(GB 190—2009)

续上表

序号	名称
4	《危险货物危险特性检验安全规范 通则》(GB 19458—2004)
5	《危险货物分类和品名编号》(GB 6944—2012)
6	《危险货物命名原则》(GB/T 7694—2008)
7	《水路运输危险货物包装检验安全规范》(GB 19270—2009)
8	《散装液体化工产品港口装卸技术要求》(GB/T 15626—1995)
9	《油船油码头安全作业规程》(GB 18434—2001)
10	《油码头安全技术基本要求》(GB 16994—1997)
11	《液化气体船舶安全作业要求》(GB 18180—2010)
12	《液化气体船水上过驳作业安全准则》(GB 17422—1998)
13	《散装石油、液体化工产品港口储存通则》(GB 17379—1998)
14	《集装箱港口装卸作业安全规程》(GB 11602—2007)
15	《原油过驳安全作业要求》(GB/T 18819—2002)
16	《固体散装危险货物海运安全技术要求》(JT 700—2007)
17	《海运危险货物集装箱装箱安全技术要求》(JT 672—2006)
18	《滚装船舶载运危险货物车辆积载与隔离技术要求》(JT/T 786—2010)
19	《运输货物分类和代码》(JT/T 19—2001)
20	《装卸油品码头防火设计规范》(JTJ 237—1999)
21	《石油化工码头装卸工艺设计规范》(JTS 165-8—2007)
22	《液化天然气码头设计规范》(JTS 165-5—2009)
23	《水路、公路运输货物包装基本要求》(JT/T 385—2008)
24	《危险货物集装箱港口作业安全规程》(JT 397—2007)
25	《散装液体危险货物码头安全与防污染管理体系要求》(JT/T 661—2006)
26	《液化气码头安全技术要求》(JT 416—2000)
27	《码头附属设施技术规范》(JTJ 297—2001)
28	《港口工程劳动安全卫生设计规定》(JT 320—1997)
29	《港口码头溢油应急设备配备要求》(JT/T 451—2009)

第二章　危险货物基础知识

第一节　危险货物的定义、分类和基本特性

一、危险货物的定义及基本特性

1. 危险货物的定义

根据《港口危险货物安全管理规定》，危险货物是指列入国际海事组织制定的《国际海运危险货物规则》和国家标准《危险货物品名表》（GB 12268—2012），具有爆炸、易燃、毒害、感染、腐蚀、放射性等特性，容易造成人身伤亡、财产毁损或者对环境造成危害而需要特别防护的货物。

2. 危险货物的基本特性

凡属危险货物都具有以下一种或一种以上危险特性。需要说明的是，当温度、压力条件发生变化时，危险货物的特性会发生变化，如燃爆极限等数值的改变等。

（1）燃烧。

燃烧是指能够发光发热的剧烈的化学反应。

①引起物质燃烧或维持继续燃烧必须同时具备三个条件：可燃物、助燃物、达到燃烧点。

②燃烧形式：扩散燃烧、蒸发燃烧、分解燃烧、表面燃烧。

（2）爆炸。

爆炸是指物质的一种急剧的物理、化学变化，并在短时间内放出大量的热和气体，对周边物质造成破坏和伤害。

爆炸可分为：化学爆炸、物理爆炸和核爆炸。

化学性爆炸发生的三条件：反应具有放热性、快速性、生成气体物质的性质。可分为爆炸性物质的爆炸、可燃性混合气体的爆炸和可燃性粉尘的爆炸，爆炸不需外界提供氧气。

（3）有毒。

有毒是指通过吞咽、吸入或皮肤接触后对人体及组织发生作用，扰乱或破坏机体的正常生理功能，导致暂时性或持久性疾病，甚至死亡。

（4）腐蚀。

腐蚀是物质表面与腐蚀品接触后发生化学反应，从而受到破坏的现象。主要分为酸性腐蚀和碱性腐蚀。腐蚀品接触人体皮肤、眼睛或进入呼吸道、消化道，使细胞组织受到破坏，造成烧伤，引起炎症，严重会死亡。

（5）放射。

物质或物品能够自发地、不断地发出人们用感觉器官察觉不到的射线叫放射。发射性物

质放出的射线有四种:α 射线—带电的粒子流;β 射线—负电子流,即电子,穿透能力强;γ 射线—光子流,不带电,穿透能力更强;中子流—原子核发生裂变时释放出中子来。

放射性危害主要分为外照射和内照射,外部照射以 β 射线、γ 射线和中子流的危害大,可以穿透到人体的敏感器官。α 射线内照射危害大,进入人体因强电离作用引起伤害。

(6)污染。

污染主要对海洋污染物而言,对海洋的生态环境、水质有直接破坏作用,易伤害海洋生物、破坏海洋自然环境以至危害人类健康。

二、危险货物的分类及编号

1. 危险货物的分类

《联合国关于危险货物运输建议书-规章范本》、《国际海运危险货物规则》及我国现行的相关行政规章及标准规范对于危险货物的分类基本一致,均是将危险货物分为九大类。

本书依据我国现行的《危险货物分类和品名编号》(GB 6944—2012)对危险货物分类进行介绍。危险货物大多同时具备多个危险特性,如同时具备燃烧性、毒性、腐蚀性等。因此,在进行危险货物分类时,可按其具有的危险性或最主要的危险性分为 9 个类别。有些类别再分成项别。类别和项别的号码顺序并不是危险程度的顺序。具体见下:

第 1 类　爆炸品

第 1 类分为 6 项。

第 1.1 项　有整体爆炸危险的物质和物品

第 1.2 项　有迸射危险,但无整体爆炸危险的物质和物品

第 1.3 项　有燃烧危险并有局部爆炸危险或局部迸射危险或这两种危险都有,但无整体爆炸危险的物质和物品

本项包括:

a. 可产生大量辐射热的物质和物品;

b. 相继燃烧产生局部爆炸或迸射效应或两种效应兼而有之的物质和物品。

第 1.4 项　不呈现重大危险的物质和物品

本项包括运输中万一点燃或引发时仅出现小危险的物质和物品;其影响主要限于包件本身,并预计射出的碎片不大、射程也不远,外部火烧不会引起包件内全部内装物的瞬间爆炸。

第 1.5 项　有整体爆炸危险的非常不敏感物质

本项包括有整体爆炸危险性但非常不敏感以致在正常运输条件下引发或由燃烧转为爆炸的可能性很小的物质。

第 1.6 项　无整体爆炸危险的极端不敏感物品

本项包括仅含有极端不敏感起爆物质并且其意外引发爆炸或传播的概率可忽略不计的物品。

注:该项物品的危险仅限于单个物品的爆炸。

第 2 类　气体

第 2 类分为 3 项。

第 2.1 项　易燃气体

本项包括在 20℃ 和 101.3kPa 条件下满足下列条件之一的气体:

a. 与空气的混合物按体积分类占 13% 或更少时可点燃的气体;

b. 不论易燃下限如何，与空气混合，燃烧范围的体积分数至少为12%的气体。

第2.2项　非易燃无毒气体

a. 本项包括窒息性气体、氧化性气体以及不属于其他项别的气体；

b. 本项不包括在温度20℃时的压力低于200kPa，并且未经液化或冷冻液化的气体。

第2.3项　毒性气体

本项包括满足下列条件之一的气体：

a. 其毒性或腐蚀性对人类健康造成危害的气体；

b. 急性半数致死浓度 LC_{50} 值小于或等于 5000mL/m^3 的毒性或腐蚀性气体。

注：使雌雄青年大白鼠连续吸入1h，最可能引起受试动物在14d内死亡一半的气体浓度。

第3类　易燃液体

本类包括易燃液体和液态退敏爆炸品。

易燃液体，是指易燃的液体或液体混合物，或是在溶液或悬浮液中有固体的液体，其闭杯试验闪点不高于60℃，或其开杯试验闪点不高于65.6℃。易燃液体还包括满足下列条件之一的液体：

a. 在温度等于或高于其闪点的条件下提交运输的液体；

b. 以液态在高温条件下运输或提交运输，并在温度等于或低于最高运输温度下放出易燃蒸气的物质。

液态退敏爆炸品，是指为抑制爆炸性物质的爆炸性能，将爆炸性物质溶解或悬浮在水中或其他液态物质后，而形成的均匀液态混合物。

第4类　易燃固体、易于自燃的物质、遇水放出易燃气体的物质

第4类分为3项。

第4.1项　易燃固体、自反应物质和固态退敏爆炸品

本项包括：

a. 易燃固体：易于燃烧的固体和摩擦可能起火的固体；

b. 自反应物质：即使没有氧气（空气）存在，也容易发生激烈放热分解的热不稳定物质；

c. 固态退敏爆炸品：为抑制爆炸性物质的爆炸性能，用水或酒精湿润爆炸性物质，或用其他物质稀释爆炸性物质后，而形成的均匀固态混合物。

第4.2项　易于自燃的物质

本项包括：

a. 发火物质：即使只有少量与空气接触，不到5min时间便燃烧的物质，包括混合物和溶液（液体或固体）；

b. 自热物质：发火物质以外的与空气接触便能自己发热的物质。

第4.3项　遇水放出易燃气体的物质

本项物质是指遇水放出易燃气体，且该气体与空气混合能够形成爆炸性混合物的物质。

第5类　氧化性物质和有机过氧化物

第5类分为2项。

第5.1项　氧化性物质

本身未必可燃，但通常因放出氧或起氧化反应可能引起或促使其他物质燃烧的物质。

第5.2项　有机过氧化物

含有两价过氧基（—O—O—）结构的有机物质。

第6类　毒性物质和感染性物质

第6类分为2项。

第6.1项　毒性物质

经吞食、吸入或皮肤接触后可能造成死亡或严重受伤或健康损害的物质。

第6.2项　感染性物质

含有病原体的物质。

第7类　放射性物质

任何含有放射性核素且其活度浓度和放射性总活度都分别超过GB 11806规定的限值的物质。

第8类　腐蚀性物质

通过化学作用使生物组织接触时会造成严重损伤，或在渗漏时会严重损害甚至毁坏其他货物或运载工具的物质。

腐蚀性物质包含与完好皮肤组织接触不超过4h，在14d的观察期中发现引起皮肤全厚度损毁，或在温度55℃时，对S235JR + CR型或类似型号钢或无覆盖层铝的表面均匀年腐蚀率超过6.25mm/a的物质。

第9类　杂项危险物质和物品

存在危险但不能满足其他类别定义的物质和物品，包括：

a. 以微细粉尘吸入可危害健康的物质；

b. 会放出易燃气体的物质；

c. 锂电池组；

d. 救生设备；

e. 一旦发生火灾可形成二噁英的物质和物品；

f. 在高温下运输或提交运输的物质，是指在液态温度达到或超过100℃，或固体温度达到或超过240℃条件下运输的物质；

g. 危害环境物质，包括污染水生环境的液体或固体物质，以及这类物质的混合物（如制剂和废物）；

h. 不符合6.1项毒性物质或6.2项感染性物质定义的经基因修改的微生物和生物体；

i. 其他。

2. 海洋污染物及其分类

许多划分到第1~第9类的物质被认定为海洋污染物。

《国际危规》第2.10章对海洋污染物进行了定义：海洋污染物系指适用于经修正的《MARPOL 73/78》附则III规定的物质。

海洋污染物按《国际危规》2.9.3章的方法进行分类。

3. 危险货物编号

《国际海运危险货物规则》按照危险货物的危险性类别和成分对其指定联合国编号。我国现行的《危险货物分类和品名编号》（GB 6944—2012）和《危险货物品名表》（GB 12268—2012）中规定危险货物品名编号采用联合国编号。

每一个危险货物对应一个编号，但对其性质基本相同，运输、储存条件和灭火、急救、处置方法相同的危险货物，也可使用同一编号。

三、危险货物判断

《联合国关于危险货物运输建议书–规章范本》第3部分危险货物一览表中列出了最常运的危险货物，我国参照《规章范本》制定了《危险货物品名表》，作为国内判断危险货物的依据，现行的《危险货物品名表》为2012版。

需要说明的是，具体到水运领域，国际上判断危险货物的依据为《国际海运危险货物规则》第3.3章中的危险货物一览表。该表列出了4000多种在运输中常见的危险货物，限定了危险货物的范围，提供了危险货物的联合国编号、正确运输名称、危险货物进行运输的限制条件、危险货物的分类和应标贴的标志、危险货物的包装类别、与运输有关的特殊规定、限量内豁免运输的最大量、适用的包装和中型散装容器及罐柜的导则及其特殊规定、应急措施表号、积载和隔离要求和危险货物的主要特性及注意事项。

四、限量内豁免运输的危险货物

我国目前没有对限量内豁免运输的危险货物作出规定。根据《国际海运危险货物规则》第3.4章，对于危险性小、托运量有限的包装危险货物，可以获得豁免，不按危险货物而按限量条款进行运输。

具体托运要求如下：

(1)包装。按照限量内要求运输的危险货物只能放入内包装，然后放在合适的、符合规定的外包装里。每一包件的总毛量不得超过30kg。

(2)积载。按限量内规定所载运的危险货物被指定为积载类A(可积载在客船或货船的舱面或舱内)。

(3)隔离。只要考虑到隔离规定，并且一旦有泄漏，货物之间不致发生危险性，那么限量内运输的几种不同危险货物可以装于同一外包装之内。

(4)标记和标志。限量内运输的危险货物的包装不需要加任何标志，也不必贴上“海洋污染物”标记，只要标上下面任何一项就可以：

①正确运输名称和联合国编号。

②“第……类限量内运输危险货物”的字样。

五、可免除量包装的危险货物

对数量极少且危险程度不高的危险货物放宽部分运输管理条例，以满足市场需求。以字母数字编码的方法列于《国际海运危险货物规则》第3.3章中的危险货物一览表第7b栏中，从E0－E5，对免除数量运输的危险货物每个内包装、外包装的最大量进行限定。“可免除量包装的危险货物”在认可数量限值上比“限量内包装”小得多，且在包装上要求严格，从管理上放得更宽。

六、禁运的危险货物

《国际海运危险货物规则》第1.1.3节明确：“除本规则另有说明外，禁运下列货物：任何交付运输的物质或物品，在正常运输条件下，易于爆炸，发生危险反应，产生火焰或有危险性的放热，或释放有危险性的有毒、腐蚀性或易燃气体或蒸汽。”

在该规则第3.3章中，特殊规定349、350、351、352、353和900明确了部分禁运物质清单，具体为：

349——次氯酸盐和铵盐的混合物禁运。UN1791 的次氯酸盐溶液属于第 8 类物质。

350——溴酸铵及其水溶液、溴酸盐与铵盐的混合物禁运。

351——氯酸铵及其水溶液、氯酸盐与铵盐的混合物禁运。

352——次氯酸铵及其水溶液、次氯酸盐与铵盐的混合物禁运。

353——高锰酸铵及其水溶液、高锰酸盐与铵盐的混合物禁运。

900——次氯酸铵；硝酸铵，易于自热并足以引发其分解；亚硝酸铵和无机亚硝酸铵盐的混合物；氯酸，水溶液含超过 10% 的氯酸；亚硝酸乙酯，纯的；氢氰酸，水溶液（氰化氢，水溶液）含量超过 20% 的氰化氢；氯化氢，冷冻液体；乙醇中的氰化氢溶液，含氰化氢超过 45%；氢氰化汞，纯的；亚硝酸甲酯；高氯酸，按质量含量超过 72%；苦味酸银，干的或湿的按质量含水少于 30%；亚硝酸锌铵。

我国现行的一些行政法规、规章也对部分危险货物作出水路禁运的规定，如《危险化学品安全条例》第 54 条中明确："禁止通过内河封闭水域运输剧毒化学品以及国家规定禁止通过内河运输的其他危险化学品。前款规定以外的内河水域，禁止运输国家规定禁止通过内河运输的剧毒化学品以及其他危险化学品。"

七、有可能被恐怖分子滥用的后果严重的危险货物

"9·11 事件"后，《经修正的 1974 年国际海上人命安全公约》增加第Ⅺ-2 章，并通过《国际船舶和港口设施保安规则》（简称 ISPS），即针对危险货物海上运输保安的规定，建议各国主管机关制定补充保安规定，以便在提供或运输危险货物时，有关各方遵守这些补充规定，以保证人命、财产安全与社会安定。列出有可能被恐怖分子滥用的后果严重的危险货物清单，并推荐监控这些后果严重的危货运输的保安计划内容。

后果严重危险货物指示清单具体如下：

第 1 类　第 1.1 类　爆炸品

第 1 类　第 1.2 类　爆炸品

第 1 类　第 1.3 配装类　C 爆炸品

第 1 类　第 1.4 类　联合国编号 0104、0237、0255、0267、0289、0361、0365、0366、0440、0441、0455、0456 和 0500

第 1 类　第 1.5 类　爆炸品

第 2 类　第 2.1 类　在公路罐车、铁路罐车或可移动罐柜中数量超过 3000L 的易燃液体

第 2 类　第 2.3 类　有毒气体

第 2 类　第 2.4 类　在公路罐车、铁路罐车或可移动罐柜中数量超过 3000L 的包装类Ⅰ和Ⅱ易燃液体

第 3 类　退敏液体爆炸品

第 4 类　第 4.1 类　退敏固体爆炸品

第 4 类　第 4.2 类　在公路罐车、铁路罐车、可移动罐柜或散装容器中数量超过 3000kg 或 3000L 的包装类Ⅰ的固体

第 4 类　第 4.3 类　在公路罐车、铁路罐车、可移动罐柜或散装容器中数量超过 3000kg 或 3000L 的包装类Ⅰ的固体

第 5 类　第 5.1 类　在公路罐车、铁路罐车或可移动罐柜中数量超过 3000L 的包装类Ⅰ

的氧化液体

第5类　第5.2类　在公路罐车、铁路罐车、可移动罐柜或散装容器中数量超过3000kg或3000L的高氯酸盐、硝酸铵、硝酸铵化肥和硝酸铵乳剂、悬浮剂或凝胶体

第6类　第6.1类　包装类Ⅰ有毒物质

第6类　第6.2类　A类感染性物质(UN2814和UN2900)

第7类　在B(U)型或B(M)型或C型包件中数量超过3000A_1(特殊形式)或3000A_2的放射性物质(视适用情况而定)

第8类　在公路罐车、铁路罐车、可移动罐柜或散装容器中数量超过3000kg或3000L的包装类Ⅰ腐蚀性物质

八、常见的危险化学品辨识

危险化学品是危险货物的重要组成。根据我国现行的《危险化学品安全管理条例》,危险化学品是指具有毒害、腐蚀、爆炸、燃烧、助燃等性质,对人体、设施、环境具有危害的剧毒化学品和其他化学品。

对于危险化学品的辨识,通常包括对剧毒化学品、高毒物品、易制毒化学品、监控化学品、易制爆危险化学品和重点监管的危险化学品的辨识。

1. 剧毒化学品

根据《剧毒化学品目录》(2002版),剧毒化学品是指具有非常剧烈毒性危害的化学品,包括人工合成的化学品及其混合物(含农药)和天然毒素。

剧毒化学品毒性判定界限为:大鼠试验,经口LD_{50}≤50mg/kg,经皮LD_{50}≤200mg/kg,吸入LC_{50}≤500ppm(气体)或2.0mg/L(蒸气)或0.5mg/L(尘、雾),经皮LD_{50}的试验数据,可参考兔试验数据。

《剧毒化学品目录》(2002版)共收录335种剧毒化学品,并将随着我国对化学品危险性鉴别水平和毒性认识的提高,不定期进行修订和公布新的目录。

2. 高毒物品

2003年6月10日发布的《卫生部关于印发<高毒物品目录>的通知》(卫法监发〔2003〕142号)中规定了以下54种化学品为高毒物品,具体为:

N-甲基苯胺、N-异丙基苯胺、氨、苯、苯胺、丙烯酰胺、丙烯腈、对硝基苯胺、对硝基氯苯/二硝基氯苯、二苯胺、二甲基苯胺、二硫化碳、二氯代乙炔、二硝基苯(全部异构体)、二硝基(甲)苯、二氧化(一)氮、甲苯-2,4-二异氰酸酯、氟化氢、氟及其化合物(不含氟化氢)、镉及其化合物、铬及其化合物、汞、碳酰氯、黄磷、甲(基)肼、甲醛、焦炉逸散物、肼;联氨、可溶性镍化物、磷化氢;膦、硫化氢、硫酸二甲酯、氯化汞、氯化萘、氯甲基醚、氯;氯气、氯乙烯;乙烯基氯、锰化合物(锰尘、锰烟)、镍与难溶性镍化物、铍及其化合物、偏二甲基肼、铅;尘/烟、氰化氢(按CN计)、氰化物(按CN计)、三硝基甲苯、砷化(三)氢;胂、砷及其无机化合物、石棉总尘/纤维、铊及其可溶化合物、(四)羰基镍、锑及其化合物、五氧化二钒烟尘、硝基苯、一氧化碳(非高原)。

3. 易制毒化学品

我国现行《易制毒化学品管理条例》中规定:易制毒化学品分为三类。第一类是可以用于制毒的主要原料,第二类、第三类是可以用于制毒的化学配剂。

现行《易制毒化学品管理条例》中规定了易制毒化学品的具体分类和品种,具体如下:

第一类：1-苯基-2-丙酮、3,4-亚甲基二氧苯基-2-丙酮、胡椒醛、黄樟素、黄樟油、异黄樟素、N-乙酰邻氨基苯酸、邻氨基苯甲酸、麦角酸、麦角胺、麦角新碱，以及麻黄素、伪麻黄素、消旋麻黄素、去甲麻黄素、甲基麻黄素、麻黄浸膏、麻黄浸膏粉等麻黄素类物质；

第二类：苯乙酸、醋酸酐、三氯甲烷、乙醚、哌啶；

第三类：甲苯、丙酮、甲基乙基酮、高锰酸钾、硫酸、盐酸。

4. 监控化学品

我国现行《中华人民共和国监控化学品管理条例》中规定的监控化学品是指下列各类化学品：

第一类：可作为化学武器的化学品；

第二类：可作为生产化学武器前体的化学品；

第三类：可作为生产化学武器主要原料的化学品；

第四类：除炸药和纯碳氢化合物外的特定有机化学品。

现行《中华人民共和国监控化学品管理条例》附件中规定了各种监控化学品的名录。

5. 易制爆危险化学品

2011 年 11 月 25 日公安部发布的公告中，规定了六类易制爆危险化学品的名录，具体如下：

第一类：高氯酸、高氯酸盐及氯酸盐，具体有：高氯酸[含酸 50% ~72%]、氯酸钾、氯酸钠、高氯酸钾、高氯酸锂、高氯酸铵、高氯酸钠；

第二类：硝酸及硝酸盐类，具体有：硝酸[含硝酸≥70%]、硝酸钾、硝酸钡、硝酸锶、硝酸钠、硝酸银、硝酸铅、硝酸镍、硝酸镁、硝酸钙、硝酸锌、硝酸铯；

第三类：硝基类化合物，具体有：硝基甲烷、硝基乙烷、硝化纤维素、硝基萘类化合物、硝基苯类化合物、硝基苯酚(邻、间、对)类化合物、硝基苯胺类化合物、2,4-二硝基甲苯、2,6-二硝基甲苯、二硝基(苯)酚[干的或含水 <15%]、二硝基(苯)酚碱金属盐[干的或含水 <15%]、二硝基间苯二酚[干的或含水 <15%]；

第四类：过氧化物与超氧化物，具体有：过氧化氢溶液、过氧乙酸、过氧化钾、过氧化钠、过氧化锂、过氧化钙、过氧化镁、过氧化锌、过氧化钡、过氧化锶、过氧化氢尿素、过氧化二异丙苯[工业纯]、超氧化钾、超氧化钠；

第五类：燃料还原剂类，具体有：环六亚甲基四胺[乌洛托品]、甲胺[无水]、乙二胺、硫黄、铝粉[未涂层的]、金属锂、金属钠、金属钾、金属锆粉[干燥的]、锑粉、镁粉(发火的)、镁合金粉、锌粉或锌尘(发火的)、硅铝粉、硼氢化钠、硼氢化锂、硼氢化钾；

第六类：其他，具体有：苦氨酸钠[含水≥20%]、高锰酸钠、高锰酸钾。

6. 重点监管的危险化学品

《国家安全监管总局关于公布首批重点监管的危险化学品名录的通知》(安监总管三〔2011〕95 号)中规定：重点监管的危险化学品是指列入《名录》(首批共 60 种)的危险化学品以及在温度 20℃和标准大气压 101.3kPa 条件下属于以下类别的危险化学品：

(1)易燃气体类别 1(爆炸下限≤13% 或爆炸极限范围≥12% 的气体)；

(2)易燃液体类别 1(闭杯闪点 <23℃并初沸点≤35℃的液体)；

(3)自燃液体类别 1(与空气接触不到 5min 便燃烧的液体)；

(4)自燃固体类别 1(与空气接触不到 5min 便燃烧的固体)；

(5)遇水放出易燃气体的物质类别 1(在环境温度下与水剧烈反应所产生的气体通常显示自燃的倾向，或释放易燃气体的速度等于或大于每公斤物质在任何 1min 内释放 10L 的任何物

质或混合物);

(6)三光气等光气类化学品。

第二节 危险货物的包装

一、综述

货物的包装具有保护产品,防止产品遗失、方便储运装卸,加速交接和点验等作用,也是美化、宣传和促进产品销售的主要手段之一。但是危险货物的包装更具有特殊性,除了上述作用外,还应保证与所装货物的特性相容,即能承受所装货物的侵蚀、化学反应等,同时强度和封闭装置能经受在运输、装卸、储存、销售过程正常的撞、擦、挤、压等造成的风险。其还有一个更重要的作用,就是设计和构造能抑制或钝化所盛装危险货物的危险性,使可能作用于危险货物并引发危险的外界条件(如:热源、火源、水、杂质、各种机械振动、摩擦、撞击等的影响)及危险品本身对外界环境可能造成的危害,限制在最小的范围内,使其能更加安全、保质保量的运往目的地,同时也为运输、装卸人员提供良好的作业环境。

二、包装导则

《国际海运危险货物规则》给出了第1类到第9类危险货物的包装导则。根据适用的包装类型,分为三个部分:

(1)针对除中型散装容器和大宗包装以外的包装。

(2)针对中型散装容器。

(3)针对大宗包装。

对于个别物质或制品,包装导则中还给出了特殊包装规定。

三、危险货物包装的一般规定

《国际海运危险货物规则》第4.1章对危险货物(包括中型散装容器和大宗包装)提出了一般要求,主要有:

(1)危险货物须盛放在质量良好的包装内,这些包装的强度须足以承受运输过程中通常遇到的震动和压力。运输过程包括货物运输组件之间、货物运输组件与库场之间的转运以及为进行人工或机械操作在托盘上或集合包件上所作的任何搬运。在准备运输时,包装的结构和密封性须能够在正常运输条件下防止由于震动及温度、湿度或压力的变化而引起的任何内装物的损失,包装须根据生产厂商提供的要求密封。在运输过程中,包装外表面不得粘附有危险残余物质。

(2)包装中直接与危险货物接触的部位:不得因危险物质而受到影响或强度受到严重削弱;不得产生危险影响,如催化反应或与危险货物发生反应;在正常运输条件下不得渗入危险货物产生危险。

(3)向包装内填充液体时,必须留有足够的膨胀余位(预留容量),以防止在运输过程中可能由温度引起所装液体膨胀而导致容器渗漏或永久变形。

(4)内包装装入外包装的方法须保证在正常运输条件下不会因内包装的破裂、戳穿或渗漏而使内装物进入外包装。

(5)衬垫及吸收材料须是惰性的,并与内装物的性质相适应。

(6)外包装的性质和厚度须保证运输过程中不会因摩擦而产生可能严重改变所装物质化学稳定性的热量。

(7)同其他危险货物或一般货物相互之间发生危险反应并引起如下后果的危险货物不得装在同一个外包装或大宗包装内:燃烧或产生相当多的热量;产生易燃、有毒或窒息性气体;形成腐蚀性物质或不稳定物质。

四、包装封口

《国际海运危险货物规则》第4.1章明确将封口方式分为牢固封口、有效封口和气密封口三种。

牢固封口是指所装的固体物质在正常装卸、运输过程中不会撒漏的封口,这是对任何封口的最低要求。有效封口是指不透液体的封口。气密封口是指不透蒸气的封口。

五、运输包装分类

我国现行标准《危险货物运输包装通用技术条件》(GB 12463—2009)根据盛装内装物的危险程度,将运输包装分为三个类项:

Ⅰ类包装:适用内装危险性较大的货物;

Ⅱ类包装:适用内装危险性中等的货物;

Ⅲ类包装:适用内装危险性较小的货物。

六、包装标记代号

《危险货物运输包装通用技术条件》(GB 12463—2009)对包装标记代号作出了具体规定。

(1)包装类别的标记代号,用下列小写英文字母表示:

x——符合Ⅰ、Ⅱ、Ⅲ类包装的要求;

y——符合Ⅱ、Ⅲ类包装的要求;

z——符合Ⅲ类包装的要求。

(2)包装容器的标记代号,用下列阿拉伯数字表示:

1——桶;

2——木琵琶桶;

3——罐;

4——箱、盒;

5——袋、软管;

6——复合包装;

7——压力容器;

8——筐、篓;

9——瓶、坛。

(3)包装容器的材质标记代号,用下列大写英文字母表示:

A——钢;

B——铝;

C——天然木;

D——胶合板；

F——再生木板(锯末板)；

G——硬质纤维板、硬纸板、瓦楞纸板、钙塑板；

H——塑料材料；

L——编织材料；

M——多层纸；

N——金属(钢和铝除外)；

P——玻璃、陶瓷；

K——柳条、荆条、藤条及竹篾。

(4)包装件组合类型标记代号的表示方法如下：

①单一包装。单一包装型号由一个阿拉伯数字和一个英文数字组成,英文字母表示包装容器的材质,其左边平行的阿拉伯数字代表包装容器的类型。英文字母右下方的阿拉伯数字,代表同一类型包装容器不同开口的型号。

例：

1A——表示钢桶；

$1A_1$——表示闭口钢桶；

$1A_2$——表示中开口钢桶；

$1A_3$——表示全开口钢桶。

②复合包装。复合包装型号由一个表示复合包装的阿拉伯数字“6”和一组表示包装材质和包装形式的数字组成。这组字符为两个大写英文字母和一个阿拉伯数字。第一个英文字母表示内包装的材质,第二个英文字母表示外包装的材质,右边的阿拉伯数字表示包装形式。

例:6HA1 表示内包装为塑料容器,外包装为钢桶的复合包装。

(5)其他代号如下：

S——表示拟装固体的包装标志；

L——表示拟装液体的包装标志；

R——表示修复后的包装标记；

(GB)——表示符合国家标准要求；

(u/n)——表示符合联合国规定的要求。

(6)除了上述《危险货物运输包装通用技术条件》(GB 12463—2009)列明的英文字母代号之外,《国际海运危险货物规则》还列出了一些标记,主要有：

①表明相对密度的标记,如果相对密度不超过 1.2h,可免除此项。对于拟盛装固体物质或带有内包装标记则是以公斤表示出最大总重量。

②使用精确到最近的 10kPa 表示的试验压力来表示包装(组合包装除外)所顺利通过的液压试验。

③制造厂的名称或其他识别标志。

④包装标记中后两位数字为包装制造年份。

⑤符合批准国所分配的用于国际交通中机动车辆使用的标记。

七、包装试验

《危险货物运输包装通用技术条件》(GB 12463—2009)中规定的主要试验项目有:堆码试

验、跌落试验、气密试验、液压试验。必要时可以根据流通环境条件或包装容器的需要,增加气候条件、机械强度等试验项目。

八、可移动罐柜、散装容器及气体容器

(1)可移动罐柜(IMO)。可移动罐柜的主体是容量为450L以上的罐柜,罐柜上配备有安全、减压、隔热、测量、通风、装卸等装置。罐柜主体的外部为一金属框架,有的金属框架的规格与集装箱完全一样,起到加强、紧固和稳重的作用。它可以像集装箱那样无需拆除结构设备就可以作为一个整体,在装满货物的情况下从船舶吊上吊下,或装在车辆上成为罐车,直接开到船上。可移动罐柜的使用和构造的规定是根据《联合国关于危险货物运输建议书-规章范本》而制定的,有IMO1-8型(无IMO3型)7种罐柜分别装运不同的危险货物。《国际海运危险货物规则》中规定了可移动罐柜运输各类危险货物的特殊要求和可移动罐柜导则。

(2)散装容器。指用于运输固体货物的盛装体系(包括任何内衬或涂层),其中的固体货物与盛装体系直接接触。不包括包件、中型散装容器、大宗包装和可移动罐柜。其特点是:

①具有永久性,强度足以供重复使用。

②经特殊设计便于用一种或多种运输方式运输货物而无需中间倒装。

③配备便于装吊的装置。

④容积不小于1m^3。对散装容器的构造和使用、试验均有明确要求。

(3)气体容器。气体容器是用于盛装在50℃时蒸气压大于0.3MPa的物质或20℃时在101.3kPa标准压力下完全是气态物质的容器。最典型、最常用的为气体钢瓶,气体钢瓶有两大技术指标,一是使用压力(指在生产国标准参照温度下,容器设计使用的最大表压);二是试验压力(指试验时容器所承受的内部压力)。按15℃时的充灌压力,气体钢瓶分为低压(≤2MPa)、中压(2~7MPa)和高压(≥7MPa)。

九、包装管理

鉴于在危险货物装卸、运输过程中不断发生的各种事故,原交通部出台了《海运出口危险货物包装检验管理办法》(试行)、《交通部关于进一步加强水路危险货物运输管理和监督工作的通知》等一系列关于加强危险货物包装管理,如确保装卸、运输安全方面的文件,规定了港口危险货物的包装查验主要有如下环节:

(1)危险货物入库前的查验。

(2)危险货物装箱前的查验。

(3)危险货物装船前的查验。

(4)对进口危险货物包装的查验。

第三节　危险货物包装储运标志及运输单证

一、标志

根据我国现行的《危险货物包装标志》(GB 190—2009),标志分为标记(表2-1)和标签(表2-2)。标记4个;标签26个,其图形分别标示了9类危险货物的主要特性。

《危险货物包装标志》(GB 190—2009)中列举的标志图例与《国际海运危险货物规则》是

基本一致的。

标　　记　　表 2-1

序号	标记名称	标记图形
1	危害环境物质和物品标记	（符号:黑色，底色:白色）
2	方向标记	（符号:黑色或正红色，底色:白色）
		（符号:黑色或正红色，底色:白色）
3	高温运输标记	（符号:正红色，底色:白色）

标　　签　　表 2-2

序号	标签名称	标签图形	对应的危险货物类项号
1	爆炸性物质或物品	（符号:黑色，底色:橙红色）	1.1 1.2 1.3
		（符号:黑色，底色:橙红色）	1.4

续上表

序号	标签名称	标签图形	对应的危险货物类项号
1	爆炸性物质或物品	 （符号：黑色，底色：橙红色）	1.5
		 （符号：黑色，底色：橙红色） ＊＊ 项号的位置——如果爆炸性是次要危险性，留空白 ＊ 配装组字母的位置——如果爆炸性是次要危险性，留空白	1.6
2	易燃气体	  （符号：黑色，底色：正红色） （符号：白色，底色：正红色）	2.1
	非易燃无毒气体	  （符号：黑色，底色：绿色） （符号：白色，底色：绿色）	2.2
	毒性气体	 （符号：黑色，底色：白色）	2.3
3	易燃液体	  （符号：黑色，底色：正红色） （符号：白色，底色：正红色）	3

续上表

序号	标签名称	标签图形	对应的危险货物类项号
4	易燃固体	4 （符号：黑色，底色：白色红条）	4.1
	易于自燃的物质	4 （符号：黑色，底色：上白下红）	4.2
	遇水放出易燃气体的物质	4 4 （符号：黑色，底色：蓝色） （符号：白色，底色：蓝色）	4.3
5	氧化性物质	5.1 （符号：黑色，底色：柠檬黄色）	5.1
	有机过氧化物	5.2 5.2 （符号：黑色，底色：红色和柠檬黄色） （符号：白色，底色：红色和柠檬黄色）	5.2
6	毒性物质	6 （符号：黑色，底色：白色）	6.1

续上表

序号	标签名称	标签图形	对应的危险货物类项号
6	感染性物质	6 (符号:黑色,底色:白色)	6.2
7	一级放射性物质	RADIOACTIVE I CONTENTS ACTIVITY 7 (符号:黑色,底色:白色,附一条红竖条) 黑色文字,在标签下半部分写上:"放射性" "内装物__________" "放射性强度__________" 在"放射性"字样之后应有一条红竖条	7A
	二级放射性物质	RADIOACTIVE II CONTENTS ACTIVITY TRANSPORT INDEX 7 (符号:黑色,底色:上黄下白,附两条红竖条) 黑色文字,在标签下半部分写上:"放射性" "内装物__________" "放射性强度__________" 在一个黑边框格内写上:"运输指数" 在"放射性"字样之后应有两条红竖条	7B
	三级放射性物质	RADIOACTIVE III CONTENTS ACTIVITY TRANSPORT INDEX 7 (符号:黑色,底色:上黄下白,附三条红竖条) 黑色文字,在标签下半部分写上: "放射性__________" "内装物 __________"	7C

续上表

序号	标签名称	标签图形	对应的危险货物类项号
7	裂变性物质	FISSILE Criticality Safety index 7 （符号：黑色，底色：白色） 黑色文字 在标签上半部分写上："易裂变" 在标签下半部分的一个黑边框格内写上："临界安全指数"	7E
8	腐蚀性物质	8 （符号：黑色，底色：上白下黑）	8
9	杂项危险物质和物品	9 （符号：黑色，底色：白色）	9

二、标记

根据《危险货物包装标志》（GB 190—2009）附录 A，除另有规定外，根据该标准确定的危险货物正式运输名称及相应编号，应标示在每个包装件上。如果是无包装物品，标记应标示在物品上、其托架上或其装卸、储存或发射装置上。

对于包件标记的基本要求有：

（1）明显可见而且易于识别。

（2）在海水中至少浸泡 3 个月，内容仍清晰可辨。

（3）与包件外表面的背景形成鲜明的颜色对比。

（4）不应与可能大大降低其效果的其他包件标志放在一起。

（5）容量超过 450L 的中型散装容器应在相对的两侧标记。

三、标牌

国内尚未制定相关的标准、规范。根据《国际海运危险货物规则》，标牌在某种意义上就是放大了的标志。

使用标牌的基本要求有：

（1）在货物运输组件上显示标牌和标记的方法须做到其在海水中至少浸泡 3 个月后货物

运输组件上的标牌和标记仍清晰可辨。在确定标记方法时，还应考虑到货物运输组件表面能进行标记的简易性。

(2)当货物运输组件内所装的危险货物或其残余物完全卸掉后，须立即除掉或遮盖掉那些由于装运此类物质而显示的标牌、橘黄色标签、标记或标识。

(3)集装箱、半挂车或可移动罐柜，在其每侧和每端显示标牌。

(4)铁路罐车至少在每侧显示标牌。

(5)盛装一种以上危险货物或其残留物的多隔间罐柜：在相关分隔间的位置，沿每侧标记。

(6)其他任何货物运输组件至少在组件背面和两侧显示标牌。

四、告知

《国际海运危险货物规则》以及我国的现行行业标准中并没有对危险货物的安全告知作出明确规定。但进行危险货物作业的港口，一般要求设置危险货物的安全周知卡，具体可参照《常用危险化学品安全周知卡编制导则》(HG 23010—1997)执行。

安全周知卡用文字、图形符号和数字及字母的组合形式表示该危险货物所具有的危险性、安全使用的注意事项、现场急救措施和防护的基本要求。

危险货物安全周知卡常用的图形符号见图2-1～图2-3。

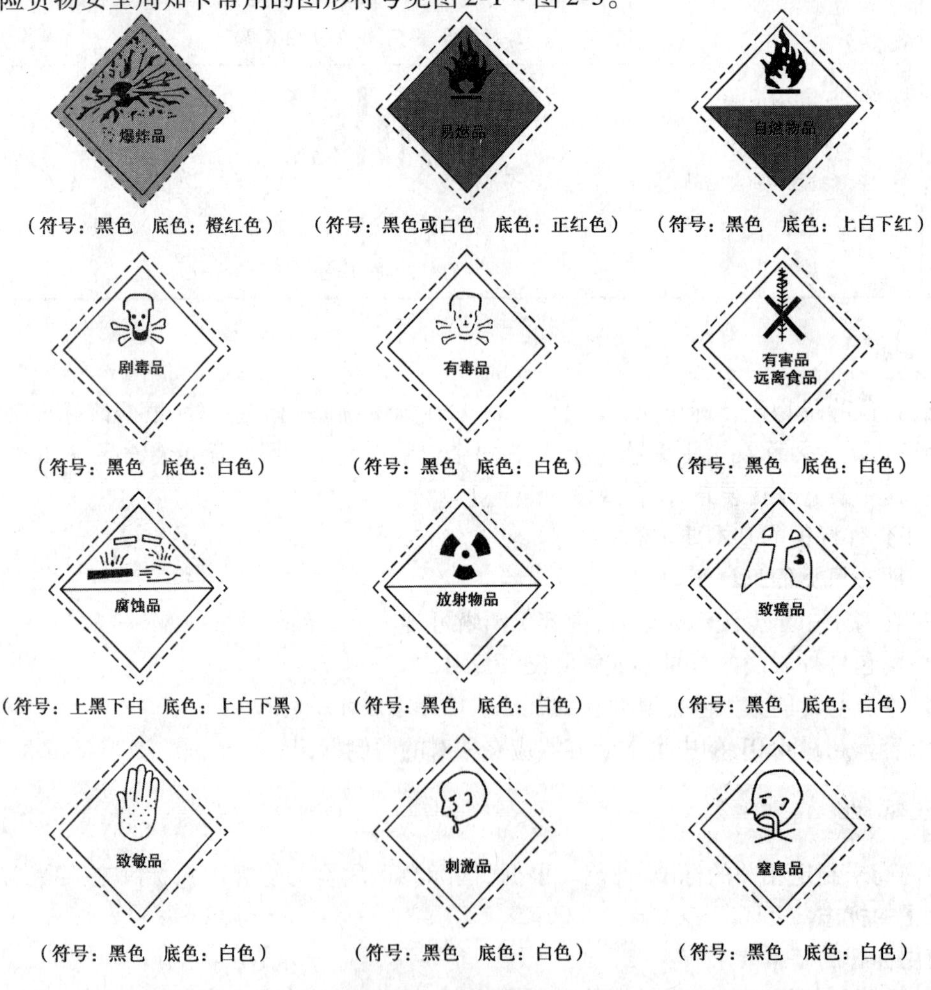

图2-1　危险性标志

五、运输单证

托运人在托运危险货物时除了对危险货物进行正确地标记、标志和标牌外，还必须准备好危险货物运输单证。它的主要作用是转达有关危险货物的基本信息，使接受货物的各方人员对该货物的危险性有着充分的了解，以保证运输的安全，同时也是明确承托关系、分清各方责任的一个凭证。

《国际海运危险货物规则》中对危险货物运输单证作出了详细规定。单证上须注明所托运物质、材料或物品的正确运输名称、联合国编号、主要危险类别或划入的项别（副危险类别放在主危险类别或分类后面的括号内）、危险货物包装类别等信息，对于某些具有特殊性的危险货物，如爆炸品、感染性物质、放射性物质、限量包装的危险货物等，还应有其他附加信息。

危险货物运输单证中还须有一份证明书或声明，表明所托运的货物适合于运输，并已正确地加以包装、标记和标志，符合现行规定的运输条件。

必须戴防护眼镜
（符号：白色　底色：蓝色）

必须戴防毒面具
（符号：白色　底色：蓝色）

必须戴防尘口罩
（符号：白色　底色：蓝色）

必须戴防护帽
（符号：白色　底色：蓝色）

必须戴护耳器
（符号：白色　底色：蓝色）

必须戴安全帽
（符号：黑色　底色：蓝色）

必须穿防护鞋
（符号：白色　底色：蓝色）

必须戴防护手套
（符号：白色　底色：蓝色）

必须用呼吸器
（符号：黑色　底色：蓝色）

必须穿防护服
（符号：白色　底色：蓝色）

必须穿工作服
（符号：白色　底色：蓝色）

必须系安全带
（符号：黑色　底色：蓝色）

图 2-2　防护标志

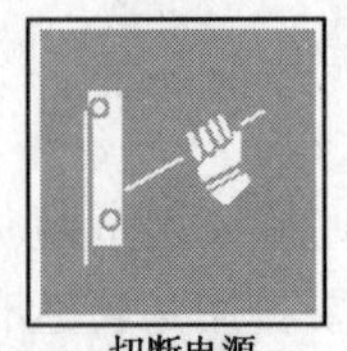

撤离现场（符号：白色　底色：绿色）　泡沫灭火（符号：白色　底色：绿色）　切断电源（符号：白色　底色：绿色）　大量水冲洗或稀释（符号：白色　底色：绿色）

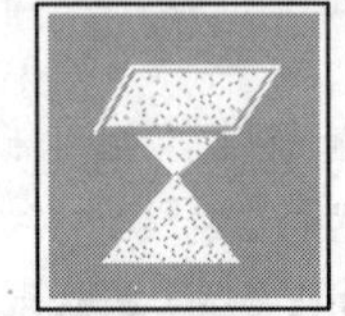

用水灭火（符号：白色　底色：绿色）　活性炭吸附（符号：白色　底色：绿色）　注意个体防护（符号：白色　底色：绿色）　沙土掩埋（符号：白色　底色：绿色）

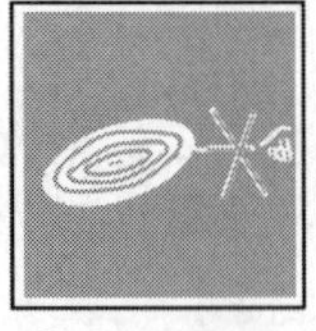

切断火源（符号：白色　底色：绿色）　禁止烟火（符号：黑色　底色：红色）　禁止水冲洗或稀释（符号：黑色　底色：红色）　禁止用水灭火（符号：黑色　底色：红色）

禁止沙土掩埋（符号：黑色　底色：红色）　切断气源（符号：黑色　底色：黄色）　当心火灾（符号：黑色　底色：黄色）　当心放射（符号：白色　底色：绿色）

当心腐蚀（符号：黑色　底色：黄色）　当心爆炸（符号：黑色　底色：黄色）

图 2-3　泄漏处理及防火防爆措施标志

第四节　危险货物积载与隔离

一、积载

积载是指对货物在运输工具上的配置与堆装方式做出合理安排，即在配载的基础上根据装货清单确定货物在各货仓、隔层仓或车辆配装的品种、数量、堆码位置及正确的堆装工艺。

1. 为适当积载而划分的船舶类型

《国际海运危险货物规则》中，除了第 1 类爆炸品外，为了制订适当的积载建议，将船分为 2 组：

货船：是指专门从事货物运输的船舶，但包括载客限额不超过 25 人或船舶总长每 3m 不超过 1 人的船舶。

客船：是指载客超过限制数额的其他船舶。

对第 1 类爆炸品客货船的划分范围是根据载客数是否超过 12 人来区分。

2. 危险货物积载类

《国际海运危险货物规则》为了确定适当的积载方式，除第 1 类爆炸品外，其他类别危险货物依据安全装运所需要的积载位置分为 5 个积载类——积载类 A 至 E，具体积载方式见表 2-3：

各积载类积载方式一览表（第 1 类爆炸品除外） 表 2-3

项目	积载类 A	积载类 B	积载类 C	积载类 D	积载类 E
货船	舱面或舱内	舱面或舱内	只限舱面	只限舱面	舱面或舱内
客船	舱面或舱内	只限舱面	只限舱面	禁止装运	禁止装运

第 1 类爆炸品的积载类在《国际海运危险货物规则》中另有规定，分为 15 个积载类——积载类 01-15。

二、隔离

对互不相容货物进行正确隔离，能有效地防止因泄漏等致因引发危险反应；万一发生火灾等事故，易于采取应急措施，最大限度地缩小危害范围，以减少损失。

1. 隔离的一般要求

《国际海运危险货物规则》对必须进行隔离的情况作出了规定：

(1)性质互不相容的物品。

(2)某些特殊物质与能助长其危险性的货物。

(3)易燃物品与遇火可能发生燃爆的物品。

(4)性质相似，但消防方法不同的货物。

(5)性质相似，但危害性大，发生事故后不易扑救的货物。

2. 隔离等级

根据不相容的危险货物之间发生反应所产生的危险程度，危险货物隔离要求分为以下 4 个等级：

隔离 1："远离"；

隔离 2："隔离"；

隔离 3："用一整个舱室或货舱隔离"；

隔离 4："用一介于中间的整个舱室或货舱做纵向隔离"。

3. 隔离表

"隔离表"表示的是不同类别危险货物之间的一般隔离要求。该表虽然为船舶装载危险货物的隔离而设计，但也适用于港口储存危险货物的隔离。

《国际海运危险货物规则》7. 2. 1. 16 列出《隔离表》，见表 2-4。

表中：

1——"远离"；

2——"隔离"；

3——"用一整个舱室或货舱隔离"；

4——"用一介于中间的整个舱室或货舱作纵向隔离"；

*——见《国际海运危险货物规则》7.2.7.2 条的有关规定。

×——隔离要求(如有)应查阅《危险货物一览表》。

该表表示的是《国际危险货物规则》规定的危险货物不同类别间一般的隔离规定,包括爆炸品与其他危险货物之间的隔离。但不适用于第 1 类爆炸品各危险性分类之间的隔离,爆炸品应遵照配装类分类和配装类之间的配装积载要求。

需要注意的是:

(1)由于每一类别中的物质、材料或物品的特性差别很大,因此,当与其他规定不一致时,随时查阅《危险货物一览表》中对隔离的具体规定比查阅一般规定更重要。

(2)隔离还要考虑到副危险性标志。

隔 离 表 表 2-4

类 别	1.1 1.2 1.5	1.3 1.6	1.4	2.1	2.2	2.3	3	4.1	4.2	4.3	5.1	5.2	6.1	6.2	7	8	9
爆炸品 1.1、1.2、1.5	*	*	*	4	2	2	4	4	4	4	4	4	2	4	2	4	×
爆炸品 1.3、1.6	*	*	*	4	2	2	4	3	3	4	4	4	2	4	2	2	×
爆炸品 1.4	*	*	*	2	1	1	2	2	2	2	2	2	×	4	2	2	×
易燃气体 2.1	4	4	2	×	×	×	2	1	2	×	2	2	×	4	2	1	×
无毒不燃气体 2.2	2	2	1	×	×	×	1	×	1	×	×	1	×	2	1	×	×
有毒气体 2.3	2	2	1	×	×	×	2	×	2	×	×	2	×	2	1	×	×
易燃液体 3	4	4	2	2	1	2	×	×	2	1	2	2	×	3	2	×	×
易燃固体(包括自反应和固体退敏爆炸品)4.1	4	3	2	1	×	×	×	×	1	×	1	2	×	3	2	1	×
易自燃物质 4.2	4	3	2	2	1	2	2	1	×	1	2	2	1	3	2	1	×
遇水时放出易燃气体的物质 4.3	4	4	2	×	×	×	1	×	1	×	2	2	×	2	2	1	×
氧化性物质(剂)5.1	4	4	2	2	×	×	2	1	2	2	×	2	1	3	1	2	×
有机过氧化物 5.2	4	4	2	2	1	2	2	2	2	2	2	×	1	3	2	2	×
有毒物质 6.1	2	2	×	×	×	×	×	×	1	×	1	1	×	1	×	×	×
感染性物质 6.2	4	4	4	4	2	2	3	3	3	2	3	3	1	×	3	3	×
放射性物质 7	2	2	2	2	1	1	2	2	2	2	1	2	×	3	×	2	×
腐蚀品 8	4	2	2	1	×	×	×	1	1	1	2	2	×	3	2	×	×
杂类危险物质和物品 9	×	×	×	×	×	×	×	×	×	×	×	×	×	×	×	×	×

第三章　散装液体港口危险货物作业

第一节　概　　述

一、散装液体危险货物定义、分类

1. 定义

散装液体危险货物不是一个确切的概念，仅为表述方便，这里所指的液体是在运输状态下呈液体形态，可流动，无固定形状的物质；散装是指不加任何中间形式的围护，直接灌装到构成船体结构部分的液货舱，或灌装到永久性固定在船上的液舱内及陆域储罐内（港口作业也包括在港区内装卸车）。危险货物是指具有燃烧、爆炸、有毒、腐蚀、放射、海洋污染等危险特性，并且在运输、装卸、储存、保管过程中，如果操作不合理，容易造成人身伤亡、财产毁损以及对海洋环境污染而需要按其特性加以特别防护的物质和物品。

2. 分类

由于散装液体危险货物种类繁多，性质各异，现今没有规范的分类，在运输上大致可分为如下几类：

①散装油品，包括：原油、成品油、燃料油、润滑油等；

②大宗重化工产品，如酸、碱等；

③石油化工、煤焦油产品，如：苯、二甲苯、溶剂、添加剂等；

④其他液体化学品；

⑤植物油和动物脂，如棕榈油、食用油、牛羊油、蓖麻油等；

⑥液化气，如 LNG、LPG 等。

本书将以上散装液体危险货物分为散装油品、散装液体化学品、液化气三大类进行介绍：

(1)散装油品（原油、成品油、燃料油、润滑油等）定义、特性和危险性。

①定义。

散装油品是指能用储罐储存的原油及成品油（汽油、煤油、柴油、石脑油等）。

②特性。

a. 挥发性。油品在低于沸点温度下，液体表面易产生汽化，尤其是轻质油品挥发性大。

b. 易燃易爆性。油品的组成主要是碳氢化合物及其衍生物，易发生燃烧，油蒸气与空气混合浓度在爆炸极限范围内时易发生爆炸。

c. 易积聚静电。油品的电导率一般都较低，因摩擦、接触后脱离等作用产生的静电荷易积聚。

d. 流淌扩散性。液体都有流动扩散特性，油品扩散能力取决于黏度。

e. 毒害性。油品及其蒸气一般具有毒性，特殊情况下具有较高毒性。

f. 胀缩性。油品受热后，温度升高，体积膨胀，易造成容器的胀破和吸瘪。

g. 易沸溢性。重质油品一般不易燃烧，一旦燃烧不易扑灭，易产生突溢、爆喷。

③危险性。

a. 火灾、爆炸危险性。油品遇点火源可发生燃烧，油品闪点越低，发生燃烧的危险性越大。油蒸气与空气混合可形成爆炸性混合气体。当在一定混合比例范围内时遇火源即能发生爆炸，油蒸气的爆炸下限越低或爆炸范围越宽，爆炸的危险性就越大。

b. 毒害性。油品蒸气具有一定的毒性。油蒸气经人口、鼻进入呼吸系统，使人体器官受害而产生急性或慢性中毒。

(2)散装液体化学品(包括大宗重化工产品、石油化工产品、煤焦油产品、其他液体化学品、植物油和动物脂等)定义、特性和危险性。

①定义。

散装液体化学品，是指能用储罐储存和化学品船运输，且在温度为37.8℃时，蒸汽压力不超过0.28MPa的易燃液体、部分毒害品和感染性物品、腐蚀品。

②特性。

a. 比重大。多数散装液体化学品比水轻，但有些比水重2~3倍。

b. 黏度大或凝点高。一些化学品称为高黏度和易固化物质。

c. 腐蚀性强。对人体会造成化学灼伤，对货舱、仓储设备易造成腐蚀。

d. 有毒。大多数化学品液体和蒸汽具有刺激性，有的且有麻醉性，且许多是剧毒物质。

e. 燃烧及爆炸。很多散装液体化学品闪点低于23℃，爆炸范围大于20%，比一般石油产品易燃性大。

f. 反应性及自身反应。除了货物之间会发生反应，有些货物与水或空气也会发生反应，有些货物自身会发生分解、结晶、氧化还原，特别是聚合反应。

g. 对热敏感。某些货物受热时会发生氧化、老化而遭受破坏。

h. 沸点低、蒸气压高。有些化学品被称为"半气体"，运输或仓储均需冷却降温。

i. 对杂质极其敏感。根据使用要求对货品纯度有严格规定，被玷污或受气味影响均会降低或丧失其使用价值。

③危险性。

a. 火灾、爆炸危险性。化学品的火灾危险性由其闪点、燃点、爆炸范围和自燃点等表示和确定。

b. 毒害性。有毒的蒸气、液体通过吸入、摄入和皮肤侵入人体会产生刺激并危害健康。

c. 水域环境污染性。水域环境污染性系指化学品偶尔性溢出对人类造成水生物的毒性及对环境审美的影响。

(3)液化气定义、特性和危险性。

①定义。

液化气，是指温度为37.8℃时，蒸气绝对压力超过0.28MPa的液体和其他散装货物。

②特性。

a. 易气化。液化气在常温常压下的沸点较低(液化石油气在常温常压下的沸点低于-50℃)，因此在常温常压下易气化。

b. 易膨胀。液化气受热时体积膨胀，蒸气压力增大。

c. 易带电。液化气流动时易产生静电。

d. 易燃爆。液化气属于易燃易爆物质，遇明火易引起火灾、爆炸。

e. 毒性。液化气的主要成分为烃类混合物，属于低毒性物质，但长期接触可导致神经衰弱综合征。

f. 易扩散性。液化气比空气轻，泄漏后可随风四处扩散，容易与空气形成爆炸性混合物，遇火源即可爆炸蔓延。

g. 腐蚀性。液化气的腐蚀性主要来自其中所含的杂质，如铁锈、硫化氢、二氧化碳、水等。

③危险性。

a. 火灾、爆炸危险性。液化气与空气混合可形成爆炸性混合气体，当在一定混合比例范围内时遇火源即能发生爆炸。

b. 毒害性。液化气具有一定的毒性。高浓度的液化烃(气)还可引起人员窒息。

c. 腐蚀性。液化气的腐蚀性主要来自其中所含的杂质，如铁锈、硫化氢、二氧化碳、水等。铁锈等尘粒、机械杂质随气流流动可以磨损管道造成破坏；湿硫化氢对钢材具有很强的腐蚀性，表现为金属管道与日俱增的壁厚减薄或点腐蚀穿孔等局部腐蚀破坏。

二、散装液体危险货物码头定义、分类

1. 定义

散装液体危险货物码头系指专用于装卸散装液体危险货物的码头、泊位。包括：油品码头、散装液体化学品码头、液化气码头。我国目前尚未专门制定散装液体化学品码头的设计规范，主要是参照油品码头的要求。

2. 分类

(1)根据所处地理位置和船舶类型，码头可分为以下几类：

①近岸式固定码头。一般利用自然地形顺岸建筑，主要由上部结构、墙身、基床、墙背减压棱体等组成。优点：整体性好、结构坚固持久、抵抗船舶水平载荷能力大、施工简单。缺点：港区内风浪较大时，壁的波浪反射影响港口水域平稳，不利于船舶靠泊和作业，也不适合水位落差较大的内河修建。

②浮码头。对于水位经常变动(如涨落潮)的情况可建造随水位升降的浮码头。它由趸船、趸船锚系、支撑设施、引桥、护岸部分、浮动泵站及输液管线组成。特点：趸船可随水位涨落而升降，所以作为码头的趸船面与水面的高度基本一致。引桥采用钢结构，可活动。

③栈桥式固定码头。近岸式固定码头和浮码头能供停泊的船舶吨位都不大，万吨以上的船舶多采用栈桥式固定码头，它借助引桥将泊位引向深水处。栈桥码头一般由栈桥、工作平台、靠船墩等部分组成。引桥作人行道和敷设管道用；工作平台作装卸操作用；靠船墩作靠船系船用，在靠船墩上使用护木或橡胶防护设备吸收靠船能量。

(2)根据码头结构，码头可分为以下几类：

①重力式码头。靠建筑物自重和结构范围的填料重量保持稳定，结构整体性好，坚固耐用，损坏后易于修复，有整体砌筑式和预制装配式，适用于较好的地基。

②高桩码头。由基桩和上部结构组成，桩的下部打入土中，上部高出水面，上部结构有梁板式、无梁大板式、框架式和承台式等。高桩码头属透空结构，波浪和水流可在码头平面以下

通过,对波浪不发生反射,不影响泄洪,并可减少淤积,适用于软土地基。

③板桩码头。由板桩墙和锚碇设施组成,并借助板桩和锚碇设施承受地面使用荷载和墙后填土产生的侧压力。板桩码头结构简单,施工速度快,除特别坚硬或过于软弱的地基外,均可采用,但结构整体性和耐久性较差。

三、散装液体危险货物码头火灾危险性分类及码头分级

(1)根据《石油化工码头装卸工艺设计规范》(JTS 165-8—2007),常用液化气、可燃液体的火灾危险性分类见表3-1。

常用液化气、可燃液体的火灾危险性分类表 表3-1

类别		名称	特性	化学品举例
甲	A	液化气	15℃时的蒸气压力 > 0.1MPa 的烃类液体和其他类似的液体	液化石油气、液化天然气、乙烷、乙烯等
甲	B	可燃液体	甲A类以外,闪点 < 28℃	汽油、戊烷、苯、石脑油、甲苯、二甲苯、丙酮等
乙	A	可燃液体	28℃ ≤ 闪点 ≤ 45℃	煤油、丁醇、苯乙烯、戊醇、冰醋酸、环己酮等
乙	B	可燃液体	45℃ < 闪点 < 60℃	-35号轻柴油、环戊烷、硅酸乙酯、氯乙醇等
丙	A	可燃液体	60℃ ≤ 闪点 ≤ 120℃	20号重油、苯胺、甲酸、乙二醇丁醚、甲醛、辛醇、乙二醇等
丙	B	可燃液体	闪点 > 120℃	100号重油、润滑油、二乙二醇醚、邻苯二甲酸二丁酯等

(2)根据《装卸油品码头防火设计规范》(JTJ 237—99),码头分级见表3-2。

码头分级表 表3-2

等级	海港(船舶等级)	河港(船舶等级)DWT	等级	海港(船舶等级)	河港(船舶等级)DWT
一级	≥20000	≥5000	三级	< 5000	< 1000
二级	5000 ≤ DWT ≤ 20000	1000 ≤ DWT < 5000			

装卸常温压力式液化石油气(LPG)运输船码头应按一级码头设计。

(3)根据《液化天然气码头设计规范》(JTS 165-5—2009),液化天然气码头的结构安全等级应采用一级。

第二节 散装液体危险货物的装卸和储存工艺及设备

不同的液体货物港口作业有不同的特点,但也具有一些共同的特征和要求。为此,本节以石油为例介绍散装液体危险货物装卸和储存工艺。

一、石油的种类和特性

石油可分为原油和石油产品两大类。第一类,原油是未经提炼的石油。第二类,石油产品是原油经过提炼而成的油品。它又可分为以下三类:

①透明石油及其产品,如汽油,煤油等轻质油品。

②深色石油及其产品,如柴油,润滑油等。

③沥青及其他,沥青呈固体状,是石油经提取油品后的剩余物。

石油的特性主要如下:

1. 易燃性和爆炸性

石油和石油产品的易燃程度可以用闪点、燃点和自燃点来衡量。闪点即在常压下和一定温度时，油品蒸发出来的油蒸气和空气混合后，与火焰接触闪出蓝色火花并立即熄灭时的最低温度；燃点即在标准大气压力下和一定温度时，油品蒸发出来的油蒸气与空气混合后，与火焰接触而着火并继续燃烧不少于5s时的最低温度；自燃点即在常压下，将油品加热到某温度，不用引火也能自行燃烧时的最低温度。表3-3给出了在常压下石油主要几种产品的闪点及火灾危险分类。

石油产品的闪点、燃点、自燃点　　表3-3

<table>
<tr><th rowspan="2">油　品</th><th colspan="2">温度(℃)</th></tr>
<tr><th>闪　点</th><th>燃　点</th></tr>
<tr><td>原　油</td><td>-6~32</td><td rowspan="5">一般较闪点高3~6℃，但个别油品则高的很多，例如航空润滑油</td></tr>
<tr><td>汽　油</td><td>-58~10</td></tr>
<tr><td>煤　油</td><td>28~60</td></tr>
<tr><td>柴　油</td><td>50~90</td></tr>
<tr><td>润滑油</td><td>120~200</td></tr>
</table>

油品装卸储运中发生的爆炸按其原理区分主要有两类：一类是油气混合气因遇火而爆炸，这是一种化学性爆炸；另一类是密闭容器内的介质，在外界因素作用下，由于物理作用，发生剧烈膨胀超压而爆炸，如空油桶或空油轮等因高温或剧烈的碰撞使腔内气体剧烈膨胀而造成爆炸等。在油库中最易发生且破坏性较大的是第一类爆炸。

油蒸气与空气的混合气达到适当浓度时，遇到足够能量的火源就能发生爆炸。某种油蒸气在空气中能发生爆炸的最低浓度和最高浓度，称为某种油蒸气的爆炸浓度下限和爆炸浓度上限，其所对应的饱和蒸气压对应的油料温度称为这种油料的爆炸温度极限。表3-4给出了几种常见货种的爆炸极限。

几种货物的爆炸极限　　表3-4

气体或液体名称	与空气混合时爆炸极限(体积百分比)		爆炸范围
	爆炸下限	爆炸上限	
甲　烷	5.3	14.0	8.7
乙　烷	3.2	12.5	9.3
丙　烷	2.4	9.5	7.1
丁　烷	1.6	8.5	6.9
苯	1.5	9.5	8.0
汽　油	1.0	6.0	5.0
煤　油	1.4	7.5	6.1
乙　炔	2.5	80.0	77.5

当空气中含油蒸气的量处于爆炸上限和爆炸下限之间，才有爆炸的危险，而且爆炸极限的幅度越大，危险性就越大。如果低于爆炸下限，遇明火，既不会爆炸，也不会燃烧；当空气中含油蒸气的量超过上限时，遇火只会燃烧而不会立刻爆炸，并在燃烧过程中可能突然转为爆炸。这是因为油品蒸气在空气中所占的体积百分比在燃烧中逐渐降低而达到爆炸上限的缘故。这就是为什么空载油轮较易发生爆炸，也就是油轮爆炸往往发生在燃烧后(先燃烧后爆炸)的主要原因。所以在考虑石油码头的建设时，须注意：

(1)油码头要和其他码头分隔并设在下游或下风处，并应满足《装卸油品码头防火设计规范》的相关要求；

(2)与临近的建筑物要有300m以上的防护距离，并要和居民区分开；

(3)码头要设置合理的消防设施。

2. 挥发性

不同油料的挥发性是不同的，一般轻质成分越多，挥发性越大，汽油大于煤油，煤油大于柴油，润滑油挥发较慢，同时油料在不同温度和压力下，挥发性也不同，温度越高，挥发越快，压力越低，挥发越快。从油料中挥发出来的油蒸气迅速与空气混合，形成可燃混合气，一旦遇到足够大的点火能量，就会引起燃烧和爆炸。挥发性越大的油料，火灾危险性越大。

石油的挥发会引起油量的减少和油质的降低，因为挥发成气体的大部分是石油及其产品中的轻质有效成分，而且这些挥发的气体还会伤害人体健康，一般情况下，当空气中油蒸气的含量达8.3g/L时，还会危及人的生命。所以这就要求，油码头要加强通风、开放、配备必要的防毒面具以在检修管道或油罐时用。

3. 扩散性

油料的扩散性及其对火灾危险的影响主要表现在以下三个方面：

(1)油料特别是轻质油料，具有很强的流动性。油料的这种流动性使得油料的扩散能力大大增强。所以，易发生溢油和漏油事故，同时也易沿着地面或设备流淌扩散，增大了火灾的危险性，也易使火势范围扩大，增加了灭火难度和火灾损失。

(2)油料比水轻且不溶于水这一特性决定了油料会沿水面漂浮扩散。一旦管道、储油设备或油轮将油料漏入江、河、湖、海等水域，油料就会浮于水面，随波漂流，造成严重的污染，甚至造成火灾。这一特性还使得不能用水直接覆盖扑救油料火灾，因为这样做反而可能扩大火势和范围。

(3)油蒸气的扩散性是由于油蒸气的密度比空气略大，且很接近，有风时会随风飘散，即使无风时，它也能沿地面扩散出50m以外，并易积聚在坑洼地。

4. 纯洁性

不同品种的石油产品一旦混在一起就不易分离，这就要求石油产品在装卸运输贮存时要保持其纯洁性。

5. 易产生静电性

石油沿管线流动时，与管道壁产生摩擦，石油在金属容器中晃动与容器壁摩擦均会产生静电荷，产生的静电荷就聚集在管道的容器壁上，当静电荷积聚到一定电位时，会产生静电放电，这种放电的火花对有大量石油蒸气的作业场所来说，很容易引起燃烧和爆炸。

6. 黏性和凝结性

油品的流动性能叫做黏性。各种石油产品及原油的黏性是不同的，有的黏性小，容易流动，如汽油；有的不仅在低温下有很大的黏性，甚至在夏季气温较高的情况下，仍是凝结的，如某些原油及不透明的石油产品。

任何液体都有黏度，油品的黏度是表示油品流动性的指标，一般轻质油的黏度小，流动也快；重质油的黏度大，流动也慢。油品的黏度与温度有关，温度升高，黏度下降，流动性好；反之，温度降低，黏度升高，油品易凝固。

7. 膨胀性

物质具有热胀冷缩的特性，称为膨胀性。膨胀性表现为物质的体积随着温度的升高或降低产生膨胀或缩小。石油及其产品受热时,体积会膨胀而增大,这就是石油的膨胀性。油品的膨胀性与体积、温度有关,一般说来,油品越轻,膨胀系数越大。

8. 毒害性

石油蒸气对人体健康很有害。因石油中毒或吸入其蒸气而引起中毒的情况时有发生,越是大量吸入蒸气就越能造成人体中毒甚至死亡。有的油品,如含四乙基铅的汽油蒸气毒害性更大,它可以通过皮肤接触使人中毒。

石油的毒性与其蒸发性有密切关系,易蒸发的石油制品比难蒸发的石油制品毒性大。

二、石油的储存设备

1. 油库概述

油库是储存、转运和供应石油及石油产品的专业性仓库,是协调原油生产和加工、成品油运输及供应的纽带。

(1)按管理体制和业务性质划分。

根据油库的管理体制和业务性质,油库可以分为独立油库和附属油库两大类型。第一类是独立油库。独立油库是指专门接收、储存和发放油品的独立企业或单位,它包括民用油库和军用油库两种,其中民用油库又分成储备油库、中转油库和分配油库;军用油库分为储备油库、供应油库和转运油库。第二类是附属油库。附属油库是指企业或其他单位为了满足本部门需要而设置的油库。它也包括民用油库和军用油库两种。其中民用油库又分成油田原油库、炼油厂油库、机场及港口油库、农机站油库和其他企业油库;军用油库分为机场油库和地面部队油库。

储备油库平时主要担负战略后方和战役后方的油料、油料器材的储备,日常油料供应任务较少。储备油库的容量一般都较大,多为隐蔽性好、防护能力强的山洞库或地下库。供应油库在储存一定数量油料的前提下,主要任务是保障一定区域内各单位的用油,其库容量一般较储备油库小,油料品种比较齐全,收发作业频繁。转运油库承担油料的中转任务,一般设在口岸或交通枢纽地区。将经水路的油料卸下,再经由铁路、水路或公路转运给用油单位。

(2)按容量和年供应量收发量划分。

按国家标准《石油库设计规范》,石油库等级划分见表3-5。

石油库的等级划分表 表3-5

等　级	石油库总容量TV(m^3)	等　级	石油库总容量TV(m^3)
一　级	100000≤TV	四　级	1000≤TV<10000
二　级	30000≤TV<100000	五　级	TV<1000
三　级	10000≤TV<30000		

注:1. 表中总容量系指油罐容量和桶装油品设计存放量之总和,不包括零位罐和放空罐的容量。
2. 当石油库储存液化石油气时,液化石油气罐的容量应计入石油库的总容量。

按国家标准《石油储备库设计规范》,总储量大于120万m^3的油库适用此规范。

2. 油罐储油方式

油料按照储运方式的不同分为散装和整装两种。凡是用油罐、车、船(油轮、油驳)、管道等储存或运输的油料称为散装油料。凡是用油桶及其他专用容器整储整运的油料称为整装油料。在油库中,油罐是储存散装油料的主要容器,也是油库的主要储油手段。油桶是储存整装油料的主要容器。

(1)油罐的基本要求。

油罐应由不燃材料制成，易于防火，与油品接触不发生化学变化，且不影响油品质量；油罐应严密性好，不发生油品及其蒸气渗漏；油罐的结构及附件简单，坚固耐用；便于施工和管理。

(2)油罐的类型。

①按建筑形式分，贮油灌可分为地上、地下和半地下等各不同形式，我国常用的是地上油罐形式。

②按油罐的结构形式分：

a. 拱顶式。是最常用的一种钢制油罐的形式。

b. 浮顶式。油罐的顶是浮动的，即它可随罐内油的多少而上下浮动。

c. 呼吸顶式。这种油罐具有柔性的罐顶。

③按油罐使用的不同材料分：金属油罐和非金属油罐。

a. 金属油罐按形状又可作如下划分：

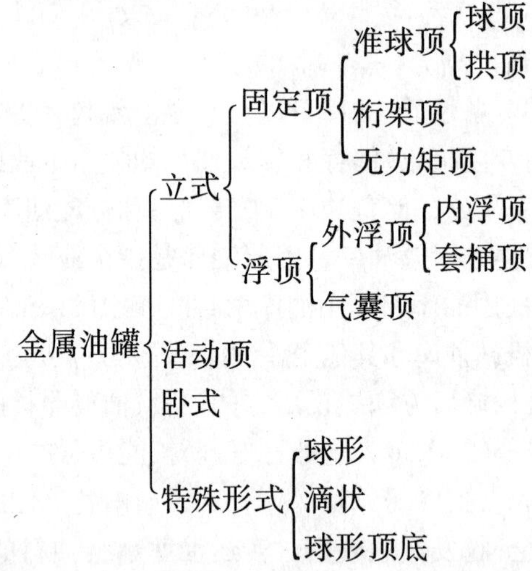

根据目前油罐的实际及发展状况，应用较多的是立式圆柱形拱顶金属油罐（图 3-1）、立式圆柱浮顶金属油罐（图 3-2）和卧式金属油罐。

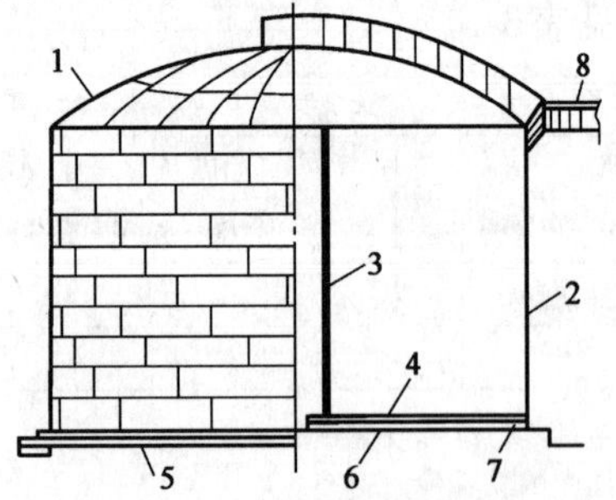

图 3-1 立式圆柱形金属拱顶油罐
1-拱顶板；2-侧板；3-液位计；4-加热管；5-地面管道；6-底板；7-导形板；8-阶梯

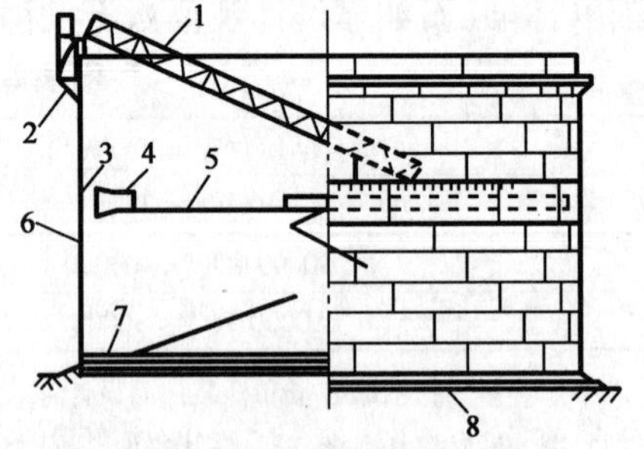

图 3-2 立式圆柱浮顶金属油罐
1-活动梯；2-旋转阶梯；3-密封装置；4-浮筒；5-浮动罐顶；6-侧板；7-加热管；8-地面管道

b. 非金属油罐主要有土油罐、砖油罐、石砌油罐和钢筋混凝土油罐等。

④金属罐和非金属罐比较见表 3-6。

目前，我国已经停止使用非金属油罐，也不再新建这类油库。

(3)油罐附件及安全设施。

为了便于生产管理，保证安全，油罐应设置温度、液位等控制仪表、报警装置及防雷防静电接地装置。为了保证油罐正常工作，应设置必要的附件，这些附件主要有梯子、栏杆、人孔、透光孔、量油孔、进出油短管、机械呼吸阀、液压阀、放水低阀、防火泡沫箱等。

金属罐和非金属罐比较表　　表 3-6

项目比较	金　属　罐	非　金　属　罐
使用特点	使用安全可靠，不渗漏，耐热性能好； 施工方便，便于维修保养，方便； 油罐计量较准确； 采用浮顶式罐，油品损耗小； 耗钢量大，易腐蚀	耗钢量小，抗腐蚀性好，使用寿命长； 罐壁热惰性大，可减小油品呼吸，损耗小； 造价高，施工期长，维修较难； 对地基适应性差（不均匀沉降性地基）对温度的适应性小； 易渗漏
使用范围	使用较广泛，尤其是浮顶式罐	半地下式时，也用非金属罐

3. 其他储油方式

散装油料除了采用各种油罐储存外，还可采用水封和盐岩油库储存。

（1）水封储油。

水封储油有水封油库、人工水封石洞油罐和软土水封油罐三种。

①地下水封油库，即利用地下水密封库壁的无衬砌石洞油库，它是在有稳定地下水的地区（在地下水水位以下至少5m）开挖石洞，用水冲洗洞穴后直接在洞内储油；洞壁不做混凝土被覆，也不贴衬里。这种方式储油的原理是利用水的密度比油大，同一高度上岩洞周围地下水的静压力比油的静压力大，且油水不相容的特性，靠周围岩体裂隙中稳定的地下水的压力把油封在石洞中。水封油库可用来储存原油、重油、柴油、汽油、航空油料等各类油料，我国目前已经建成用于储存原油和柴油的水封油库。

②人工水封石洞油罐是一种基于水封原理又不受建库地区、地下水位限制的油罐。它是在岩体中开挖好洞罐后，进行罐体混凝土离壁被覆，利用被覆层和岩体之间的预留空隙充水而成水套层，并在罐顶做水封层，罐底做水垫层，从而使混凝土罐处于水的包围之中，由于水面高于罐内油面，罐体上每一点的水压力都大于该点的储油静压力。从而实现了水封储油。

③软土水封油罐是在稳定地下水位以下的软土中建造混凝土油罐，利用地下水的压力来封存罐内油品。

（2）地下盐岩库储油。

地下盐岩库储油即利用在盐岩中打井并冲刷出来的洞穴储油的方法。

盐岩分布很广、埋藏很深的盐岩，孔隙率和渗透性几乎等于零，具有很好的气密性和液密性。盐岩与各种油品或液化气接触时，不发生化学变化，不溶解，不影响油品或液化气的质量。因此，在盐岩中构筑地下油库是一种理想的储油方法。

三、石油的装卸设备

石油的装卸设备主要包括输油泵、管线及附加设备。

1. 输油泵

油品装卸用输油泵。输油泵的作用是产生压能，使油品在压差的作用下流动。输油泵一般要求排量大，扬程较低；扬程高时，采用多级离心泵；扬程低的采用单级离心泵。

输油泵主要有离心泵、往复泵、齿轮泵和螺杆泵等几种。油港输油实际中通常采用的是离心泵(如图3-3)。

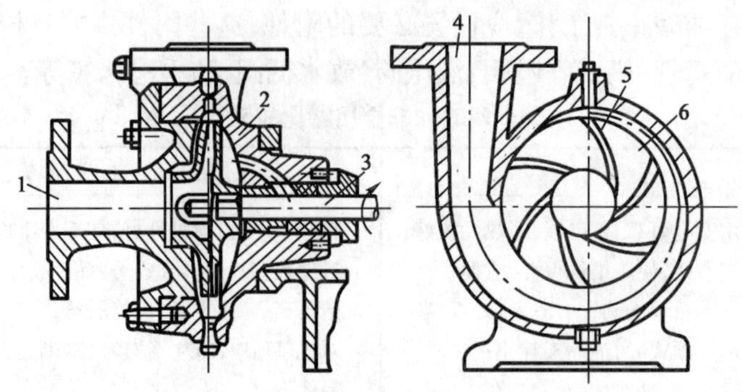

图3-3　离心泵结构

1-吸入接管;2-泵壳;3-泵轴;4-扩压管;5-叶瓣;6-叶轮

泵的主要工作部件是叶轮和泵壳。叶轮通常是由若干弧形叶瓣和两侧圆盘所构成。叶轮用键和螺母固定在泵的一端,轴的另一端则通过填料箱伸出于泵壳之外,由原动机驱动。泵壳呈螺线形,而吸入管和排出管分别连接在泵壳的中心和螺壳的出口上。

(1)离心泵的主要特性参数。

①流量:指单位时间内从泵的排出口所排出的液体体积,用L/s,m^3/h表示。

②压头(扬程):指单位重量液体通过泵所获得的能量增值(用m表示)。

③功率和效率泵在单位时间内对液体所做的功,称之为有效功率。

④转数:指泵轴或叶轮每分钟旋转的次数,单位r/min。

⑤允许吸入真空高度:是指泵在正常运转的情况下,泵入口处许可的最大真空度,单位为m(液柱),它标志泵的吸入性能。

泵铭牌上给出的流量、扬轴功率、效率都是用水试验得出的。

(2)输油泵的选择。

输油泵的型号,应根据原油性质和输油参数进行选择,一般宜选用离心泵,同一泵房内,泵型应尽量一致。配用电机应优先考虑防爆型,电压力求一致。

输油泵的流量,应根据装船、装车、管道输送等不同情况分别确定。各类输油泵的工作性能比较见表3-7。

2. 管线及附加设备

油港内的管线有油管线、气管线(如氮气管线、蒸汽管线、压缩空气管线、真空管线)、水管线(冷水、热水管线)几种,一般都用无缝钢管和有缝钢管。

(1)油管线的种类。

油管线是联系泵房、油船、油码头、汽车装车台的主要设备。油管线的种类有:钢管、耐油胶管、软质输油管等。固定物油管多用钢管;耐油胶管主要用于机动装、卸输油设备,连接的活动部位;软质输油管是一种新产品,由于其收卷方便,在野外作业时得到广泛应用。

①钢管。钢管按其制造方法分为无缝钢管和焊接钢管。无缝钢管又分为热轧和冷拔两种,油库常用的是热轧普通无缝钢管。它的主要优点是:品种规格多,强度高,安全可靠。无缝钢管的规格用外径乘壁厚表示,如ϕ159mm×4.5mm,表示外径为159mm。壁厚为4.5mm。

焊接钢管是先将钢板卷成圆筒,然后焊接而成。根据钢板卷制的方式不同,可分为对缝焊管和螺旋焊接管两种,大直径管路采用螺旋形焊缝。按表面质量分镀锌和不镀锌两种,镀锌的俗称白铁管，不镀锌的俗称黑铁管。

输油泵工作性能比较 表3-7

项目比较	离心泵	往复泵	齿轮泵	螺杆泵
转速	转速高，通常为1500~3000r/min或更高	往复频率低，通常在140次/min以下	一般在15000r/min以下	一般在15000r/min以下，小型泵可达3000r/min
流量	流量均匀，且流量随扬程变化而变化；流量范围大，通常在10~350m³/h	流量不均匀。流量只和泵的往返次数有关，而与工作压力无关；流量较小，通常在30m³/h以下	流量均匀，但比离心泵差些；流量只与转速有关，而与工作压力无关；流量较小，通常在30m³/h以下	流量均匀，流量只与转速有关，而与工作压力无关，流量范围较大，通常在0.52~300m³/h
扬程	扬程与流量有关，在一定流量下，只能供给一定扬程；单级泵扬程可达到300m以上	扬程由输送高度和管路阻力决定，只要泵和管路强度足够大，且电动机功率较大，扬程也可相应增高；使用工作压力一般在980kPa(10kgf/cm²)以下	扬程由输送高度和管路阻力决定，只要泵和管路强度足够大，且电动机功率较大，扬程也可相应增高；使用工作压力一般在392kPa(4kgf/cm²)以下	扬程特点同往复泵一样，使用工作压力在39.2MPa(400kgf/cm²)以下
功率	功率范围大，可达500kW	功率小，一般在20kW以内	功率小，一般在10kW以内	功率范围大，一般在500kW以内
效率	效率较高，一般在0.5~0.9；在额定流量下效率最高，随流量变化，效率也影响变化	效率大，一般在0.72~0.93；在不同工作压力下，效率仍保持较大值	效率一般在0.6~0.9，工作压力高时，效率降低	效率一般在0.8~0.9
允许吸入真空	一般为4.5~7m，最大可达8m	一般可达8m	一般在6.5m以下	一般在4.5~6m

②胶管。油库常用的胶管主要有输油胶管、重型输油胶管、钢丝编织输油胶管等。

输油胶管，即中间及外层带螺旋金属丝的输油胶管，这种胶管由内胶层、内增强层、螺旋金属丝、中胶层、中间增强层、螺旋金属丝、外增强层以及外胶层组成。承压能力较高，可用于吸入和排出管。适合用于油轮的装卸，也可用于军舰加油。

③钢丝编织输油胶管。钢丝编织输油胶管由内胶布缓冲层或棉线螺旋钢丝、中间胶层、钢丝编织层和外胶层组成。承压能力较高，工作压力为980kPa。这种胶管没有接头，可以截断使用。可以作为排出管，也可用于吸入管路。

④软质输油管。这种输油管主要由能承受内压和拉力的编织骨架层和防渗内外保护层组成。编织骨架层采用锦纶涤纶做主要材料，内外保护层采用橡胶做主要材料。它的优点是重量轻、存放体积小，使用方便等。

(2)油管管径的确定。

管径的选择应充分考虑操作要求、技术性能和经济合理，油管线推荐见表3-8。

油管线推荐流速 表3-8

运动黏度(厘沱)	吸入管线流速(m/s)	排出管(扩压管)流速(m/s)	运动黏度(厘沱)	吸入管线流速(m/s)	排出管(扩压管)流速(m/s)
10~11.4	1.5~2.0	2.5~3.0	74.0~148.2	1.1~1.2	1.2~1.5
11.4~28.4	1.3~1.8	2.0~2.5	148.2~444.6	1.0	1.1~1.2
28.4~74.0	1.2~1.5	1.5~2.0	444.6~889.2	0.8	0.1

(3)油管的伴热措施。

为了使油品在输送过程中不冷凝和温降不要过大,油管须采用伴热措施。伴热保温常有蒸汽管伴热或电加热,目前国内采用蒸汽管伴热较为广泛。

蒸汽管伴热有内伴热、外伴热和外伴随三种:

①蒸汽管内伴热。内伴热(图3-4)是在油管内部同一蒸汽管,其优点是热效率高,缺点是施工维修困难,蒸汽管支撑在油管内部,油品管线摩阻增大,又由于两种管子内解质温度不同,热伸长量也不一样,故在蒸汽管弯头处及引出油管的焊缝处常因裂纹而发生漏油现象。为克服上述缺点,可在蒸汽管伸出处的油管上接一短管,使蒸汽管的焊口全部露出外面,并便于蒸汽管的伸缩。

②蒸汽管外伴热。外伴热是油管外套有蒸汽管。其优点是传热面大,热效率较高,多用于炉前管道。缺点是耗用钢材较多。

③蒸汽管外伴随。外伴随(图3-5)是在油管外部伴随一根或多根蒸汽管,一起包扎在同一保温层内,其优点是便于施工检修,也不会发生油、汽混窜的问题,但传热效率与内伴热和外伴热相比则较低。

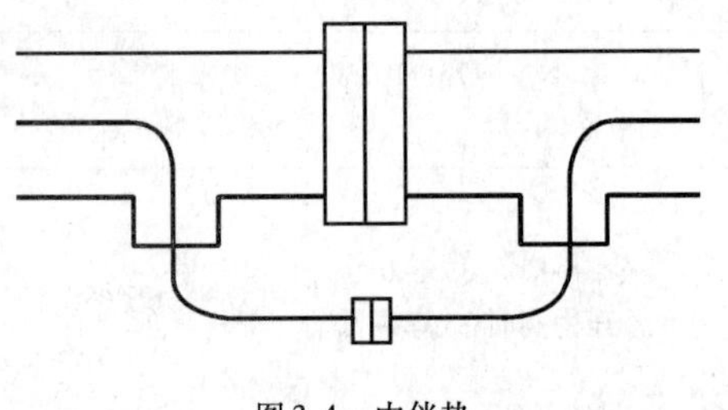

图3-4　内伴热

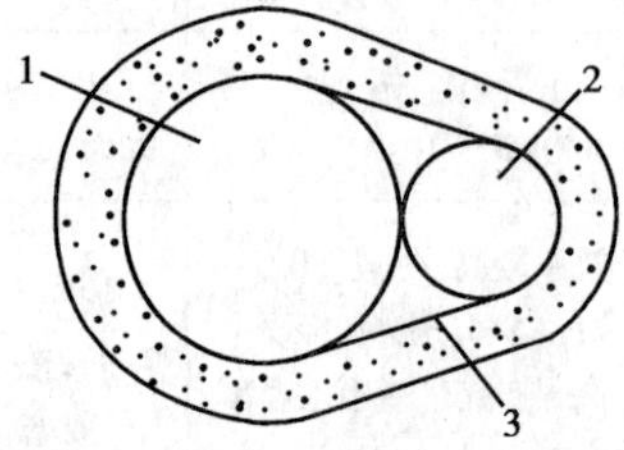

图3-5　外伴随

1-油管;2-蒸汽管;3-铁丝网保温层保护壳

管线保温层的经济厚度,应使全年的热损失价值和全年投资的折旧费之和为最小。

管线受温度变化的影响会发生胀缩现象,为了避免损坏管线,对地面敷设的热油、热水、蒸汽管应每隔一定距离加补偿器,并在管线“两端”加固定支墩,补偿器的间距根据所用补偿器的补偿能力而定。

补偿器的种类有填函补偿器、波纹管补偿器、Ⅱ型、Ω型以及Z型、弯管等(图3-6)。油码头上常用的是Ⅱ型、Ω型以及Z型补偿器。

管线上还要附加必要的阀门、油筛、流量表等。

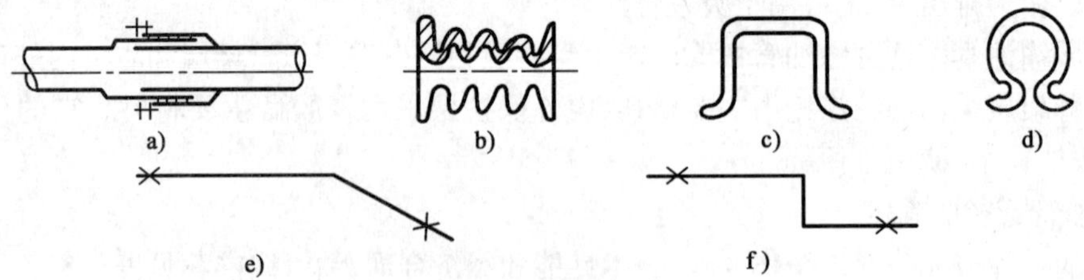

图3-6　补偿器

a)填函;b)波纹管;c)Ⅱ型;d)Ω型;e)、f)自然补偿

3. 车船装卸的连结设备

油罐车的装卸都设置装车台(栈桥)及鹤管(图3-7)。装车台根据油品性质和操作条件不同,而分台设置。

根据每次装车的辆数确定鹤位数及栈台长度。为了减少占地和投资，一般采用双侧台。

装车台的规模不完全取决于装车量，油罐列车的组成、编组和调车方式等也必须考虑。

油船装卸可用橡胶软管作为码头和船舶之间的油流通道，橡胶软管具有挠度大，适应性强的特点，但橡胶软管的维护费用较高，而且进一步增大橡胶软管的口径尺寸和油品流速也受到一定限制。因为流速增大到一定程度，就会使软管产生剧烈振动，影响生产的安全。因此橡胶软管已不适宜作为大型油轮的高速、高效的装卸输油管线。

输油臂是一种新型的油港装卸设备。输油臂具有俯仰和旋转的功能，臂上油管为有活动接头的钢管，如图 3-8 所示。输油臂的特点是生产安全可靠、省力、使用年限长、效率高、维修费用低，有利于油港装卸自动化。

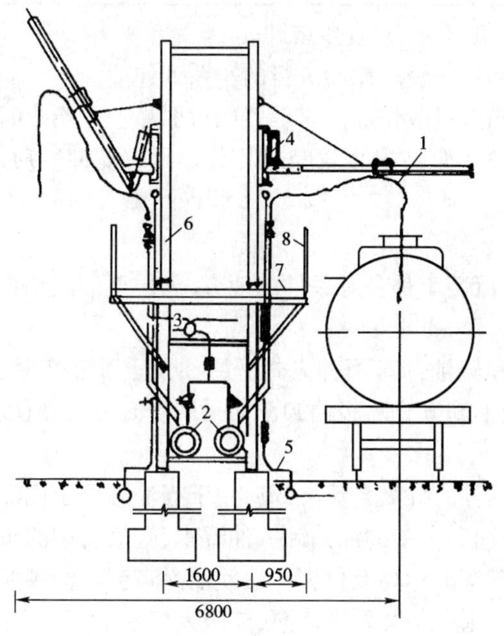

图 3-7　装车台(栈桥)及鹤管(尺寸单位:cm)

1-小鹤管;2-汇油管;3-扫线管;4-气动阀;5-回水管;6-栈桥架;7-平台;8-栏杆

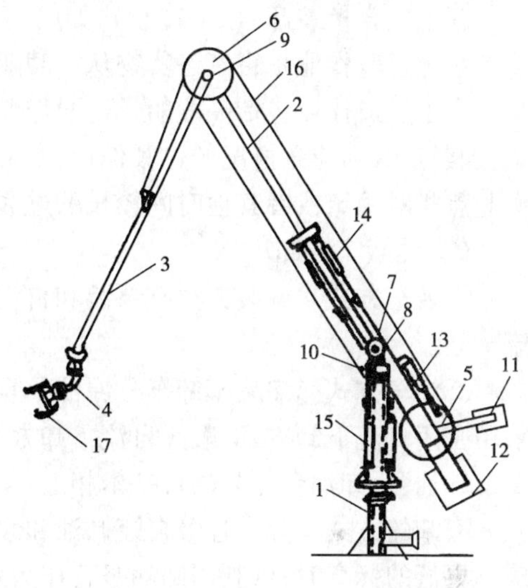

图 3-8　输油臂

1-竖管;2-内伸臂;3-外伸臂;4-三向接头;5-尾部绳轮;6-头部绳轮;7-中部绳轮;8、9、10-回转接头;11-外伸臂平衡;12-平衡重;13-外伸臂回转液压缸;14-内伸臂回转液压缸;15-水平回转液压缸;16-拉索;17-液压快速接合与脱开装置

四、石油装卸工艺

港口石油的装卸包括石油的装船、卸船和装车、卸车。

1. 石油装卸方式

(1)油船装卸。

在国内外油港，油船装卸方式可分为：

①靠码头直接装卸，目前我国大部分油码头均采用这种方式。

②通过海上泊地装卸，海上泊地可理解为在离开陆域较大水深处设置的靠船设施。油船的海上泊地，按其构造形式及输油管方式分类见表 3-9。

单点系泊方式是油船的船首系在一个浮筒上的方式。

多点系泊方式是将油轮的船首与船尾用数个浮筒保持在一定方向的系泊方式。海底输油管与油船的集合管由一根或数根软管相接。这些方式按软管体系分类见表3-10。

按构造形式及输油方式分类 表3-9

构造形式		输油管方式	构造形式		输油管方式
固定式	靠船墩式	海上或海底油管	浮标式	单点系泊	海底油管
	栈桥式	海上油管		多点系泊	海底油管

按软管体系分类 表3-10

系船方式	软管体系	系船方式	软管体系
单点系泊	常设浮标方式 浮沉方式	多点系泊	常设浮标方式 水下方式 浮沉方式

③水上直接装卸(水上过驳),如船—船直接装卸,船—驳直接装卸。

水上过驳作业是将液态货物从一艘船舶输送到另一艘船舶所进行的一系列作业。

水上过驳作业包括一般船舶过驳作业和水上储库过驳作业。一般船舶过驳作业是指临时减、加载过驳和应急情况的过驳作业;水上储库过驳作业是指卸载船或装载船具有储库性质,作业点相对固定或者其他时间较长的过驳作业。

(2)油罐车装卸。

①装车方式。罐装方法有泵装和自流装车,自流装车是在有条件的地方,利用地形高差自流罐装。

②卸车方式。油罐车卸车分原油及重油卸车和轻油卸车两种方式。原油及重油卸车时,采用密闭自流下卸方式、敞开自流下卸方式与泵抽下卸方式。轻油卸车均采用上卸方式,所以要设卸油台,卸油台与装油台基本相似。

上卸的方式又分为虹吸自流卸油和泵抽卸油两种。虹吸自流上卸应用于当油罐位于比油罐车更低的标高时,可利用卸油竖管作为虹吸管将油罐车中的油品卸入油罐中,虹吸管中的负压由真空泵来达到。虹吸泵抽上卸则应用于当油罐车的标高及位置无法使油品自流入油罐时采用。需要注意的是,如采用非自吸式离心泵卸油,则必须装置真空泵,使吸入管造成真空,如采用自吸式的泵,则可不装真空泵。

2. 原油和成品油装卸工艺流程

原油和成品油装卸一般有下列几个主要工艺流程,设计时应根据具体条件予以考虑。

(1)装船工艺流程。

装船根据是卸罐车还是长输管线来油,油品是进油罐还是直接装船,是否要进行加热等不同情况组成各种工艺流程,见图3-9。

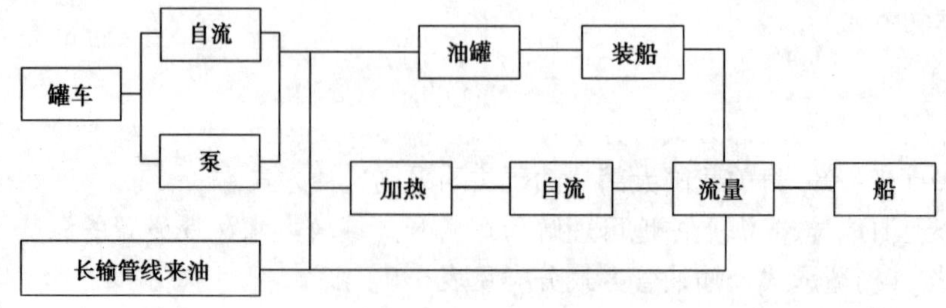

图3-9 装船工艺流程图

(2)卸船工艺流程。

卸船一般用船上泵，根据油品是否进油罐以及去向是装卸车还是进后方车间等情况组成不同的工艺流程，见图3-10。

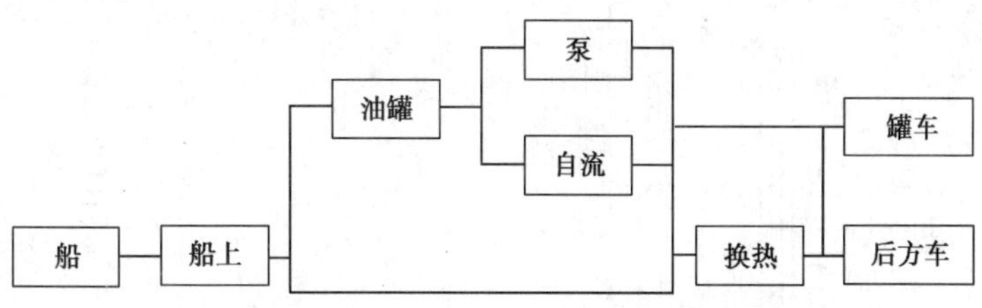

图3-10　卸船工艺流程图

(3)循环流程。

油区建成后，在正式投产前要进行试运转，即将油品在油区打循环，检查各环节是否运转良好。在投产后，为避免原油在油管内凝固，在不进行船舶装油作业时，也须保持码头油库及油管内原油不断循环流动，见图3-11。

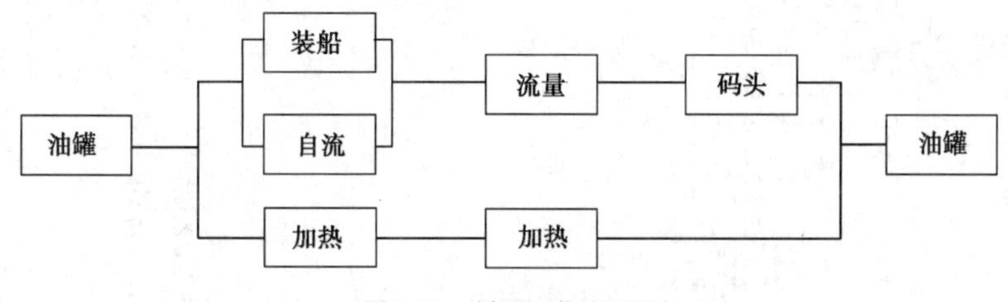

图3-11　循环工艺流程图

(4)卸车流程。

①原油及重油卸车。有密闭自流下卸方式、敞开自流下卸方式与泵抽下卸方式三种。

密闭自流下卸流程如下：油罐车→下卸鹤管→汇油管→导油管零位罐→转油泵→油罐。

敞开自流下卸流程如下：油罐车→卸油槽→集油沟(或导油管)→零位罐→转油泵→油罐。

泵抽下卸流程如下：油罐车→下卸鹤管→集油管→导油管→卸油泵→油罐。

②轻油卸车。轻油卸车均为上卸，设卸油台，卸油台与装油台基本相似。

(5)扫线作业。

不论是原油和成品油的装卸工艺流程，还是其他散装液体危险货物的装卸工艺流程，在装卸作业结束后，管线内的剩油都需要扫回油罐，或将输油臂内残油扫入油船，即所谓扫线作业。之所以需要扫线，有很多原因。有的是为了防止油品在管线内凝结，有的是为了避免和下次来油混淆，有的是为了检修安全。

扫线介质主要有如下几种：蒸汽、热水、海水、压缩空气、氮气。热水和海水置换有利于把位于四处的管线内的剩油清扫干净。但不论是热水、海水，还是蒸汽都会增加油品的含水量，影响炼油厂的作业。火灾危险性为甲类和乙类的油品，应用含氧量不大于5%的惰性气体扫线，也可采用扫线球扫线。其他燃料油品均可用压缩空气扫线，但对留线布置纵断面上呈下垂凹形的地方，压缩空气不易将此部位剩油扫清，因此在留线布置时要注意尽可能避免在纵断面上呈现下垂凹形的死角。

3. 典型工艺流程图

现介绍港口油区的典型工艺流程图。如图3-12、图3-13是某油港原油出口工艺流程图和某油港原油进口工艺流程图。

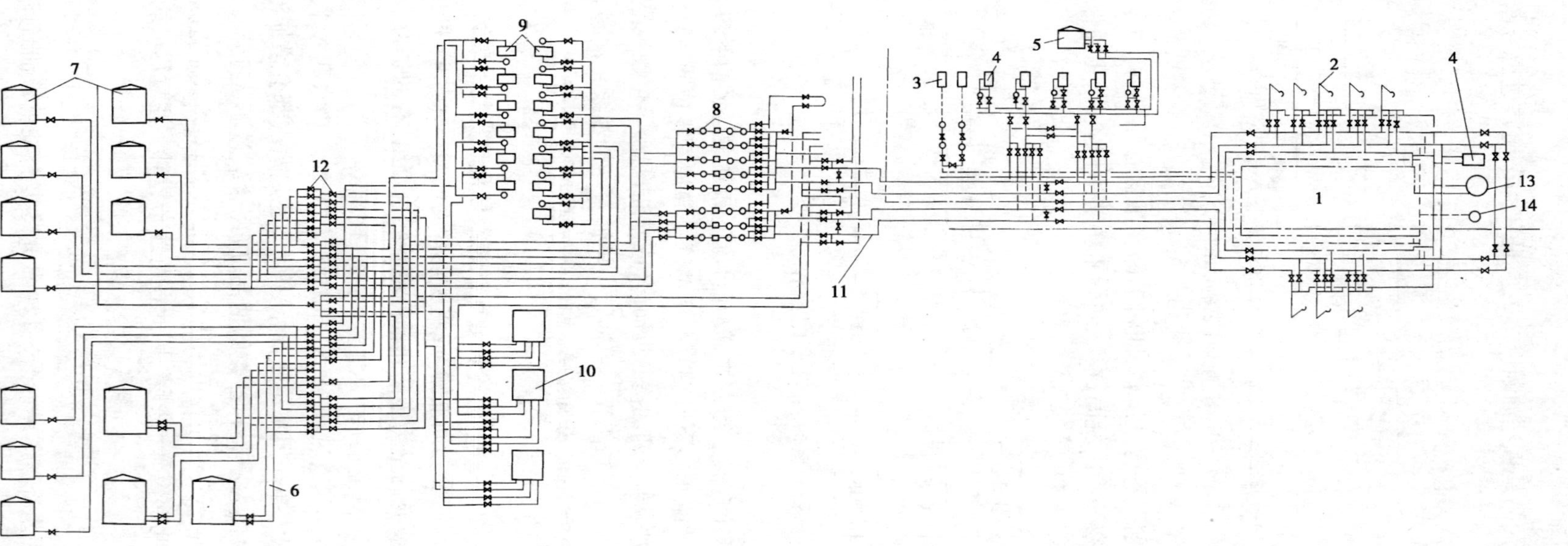

图 3-12　某油港原油进口工艺流程图

1-码头装卸平台；2-输油臂；3-空气机；4-泵；5-扫线罐；6-原油管；7-罐；8-计量室；9-泵房；10-加热炉；11-泊位装油管；12-总阀室；13-残油罐；14-空气罐

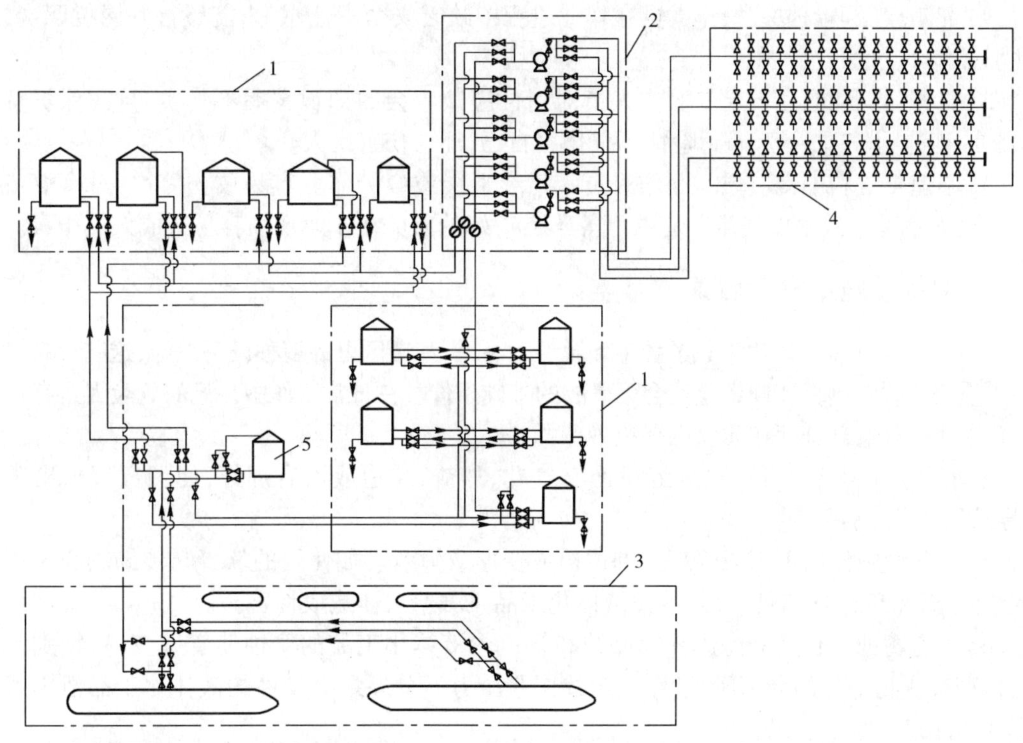

图 3-13　某油港原油进口工艺流程图

1-原油罐区;2-原油泵房;3-码头作业区;4-原油装车台;5-扫线罐

第三节　散装液体港口危险货物作业危险因素辨识与分析

危险因素是指对人造成伤亡或者对物造成突发性损坏的因素。港口在装卸散装液体危险货物的过程中,有多种危险因素并存,本节从货物、人和设备三个角度进行分析。

一、货物的危险有害性

通过液体化工品的 MSDS(安全技术说明书)分析其理化特性,可以看出货物本身的危险因素。

(1)火灾危险性。低闪点的易燃液体化工品泄漏后,遇明火、静电放电或金属撞击产生的火花,会发生燃烧。例如环氧丙烷、丙烯腈、甲醇、苯等。

(2)爆炸。易燃液体化工品泄漏后,当其蒸气与空气混合达到爆炸极限时,一旦遇火,就会发生爆炸。

(3)腐蚀性。强酸、强碱溅到眼睛和皮肤上,会灼伤眼睛和皮肤。例如硫酸、苯酚等。

(4)毒害性。港口装卸的散装液体化工品都具有毒害性,其泄漏物和蒸气会使人体发生急性中毒或慢性中毒。例如丙烯腈、氯仿、煤焦油等。

二、人的不安全行为

(1)不安全行为。管理人员和现场操作人员的"三违"和习惯性违章行为,如开错阀门、管线法兰端面处理不干净造成垫片不平整、螺栓未按规定对角上满上紧、未放垫片或垫片放偏、作业压力异常而未及时处理等,致使液体化工品发生跑、冒、滴、漏。

(2)责任意识不到位。操作人员在作业过程中缺乏安全责任感,未能履行好岗位职责,致使现场控制不力,发生事故。

(3)业务知识和能力不足。操作人员对岗位应知应会的知识掌握不扎实,自我保护意识和预防应变能力较差,一旦遇到险情不仅伤害自己,还会伤害别人。

(4)心理异常和不良习惯。操作人员带情绪上岗或疲劳作业容易放松警惕,对事故苗头和隐患视而不见导致事故发生。有饮酒等不良嗜好的人员在作业现场容易造成人员中毒。

三、设备设施不安全因素

港口在装卸散装液体化工品过程中涉及船上、码头和罐区里的多种设备设施,这些设备设施达到本质安全化是确保装卸作业安全无事故的基础条件。在日常工作中常见的危险因素有:

(1)设备设施自身存在质量问题引发事故。

(2)管线焊接的交叉口、角焊缝里面有气孔、加渣、咬边或没有焊好,使用过程中出现裂纹,导致液体化工品泄漏。

(3)设备设施使用不当或管理不到位造成变形或失效。如使用的软管与装卸的介质不匹配或法兰端面、管道接口处变形,致使液体化工品飞溅给人体造成伤害。

(4)管道腐蚀。长期的海边环境腐蚀和管道内液体化工品的腐蚀使管壁变薄,特别是管道内易积聚货物部位的局部腐蚀,在一定的作业压力下会导致突发性的液体化工品泄漏或火灾爆炸事故。

(5)船岸连接软管磨损或疲劳使用致使管壁变薄、与法兰连接处松动,在作业压力升高时易造成管线爆裂事故,危及码头安全。

第四节 散装液体港口危险货物作业安全技术

一、散装油品/散装液体化学品港口作业安全技术

1. 码头安全技术要求

(1)总平面布置。

①油品/散装液体化学品码头应根据码头等级和火灾危险性,结合具体条件,以保证安全、有利于防火和灭火为原则合理布置。

②油品/散装液体化学品码头宜布置在港口的边缘地区。内河港口的散装液货码头宜布置在港口的下游,当岸线布置确有困难时,可布置在港口上游。

③油品/散装液体化学品泊位与其他泊位的船舶间距应符合表3-11的规定。

油品/散装液体化学品泊位与其他泊位的船舶间距表(m)　　表3-11

油品、散化种类 / 泊位名称	甲类、乙类	丙　类
海港客运泊位	300	
位于散化泊位上游河港客运泊位	300	
位于散化泊位下游河港客运泊位	3000	
其他货运泊位	150	50

④油品/散装液体化学品泊位相邻泊位的船舶间距应符合表3-12的规定。

相邻油品/散装液体化学品泊位的船舶间距表 表3-12

船长(m)	<110	110~150	151~182	183~235	>235
船舶间距离	25	35	40	50	55

当相邻泊位设计船型不同时,按吨位大者计算;当突堤和栈桥式码头北侧靠船时可不受上述船舶间距限制,但对于装卸甲类油品/散装液体化学品泊位,船舶间距应不小于25m。

⑤海港或河港中位于锚地上游的装卸甲、乙类油品/散装液体化学品泊位与锚地的距离应不小于1000m;装卸丙类油品/散装液体化学品泊位与锚地的距离应不小于150m;河港中位于锚地下游的油品/散装液体化学品泊位与锚地的间距应不小于150m。

⑥海港甲、乙类油品/散装液体化学品泊位与航道边线的净距不宜小于100m;河口港及河港可根据实际情况适当缩小,但不宜小于50m。

⑦装卸甲、乙类油品/散装液体化学品泊位与明火或散发火花场所的防火距离不应小于40m。

⑧甲、乙类油品/散装液体化学品泊位前沿与陆上储罐的防火间距不应小于50m。

⑨陆上与装卸作业无关的其他设备与油品/散装液体化学品泊位的间距不应小于40m。

(2)装卸设施要求。

①装卸设备宜采用金属软管或输液臂,输液臂的选用和安装应考虑船舶和液体的流动方向及脉动情况,输液臂的材质要耐介质腐蚀。输液臂口径及操作方式与船舶的关系见表3-13。

输液臂口径及操作方式与船舶的关系表 表3-13

序　号	船舶(吨级)	输液臂口径(mm)	操作方式
1	1万吨以下	150~200	手动或液压驱动
2	1~5万吨	200~300	手动或液压驱动
3	5~10万吨	300~400	液压驱动

②输液臂宜具备与船舶的紧急脱离装置,以备异常情况时船尽快离开码头。

③码头应具备手动或自动停泵系统和紧急卸压回流装置,防止发生水击和意外情况。

④码头必须设有淡水、消防设备及静电接地设施。

⑤码头应具备相应的化工品污水接收设施和防止水面污染设施。

(3)货物及热力管线。

①输油及热力管线的材质、管径和壁厚应按其输送介质、流量和压力等因素确定。

②地上或管沟内的管线,应敷设在管墩或管架上。保温管线应设管托。

③地上或管沟内的管线以及埋地管线的出土端均应采用补偿和锚固措施。

(4)电气装置。

①油码头电力装置应符合《爆炸和火灾危险环境电力装置设计规范》(GB 50058—1992)的规定。

①油码头供配电系统应符合《供配电系统设计规范》(GB 50052—2009)的规定。

③油码头内电压为10kV以上的变配电间应单独设置,当与易燃油类泵房相毗邻时,应满足下列要求:

a. 隔墙应为非燃烧材料建造的实体墙,与变配电间无关的管线不得穿过隔墙,所有穿墙的孔洞应采用非燃烧材料严密填实。

b. 变配电间的门、窗应向外开并设防鼠网，其门、窗应设在泵房的爆炸危险区域以外，如窗设在爆炸危险区域以内时，应设密闭固定窗。

c. 变配电间的地坪，应高于泵房地坪0.6m。

④油码头生产作业区供配电电缆应采用难燃电缆，当电缆直接埋地敷设时，电缆不得与输油管线热力管线敷设在同一管沟内，直埋深度在一般地段应不小于0.7m，在耕种地段不宜小于1.0m，在岩石地段不应小于0.5m。电缆在电缆沟敷设后应用土砂充填电缆沟。当电缆采用桥架架空敷设时，电缆可与地上输油管线同架敷设，电缆与管线或其绝缘层之间的净距应不小于0.2m。

⑤油码头应在适当位置设置报警系统。并配备必要的有效防爆通信器材。

(5)通风。

①油码头的生产性建筑物应用自然通风，进行全面换气。当自然通风不能满足要求时，可采用机械通风。

②在集中散发有害物质的操作场所应采取局部通风措施。

(6)防静电。

①油码头应在适当位置设置消除人身静电装置。

②油码头输油管线、鹤管、钢栈桥等装卸设备应连接并采用静电接地，地上或管沟敷设的输油管线的始末端、分支处及直线段每隔200～300m处应设置防静电、防感应雷的接地装置，接地点宜设在固定管墩(架)处。

③防静电设计方法、措施和管理应符合《液体石油产品静电安全规程》(GB 13348—2009)和《防止静电事故通用导则》(GB 12158—2006)的规定。

④在爆炸危险场所作业人员应穿防静电工作服、防静电工作鞋，应符合《防静电鞋导电鞋技术要求》(GB 4385—1995)和《防静电服》(GB 12014—2009)的规定。

(7)防杂散电流。

①油码头采用输油臂装油类时，应在输油臂上装一个绝缘法兰，用橡胶软管装卸油类时，应在每条软管管线上装设一根不导电短管(绝缘法兰和不导电短管以下统一简称防杂散电流段)。

②防杂散电流段的阻值下限不得小于25kΩ，上限不得大于2500kΩ。

③防杂散电流段临水一侧的所有金属应与船体保持电气连续，其接岸一侧所有金属都应与码头的接地装置保持电气连续，并防止防杂散电流段两侧外部金属接触，以免短路。

④油码头的护舷设施应与靠泊油船绝缘。

⑤使用码头前方设置专供人员上下的梯道时，不得形成船/岸间的电气通路。

(8)防雷。

油码头建筑物、构筑物的防雷设计应符合《建筑物防雷设计规范》(GB 50057—2010)和《石油与石油设施雷电安全规范》(GB 15599—2009)的规定。

(9)消防设施。

油码头的消防设施按有关装卸油类码头防火设计规定执行。

(10)安全标志和警示标志。

应在油码头适当位置设置相应的安全标志和警示标志，根据标志的设置位置和性质也可设置反光安全标志，安全标志应符合《安全标志及使用导则》(GB 2894—2008)的规定，警示标志按有关规定执行。

(11)人员保护。

码头应将配备的急救箱、空气呼吸器、防毒面具及氧气复苏器等备妥,并处于随时可用状态。

(12)防污染设施、设备。

油码头应配备足够的污水、残油、废弃物和溢油、浮油回收、处理设施和器材,并应按有关操作规定安放防污染设施、设备。选用的防污染设施、设备应满足其技术要求,含油污水不得直接排放,经处理,符合《污水综合排放标准》(GB 8978—2002)要求后,才可排放。

2. 码头安全作业要求

(1)装卸货作业信息交流。

①靠港船舶向主管当局提供有关规则和建议所要求的信息资料,主要包括:

a. 船名、呼号、船籍国、船舶总长度、吃水、宽度、抵达港口的名称和预计到达时间。

b. 货物的正确运输名称、联合国编号、数量、货物安全装卸所必需的物理化学性质。

c. 是否持有货物的有效合格证书。

d. 散装液体化学品的状况,可能引起意外危险的货物装卸系统、设备和仪器的已知缺陷。

e. 船舶是否装备惰气系统,是否完好。

f. 船舶是否需要实施有效扫舱、强制预洗、通风和处理化学品污水。

g. 各种法定证书及其有效期限的详细说明。

②船舶向岸方提供:

a. 抵达时的船舶吃水和纵倾。

b. 货物装卸期间和装卸完毕时预计最大吃水和纵倾。

c. 如装备惰性气体系统,确认货舱是否处于惰性状态,并且惰性气体系统处良好的状态。

d. 船舶是否需要实施有效扫舱,是否需要岸方提供压缩空气系统。

e. 是否会有影响货物装卸和导致污染的船体、舱壁、阀门或管路的泄漏。

f. 船舶货物集合管的详细资料,包括可供使用的接头的型号、数量、规格和材料。

g. 有关货物装卸计划及相关资料或有关更改原定货物装卸计划和货物配载情况。

h. 根据需要提供货物驳载、驱气、灌充惰性气体、洗舱、通风、压载程序。

i. 根据需要提供产生化学品污水种类、数量和性质。

③岸方向船舶提供:

a. 根据需要提供低潮时泊位水深和泊位处的海水盐度范围。

b. 当需要船舶协助操纵和系泊时可供使用的拖船和带缆艇。

c. 岸上系泊设备的详细资料及要求船舶在全部系泊作业中具备可用的系泊缆绳与属具。

d. 准备哪一舷靠泊和靠泊码头所许可的最大速度和角度。

e. 货物软管接头/集合管的数目与规格。

f. 系泊期间使用的视听信号规则,包括靠泊时可供使用的驶近速度指示器。

g. 预先提供有关货物装卸作业或者更改原定货物装卸作业计划的资料。

h. 关于环境和适用于泊位受载限制的通知。

i. 接受化学品污水的安排。

(2)一般安全要求。

①气象:

a. 作业前,船舶应获取码头区域的天气预报。

b. 作业期间,船舶附近出现雷电天气可能影响作业安全时,应立即停止装卸货作业。

c. 当风浪或潮差可能对装卸软管或装卸臂造成过度应力时,应停止货物作业,必要时应将装卸软管或装卸臂拆开。

d. 其他气象条件可能影响作业安全时,应及时停止作业。

②人员:参与装卸作业的人员应经过特殊专业培训,并持证上岗。

③装卸软管:装卸软管应按规定进行压力试验,保证软管强度符合作业要求。

④消防:

a. 消防设备应按规定配置,定期检查并保持良好状态。

b. 在装卸总管接头附近应接妥两根消防水带,放置便携式灭火器材,并保证随时可用。

c. 干粉装置应当备妥并随时可用,干粉软管从架上拉出,干粉枪(炮)对准装卸区域。

d. 船岸安全通道应保持畅通,船长超过150m的船舶应设有第二通道,如果条件不允许,则应使船舶外舷的一艘救生艇处于随时降落状态,或将外舷梯备妥。

⑤防静电:装卸作业时船岸连接宜采用绝缘方式防止静电,装卸货软管或装卸臂可采用绝缘法兰或其他防止静电方式。

⑥照明:夜间作业期间,作业区域、甲板及船岸通道应有良好照明。

⑦通信:

a. 靠泊前和作业期间,船岸应保持良好的通信联络,通信工具发生故障而无法保持联络时,应停止作业。

b. 装卸作业的值班负责人,应随身携带防爆型手提式对讲机。

⑧人员保护:在装卸作业或可能接触有毒液体或蒸气时,应根据货物性质正确穿着防护服和其他人员保护设备。

⑨安全警戒:

a. 作业期间,应防止其他无关船只进入警戒范围,未经许可的船只不准与正在作业的船舶傍靠。

b. 靠泊期间,船舶应在艏艉备妥应急拖缆。

(3)装卸作业要求。

①根据装卸介质的特性和作业条件可采用自流或泵压装车、装船、车至船、船至车的直取或入罐的作业方法。

②对人体危害大、易造成环境污染的液体化工品不宜在港口长时间停留,应采用车—船直取的作业方法。

③作业介质温度要适应该介质的储存及运输安全的理化性质的要求。

④参加装卸的作业人员,必须穿戴好相适应的防护用品。

⑤装卸人员在易燃液体作业前应消除人体静电,穿戴好防静电服装。作业时必须使用经国家有关部门鉴定认可的防爆工具及照明设备,接触钢铁设备时严禁敲打和撞击。

⑥船舶作业前,岸、船双方要填写船/岸检查表,确认安全保障措施。作业中要密切注视作业动态,防止介质泄漏、溢出。如果需要换舱、换罐时,应先开空舱、空罐,后关满舱、满罐。

⑦易燃液体装卸始末,管道内流速不超过1m/s,正常作业流速不宜超过3m/s。其他液体产品可采用经济流速。

⑧管线清扫要求:

a. 装卸作业结束,应将管线内剩余的介质清扫干净。

b. 易燃液体采用泵吸或氮气清扫管线。

⑨设施要求：

a. 对于应采用浮顶罐储存的液体化工品，如不具备该设备，可根据介质的特性采用氮气覆盖，氮气的纯度应根据储存的介质特性而定。

b. 储存罐的容量应能满足一次装卸的最大量。

c. 储罐、泵、管线等设备要完善，严禁跑、冒、漏。

d. 装卸散装液体化工品宜采用专管专用。如果需要一管多用，必须具备完善的清扫手段。

e. 装卸散装液体化工品，宜采用开放式泵房，对于封闭式泵房要设有足够的通风措施，泵房与操作间、配电间隔离。

(4)现场管理要求。

①船岸双方应各自明确指定负责人，装卸期间双方负责人不得离开现场并保持联系。

②船岸双方应配备足够数目人员，以备处理紧急情况。

③船岸双方指定专人负责经常监视、检查和管理系泊缆具，根据潮汐和船舶吃水变化调整缆绳松紧。

④船岸灭火设备应适用于所装卸的货物并处于随时可用状态，检查并确认双方都具备可供使用的国际通岸接头，只有已证明可以在易燃气体中安全使用的电气设备才能在作业场所使用。

⑤货物装卸前应议定装卸载计划、操作信号，实地核对填写船岸安全检查表，并随时进行检查。

⑥整个装卸过程中，船上有高级船员进行甲板和机舱安全值班，应保持货物甲板不间断值守，码头在船岸连接处保持连续值班，所有有关人员明确紧急停止作业的要求和处置方法。

⑦作业人员按商定的作业程序操作阀门，接货方在确认无误后方可通知输货方开泵作业，要控制输送压力及管线内货物流速不大于商定值。

⑧装卸期间要巡视管线，注意船舱和储罐液位变化，关注海浪、风向和周围船的动态。对装卸易燃或有毒货物要检测气体浓度，发现异常及时处理。

⑨装卸临近结束，应降低输送压力及货物流速至商定值。要考虑关闭阀门滞后及扫线所带来的多余液货。要按预定程序进行扫线作业，使管线内货物蒸气浓度低于爆炸下限。

⑩释放管线的剩余压力至一定正压，断开船岸管线连接，拆除软管或输液臂，将船岸管线端部用盲板封好，对作业现场撒漏的残液妥善处理。

3. 装卸作业安全要点

(1)来船前准备。

①接到来货通知，办理船务工作，针对到货品种、数量安排储罐，填写卸船工作单。

②到船前 4h，停止收货罐的货物进出，需冷却的罐停止罐内物料打循环，挂上警示牌。

③检查选用的管线及软管，用氮气吹扫；管道交换台用软管连接装卸罐与码头指定管线。

④码头、罐边准备好废油管和废油桶，检查桶内无残液和杂物，备好垫片、螺丝等常用工具。

⑤按要求检查管线上阀门，使保持正确状态，进油管线上压力表指示正常。

⑥进货罐如有氮气保护，来船前关闭氮气阀，如空罐、油罐阀门本体底部阀门均关闭。

⑦消防系统处备用状态，准备好救生衣及其他救生器具，各岗位对讲机调到同一频道。

⑧插码头旗示意，标明接管中心位置。

(2)靠泊。

①外轮靠泊前办妥申报及联检工作，边检到码头守候，码头不少于 3 人候船。

②码头主管立于接管中心位置，指引正确靠泊位置，控制靠泊速度、角度不超过设计要求。

③拉缆时，操作员应穿救生衣，戴安全帽和防护手套，使缆绳松弛贴于水面方可拉缆。

④每系好一条缆，操作员离开系缆墩，并向船方示意，船停稳后，应紧靠护舷，每条缆拉紧。

⑤船方架设安全过桥，下方应设安全网；未经联检的船舶不许登轮，登外轮须持登轮证。

⑥船岸商定卸油方案。在哪几个船舱、卸油速度、出油品尺寸、法兰标准、签订有关文件。

⑦船岸电气联接。如输液臂装有不导电段、软管使用绝缘法兰，则船岸各自设施可靠接地，并消除船岸其他电气通道即可；如没有，需采用跨接电缆，并测量接地电阻 $<4\Omega$。

⑧船岸管道连接。采用输液臂对接时，应至少有两人在船甲板上操作。使用软管连接时，岸船双方可通过绳索把软管拉到甲板或通过软管吊协助将软管与船上管道法兰对接。软管要注意轻搬轻放，避免与甲板碰撞，做好支撑和衬垫。

⑨全部接好后向输液臂或软管送气进行引气密封试验，压力 0.4 ~ 0.6MPa，保持 5 分钟，观察无泄漏。

(3)装卸作业期间检查。

①作业开始，控制初始流速 1m/s，正常作业流速按不同货种不超过其规定流速。

②作业过程中，船舶、码头、罐区三方保持密切联系，掌握温度、压力、流量等参数的变化和作业进度，最高压力不可超过 0.5MPa。

③对管线、软管、输油臂、压力表、温度计等进行巡回检查，发现异常及时处理。

④罐区有专人监视储罐的液位变化，估算收油结束和转罐时所需大概时间。

⑤卸船过程中，当准备降量时，应采取降低流量的必要措施，防止因抽空引起输液臂振动。

⑥估计完货前 2h，通知有关人员（货主或货代）上船，作好计量认可工作。

⑦根据潮汐和船舶吃水变化，及时调整码头上软管，防止拉坏软管。

(4)船岸连接管道拆除。

货卸完后开始吹扫管线，首先由船方控制，后由岸方控制。

①船方控制。船上接气管后，通过多次控制开闭船上的出油阀门，用压差原理把油吹过出油阀门，关闭出油阀门。

②岸方控制。岸上关闭出油阀，如船上有气源，船方接气管，如无气源，岸方需确定船方阀门已关闭，岸方用气管连接；对卸油软管进行充压，当达到 0.3 ~ 0.5MPa 时，迅速打开出油阀，利用压差原理，把油吹过出油阀，当压力降至 0.15MPa 时关闭此阀，反复进行 3 ~ 4 次后，打开相关气口对软管卸压，拆除其上的风管。

③拆软管。软管卸压后，船方拆除软管并上盲板，用吊机或人工将管传至岸上，岸方打开软管盲板，人工将管内剩油由后向前一节倒入集油盆，再并入主桶内。

④输液臂连接拆除。吹扫工作相同，松开锁紧装置就可将输液臂收回、锁定。

⑤如有跨接电缆进行拆除。

(5)货轮离泊。

船上货吊卸完，并拆除船岸管道、电气联接后，船岸签理工作单，在海事许可前提下，应尽快安排离泊。外轮则应按海事离泊通知，由外轮代理办理离港手续，500t 以上货船需引航及拖轮，船方通知解缆，离泊。

(6)装卸油结束后的工作。

①清管操作。作业结束，从码头到罐边的进油管线充满了货品，除货主特殊要求外，一般必须清扫管线，打进罐内。常用的方法有两种，打球和吹扫，对于回收货物来说，因罐内静压较

大,需要很大的压差才能达到清扫目的,故一般用打球的方法来清扫,打球前,各收货罐的废气回收阀处于原来状态。

②油罐本体的检查。管线清扫结束后,检查罐顶所有阀门是否复原,关闭废气回收阀,如需要氮气保护的罐,通知开启氮气。

③罐区及码头整理。风管盘好,放至指定地点;码头和管道交换台拆除的软管放至指定地方,通风至干后,两端用盲板封住;回收的球放至指定通风处,不能继续使用的作报废处理;码头至罐边进油管线上的有关阀关闭,短接上好丝堵或封盖;该管线上所有法兰口上紧盲板;废气回收处理;废油处理;填写接船工作单;罐边进料工作结束后8h,安排计量;使用过的工具放回原处。

(7)装卸作业安全检查要点。

散装油品/散装液体化学品码头装卸作业过程中主要安全检查项目如表3-14、表3-15。

安全检查表(码头)　　　　表3-14

序　号	检 查 项 目	检 查 结 果	备　注
一	来船前		
1	码头管线按工作单要求接好无误		
2	淡水桶备好足够淡水		
3	喷淋冲洗装置备好待用		
4	备好质量合格、数量充足的救生服或装置		
5	管线各密封点是否密封、紧固件是否齐全完好		
6	码头管线的阀门、压力表是否齐全、完好		
7	应急逃生途径是否畅通无阻		
8	消防设施及装置是否完好并处备用状态		
9	防护装备(防护服、防毒面具、护目镜、手套、防护鞋)齐全、完好		
10	码头是否备好废油桶,质量是否完好		
11	码头软管是否贴好注明货品标签,并经检查		
12	码头是否备好符合要求的扫球		
13	码头平台排水孔是否堵好		
14	接管位置中心是否插旗示意		
15	管线的接地电阻是否小于等于4Ω		
二	船靠泊		
1	船是否安全靠泊		
2	所有缆绳是否系好松紧		
3	软管长度是否合适与船方连接无误		
4	船与码头的接地线是否符合要求		
5	软管是否用绳子捆绑好		
6	船与岸是否有安全通道和防护网		
三	油进出罐		
1	码头装卸油的压力(MPa)、装卸速度(MT/h)		

续上表

序 号	检查项目	检查结果	备 注
2	压力表指示是否稳定		
3	各密封点有无泄漏		
4	涨潮、退潮时缆绳是否松动，船靠泊有无异常		
四	装卸结束		
1	管线的吹扫压力(MPa)：氮气		
2	装卸油的管线是否打球吹扫结束		
3	对于要求充氮气保护的管线保持压力(MPa)：氮气		
4	码头软管需用溶剂或水洗涤是否处理完毕并放回指定位置		
5	阀门是否关闭		
6	管线软管是否安装好法兰盖		
7	氮气使用结束，阀门是否关闭		
8	接头处是否上好盲板		
9	工作现场是否清理结束		
10	辅助工具及材料是否整理完毕，放回原处		
11	废油桶是否贴好标签送灌桶台称量移交		

安全检查表(管线) 表 3-15

序 号	检查项目	检查结果	备 注
一	来船前		
1	管线按工作单要求接好无误		
2	管线阀门、压力表等是否齐全完好		
3	各密封点的密封是否可靠		
4	管线法兰的垫片、紧固件是否齐全完好		
5	泵是否挂牌“暂停出货”		
6	淡水桶是否备有足够的淡水		
7	管道交换台的软管是否捆绑固定		
8	管线的压力表、阀门是否畅通		
9	废气回收系统是否准备完毕		
10	管线排污阀是否关闭并上好丝堵		
11	管线放废油管及阀门是否畅通		
12	消防设施或装置是否完好适用，处备用状态		
13	防护设备及装置是否齐全、完好适用		
14	紧急事故逃生途径是否畅通		
15	管线的接地电阻是否≤4Ω		
16	管线上的阀门是否开启灵便		
17	管道交换台是否冲洗干净		
二	油进出罐		
1	管线压力(MPa)		

续上表

序号	检查项目	检查结果	备注
2	管线各密封点有无泄漏		
3	需进两个或以上储罐时务必加强与罐顶底联系,适时切换		
4	废气回收系统工作是否正常		
5	巡回检查管路次数是否足够		
三	工作完毕		
1	管线吹扫打球结束,球是否已从管取出		
2	软管是否吹扫干净放到指定位置		
3	管路及软管两端是否安装垫片,并盖上法兰盖		
4	要求充气保压的管路须重新保压		
5	需加热或冷却的储罐泵循环系统是否恢复正常		
6	管道交换后是否清洗结束		
7	使用过工具、材料是否清理,放回原处		
8	废油桶是否贴好标签送往灌桶台称量移交		

二、液化气码头安全技术

1. 码头安全技术要求

(1)总平面布置。

①液化气码头选址与防火设计要求应符合国家有关标准、规范和规定。

②液化气码头与人口密集区、商业区、客渡和客运码头应有足够的安全距离。

③液化气码头前沿水域、回旋水域、进出港航道及相关的连接水域应有足够的富裕水深。

④液化气码头相邻泊位的船舶间的最小距离,应根据设计船型按表3-16确定。

液化气码头相邻泊位的船舶间的最小距离表 表3-16

船长L(m)	<110	110~150	151~182	183~235	>236
最小距离(m)	25	35	40	50	55

注:两侧靠船的突堤式或栈桥码头,其宽度不受上述间距限制,但不得小于25m。

⑤液化气码头应设置安全围障。

⑥液化气码头与船之间设置的通道应安置在离开装卸总管区,并设牢固的安全网。夜间,通道应有足够的照明。

⑦液化气泊位与陆地储罐的最小防火距离,不小于50m。

⑧液化气码头与陆地明火及散发火花的建筑物、构筑物或地点的防火距离不小于40m。

⑨液化气码头与锚地的距离不小于1000m。

(2)装卸设施要求。

①连接液化气体船舶的货物装卸管路应采用装卸臂或软管,并应设置安全排空装置。

②输货软管的安全技术要求,应符合《液化气体船水上过驳作业安全准则》(GB 18180—2010)的规定。

③装卸臂宜配置紧急脱离装置。

④液化气码头宜设置供连接管路置换用的惰性气体系统。

⑤有货物输出作业的液化气码头,装货管系应设有应急切断装置,其关闭时间不应超过30s。

(3)通信。

①在危险区域内使用的通信设备应为本质安全型。

②作业时船岸双方应保持通信畅通。

(4)照明。

①液化气码头应有足够的照明。

②作业连接处、作业有关区域(包括船和码头)必须有足够的照明。

③照明设备应为安全防爆型。

(5)通风。

①液化气码头的生产性建筑物应采用自然通风,当自然通风不能满足要求时,可采用机械通风。

②对可能积聚有毒、有害物质的操作场所应采取通风措施。

(6)电气装置。

①液化气码头电力装置应符合《爆炸和火灾危险环境电力装置设计规范》(GB 50058—1992)的规定。

②液化气码头供配电系统应符合《供配电系统设计规范》(GB 50052—2009)的规定。

③液化气码头变配电间的设置及作业区供配电电缆的敷设,应符合《油码头安全技术基本要求》(GB 16994—1997)的规定。

(7)消防。

①液化气码头应设置固定式水冷却系统。

②液化气码头的冷却水供给时间为6h,当配备水上消防设施进行监护时,冷却水供给时间可缩短至4h。

③液化气码头应在被保护的消防设备及消防设备的操作人员前设置水幕系统,消防塔架自带水幕保护装置,可不另设水幕。

a. 水幕的设置范围为消防设备中心线向两侧各延伸5m。

b. 水幕的用水量不宜小于2L/s·m。

c. 水幕的喷射高度宜高出消防炮操作台1.5m。

d. 水幕的工作时间为1h。

e. 水幕系统的安装不应影响船舶的系缆作业。

④引桥、引堤上的消防供水管应设消火栓(或管牙接),其间距不宜超过60m。

⑤为防止管路破裂时降低供水压力,应装有隔离阀门。

⑥液化气码头消防供水管上宜设置国际通岸法兰,以便在必要时向船方消防总管供水。

⑦液化气码头宜设置干粉灭火装置。

⑧液化气码头应根据选定的水或干粉灭火方式及码头的平面布置、结构形式、工艺设备等因素选择相应的消防设备。

⑨选用的消防设备应操作灵活、可靠、坚固耐用;在海港和河口港的设备,应抗盐雾腐蚀。

⑩在寒冷地区设置的消防炮、水幕喷头和消火栓等固定消防设备应采取防冻措施。

⑪装卸区内设置的单个灭火器的规格,宜按表3-17选用。

单个灭火器规格表 表 3-17

灭火器类型	干粉式(碳酸氢钠)		二氧化碳
	手提式	推车式	手提式
灭火器充装量(kg)	8	35	3

⑫装卸区每一个配置点所配置的手提式干粉灭火器的数量不应少于2具。

⑬装卸臂或接口15m范围内宜增设一辆推车式干粉灭火器。

⑭消防水泵的设置应符合《装卸油品码头防火设计规范》(JTJ 237—1999)的规定。

(8)安全标志和警示标志。

应在液化气码头适当位置设置相应的安全标志和警示标志,根据标志的设置位置和性质也可设置反光安全标志,安全标志应符合《安全标志及使用导则》(GB 2894—2008)的规定,警示标志按有关规定执行。

(9)气体探测装置。

①液化气码头应配置适合于所装卸气体的固定式和便携式探测设备。

②在汇管处及其他气体可能积聚的地方应设置固定气体探测装置。

(10)防静电。

①液化气码头应设静电接地装置。

②在爆炸危险场所的作业人员应穿防静电服、防静电工作鞋,其性能应符合《防静电鞋导电鞋技术要求》(GB 4385—1995)和《防静电服》(GB 12014—2009)的规定。

③防静电设计方法、措施和管理应符合《液体石油产品静电安全规程》(GB 13348—2009)和《防止静电事故通用导则》(GB 12158—2006)的规定。

(11)防杂散电流。

①位于绝缘法兰或不导电软管的岸侧的所有金属构件应与码头的接地系统有可靠接地。

②设置绝缘法兰或不导电软管后,就不应再有短路;绝缘法兰应定期检验,保证绝缘外表清洁并处于良好的绝缘状态。

③不导电软管在投入使用之前,应对两端法兰之间的内部电气连接的连续性进行检查,此后也应定期检查。

④防杂散电流段的阻值下限不得小于25kΩ,上限不得大于2500kΩ。

⑤防杂散电流段临水一侧的所有金属构件应与船体保持可靠接地,其接岸一侧所有金属构件都应与码头的接地装置保持可靠接地,并防止防杂散电流段两侧外部金属构件接触,以免短路。

⑥液化气码头的护舷设施应与靠泊的液化气体船舶绝缘。

⑦使用码头前方设置专供人员上下的通道时,不得形成船/岸间的电气通路。

(12)防雷。

①码头应设避雷设施。

②避雷设施的防护范围应包括整个液化气码头。

③液化气码头建筑物、构筑物的防雷设计应符合《建筑物防雷设计规范》(GB 50057—2010)和《石油与石油设施雷电安全规范》(GB 15599—2009)的规定。

(13)人员保护。

液化气码头应将配备的急救箱、空气呼吸器、防毒面具及氧气复苏器等备妥,并处于随时可用状态。

2. 码头安全作业要求

(1)装卸货作业信息交流。

①船舶靠泊前双方应交流以下主要信息:

a. 泊位水深和水质密度;

b. 抵港时的船舶吃水;

c. 在装卸货期间和完毕时刻所预计的最大吃水;

d. 船长要求码头拖轮协助的通知;

e. 提供系泊设施的详细资料;

f. 是否有影响装卸作业的修理工作;

g. 船体、舱室、阀门或管道等部分是否存在影响装卸或造成污染的渗漏情况;

h. 船舶采取的阴极保护措施;

i. 软管和装卸臂的数量、尺寸和所需管子接头的规格、位移极限;

j. 装卸总管具体位置,包括气相、液相管;

k. 装有缆绳张力监视系统的,双方应确定连接方式。

②装卸货种前双方应交流以下信息:

a. 货物名称、成分及组成、密度或比重及货物的物理、化学特性;

b. 装卸货作业计划、装卸货顺序以及货物配载图示;

c. 货物蒸气是否回流,货物蒸气处理方法或要求;

d. 货物对货舱环境的特殊要求;

e. 船舶可接受的最大装卸货速率、压力和温度以及装卸作业开始时货舱的蒸气压力和温度;

f. 装卸作业通信联系的语言、频道及应急停止作业信号。

(2)一般安全要求。

①气象。

a. 作业前,船舶应获取码头区域的天气预报。

b. 作业期间,船舶附近出现雷电天气可能影响作业安全时,应立即停止装卸货作业。

c. 当风浪或潮差可能对装卸软管或装卸臂造成过度应力时,应停止货物作业,必要时应将装卸软管或装卸臂拆开。

d. 其他气象条件可能影响作业安全时,应及时停止作业。

②人员。参与装卸作业的人员应经专门培训合格后上岗。

③装卸软管。装卸软管应按规定进行压力试验,保证软管强度符合作业要求。

④消防。

a. 消防设备应按规定配置,定期检查并保持良好状态。

b. 在装卸总管接头附近应接妥两根消防水带,放置便携式灭火器材,并保证随时可用。

c. 干粉装置应当备妥并随时可用,干粉软管从架上拉出,干粉枪(炮)对准装卸区域。

d. 船岸安全通道应保持畅通,船长超过 150m 的船舶应设有第二通道,如果条件不允许,则应使船舶外舷的一艘救生艇处于随时降落状态,或将外舷梯备妥。

⑤防静电。装卸作业时船岸连接宜采用绝缘方式防止静电,装卸货软管或装卸臂可采用绝缘法兰或其他防止静电方式。

⑥照明。夜间作业期间,作业区域、甲板及船岸通道应有良好照明。

⑦通信。

a. 靠泊前和作业期间,船岸应保持良好的通信联络,通信工具发生故障而无法保持联络时,应停止作业。

b. 装卸作业的值班负责人,应随身携带防爆型手提式对讲机。

⑧人员保护。在装卸作业或可能接触有毒液体或蒸气时,应根据货物性质正确穿着防护服和其他人员保护设备。

⑨安全警戒。

a. 作业期间,应防止其他无关船只进入警戒范围,未经许可的船只不准与正在作业的船舶傍靠。

b. 靠泊期间,船舶应在艏艉备妥应急托缆。

(3)装卸作业要求。

①装卸作业前,船岸双方应组成检查组,按照《船/岸检查表》进行检查,落实各项安全措施后方可进行作业。

②装卸总管连接处下方应设置承液盘,设有保护船壳板的水喷淋系统应开启使用。

③装卸臂或软管与装卸总管连接后应进行试压,确认连接处无泄漏。

④作业开始前,应对货物驳运有关的应急关闭系统、监测报警系统和货物装卸控制设备进行测试。

⑤如货物对货舱和管路环境有特殊的要求,应按要求进行干燥、惰化或冷却。

⑥装卸期间应保持观察液货舱温度、压力和液位的变化。

⑦货物作业应符合货物操作手册的要求。

⑧液货舱装载量应不超过充装极限。除非主管机关特别许可,在基准温度下液货舱充装极限不得超过舱容的98%。

⑨拆卸管线应先进行扫线或惰化,按照程序要求进行拆管,在接头下方铺垫绝缘垫,防止法兰撞击或螺栓螺帽掉落甲板而产生火花。

⑩装卸期间禁止加油作业。

(4)现场管理要求。

①船岸双方应各自明确指定负责人,装卸期间双方负责人不得离开现场并保持联系。

②船岸双方应配备足够数目人员,以备处理紧急情况。

③船岸双方指定专人负责经常监视、检查和管理系泊缆具,根据潮汐和船舶吃水变化调整缆绳松紧。

④船岸灭火设备应适用于所装卸的货物并处于随时可用状态,检查并确认双方都具备可供使用的国际通岸接头,只有已证明可以在易燃气体中安全使用的电气设备才能在作业场所使用。

⑤货物装卸前应议定装卸载计划、操作信号,实地核对填写船岸安全检查表,并随时进行检查。

⑥整个装卸过程中,船上有高级船员进行甲板和机舱安全值班,应保持货物甲板不间断值守,码头在船岸连接处保持连续值班,所有有关人员明确紧急停止作业的要求和处置方法。

⑦作业人员按商定的作业程序操作阀门,接货方在确认无误后方可通知输货方开泵作业,要控制输送压力及管线内货物流速不大于商定值。

⑧装卸期间要巡视管线,注意船舱和储罐的液位变化,关注海浪、风向和周围船的动态。

对装卸易燃或有毒货物要检测气体浓度，发现异常及时处理。

⑨装卸临近结束，应降低输送压力及货物流速至商定值。要考虑关闭阀门滞后及扫线所带来的多余液货。要按预定程序进行扫线作业，使管线内货物蒸气浓度低于爆炸下限。

⑩释放管线的剩余压力至一定正压，断开船岸管线连接，拆除软管和输液臂并进行清洗，将船岸管线端部用盲板封好，对作业现场撒漏的残液妥善处理。

3. 装卸作业安全要点

液化气码头作业方式与散装油品/散装液体化学品作业基本相同，区别在于液化气压力较大，增加气相管的操作控制，经常作业液化气码头，使用输油臂优于使用软管。

（1）作业前。

①液化气船若无装卸任务，不得提前靠泊，液化气码头应设置安全围障。

②检查各类设备、管线、阀门、仪表是否正常，用肥皂水试验各连接处有无渗漏。

③检查防静电措施，进入现场人员触摸静电消除器，按规定穿戴防静电劳护用品，禁带非防爆通信工具，保持通信畅通。

④防杂散电流措施检查，位于绝缘法兰或不导电软管的岸侧所有金属构件应与码头接地系统可靠接地；临水一侧的所有金属构件应与船体保持可靠接地；其他不应再有短路。防杂散电流段的阻值下限不得小于25kΩ，上限不得大于2500kΩ。

⑤与船方交接，进行船岸安全检查；按安全操作规程要求做好各项准备工作。

⑥连接输液臂或软管与船上管道法兰并固定，在接口下放置容器。

⑦协调船方启动压缩机利用压缩液化气进行气密性试验，压力0.6MPa保持5min。

⑧经确认合格后关闭充气流程，由船方或码头排空。

⑨对照工艺流程图核对工艺流程是否安全可行，并进行确认。

（2）作业中。

①经船方、码头、罐区三方流程准备完毕确认后，下达作业指令。

②船方缓慢打开液相阀门，注意液相管线流体流动情况，并观察液相管线压力变化，确认船岸管线贯通后开启液化气船泵。

③作业过程中，按规定对设施进行不间断循环式巡检，有专人对管线压力和温度进行不间断监控，每半小时记录一次。初始流速不超过1m/s，正常流速3m/s。

④当气相压力达0.6MPa时，码头打开气相返回流程进行泄压；当液相管线压力达1.1MPa时，通过停泵及采取相应降压措施，待压力下降至0.7MPa以下后继续作业。

⑤需要换舱换罐作业应提前通知，阀门必须先开后关，密切注意管线压力情况。

⑥应根据潮水和船舶吃水变化及时调整液化气软管的位置和缆绳的松紧。

⑦作业结束前半小时做好停泵准备，提前5min停泵；在关闭液相流量计后的阀门及气相返回阀，打通气相与液相连通阀后，通知船方开启压缩机，通过气相管线将液相管线液化气扫入船舱，连续吹扫三遍。

⑧码头用氮气吹扫软管或输液臂，并经船方放空，连续吹扫三遍，关闭手动阀门，加装盲板，电动阀常开。

⑨拆除输液臂或软管，软管存放指定位置，输液臂收回收存位置、锁定内外臂。

（3）注意事项。

①液化气属甲A类易燃易爆石油产品，有火灾、爆炸、冻伤、窒息、中毒等危险性，在作业过程中要严格按照《液化气装卸作业安全技术操作规程》执行。

②作业中使用工具必须是防爆的(不产生火花)。

③液化气受温度影响较大,在气温较高时,特别是夏季要视情况适时采取喷淋降温等措施。

④码头必须记录流量计的前后读数、船名、开停泵时间等相关资料。

⑤作业时要做好水上相邻区域巡检,确保作业船舶周围无其他船只人员。

⑥液化气码头应配备急救箱、空气呼吸器、防喷溅面罩、防毒面具及氧气复苏器,每个作业人员配气体检测仪,处于随时可用状态。

(4)装卸作业安全检查要点。

液化气码头装卸作业过程中主要安全检查项目如表3-18。

安全检查表 表3-18

序号	检查项目	检查结果	备注
1	船舶是否已经安全系泊		
2	是否达成保安协议		
3	船岸之间是否建立了安全通道		
4	是否预留有应急逃生通道		
5	操作语言是否达成一致		
6	船岸通信是否畅通		
7	船岸消防设备是否备妥并处于立即可用状态		
8	水喷淋系统、水幕系统是否处于立即可用状态		
9	是否提供了国际通岸接头		
10	是否备有符合要求的人员保护设备并随时可用		
11	是否安排了足够值班人员对船上和船岸作业进行有效监控		
12	船上和岸上是否有足够人员应付紧急情况		
13	货物装卸和压载程序是否已议定		
14	允许作业的最大风力、水流和涌浪标准是否已经明确		
15	是否明确了船岸之间使用的应急信号和应急关闭程序		
16	货物软管/装卸臂是否处于良好状态		
17	气相回流管的操作参数是否已达成协议		
18	船岸是否有足够的防静电措施		
19	明火使用规定是否得到遵守,是否制定吸烟室		
20	电话、手机等通信工具使用规定是否得到遵守		
21	手电筒(闪光灯)、便携仪高频/甚高频无线电话为认可型		
22	船舶主无线电发射天线接地,雷达处关闭状态		
23	在危险区域内便携式电气设备的电缆是否断开电源		
24	如果需要从岸方接收氮气用于惰化船舱、驱气或吹扫管线,是否就相关程序已达成协议		
25	是否提供了制造商的抑制剂证书		

续上表

序号	检查项目	检查结果	备注
26	所有遥控阀门工作状态是否良好		
27	货泵和压缩机是否处于良好工作状态，双方是否已商定最大工作压力		
28	在液化或蒸发控制设备是否处于良好状态		
29	气体探测设备是否根据货品进行了适当的设置、校正、测试和检查并处于良好的状态		
30	货物系统仪表和报警装置是否正确设定并处于良好工作状态		
31	应急切断系统是否已经测试并工作正常		
32	船岸双方是否相互告知了应急关闭装置阀门、自动阀门或类似装置的关闭速率		
33	船岸双方是否交换了作业货物最大(最小)的温度和压力信息		

三、散装液体危险货物水上过驳安全技术

1. 水上过驳安全技术要求

(1)过驳作业区。

①过驳作业区应为较遮蔽，风、涌、浪小，水流平缓的水域。

②锚泊的过驳作业区的地质应是泥沙或泥，地势较平坦。

③有满足船舶靠、离泊安全操纵的水域面积和水深条件。

④必须避开主航道和通航环境条件复杂区，周围应没有影响过驳作业的障碍物。

⑤过驳作业区应划定警戒区域和设置必要的警示、助航标志，并由海事管理机构发布航行通告。

(2)船舶要求。

①参与过驳作业的液化气体船应：

a. 持有有效的船舶证书，并处于适航和适装状态；

b. 备有货物操作手册。

②船长要对其船舶、船员、货物和设备的安全负责。

③船员和参与货物输送作业操作的人员必须经过专业特殊培训，并持证上岗。

④船长应熟悉过驳作业区及附近的通航环境，否则要聘请引航员引航。

⑤并靠期间船舶应处于随时可起航状态。

⑥船舶至少应在系泊舷放置两把太平斧。

(3)输货软管。

①输货软管应与被输送货物相容并能与货物温度和压力相适应。

②输货软管的爆破压力应不少于最大工作压力的5倍。

③输货软管的最大工作压力不得小于1MPa(表压力)。

④每隔半年必须进行一次静水压力试验，试验压力在1.5倍最大工作压力与2/5的爆破压力之间，试验压力和日期应标明在软管上，试验情况应记录备查。

⑤输货软管上必须标明允许的最大工作压力和最高、最低工作温度。

⑥输货软管应有足够的长度,要充分考虑两船干舷差的变化和位移等因素,避免在输货过程中产生磨损或受力过度;输货软管弯曲半径不得小于其直径的 4 倍。

⑦输货软管在输货过程中应由悬挂设施适当悬挂,避免扭曲和磨损。

(4)消防。

船舶任何可能存在货物蒸气的处所,必须禁止烟火和禁用非防爆型灯具。

货物输送前,化学干粉灭火系统应准备妥当,灭火枪指向正在使用的歧管,歧管附近至少应放置两个手提式化学干粉灭火器。

货物输送期间,消防水系统应保持受压状态,歧管附近至少应接好两条消防水龙带(装有水柱/水雾两用型水枪)。

水雾喷射系统在货物输送期间应处于随时可用状态。

货物输送期间,除标志用于船员进出的舱门外,所有进出居住舱室的门都必须关闭;用于居住舱室的空调应转换为内循环系统。

过驳作业期间,未经海事管理机构批准,其他船舶不得进入警戒区域。

(5)防静电。

人员进入甲板或其他任何可能存在液化气体的场所前,要触摸消除静电装置。

其他有关防止静电危害的方法和措施见《液体石油产品静电安全规程》(GB 13348—2009)。

(6)人员保护。

船舶应将消防服、安全防护服、急救药箱、呼吸防毒面具及氧气复苏器等准备妥当,以便随时可用。

2. 水上过驳安全作业要求

(1)信息交流。

靠泊前双方船舶应交流下列资料并商妥靠泊方法:

①船舶长度。

②歧管与船首和船尾的距离。

③系泊侧舷外有否障碍物。

④系泊侧的系泊设备。

⑤两船间预计的最大干舷差。

⑥碰垫的数量、型号、尺寸及位置。

(2)一般安全要求。

①气象。

a. 过驳作业应考虑涌浪对不同尺度和干舷的船舶造成的两船相对位移,以及潮汐和气象对两船移动的综合影响;

b. 进行靠泊作业时必须有保证船舶安全操纵和满足避碰要求的良好的能见度;

c. 过驳作业前和整个过驳作业过程应获取过驳作业区的天气预报;

d. 只有双方船长都认为水文气象条件许可,过驳作业才能进行。

②人员。参加过驳作业的有关人员应经专门培训合格后上岗。

③通信导航。

a. 靠泊前两船应在甚高频无线电话 16 频道建立联系,随后转到一个商定的工作频道保持联络;

b. 两船船员应能使用相互理解的语言(汉语或英语),否则应配备翻译人员;

c. 两船之间必须保持良好的通信联络,任何一船的通信工具发生故障而无法保持联络,应停止过驳作业;

d. 参与货物输送操作的值班人员,应随身携带防爆型手提式对讲机;

e. 货物输送期间,除甚高频(VHF)或超高频(UHF)之外,禁止使用其他无线电频率发送信号。

f. 若雷达的辐射波在 10m 内不辐射到他船的货物甲板上,则作业期间可谨慎使用一台 3cm 波长的雷达。

④碰垫。

a. 碰垫的配备应足以保证两船在整个过驳作业期间不会导致直接碰撞情形出现;

b. 碰垫的位置除考虑船长、歧管位置及船体各部位强度外,应使靠泊时的碰撞力均匀地分散于两船舶体,具体位置由双方船长商定;

c. 碰垫的位置应能随时进行调整;

d. 在过驳作业期间应指定专人观察碰垫,确保其正常;

⑤系泊缆绳。

a. 系泊缆绳由前来靠泊的船舶提供,但被靠泊船至少应准备艏、艉缆各一根;

b. 若使用钢缆应加上软尾索,软尾索应:由绝缘的合成材料制成(如尼龙绳);长度大于 10m;与钢缆的强度相当。

c. 指定专人经常检查系泊缆绳的松紧度,视两船干舷差的变化进行调整;

d. 前来靠泊的船舶至少应在外舷、艏艉处各准备一根应急拖缆。

(3)过驳作业要求。

①货物输送前,双方船舶应完成安全检查,检查项目应不少于“货物输送前船/船装卸安全检查项目”。

②接好输货软管后,应进行空气置换和试压。

③货物的输送要求应由受载船提出。

④双方船长应签署“船长协议书”后方可输送货物。“船长协议书”至少应包括以下内容:

a. 最大输送压力、最低接受温度;

b. 各种货物输送的数量、密度;

c. 不同货物的输送程序及最初、最大和收尾输送速度;

d. 商定的通信工具及频道;

e. 降低速度或停止输送的信号;

f. 商定的紧急停止作业信号。

⑤货物的输送操作由卸载船负责控制;输货期间,卸载船应指派专人在货泵操纵控制室值班,以便必要时随时采取行动。

⑥货物输送期间,两船都应指派专人在各自歧管处负责观察软管,发现异常立即报告操作负责人。

⑦货物输送进入收尾阶段,两船的操作负责人应建立可视联络。

⑧遇有下列紧急情况应立即发出商定的紧急停止作业信号,停止货物输送并采取相应措施:

a. 遇有雷电、火灾或烟囱冒火星;

b. 发现液化气体漏泄;

c. 系泊缆绳已断或有挣断可能；

d. 任何一个碰垫失效；

e. 邻近水域出现可能危及货物输送安全的船舶或情况；

f. 双方船舶任一船长认为有危险时。

⑨夜间进行货物输送时，甲板及靠泊舷应有足够的灯光照明。

⑩货物输送完成后，输货软管应经过扫除残液和排除高压气体后才能拆卸。

3. 水上过驳作业安全要点

（1）靠泊。

①靠泊前每艘船舶均应检查、试验货物装卸、控制和检测装置。

②靠泊过程中应保证有足够人员处理系泊缆绳。

③两船绞缆设备应保持随时可用状态。

④如需在夜间进行靠泊作业，甲板和靠泊舷应有足够的灯光照明并经双方船长同意。

（2）过驳作业。

①接、拆静电地线。

a. 接管前，应按规定接好静电地线；

b. 拆管后再拆静电地线。

②接管作业。

a. 接管前，应确认软管的规格、数量及其连接位置，并对照安全检查表进行检查，确认一切无误后，才能接管；

b. 用船吊将软管从作业辅助船舶上平稳吊运到卸载船甲板上；

c. 在卸载船甲板上按预定软管总长度将各段软管联接好；

d. 用两条起吊带将软管绑好，再挂上吊钩起吊；

e. 接管时，接头应先装两边和底部螺栓，放置好垫片，然后把所有螺孔装上螺栓，采用四角平衡方式均匀紧固所有螺丝，保证软管连接良好，不渗漏，且接头下方应摆放集液盘；

f. 接管后，应将卸载船上的软管摆顺，沿船边的应绑好。软管弯曲半径应不小于制造厂家的规定；

g. 装卸腐蚀品时，软管连接处应使用专用防腐蚀垫片，并安装防喷射安全罩。

③液货输送。

a. 各项工作确认无误后，通知船方开泵做输送操作；

b. 输送操作由卸载船方负责，港方负责指挥。遇紧急情况时应立即发出紧急停泵信号。

c. 化工品输送操作其他要求：

• 输送前，卸载船作业人员应先通知受载船开启阀门，卸载船阀门先开启 1/3 输送，待转入正常后再全部打开；

• 开泵前，作业人员应站在安全位置；

• 输送腐蚀性化工品时，值班人员应站在安全位置（巡查时除外），防止溢漏时伤及人体。

d. 卸、受载船上值班监护主要包括以下内容：

• 注意观察压力表并定时记录有关数据；

• 观察软管、船舶情况是否存在异常；

• 观察主碰垫的位置、绳索的松紧度是否合适。

e. 作业人员应提前 10min 做好停止输送准备，提醒受载船方在满舱前 10min 通知港方，由港方人员通知卸载船方做好减压、停泵、关阀准备；

f. 发生软管破裂、溢漏、火警等严重的突发事故时，应立即启动相应应急预案；

g. 过驳作业结束后，作业人员应按规定清空软管内的残液；

④拆管作业。

a. 拆管前，应先打开放空阀进行排气；

b. 输送原油的管线，作业完毕后应进行扫线；

c. 输送其他货类管线，作业完毕后应用压缩空气或惰性气体对软管进行吹扫，压力控制在0.4MPa 左右；

d. 用手搬动软管检查，若软管仍有较多残液时，应重新吹扫；

e. 软管管线两端松开后，用吊机平稳吊至卸载船（受载船）上，并将软管逐条拆开；

f. 拆管后，应将管头抹干净，并用盲板（带密封垫）封好，应不渗漏；

g. 腐蚀性化工品拆管要求：

- 卸下防泄漏安全罩；
- 先卸下软管底部 2 ~ 3 根螺栓，其余螺栓按从底部往上顺序慢慢松开，然后把软管托起，使残液排放至集液盆内。待残液排放干净后再把接头（管头）卸下；
- 松螺丝时，作业人员不应正对接头，防止残液喷洒伤及人体；
- 受载船方管头卸下后，用船吊将软管一端吊起，另一端放入集液盆内，将残液回收；

h. 拆完软管后再拆静电地线，并将工属具清理、清洁、收回。

（3）离泊。

①离泊前应确信所有输货软管已拆除，歧管加封盲板。

②清除两船舷外的障碍物。

③保证有足够的人员处理系泊缆绳。

④两船绞缆设备应保持随时可用状态。

⑤确信附近水域通航环境允许离泊。

⑥双方船舶商定离泊方法后方可解缆。

（4）监护拖轮。

①液化气体过驳作业期间，现场至少应配备一艘消拖两用的拖轮作监护用。

②拖轮的功率应足以将靠泊中的一船迅速拖离。

③拖轮应配备适合扑救液化气体火灾的固定式灭火系统。

④拖轮应与作业船舶保持通信联络，并使用商定的语言（汉语或英语）。

（5）水上过驳作业安全检查要点。

水上过驳作业过程中主要安全检查项目见表 3-19。

安全检查表 表 3-19

序 号	检查项目	检查结果	备 注
1	是否已收到过驳作业区的天气预报		
2	是否已建立无线电通信联络		
3	是否已议定操作使用语言		
4	船员是否已明确系泊程序		
5	动力装置、舵机和导航设备是否已测试并处于良好状态		

续上表

序 号	检 查 项 目	检 查 结 果	备 注
6	是否已议定应急计划		
7	主、辅碰垫是否已到位,碰垫牵索是否良好		
8	是否已撤走靠泊舷侧突出物		
9	是否有技术熟练的舵手在岗		
10	输货歧管接头是否已备好并做好记号		
11	软管状态是否良好		
12	是否已交流清楚航向和速度资料		
13	是否已具备足够的照明,特别是碰垫附近		
14	绞车和锚机是否随时可用		
15	是否已备妥所有系缆设备		
16	船员是否已抵达系泊岗位		
17	是否已和系缆人员建立通信联系		
18	靠泊异侧锚是否已做好抛锚准备		
19	舷梯是否位置恰当、安全可靠		
20	是否已建立两船间通信系统		
21	是否已议定紧急停止作业信号和程序		
22	机舱是否已安排值班,主机是否已处于待用状态		
23	前后系泊岗位是否已备有太平斧		
24	是否已设立驾驶台值班和锚更		
25	是否已设立甲板值班以特别关注系泊缆绳、碰垫、软管、歧管,以及货泵控制		
26	是否已与对方船舶议定初始输货速度		
27	是否已与对方船舶议定最高输货速度		
28	是否已与对方船舶议定充装极限		
29	软管是否已试压		
30	输货软管是否已支撑、悬挂良好		
31	消防设备是否备妥并处于立即可用状态		
32	歧管边是否已备妥快速拆管所需工具		
33	是否备有符合要求的人员保护设备并随时可用		
34	是否有足够人员应付紧急情况		

四、散装液体危险货物储存安全技术

1. 危险货物储存安全技术要求

(1)总平面布置。

国家标准《散装液体石油、散装液体化工产品港口储存通则》对存储场所提出以下要求:

①存储甲、乙、丙类散装液货储罐的布置和防火间距按有关标准执行,罐组的相邻可燃液体地上防火间距(m),见表3-20。

相邻可燃液体地上防火间距(m) 表3-20

液体类别	储罐型式			
	固定顶罐		浮顶、内浮顶罐	卧罐
	≤1000m^3	>1000m^3		
甲、乙类	0.6D固定式消防冷却 0.75D移动式消防冷却	0.6D且≤20	0.4D且≤20	0.8
丙$_A$类	0.4D且≤15		—	
丙$_B$类	2	5	—	

表中:D为相邻较大罐的直径;储存不同类别液体的或不同型式的相邻储罐的防火间距应用表中规定的较大值;高架罐的防火间距不宜小于0.6m;现有浅盘式内浮顶罐的防火间距同固定顶罐。

②储存地点及建筑结构的设置,除应符合国家有关规定外,还应考虑对周围环境、居民的影响。

③临近江河、海岸布置的散装液货的储罐区,应采取防止泄漏液体流入水域的措施。

④库区设计除了保持足够安全距离和可靠的消防系统,还要配置污水和尾气的接收和处理装置。

(2)一般要求。

①储存散装液货的港口应建立专用储罐式罐区。

②港口储存散装液货必须遵守国家法律、法规和其他有关的规定。

③必须配备有专业知识的技术人员、工人。罐区及储罐应设专人管理,有关人员必须配备可靠的个人安全防护用品。

④存储散装液货危险品的储罐宜在其醒目处注明所储危险品的联合国编号并标打危险货物标志,标志应符合《危险货物包装标志》(GB 190—2009)要求。当在同一区域内存有一般货物和危险品的应按危险品的等级标志,当存有两种或者两种以上危险品时,应按最高危险品级别标志。

⑤储存散装液货的库区严禁吸烟和使用明火,当需要施工动火时,应遵循规定的施工及动火程序要求,取证施工。

⑥根据所储存散装液货的理化性质不同应分区、分类储存,对化学性质相抵触或灭火方法不同的散装液货不得在同一库区内存储。

⑦罐区每罐的存储量应根据散装液货的品种及储罐类型等因素作相应的安排,不允许超过安全容积和容量。

(3)机泵。

①机泵选用的一般原则。

a. 应综合考虑储罐、管线、火车槽车、船舶等设备能力的协调平衡及储运周期来确定流量，确定的流量应有一定的余量；

b. 泵的扬程应不小于输送介质设计扬程的1.1倍；

c. 驱动设备的选择要考虑介质气体的易燃易爆要求和相应驱动率的富余量，一般选用电动驱动；

d. 选用真空泵配合离心泵卸车时会增大有毒气体的排放量，应考虑环保治理措施；

e. 有毒品的输送要确保密封，密封装置应根据化工品的性质来定，可采用软填料、单端面或双端面机械密封的方法。密封件的材质应具备耐腐蚀、耐磨损、耐高低温和机械压力；

f. 泵的流道与介质直接接触的部位，要考虑其材质不得与所输送的介质起物理或化学反应；

g. 泵的入口尽量减少管阻，避免气蚀和振动；

h. 部分液体化工品的输送应严格控制温度，泵、阀门、管线的工艺配置应具备异常情况的卸压回流系统。无作业时，泵、管线中不宜存有该介质；

i. 密封件的采用要考虑介质的理化性质、最大最小密封压力、密封处理的温度、液体的蒸汽压、机械的转速。外部冲洗冷却的机械密封，应确保输送介质不与机械密封冷却液相混，一般冷却液压力不大于泵输介质压力。

②离心泵。

a. 离心泵适用于介质黏度小于650cSt；

b. 介质中溶解或夹带气体最大于5%（体程比），不宜选用一般离心泵，可选用自吸式离心泵；

c. 流量变化大，扬程变化小应用平坦Q－H曲线的离心泵，反之选用陡降的Q－H曲线的离心泵；

d. 固体颗粒超过3%，应选用特殊结构的离心泵。

③容积式泵。

a. 容程式泵适用于介质黏度小于10000cSt；

b. 介质中溶解或夹带气体量大于5%（体积比），可选用容积式泵；

c. 流量小、扬程高宜选用往复容式泵；

d. 润滑性能差的介质不宜选用转子容积式泵，宜选用往复容积式泵。

(4)储罐。

①应根据液体化工品的易液性、毒性、腐蚀性及其他特性，选用不同类型材质的金属储罐及储罐的附件。

②苯类、醇类、醚类及其他易挥发、有毒的液体化工品宜采用钢质浮顶罐或拱顶罐。拱顶罐宜采用宜带有气体回收装置或氮气封顶设施。

③液碱、冰醋酸、煤焦油、硫酸、乙烯焦油等宜采用钢质拱顶罐。

④储存散液化工品的容器，应采用地上立式或卧式金属罐。对于储存介质需要采用不锈钢罐，但不具备该条件可采用碳素钢罐，罐内壁必须进行涂装或内衬等处理。

⑤液体化工品的储罐应配备液位检测、温度检测、液位报警等仪表设备。

⑥根据气候条件，部分液体化工品储罐应设有喷淋装置。

⑦作业现场及罐区应具备可靠的避雷装置，储罐及管线应具有良好的静电接地装置。

(5)管线。

①管线的材质应根据输送介质的特性、压力、温度，可选用碳素钢管、铅管、铅合金属、铝管、铝合金管、不锈钢管、复合材料管等。管壁厚度计算、腐蚀余量的选取可参照《化工工艺设计手册》。

②管线的连接应根据介质特性和使用要件，可选用焊接、法兰连接、螺纹连接、卡箍连接，确保连接可靠、操作方便。

③移动频繁的管线及硬质管线与储罐、泵等设备连接处，宜根据输送介质特性和使用条件选用金属软管、橡胶短接或橡胶软管。

④管件技术要求。

a. 阀门、法兰管箍的选用应根据介质的特性、温度、压力等因素综合考虑；

b. 垫片的选用应根据介质的特性、温度、压力等因素选用。

⑤管线的热补偿

a. 散装液体化工品的装卸船管线除采用自然补偿外，亦可选用波纹补偿品等进行补偿；

b. 波纹补偿器的选用应根据工作压力、操作温度、介质特性、介质流向、安装位置、补偿距离、大气环境等因素综合考虑。

(6)电气。

①油品及易燃易爆液体储存场所应按《爆炸和火灾危险环境电力装置设计规范》(GB 50058—1992)的规定，正确划分爆炸危险区域，并据此配备适宜的电力设备或设施。

②甲、乙类液体储罐区消防用电设备应按二级负荷供电，丙类储罐区应按三极负荷供电，当储罐区兼有甲、乙、丙三类物质时，应按最高负荷供电。

③在储罐上设置夜间照明设施时，应使照明器表面的高温部位远离储罐上的挥发气体溢出处，并采取隔热、散热等防火保护措施，或使用防爆照明灯具。

④储存场所的消防用电设备应能够充分满足消防用电的需要，其输配电线路、火灾事故照明和疏散指示标志都应符合《建筑设计防火规范》(GB 50016—2006)的相应要求。其中甲、乙类液体储罐与电力架空线的最近水平距离不应小于电杆(塔)高度的 1.5 倍，丙类液体储罐不应小于 1.2 倍。

(7)储存安排。

①对于不同性质的散装液货应配有相应材质的储罐。

②苯类、醇类、醚类及其他易挥发、有毒的散装液货宜采用钢质浮顶罐或拱顶罐。拱顶罐宜设有气体回收装置或氮气封顶设施。

③液碱、冰醋酸、炼焦油、硫酸等宜采用钢质拱顶罐。

④储存散装液货的储罐应采用地上立式或卧式金属罐。

⑤散装液货的储罐应配备液位检测、温度检测、液位报警、可燃气体报警装置等仪表设备。

⑥根据气候条件，部分散装液货储罐应设有冷却喷淋装置。

⑦对性质相抵触的散装液货，在换装时必须对上一次储存的罐体进行内部彻底清洗，且经过惰性气体置换后，由专门的人员检测确认合格后方可储存另一种液货。

(8)防雷、防静电设施。

①港口散装液货储存区内建筑物、构筑物的防雷设计应符合《建筑防雷设计规范》(GB 50057—2010)的有关要求。

②储存场所的防雷接地、防雷设计、防静电接地应符合《建筑防雷设计规范》(GB 50057—2010)以及《防止静电事故通用导则》(GB 12158—2006)的要求。

③散装液体石油产品的储存及装卸静电安全要求应符合《液体石油产品静电安全规程》(GB 13348—2009)的有关规定。

④油品和易燃液体管线法兰为非金属垫片连接的,应进行静电挠性跨接。

(9)消防设施。

①储存场所的消防设施应符合《石油库设计规范》(GB 50074—2002)的有关要求。

②储存场所的消防给水,油罐低倍数空气泡沫灭火应符合《石油库设计规范》(GB 50074—2002)的有关要求。

③消防设施的设置种类和数量应根据场所、储罐型式、火灾危险性、油库等级以及邻近单位消防协作条件等因素综合考虑确定,并配备经过培训的兼职和专职的消防人员。

④库区火灾宜采用中、低倍数空气泡沫灭火,应符合《泡沫灭火系统设计规范》(GB 50151—2010)的有关要求。

⑤库区各种场所应根据需要设置灭火器具,其种类和数量可根据场所的性质、火灾危险性、面积等因素确定,应符合《建筑灭火器配置设计规范》(GB 50140—2005)的有关要求。

(10)污染控制和应急措施。

①防污染设施、设备。

a. 储存散装液货的港口应配备足够的污水、残留液货、废弃物等的回收、处理设施和器材,并按有关操作规定安放防污染设施、设备。选用的防污染设施、设备应满足其技术要求;

b. 必须有确保人员自身安全和安全执行工作任务的设备,配备油类、化学品溢漏事故的应急措施及相应设备。

②储存散装液货的港口应严格遵守我国有关防止水域污染的环境保护法律、法规的规定及我国缔约参加或承认的国际有关防止海洋污染环境保护的国际公约。

③散装液货库区的污水(包括接收油、散化船上的压舱水和洗舱水)必须经过回收处理,达到地方规定的污染排放标准或《污水综合排放标准》(GB 8978—2002)规定的排放要求时才允许排放。

④酸、碱溶液漏洒在作业、储存场地上时,应立即用大量的水冲洗或用稀碱溶液或酸溶液中和。

⑤散装液货库区应定期对大气、水质进行监控、测试。

⑥各库区装卸、储运应控制跑、冒、滴、漏等,防止意外性事故发生,确保安全和保护环境。

⑦港口码头应根据本港实际情况制订应急计划,建立散装液货溢漏事故反应体系,确保防污染和应急反应程序。组织应急反应队伍,明确应急岗位人员的职责和通信联络方式,配备足够的清污器材和物品。并经严格训练,定期演习,以便届时作出及时而有效的反应。

2. 危险货物储存安全作业要求

(1)一般安全要求。

①作业前应对作业全过程进行风险评估,制订作业方案、安全措施和应急预案。

②作业前应确认作业单位的资质和作业人员的操作能力,确认特种作业人员资质。

③应为作业提供必要的安全可靠的机械、工具和设备,并保证完好。

④应按《安全标志及其使用导则》(GB 2894—2008)和《安全色》(GB 2893—2008)的规定设置安全标志。同时设置危险危害告知牌。

⑤安全培训:

a. 作业人员应定期进行专门的安全培训,经考试合格后上岗。特种作业人员应按有关规定经专业培训,考试合格后持证上岗,并定期参加复审;

b. 储存的危险化学品品种改变时以及检维修作业前,应根据风险评估的结果及应采取的控制措施对作业人员进行有针对性的培训;

c. 外来作业人员在进入作业现场前,应由作业现场所在单位组织进行进入现场前的安全培训教育。

⑥个体防护。

a. 应根据接触的危险化学品特性和《个体防护装备选用规范》(GB/T 11651—2008)的要求,选用适宜的劳动防护用品;

b. 作业人员应佩戴适合作业场所安全要求和作业特点的劳动防护用品;

c. 现场定点存放的防护器具应有专人负责保管,经常检查、维护和定期校验。

⑦应急预案及应急器材。

a. 应组织从业人员进行应急培训,定期演练、评审并改进;

b. 应按规定配备足够的应急救援器材,并进行经常性的维护保养,保证其处于完好状态;

c. 接触腐蚀性等有毒有害的场所应设置应急冲淋装置;

d. 应经常检查应急通信设施。

⑧安全监护。

a. 作业时应根据作业方案的要求设立安全监护人,安全监护人应对作业全过程进行现场监护;

b. 安全监护人应经过相关作业安全培训,有该岗位的操作资格,并应熟悉安全监护要求;

c. 安全监护人员应告知作业人员危险点,交代安全措施和安全注意事项;

d. 作业前安全监护人应现场逐项检查应急救援器材、安全防护器材和工具的配备及安全措施的落实;

e. 安全监护人应佩戴安全监护标志;

f. 安全监护人发现所监护的作业与作业票不相符合或安全措施不落实时应立即制止作业,作业中出现异常情况时应立即要求停止相关作业,并立即报告;

g. 作业人员发现安全监护人不在现场,应立即停止作业。

⑨作业前的准备。

a. 应确认相关工艺设备符合安全要求;

b. 应确认品种、数量、储罐有效容积和工艺流程;

c. 应确认安全设施、监测监控系统完好。

⑩输送危险化学品的流速和压力应符合安全要求。

⑪不得在未采取安全保障措施的情况下采用同一条管道输送不同品种、牌号的危险化学品。

⑫作业过程中作业人员不得擅离岗位。

⑬遇到雷雨、六级以上大风(含六级风)等恶劣气候时应停止检维修和需人工上罐的作业。

⑭未经批准不得在罐区进行收货、发货作业的同时进行任何检维修作业。

⑮实施管线吹扫作业前应办作业票。应根据物料特性选用适用的吹扫工艺。

(2)出入库。

①储存散装液货的储罐区必须建立严格的出入库管理制度。

②散装液货出入库前必须按合同进行检查验收和登记。经核对后方可入库、出库,当商品性质不明时不准入库。

③作业前港口有关部门应根据装卸商品的性质和作业环境制定安全防护措施,并向作业部门下达安全注意事项通知书,在未落实之前,不得安排作业。

④进入油品和易燃液体储存区的汽车罐(槽)车车体应设有连接端板,端板和罐(槽)体应连接成电气通路,并采用符合《汽车导静电橡胶托地带》(JT 230—1995)的导静电橡胶拖地带,予以静电接地。

⑤装卸腐蚀性物品时,操作人员应根据危险性穿戴防护用品。

⑥对于有毒物品在装卸时,应注意保持通风和避免呼吸蒸汽,并佩戴必要的防护用具。如通风条件有困难或含有大量溢出蒸汽的封闭空间,应使用空气呼吸器。

⑦在各储罐区入口处应设置人体静电消除栓,进入库区前必须进行人体静电消除。

⑧进入装卸现场的人员必须穿符合要求的防静电工作服、防静电工作鞋,作业时禁止穿脱衣服、帽子或其他类似物品。

⑨在装卸甲、乙类散装液货的作业现场,禁止使用无防爆装置的无线电话机及其他通信器材。

(3)散装液货养护。

①必须有一套完整的散装液货保管和养护制度。

②散装液货的保管应采取与所保管散装液货理化性质相适应的方法。

③必须具备完善的检测计量手段,并防止散装液货由于异常原因而短少。

④必须有一套严格的散装液货控温制度和办法,必须使散装液货在港保管期间处于安全温度之内。

⑤散装液货储存必须保持在安全液位之内:

a. 浮顶罐必须对其最高液位和最低液位作出限制;

b. 拱顶罐和其他形式储罐的散装液货储存量,必须保持在与该散装液货理化性质相适应的安全系数之内。

⑥必须对所保管散装液货定期进行巡检和养护,并记录相关数据。

⑦散装液货进出罐必须有明确的记录,做到单证齐全。

(4)检定和采样。

①计量或取样必须由经批准的专业人员按规定的全套设备、操作程序进行,要有人陪伴。

②计量检尺和取样设备必须符合国家或国际标准,在罐顶吊取样品,严禁使用塑料制品。

③取样前,检查检尺、取样用的导静电部件,使其处于良好状态;检尺取样时必须与罐顶设定的接地线良好连接。

④检尺、取样必须在储罐液面静置后进行:

a. 油罐、油船舱装油结束,静置 10min;

b. 大于 50000 立方的油罐或大于 50000 立方的船舱需静置 30min;

c. 装车结束静置 2min。

⑤检尺、取样时要防止撞击取样孔壁引起火花,严禁任何部件落入罐内。

⑥检尺时,检尺的下落速度不得大于 1m/s,提升速度不得大于 0.5m/s。

⑦要采取措施防止检尺、取样时造成物料滴漏;玷污物料的用具按规定进行处理。

⑧计量检尺、取样操作必须设立台账,详细记录日期、时间、地点、人员、操作过程等情况。

⑨对违反计量、检尺、取样操作规程和安全管理规定,造成安全或污染事故的要严肃处理。

(5)检维修作业。

①作业前应办理相应的检维修作业的作业票。

②检维修作业应设立现场监护人,作业时现场监护人不得离开作业现场。

③应对检维修作业的作业现场设置警戒区域、警示标志和危险危害告知牌。

④应根据作业场所危险危害的特点,现场配置消防、气体防护等安全器具。

⑤在作业过程中,如有人员变动,作业负责人必须及时通知作业主管部门,并按规定进行安全教育,办理有关手续后,方可进入施工现场。

⑥罐区内不宜进行不同的施工作业,如必要时应采取可靠有效的安全控制措施。

⑦作业前应根据需要采取通风、置换、吹扫、隔断和检测等安全措施,并采取相应的预防措施。

⑧清线作业。

a. 作业前确认并现场复核确认管线号和储罐号;

b. 作业前应确认机具符合安全要求;

c. 需要进行盲板封堵作业时应办理作业票,经审批后方可进行作业,作业前作业负责人应对需要进行盲板封堵的部位现场复核确认,盲板处应设有明显标志;

d. 根据物料特性不同选择清线工艺。确认清线工艺符合安全要求。

⑨清罐作业

a. 清罐作业应办理作业票,经审批后方可进行作业;

b. 作业前应现场复核并确认管线号和储罐号;

c. 清罐前清空余料,所有与储罐相连的管线、阀门应加盲板断开。对储罐进行吹扫、蒸煮、置换、通风等工艺处理后,应经分析检测确认符合安全要求;

d. 应由作业负责人进行全面检查复核无误后,方可开始入罐作业;

e. 作业人员进罐作业,罐外应有 2 人以上监护;

f. 作业人员应严格按照《个体防护装备选用规范》(GB/T 11651—2008)规定着装并佩带保证安全要求的劳动防护用品;

g. 清罐作业采用的设备、机具和仪器应满足相应的防火、防爆、防静电的要求。

⑩作业结束后,所有动用的设备设施应按要求全部复位,并清理现场。

(6)储罐区管理。

①港口散装液货储罐区应在进出口醒目位置设置储罐分布图,以利指导安全生产和应急反应。

②散装液货储罐区必须建立严格的出入管理制度,进入储罐区的机动车辆必须配备经公安消防部门检验的尾气火花熄灭装置,遵守罐区限定的车速,严禁超速行驶,进入罐区的人员必须采取防火措施,不得携带火种和易燃易爆品入内。

③必须制定严格的散装液货进出罐操作运行工艺规程。

④必须制定相应的散装液货罐区安全技术及管理规定。

⑤必须制定健全的散装液货罐区巡回检查制度,对巡回检查的范围和检查内容及检查时间作出明确规定,值班人员巡回检查设备和管线时,发现异常情况要及时处理、汇报,并做好原

始记录。

⑥必须建立严格的储罐区值班制度和储罐区交接班制度，交接班人员应按规定的时间和规定的内容在现场对口进行交接。

⑦必须建立严格的防冻、防凝和保(恒)温管理措施。

⑧散装液货更换产品品种进出罐时应采用惰性气体或其他安全介质将罐区管线内散装液货扫尽，扫线介质应控制在一定的流速和设计规定的压力之内。

⑨必须有完善的计量技术手段和建立严格的计量管理制度。

⑩储罐区应建立消防设施和器材管理规定，制定储罐区灭火预案，并定期对消防设施和器材进行检查与组织消防演练。

3. 危险货物储存作业安全要点

散装液体港口危险货物作业是码头前沿的装卸作业和储罐区作业统一协作的作业过程，故本节的内容已在"码头装卸作业安全要点"进行了叙述。

危险货物储存作业过程中主要安全检查项目见表3-21。

安全检查表 表3-21

序号	检查项目	检查结果	备注
一	来船前		
1	储罐安全容量以内容积是否满足装货要求		
2	储罐是否已计量完毕		
3	罐顶呼吸阀是否处于正常位置		
4	氮气覆盖的储罐，氮气是否暂停使用		
5	罐的进出口阀门是否关闭且开启自如		
6	罐顶工作的安全、防护器具是否准备齐全		
7	罐边废油桶及放废油的软管是否准备并完好		
8	紧急事故时逃生出口途径是否畅通无阻		
9	罐顶、边安全装置及附件是否齐全、完好		
二	油进出罐		
1	测量或计算装卸油的速度是否正常		
2	压力表指示是否正常，流量是否稳定		
3	储罐管线及各附件的密封点有无泄漏		
4	进油量超过其安全装载量的储罐要及时准确测量和切换		
三	装卸结束		
1	装卸油结束、量油孔是否关闭		
2	管线吹扫打球结束罐顶呼吸阀是否复位		
3	罐边所有进出口阀门是否关闭		
4	氮气系统是否恢复工作		
5	工作现场是否清理结束，工具收好放回原处		
6	废油桶是否贴好标签并送往灌桶台计量移交		

第四章　危险货物集装箱港口作业

第一节　集装箱运输概述

一、集装箱运输的起源和发展

集装箱运输起源于英国。早在1801年,英国的詹姆斯·安德森博士就已提出将货物装入集装箱进行运输的构想。1845年英国铁路曾使用载货车厢互相交换的方式,视车厢为集装箱,使集装箱运输的构想得到初步应用。19世纪中叶,在英国的兰开夏已出现运输棉纱、棉布的一种带活动框架的载货工具,这是集装箱的雏形。

正式使用集装箱运输货物是在20世纪初期。1900年,在英国铁路上首次试行了集装箱运输,后来相继传到美国(1917年)、德国(1920年)、法国(1928年)及其他欧美国家。

1966年以前,虽然集装箱运输取得了一定的发展,但在该阶段集装箱运输仅限于欧美一些先进国家,主要从事铁路、公路运输和国内沿海运输。船型以改装的半集装箱船为主,其典型船舶的装载量不过500TEU(20ft集装箱换算单位,简称“换算箱”)左右,速度也较慢;箱型主要采用断面为8ft×8ft,长度分别为24ft、27ft、35ft的非标准集装箱,部分使用了长度为20ft和40ft的标准集装箱,箱的材质开始以钢质为主,到后期铝质箱开始出现。船舶装卸以船用装卸桥为主,只有极少数专用码头上有岸边装卸桥;码头装卸工艺主要采用海陆联运公司开创的底盘车方式,跨运车方式则刚出现不久;集装箱运输的经营方式是仅提供港到港的服务。

1966年至1983年,集装箱运输的优越性越来越被人们认识到,以海上运输为主导的国际集装箱运输发展迅速,是世界交通运输进入集装箱化时代的关键时期。

1970年后随着海上集装箱运输的发展,各港纷纷建设专用集装箱泊位,世界集装箱专用泊位到1983年已增至983个。20世纪70年代,世界主要港口集装箱吞吐量的年增长率达到15%。专用泊位的前沿均装备了装卸桥,并在鹿特丹港的集装箱码头上出现了第二代集装箱装卸桥,每小时可装卸50TEU。

1984年以后,世界航运市场摆脱了石油危机所带来的影响,开始走出低谷,集装箱运输又重新走上稳定发展的道路。集装箱运输已遍及世界上所有的海运国家,随着集装箱运输进入成熟阶段,世界海运货物的集装箱化已成为不可阻挡的发展趋势。

二、集装箱定义和分类

1. 集装箱定义

在物流运输过程中,为了提高效率,必须采用集装单元化作业。集装单元化就是指用各种不同的方法和器具，把包装或无包装的商品整齐地汇集成一个便于装卸搬运的作业单元，这个作业单元在整个物流过程中保持一定的形状。以集装单元来组织物资的装卸搬运、储存、运输等物流活动的作业方式，称为集装单元化作业。而这种器具要求有一定的强度，能够长期反复使用，便于堆放。

集装箱是这种器具中普遍应用的一种，是指具有一定的强度和刚度，专门供周转使用并便于机械操作和运输的大型箱式容器。它应具备以下特点：

(1)具有足够的强度，可反复长期使用。

(2)适用于多种运输方式运送货物，无需中途换装。

(3)装有便于装卸和搬运的装置，特别是便于从一种运输方式转到另一种运输方式。

(4)便于货物的拼装。

(5)箱内容积为 $1m^3$ 或 $1m^3$ 以上。

目前国际上通用的集装箱尺寸主要有40ft、30ft、20ft、10ft，常用的是40ft、20ft。

2. 集装箱分类

运输货物用的集装箱种类繁多，从运输家用物品的小型折叠式集装箱直到40ft 标准集装箱，以及航空集装箱等，不一而足。这里仅介绍在海上运输中常见的国际货运集装箱类型。

按集装箱的用途和货物的特点可分为：

(1)通用干货集装箱(图4-1)。这种集装箱也称为杂货集装箱，用来运输无需控制温度的件杂货。其使用范围极广，据1983 年的统计，世界上300 万个集装箱中，杂货集装箱占85%，约为254 万个。这种集装箱通常为封闭式，在一端或侧面设有箱门。这种集装箱通常用来装运文化用品、化工用品、电子机械、工艺品、医药、日用品、纺织品及仪器零件等。这是平时最常用的集装箱。不受温度变化影响的各类固体散货、颗粒或粉末状的货物都可以由这种集装箱装运。

(2)保温集装箱。它们是为了运输需要冷藏或保温的货物。所有箱壁都采用热导率低的材料隔热而制成的集装箱，可分为以下三种：

①冷藏集装箱(图4-2)。它是以运输冷冻食品为主，能保持所定温度的保温集装箱。它专为运输如鱼、肉、新鲜水果、蔬菜等食品而特殊设计的。目前国际上采用的冷藏集装箱基本上分两种：一种是集装箱内带有冷冻机的机械式冷藏集装箱；另一种箱内没有冷冻机而只有隔热结构，即在集装箱端壁上设有进气孔和出气孔，箱子装在舱中，由船舶的冷冻装置供应冷气，这种叫做离合式冷藏集装箱(又称外置式或夹箍式冷藏集装箱)。

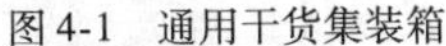
图4-1 通用干货集装箱

图4-2 冷藏集装箱

②隔热集装箱。它是为载运水果、蔬菜等货物，防止温度上升过大，以保持货物鲜度而具有充分隔热结构的集装箱。通常用冰作制冷剂，保温时间为72 小时左右。

③通风集装箱。它是为装运水果、蔬菜等不需要冷冻而具有呼吸作用的货物,在端壁和侧壁上设有通风孔的集装箱,如将通风口关闭,同样可以作为杂货集装箱使用。

(3)罐式集装箱(图4-3)。它是专用以装运酒类、油类(如动植物油)、液体食品以及化学品等液体货物的集装箱。它还可以装运其他液体的危险货物。这种集装箱有单罐和多罐数种,罐体四角由支柱、撑杆构成整体框架。

(4)散货集装箱。它是一种密闭式集装箱,有玻璃钢制和钢制两种。前者由于侧壁强度较大,故一般装载麦芽和化学品等相对密度较大的散货,后者则用于装载相对密度较小的谷物。散货集装箱顶部的装货口应设水密性良好的盖,以防雨水侵入箱内。

(5)台架式集装箱(图4-4)。它是没有箱顶和侧壁,甚至连端壁也去掉而只有底板和四个角柱的集装箱。这种集装箱可以从前后、左右及上方进行装卸作业,适合装载长大件和重货件,如重型机械、钢材、钢管、木材、钢锭等。台架式的集装箱没有水密性,怕水湿的货物不能装运,或用帆布遮盖装运。

图4-3 罐式集装箱

图4-4 台架式集装箱

(6)平台集装箱(图4-5)。这种集装箱是在台架式集装箱上再简化而只保留底板的一种特殊结构集装箱。平台的长度与宽度。与国际标准集装箱的箱底尺寸相同,可使用与其他集装箱相同的紧固件和起吊装置。这一集装箱的采用打破了过去一直认为集装箱必须具有一定容积的概念。

(7)敞顶集装箱(图4-6)。这是一种没有刚性箱顶的集装箱,但有由可折叠式或可折式顶梁支撑的帆布、塑料布或涂塑布制成的顶篷,其他构件与通用集装箱类似。这种集装箱适于装载大型货物和重货,如钢铁、木材,特别是像玻璃板等易碎的重货,利用吊车从顶部吊入箱内不易损坏,而且也便于在箱内固定。

图4-5 平台集装箱

图4-6 敞顶集装箱

(8)汽车集装箱(图4-7)。它是一种运输小型轿车用的专用集装箱,其特点是在简易箱底上装一个钢制框架,通常没有箱壁(包括端壁和侧壁)。这种集装箱分为单层的和双层的两种。因为小轿车的高度为1.35～1.45m，如装在8英尺的标准集装箱内，其容积要浪费2/5以上，因而出现了双层集装箱。这种双层集装箱的高度有两种：一种为10.5英尺（3.2m），一种为8.5英尺高的2倍。因此汽车集装箱一般不是国际标准集装箱。

（9）动物集装箱（图4-8）。这是一种装运鸡、鸭、鹅等活家禽和牛、马、羊、猪等活家畜用的集装箱。为了遮蔽太阳，箱顶采用胶合板露盖，侧面和端面都有用铝丝网制成的窗，以求有良好的通风。侧壁下方设有清扫口和排水口，并配有上下移动的拉门，可把垃圾清扫出去。还装有喂食口。动物集装箱在船上一般应装在甲板上，因为甲板上空气流通，便于清扫和照顾。

图4-7　汽车集装箱

图4-8　动物集装箱

（10）服装集装箱（图4-9）。这种集装箱的特点是，在箱内上侧梁上装有许多根横杆，每根横杆上垂下若干条皮带扣、尼龙带扣或绳索，成衣利用衣架上的钩直接挂在带扣或绳索上。这种服装装载法属于无包装运输，它不仅节约了包装材料和包装费用，而且减少了人工劳动，提高了服装的运输质量。

3. 集装箱标记

国际标准化组织规定的集装箱标记有“必备标记”和“自选标记”两类。每一类标记中，又分“识别标记”和“作业标记”两种。

（1）必备标记。

①识别标记。

a. 箱主代号，即集装箱所有人代号；

b. 顺序号，又称箱号，用6位阿拉伯数字表示；

c. 核对数字，由一位阿拉伯数字表示，列于6位箱号之后，置于方框之中。

②作业标记。额定重量和自重标记。集装箱的额定重量（空箱质量）和箱内装载货物的最大容许重量（最大容许质量）之和，即最大工作总重量，简称最大总重，以R表示。集装箱的自重又称空箱重量，以T表示。

（2）自选标记。

识别标记主要由“尺寸代号”与“类型代号”组成。

①尺寸代号以两个字符表示。第一个字符表示箱长，第二个字符表示箱宽与箱高；

②类型代号可反映集装箱的用途和特征。类型代号用2个字符表示。其中第一个字符表示集装箱的类型。第二个字符表示某类型集装箱的特征。

集装箱标记的示意图见图4-10。

图 4-9　服装集装箱

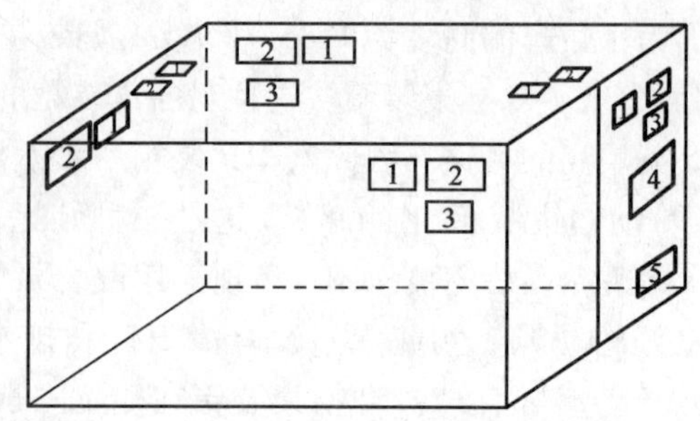

图 4-10　集装箱标记代号的位置

1-箱主代号;2-箱号或顺序号、核对数字;3-集装箱尺寸及类型代号;4-集装箱总量、自重和容积;5-集装箱制造厂名及出厂日期

三、集装箱船舶定义和分类

1. 定义

集装箱船舶,是指舱内设有固定式或活动式的格栅结构,舱盖上和甲板上设置固定集装箱的系紧装置,便于集装箱作业及定位的船舶。

根据《海港集装箱码头设计规范》(JTS 165-4—2011),海运集装箱船舶的主要技术参数见表 4-1。

海运集装箱船舶的主要技术参数　　表 4-1

序号	船　型		船舶主尺度				船舶积载情况			营运吃水(m)
	船舶吨级 DWT (t)	载箱量 (TEU)	总长 (m)	型宽 (m)	型深 (m)	满载吃水(m)	装箱层数		甲板堆箱列数	
							舱内	甲板上		
1	10000(7561～12500)	701～1050	141	22.6	11.3	8.3	6	2	8	8.3
2	20000(12501～27500)	1051～1900	183	27.6	14.4	10.5	6	2	10	10.5
3	30000(27501～45000)	1901～3500	241	32.3	19.0	12.0	7	3	12	11.0
4	50000(45001～65000)	3501～5650	293	32.3	21.8	13.0	8	5	13	12.0
5	70000(65001～85000)	5651～6630	300	40.3	24.3	14.0	8	5	16	12.5
6	100000(85001～115000)	6631～9500	346	45.6	24.8	14.5	9	6	17	13.0
7	120000(115001～135000)	9501～11000	367	45.6	27.2	15.0	10	6	18	13.0
8	150000	11001～12500	398	56.4	30.2	16.5	10	7	22	—

注:150000t 集装箱船的船舶主尺度的数值为实船资料(实船载重吨为 157515t),供参照使用。

2. 集装箱货运船舶的分类

集装箱船可分为全集装箱船、半集装箱船、滚装集装箱船、敞口集装箱船等。

(1)全集装箱船:是指只装载集装箱的专用船,船上一般没有装卸设备,这是目前海上集装箱运输的主力。

(2)半集装箱船:是指一部分货舱作为集装箱专用舱,其他货舱为杂货舱的船舶。

(3)滚装集装箱船:是指利用船侧、船首、船尾的边门或首、尾门,通过跳板,将集装箱和牵引车一起沿水平方向进行滚动装卸的船舶。

(4)敞口集装箱船:是指一种特殊设计的集装箱船,其一个或多个货舱不需设置舱口盖。

由于国际运输市场的激烈竞争,滚装和半集装箱船等正在逐步移作他用,在集装箱运输市场的作用日益缩小,新造的此类船极少。由于集装箱专用码头的大批兴建,为全集装箱船的发展创造了良好条件,今后世界集装箱运输船队中80%以上将是全集装箱船。

四、集装箱码头

1. 集装箱码头的定义

集装箱码头是指专供停靠集装箱船舶和装卸集装箱的专用码头。

根据《港口集装箱码头分级标准》(ZGX—J0001—2008)及《海港集装箱码头设计规范》(JTS 165-4—2011)中规定,集装箱码头是指包括港池、锚地、进港航道、泊位等水域以及货运站、堆场、码头前沿、办公生活区域等陆域范围的能够容纳完整的集装箱装卸操作过程的具有明确界限的场所。

集装箱码头是水陆联运的枢纽站,是集装箱货物在转换运输方式时的缓冲地,也是货物的交接点,因此,集装箱码头在整个集装箱运输过程中占有重要地位。

2. 集装箱码头的构成

集装箱码头的整个装卸作业是采用机械化、大规模生产方式进行的,要求各项作业密切配合,实现装卸工艺系统的高效化。这就要求集装箱码头上各项设施合理布置,并使它们有机地联系起来,形成一个各项作业协调一致、相互配合的有机整体,形成高效的、完善的流水作业线,以缩短车、船、箱在港口码头的停泊时间,加速车、船、箱的周转,降低运输成本和装卸成本,实现最佳的经济效益。

根据集装箱码头装卸作业、业务管理的需要,集装箱码头应由以下主要设施构成:

(1)系靠泊设施。靠泊设施主要由码头岸线和码头岸壁组成。码头岸线是供来港装卸的集装箱船舶停靠使用,长度根据所停靠船舶的主要技术参数及有关安全规定而定;码头岸壁一般是指集装箱船停靠时所需的系船设施,岸壁上设有系船柱,用于船靠码头时通过缆绳将船拴住,岸壁上还应设置护舷等预防碰撞装置,通常为橡胶材料制作。

(2)码头前沿。码头前沿是指沿码头岸壁到集装箱编排场(或称编组场)之间的码头面积,设有岸边集装箱起重机及其运行轨道。码头前沿的宽度可根据岸边集装箱起重机的跨距和使用的其他装卸机械种类而定,一般为40m左右。

(3)集装箱编排(组)场。集装箱编排(组)场又称前方堆场,是指把准备即将装船的集装箱排列待装以及为即将卸下的集装箱准备好场地和堆放位置,通常布置在码头前沿与集装箱堆场之间,主要作用是保证船舶装卸作业快速而不间断地进行。通常在集装箱编排场上按集装箱的尺寸预先在场地上用白线或黄线画好方格即箱位,箱位上编上"箱位号",当集装箱装船时,可按照船舶的配载图找到这些待装箱的箱位号,然后有次序地进行装船。

(4)集装箱堆场。集装箱堆场又称后方堆场,是指进行集装箱交接、保管重箱和安全检查的场所,有的还包括存放底盘车的场地。堆场面积的大小必须适应集装箱吞吐量的要求,并根据船型的装载能力及到港的船舶密度、装卸工艺系统、集装箱在堆场上的排列形式等计算、分析确定。

集装箱在堆场上的排列形式一般有"纵横排列法"(即将集装箱按纵向或横向排列,此法应用较多)和"人字形排列法"(即集装箱在堆场放成"人"字形,适用于底盘车装卸作业方式)。

(5)集装箱货运站。集装箱货运站有的设在码头之内,也有的设在码头之外。货运站是拼箱货物进行拆箱和装箱,并对这些货物进行储存、防护和收发交接的作业场所,主要任务是出口拼箱货的接收、装箱，进口拼箱货的拆箱、交货等。货运站应配备拆装箱及场地堆码用的小型装卸机械及有关设备，货运站的规模应根据拆装箱量及不平衡性综合确定。

(6)控制塔(室)。控制塔(室)是集装箱码头作业的指挥中心。主要任务是监视和指挥船舶装卸作业及堆场作业。控制塔应设在码头的最高处，以便能清楚看到码头所有集装箱的箱位及全部作业情况。

(7)检查桥。检查桥是集装箱码头的出入口，也是划分集装箱码头与其他部门责任的地方。所有进出集装箱码头的集装箱均在门房进行检查，办理交接手续并制作有关单据。

(8)维修车间。维修车间是对集装箱及其专用机械进行检查、修理和保养的场所。维修车间的规模应根据集装箱的损坏率、修理的期限、码头内使用的车辆和装卸机械的种类、数量及检修内容等确定。维修车间应配备维修设备。

(9)集装箱清洗场。集装箱清洗场的主要任务是对集装箱污物进行清扫、冲洗，一般设在后方并配有多种清洗设施。

(10)码头办公楼。集装箱码头办公大楼是集装箱码头行政、业务管理的大本营，目前大多数的集装箱码头已基本上实现了电子化管理，最终达到管理的自动化。

3. 集装箱码头的分级

根据《港口集装箱码头分级标准》(ZGX—J0001—2008)的规定，集装箱专用码头按照其所能接卸集装箱船舶的船型，划分为A型、B型、C型、D型、E型五种。

(1)A型集装箱专用码头是指装卸条件能够满足5000DWT(载箱量500TEU左右)的集装箱专用船舶满载时作业要求的集装箱码头。

(2)B型集装箱专用码头是指装卸条件能够满足10000DWT(载箱量1000TEU左右)的集装箱专用船舶满载时作业要求的集装箱码头。

(3)C型集装箱专用码头是指装卸条件能够满足30000DWT(载箱量3000TEU左右)的集装箱专用船舶满载时作业要求的集装箱码头。

(4)D型集装箱专用码头是指装卸条件能够满足50000DWT(载箱量5000TEU左右)的集装箱专用船舶满载时作业要求的集装箱码头。

(5)E型集装箱专用码头是指装卸条件能够满足70000DWT以上(载箱量6000TEU以上)的集装箱专用船舶满载时作业要求的集装箱码头。

4. 海港集装箱码头的技术参数

根据《海港集装箱码头设计规范》(JTS 165—4—2011)要求，海港集装箱码头的技术参数见表4-2。

5. 集装箱码头堆场

堆场管理是码头生产的一个重要环节，码头要保证船舶如期开航，就必须提高码头的装卸速度，而装卸速度的提高很大程度上取决于码头堆场箱区、箱位安排的合理性。合理安排箱区和箱位，不仅能降低翻箱率，减少桥吊等箱时间，提高码头装卸速度，而且还能最大限度地提高码头堆场利用率、码头通过能力，降低码头生产成本。

(1)堆场的划分。此处的堆场是指码头的后方堆场，首先，根据堆场的面积和形状，将整个码头堆场分为1#、2#、3#等堆场。然后，对每个堆场，根据面积大小划分为若干区，如1区、2区、3区等。接着，每个区再划分为若干段，并用段号表示，如1A、1B、2A、2B等。每个段为矩形，其宽度为可并排摆放6个标准集装箱，且能通过一辆拖车。段的宽度可分为6行，用数字

1、2、3、4、5、6 表示，并用油漆在地上写清楚。段的长度由堆场的面积决定，通常为 30 个标准集装箱的长度，每个位置称为间，用数字 01、03、05…59 表示。

海港集装箱码头的技术参数　　表 4-2

<table>
<tr><th rowspan="3">序号</th><th colspan="2" rowspan="2">设计船型</th><th colspan="5">主要技术参数</th></tr>
<tr><th colspan="3">码头尺度</th><th rowspan="2">集装箱装卸桥配备数量（台/泊位）</th><th rowspan="2">泊位通过能力（万 TEU/a）</th></tr>
<tr><th>船舶吨级 DWT（t）</th><th>载箱量（TEU）</th><th>泊位长度（m）</th><th>码头前沿水深（m）</th><th>陆域纵深（m）</th></tr>
<tr><td>1</td><td>10000（7501～12500）</td><td>701～1050</td><td>155～170</td><td>≤9.0</td><td><400</td><td>2</td><td><25</td></tr>
<tr><td>2</td><td>20000（12501～27500）</td><td>1051～1900</td><td>201～220</td><td>9.1～11.6</td><td>400～499</td><td>2～3</td><td>25～35</td></tr>
<tr><td>3</td><td>30000（27501～45000）</td><td>1901～3500</td><td>271～281</td><td>11.7～13.2</td><td>500～599</td><td>3～4</td><td>40～50</td></tr>
<tr><td>4</td><td>50000（45001～65000）</td><td>3501～5650</td><td>323～333</td><td>13.3～14.3</td><td>600～699</td><td>4</td><td>60～70</td></tr>
<tr><td>5</td><td>70000（65001～85000）</td><td>5651～6630</td><td>330～340</td><td>14.4～15.4</td><td>700～799</td><td>4</td><td>65～75</td></tr>
<tr><td>6</td><td>100000（85001～115000）</td><td>6631～9500</td><td>376～386</td><td>15.5～16.0</td><td>800～899</td><td>4～5</td><td>75～85</td></tr>
<tr><td>7</td><td>120000（115001～135000）</td><td>9501～11000</td><td>397～407</td><td>16.1～16.5</td><td>900～1100</td><td>4～5</td><td>80～90</td></tr>
<tr><td>8</td><td>150000</td><td>11001～12500</td><td>428～438</td><td>16.6～18.2</td><td>1000～1200</td><td>5</td><td>85～95</td></tr>
</table>

（2）箱区编码方式——箱区、位、排、层。场箱位由箱区、位、排、层组成。

“箱区”的编码分为两种，一种是用英文字母表示，由一个或两个字母组成；另一种是用数字来表示，一般由两位数字组成，其中第一位表示码头的泊位号，第二位表示堆场从海侧到陆侧后方堆场的顺序号。国内码头普遍采用两位数字或一位数字加一位字母作为箱区的编码。

“位”的编码用两位数字表示，一个箱区有若干个位组成。由于一个 40 英尺集装箱占用 2 个 20 英尺集装箱的位置，因此，一般用奇数表示 20 英尺集装箱的“位”，偶数表示 40 英尺集装或 45 英尺集装箱的“位”。

“层”和“排”用一位数表示。因此，集装箱的箱位一般由“五位”或“六位”表示。

如“A0111 表示该箱在 A 箱区 01 位第一排第一层；“210111”则表示 21 箱区 01 位第一排第一层。位字母作为箱区的编码。

第二节　危险货物集装箱的定义和分类

1. 危险货物集装箱的定义

根据《港口危险货物安全管理规定》，危险货物是指列入国际海事组织制定的《国际海运危险货物规则》和国家标准《危险货物品名表》（GB 12268—2012），具有爆炸、易燃、毒害、感染、腐蚀、放射性等特性，容易造成人身伤亡、财产毁损或者对环境造成危害而需要特别防护的货物。按照它们所呈现的危险性或最主要的危险性分成 1～9 类。

装载以上危险货物的集装箱即为危险货物集装箱。

2. 危险货物集装箱的分类

危险货物集装箱按结构和货物装载形式，大致分为两大类：

第一类是罐式集装箱，罐式集装箱一般用于装运液态或气态散货，如条件适合也可以用来装运干散货，具体形式有油品储罐、化学品储罐、液化气储罐，一般情况下它是承受内压的压力容器，但也不排除内部为负压的罐体。其最低试验压力因不同货种而异，它们的最低试验压力在45kPa与2200kPa之间,因此,罐式集装箱可以在一定范围内装运危险品,可满足国内外各种流体物资的生产者、使用者和涉及化工食品医药等流体物资运输与储存的物流操作者的各种需要。

第二类是箱内有包装的普通集装箱,主要适用于第1类、第4~7类危险货物,按照国家或国际上有关标准、规范的要求,进行包装(袋装、瓶装、桶装或木箱、纸箱装),然后再按照有关配载隔离要求集中码放在集装箱内。

第三节　危险货物集装箱装卸储存工艺

根据危险货物集装箱所装货物的危险特性,其装卸工艺主要为车船直装直取及堆场临时堆存两种。

1. 车船直装直取

船⟷车;

船⟷集装箱装卸桥⟷集装箱牵引半挂车⟷进出港。

2. 堆场临时储存

船⟷堆场;

船⟷码头装卸机械⟷集装箱牵引半挂车⟷堆场装卸机械⟷危险品集装箱堆场;

堆场⟷堆场装卸机械⟷集装箱牵引半挂车⟷进出港。

第四节　危险货物集装箱港口装卸设备设施

集装箱码头装卸机械主要包括码头前沿的装卸起重机械、水平运输机械及堆场作业的起重机械。目前使用最广泛的码头装卸机械是集装箱装卸桥,水平运输是集装箱牵引平板车,堆场作业是轮胎式集装箱龙门起重机。下面就几种常用的装卸机械作一介绍。

1. 港口装卸机械

(1)岸边集装箱起重机(岸桥)(图4-11)。岸边集装箱起重机是集装箱码头前沿进行集装箱船舶装卸作业的专用机械,为集装箱装卸船的专用起重机。布置于集装箱码头前沿,外形同桥式抓斗卸船机相似。岸边集装箱起重机有多种类型。国内目前采用的是前后两片门框和拉杆组成门架,门架沿码头前沿轨道行驶,桥架支承在门架上。为了避免船舶靠离码头时碰撞,桥架的外伸悬臂有的可以俯仰,有的可以伸缩。行走小车沿桥架的轨道往返行驶,吊运集装箱目前常用起升速度空载时为每分钟70~120m,重载时为每分钟35~50m,小车行走速度为每分钟120~150m,并配有专用集装箱吊具和减摇装置,起重量一般在40t以下,每小时可吊运集装箱20~30标准箱。

(2)门座起重机(图4-12)。门座起重机是旋转臂架起重机的一种,因有门形底座(门座)而得名,又称门吊、门机。它有起升、旋转、变幅、行走4个能协调工作的机构。门座起重机沿地面轨道行走。门座下可通行铁路车辆和汽车。这种起重机臂架长,起升高度大,各机构工作速度快,因而工作范围大,生产效率高,且可配装不同的取物装置。例如,配装吊钩可装卸件货和钢材等重件,配装抓斗可装卸散货,换用专用吊具可装卸集装箱(但效率不如集装箱专用设备),因而通用性强。多用途码头多配用。

图4-11　岸边集装箱起重机

图4-12　门座起重机

2. 堆场作业机械

(1)集装箱龙门起重机(图4-13)。集装箱龙门起重机是指水平主梁支承在两片刚性支腿上的桥架起重机。起重小车在主梁的轨道上行走。龙门起重机分轨道式和轮胎式两种,轨道式的沿地面轨道行走,轮胎式的移动灵活。龙门起重机主要用于堆场装卸、堆码集装箱。国产轮胎式龙门起重机的起重量为40t,轮距跨度内可放6排集装箱,跨高可堆码4层集装箱。

(2)集装箱跨运车(图4-14)。集装箱跨运车是用于集装箱码头前沿和库场之间短途水平搬运和堆码集装箱的专用机械。它以门形车架跨在集装箱上,由装有集装箱吊具的液压升降系统吊起集装箱,进行搬运堆码。还可用跨运车将集装箱装在集装箱底盘车上,同时也可将集装箱从底盘车上卸下。集装箱跨运车由门形跨架、起升机构、动力设备、轮胎式无轨运行机构及其他辅助设备组成,采用机械或液压传动。

图4-13　集装箱龙门起重机

图4-14　集装箱跨运车

(3)集装箱正面吊运机(图4-15)。集装箱正面吊是根据集装箱码头、集装箱货场及中转站对多用途的流动式集装箱装卸搬运机械的需求而开发的一种新机型。它具有机动性高、稳定性好、轮压小、堆码层数高、可隔箱作业和堆场利用率高等优点,是比较理想的堆场装卸搬运设备。

集装箱正面吊运机主要由运行机构、臂架伸缩机构、变幅机构和可以回转、伸缩、横移的吊具组成。除运行部分外,臂架俯仰、伸缩、转向及吊具的各项动作均采用液压驱动传动。

(4)集装箱叉式装卸车(图4-16)。叉式装卸车简称叉车。集装箱叉式装卸车是集装箱码头和货场常用的一种进行集装箱装卸、堆码和搬运的专用机械。集装箱叉式装卸车分集装箱正面叉式装卸车和集装箱侧面叉式装卸车两种。它可以采用货叉插入集装箱底部叉槽内举升搬运集装箱,也可在门架上装一个顶吊架,借助旋锁件与集装箱连接,从顶部起吊集装箱。

图4-15　集装箱正面吊运机

图4-16　集装箱叉式装卸车

3. 水平运输机械

(1)牵引车(图4-17)。集装箱牵引车专门用于拖带集装箱挂车或半挂车,两者结合组成车组,是长距离运输集装箱的专用机械。它主要用于港口码头、铁路货场与集装箱堆场之间的运输。集装箱牵引车具有牵引装置和行驶装置,但自身不能载运货物,其内燃机和底盘的布置与普通牵引车大体相同,只是集装箱牵引车前后车轮均装有行走制动器,车架后部装有连接挂车的牵引鞍座。

(2)挂车(图4-18)。集装箱挂车按拖挂方式不同,分为半挂车和全挂车两种,其中以半挂车最为常用。

半挂车是挂车和货物的重量一部分由牵引车直接承受,不仅牵引力得到有效发挥,而且拖车车身较短,便于倒车和转向,安全可靠。

全挂车是通过牵引杆架,使牵引车与挂车连接,牵引车身亦可作为普通货车单独使用,但车身较长,操作比半挂车要稍难些。

图4-17　牵引车

图4-18　挂车

第五节　危险货物集装箱装卸作业危害因素的辨识与分析

在危险货物集装箱装卸作业过程中,和普货集装箱作业同样存在着车辆伤害、高处坠落、起重伤害、物体打击、淹溺、触电等事故的危险和高温、低温、噪声等职业危害，此外还可能发生船舶靠离泊事故、装卸设备损坏、集装箱或箱内货物损坏等事故。但由于危险货物具有特殊危险性,因此在危险货物集装箱的港口作业过程中,还存在着由于装卸物料泄漏引起的火灾、爆炸、中毒和窒息、腐蚀等危害因素。

危险货物集装箱港口装卸作业过程中存在的危害因素,主要是由于人的因素、物的因素、环境因素和管理因素等引起的。

1. 人的因素

人的因素是指在生产活动中，来自人员自身或人为性质的危害因素。包括心理、生理性危害因素和行为性危害因素。如起重作业时人员不注意走到吊臂下造成的起重伤害、集装箱没钩住造成集装箱的坠落等。

2. 物的因素

物的因素是指机械、设备、设施、材料等方面存在的危害因素，主要包括物理性、化学性和生物性危害因素。如物料本身的危险特性引起的火灾、爆炸、中毒窒息、腐蚀等；电气设备绝缘损坏造成漏电伤人或短路；起重设备控制失灵，导致货物坠落等。

3. 环境因素

环境因素是指作业环境中的危害因素，包括室外作业环境不良及其他作业环境不良。如码头面作业场所狭窄造成的起重伤害、车辆伤害、物体打击等；由于风、暴、潮引起的船舶撞击码头等。

4. 管理因素

管理因素是指管理和管理责任缺失所导致的危害因素。如对作业现场人员未制定操作规程或操作规程执行不到位，造成的人员伤害、设备损毁等。

第六节　危险货物集装箱码头及堆场技术要求

一、危险货物集装箱码头技术要求

目前从事集装箱装卸的码头主要是两种，一种是专用的集装箱港口，只从事集装箱的装卸作业；另外一种是多用途码头，设置了集装箱装卸机械，可以从事集装箱的装卸作业。对集装箱码头提出技术要求主要的规范有《海港总平面设计规范》（JTJ 211—1999）、《海港集装箱码头设计规范》（JTS 165—4—2011）和《河港工程总体设计规范》（JTJ 212—2006）等，但上述标准中也主要是针对普货集装箱码头进行了规定，对危险货物集装箱码头的技术要求未有专门的规范要求，港口集装箱危险货物作业码头的技术要求应参照执行相关标准、规范执行。本书根据《海港集装箱码头设计规范》（JTS 165—4—2011）的要求对海港集装箱码头的技术要求作一说明。

1. 基本要求

集装箱码头设计应遵守《国际船舶和港口设施安全规则》（ ISPS）和《国际海上人命安全公约》（SOLAS），在港口范围内设置可靠的安全保卫设施和安全监督措施，确保港口安全生产。

2. 主要建设内容要求

（1）水域设施：码头、港池、防波堤、护岸、航道和锚地等；

（2）陆域设施：装卸机械设备、堆场、道路及交通标识、铁路站场、拆装箱库、进出港大门、供电照明、给排水及消防、自动化控制、计算机管理和通信等；

（3）配套设施：辅助生产及港内生活建筑物、港作车船、导助航、港口保安和查验设施等。

3. 港口水域要求

码头的长度、前沿高程、前沿设计水深和停泊水域的宽度应按现行行业标准《海港总平面设计规范》(JTJ 211)的有关规定确定。码头前沿设计水深不宜小于港池设计水深。船舶回旋水域回旋圆直径宜采用1.5~2.0倍设计船长,特殊情况下应考虑船舶尺度、船舶性能、拖轮的配备以及风、浪、流等因素,并通过论证适当调整。船舶回旋水域的水深应与港池水深相同。

4. 装卸机械要求

(1)集装箱码头装卸船作业宜采用集装箱装卸桥。集装箱装卸桥的使用性能和技术参数应满足到港集装箱船舶及不同规格的集装箱装卸作业和工艺布置要求,并留有一定的发展余地。

(2)集装箱装卸桥的起重量应满足起吊到港最大重量集装箱、到港船舶最重的舱盖板和最大重量的件货的要求,其吊具下的起重量不应小于30.5t。

(3)集装箱装卸桥的轨距应根据不同泊位吨级规模、工艺布置、水平运输作业方式和保证设备具有足够稳定性的要求确定,且不应小于16m。

(4)集装箱装卸桥的外伸距应满足最大设计集装箱船舶在横倾3°时能够装卸船舶甲板上顶层最外侧集装箱的要求。

(5)集装箱装卸桥的内伸距应根据工艺布置要求确定,并应能吊放最大集装箱船。

5. 装卸工艺要求

(1)集装箱装卸桥海侧轨道中心线至码头前沿线的距离应根据到港船舶靠泊及装卸工艺布置的需要确定,不宜小于3.5m;对全自动化集装箱码头可增设一条辅助通道,其距离不宜小于6.5m。码头前方作业地带宽度应根据工艺布置的需要确定,不宜小于45m。

(2)对于新建的万吨级以下及改造的集装箱码头可结合原有码头的结构和工艺布置情况,确定岸边集装箱装卸桥海侧轨道中心线至码头前沿线之间的距离,并不宜小于2.5m。

(3)轨距为30m的岸边集装箱装卸桥跨下两轨间可设置6条集装箱拖挂车作业通道。轨距为35m的岸边集装箱装卸桥跨下两轨间可设置7条集装箱拖挂车作业通道。每条通道宽度不宜小于3.0m。通道之间应设置存放集装箱连接旋锁柜的位置。双40英尺集装箱装卸桥跨下作业通道应根据所采用集装箱拖挂车的规格进行布置。

(4)采用双小车的岸边集装箱装卸桥时,可将集装箱拖挂车作业通道布置在岸边集装箱装卸桥陆侧轨道的后侧,宜设置4条作业通道。

6. 供电的相关要求

(1)配电线路设计应合理地选用铜、铝材质的导体。盐雾或腐蚀性气体严重的场所或易燃、易爆的场所,必须采用铜导线或铜芯电缆。配电线路宜采用电缆,在不妨碍流动机械作业的区域,可采用架空线。

(2)电缆沟,电缆隧道和集装箱装卸桥、轨道式集装箱龙门起重机、电力轮胎式集装箱龙门起重机(E-RTG)接电箱坑应采取防水和排水措施。

(3)集装箱装卸桥、堆场轨道式集装箱龙门起重机宜采用电缆卷筒式软电缆供电,接电箱宜设置在装卸桥、轨道式集装箱龙门起重机移动范围的中部。接电箱宜为地下式,结构简单,性能可靠,外壳有足够的机械强度。供电电缆槽宜设置在集装箱装卸桥、轨道式集装箱龙门起重机电缆卷筒侧的轨道外的适当位置。

7. 给排水方面的要求

(1)集装箱码头堆场应设置给水、排水设施,其能力应满足船舶、生产、生活等用水和雨水、生活污水、生产污水、生产废水等排放的要求。

(2)集装箱码头堆场内排水设计应采用雨、污分流制,污水管道和附属构筑物应具有良好的水密性。

8. 消防方面的要求

(1)集装箱码头堆场应根据其规模和危险等级,设置相应的消防设施。

(2)危险品集装箱堆场的火灾危险性应根据堆存箱种的类别确定。

(3)集装箱码头应设置消防供水设施。消防水量应按同一时间内的火灾次数和1次灭火用水量确定。同一时间内的火灾次数应按集装箱码头重箱堆场的面积确定,面积小于或等于$1km^2$时,可按1次考虑;面积大于$1km^2$时,可按2次考虑。

其他多用途码头及河港集装箱码头参照《海港集装箱码头设计规范》(JTS 165—4—2011)的要求,依据《海港总平面设计规范》(JTJ 211—1999)、《河港工程总体设计规范》(JTJ 212—2006)、《危险货物集装箱港口作业安全规程》(JT 397—2007)及其他规范的相关要求设置。

二、危险货物集装箱堆场技术要求

根据《海港集装箱码头设计规范》(JTS 165—4—2011)、《海港总平面设计规范》(JTJ 211—1999)和《危险货物集装箱港口作业安全规程》(JT 397—2007)的要求,危险货物集装箱港区堆场应根据装卸工艺流程和车流组织要求进行合理布置,并应符合下列规定:

(1)重箱堆场应布置在靠近码头前沿的区域。

(2)空箱堆场宜布置在港区后方、靠近集装箱码头大门附近。

(3)危险品箱堆场应与其他集装箱堆场分开,应独立、封闭设置,应满足下列要求:

①堆场四周采用围栏或实体围墙封闭,沿通道或道路的堆存长度不宜大于150m,与其他集装箱堆场、生产区和辅建区的安全距离不应小于30m;

②设置环形消防通道,消防道路不应小于4m,且与出入口形成连通;

③出入口不少于两处,并设置安全警示标志,出入口处设值班室;

④堆场的地面应有可靠的防渗措施,并易于冲洗,堆场路面宜采用混凝土面层。堆场内集装箱应按箱种在明显位置设置标牌,并注明危险货物名称、联合国编号、危规编号、主要危险特性和消防方法等。

(4)危险货物集装箱堆场作业,应严格划分各类危险货物的堆存区域,按危险货物的性质和类别要求堆码。

(5)危险品集装箱堆场的装卸工艺设计,应符合国家现行标准《建筑设计防火规范》(GB 50016—2006)和《危险货物集装箱港口作业安全规程》(JT 397—2007)的有关要求。

(6)集装箱码头危险品箱的运量及危险品种类,应按照危险品货物装卸和存放的有关规定,确定集中存放场地和存放方式。

(7)配电线路设计时应合理地选用铜、铝材质的导体。盐雾或腐蚀性气体严重的场所或易燃、易爆的场所,必须采用铜导线或铜芯电缆。

(8)集装箱堆场内排水设计应采用雨、污水分流制。污水管道和附属构筑物应具有良好的水密性,不能有污水外渗或地下水入渗。危险品集装箱堆场应设置独立的污水收集系统,作业和应急救援所产生的污水应集中处置。

(9)危险货物集装箱的装卸、运输和储存应有防污染措施。

第七节　危险货物集装箱装卸、储存作业安全技术要求

一、危险货物集装箱装卸作业的一般要求

(1)危险货物的分类、品名及其编号应执行《危险货物分类和品名编号》(GB 6944—2012)和《危险货物品名表》(GB 12268—2012)的规定。

(2)内贸集装箱港口作业,应执行国家水路危险货物运输规则(以下简称"水路危规");外贸集装箱港口作业,应执行《国际海运危险货物规则》(以下简称"国际海运危规")的规定;同时兼有的,执行"水路危规"第十七条规定。

(3)企业从事危险货物集装箱港口作业,应取得港口危险货物作业资质。

(4)从事港口危险货物作业的人员,应按照国家有关规定经培训取得资格证后,方可上岗作业。

(5)从事危险货物集装箱港口作业应根据所装卸危险货物的特性,配备相应的防护用品。

(6)装有危险货物的集装箱,箱体两侧及两端应粘贴或印刷符合《危险货物包装标志》(GB 190—2009)或"国际海运危规"规定且与箱内所装危险货物性质相一致的危险货物标志。

(7)从事危险货物集装箱港口作业的企业,应制定本单位事故应急救援预案,并配备必要的器材、设备。应急预案应定期组织演练,做好记录,适时进行修订。

(8)危险货物集装箱的港口装卸作业安全技术要求应执行《集装箱港口装卸作业安全规程》(GB 11602—2007)的有关规定。

(9)易燃易爆危险货物集装箱装卸时,距装卸地点50m范围内为禁止明火作业区域。

(10)从事危险货物集装箱港口作业的企业或作业委托人,在作业前应将危险货物品名、数量、理化性质、作业地点和时间、安全防范措施等事项向主管部门申报。未经同意,不得进行港口作业。

(11)危险货物集装箱作业、堆存区域不得进行车辆维修、保养等工作。

(12)作业前,相关作业人员应确认危险货物申报内容与所装卸的危险货物集装箱标志、标牌一致,详细了解其性质、危险程度、安全应急措施和医疗急救措施。

(13)作业中,应严格按照相关操作规程进行作业。

(14)作业结束后应按规定妥善处置残留物和有关工具及防护用品。

二、危险货物集装箱码头的前沿作业要求

(1)危险货物集装箱在装船或卸船前,作业方应会同船方对集装箱外观进行检查,重点检查集装箱结构是否有损坏、有无撒漏或渗漏现象。发现异常情况应通知有关部门处理。在未处理之前不得装卸。

(2)舱内作业时,作业人员下舱前应先开舱通风,确认无危险后方可作业。

(3)港口危险货物经营人进行爆炸品、气体、易燃液体、易燃固体、易于自燃的物质、遇水放出易燃气体的物质、氧化性物质、有机过氧化物、毒性物质、感染性物质、放射性物质、腐蚀性物质的港口作业,应当划定作业区域,明确责任人并实行封闭式管理。作业区域应当设置明显标志,禁止无关人员进入和无关船舶停靠。装卸作业指挥人员佩戴的标志应明显,指挥信号应清晰、准确。

(4)应根据危险货物的性质、配装要求及船方确认的配载图进行装载。

(5)危险货物集装箱的操作人员,应做到谨慎操作,稳起稳落。

(6)装卸易燃易爆危险货物集装箱期间,不得进行加油、加水(岸上管道加水除外)等作业。

三、危险货物集装箱水平运输作业要求

(1)港内运输车辆应配备灭火器材和在车顶悬挂危险标志灯。

(2)港内运输车辆应遵守港区有关危险货物车辆运行路线、时间及速度等规定。

(3)港内运输危险货物集装箱车辆的驾驶员严禁超车、急转弯、急刹车,前后车辆应保持安全距离。

四、危险货物集装箱堆场作业要求

(1)危险货物集装箱应在专门区域内存放。其中1.1项、1.2项爆炸品和硝酸铵类物质的危险货物集装箱,应实行直装直取,不准在港内存放;除1.1项、1.2项以外的爆炸品、2类气体和7类放射性物质的危险货物集装箱的堆场存放,应经具有资质的中介机构安全评价和港口行政管理部门批准后,可以限时限量存放。

(2)危险货物集装箱堆场作业,应在装卸管理人员的现场指挥下进行。

(3)危险货物集装箱堆场,应严格划分各类危险货物的堆存区域,按危险货物的性质和类别要求堆码。

(4)易燃易爆危险货物集装箱,最高只许堆码两层,其他危险货物集装箱不超过三层,并根据不同性质的危险货物,做好有效的隔离。

(5)装有遇潮湿易产生易燃气体的4.3项货物的集装箱和需敞门运输的易产生易燃气体的集装箱,宜在最上层堆码。

(6)液化天然气罐式集装箱相互不得叠放,与其他非易燃易爆危险货物集装箱叠放时,应放置在最上层。

(7)装有毒性物质中包装类别Ⅰ的危险货物集装箱应箱门对箱门,集中堆放。

(8)熏蒸作业不得在危险货物堆场进行。

五、危险货物集装箱储存的安全要求

(1)危险货物集装箱堆场应符合《海港集装箱码头设计规范》(JTS 165—4—2011)及《危险货物集装箱港口作业安全规程》(JT 397—2007)的要求。

(2)严格按港口行政管理部门许可的危险货物的类项和核定的数量范围,存放危险货物集装箱。

(3)危险货物堆场实行24小时监管制度,堆场业务人员要进行定时与不定时的监护管理,安全监察人员抽查巡视,发现问题及时通知有关部门采取应急措施。

(4)堆场内严禁烟火,50m内严禁动火,机动车辆进入堆场要佩戴火星熄灭装置。

(5)危险货物集装箱堆场要建立台账,要有进出场记录,交接班记录,喷淋记录,特殊箱监护记录。

(6)高温季节要加强巡查,对可喷淋的危险货物集装箱要设置喷淋设施,喷淋时要对箱体四周进行喷淋。

(7)集装箱码头堆场内排水设计应采用雨、污分流制。

(8)集装箱码头堆场在适当位置应配置二氧化碳或干粉手提式灭火器,每处设置数量不应少于2具且不应大于5具;港区辅助生产场地的适当位置应设置手提式或推车式灭火器;辅助建筑物内应设置二氧化碳或干粉手提式灭火器;大型机械设备的操作室内应设置移动式灭火设施。各项灭火设施配置应符合现行国家标准《建筑灭火器配置设计规范》(GB 50140—2005)的有关规定。

(9)集装箱码头堆场内消防设施的供电和控制应符合现行国家标准《建筑设计防火规范》(GB 50016—2006)的有关规定。危险品集装箱堆场应设置可靠的监控设施,照明设备应使用防爆型。封闭式危险品集装箱库应设置火灾自动报警系统,其设置应符合现行国家标准《火灾自动报警系统设计规范》(GB 50116—1998)的有关规定。集装箱码头内突出建筑物和设备设施应采取防雷接地措施。危险品集装箱堆场应设置防雷接地设施。

(10)危险品集装箱堆场应根据储存的危险货物的理化及危险特性,配备相应的应急用品和防护设备设施,制订应急预案,并定期演练。

第八节　危险货物集装箱拆装箱作业安全技术要求

一、危险货物集装箱拆装箱作业的一般要求

1. 一般要求

港内拆、装和查验危险货物集装箱作业时,应在专门区域进行。

2. 作业人员要求

①作业前,作业人员应穿戴好必需的防护用品。

②拆、装易燃易爆危险货物集装箱时,禁止穿带铁掌、铁钉鞋和易产生静电的工作服。

③拆、装毒害品的作业期间严禁进食;温度高、时间长、作业量大时,应轮换或间歇作业;作业完毕后应立即进行全身冲洗、换装后方可进食;穿过的工作服、手套等防护衣物应单独清洗。

④凡进入作业现场的水平运输机械应配备火星熄灭装置,作业完毕,及时撤离作业现场。

⑤拆、装易燃易爆危险货物集装箱,应使用防爆型电气设备和不会摩擦产生火花的工属具,并有专人负责现场监护。

⑥在拆、装装有爆炸品、有机过氧化物、毒害气体、毒性物质中包装类别Ⅰ集装箱时,所有机具应按额定负荷降低25%使用。

⑦拆、装感染性物质集装箱,应经有关部门监测批准后方可作业。

⑧拆熏蒸集装箱时,打开箱门后应强制通风,确认无危险后方可作业。

⑨在夏季高温季节,拆、装对温度敏感的危险货物集装箱时,应根据港口所在地气候条件,确定作业时间,并采取有效的降温措施,在有遮蔽通风良好的环境下进行,货物不得在阳光直射处存放。

⑩拆、装危险货物集装箱,遇有闪电、雷雨或附近发生火灾时,应立即停止作业并关闭箱门,对箱外货物作妥善处理;雨雪天、大雾天禁止露天拆、装遇水放出易燃气体的物质集装箱。

二、危险货物集装箱装箱作业要求

1. 装箱前准备工作

(1)作业环境。

①应在白天或者光线明亮且足够以人的肉眼看清作业视线的环境下进行装箱作业,除装箱场所具备良好遮蔽条件外,雷鸣雨雪天气应停止作业,关闭箱门。

②高温天气,应遵守易燃易爆危险品作业时间限制的规定。

③装箱现场应采取适当的措施防止起火,禁止在危险货物周围吸烟。

(2)装卸机具。根据货物包装性质选用合适的装卸机具。机械及其附属器械不得影响包装的完整性。叉车装卸搬运货物能确保安全速度,采取安全防火、防护措施。在箱内操作的叉车,提升重量限定为2.5t。

(3)装箱人。装箱人应备齐货物的申报资料、包装检验合格证书、危险货物安全技术说明书、适用版本的危险货物运输规则等相关资料。申报资料的内容包括正确的运输名称、类别、危险货物编号、闭杯闪点(如有)、包装类、标记、标识批号、拟装危险货物总量及总重。

(4)积载计划。

①一般积载。装箱前应计划好集装箱中危险货物的装载和系固方法,计划装载的重量应不超过集装箱的允许净载重量。

货物在箱内应均匀分布,60%的货重不得装于半个箱长范围内。

危险货物与普通货物拼箱时,危险货物应坚持后装先卸,并装于箱门口易卸处。

对于与箱底接触面较小的重物,应考虑箱底的局部强度,增大其接触面。

应做到重货装于轻货下面,固体货物不应装于液体货物下面,箱内所装货物的重心应在或靠近箱底的几何中心,并在组件空间货物高度的下半部分。

选择合适的堆码方式,如交替式、垛墙式等,选择适合货物性质的衬垫方式及衬垫材质。

货物与箱体有空间的应制定系固、绑扎方式,选用合适材料。

②拼箱积载。装货前先制订装载计划,应考虑各种货物相容性及其性质,即任何包件或涉及的包装类型或强度,还应考虑到货物气味和粉尘的交叉污染的可能性、物理或化学的相容性。

危险性质不相容的货物不得同箱装运。货物具有单一副危险性质时,如副危险要求严于主危险性,则选择适合副危险性的隔离。

货物在箱内拼箱时,相互隔离应按设计危险货物中最为严格要求进行隔离,拼箱审核查阅危险货物运输规则中各类隔离表,并重点查阅危险货物一览表中的隔离要求。

(5)集装箱的置放。

①装箱作业应在危险货物作业场所进行,集装箱应放置在坚固平整的地面或拖挂车上。

②过平台装箱,应确保平台和箱子间连接的安全、有效。

③使用拖挂车装箱,应防止车身倾斜,并具有防移动措施。

(6)集装箱的检查。

①外部检查:

集装箱主框架完整,无明显迹象表明其结构强度不结实。

箱壁、箱底和箱顶应状况良好,无任何明显变形。

外表面有弯曲、凹痕、褶痕、擦伤等痕迹时,应在这些损伤处的附近严加注意,防止破口存在,并在该损伤处的内侧也要进行特别仔细的检查。在外板连接处,防止铆钉松动或断裂产生漏水。

检查箱顶部分气孔等损伤情况，确认无积水。

对于已进行过修理的部分，检查并确认其处于良好状况，无漏水现象。

集装箱外表的检验合格标记应显示清晰、内容有效。

无关的标志、标记和标牌应予以清除。

②内部检查：

检查集装箱内应清洁干燥，无先前所装货物的残留物和持久性气味。

曾经修补过的部位应仔细检查，看有无破漏之处。可在箱外有人协助情况下，将集装箱密闭，箱内无漏光处。确认箱顶、箱壁四周无气孔。

检查箱内地板和箱体内壁不得留有可能导致包件破损的突出物。

箱壁内衬板上应无水湿痕迹，发现有水湿痕迹时，应在水迹四周严加检查，追查产生水迹的原因。

用于固定货物的角钩和系固环应处于良好可用状态。

③箱门检查：

箱门应能顺利开启。

箱门周围的密封垫应紧密，并能保证密闭。

箱门把手应能灵便操作，箱门能完全锁上并可加装封志。

箱门的锁闭结构方式能保证在紧急情况下，不会延误开门。

④冷藏箱检查：

冷藏箱的制冷系统应能正常运行。

(7)危险货物包装检查：

①包装不得有任何损坏、渗漏和散漏迹象。木板箱包装不应有钉子外露。

②有污染迹象的包装，应确定其安全性和可接受性。

③装载前，应去除包装外部的水、雪、冰及其他附着物。

④包装应显示正确的危险性标志，标志的位置应符合以下规定：

a. 箱状包装：位于包装端面或侧面的明显处；

b. 袋、捆包装：位于包装明显处；

c. 桶形包装：位于桶身或桶盖；

d. 容量超过450L的中型散装容器：位于相对的两侧；

e. 海洋污染物的标记须位于危险货物标志的邻近处，如无危险货物标志时，位于适当位置；

f. 标志的外观须明显可见而且易识别，且和包装外表面的背景形成鲜明的颜色对比。

⑤装有危险货物的包装应标有正确的运输名称和相应的危险货物编号及其他规定标记。

(8)托盘检查。托盘应形成规则形状，侧面接近垂直，顶部接近水平，所用的捆扎材料应与货物相容，并在潮湿、温度剧变、日晒等情况下保持其有效性。

2. 危险货物装箱作业

(1)装箱人员：

①装箱人员装载、系固危险货物时，应在装箱检查人员的直接监督下进行。

②装箱人员在作业时应穿戴相适应的防护用品，作业完毕，及时清洗，作业中不得饮食。

(2)装载要求：

①按积载计划装箱。

②装载过程中应轻拿轻放，禁止肩扛、背负、冲撞、摔碰、翻滚，以防包装破损。

③装载包装的桶盖、瓶盖应朝上，不准倒置。包装通气孔向上，不被堵塞。

④应符合所装载物质的其他特殊要求。

⑤禁止装运破漏的包装件。装载时危险货物包装发生损坏、渗漏，应在装箱检查人员的监督下，立即按货物特性进行有效处置。

⑥渗漏的危险货物会造成爆炸、自燃、毒害或类似重大危险的，应立即将人员撤离到安全地带，并通知有关应急部门。

⑦装载有温控要求的危险货物，冷藏箱应经过足够的预冷，保证装载温度符合要求。

(3)衬垫要求：

①箱内不同货物或采用不同包装形式时，货物之间应用有效衬垫材料作为间壁。

②桶装危险货物上下层间应用有效衬垫材料衬垫，以分散上层货物负荷。

③装载货物与箱壁之间可用有效衬垫材料塞紧，防止货物发生移动。

④衬垫应有足够防护强度，其使用应能有效避免货物在运输过程中在集装箱内发生垂直或水平方向上的位移而引起的损坏。

⑤衬垫的类型包括托盘、胶合板、木条和木板等。使用时应尽量支撑在角柱、角件、端柱和侧柱上，要避免侧壁板、箱门板损坏。

(4)危险货物在集装箱内的系固：

①充分考虑海上运输过程中造成箱内货物移动的因素，应对集装箱内的货物加以系固，防止移动。同时，货物系固方法本身也不应导致货物或集装箱的损坏或变坏。

②用于系固的材料应有足够的强度，能消解由于运输加速度的变化而产生的各种应力，并且不致在运输中给箱内危险货物带来安全隐患。

系固的材料主要有钢丝绳、纤维索、钢带、尼龙带、气袋等。

③必要时，应使用集装箱内的系固设备来防止货物发生移动。用于集装箱内系固的紧固件应具有紧固后的固定装置，系固完毕后，所有紧固件都应处于固定位置，或能起到同样效果，以防在运输途中因车、船的振动和摇摆等因素的影响，使紧固件松动而降低系固效果。

④气袋使用应符合下列要求：

a. 使用空气袋应认真遵守制造商关于冲灌压力的指导，考虑到集装箱内部温度升高的可能性，装货时应留有余量；

b. 空气袋在集装箱门口处使用时，应采取相应的防护措施。

3. 特殊装箱要求

(1)爆炸品装箱：

①爆炸品应按配装类的要求进行装箱，配装类相抵触的爆炸品不得同箱装载。

②雷管及引信等极敏感的物质应装于货物的表面。

③箱壁四周应用木板衬垫使与金属部位隔离。

④进行箱内固定工作时，应使用不致产生火花的工具，用力不要过猛，严防撞击、震动，同时注意所使用的钉子不能撒落在箱内。

(2)气体装箱：

①箱内沾有油污的集装箱不能使用。

②严禁穿沾有油污的工作服和使用沾有油污的手套。

③作业时不能用手持钢瓶的安全帽，严禁抛掷、碰撞、滚滑。

④检查钢瓶，应符合下列要求：

a. 安全帽应拧紧，无异味，防止气体冒出，瓶帽如有松动，应采取有效的紧固措施；

b. 瓶壁无腐蚀、无凹陷及损坏现象；

c. 其他附件如阀门、瓶体、漆色应符合产品标准；

d. 钢瓶的保护皮圈应齐全。

⑤钢瓶应以成组或托盘形式装箱，要防止钢瓶在箱内滚动。箱壁和两端应用木板隔离。

⑥堆放时，箱内钢瓶的安全帽应朝同一方向。

⑦货物固定时，钉子或钉帽不能外露。

(3)易燃液体装箱：

①检查包装桶，应符合下列要求：

a. 桶盖无松动，桶的焊缝无渗漏的痕迹，严禁焊缝有渗漏的桶装货装入箱内；

b. 桶端无膨胀或外裂现象。

②应使用铜质工具紧固。

③低闪点危险货物装箱时，集装箱箱壁四周应用木板衬垫。

④桶装货装后留出的空隙余位，应有效的加固，防止移动。

⑤货物加固时，不应使用易产生火星的工具，固定后钉子不能外露。

(4)易燃固体、易于自燃的物质、遇水放出易燃气体的物质装箱：

①装有电石、黄磷等的桶包装两端膨胀时，不得装入箱内。

②湿包或有水渍、油污现象的包件，不可装入箱内。

③箱内潮湿的集装箱严禁装载遇水放出易燃气体的物质。

(5)氧化性物质和有机过氧化物装箱：

①忌高温，作业时应有遮阳设施，防止阳光直晒。

②集装箱内部应清洁、干燥、没有油污，不得留有任何酸类、煤炭、木屑、硫化物及粉状等可燃物。

③包装破漏，撒漏物应及时清除，不得重新装入原包装内。

④箱内固定、衬垫材料质地良好，木板上不应带有树皮、碎木屑。

(6)毒性物质和感染性物质装箱：

①夏季装载易燃性毒品时，应防止日晒。

②作业时应穿工作服，戴口罩、手套等。

③撒落在地面上的毒害品，应用潮湿锯末等物及时打扫干净，并按规定妥善处理。

(7)放射性物质装箱：

①人工搬运时，操作人员应按规定的作业时间进行轮换。

②放射性大的应装于中部，放射性强度小的装于周围。

③货物较少，不能装满箱时，应置于箱子中部，四周用填料顶紧。

④摆放在箱内要平稳、牢靠，以防在运输途中滑动倒塌。

⑤对于放射性物质应当优先装运，做到及时进货、装箱、搬运。

(8)腐蚀性物质装箱：

①塑料桶的包装冬季较脆，不应摔碰，夏季变软怕压，应用木板衬垫减压。

②装箱时应检查包装的桶盖是否松动,包件是否渗漏或裂变。

③玻璃和陶瓷容器盛装腐蚀品,应检查封口是否完好、向上,有无渗漏。装箱时应采取有效紧固措施和固定方法。

4. 封箱操作要求

(1)装箱完毕后,应进行清理,清除多余的系固材料、工具、废弃的包装材料等,然后关闭箱门。

(2)确认箱门的关闭装置锁闭牢靠。

(3)在施封装置上加以封志。

5. 装箱后要求

(1)应巡视装箱后集装箱外观情况,并确认正常。

(2)在集装箱箱体两端、两侧张贴该危险货物的标牌。如适用,还应张贴“海洋污染物”标记和其他标识。有联合国编号显示要求的危险货物,应显示相应的联合国编号。

(3)具有副危险性质的危险货物,还应在主危险性标牌的旁边张贴副危险性标牌。

(4)使用固体二氧化碳或其他膨胀或制冷剂,应按规定在箱外作出标识。

(5)装载熏蒸货物或在熏蒸条件下运输的封闭集装箱,箱门外应张贴警告牌。

(6)装载有温控要求的危险货物冷藏箱,应开启制冷系统,保持相应的运输温度,并采取监控措施。

三、危险货物集装箱拆箱作业要求

(1)凡需拆箱的危险货物,经港口主管部门批准后,应制定安全措施,由堆场业务主管负责召开工前会,落实各项工序要求,并在危险品监装员的监护下,组织作业实施。

(2)危险货物集装箱拆箱前,要了解危险货物的特性、拆加固处理方法、防火措施,作业人员必须经过危险品专业培训,方能参加危险货物拆箱作业。

(3)进口危险货物集装箱在拆箱前,应先检查集装箱施封是否完好。开箱门时,作业人员应选择合适的站立位置,应先开一扇门,不准对门迎面站立,防止危险货物倒塌致伤。开门后,进行通风并确认无危险后,方可开始拆箱作业。

(4)以干冰或液态氮等挥发性物质为制冷剂的冷藏集装箱、熏蒸过的集装箱、装有易燃易爆及有毒有害气体货物的集装箱,应先开门通风,必要时应进行强制通风,经测试确认无有害气体聚集并符合要求后,方可作业。

(5)开箱时,作业人员必须与箱门保持距离,发现异味有害气体,如经长时间通风仍未消除,要及时申请防疫部门进行有害气体监测,在确认安全后,人员方可进入集装箱内。

(6)凡对皮肤、眼睛、呼吸道有强烈刺激作用的危险货物拆箱时,要有相应的预防措施,作业前应穿戴好防护用具,准备好相应的消防器材、急救用品后,才能作业。在作业期间,码头中央控制室要和医院、港口公安、消防等部门保持通信联系,发生险情时应及时采取应急措施。

(7)拆装后的危险货物必须进入危险品仓库或危险货物专用堆场存放。对性质不同的多种类危险货物,要按危险程度分别归入各专用仓库或堆场内。

(8)拆箱过程中应轻拿轻放,禁止扔摔、拖拉、翻滚和撞击,发现损坏、渗漏,应立即采取有效处置措施。

(9)作业人员作业完毕后,应经冲洗、换装后方可进食。穿过的工作服、手套等应单独清洗。

第九节　危险货物集装箱的清洗、熏蒸作业

1. 危险货物集装箱的清洗

(1)危险货物集装箱的清洗。集装箱作为一种大型的运输容器,可以长期反复装载货物。在装载和运输过程中,有些货物会造成箱体污染。按货物装载的一般要求,装货集装箱应具备清洁、干燥和无异味的基本条件,凡装运过化学危险品和有污染的集装箱,必须经过清洗和去除箱体上的危险品标记后,才能再次装货使用。

①清洗前准备:包括填写空箱登记表、分类堆放污染箱、现场验箱及确定各箱的清洗操作工艺。空箱登记表应由专门人员填写,在预先分类堆放的基础上,对运入清洗场地的污染箱进行复验,同时确定每个箱的清洗操作工艺,应注意的是验箱人员一定要在打开箱门充分通风后再进入箱内。

②箱内清扫:大部分空箱都残留有杂物,尤其是装运过化学危险品的空箱,大都留有加固和衬垫材料,部分箱内还会有因损坏包装而散落的货物。为减少污染,在用水冲洗前必须先清除箱内残留杂物,清扫出的物品应分类保存和处理。有些黏稠性的散漏货物,如动植物和矿物油脂类,需经刮铲才能清除干净。

③吸尘:为减少污染物进入冲洗水中,需对清扫后的污染箱进一步吸尘清理,尤其对剧毒品的粉尘一定吸净,吸尘器内的毒物粉尘应由专人妥为保管和处理。

④喷药:对不易清除的液体污染,需喷洒一定的药物,通常使用的药物有稀盐酸(稀释 20倍)、氢氧化钠溶液(稀释 50 倍)、硫代硫酸钠溶液(稀释 30 倍)、次氯酸钠漂液(质量分数1%)、洗衣粉溶液(稀释50 倍)等。药物喷洒量应根据箱壁和地板的污染程度决定,喷药后应放置一定时间后再进行清刷和冲洗。

⑤清刷地板:人工可用竹制刷,也可使用电动尼龙刷,可以边喷药边清刷,如地板上污染物的黏性不大也可以不清刷。

⑥高压水冲洗:对箱内最后的残留污染物需用高压水冲洗,轻度污染箱的内壁只需简单冲洗即可,着重冲洗地板上的污染物,对严重污染箱的内壁及箱顶应仔细冲洗,如精萘污染箱的内壁黏有萘的小晶体,必须用高压热水冲洗,部分污染黏结严重的箱,必要时应多遍冲洗。

⑦干燥和检验:凡装运过危险品的集装箱,在清洗的同时应清除粘在箱壁上的危险品标记。污染箱清洗完毕应充分干燥,夏季阳光下自然干燥一般 4h 左右即可,冬季则要 2 ~ 3d。为缩短干燥时间可用热风机吹干。经清洗和干燥完毕的污染箱经检验人员确认合格后方可关箱门和粘贴洗箱标记。

(2)操作注意事项。清洗箱操作人员对工作应认真负责,确保工艺正确,清洗彻底,无二次污染。部分污染严重箱必要时需多次冲洗。针对污染物和污染程度的不同,冲洗的操作也有区别。对箱壁轻度污染的箱,可以加大水量,减少水压以提高冲洗速度,对箱壁严重污染的箱,则必须保证足够水压和缩小喷嘴与箱壁的距离。冲洗操作的顺序应为先箱顶后箱壁,最后地板,由箱内逐步向箱门冲洗。一般用高压水冲洗 1 个 20ft 的钢质箱需 10 ~ 30min,用水量0.1 ~ 0.4t。为提高冲洗速度和确保质量,操作者应视具体情况调整水量及压力、喷嘴与箱壁的距离、喷嘴与箱壁的角度、喷嘴移动速度等。高压水的温度一般在 30 ~ 85℃,操作者应根据污染物性质及污染程度来调整水温。如精萘的结晶对箱壁的附着力很强,必须用 85℃ 的热水来冲洗,油脂污染也要用较热的水。操作者对清洗工艺的每个程序都必须认真负责执行,前一

程序能清理干净的绝不留到下一程序。

(3)洗箱用设备。集装箱的清洗必须在专用场地进行,场地必须坚固防渗,能够收集洗箱废水。

①大功率吸尘器:吸尘器的功率一般应在4kW以上,要求移动灵活。

②药液喷洒车:主要由车架、车轮储药筒、输药胶管及喷嘴等组成。

③电动刷:用于清刷污染箱的地板,其旋转刷由尼龙材料制成,一般直径在400mm左右,车架上可装设储药筒。

④高压热水机:可产生高压热水,主要由高压水泵、高压软管及喷嘴、电动机、燃油锅炉、水箱、油箱、药液箱及自动温控系统组成,通过燃烧煤油把自来水自动加热,必要时冲洗水可混入药液。专业洗箱场所用的冲洗水的压力一般应在5MPa以上,出水量应1000L/h左右。目前此类产品规格很多,应选耐用易修价廉的产品,如丹麦生产的G2400、G3500,意大利生产的K1600,我国无锡生产的QX1000和苏州生产的Q3W-FH-(4)90清洗机。

2. 危险货物集装箱熏蒸作业

很多集装箱货物被熏蒸以保护货物不受害虫影响,或者杀死用来包装和系固的木材内的寄生虫。危险货物和非危险货物集装箱都可以进行熏蒸。

(1)熏蒸方法。在运输途中的海运集装箱的熏蒸可采用以下两种方法:

①有毒气体:在装载结束后,将有毒气体直接注入海运集装箱内。这是专家级工作,这里不作描述。

②释放有毒气体的固体物质:通过在海运集装箱内放置特殊药片,药盘或晶体。这些药片通过与空气中的水汽反应而缓慢释放出有毒气体。

(2)装载后添加熏蒸剂需采取的预防警告。如果在装载结束后添加了可释放有毒气体的固体物质,必须将其放置在易于目的地卸货工人找到和移除的地方。熏蒸剂应放置在合适的纸板箱内并粘贴到海运集装箱的墙或门上,或者将纸板箱放置在地板上便于在卸货之前将其移除。

注意:熏蒸药片不应在装载过程中分散到袋或层之间。

(3)熏蒸警告标志。为了警告卸货人员有毒气体的危险性,应在海运集装箱门上张贴一标志用以警告箱内已添加熏蒸剂。熏蒸标志应注明使用何种类型的熏蒸剂,以及何时开始使用。必须签发一熏蒸证书,以声明使用的熏蒸剂、数量和时间。

(4)警告:熏蒸会产生极度危害。熏蒸剂气体极其有毒。务必留心警告标志。

第十节　危险货物集装箱的积载和隔离安全技术要求

1. 危险集装箱船舶积载

集装箱船和普通货船一样,为了确保航行安全,减少中途港的倒箱,缩短船舶在港停泊时间,保证班期和提高经济效益,必须进行配积载。

船舶的配载与积载是有不同含义的,通常理解是船公司根据订舱单进行分类整理以后,编织一个计划配载图,又称为预配图或者配载计划。

在实际装箱作业过程中,与预配图将会有出入,根据实际装箱情况而编制的船图称为积载图,又称为最终积载图或者主积载图。

(1)集装箱船舶的箱位容量:

标准箱容量:是指集装箱船所能承载最大标准集装箱(即20ft集装箱)的数量。标准箱容量是表示集装箱船舶规模大小的标志。

20ft集装箱容量:是指集装箱船最多能装载20ft集装箱的数量。

40ft集装箱容量:是指集装箱船最多能承载40ft集装箱的数量。

特殊箱容量:集装箱船舶承运如危险货箱、冷藏箱、非标准箱、平台箱等特殊箱数量的最大限额。

巴拿马运河箱容量:巴拿马运河当局对通过运河船舶的盲区有特殊的要求,集装箱船舶舱面前部许多箱位上不能承载集装箱。

(2)集装箱船舶配积载基本要求——"安全、优质、快速、经济"。

①充分利用集装箱船舶的箱位容量。

a.甲板上一般堆装总箱位数的20%~50%,可堆装数层。

b.集装箱船舶稳性的要求,货舱内装箱重量一般应大于全船装箱总重的60%。

充分利用集装箱船舶箱位容量的主要途径有:

如船舶某离港状态箱源数量接近船舶标准箱容量时,应当注意使订舱单上所列的20ft箱和40ft箱数量与船舶20ft箱和40ft箱容量相适应;

应尽量保持不同卸港集装箱垂向选配箱位和卸箱通道各自独立;

选配特殊箱箱位时,应当尽量减少承运这类货箱引起的箱位损失数量;

要考虑受到稳性和吃水差要求的制约,应合理确定不同卸港轻重集装箱在舱内和舱面的配箱比例,减少用于调整船舶重心所需打入的压载水重量。

②保证集装箱船舶具有适度的稳性。配积载时,应把重箱装在舱底,轻箱及结构强的集装箱装在甲板上,以保证船舶的稳性及集装箱的稳固。

③保持集装箱船舶具有适当的吃水差。

a.应注意集装箱重量在船舶纵向上的分配;

b.为防止船尾吃水过大,或避免用较多的压载水来调整吃水差,预配时应将较重的集装箱配置在船首的箱位上;

c.在预配船舶进出吃水受港口水深限制的货载时,更应注意集装箱的纵向分布,以减少使用压载水来调整吃水差。

④保证集装箱船舶的纵向强度。为了使船舶具有良好的纵向强度,抵消船舶的中拱变形,配载时要适当地在船中多配重箱。

⑤保证集装箱船舶的局部强度。

a.舱内、甲板和舱盖上,每列集装箱的重量均不应超过其允许的堆积负荷。

b.必要时应减少集装箱的堆积层数,以防损伤船体结构。

⑥尽量满足装卸要求,避免中途港倒箱。

a.箱位配置应满足卸箱的先后顺序,避免中途港倒箱,影响装卸效率及延长船舶在港停留时间;

b.箱位配置还应考虑便于装卸作业,避免同一卸港的集装箱过分集中,以提高装卸效率。

⑦满足特殊集装箱的积载要求。

a.冷藏箱:应根据其冷却方式选择适合的位置,要考虑冷藏箱电源插座和临近插座的位置;

b. 危险箱：远离热源、机舱及船员生活区，严格按照国际危规执行；

c. 超长和超宽箱：预配甲板上，应充分考虑集装箱在横向或纵向的间距，相对集中，合理安排箱位；

d. 超高箱：均应配在甲板上或舱内最上层；

e. 平台箱：只能配于舱内或甲板上最高一层。

⑧装卸作业中要保持船舶左右平衡。

a. 全集装箱船都采用箱格结构，故在装卸中不能产生过大的横倾（≤3°）；

b. 在配载时要注意不要把同一港口的集装箱集中配于一侧，应左右对称。

⑨注意平衡舱时，消灭重点舱。

a. 对于箱量特别多的港口的集装箱，应分舱装载，以免造成重点舱；

b. 在分舱配载时还要注意到几台装卸桥同时作业的可能性。

2. 集装箱船上危险货物集装箱之间的隔离

（1）隔离的术语的定义。

①远离。有效地隔离从而使互不相容的物质在万一发生意外时不相互起危险性反应，但只要水平垂直投影距离不少于3m，仍可在同一舱室或货舱内或“舱面”上积载。

②隔离。在“舱内”积载时，装在不同的舱室或货舱。如中间甲板是防火防液的，垂向隔离，即在不同的舱室积载，可以看成是等效隔离。就“舱面”积载而言，这种隔离即不少于6m的水平距离。

③用一整个舱室或货舱隔离。垂向的或水平的隔离。如果中间甲板不是防火防液的，只能用一介于中间的整个舱室或货舱作纵向隔离。就“舱面”积载而言，这种隔离即不少于12m的水平距离。

④用一介于中间的整个舱室或货舱作纵向隔离。单独的垂向隔离不符合这一要求。在舱内积载的包件与在“舱面”积载的另一包件之间的距离包括纵向的一整个舱室在内必须保持不少于24m，就舱面积载而言，这种隔离应不少于24m的纵向距离。

（2）集装箱船上集装箱的隔离。关于集装箱船上危险货物集装箱之间的隔离，《国际海运危险货物规则》中作出了规定，其规定适用于全集装箱船上所装危险货物集装箱的隔离，其他类型的船舶适当装备有能在运输中为集装箱提供永久积载的货物位置，那么该类船舶的甲板、货舱和舱室内所积载集装箱的隔离也适用。

集装箱船上集装箱的隔离见表4-3，危险货物隔离见表4-4。

（3）危险货物集装箱在船上积载位置的表示方法。集装箱在集装箱船上的配置情况一般用积载图表示，通过查阅集装箱箱位载断面图可初步判断载有危险货物的集装箱是否符合《国际海运危险货物规则》的积载要求。要掌握《国际海运危险货物规则》中危险货物集装箱积载隔离要求，首先应正确掌握集装箱在船上积载位置的表示方法。

集装箱船箱位代码编号是采用ISO/TC104委员会规定的方法：它是以集装箱在船上呈纵向布置为前提，集装箱在船上的位置用三维坐标来确定。三维坐标用排（BAY）、列（ROW或SLOT）、集装箱船箱位排号分布层（TIER）表示。货箱的积载位置以6位字符代码表示：前2位表示排位，中间2位表示列位，后2位表示层位。

①排号有两种表示方法：

a. 从船首向船尾按自然数顺序排列，用编号01、02、03…表示。

b. 从船首向船尾按自然数的奇数或偶数顺序排列：

集装箱船上集装箱的隔离表

表 4-3

隔离要求	垂直向				水平向					
	封闭式与封闭式	封闭式与开敞式	开敞式与开敞式		封闭式与封闭式		封闭式与开敞式		开敞式与开敞式	
					舱面	舱内	舱面	舱内	舱面	舱内
“远离” 1	允许一个装在另一个的上面	允许开敞式的装在封闭式的上面，否则按开敞式与开敞式要求处理	除非以一层甲板隔离，否则禁止装在同一垂直上	首尾向	无限制	无限制	无限制	无限制	一个箱位	一个箱位或一个舱壁
				横向	无限制	无限制	无限制	无限制	一个箱位	一个箱位
“隔离” 2	除非以一层甲板隔离否则不允许装在同一垂线	按开敞式与开敞式的要求办理		首尾向	一个箱位	一个箱位或一个舱壁	一个箱位	一个箱位或一个舱壁	一个箱位	一个舱壁
				横向	一个箱位	一个箱位	一个箱位	两个箱位	两个箱位	一个舱壁
“用一整个舱室或货舱隔离” 3				首尾向	一个箱位	一个舱壁	一个箱位	一个舱壁	两个箱位	两个舱壁
				横向	两个箱位	一个舱壁	两个箱位	一个舱壁	三个箱位	两个舱壁
“用一介于中间的整个舱室或货舱作纵向隔离” 4	禁止			首尾向	最小水平距离 24m	一个舱壁且最小水平距离不小于 24m	最小水平距离 24m	两个舱壁	最小水平距离 24m	两个舱壁
				横向	禁止	禁止	禁止	禁止	禁止	禁止

注：1. 所有舱壁和甲板均应是防火和防液的。

2. 上表同样适用于港口库(场)。

3. 集装箱距中间舱壁不小于 6m。

危险货物隔离表

表 4-4

类　项	1.1、1.2、1.5	1.3	1.4	2.1	2.2	2.3	3	4.1	4.2	4.3	5.1	5.2	6.1	6.2	7	8	9
爆炸品 1.1、1.2、1.5	*	*	*	4	2	2	4	4	4	4	4	4	2	4	2	4	×
爆炸品 1.3、1.6	*	*	*	4	2	2	4	3	3	4	4	4	2	4	2	2	×
爆炸品 1.4	*	*	*	2	1	1	2	2	2	2	2	2	×	4	2	2	×
易燃气体 2.1	4	2	2	×	×	×	2	1	2	×	2	2	×	4	2	1	×
无毒不燃气体 2.2	2	2	1	×	×	×	1	×	1	×	×	1	×	2	1	×	×
有毒气体 2.3	2	2	1	×	×	×	2	×	2	×	×	2	×	2	1	×	×
易燃液体 3	4	4	2	2	1	2	×	×	2	1	2	2	×	3	2	×	×
易燃固体 4.1	4	3	2	1	×	×	×	×	1	×	1	2	×	3	2	1	×
易自燃物质 4.2	4	3	2	2	1	2	2	1	×	1	2	2	1	3	2	1	×
遇水放出易燃气体的物质 4.3	4	2	2	×	×	×	1	×	1	×	2	2	×	2	2	1	×
氧化剂 5.1	4	4	2	2	×	×	2	1	2	2	×	2	1	3	1	2	×
有机过氧化物 5.2	4	4	2	2	1	2	2	2	2	2	2	×	1	3	2	2	×
毒害品 6.1	2	2	×	×	×	×	×	×	1	×	1	1	×	1	×	×	×
感染性物质 6.2	4	4	4	4	2	2	3	3	3	2	3	3	1	×	3	3	×
放射性物质 7	2	2	2	2	1	1	2	2	2	2	1	2	×	3	×	2	×
腐蚀品 8	4	2	2	1	×	×	×	1	1	1	2	2	×	3	2	×	×
杂类危险物质和物品 9	×	×	×	×	×	×	×	×	×	×	×	×	×	×	×	×	×

注:隔离数码分别表示:

库内:1——相距 3m;2——分库房;3——中间隔一个库房;4——中间隔一个库房

场地:1——相距 3m;2——相距 10m;3——相距 30m;4——相距 30m

×——无隔离要求

*——见“水路危规”第 1 类引言隔离一节

装载 20ft 集装箱时，用奇数顺序编号 01、03、05、07…表示。

装载 40ft 集装箱时，用偶数顺序编号 02、06、10、14…表示。

②列号有两种表示方法：

a. 从右舷向左舷按自然数顺序排列，用编号 01、02、03…表示。

b. 以中纵剖面为基准，向右舷或左舷分别用奇数或偶数顺序排列。

当总列数为奇数时，处于首尾线上的箱格的别号为 00，右舷箱格的列号为 01、03、05、07…左舷箱格的列号为 02、04、06、08…；当总列数为偶数时，首尾线上没有箱格，右舷或左舷箱格的列号同上，用编号 01、03、05、07…或 02、04、06、08…表示。

③层号有两种表示方法：

a. 舱内层号。舱内层号以舱内最下一层为基准，自下而上依次用顺序号 Hl，H2，H3…表示。或以舱内最下一层为基准，自下而上依次用编号 02，04，06…表示。

b. 甲板层号。甲板层号以甲板为基准，自下而上依次用编号 82，84，86…表示。

例如：箱位为 010182 的集装箱，表示是 20 英尺集装箱，箱位在船首第一行，右舷靠船中第一列，甲板上最底层，见图 4-19。

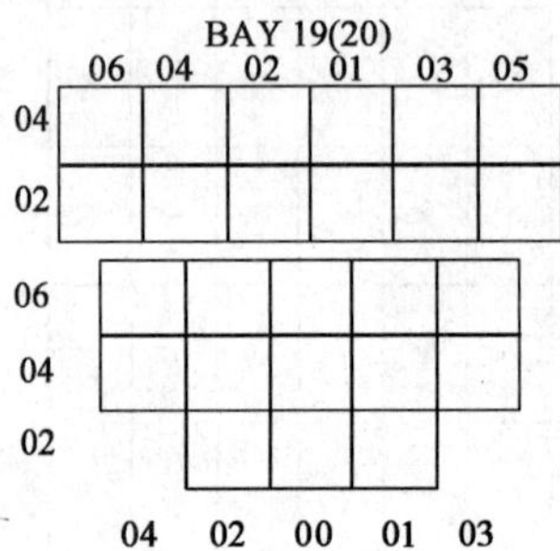

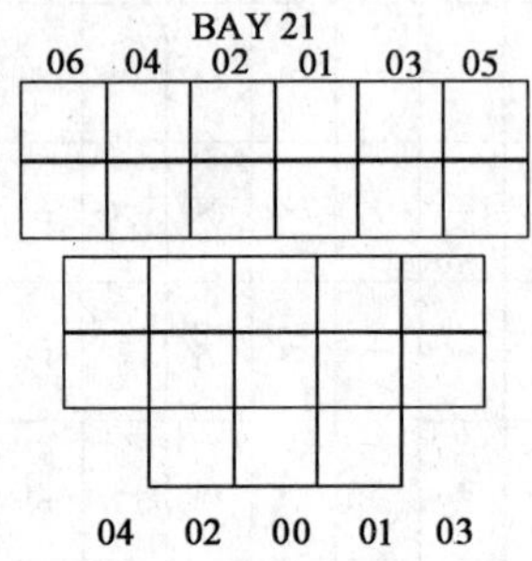

图 4-19　示例

第五章　包装(件)、固体散装港口危险货物作业

第一节　包装(件)、固体散装港口危险货物作业概述

江苏省沿江、沿海共有危险货物码头泊位186座,其中万吨级以上码头泊位94座,吞吐能力9900万t。港口危险货物作业品种达200多个,年吞吐量近1亿t,全国位居第一。

对于港口危险货物作业,在人们的主观意识中,似乎只有液体(气体)石油、化工产品的运输、装卸、储存才具有较大的危险性,殊不知,包装(件)或固体散装危险货物的运输、装卸和储存也同样具有很大的风险性,且在港口作业中占有一定的比重。

目前国内还没有专业性的包装(件)和固体散装港口危险货物设施,其作业是基于现有的通用(综合、件杂)码头和散货码头的基础设施完成的,国家和行业对此类危险货物的港口作业,暂未制定专业性的技术标准、规范、规程来统一或调整监管、约束和操作行为,故包装(件)和固体散装港口危险货物作业的相关行为必须贯彻执行国家、行业现行的、相关的法规、规章、规范性文件和标准规范的规定。

第二节　包装(件)危险货物的定义、分类

一、包装(件)危险货物的定义

包装危险货物是指经包装的具有爆炸、易燃、毒害、腐蚀、放射性、污染危害性等特性,容易造成人身伤害、财产损失或环境污染的货物;货物包装是指以保障运输、储存安全为主要目的,根据危险货物性质和特性,按照国家有关法规、标准和规定,采用专门设计制造的容器和防护物的包装。其包装与所装货物的危险性相容,同时还能确保货物在运输、装卸、储存、销售等过程中的安全,承受正常风险。

包装(件)危险货物是指危险货物经过包装所形成的总体。

(包装是指按一定技术方法而采用的容器、材料和辅助物等的总体名称;包装件是指产品经过包装所形成的总体。)

二、包装(件)危险货物分类

1. 按包装危险货物特性分类

根据《水路危险货物运输规则(第一部分 水路包装危险货物运输规则)》交通部令〔1996〕第10号第3条的规定,水路包装危险货物划分为以下九类:

爆炸品,压缩气体和液化气体,易燃液体,易燃固体、自燃物品和遇湿易燃物品,氧化剂和

有机过氧化物,毒害品和感染性物品,放射性物品,腐蚀品,杂类。

2. 按盛装内装物的危险程度分类

根据《危险货物运输包装类别划分方法》(GBT 15098—2008)“第3.0包装类别”的规定,运输包装分为三个类别:

Ⅰ类包装:适用内装危险性较大的货物;

Ⅱ类包装:适用内装危险性中等的货物;

Ⅲ类包装:适用内装危险性较小的货物。

3. 按包装容器分类

根据《危险货物运输包装通用技术条件》(GB 12463—2009)“第5.2包装容器”的规定,包装(件)危险货物分为如下几类:

(1)桶装危险货物:如装液体类、固体类危险货物等。

①钢桶:最大容积为250L,最大净质量为400kg;

②铝桶:最大容积为250L,最大净质量为400kg;

③钢罐:最大容积为60L,最大净质量为120kg;

④胶合板桶:最大容积为250L,最大净质量为400kg;

⑤木琵琶桶:最大容积为250L,最大净质量为400kg;

⑥硬质纤维板桶:最大容积为250L,最大净质量为400kg;

⑦硬纸板桶:最大容积为250L,最大净质量为400kg;

⑧塑料桶、塑料罐:塑料桶最大容积为250L,最大净质量为250 kg,塑料罐最大容积为60L,最大净质量为120kg。

(2)箱装危险货物:如装爆炸品、气瓶类、放射仪器类危险货物等。

①木箱:最大净质量为400kg;

②胶合板箱:最大净质量为400kg;

③再生木板箱:最大净质量为400kg;

④硬纸板箱、瓦楞纸箱、钙塑板箱:最大净质量为60kg;

⑤金属箱:最大净质量为400kg。

(3)袋装危险货物:如袋装化肥、粮食、饲料等各种粉状、颗粒状危险货物。

①塑料编织袋:最大净质量为50kg;

②纸袋:最大净质量为50kg;

③化纤集装袋、吨装袋等。

(4)坛类危险货物:如装腐蚀品等类危险货物。

坛类包装最大容积为32L,最大净质量为50kg。

(5)筐、篓装危险货物:最大净质量为50kg。

(6)捆装危险货物:如棉麻、草料、木材等危险物品。

(7)复合包装危险货物:如集装箱包装。

(8)压力容器危险货物:如可移动罐柜包装。

三、危险货物运输包装的作用

(1)抑制或钝化货物的危险性,使危险性限制在最小的范围内,提供良好的运输作业环境。

(2)防止因接触雨雪、阳光、潮湿空气和杂质而使货物变质,或发生剧烈的化学反应而造成事故。

(3)减少货物在运输中所受的碰撞、震动、摩擦和挤压,使其在包装的保护下处于完整和相对稳定的状态,从而保证安全运输。

(4)防止因货物撒漏、挥发而使性质相抵触的货物直接接触,而发生事故或污染运输设备及其他货物。

(5)便于运输过程中的装卸、搬运和保管,做到及时运输和保管安全。

四、危险货物运输包装的要求

1. 一般要求

(1)盛装危险货物的包装应质量良好,具有相应的强度,其构造和封闭装置能经受正常装卸运输条件的风险,不应由于温、湿度或内部压力的变化而泄漏。包装表面不应粘附有残余物、雨、雪或其他物质。

(2)包装的材质、形式、规格、方法和包件重量等应与拟装危险货物相适应,并应便于装卸和运输。常规包装的最大容积为450L,最大净重400kg。

(3)包装应具有良好的封口,根据危险货物的类别和特性选择符合要求的包装封口。

封口分为:气密封口、有效封口(液密封口)和牢固封口(最低要求)。

盛装具有下列特性的危险货物时其封口应是气密封口:

①产生可燃气体或蒸气;

②在干燥情况下,可能有爆炸性;

③产生有毒气体或蒸气;

④产生腐蚀性气体或蒸气;

⑤可能与空气发生危险性反应。

(4)相互之间能发生危险反应,并引起以下后果的危险货物,不应装在同一个外包装或大宗包装内:

①燃烧或产生相当多的热量;

②产生易燃、有毒或窒息性气体;

③形成腐蚀性物质;

④形成不稳定物质。

(5)包装内所使用的衬垫材料或吸收材料应是惰性材料,并与内装货物的性质相适应。

(6)盛装液体的包装,若散发气体而可能增加内压,则在包装上可安装一个安全阀(泄压阀),确保在装卸、运输过程中不因内压增大而产生危险。向包装内充装液体时,必须留有足够的膨胀余量。

(7)装载固体物质的包装,如果该固体物质在装卸运输过程中有可能因温差而变成液体,那么这种包装还必需具备装载液态物质的能力。

(8)组合包装的内包装装入外包装应保证在正常装卸运输条件下不破裂、不被戳穿或不渗漏。易于破裂或被戳穿的内包装,如玻璃、瓷器或陶器或某些合成材料制成的内包装,应使用合适的衬垫材料紧固于外包装内。内容物的任何泄漏不应削弱衬垫材料或外包装的保护性能。

(9)任何曾盛装过危险货物的空包装,应按原装危险货物的要求来处理,除非能证明将危险货物的残余物已清除掉。

(10)新的、再生的、重复使用的包装或经修复的包装均应经过相应的检验且合格后方可使用。

2. 特殊包装规定

(1)第Ⅰ类爆炸品、4.1项自反应物质和第5.2项有机过氧化物的包装以及中型散装容器应满足包装类Ⅱ的要求。

(2)复合包装的内容器和外包装应紧密吻合,外包装不得有可能擦伤内容器的凸出面。

(3)带有框架的中型散装容器,其主体和框架之间不应相互运动。主体应始终保持在框架内。如主体和框架连接部分允许做相对运动,则中型散装容器的其他部件不会因这种相对运动而被损坏。

(4)盛装液体爆炸品的包装的封闭装置应具有防止渗漏的双重保护。双重卷边接合的钢桶、金属或用金属做衬里的包装箱应能防止爆炸物进入缝隙。钢桶或铝桶的封闭装置应使用合适的垫圈。

(5)其他有关的特殊包装规定可见《IMDG CODE》相应的"包装导则"。

第三节　固体散装危险货物的定义、分类

一、固体散装危险货物定义

固体散装危险货物是指具有爆炸、易燃、毒害、腐蚀、放射性、污染危害性等危险特性,在船舶载运中,容易造成人身伤害、财产损失或环境污染而需要特别防护的固体散装货物。

(固体散装货物是由粉末、颗粒或较大片状物质组成的基本均匀混合物,该种货物一般直接装入船舶货舱中而不用中间包装。)

二、固体散装危险货物分类

根据《固体散装危险货物海运安全技术要求》(JT 700—2007)"第4.2危险货物的类别"的规定,固体散装危险货物分为:

1. 第4.1项:易燃固体

具有易被火花和火焰等外部火源点燃、易于燃烧、受摩擦时易引起燃烧或会助燃等特性的固体物质。如赤磷、硫黄、萘、赛璐珞、浸湿的爆炸品(苦味酸、三硝基苯等)、铝粉、镁粉、干燥的棉麻、胶片等。

2. 第4.2项:易于自燃的物质

具有易自热并自燃特性的物质。如活性炭;白磷(亦称黄磷);铁屑、废氧化铁,废海绵铁;黑色金属钻屑、削屑、旋屑或切屑,呈易自燃状;油浸棉麻制品;鱼粉(未经抗氧剂处理);椰子干,干的;含油水量超过20%的种子饼,A类种子饼,B类种子饼,C类种子饼。

3. 第4.3项:遇水放出易燃气体的物质

具有遇水产生可燃气体特性的物质。在某些情况下,这些气体易于自燃。潮湿时放出易燃气体的物质,如碳化钙、磷化氢、锂、钠、钾;硅铝粉无涂层;硅铝铁合金粉(包括砖块);硅铁

(含硅 30% ~90%);铝熔炼副产品,铝再熔副产品;锌粉、锌渣、锌废渣、锌浮渣等。

4. 第 5.1 项:氧化性物质

物质本身不一定可燃,但与其他物质接触时,其产生的氧气或发生的类似反应会增加燃烧的危险和烈度的物质。如高锰酸钾、过氧化钠、次氯酸钙、硝酸钠、氯酸钾、过氧化氢;硝酸铵(含有不大于 0.2% 的可燃物质);硝酸铵化肥 A 型;硝酸钡;硝酸钙;硝酸钾(硝石);硝酸铝;硝酸镁;硝酸钠,智利硝石;硝酸钠与硝酸钾混合物,智利天然钾硝石;硝酸铅等。

5. 第 6.1 项:毒性物质

如被吞咽、被吸入或与皮肤接触,则易于造成死亡或严重损伤或危害人的健康的物质。如氢氰酸及其盐、磷化铝、苯胺、四氯化碳等。

6. 第 6.2 项:感染性物质

含有能引起或怀疑能引起动物或人体发病的活体微生物或毒素的物质。如含有感染性物质的生物制品、医学标本和基因重组的生物和微生物。

7. 第 7 类:放射性物质

能释放出大量射线,其放射性比度大于 700kBq/kg(0.002yCi/g)的物质。如天然铀、天然钍矿石、物理精矿等。

8. 第 8 类:腐蚀性物质

具有在原来形态下,某种程度上严重损伤活体组织特性的物质。如固体酚醛树脂等。

9. 第 9 类:杂项危险物质和物品

上述各类未包括的危险物质和物品。如石棉、蓖麻籽、干冰、B 型硝酸铵肥料、经抗氧化处理的鱼粉或鱼渣等。

10. 仅在散装时有危险的物质

有些物质在使用包装形式运输时并不具有明显的危险性,而当散装运输时则会产生危险。危险性包括:能减少货舱内的含氧量;潮湿时会产生有毒或窒息性的气体;粉尘的危害;产生可燃气体;易自热自燃等。如草泥,动物下脚肥料或饲料,煅烧黄铁矿(黄铁矿灰,飘尘),钒矿,氟石(氟化钙),硅锰合金,硅铁(含硅 25% ~30% 或 90 % 以上),褐煤砖,锯屑,沥青球(球状煤焦油、沥青条),磷铁合金(包括砖块),硫化金属精矿,镁氧矿、未熟化的,木浆球团,木片,石灰、未熟化的,石油焦炭,炭,直接还原铁(为块、球团、冷模砖等形状),直接还原铁(热模砖)。

三、固体散装危险货物特性

固体散装危险货物的危险特性主要有:燃烧性/自燃性;爆炸性;氧化还原反应性;毒害性;腐蚀性;放射性;污染性。

第四节 包装(件)、固体散装危险货物码头技术、管理要求

一、包装(件)、固体散装危险货物码头技术要求

目前国内通常不设专门用于包装(件)和固体散装危险货物作业的港口,其作业是基于现有的通用(综合、件杂)码头、散货码头的基础设施和使用通用的装卸工属具完成的,国家和行

业对此类危险货物的港口作业,也未制定专业性的技术标准、规范来统一、调整监管、约束其操作行为,港口包装(件)和固体散装危险货物作业码头的技术要求应参照执行相关标准、规范规定的要求:

(1)码头工程设计:执行《水运工程设计通则》(JTS 141—2011)的相关规定。

(2)码头选择:海港应执行《海港总平面设计规范》(JTJ 211—1999)第三章的相关规定;河港应执行《河港工程总体设计规范》(JTJ 212—2006)第二章的相关规定。

(3)平面布置:海港应执行《海港总平面设计规范》(JTJ 211—1999)第四章的相关规定;河港应执行《河港工程总体设计规范》(JTJ 212—2006)第三章的相关规定。

(4)装卸工艺:海港应执行《海港总平面设计规范》(JTJ 211—1999)第五章"5.1 一般规定,5.2 件杂货、多用途码头的装卸机械选型和工艺布置,5.3 煤炭、矿石码头的装卸机械选型和工艺布置,5.5 散粮码头的装卸机械选型和工艺布置,5.6 集装箱码头的装卸机械选型和工艺布置"的相关规定;河港应执行《河港工程总体设计规范》(JTJ 212—2006)第四章"4.1 一般规定,4.2 件杂货和多用途码头,4.3 散货码头,4.4 集装箱码头"的相关规定。

(5)铁路道路:海港应执行《海港总平面设计规范》(JTJ 211—1999)第六章的相关规定;河港应执行《河港工程总体设计规范》(JTJ 212—2006)第五章的相关规定。

(6)给水排水:海港应执行《海港总平面设计规范》(JTJ 211—1999)第七章的相关规定;河港应执行《河港工程总体设计规范》(JTJ 212—2006)第六章的相关规定。

(7)供电照明和控制:海港应执行《 港口装卸区域照明照度及测量方法》(JT/T 557—2004)、《海港总平面设计规范》(JTJ 211—1999)第八章的相关规定;河港应执行《 港口装卸区域照明照度及测量方法》(JT/T 557—2004)、《河港工程总体设计规范》(JTJ 212—2006)第七章的相关规定。

(8)通信交管和助航设施:海港应执行《海港总平面设计规范》(JTJ 211—1999)第九、十章的相关规定;河港应执行《河港工程总体设计规范》(JTJ 212—2006)第八章的相关规定。

(9)环境保护:海港应执行《海港总平面设计规范》(JTJ 211—1999)第十一章的相关规定;河港应执行《河港工程总体设计规范》(JTJ 212—2006)第九章的相关规定。

(10)码头水工荷载:分别执行《港口工程荷载规范》(JTS144-1—2010)第三、四、五、六、七、八、九、十、十一、十三章的相关规定

(11)防火间距:参照《装卸油品码头防火设计规范》(JTJ 237—1999)第四、五、六、七章的相关规定。

(12)防雷接地:执行《港口防雷与接地技术要求》(JT 556—2004)和《港口装卸区域照明照度及测量方法》(JTT 557—2004)的相关规定。

(13)钢梯平台栏杆:执行《固定式钢梯及平台安全要求 1—3》(GB 4053.1—3—2009)的相关规定。

(14)码头附属设施:执行《码头附属设施技术规范》(JTJ 297—2001)的相关规定。

(15)码头设施维护:执行《港口设施维护技术规程》(JTJT 289—1997)的相关规定。

(16)船舶靠离泊安全条件:

①一般要求:码头水工建造、设备配置和技术要求须符合《港口工程荷载规范》(JTS 144—1—2010)的要求;靠、离船舶须符合现行载运危险货物船舶检验规范的适航和适装要求;靠、离泊操作必须注意船、岸作业人员的安全,非工作人员不得进入靠、离泊操作现场。

②泊位环境:码头在指泊时,须在所靠船舶驾驶室位置显示靠泊信号(白天号旗:N;夜间

号灯:绿色环照灯);泊位长度应为所靠船舶长度的120%;浮囤或墩式码头的长度不应小于所靠船舶船长的65%;夜间靠、离泊作业现场须保证足够的照明;靠、离泊的范围内须保持泊位清洁,码头前沿水域的水深须满足设计靠泊船型的要求且无障碍物,陆域水平和垂直空间内不得有外伸、外凸的机械或工属具等。

③系缆设施:码头缆桩设备必须可靠完好,船舶系缆所需缆桩数、出缆角度、系缆根数和缆径大小由船舶根据其吨位大小确定,码头应服从船舶指挥并予以配合。

④靠离泊原则:靠泊时逆流靠泊,根据风流大小和合力影响选择靠泊方法,控制速度(法向速度)与靠泊角度(小或平),掌握制动距离(惯性冲程),必要时助以港作拖轮协助靠离泊作业;离泊时根据泊位环境、自然条件、船舶性能,利用系缆、车舵效应或助拖船选择离泊方法,即飞艄(开尾)或坐艄(开首)或平移离泊。

⑤特殊靠离泊:码头并靠作业须掌握小靠大或等同靠、空靠重的原则;并靠作业两船间不允许有刚性构件伸出,配有合格的碰垫,并设置安全通道等。

二、包装(件)、固体散装危险货物码头管理要求

(1)船舶载运危险货物,承运人应按规定向海事管理机构办理申报手续;港口经营人应按规定向港口行政管理部门办理申报手续,港口作业部门根据装卸危险货物通知单安排作业。

(2)装卸危险货物的泊位以及危险货物的品种和数量,应经港口行政管理机构和海事管理机构批准。

(3)装卸危险货物应选派具有一定专业知识的装卸作业人员(班组)担任,并持有港口行政管理部门认可的作业培训资格证上岗。装卸前应详细了解所装卸危险货物的性质、危险程度、安全和医疗急救等措施,并严格按照有关操作规程安全作业。

(4)装卸危险货物,应根据货物性质选用合适的装卸机具。

①装卸易燃、易爆货物,装卸机械应安置火星熄灭装置,禁止使用非防爆型电气设备。

②装卸前应对装卸机械设备进行安全检查。

③装卸爆炸品、有机过氧化物、一级毒害品、放射性物品,装卸机具应接额定负荷降低25%使用。

(5)装卸危险货物,应根据货物的性质和状态,在船—岸,船—船之间设置安全网,装卸人员应穿戴相应的防护用品。

(6)夜间装卸危险货物,应有良好的照明,装卸易燃、易爆货物应使用防爆型的安全照明设备。

(7)船方应向港口经营人提供安全的在船作业环境。如货舱受到污染,船方应说明情况。对已被毒害品、放射性物品污染的货舱,船方应申请卫生防疫部门检测,采取有效措施后方可作业。

(8)起卸包装破损的危险货物和能放出易燃、有毒气体的危险货物前,应对作业场所进行通风,必要时应进行检测。

(9)如船舶确实不具备安全作业环境,港口经营人有权停止作业,并书面通知海事管理机构。

(10)船舶装卸易燃、易爆危险货物期间,船舶不得安排供应船舶进行加油、加水(岸上管道加水除外);不得安排拷铲等船舶维修作业;装卸爆炸品(第1.4S除外)时,不得使用和检修雷达、无线电电报发射机。船舶所使用的通信设备应符合有关规定。

(11)装卸易燃、易爆危险货物,距装卸地点50m范围内为禁火区。

内河码头、泊位装卸上述货物应划定合适的禁火区，在确保安全的前提下，方可作业；

作业人员不得携带火种或穿铁掌鞋进入作业现场，无关人员和车辆不得进入禁火区域内。

(12)没有危险货物库场的港口，一级危险货物原则上以直接换装方式作业。特殊情况，需经港口行政管理机构批准，采取妥善的安全防护措施并在批准的时间内装上船或提离港口。

(13)装卸危险货物时，遇有雷鸣、电闪或附近发生火警，应立即停止作业，并将危险货物妥善处理。雨雪天气禁止装卸遇湿易燃物品。

(14)装卸危险货物，现场应配有相应的消防、防污染、人员急救应急器材。

(15)装卸危险货物，装卸人员应严格按照计划积载图进行装卸，不得随意变更。装卸时应稳拿轻放，严禁撞击、滑跌、摔落等不安全作业行为。堆码要整齐、稳固，桶盖和瓶口朝上，禁止倒放。

(16)包装破损、渗漏或受到污染的危险货物不得装船，理货部门应做好检查工作。

(17)爆炸品、有机过氧化物、一级易燃液体、一级毒害品、放射性物品，原则上应最后装最先卸。

(18)装有爆炸品的舱室内，在中途港不应加载其他货物，确需加载时，应经海事管理机构批准并按爆炸品的有关规定作业。

(19)对温度较为敏感的危险货物，在高温季节，港口应根据所在地区气候条件确定作业时间，并不得在阳光直射处存放。

(20)装卸可移动罐柜，应防止罐柜在搬运过程中因内装液体晃动而产生静电等不安全因素。

(21)危险货物集装箱在港区内拆、装箱，应在港口行政管理机构批准的地点进行，并按有关规定采取相应的安全措施后方可作业。

(22)对下列各种情况，港口行政管理机构和海事管理机构有权停止船舶作业，并责令有关方面采取必要的安全处置措施：

①船舶设备和装卸机具不符合要求。

②货物装载不符合规定。

③货物包装破损、渗漏、受到污染或不符合有关规定。

第五节　包装(件)、固体散装危险货物堆场技术、管理要求

一、包装(件)、固体散装危险货物堆场技术要求

目前国内没有专业性的包装(件)和固体散装港口危险货物设施，国家和行业对此类港口危险货物作业，也未制定专业性的技术标准、规范来统一、调整监管、约束其操作行为，港口包装(件)和固体散装危险货物作业堆场应参照执行《常用化学危险品贮存通则》(GB 15603—1995)、《易燃易爆性商品储藏养护技术条件》(GB 17914—1999)、《腐蚀性商品储藏养护技术条件》(GB 17915—1999)、《毒害性商品储藏养护技术条件》(GB 17916—1999)、《港口货物堆垛要求》(JTT 706—2007)和《建筑设计防火规范》(GB 50016—2006)等标准、规范规定的要求：

(1)库场选址：在港口总平面设计时，危险货物库场应合理确定位置、防火间距、消防车道和消防水源等；毒害品仓库应远离港口办公区、生活区、居民区和饮用水源。

(2)耐火等级：储存甲、乙类危险货物的库房的耐火等级不低于二级；粮食筒仓可采用钢板

仓,耐火等级不应低于二级,粮食平房仓的耐火等级不应低于三级;独立建造的硝酸铵、电石、聚乙烯、尿素、配煤等库房以及码头中转仓库的耐火等级不低于二级;同一座库房或同一个防火墙间内,如储存数种火灾危险性不同的物品时,其库房或隔间的最低耐火等级应按其中火灾危险性最大的物品确定;桶装油品库按现行的《石油库设计规范》(GB 50074—2002)的有关规定执行。

(3)库场条件:阴凉、干燥、通风、避光;毒害品库房须有机械通风排毒措施;储藏发烟硝酸、溴素、高氯酸的库房应低温、干燥通风;溴氢酸、碘氢酸要避光储藏;货棚、露天货场条件,货棚应阴凉、通风、干燥,露天货场应比地面高、干燥。

(4)防火间距,具体见表5-1、表5-2:

甲类仓库之间及其与其他建筑、明火或散发火花地点、铁路等的防火间距(m) 表5-1

名称		甲类仓库及其储量(t)			
		甲类储存物品第3、4项		甲类储存物品第1、2、5、6项	
		≤5	>5	≤10	>10
高层民用建筑、重要公共建筑		50			
裙房、其他民用建筑、明火或散发火花地点		30	40	25	30
甲类仓库		20	20	20	20
厂房和乙、丙、丁、戊类仓库	一、二级耐火等级	15	20	12	15
	三级耐火等级	20	25	15	20
	四级耐火等级	25	30	20	25
电力系统电压为35~500kV且每台变压器容量在10MVA以上的室外变、配电站 工业企业变压器总油量大于5t的室外降压变电站		30	40	25	30
厂外铁路线中心线		40			
厂内铁路线中心线		30			
厂外道路路边		20			
厂内道路路边	主要	10			
	次要	5			

乙、丙、丁、戊类仓库之间及其与民用建筑之间的防火间距(m) 表5-2

建筑类型		单层、多层乙、丙、丁、戊类仓库						高层仓库	甲类厂房
		单层、多层乙、丙、丁类仓库			单层、多层戊类仓库				
	耐火等级	一、二级	三级	四级	一、二级	三级	四级	一、二级	一、二级
单层、多层乙、丙、丁、戊类仓库	一、二级	10.0	12.0	14.0	10.0	12.0	14.0	13.0	12.0
	三级	12.0	14.0	16.0	12.0	14.0	16.0	15.0	14.0
	四级	14.0	16.0	18.0	14.0	16.0	18.0	17.0	16.0
高层仓库	一、二级	13.0	15.0	17.0	13.0	15.0	17.0	13.0	13.0
民用建筑	一、二级	10.0	12.0	14.0	6.0	7.0	9.0	13.0	25.0
	三级	12.0	14.0	16.0	7.0	8.0	10.0	15.0	
	四级	14.0	16.0	18.0	9.0	10.0	12.0	17.0	

(5)安全条件:避免阳光直射、曝晒,远离热源、电源、火源,库内在固定方便的地方配备与货物性质相适应的消防器材、报警装置和急救药箱;不同类别、性质、危险程度、灭火方法、性质

抵触的货物要分开存放。

(6)卫生条件:库区和库房内要保持整洁;库区内的杂物、易燃物应及时清理,排水沟保持畅通。

(7)温湿度条件:必须根据货物种类,执行标准所规定的温、湿度控制范围。

(8)堆垛要求:根据货物类别,分别执行相关标准规定的堆垛方法、堆垛间距和堆垛高度。

二、包装(件)、固体散装危险货物堆场管理要求

(1)经常装卸危险货物的港口,应建有存放危险货物的专用库(场);建立健全管理制度,配备经过专业培训的管理人员及安全保卫和消防人员,配有相应的消防器材和撒漏处理器材。

(2)库(场)区域内,严禁烟火,严禁无关人员、车辆进入。

(3)非危险货物专用库(场)存放危险货物,应经港口行政管理部门批准,并根据货物性质安装安全电气照明设备,配备消防器材和必要的通风、报警设备。库内应保持干燥、阴凉。

(4)危险货物入库(场)前,应严格验收。包装破损、撒漏、外包装有异状、受潮或玷污其他货物的危险货物应单独存放,及时妥善处理。

(5)危险货物堆码要整齐,稳固。

垛顶距灯不少于1.5m,并使用冷光源照明,严禁使用白炽灯;

堆垛距墙不少于0.5m、垛距间不少于1m。

(6)性质不相容的危险货物,消防方法不同的危险货物不得同库存放,确需存放时应符合相关隔离要求。

(7)消防器材、配电箱周围1.5m内禁止存放任何物品;堆场内消防通道宽度不得少于6m。

(8)存放危险货物的库(场)应经常进行检查,并做好检查记录,发现异常情况迅速处理。

(9)危险货物出运后,库(场)应清扫干净,对存放危险货物而受到污染的库(场)应进行洗刷,必要时应联系有关部门或专业单位进行处理。

(10)爆炸品、气体、易燃液体、易燃固体、易于自燃的物质、遇水放出易燃气体的物质、氧化性物质、有机过氧化物、毒性物质、感染性物质、放射性物质、腐蚀性物质的港口作业,港口危险货物经营人应当划定作业区域,明确责任人并实行封闭式管理。作业区域应当设置明显标志,禁止无关人员及车辆进入。

(11)危险货物应当储存在港区专用的库场、储罐,并由专人负责管理;剧毒化学品以及储存数量构成重大危险源的其他危险货物,应当单独存放,并实行双人收发、双人保管制度。

(12)危险货物的储存方式、方法以及储存数量应当符合国家标准或者国家有关规定。

(13)港口危险货物经营人应当建立危险货物出入库核查、登记制度。

对剧毒化学品以及储存数量构成重大危险源的其他危险货物,港口危险货物经营人应当将其储存数量、储存地点以及管理人员、管理措施等情况,报所在地港口行政管理部门备案。

(14)抵港危险货物,承运人或其代理人应提前通知收货人做好接运准备,并及时发出提货通知。交付时按货物运单(提单)所列品名、数量、标识核对后交付。对残搅和撒漏的地脚货应由收货人提货时一并提离港口。

第六节　包装(件)港口危险货物作业

一、包装(件)危险货物装卸、储存工艺

包装件危险货物,由于其外形及包装形式多而杂(又称件杂类危险货物)。件杂类危险货

物大都采用通用的件杂货装卸、储存工艺。

(1)包装件危险货物装、卸船:一般都是通过船舶甲板上的舱口将货物吊进吊出,大多则是利用码头前沿的装卸机械作业;也有的是利用船舶起货设备,如吊杆装置、甲板起重机等。

(2)海港和河港的直立式码头,通常是在前沿配置门座起重机装卸船,用牵引车拖挂平板车进行水平运输。

(3)库场内采用叉式装卸车或桥式起重机堆拆垛。装卸棚车多用小型叉式装卸车,装卸敞车则多用桥式起重机或其他类型的起重机。

(4)水位差较大或不宜建直立式码头的河港,一般在趸船上设起重机装卸船,用缆车进行上下斜坡道的运输作业,用流动机械如叉式装卸车、牵引车与挂车、电瓶车等进行缆车和库场间的搬运(如长江中上游港口)。

(5)包装件危险货物装卸、储存工艺布置形式主要有:

船舶←→船吊←→流动运输机械←→棚库、仓库;

船舶←→门座起重机←→流动运输机械←→棚库、仓库;

船舶←→船吊或码头起重机←→车辆(车、船直取)。

二、包装(件)危险货物装卸、储存机械

根据件杂货的装卸、储存特点,包装件危险货物的装卸机械是由装卸船机械、水平运输机械和库(场)内堆、拆垛等机械组成:

(1)装卸机械:门座起重机特点是起升高度大,臂幅大、工作区域大,使用灵活、定位性好,起重量大,通用性好;船舶吊杆、流动起重机机动性好、适用性强。

(2)水平运输机械:水平运输机械的选型,应根据货种、装卸工艺流程、路面情况、货物港内运输距离、组合形式、货件的重量等因素确定。

目前港口常用的水平运输机械主要有:

①牵引车挂车,其特点是拖带量大效率高,牵引车和挂车转弯运行的轨迹相同,节省水平工作面积;

②蓄电池搬运车,其特点是小巧灵活,操纵方便,轮压小;

③卡车,其特点是速度快,机动性好,爬坡能力强,能做长距离运输,适用于车船的直接换装作业;

④叉式装卸车,其特点是既可短距离水平运输,又可堆拆垛等。

(3)库、场内堆拆垛机械:除叉车外,还可以用各种流动或固定起重机,如轮胎吊、汽车吊、履带式起重机和电吊、航吊等。

三、包装(件)危险货物装卸、储存作业危险有害因素辨识与分析

1. 作业危险有害因素辨识与分析类别

货种危险、危害特性(含安全、环境、健康);自然条件对作业安全的影响;码头、库场、作业线路平面布置和周边环境对作业安全的影响;装卸储存工艺设备、设施的匹配和选用对作业安全的影响;生产过程控制对作业安全的影响;安全设施对作业安全的影响;车船直取工艺对作业安全的影响等。

2. 主要辨识分析方法

(1)安全检查表分析。利用检查条款按照相关的标准、规范等对已知的危险类别、设计缺

陷以及与一般工艺设备、操作、管理有关的潜在危险性和有害性进行判别检查。

(2)预先危险性分析。对作业系统存在的危险类别、出现条件、事故后果等进行概略地分析,判断系统的潜在危险,确定其危险等级,尽可能评价出潜在危险性。

(3)作业条件的危险性分析。将作业条件的危险性做因变量(D),事故或危险事件发生的可能性(L)、暴露于危险环境的频率(E)及危险严重程度(C)为自变量,确定他们之间的函数式。

四、包装(件)危险货物装卸、储存作业安全基本要求

1. 爆炸品

(1)主要危害。爆炸品的主要危害有爆炸破坏性、毒害性、燃烧性等。

(2)装卸、储存预防措施:

①装卸前应备好消防水龙,水带要有足够的长度,总水管保持压力。对不能用水扑救的本类货物,应备好消防器材,同时在货舱内应备有便携式消防器材。

②装卸船舶应悬挂"B"字旗,夜间悬挂红色环照灯,并与其他船舶保持安全距离;船岸间要有安全网,货物起吊时,货盘有可靠护网(栏),防止货物跌落。

③舱口、码头平台应清洁、干燥,无酸碱、油脂,舱口上不配装其他货,四周甲板不能装强酸;船舶积载处远离火源、热源、电源和生活区,通风良好;作业场所的照明装置应使用安全型或防爆型;对装卸电磁辐射敏感的爆炸品,禁止使用无线电台和雷达发射机。

④装卸设备在使用前须进行检查,确保处于良好的工作状态,岸吊应进行等电位防护,工属具应能防止产生静电和火花,叉车不得在舱内充电、更换电池或修理。

⑤装卸时轻拿轻放,撒漏处应用水湿润后轻轻收集,不得混入杂质,不踩踏;并注意天气变化,防止包装件受潮,对破损、渗漏、受潮或有缺陷的包装件不得装运,一旦发现须由专业人员进行处理,禁止在船上或装卸作业现场打开、修理破损或有缺陷的包装件。

⑥装卸作业时禁止无关人员进入作业现场,并加强巡视和值班。

⑦爆炸品的配装,按船舶提供的"可配装图"操作;点火器材、起爆器材、炸药和爆炸物质不得一起配载;装载高度不能超过规定高度;舱室内金属外露部分和底板应衬垫好木板,不接触。

⑧装卸完毕或中途停止作业时应及时关舱。

⑨船舱和码头作业现场应设置必要的通风、降温、防汛、避雷、消防等安全设施,并采取有效的防火隔离措施,不得使用金属工具;作业场所不得留有自燃、氧化剂、易燃物、金属粉末、酸碱盐类、硫黄、油脂等残留物。

⑩爆炸品装卸作业须采用车、船直取工艺,港区内不易设置堆存库、场。一旦发生火灾,严禁沙土压盖,应戴防毒面具并用大量冷水降温灭火。

2. 压缩气体和液化气体

(1)化学特性。压缩气体和液化气体的化学特性有可燃性、毒性、助燃性和窒息性、腐蚀性等。

(2)装卸、储存预防措施:关注"漏和热"。

①装卸本类危货前应严格检查容器,防护罩、钢印是否齐全坚固,钢瓶是否符合标准并定期检验。

②装卸作业时先开舱通风,装卸时不得肩扛、背负、溜放滚动,防止撞击、拖拉、摔落、翻滚钢瓶;装卸有毒气体时,应穿戴相应的防护用品,必要时佩戴自给式呼吸器。

③装易燃气体的容器应远离火源、热源、电源,保持阴凉,发现漏气时先通风,倾注大量冷水,然后拧紧开关,必要时将钢瓶浸入水中或石灰水中;存放仓库照明,应采用绝缘良好的防爆式灯具,禁止使用明火灯具,仓库应保持阴凉通风,防止日光曝晒。

④本类货物不得与爆炸品、氧化剂、易燃物品、腐蚀品同库储存;性质相抵触的货物,如易燃气体与助燃气体、氧气钢瓶与油脂不得同库储存或运输混装。

⑤容器应平放,加楔垫以防滚动,如采用框架可立放,但不得倒置,且需保持容器的稳固;本类货物在保管期间,除定时检查外,应随时查看有无漏气和堆垛不稳的情况。

3. 易燃液体

(1)理化特性。易燃液体的理化特性有易挥发和蒸气燃爆性,高度易燃性,受热膨胀性和挥发性,高度流动扩散性,与强酸、氧化剂剧烈反应,毒性,易聚积静电,密度小。

(2)装卸、储运中的预防措施:

①承运的船舶结构、设施必须符合规范要求;装卸本类货物的人员不准携带火种、穿铁钉鞋和易产生静电的工作服;装卸前应先通风,装卸时不得撞击、摩擦、拖拉,封口向上,不得倒置。

②装卸本类货物,应使用铜质或镀铜、镀锌等工属具,禁止使用铁质等易产生火花的工具,装卸机械应设置星火熄灭器。

③船舶积载或库场堆存时,须远离火源、热源、电源,保持阴凉,远离人群活动处所。

④包装容器留足膨胀余位,有渗漏的包装拒绝装船或库、场堆存。

⑤金属包装件积载或堆存时,应作好铺垫,积载和堆存要牢固。

⑥因与大多数危险品性质抵触,必须注意隔离,与氧化剂、强酸、自燃物品不得同库储存。

⑦船舶装卸前先开舱通风,降低蒸气浓度,气温过高停止作业。

⑧装卸工具应使用防火防爆型的,作业机械须设置火星熄灭器。

⑨储存库、场须选用阴凉通风场所,配备合适的消防器材、防爆型通风和照明设施。

4. 易燃固体、易自燃物质,遇水放出易自燃气体的物质

(1)危险特性。此类物质的危险特性有易燃固体燃点低、燃烧速度快、燃烧的产物会产生毒气;自燃物品能与空气中的氧发生反应产生热量,自燃着火;遇湿自燃物品与水、潮气接触发生反应会燃烧。

(2)装卸、储存预防措施:

①装卸本类货物如有撒落,应及时清除,妥善处理。禁止在撒落物上堆存物品,以免摩擦起火。

②装卸本类货物时,应防止撞击、摩擦、翻滚、拖拉和包装破损,不得使用易产生火花的工属具,装卸机械应设置星火熄灭器。

③雨雪天气严禁装卸遇湿易燃物品。

④桶装碳化钙(电石),如桶体变形,不得随便搬动,应在装卸前,使用合适的工具进行安全有效地放气,防止桶盖冲击伤人。

⑤本类货物应存放在阴凉、通风、干燥处,禁止与酸类、氧化剂同库存放;与水发生反应的货物,禁止露天存放。

⑥易产生热量的货物堆码不宜过高,垛底应用清洁干燥的木板铺垫,以利通风散热。

⑦对温度有控制要求的货物,库温应始终保持在规定的温度范围之内。

⑧堆存黄磷,应注意防止黄磷桶内漏水,引起燃烧。

5. 氧化性物质和有机过氧化物

(1)危险特性。氧化性物质有强氧化性,易分解并放出氧和热量,能导致可燃物燃烧(如面粉、糖、煤炭、木屑等),与酸类反应放出助燃或剧毒气体等;有机过氧化物,其本身易燃易爆,极易分解,对热、震动或摩擦极为敏感,分解时放出有毒或易燃气体或蒸气。

(2)装卸、储存预防措施:

①氧化性物质装卸时,应谨慎操作,防止撞击、摩擦、滚动、拖拉和包装破损和带入杂质。

②氧化性物质装卸工具应清洁、不得沾有其他物质,装卸机械应设置星火熄灭器。

③氧化性物质应存放在阴凉、通风良好的处所,防止日晒、受潮,不得与酸类和可燃物同库存放,注意通风散热。

④氧化性物质破损的包装件禁止入库,撒漏地脚应及时收集、妥善处理,不得在库内或库房附近处理残损的包装件。

⑤有机过氧化物装卸时应谨慎操作,防止撞击、摩擦、滚动、拖拉。受到污染的包装件不得装船。

⑥有机过氧化物装卸工属具应清洁,不得沾有其他物质,装卸机械应设置星火熄灭器。

⑦装卸控温货物的集装箱应尽量缩短装卸时间,防止箱内温度升高发生危险。

⑧有机过氧化物应存放在阴凉、通风良好的处所,防止日晒、受潮,不得与酸类和可燃物同库存放。

⑨有机过氧化物库内电器设备应处于良好状态,配有相应的消防、泄漏处理和防护用具等。

⑩有机过氧化物残损的包装件不得入库,撒漏地脚应使用惰性材料收集处理,不得在库内或库房附近处理残损包装件。

6. 毒害品和感染性物品

(1)危险特性。毒害品大部分遇水、火,受热分解时会散发出有毒气体,有些有毒物质具有易燃、腐蚀和污染性;感染性物品与人体或动物按触能感染病毒病疫。

(2)装卸、储存注意事项:

①毒害品装货前应认真检查包装件,发现泄漏、破损时应拒绝装卸。

②毒害品卸货前应开舱通风,排除有毒蒸气,必要时应进行检测。

③毒害品装卸作业时应穿戴必要的防护用具,防止误食、吸入或皮肤接触中毒;作业前不得饮酒;作业期间严禁吸烟和进食;作业量大、时间长时,应轮换或间歇作业,工作完毕后,应立即进行全身冲洗,工作服应立即洗刷。

④毒害品使用专用工属具,船舶作业时须挂安全网并加油布或帆布,用过的工属具应单独保管。

⑤毒害品装卸作业现场应配备必要的急救药品;禁止皮肤有破裂、伤口的人员参加作业。

⑥感染性物品作业人员须小心谨慎,防止包装件损坏,该货物应最先卸、最后装,卸货后由收货人立即提走。

⑦毒害品必须单独存放在专用库场内,专人保管,存放处所应阴凉、通风良好,并备有相应

的防护用品和急救药品。

⑧毒害品地脚应及时清扫,交货主处理。

7. 放射性物质

(1)特性。放射性物质能够放射出可对人的机体组织造成伤害且为人体感官所不能觉察的 α、β、γ 射线和中子流,还有爆炸性、易燃性、自燃性、毒性、腐蚀性或遇水发生反应等特性。

(2)装卸作业防护措施:

①放射性物质装卸前,要先进行通风,装卸作业时,不得撞击、翻滚、摔落,严禁肩扛、背负或坐靠在包装件上。

②放射性物质作业时间应严格按货物允许作业时间表规定进行。

③装卸放射性矿石、矿砂时,作业场所应经常喷洒雾状水,防止粉尘飞扬。作业人员应穿戴防护服、口罩、手套等劳动防护用品。

④放射性物质装卸过程中严禁吸烟、进食。装卸完毕后,作业人员应立即进行冲洗、换装。受污染的工作服、手套等应单独保管和清洗,不得混用、混放。

⑤禁止皮肤有破裂、伤口的人员参加作业。

⑥放射性物质的包装件应专库存放,如无专用库时,应采用车船直取工艺。特殊情况可选择干燥通风的普通库暂存,但应划定专用货位,远离其他危险货物,派专人看管,禁止无关人员接近,严防失窃。

⑦放射性物质包装件要合理摆放,辐射水平低的包装件应摆放在辐射水平高的包装件周围。

⑧存放低比活度放射性物质或表面污染物体以及Ⅰ级白色标志包装件的数量可不受限制,存放Ⅱ、Ⅲ级黄色标志的包装件或罐柜或货物集装箱的数量,一间库房应视同船舶的一个船舱,其运输指数不得超过 50,整个仓库总运输指数不得超过 200。

8. 腐蚀品

(1)特性。腐蚀品的特性有腐蚀性、毒性、污染性。(有些属海洋污染物甚至严重海洋污染物)。

(2)装卸、储存预防措施:

①装货前,应认真检查包装件,发现有泄漏、破损应拒绝装运。

②卸货前应先开舱通风,排除有害蒸气,必要时应进行检测。

③装卸作业时装卸人员应穿戴合适的防护用品,选用合适的工属具,工属具不得沾有氧化剂、易燃物质和抵触物品,用过的工属具应单独保管。

④装卸作业现场应备有必要的急救药品和清水。

⑤本类货物应存放在清洁、通风、阴凉、干燥的处所,防止日晒、雨淋,堆放处所不得有稻草、木屑、油脂等有机物或可燃物。

⑥腐蚀品货物不得与有机物、氧化剂、金属粉末等同库存放。

⑦本类货物中性质相抵触的货物,不得同库存放。

9. 杂类危险物质和物品

定义:根据 SOLAS 公约第七章列出的危险性,但未列入其他类别的物质或物品,包括温度≥100℃为液态、≤240℃为固态的物质和物品。

五、包装(件)危险货物装卸、储存作业安全要点

(1)在装卸、储存包装(件)危险货物品前,须预先做好准备工作,了解货物性质,选用并检查装卸、搬运、储存包装件的机械、工属具是否安全、牢靠,不牢靠的机械设备和工属具应予预先更换或修理。如工具上曾被易燃物、有机物、酸、碱等污染的,必须清洗后方可使用。

(2)操作人员应根据不同货物的危险特性,分别穿戴相应合适的防护用具,对毒害、腐蚀、放射性等物品的作业人员更应加强防护用品的准备。防护用具包括工作服、橡皮围裙、橡皮袖罩、橡皮手套、长筒胶靴、防毒面具、滤毒口罩、纱口罩、纱手套和护目镜等。操作前应由专人检查用具是否妥善,穿戴是否合适。操作后应进行清洗或消毒,放在专用的箱柜中保管。

(3)装卸、搬运、储存危险货物包装件的操作中,对危险物品应轻提轻放,防止撞击、摩擦、碰摔、震动。液体铁桶包装下垛时,不可使用跳板快速溜放,应在地上,垛旁垫旧轮胎或其他松软物,缓慢下。标有不可倒置标志的物品切勿倒放。发现包装破漏,必须移至安全地点整修或更换包装。整修时不应使用可能发生火花的工具。危险物品撒落在舱底、场地、车板上时,应及时扫除,对易燃易爆物品应用松软物经水浸湿后扫除。

(4)在装卸、搬运、储存危险物品时,不得饮酒、吸烟。工作完毕后,根据工作情况和危险品的性质,及时清洗手、脸、漱口或淋浴。装卸搬运储存毒害品时,必须保持现场空气流通,如果发现恶心、头晕等中毒现象,应立即到空气新鲜处休息,脱去工作服和防护用具,清洗皮肤沾染部分,重者送医院诊治。

(5)装卸搬运爆炸品,一级易燃品、一级氧化剂时,不得使用铁轮车、电瓶车或无火星熄灭器的搬运设备,及其他无防爆装置的运输工具。参加作业的人员不得穿戴有铁钉的鞋子。禁止滚动铁桶,不得踩踏危险物品及其包装(指爆炸品)。装船、装车时,必须力求稳固,不得堆装过高,如氯酸钾(钠)车后亦不准带拖车,装卸搬运一般宜在白天进行,并避免日晒。在炎热季节,应在早晚作业,晚间作业应用防爆式或封闭式的安全照明设备。雨、雪、冰封时作业,应有防滑措施。

(6)装卸搬运储存强腐蚀性物品,操作前应检查箱底是否已被腐蚀,以防脱底发生危险。搬运时禁止肩扛、背负或用双手揽抱,必须使用装卸、搬运工具作业。搬运堆码时,不可倒置、倾斜、震荡,以免液体溅出发生危险。在现场须备有清水、苏打水或醋酸等,以备急救时应用。

(7)装卸搬运储存放射性物品时,不得肩扛、背负或揽抱。并尽量减少人体与物品包装的接触,应轻提轻放,防止摔破包装。工作完毕后以肥皂和水清洗手脸,淋浴后才可进食饮水。对防护用具和使用工具,须经仔细洗刷,除去射线感染。对沾染放射性的污水,不得随便流散,应引入深沟或进行处理。废物应挖深坑埋掉。

(8)两种性能互相抵触的物品,不得同地装卸,同车并运,同库同垛堆存,须按规定实施有效隔离。对怕热、怕潮物品,应采取隔热、防潮措施。

第七节　固体散装港口危险货物作业

一、固体散装危险货物装卸、储存工艺

散装货物码头专业性比较强,装卸工艺也比较复杂。固体散装危险货物一般都采用通用的散货装卸、储存工艺。按货物出港和进港分为:卸车(汽车、火车)装船工艺;卸船装车(汽

车、火车）工艺。

1. 固体散装危险货物卸车装船工艺

（1）火车卸车一般采用翻车机系统或螺旋卸车机系统，前者多用于货运量大的码头，后者多用于中等货运量码头；汽车一般使用自卸卡车。

（2）堆场运量大、货种多的港口码头，多配备堆料机和斗轮取料机，堆料和取料分开作业；货种少（或单一）的港口码头，则配备斗轮堆取料机，堆料和取料合一作业；规模小的港口码头，则配备自卸卡车和装载机作业。

（3）由堆场至码头的中间运输，规模大的则采用带式输送机作业；货运量小的码头，一般采用自卸汽车倒运作业等。

（4）规模大的港口码头装船作业一般采用移动式装船机；中小规模的港口码头一般在直立墩座上配置可旋转、俯仰、伸缩的固定式装船机装船；水位差较大的河港，则在趸船上设可旋转、俯仰、伸缩的装船机装船，在斜坡轨道上设可随水位涨落调整长度的胶带输送车向趸船上的装船机供料；一些中等水位差的河港常在浮码头的钢引桥上设固定式胶带输送机，与趸船上的装船机衔接，进行装船。

2. 固体散装危险货物卸船装车工艺

（1）在海港码头和水位差较小的河港码头，多采用带抓斗的门座起重机或门座抓斗卸船机或桥式抓斗卸船机卸船；而在水位差较大的河港则多在囤船上设抓斗起重机卸船，在斜坡轨道上设胶带输送车（或在浮码头的钢引桥上设固定胶带输送机）输送货物。

（2）由自卸船载运的散货，则用船上以带式输送机为主的自卸系统卸船。

（3）堆场上的堆取料作业同卸车装船工艺相似。装车可用带抓斗的起重机等，有的采用漏斗式装车储料仓，通常由输送机供料。

3. 固体散装危险货物装卸、储存工艺布置形式主要有：

（1）装、卸车作业（火车、汽车）⟵⟶堆场作业⟵⟶装、卸船作业；

（2）船舶⟵⟶码头⟵⟶车辆（车船直取、直装）。

二、固体散装危险货物装卸、储存机械

（1）装、卸车设备有翻车机，螺旋卸车机，链斗卸车机，底开门自卸车，自卸卡车，装车机，装载机等。

（2）堆场设备有堆料机，取料机，堆取料机，装载机等。

（3）装、卸船设备有移动式装船机，固定式装船机，间歇型卸船机，连续型卸船机，桥式卸船机、气力卸船机、链斗卸船机、带斗门机、抓斗等。

（4）水平运输及辅助设备有皮带输送机，连接装卸船、装卸车、堆场机械和各种储存、给料等作业环节的水平运输工具，平舱机械，清舱机械等。

三、固体散装危险货物装卸、储存作业危险有害因素辨识与分析

1. 作业危险有害因素辨识与分析类别

货种危险、危害特性（含安全、环境、健康）；自然条件对作业安全的影响；码头、库场、作业线路平面布置和周边环境对作业安全的影响；装卸储存工艺设备、设施的匹配和选用对作业安全的影响；生产过程控制对作业安全的影响；安全设施对作业安全的影响；车船直取工艺对作

业安全的影响等。

2. 主要辨识分析方法

(1)安全检查表分析:利用检查条款按照相关的标准、规范等对已知的危险类别、设计缺陷以及与一般工艺设备、操作、管理有关的潜在危险性和有害性进行判别检查。

(2)预先危险性分析:对作业系统存在的危险类别、出现条件、事故后果等进行概略地分析,判断系统的潜在危险,确定其危险等级,尽可能评价出潜在危险性。

(3)作业条件的危险性分析:将作业条件的危险性做因变量(D),事故或危险事件发生的可能性(L)、暴露于危险环境的频率(E)及危险严重程度(C)为自变量,确定了他们之间的函数式。

四、固体散装危险货物装卸、储存作业安全基本要求

1. 易燃固体

(1)危险特性。燃点低、燃烧速度快、燃烧的产物是产生毒气和金属氧化物的高温粒子,具体表现为:

①强还原性,与氧化剂接触引起剧烈燃烧和爆炸。

②与强酸接触引起燃烧和爆炸。

③粉状或雾状易燃固体达到爆炸极限发生粉尘爆炸。

④与水反应引起燃烧、爆炸。

⑤受摩擦、撞击后即能引起燃烧。

⑥有些在燃烧同时产生有毒气体。

(2)装卸、储存作业预防措施。

①严禁与明火、水、酸类、氧化剂接触,舱底或堆场底脚作业时避免装卸工属具与舱底板或水泥地平面之间的摩擦、撞击。

②一旦发生火灾,要根据不同性质,选择合适的灭火剂,粉状不可用水,有爆炸危险的禁用砂土压盖,遇水或酸产生剧毒气体的禁用酸碱灭火剂。

③发生泄漏时应迅速收集,注意不抛弃于水域,对遇水反应的不得用大量水冲洗,易放出毒气的处所须做好通风。

④易产生热量的货物堆码不宜过高,温度应始终保持在规定的温度范围之内。

2. 易自燃物质

(1)危险特性:

①自燃点较低。

②易被氧化分解。

③有些物质在周围缺氧的条件下也能自燃。

④有些物质自燃时放出毒气。

(2)装卸、储存预防措施:

①储存保管应远离热源、火源,库场有良好的通风。

②发生火灾时应根据性质使用灭火材料,一般用干粉,燃烧会放出有毒物质的应做好防护,防止复燃。

③收集到的该类泄漏物要装封闭容器妥善处理,不得抛弃水域。

④与空气能发生燃烧的溢漏物用干燥惰性材料覆盖再清除，与水反应的泄漏物禁用水处理。

3. 遇水易放出易燃气体的物质

(1)特性：

①遇水燃烧性。遇水剧烈反应，自身燃烧。

②爆炸性。遇水会散发易燃气体，与空气混合形成爆炸性混合物，遇明火、火花立即燃烧爆炸。

③毒害性。有较强吸水性，和水反应生成强碱或有毒气体。

④自燃性。某些化学性质极活泼金属及其氢化物能自燃。

(2)装卸、储存预防措施：

①绝对不能与水、水蒸气、酸类、氧化剂接触。

②装卸搬运时防止撞击、摩擦，有撒漏应妥善处理。

③作业现场应干燥，工具不得沾氧化剂或酸，禁雨雪天作业。

④堆存保管场所阴凉、通风、干净、防水好。

⑤远离火源，如容器发生变形，膨胀应禁止震动，先放出气体。

⑥发生火灾时一般用干粉(活泼金属禁用二氧化碳灭火剂)，消防员做好防护。

⑦禁止用水冲刷撒漏物，不得将抛弃水域，防毒。

4. 氧化性物质

(1)危险特性。

①该类物质有强氧化性，直接或间接释放出氧气，促成与其接触的可燃物质燃烧，增加了发生火灾的危险性和剧烈程度，且这类火灾极难扑灭。

②大多数氧化剂与液体酸类接触发生化学反应，引起燃烧、爆炸，并散放出有毒气体。

③对碰撞、摩擦较为敏感，铵盐、氯酸盐、硝酸盐经碰撞、摩擦等作用极可能引起爆炸。

④有些氧化物极不稳定，在光和热作用下易分解，在封闭条件下易发生燃烧和爆炸。

(2)装卸、堆存预防措施。

①装卸过程防撞击、摩擦，工具应清洁不沾有杂质。

②对温度较为敏感的有机过氧化物，高温季节合理确定作业时间，不得在阳光直射处存放；氧化性物质应存放在阴凉、通风良好的处所，防止日晒、受潮。

③堆存处应通风良好，防日晒，不与酸类、可燃物质同放，堆存运输中应控制温度等。

④使用大量的水是控制该类货物燃烧的有效方法。

⑤有机过氧化物装卸工属具应清洁，不得沾有其他物质，装卸机械应设置星火熄灭器。

5. 有毒物质

(1)危险特性。

①其大部分遇水、火，受热分解时会散发出有毒气体。

②有些有毒物质具有易燃、腐蚀和污染性。

③毒性危险视与人体接触状况而定。

④有些有毒物质易于聚合和分解，需加稳定剂后才能运输。

(2)装卸、储存预防措施。

①有毒物质装卸作业时应穿戴必要的防护用具，防止误食、吸入或皮肤接触中毒；作业前

不得饮酒;作业期间严禁吸烟和进食;作业量大、时间长时,应轮换或间歇作业,工作完毕后,应立即进行全身冲洗,工作服应立即洗刷。

②有毒物质使用专用工属具,船舶作业时须挂安全网并加油布或帆布,用过的工属具应单独保管。

③作业人员应身体健康,皮肤无破伤,现场备急救药品。

④使用专用工属具,用加油布的安全网,机具减免作业负荷25%。

⑤注意通风,必要时进行检测,避开高温天气。

6. 感染性物质

(1)特性。感染性物质的特性是与人体或动物按触能感染病毒病疫。

(2)装卸注意事项。

①应采取车船直取的作业方式,港口不得存放。

②该货物应最先卸、最后装,卸货后由收货人立即提走。

7. 放射性物质

(1)特性。

①能够放射出可对人的机体组织造成伤害且为人体感官所不能觉察的 α、β 粒子和 γ 射线。

②某些能够发生裂变的元素,在裂变时释放出大量能量,对人体造成严重的伤害(中子流)。

③还有爆炸性、易燃性、自燃性、毒性、腐蚀性或遇水发生反应等特性。

(2)装卸作业防护措施

①必须穿戴全套防护服,尽量减少接触货物时间。

②装卸放射性矿石、矿砂时,作业场所应经常喷洒雾状水,防止粉尘飞扬。作业人员应穿戴防护服、口罩、手套等劳动防护用品。

③放射性物质装卸过程中严禁吸烟、进食。装卸完毕后,作业人员应立即进行冲洗、换装。受污染的工作服、手套等应单独保管和清洗,不得混用、混放。

④禁止皮肤有破裂、伤口的人员参加作业。

8. 腐蚀品

(1)特性。腐蚀品的特性有腐蚀性;毒性;污染性。(有些属海洋污染物甚至严重海洋污染物)

(2)装卸、储存预防措施。

①卸货前应先开舱通风,排除有害蒸气,必要时应进行检测。

②装卸作业时装卸人员应穿戴合适的防护用品,选用合适的工属具,工属具不得沾有氧化剂,易燃物质和抵触物品,用过的工属具应单独保管。

③本类货物应存放在清洁、通风、阴凉、干燥的处所,防止日晒、雨淋,堆放处所不得有稻草、木屑、油脂等有机物或可燃物。

④本类货物中性质相抵触的货物,不得同时安排装卸或储存作业。

⑤现场备消防和急救药品、清水,禁火种接近。

9. 杂项危险物质和仅在散装时有危险的物质

(1)特性。由于该类货物易于氧化,从而造成缺氧、散发毒气及自热,人员进入封闭处所可能造成的缺氧或通过呼吸系统吸入，经皮肤、眼睛吸收或摄食途径使有毒物质进入体内引起的中毒。特别注意：危化品仓库、船舶货舱及其比邻舱室可能缺氧、并存有毒性或窒息性气体。

(2)装卸、储存预防措施。

①预防缺氧危险：该类散装危险货物在装卸、储存、运输时会造成库场、货舱内缺氧，尤其4.2类易自燃物质特别容易造成缺氧，并产生窒息性气体(主要指二氧化碳和氮气)，当存在着与氧气发生化学反应的物质时，其浓度会增加。

如下列物质会造成缺氧：谷物及其制品；种子饼、种子渣；椰子仁干；木材、剑麻、干草、动物纤维；鱼粉；鸟粪；木炭、煤炭及煤制品；直接还原铁；干冰；废钢铁、废金属等。

②预防粉尘危害：固体散装危险货物在装卸、储存过程中会产生大量粉尘，对人眼睛、皮肤、黏膜有刺激性。作业人员需要高标准的卫生条件，应有防护服和涂抹防护膏，人体冲洗和外衣清洗方法。某些货物产生的粉尘具有爆炸性，在装货、卸货和扫舱时尤其如此，须进行充分的通风，防止粉尘爆炸事故。

③预防易燃有毒气体和蒸气：动物体和植物的发酵、腐烂和分解过程中会产生有毒气体和蒸气。这类气体、蒸气和混合物不仅具有毒性和窒息性，还可能具有可燃性甚至可爆性。装载可产生毒气和可燃气体货物时，库场、货舱中必须装设有效的通风系统。

五、固体散装危险货物装卸、储存作业安全要点

(1)在装载、运输和卸载固体散装危险货物之前和期间，应严格遵守《固体散装危险货物海运安全技术要求》所有必要的安全预防措施；船舶应备有涉及固体散装危险货物事故的应急反应和医疗急救须知的副本。

(2)易于氧化的某些固体散货，可能导致缺氧、散发有毒气体或烟气以及自热；某些货物不易氧化，但可能散发有毒烟气，特别是在潮湿时；也有些货物在受潮后对皮肤、眼睛和黏膜或对船舶结构、装卸工属具有腐蚀作用；在装卸这些货物时，须特别注意作业人员的保护以及需要在装货前和卸货后采取特别预防或清理措施，防止发生中毒事故。

(3)必须预防货物装卸、储存等作业场所及相邻场所可能缺氧，或可能含有毒性或窒息性气体，以及舱内、仓库在卸空后的一段时间内，其氧气可能不足；很多固体散货易使封闭场所造成缺氧。这些货物包括大多数蔬菜、粮食制品和农林产品、黑色金属、金属硫化物精矿和货煤等，作业人员在上述场所作业时必须预防缺氧导致的窒息事故。

(4)作业人员进入船舱等封闭场所作业之前，应遵守操作规程，在经测试后查明可安全进入时，也须预防船舱仍可能有小块区域氧气不足或存在有毒烟气；当船舶装载易散发有毒、易燃气体或易使船舱缺氧的固体散货时，应配备气体或氧气浓度检测仪器。

(5)作业人员必须预防因暴露于某些固体散货的粉尘而造成的慢性和急性危险，必须严格执行防护用品穿戴规定，高标准地注意个人卫生保护和必要的预防措施，包括使用相应的呼吸保护设备、防护服、护肤膏，充分冲洗人体和洗涤外衣，预防尘毒危害。

(6)某些固体散货产生的粉尘可能构成爆炸危害，特别是在装卸和清扫作业时，需要加强通风措施以减少含尘气体浓度，防范形成爆炸性混合物。

(7)某些固体危险货物可能散发易燃气体，其量足以构成火灾或爆炸危害。托运人须提供货物资料并对此有安全说明，该类货物装卸作业时必须进行有效通风；在相对封闭的作业场所应使用适宜的气体探测器进行监测。

(8)当装卸可能散发有毒气体的货物时，作业场所应有机械或自然通风；当装卸可能散发

易燃气体的货物时，作业场所应有机械通风；当保持通风会危及船舶或货物安全时，可中断通风（如：会导致爆炸风险）。

(9)通风应使有害气体、蒸气或粉尘逸出后不会达到有害浓度，但同时应采取充分的预防措施，防止逸出的有害气体、蒸气或粉尘影响到其他工作或生活区域。

(10)固体散装危险货物作业人员应根据不同的货物危险特性，分别穿戴合适的防护用具，对毒害、腐蚀、放射性等物品的作业人员更应加强防护用品的准备；操作前应由专人检查防护用具的佩戴是否安全妥善，穿戴是否合适。操作后应进行清洗或消毒，放在专用的箱柜中保管。

第六章 石油化工码头及库区安全设施配备

第一节 石油化工码头及库区安全设施的定义及种类

一、石油化工码头及库区安全设施的定义

安全设施是指企业(单位)在生产经营活动中将危险因素、有害因素控制在安全范围内以及预防、减少、消除危害所配备的装置(设备)和采取的措施。

石油化工码头及库区安全设施是指在港口码头及库区,直接用于保障人员在生产、生活活动中的人身或财产免于各种自然、人为侵害的设备设施与措施。

二、石油化工码头及库区安全设施的分类

石油化工码头及库区安全设施除了用来防止火灾爆炸、中毒和窒息、船舶碰撞等事故外,也用来防止灼烫、触电、物体打击、机械伤害、高处坠落、坍塌、自然条件所引起的危害等事故。据此,石油化工码头及库区安全设施通常可以分为预防事故设施、控制事故设施、减少与消除事故影响设施等3类。

1. 预防事故设施

(1)检测、报警设施包括压力、温度、液位、流量、组分等报警设施,可燃气体、有毒有害气体、氧气等检测和报警设施,其他用于安全检查和安全数据分析等检验检测的设备、仪器。

(2)设备安全防护设施包括防护罩、防护屏、负荷限制器、行程限制器,制动、限速、防雷、防潮、防晒、防冻、防腐、防渗漏等设施,传动设备安全锁闭设施,电器过载保护设施,静电接地设施等。

(3)防爆设施包括各种电气、仪表的防爆设施,抑制助燃物品混入(如氮封)、易燃易爆气体形成等设施,阻隔防爆器材,防爆工器具。

(4)作业场所防护设施包括作业场所的防辐射、防静电、防噪声、通风(除尘、排毒)、防护栏(网)、安全网、防滑、防灼烫等设施。

(5)安全警示标志包括各种指示、警示作业安全和逃生避难及风向等警示标志。

2. 控制事故设施

(1)泄压和止逆设施是指用于泄压的阀门、爆破片、放空管等设施,用于止逆的阀门等设施,真空系统的密封设施。

(2)紧急处理设施包括紧急备用电源,紧急切断、分流、排放(火炬)、吸收、中和、冷却等设施,通入或者加入惰性气体、反应抑制剂等设施,紧急停车、仪表联锁等设施。

3. 减少与消除事故影响设施

(1)防止火灾蔓延设施包括阻火器、安全水封、回火防止器、防油(火)堤、防爆墙、防爆门

等隔爆设施，防火墙、防火门、蒸汽幕、水幕和阻燃型围油栏等设施。

(2)灭火设施包括水喷淋、惰性气体、蒸汽、泡沫释放等灭火设施，消火栓、高压水枪(炮)、消防车、消防水管网、消防站等。

(3)紧急个体处置设施包括洗眼器、喷淋器、逃生器、逃生索、救生圈、救生衣和应急照明等设施。

(4)应急救援设施包括堵漏、工程抢险装备和现场受伤人员医疗抢救装备。

(5)逃生避难设施包括逃生和避难的安全通道(梯)、安全避难所(带空气呼吸系统)、避难信号等。

(6)劳动防护用品和装备包括包括头部，面部，视觉、呼吸、听觉器官，四肢，躯干防火、防毒、防灼烫、防腐蚀、防噪声、防光射、防高处坠落、防砸击、防刺伤等免受作业场所物理、化学因素伤害的劳动防护用品和装备。

第二节　石油化工码头及库区安全设施的配备原则与依据

一、石油化工码头及库区安全设施配备原则

1. 针对性和科学性

具备满足安全生产需要的设备设施，石油化工码头及库区需要配置符合相关安全规范和技术要求的安全设施。石油化工码头及库区生产是一个非劳动密集型的产业，以装卸作业为主体，很多采用自动化、半自动化的作业方式。由于港口装卸作业、船舶类型、货物结构、生产作业环境、设备和装卸工艺的复杂性以及生产作业人员的素质各异，须从科学技术角度出发，从以下几个方面通过分析、评价、判断、选择配置安全设施，使之合理搭配，构成完整有效的系统。

(1)通过对港口作业的危险货物的危险性评价来科学配置安全设施。

(2)通过对各个作业单元过程的评价来确定整体工艺过程的安全性并配置安全设施。

(3)通过对物料的危险性评价来配置合理的防护措施。

(4)通过作业条件失常危险性评价来配置安全设施。

(5)通过事故树分析法对导致发生安全事故的各种危险因素分析，并依此配置相应的安全设施。

2. 整体性、相关性、目的性及环境适应性

通过加强不同学科、不同部门之间的联系，可使配置的安全设施及系统在使用期限、范围内，其功能、费用、环境适应程度等综合达到最佳状态。

3. 有效性

(1)安全设施及系统的配置应符合国家相关规定。

(2)港口经营企业应按经营规模、范围及经营管理形式相关安全设施，配足有效的安全防护、消防、救生设备及器材和环境保护设备，保证有意外发生时能够及时妥善应对。

(3)配备的安全设施应处于良好状态，能够在出现突发事态时发挥出处置危害或危险的作用。

二、石油化工码头及库区安全设施配备依据

1. 法规

国家有关安全设施配备的要求的立法较多，主要有：

《中华人民共和国港口法》，于 2004 年 1 月 1 日起施行，其中第十五条规定："建设港口工程项目安全设施必须与主体工程同时设计、同时施工、同时投入使用"。

《中华人民共和国安全生产法》，中华人民共和国主席令第 70 号，于 2002 年 11 月 1 日起施行，其中第二十四条规定："生产经营单位新建、改建、扩建工程项目（以下统称建设项目）的安全设施，必须与主体工程同时设计、同时施工、同时投入生产和使用。安全设施投资应当纳入建设项目概算"。

《危险化学品安全管理条例》，于 2011 年 12 月 1 日起施行，其中第二十条明文规定："生产、储存危险化学品的单位，应当根据其生产、储存的危险化学品的种类和危险特性，在作业场所设置相应的监测、监控、通风、防晒、调温、防火、灭火、防爆、泄压、防毒、中和、防潮、防雷、防静电、防腐、防泄漏以及防护围堤或者隔离操作等安全设施、设备，并按照国家标准、行业标准或者国家有关规定对安全设施、设备进行经常性维护、保养，保证安全设施、设备的正常使用。生产、储存危险化学品的单位，应当在其作业场所和安全设施、设备上设置明显的安全警示标志"。

为了规范石油化工码头和库区安全设施的配备，江苏省交通厅港口管理局组织专家开展了石油化工码头和库区安全设施配备目录及技术要求方面的研究，并编制了《石油化工码头和库区安全设施配备目录及技术要求》（参考）。该《石油化工码头和库区安全设施配备目录及技术要求》主要围绕危险货物港口建设项目的安全需求，以建立石油化工码头安全设施行业标准为目标，综合考虑石油化工码头作业的功能区域划分、装卸储运工艺、安全设施配备等因素，将石油化工码头及库区安全设施目录细分为码头安全设施、库场安全设施、辅助生产系统安全设施、消防安全设施、安全标志、个体防护设备设施等 6 项一级目录、53 项二级目录和 327 项三级目录，以便于企业安全设施的设计、施工、验收及日常监管。

2. 配备的技术标准

石油化工码头及库区企业在安全设施设计、施工时，应确保符合国家有关规定和标准。石油化工码头及库区保安全设施配备的部分技术标准见表 6-1。

石油化工码头及库区保安全设施配备的主要技术标准 表 6-1

序号	标准号/文号	标 准 名 称	安全设施配备要求
1	GB50074	石油库设计规范	（1）要求设置储罐液位、温度、压力等检测仪表、声/光报警和安全联锁装置、喷淋冲洗装置等设施； （2）在易燃、易爆、有毒区域设置固定式可燃气体和/或有毒气体的检测报警设施； （3）配置消防设施与器材
2	JTJ 297	码头附属设施技术规范	配置护舷等防撞装置
3	JTJ 237	装卸油品码头防火设计规范	（1）在易燃、易爆、有毒区域设置固定式可燃气体和/或有毒气体的检测报警设施； （2）设置紧急切断阀、紧急脱离装置、放空装置、水幕及残液收集池、围油栏、消防人体静电等安全防护装置； （3）配置消防设施与器材
4	JT556/GB50057	港口防雷与接地技术/建筑物防雷设计规范	在港区安装防雷设施，并定期进行检测
5	GB50351	储罐区防火堤设计规范	在可燃液体罐区设置防火堤，在酸、碱罐区设置围堤并进行防腐处理

续上表

序号	标准号/文号	标准名称	安全设施配备要求
6	GB11651	个体防护装备选用规范	要求配备个体防护设施
7	GB50058	爆炸和火灾危险环境电力装置设计规范	设置电力装置
8	SH3097	石油化工静电接地设计规范	在输送易燃物料的设备、管道安装防静电设施
9	JT/T 451—2009	港口码头溢油应急设备配备要求	要求配置足够码头溢油应急设备
10	海关总署 171 号令	中华人民共和国海关监管场所管理办法	要求配置储存时间不少于 3 个月的视频监控系统，并满足全方位 24 小时监控的需要

第三节　石油化工码头及库区的安全设施简介

石油化工码头及库区的安全设施按使用区域，通常可分为码头安全设施、库场安全设施和辅助生产系统安全设施。主要有用于防火防爆（含火灾报警）的消防安全设施、安全标志、可燃气体报警、码头附属设施和常规防护设施等。

一、码头安全设施

1. 预防事故设施

（1）装卸工艺系统安全设施包括视频监控系统、紧急切断阀门、启停联锁装置、船岸紧急切断系统、污水收集槽、围堰、电加热（蒸汽伴热）及保温层等防凝措施。

（2）装卸设备安全设施包括输油臂移动超限报警装置、快速联接器、紧急脱离系统、国际通岸法兰、管托、管道补偿器、盲板和防腐蚀设施。

（3）防冲安全设施包括护舷和防撞设施（防撞墩、桩）。

（4）防风装置包括系拉装置和坚固装置。

（5）防雷、防静电装置包括防雷接地装置、防静电接地装置、船岸跨接防静电接地装置、消除人体静电装置和绝缘法兰。

（6）导、助航安全设施包括靠泊辅助系统（靠泊仪、靠岸测速仪）。

（7）码头附属设施包括爬梯、护轮坎（槛）、护栏、指示灯、警示灯、红灯信号、可燃气体报警仪和安全网。

（8）安全标志包括禁止标志、警告标志、指令标志和提示标志。

（9）安全标识包括管线标识、电缆标识和设备标识。

2. 控制事故设施

系船安全设施包括普通系船柱、风暴系船柱、系船环、快速脱缆钩和绞缆机。

3. 减少与消除事故影响设施

（1）固定式消防设施包括水炮、泡沫炮、干粉炮、水枪、泡沫枪、干粉枪、水幕、喷淋/喷雾系统和消火栓。

（2）移动式消防设施包括灭火器、灭火砂、消防车、移动式消防炮和消防水带。

(3)水上消防设施包括消防船和消拖两用船。

(4)火灾报警装置包括手动报警按钮和火灾自动报警系统。

(5)其他消防安全设施包括自动灭火系统、防火门、防火卷帘、疏散门和消防电源。

(6)通信设施包括有线电话、无线电通信器材和应急广播对讲系统。

(7)溢油应急设施包括围油栏、阻燃型围油栏、溢油监视报警装置、浮油回收船、围油栏布放艇、油拖网、收油机、吸油材料、溢油分散剂和溢油分散剂喷洒装置。

(8)头部护具类包括安全帽、工作帽和防寒帽。

(9)呼吸护具类包括过滤式防毒面具、自给式空气呼吸器和长管面具。

(10)眼(面)护具类包括焊接眼面防护具、防冲击眼护具、防放射性护目镜、防腐蚀液护目镜和洗眼器。

(11)耳朵防护设施包括耳塞和耳罩。

(12)手部防护类包括防寒手套、防化学品手套、防静电手套、焊接手套、耐酸碱手套、耐油手套、防机械伤害手套和绝缘手套。

(13)脚部防护类设施包括防水胶靴、防寒鞋、防静电鞋、防化学品鞋、耐油鞋、耐酸碱鞋和焊接防护鞋。

(14)防护服类包括一般防护服、防水服、防寒服、化学品防护服、阻燃防护服、防静电服、焊接防护服、防酸(碱)服、防油服、救生衣、带电作业屏蔽服、绝缘服和棉布工作服。

(15)防坠落护具类包括安全带和安全网。

二、库场安全设施

1. 预防事故设施

(1)工艺系统防护设施包括液位计、流量计、温度计、压力表、压力监测系统、自动联锁切断进料装置和定量装车控制设施。

(2)安全防护设施包括阻火器、自动脱水器、注水设施、水封装置/水封井、绝热层和装卸线车挡。

(3)管道防护设施包括管托、管道补偿器、过滤器、挠性或柔性连接装置、防腐设施、电加热(蒸汽伴热)及保温层等防凝措施。

(4)作业场所防护设施包括围墙、栅栏、应急疏散口、应急通道和消防通道。

(5)设备设施报警及警示装置包括高低液位报警器、可燃/有毒气体浓度自动检测仪/报警装置、声光报警装置、氧气检测仪/二氧化碳检测仪和视频监控设施。

(6)防雷、防静电设施包括避雷针(带)、避雷带(网)、防雷接地装置、防静电接地/静电消除装置、消除人体静电装置、防静电地板、电气连接装置和金属线(跨接)。

(7)通风、排烟设施包括排放管、排气筒/放空管、通气管、排烟设施和强制通风设备。

(8)防护、隔离设施包括防撞墩/防撞柱/防撞栏、护栏和围栏。

(9)安全标志包括禁止标志、警告标志、指令标志和提示标志。

(10)安全标识包括管线标识、电缆标识和设备标识。

(11)道路交通标志和标线。

2. 控制事故设施

(1)阀门包括呼吸阀、紧急切断阀、安全阀、排液阀、拉断阀、止回阀、排气阀,泄压、泄爆安全设施，泄爆管道。

（2）密封安全设施包括二次密封装置、氮封系统和密闭管道系统。

3.减少与消除事故影响设施

（1）固定式消防设施包括水炮、泡沫炮、干粉炮、水枪、泡沫枪、干粉枪、水幕、喷淋系统、火星熄火装置和消火栓。

（2）移动式消防设施包括灭火器、灭火沙、消防车、移动式消防炮和消防水带。

（3）油气处理设施包括油气回收系统和火炬系统。

（4）火灾报警装置包括手动报警按钮和火灾自动报警系统。

（5）其他消防安全设施包括自动灭火系统、防火门、防火卷帘、疏散门和消防电源。

（6）消防供水安全设施包括消防泵房、消防泵和消防水池。

（7）安全防护设施包括防火堤、隔堤、隔断墙、围堰、防火墙和事故应急池。

（8）通信设施包括有线电话、无线电通信器材和应急广播对讲系统。

（9）头部护具类包括安全帽、工作帽和防寒帽。

（10）呼吸护具类包括过滤式防毒面具、自给式空气呼吸器和长管面具。

（11）眼（面）护具类包括焊接眼面防护具、防冲击眼护具、防放射性护目镜、防腐蚀液护目镜和洗眼器。

（12）耳朵防护设施包括耳塞和耳罩。

（13）手部防护类设施包括防寒手套、防化学品手套、防静电手套、焊接手套、耐酸碱手套、耐油手套、防机械伤害手套和绝缘手套。

（14）脚部防护类包括防水胶靴、防寒鞋、防静电鞋、防化学品鞋、耐油鞋、耐酸碱鞋和焊接防护鞋。

（15）防护服类包括一般防护服、防水服、水上作业服、防寒服、化学品防护服、阻燃防护服、防静电服、焊接防护服、防酸（碱）服、防油服、救生衣（圈）、带电作业屏蔽服、绝缘服、棉布工作服。

（16）防坠落护具类包括安全带和安全网。

三、辅助生产系统安全设施

（1）供配电系统安全设施包括固定遮栏、绝缘垫、隔离开关、防鼠板、防护网罩、防风孔防止雨、雪飘入的措施、应急电源、备用交直流电源、防爆灯具、事故应急照明设施、漏电保护装置、隔板、防火隔离措施、电缆防水、排水措施、防止电缆火灾蔓延的阻燃及分隔措施和防雨装置。

（2）给排水及含油污水处理设备设施包括水封装置/水封井和盖板。

（3）通信设备设施包括语音广播系统、受警录音电话和火灾报警电话。

（4）通风装置包括排风设施和强制通风换气设备。

第四节　石油化工码头及库区安全设施的日常管理、检查和维护要求

一、石油化工码头及库区安全设施日常管理要求

在石油化工码头及库区生产活动中，设备设施是港口生产的重要因素，设备工况的好坏对

港口安全生产有重要的影响，尤其是安全设施的完好与有效性直接关系到安全生产。因此，加强石油化工码头及库区设施设备的管理是港口安全生产的重要课题。

设备设施的安全管理应贯彻"安全第一，预防为主，综合治理"的方针，贯彻"安全第一，预防为主"的方针就是要求港机设备使用和主管部门在管理工作中树立"预先防止"、"防重于治"的指导思想，并把它贯彻到设备设施的使用周期的全过程。

首先，在设备设施的规划、购置阶段就要注重设备设施的可靠性和维修性；使用阶段要严格遵守设备设施的安全操作规程，加强日常维护，开展预防性的定期检查、试验设备设施状态管理，掌握设备设施的故障征兆及发展趋势，及时采取维修对策，以消灭事故隐患和减少意外损失。

其次，依靠技术进步，采用高效技术改造现有的老设备设施，并不断提高设备设施管理维修人员的技术水平。

石油化工码头及库区在日常的装卸生产计划中，要兼顾设备设施的维护保养工作计划的实施要求。

二、石油化工码头及库区安全设施检查和维护要求

《安全生产法》第三十条规定，生产经营单位使用的涉及生命安全、危险性大的特种设备，以及危险物品的容器、运输工具，必须按照国家有关规定，由专业生产单位生产，并经取得专业资质的检测、检验机构检测、检验合格，取得安全使用证或安全标志后方可投入使用。

《港口经营管理规定》第二十条规定，港口行政管理部门及相关部门应当保证港口公用基础设施的完好、畅通。港口经营人应当按照核定的功能使用和维护港口经营设施、设备，并使其保持正常状态。

按照国家法律法规的要求，石油化工码头及库区的安全设施检查和维护必须做到以下几点：

1. 按规定对设备设施进行定期、不定期检验，且法定检验证书必须合法有效

石油化工码头及库区的设备包括特种设备和特有设备。特种设备主要有压力管线、压力容器、锅炉，以及有特别要求的设施，如浮吊、趸船、港作拖船等，此类特种设备及特有设备设施应按法律、法规的要求由具有检测检验资质的单位定期对其安全附件、安全保护装置、测量调控装置及有关附属仪器仪表进行检验、检测、检修，并做出记录。

2. 定期对设施设备维护保养，确保设备设施技术状况良好

设施设备维护保养是保证设备设施技术状况良好的重要措施，是安全生产的重要保证。各类设施设备均有固定的保养周期，应根据相关标准的规定进行定期检验。

3. 指定专人对设备设施进行管理

石油化工码头及库区的经营企业应根据单位的设备设施情况和相关要求设置设备设施安全管理机构或配备专职、兼职管理人员，特种设备安全管理人员应当经质监部门考核合格，取得国家统一格式的特种设备安全管理人员证书后方可从事特种设备管理工作。

4. 建立并规范设备管理台账

企业的设备台账应按照企业档案管理的相关要求，进行规范管理，设备设施的进、出情况，设备设施的运行情况，性能指标及维修保养情况，均应详细登录在案。

第七章　港口危险货物重大危险源管理

《港口危险货物安全管理规定》(中华人民共和国交通运输部令 2012 年第 9 号)“第四十六条 所在地港口行政管理部门应当组织开展港口重大危险源风险分析,建立健全本辖区内重大危险源的档案,建立重大危险源安全监管系统,加强对重大危险源的监管和应急准备。”交通运输部以令的形式明确提出对危险货物重大危险源风险分析、档案、监管和应急准备提出了明确的要求。但是截至目前,港口危险货物重大危险源的定义、如何辨识与分析、安全监控要求、安全管理等交通运输部没有提出明确意见,而国家安全生产监督管理总局 40 号令《危险化学品重大危险源监督管理暂行规定》对危险化学品重大危险源的监督管理提出了具体要求,但其明确提出港区内危险化学品重大危险源的安全监督管理,不适用本规定。

鉴于港口危险货物作业的危险性,对港口危险货物重大危险源进行管理和监管具有十分重要的意义。为此本教程对相关内容进行介绍,供港口危险货物经营单位和港口行政管理部门参考。

第一节　危险货物港口重大危险源的定义和分级

一、危险货物港口重大危险源定义

危险货物港口重大危险源(以下简称港口重大危险源),是指按照《危险化学品重大危险源辨识》(GB 18218—2009)标准辨识确定,港口区域内储存危险货物的数量等于或者超过临界量的单元(包括场所和设施)。

对于危险货物港口重大危险源概念中所述的单元和临界量,《危险化学品重大危险源辨识》(GB 18218—2009)进行了明确规定:

(1)单元:一个(套)生产装置、设施或场所,或同属一个生产经营单位的且边缘距离小于 500m 的几个(套)生产装置、设施或场所。

需要特别说明的是,对于港口重大危险源不存在生产装置,只应该是储存设施和场所。

(2)临界量:对于某种或某类危险化学品规定的数量,若单元中的危险化学品数量等于或超过该数量,则该单元定为重大危险源。

各种物质的临界量详见《危险化学品重大危险源辨识》(GB 18218—2009)。

二、危险货物港口重大危险源分级

国家安全生产监督管理总局 40 号令《危险化学品重大危险源监督管理暂行规定》对危险化学品重大危险源进行了分级。为此,本书分别进行介绍。

1. 分级原则

采用单元内各种危险货物实际存在量与其在《危险化学品重大危险源辨识》(GB 18218—2009)

中的临界量比值,经校正系数校正后的值 R 之和作为分级指标。

2. R 的计算方法

$$R=\alpha\left(\beta_1\frac{q_1}{Q_1}+\beta_2\frac{q_2}{Q_2}+\cdots+\beta_n\frac{q_n}{Q_n}\right)$$

式中:$q_1,q_2,\cdots,q_n$——每种危险货物实际存在量(单位:吨);

$Q_1,Q_2,\cdots,Q_n$——与各危险货物相对应的临界量(单位:吨);

$\beta_1,\beta_2\cdots,\beta_n$——与各危险货物相对应的校正系数;

α——该重大危险源库区外暴露人员的校正系数。

3. 校正系数 β 的取值

根据单元内危险货物的类别不同,设定校正系数(β)值,见表 7-1 和表 7-2。

校正系数 β 取值表 表 7-1

危险化学品类别	毒性气体	爆　炸　品	易燃气体	其他类危险货物
β	见表 7-2	2	1.5	1

注:危险货物类别依据《危险货物品名表》中分类标准确定。

常见毒性气体校正系数 β 值取值表 表 7-2

毒性气体名称	一氧化碳	二氧化硫	氨	环氧乙烷	氯化氢	溴甲烷	氯
β	2	2	2	2	3	3	4
毒性气体名称	硫化氢	氟化氢	二氧化氮	氰化氢	碳酰氯	磷化氢	异氰酸甲酯
β	5	5	10	10	20	20	20

注:未在表 7-2 中列出的有毒气体可按 $\beta=2$ 取值,剧毒气体可按 $\beta=4$ 取值。

4. 校正系数 α 的取值

根据重大危险源单元边界向外扩展 500m 范围内常住人口数量,设定单元外暴露人员校正系数(α)值,见表 7-3。

校正系数 α 取值表 表 7-3

厂外可能暴露人员数量	α	厂外可能暴露人员数量	α
100 人以上	2.0	1 ~ 29 人	1.0
50 ~ 99 人	1.5	0 人	0.5
30 ~ 49 人	1.2		

5. 分级标准

根据计算出来的 R 值,分级结果见表 7-4。

危险化学品重大危险源级别和 R 值的对应关系 表 7-4

危险化学品重大危险源级别	R 值	危险化学品重大危险源级别	R 值
一级	$R\geqslant100$	三级	$50>R\geqslant10$
二级	$100>R\geqslant50$	四级	$R<10$

第二节　危险货物港口重大危险源的风险辨识与评估

本章节参照《危险化学品重大危险源监督管理暂行规定》(安监总局 40 号令)的要求,提出对港口重大危险源进行辨识与评估。

一、危险货物港口重大危险源辨识的范围

港口重大危险源的辨识范围为港区内所有储存危险货物的场所和设施，具体包括危险货物堆场、罐区、仓库等。

二、港口重大危险源风险评估

港口重大危险源风险评估应当数据准确、内容完整、结论明确，并包括以下主要内容：

1. 港口重大危险源基本情况

主要介绍重大危险源所涉及的企业简介、地理位置、自然条件（气象、地质、水文等）、周边环境、总平面布置和建（构）筑物、设备设施、公用辅助工程、安全生产管理等情况。

2. 辨识、分级的符合性分析

对港口重大危险源进行辨识和分级，并依据《危险化学品重大危险源辨识》（GB 18218—2009）中的辨识要求和分级要求，进行符合性分析。

3. 事故发生的可能性及危害程度

运用定性及定量的分析方法，分析发生事故发生的可能性及发生事故后果的危害程度。

4. 个人风险和社会风险值（采用定量风险评价方法时）

（1）可容许个人风险标准。个人风险是指因危险化学品重大危险源各种潜在的火灾、爆炸、有毒气体泄漏事故造成区域内某一固定位置人员的个体死亡概率，即单位时间内（通常为年）的个体死亡率。通常用个人风险等值线表示。

通过定量风险评价，危险化学品单位周边重要目标和敏感场所承受的个人风险应满足表 7-5 中可容许风险标准要求。

可容许个人风险标准 表 7-5

危险化学品单位周边重要目标和敏感场所类别	可容许风险（/年）
1. 高敏感场所（如学校、医院、幼儿园、养老院等）； 2. 重要目标（如党政机关、军事管理区、文物保护单位等）； 3. 特殊高密度场所（如大型体育场、大型交通枢纽等）	$<3\times10^{-7}$
1. 居住类高密度场所（如居民区、宾馆、度假村等）； 2. 公众聚集类高密度场所（如办公场所、商场、饭店、娱乐场所等）	$<1\times10^{-6}$

（2）可容许社会风险标准。社会风险是指能够引起大于等于 N 人死亡的事故累积频率（F），也即单位时间内（通常为年）的死亡人数。通常用社会风险曲线（$F-N$ 曲线）表示。

可容许社会风险标准采用 ALARP 原则作为可接受原则。ALARP 原则是通过两个风险分界线将风险划分为 3 个区域，即不可容许区、尽可能降低区（ALARP）和可容许区。

①若社会风险曲线落在不可容许区，除特殊情况外，该风险无论如何不能被接受。

②若落在可容许区，风险处于很低的水平，该风险是可以被接受的，无需采取安全改进措施。

③若落在尽可能降低区，则需要在可能的情况下尽量减少风险，即对各种风险处理措施方案进行成本效益分析等，以决定是否采取这些措施。

通过定量风险评价，危险货物重大危险源产生的社会风险应满足图 7-1 中可容许社会风

险标准要求。

5. 可能受事故影响的周边单位、人员状况

对重大危险源单元边界向外扩展500m范围内常住人口数量及单位情况进行分析，根据发生事故时的定量分析结果，确定影响程度。

6. 安全管理措施和安全技术措施

安全管理措施和安全技术措施包括重大危险源管理机构设置、管理人员情况，制定的重大危险源的管理制度及操作规程，日常安全检查管理情况，重大危险源场所采取的温度、液位、可燃气体、有毒气体、泄漏控制装备、视频监控装备以及预警控制系统等的技术措施。

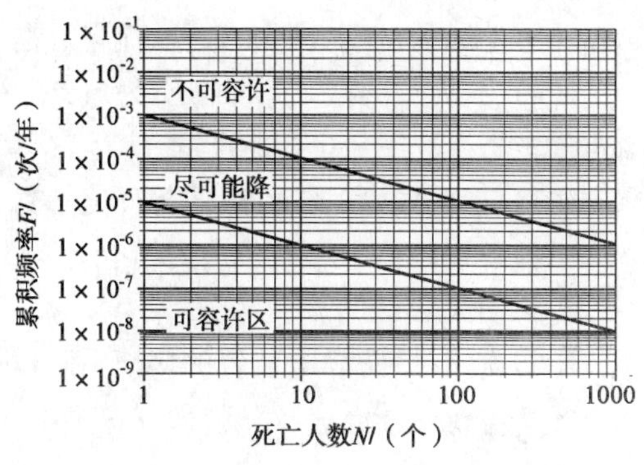

图7-1 可容许社会风险标准（$F-N$）曲线

7. 事故应急措施

事故应急措施包括重大危险源事故应急预案的制订、备案，应急人员的培训，应急物资的配备，应急预案的演练、总结及持续改进情况。

8. 评估结论与建议

根据评估结果，得出重大危险源的风险可接受程度，对存在的问题提出对策措施及建议。

第三节　危险货物港口重大危险源的安全监控技术要求

由于危险货物港口重大危险源安全监控技术要求还未制定相关规定，因此本节参照《危险化学品重大危险源安全监控通用技术规范》（AQ 3035—2010）和《危险化学品重大危险源_罐区_现场安全监控装备设备设置规范》（AQ 3036—2010）的规定提出相关要求。

一、危险货物重大危险源监控技术的一般要求

（1）重大危险源（储罐区、库区、堆场）应设有相对独立的安全监控预警系统，相关现场探测仪器的数据宜直接接入到系统控制设备中。

（2）系统中的设备应符合有关国家法规或标准的规定，按照经规定程序批准的图样及文件制造和成套，并经国家权威部门检测检验认证合格。

（3）系统所用设备应符合现场和环境的具体要求，具有相应的功能和使用寿命。在火灾和爆炸危险场所设置的设备，应符合国家有关防爆、防雷、防静电等标准和规范的要求。

（4）控制设备应设置在有人值班的房间或安全场所。

（5）系统报警等级的设置应同事故应急处置与救援相协调，不同级别的事故分别启动相对应的应急预案。

（6）对于容易发生燃烧、爆炸和毒物泄漏等事故的高度危险场所、远距离传输、移动监测、无人值守或其他不宜于采用有线数据传输的应用环境，应选用无线传输技术与装备。

二、监控项目

1. 监控项目的分类

对于储罐区（储罐）、库区（库）、堆场三类重大危险源，因监控对象不同，所需要的安全监

控预警参数有所不同。主要可分为：

(1)储罐的温度、压力、液位、流量、阀位等可能直接引发安全事故的关键工艺参数。

(2)当易燃易爆及有毒物质为气态、液态或气液两相时，应监测现场的可燃/有毒气体浓度。

(3)气温、湿度、风速、风向等环境参数。

(4)音视频信号和人员出入情况。

(5)明火和烟气。

(6)避雷针、防静电装置的接地电阻以及供电状况。

2. 储罐区(储罐)

罐区监测预警项目主要根据储罐的结构和材料、储存介质特性以及罐区环境条件等的不同进行选择。一般包括罐内介质的液位、温度、压力，罐区内可燃/有毒气体浓度、明火、环境参数以及音视频信号和其他危险因素等。

3. 库区(库)、堆场

库区(库)监测预警项目主要根据储存介质特性、包装物和容器的结构形式和环境条件等的不同进行选择。一般包括库区室内的温度、湿度、烟气以及室内外的可燃/有毒气体浓度、明火、音视频信号以及人员出入情况和其他危险因素等。

三、危险货物重大危险源监控系统设计的要求

系统一般由监测器、隔离变送器、摄像机、二次仪表、现场监控器、执行机构(包括报警器等)、视频处理设备、监控计算机、传输接口、电源、线缆、防雷装置、防静电装置、其他必要设备和软件等组成。

其中，监控中心硬件一般包括传输接口、监控计算机、显示设备、服务器、网络设备、大容量储存设备、UPS 电源、打印机、空调等其他配套设备等。现场设备包括传感器、隔离变送设备、摄像机、二次仪表、现场监控器和执行机构等。

所用设备应采用主流技术和通用产品，保证系统满足先进性、安全性、可靠性、可扩展性、可维护性、开放性和实时性的要求，并具有实用性和灵活性。

操作系统、数据库和编程语言等系统软件和开发工具应选择通用、开放、可靠、成熟、界面友好、易维护和易操作的主流产品。监控程序、控制算法、逻辑控制和通信等应用软件应经过功能测试，稳定可靠并带有详细的汉字使用帮助和操作指南。

四、危险货物重大危险源监控系统的功能要求

(1)系统应具有数据采集能力，具有温度、压力、液位和可燃/有毒气体浓度等模拟量，以及液位高低报警等开关量的采集功能，数据采集时间的间隔应可调，系统应具有巡检功能。

(2)系统应具有显示功能，能显示模拟动画、监控设备和监控对象平面布置图、监控参数列表、监控参数图形、模拟量和开关量及其变化情况、视频图像和报警信息等功能。

(3)系统应具有监控数据的存储功能。

(4)系统应具有统计查询与数据分析的功能。

(5)系统应具有根据设定的报警条件进行报警及提示的功能。

(6)系统应具有故障诊断与事故预警功能。

(7)系统应具有控制功能、输出功能、人机对话功能、信息发布功能、系统管理和设置功能。

(8)系统应提供可设置的安全级,控制级和区域设定,限制用户对系统功能模块、设备和系统资源的访问,通过权限管理确保系统安全。

五、罐区危险货物重大危险源监控系统的设置

港区危险货物的储存主要有储罐、仓库和堆场,三者相比较储罐的危险性相对较大,使用最多,因此本节对罐区重大危险源的监控技术进行重点介绍。

1. 罐区安全监测仪器的设置要求

罐区监控预警参数的选择主要以预防和控制重大工业事故为出发点,根据对罐区危险及有害因素的分析,结合储罐的结构和材料、储存介质特性以及罐区环境条件等的不同,选取不同的监控预警参数。主要的预警和报警指标包括与液位相关的高低液位超限,温度、压力、流速和流量超限,空气中可燃和有毒气体浓度、明火源和风速等超限及异常情况。

对于罐区明火和可燃、有毒气体的监测报警仪,应根据监测范围、监测点和环境因素等确定其安装位置,并实时监测风速、风向和环境温度等参数,确定报警和预警装置的预警值。

(1)温度报警至少分为两级,第一级报警阈值为正常工作温度的上限。第二级为第一级报警阈值的1.25~2倍,且应低于介质闪点或燃点等危险值。

(2)液位报警高低位至少各设置一级,报警阈值分别为高位限和低位限。

(3)压力报警高限至少设置两级,第一级报警阈值为正常工作压力的上限,第二级为容器设计压力的80%,并应低于安全阀设定值。

(4)风速报警高限设置一级,报警阈值为风速13.8 m/s(相当于6级风)。

(5)可燃气体报警至少应分为两级,第一级报警阈值不高于25% LEL,第二级报警阈值不高于50% LEL。

(6)有毒气体报警至少应分为两级,第一级报警阈值为最高允许浓度的75%,当最高允许浓度较低,现有监测报警仪器灵敏度达不到要求的情况,第一级报警阈值可适当提高,其前提是既能有效监测报警,又能避免职业中毒,第二级报警值为最高允许浓度的2~3倍。

2. 储罐联锁控制装备的设置要求

可根据实际情况设置储罐的温度、液位、压力以及环境温度等参数的联锁自动控制装备,包括物料的自动切断或转移以及喷淋降温装备等。

紧急切换装置应同时考虑对上下游装置安全生产的影响,并实现与上下游装置的报警通信、延迟执行功能。必要时,应同时设置紧急泄压或物料回收设施。

自动控制装备应同时设置就地手动控制装置或手动遥控装置备用。就地手动控制装置应能在事故状态下安全操作。不能或不需要实现自动控制的参数,可根据储罐的实际情况设置必要的监测报警仪器,同时设置相关的手动控制装置。

3. 储罐安全监控装备的设置

(1)根据装卸物料理化特性确定温度监控装备的设置。

(2)根据生产要求、介质情况和现场环境条件的特殊要求选择压力监控装备的设置的类型和型号。

(3)液位监控装备的设置。储罐应设置液位监测器,应具备高低位液位报警功能,新建储罐区宜优先采用雷达等非接触式液位计及磁致伸缩、光纤液位计。监测和报警精度:≤±5%。

各种介质适用的液位仪表类型见表7-6。

各种介质适用的液位仪表类型　　表7-6

介　质	优先采用	可　选
轻油(汽油、煤油、柴油)	力平衡式、伺服式、雷达式、静压式、HIMS、磁致伸缩、光纤	直接式
重油(干点(终馏点)在365℃以上的油品)①	力平衡式、雷达式、光纤	直接式、伺服式、静压式、HIMS、
原油②	力平衡式、伺服式、雷达式、HIMS、光纤	静压式
沥青③	雷达式	
LPG(液化气)	伺服式、雷达式④、磁致伸缩、光纤	直接式、伺服式、HIMS
液体化学品(易燃、易爆、有毒⑤、腐蚀性介质)	雷达式、静压式、磁致伸缩、光纤	HIMS

注:①②③对于重油、原油、沥青等黏度较高的介质,接触式仪表容易挂壁,例如磁致伸缩,时间长了浮子将被粘住不动读数为假读数。

④对于易挥发介质例如液化气,应采用特殊功能雷达液位计。

⑤对于有毒介质,如果易挥发,易使用密封原理液位计,光纤需要考虑严格密封。最好选用非接触式。

仪表的防爆等级、防腐性能:应根据爆炸性环境下电气设备的配备要求(GB 3836)及《爆炸和火灾危险环境电力装置设计规范》(GB50058)进行爆炸危险区域划分并选择相应等级的仪表和电器。设置在有腐蚀性介质区域的仪器,应从表体本身结构、安装和防护等方面解决防腐问题。

4.罐区可燃气体和有毒气体监测报警仪和泄漏控制装备的设置

(1)罐区环境可燃气体和有毒气体监测报警仪的设置原则。

①具有可燃气体释放源,且释放时空气中可燃气体的浓度有可能达到25% LEL的场所,应设置相关的可燃气体监测报警仪。

②具有有毒气体释放源,且释放时空气中有毒气体浓度可达到最高容许值并有人员活动的场所,应设置有毒气体监测报警仪。

③可燃气体和有毒气体释放源同时存在的场所,应同时设置可燃气体和有毒气体监测报警仪。

④可燃的有毒气体释放源存在的场所,可只设置有毒气体监测报警仪。

⑤可燃气体和有毒气体混合释放的场所,一旦释放,当空气中可燃气体浓度可能达到25% LEL,而有毒气体不能达到最高容许浓度时,应设置可燃气体监测报警仪;如果一旦释放,当空气中有毒气体可能达到最高容许值,而可燃气体浓度不能达到25% LEL时,应设置有毒气体监测报警仪。

⑥一般情况安装固定式可燃气体或有毒气体监测报警仪。但是,若没有相关固定式监测报警仪或无安装固定式监测报警仪的条件,或属于非长期固定的生产场所的,可使用便携式仪器监测,或者采样监测。

⑦可燃气体和(或)有毒气体监测报警的数据采集系统,宜采用专用的数据采集单元或设备,不宜将可燃气体和(或)有毒气体监测器接入其他信号采集单元或设备内,避免混用。

(2)监测报警点的确定。

①可燃气体监测报警点的确定。

a. 可燃气体或易燃液体储罐场所，在防火堤内每隔20~30m设置一台可燃气体报警仪，且监测报警器与储罐的排水口、连接处、阀门等易释放物料处的距离不宜大于15m。

b. 可燃气体或易燃液体鹤管装卸栈台，应按以下规定设置可燃气体监测报警仪：

- 小鹤管铁路装卸栈台，在地面上每隔一个车位设置一台监测报警器，且装卸车口与监测报警器的水平距离不应大于15m；
- 大鹤管铁路装卸栈台可设一台可燃气体监测报警器；
- 汽车装卸站，可燃气体监测报警器与装卸车鹤位的水平距离不应大于10m。

c. 液化烃的灌装站，应按以下规定设置可燃气体监测报警器：

- 封闭或半封闭的灌装间，每隔15m设置一台监测报警器，且灌装口与监测报警器的距离不宜大于7.5m；
- 封闭或半封闭储瓶库，每隔10m设置一台可燃气体监测报警器，且储瓶与监测报警器之间的距离不大于5m；
- 半露天储瓶库周围每隔20m设置一台可燃气体监测报警器，当周长小于20m时可只在主风向的下风位置设一台；
- 缓冲罐排水口或阀组与监测报警器之间的距离宜为5~7.5m。

d. 封闭或半封闭氢气灌瓶间，应在灌装口上方的室内高点等易于滞留气体处设置监测报警器。

e. 压缩机或输送泵所在场所，按以下规定设置可燃气监测报警器。

- 可燃气体释放源处于封闭或半封闭的场所，每隔15m设置一台监测报警器，且任何一个释放源与监测报警器之间的距离不宜大于7.5m；
- 可燃气体释放源处于露天或半露天场所，监测报警器应设置在该场所主风向的下风侧，且每个释放源与监测报警器的距离不宜大于10m。若不便装于主风向的下风侧时，释放源与监测报警器距离不宜大于7.5m。

f. 罐区的地沟、电缆沟或其他可能积聚可燃气体处，宜设置可燃气体监测报警器；在未设置可燃气体监测报警器的场所进行相关作业时，可配置便携式可燃气体监测仪进行现场监测。

②有毒气体监测报警点的确定。

a. 释放源处于封闭或半封闭场所时，每个释放源与有毒气体监测报警器的距离不大于1m。

b. 有毒气体释放源处于露天或半露天的场所时，有毒气体监测报警器宜设置在该场所主风向的下风侧，每个释放源距离监测报警器不宜大于2m，如设置在上风侧，每个释放源距离监测报警器不宜大于1m。

5. 泄漏控制装备的设置要求

(1)配备检漏、防漏和堵漏装备和工具器材，泄漏报警时，可及时控制泄漏。

(2)针对罐区物料的种类和性质，配备相应的个体防护用品，泄漏时用于应急防护。

(3)罐区应设置物料的应急排放设备和场所，以备应急使用。

(4)封闭场所宜设置排风机，并与监测报警仪联网，自动控制空气中有害气体含量。排风机规格和安装地点视现场情况而定。

6. 罐区气象监测、防雷和防静电装备的设置

(1)应设置风力、风向和环境温度等参数的监测仪器,并与罐区安全监控系统联网。

(2)压力储罐的环境温度监测仪器宜与喷淋水系统联锁(或者手动),抑制储罐压力的升高。

(3)防雷装备按 GB 50074 设置。定期监测避雷针(网、带)的接地电阻,不得大于 10Ω。

(4)易产生静电的危险化学品装卸系统,应设置接地装置,执行 SH 3097 的规定。

7. 罐区火灾监控装置的设置

易于发生火灾且难以快速报警的场所,应按要求设置火灾报警按钮,控制室和操作室应设置声光报警控制装置。

易于发生火灾的场所,可设置火焰、温度或感光火灾监测器,与火灾自动监控系统联网,实现火灾自动监控报警。

在有 24 小时连续职守的控制室、操作室可不设火焰、温度或感光火灾自动监测器。

在易于发生火灾并需快速灭火的高风险场所,应根据物料性质选择设置气体、干粉或水的自动灭火控制系统。

对于在储罐着火后,由于高温和有毒等不易靠近灭火的罐区、罐组,应设置远程灭火控制系统,灭火介质应依危险物料性质而定。

在储罐着火后会引起相邻的储罐受高温辐射影响而产生次生灾害的罐区,应设置远程水喷淋控制系统,并要求水源充足,能及时快捷喷淋降温。

8. 罐区音视频监控装备的设置

罐区应设置音视频监控报警系统,监视突发的危险因素或初期的火灾报警等情况。

摄像头的设置个数和位置,应根据罐区现场的实际情况而定,既要覆盖全面,也要重点考虑危险性较大的区域。

摄像视频监控报警系统应可实现与危险参数监控报警的联动。

摄像监控设备的选型和安装要符合相关技术标准,有防爆要求的应使用防爆摄像机或采取防爆措施。

摄像头的安装高度应确保可以有效监控到储罐顶部。

第四节　危险货物港口重大危险源的安全管理要求

《港口危险货物安全管理规定》(交通部令〔2012〕第 9 号)中对港口重大危险源的管理提出了相关要求;国家安全生产监督管理总局 40 号令《危险化学品重大危险源监督管理暂行规定》也对重大危险源的安全管理提出了要求,本书现分别说明,供大家在学习中参考。

1.《港口危险货物安全管理规定》(交通部令〔2012〕第 9 号)对港口危险货物重大危险源管理要求

(1)危险货物港口经营人应当建立危险货物出入库核查、登记制度。对储存数量构成重大危险源的危险货物,危险货物港口经营人应当将其储存数量、储存地点以及管理措施、管理人员等情况,报所在地港口行政管理部门备案。

(2)危险货物港口经营人应当根据有关规定,进行重大危险源辨识,确定重大危险源级别,进行分级管理,对本单位的重大危险源登记建档,并报送所在地港口行政管理部门备案。

对涉及船舶航行、作业安全的重大危险源信息,港口行政管理部门应当及时通报海事管理机构。

(3)危险货物港口经营人应当建立健全重大危险源安全管理规章制度,制定实施危险货物重大危险源安全管理与监控方案,定期对重大危险源进行安全评估。

(4)重大危险源出现以下规定的情形之一,可能影响重大危险源级别和风险程度的,应当对重大危险源重新进行辨识、分级、安全评估、修改档案,并及时报送所在地港口行政管理部门重新备案。

①危险货物种类、数量或者装卸、储存方式及其相关设备、设施等发生重大变更的。

②发生火灾、爆炸或者危险货物泄漏,导致人员死亡,或者人员重伤和直接经济损失达到较大事故以上的。

③周边环境因素发生重大变化,可能对港口安全生产带来重大影响的。

2. 国家安全生产监督管理总局40号令《危险化学品重大危险源监督管理暂行规定》对重大危险源的安全管理要求

(1)危险化学品单位应当建立完善重大危险源安全管理规章制度和安全操作规程,并采取有效措施保证其得到执行。

(2)危险化学品单位应当根据构成重大危险源的危险化学品种类、数量、生产、使用工艺(方式)或者相关设备、设施等实际情况,按照下列要求建立健全安全监测监控体系,完善控制措施:

①重大危险源配备温度、压力、液位、流量、组分等信息的不间断采集和监测系统以及可燃气体和有毒有害气体泄漏检测报警装置,并具备信息远传、连续记录、事故预警、信息存储等功能。记录的电子数据的保存时间不少于30天。

②对重大危险源中的毒性气体、剧毒液体和易燃气体等重点设施,应设置紧急切断装置;毒性气体的设施,应设置泄漏物紧急处置装置。涉及毒性气体、液化气体、剧毒液体的一级或者二级重大危险源,配备独立的安全仪表系统(SIS)。

③重大危险源中储存剧毒物质的场所或者设施,应设置视频监控系统。

④安全监测监控系统符合国家标准或者行业标准的规定。

(3)通过定量风险评价确定的重大危险源的个人和社会风险值,不得超过本书7.2节列示的个人和社会可容许风险限值标准。

超过个人和社会可容许风险限值标准的,危险化学品单位应当采取相应的降低风险措施。

(4)危险化学品单位应当按照国家有关规定,定期对重大危险源的安全设施和安全监测监控系统进行检测、检验,并进行经常性维护、保养,保证重大危险源的安全设施和安全监测监控系统有效、可靠运行。维护、保养、检测应当做好记录,并由有关人员签字。

(5)危险化学品单位应当明确重大危险源中关键装置、重点部位的责任人或者责任机构,并对重大危险源的安全生产状况进行定期检查,及时采取措施消除事故隐患。事故隐患难以立即排除的,应当及时制订治理方案,落实整改措施、责任、资金、时限和预案。

(6)危险化学品单位应当对重大危险源的管理和操作岗位人员进行安全操作技能培训,使其了解重大危险源的危险特性,熟悉重大危险源安全管理规章制度和安全操作规程,掌握本岗位的安全操作技能和应急措施。

(7)危险化学品单位应当在重大危险源所在场所设置明显的安全警示标志,写明紧急情况下的应急处置办法。

(8)危险化学品单位应当将重大危险源可能发生的事故后果和应急措施等信息,以适当方式告知可能受影响的单位、区域及人员。

(9)危险化学品单位应当依法制订重大危险源事故应急预案,建立应急救援组织或者配备应急救援人员,配备必要的防护装备及应急救援器材、设备、物资,并保障其完好和方便使用;配合地方人民政府安全生产监督管理部门制定所在地区涉及本单位的危险化学品事故应急预案。

对存在吸入性有毒、有害气体的重大危险源,危险化学品单位应当配备便携式浓度检测设备、空气呼吸器、化学防护服、堵漏器材等应急器材和设备;涉及剧毒气体的重大危险源,还应当配备两套以上(含本数)气密型化学防护服;涉及易燃易爆气体或者易燃液体蒸气的重大危险源,还应当配备一定数量的便携式可燃气体检测设备。

(10)危险化学品单位应当制订重大危险源事故应急预案演练计划,并按照下列要求进行事故应急预案演练:

①对重大危险源专项应急预案,每年至少进行一次。

②对重大危险源现场处置方案,每半年至少进行一次。

应急预案演练结束后,危险化学品单位应当对应急预案演练效果进行评估,撰写应急预案演练评估报告,分析存在的问题,对应急预案提出修订意见,并及时修订完善。

(11)危险化学品单位应当对辨识确认的重大危险源及时、逐项进行登记建档。

重大危险源档案应当包括下列文件、资料:

①辨识、分级记录。

②重大危险源基本特征表。

③涉及的所有化学品安全技术说明书。

④区域位置图、平面布置图、工艺流程图和主要设备一览表。

⑤重大危险源安全管理规章制度及安全操作规程。

⑥安全监测监控系统、措施说明、检测、检验结果。

⑦重大危险源事故应急预案、评审意见、演练计划和评估报告。

⑧安全评估报告或者安全评价报告。

⑨重大危险源关键装置、重点部位的责任人、责任机构名称。

⑩重大危险源场所安全警示标志的设置情况。

(12)危险化学品单位在完成重大危险源安全评估报告或者安全评价报告后15日内,应当填写重大危险源备案申请表,连同本规定第二十二条规定的重大危险源档案材料,报送所在地县级人民政府安全生产监督管理部门备案。

(13)危险化学品单位新建、改建和扩建危险化学品建设项目,应当在建设项目竣工验收前完成重大危险源的辨识、安全评估和分级、登记建档工作,并向所在地县级人民政府安全生产监督管理部门备案。

第八章　港口危险货物事故应急救援

第一节　事故的概念及分类

一、事故的概念

事故是指造成人员死亡、伤害、职业病、财产损失或其他损失的意外事件。

事件包括事故事件和未遂事件。事件的发生可能造成事故，也可能并未造成任何损失。对于没有造成职业病、死亡、伤害、财产损失或其他损失的事件可称之为“未遂事件”或“未遂过失”。事故是由危险因素导致的，危险因素导致的人员死亡、伤害、职业危害及各种财产损失都属于事故。

(1)从广义的角度讲，事故是指人们在实现有目的的活动过程中，由不安全的行为或不安全状态所引起的、突然发生的、与人的意志相反且事先未能预料到的意外事件，它能造成人员伤亡和财产损失，导致生产中断，对社会产生不良影响。

(2)从狭义的角度讲，是指从业人员在劳动过程中发生的人身伤害、急性中毒事故。即从业人员在本岗位劳动，或虽不在本岗位劳动，但由于生产经营单位的设备和设施不安全、劳动条件和作业环境不良、管理不善，以及受单位领导指派到单位外从事相关活动，所发生的人身伤害(轻伤、重伤、死亡)和急性中毒事故。

二、事故的分类

1. 按事故类型分类

综合考虑起因物、引起事故的诱导性原因、致害物、伤害方式等，《企业职工伤亡事故分类标准》(GB 6441—1986)将企业工伤事故分为20类。分别为物体打击、车辆伤害、机械伤害、起重伤害、触电、淹溺、灼烫、火灾、高处坠落、坍塌、冒顶片帮、透水、放炮、瓦斯爆炸、火药爆炸、锅炉爆炸、容器爆炸、其他爆炸、中毒和窒息以及其他伤害等。

2. 按伤害程度分类

按照《企业职工伤亡事故分类标准》(GB6441—1986)，事故发生后，按事故对受伤害者造成损伤以致劳动能力丧失的程度分级：

(1)轻伤：指损失工作日为1个工作日或以上，105个工作日以下的失能伤害。

(2)重伤：指损失工作日为105个工作日或以上，最多不超过6000日的失能伤害。

(3)死亡：其损失工作日定为6000日，这是根据我国职工的平均退休年龄和平均死亡年龄而定的。

3. 按事故严重程度分类

根据《生产安全事故报告和调查处理条例》(国务院令第 493 号),依照生产安全事故造成的人员伤亡或者直接经济损失,事故一般分为以下等级:

(1)特别重大事故。特别重大事故是指造成 30 人以上死亡,或者 100 人以上重伤(包括急性中毒,下同),或者 1 亿元以上直接经济损失的事故。

(2)重大事故。重大事故是指造成 10 人以上 30 人以下死亡,或者 50 人以上 100 人以下重伤,或者 5000 万元以上 1 亿元以下直接经济损失的事故。

(3)较大事故。较大事故是指造成 3 人以上 10 人以下死亡,或者 10 人以上 50 人以下重伤,或者 1000 万元以上 5000 万元以下直接经济损失的事故。

(4)一般事故。一般事故是指造成 3 人以下死亡,或者 10 人以下重伤,或者 1000 万元以下直接经济损失事故。

第二节　港口危险货物事故原因及模式

一、港口生产事故原因分析

事故,概而言之是由在某种机会和条件下发生的人与物的互相接触或撞击,或者人与人的相互接触所造成的。这里所说的某种机会和条件,是指物的不安全状态或人的不安全行为,或者两者合一。

1. 物的不安全状态

物的不安全状态是指导致事故发生的物质条件。物的不安全状态往往是由于物的某种缺陷而构成事故的主要起因,港口生产中物的不安全状态主要表现为:

(1)作业对象,即货物的危险特性、危险状态。

(2)设备、设施方面的缺陷,包括:装卸设备、工属具、船舶、码头、库场、道路及其相关设施。

(3)劳动保护用品和用具不完备,如:防护镜、防毒面具、安全帽、工作服、安全带、工作鞋、救生衣、安全网、绳梯等。

(4)作业现场混乱,如工作面凹凸不平、堆码不标准、作业场所杂乱、不通畅。

(5)自然环境条件恶劣。如采光、照明、通风不良、有强风、大浪、暴雨、大雪、冰冻等。

2. 人的不安全行为

人的不安全行为是指操作者本人发生的可能造成事故的人为失误。港口生产作业人员的不安全行为表现为:

(1)不懂安全操作知识的无意过失。如:新员工的盲目操作、冒险操作。

(2)有意违反安全操作制度的故意行为。如:超负荷作业、水上作业不穿救生衣、高处作业不系安全带等。

(3)由不安全心理和情绪引起的过失行为。如:侥幸心理、冒险心理、麻痹心理和恼怒、烦躁和厌恶情绪所引起的反常行为等。

二、事故发生的基本模式

根据任何事故的发生都有一个起因—爆发—致害—事故的演变过程(可能是渐变,也可能是突变的)，可绘制成事故发生的基本模式图，见图 8-1。

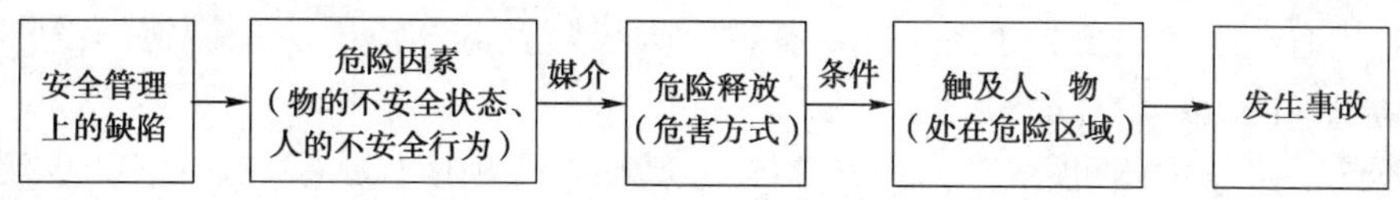

图 8-1　事故发生模式图

因此预防事故的关键是要控制事故的起因——危险因素，即要控制不安全的起因物和起因人。而控制事故的起因的根本，则是要加强安全生产的管理，以消除物的不安全状态和人的不安全行为。

第三节　事故应急救援预案

一、预案编制必要性

1. 预案编制必要性

应急预案是针对可能的突发事件，为保证迅速、有序、有效地开展应急与救援行动、降低事故损失而预先制订的有关计划或方案。它是在辨识和评估潜在的重大危险、事故类型发生的可能性及发生过程、事故后果及影响严重程度的基础上，对应急机构职责、人员、技术、装备、设施(备)、物资、救援行动及其指挥与协调等方面预先做出的具体安排。

应急预案明确了在突发事件发生之前、发生过程中以及刚刚结束之后，谁负责做什么，何时做，以及相应的策略和资源准备等。

编制突发事件应急预案是相关企业应急救援准备工作的核心内容，是及时、有序、有效地开展应急救援工作的重要保证。突发事件应急预案的必要性主要体现在：

(1)应急预案确定了应急救援的范围和体系，使应急准备和应急管理不再无据可依、无章可循。尤其是培训和演习，它们依赖于应急预案：培训可以让应急响应人员熟悉自己的责任，具备完成指定任务所需的相应技能；演习可以检验预案和行动程序，并评估应急人员的技能和整体协调性。

(2)制订应急预案有利于针对港口经营单位突发事件做出及时的应急响应，降低事故后果。应急预案预先明确了应急各方的职责和响应程序，在应急力量和应急资源等方面做了大量准备，可以指导应急救援迅速、高效、有序地开展，将事故的人员伤亡、财产损失和环境破坏降到最低限度。

此外，如果预先制订了预案，突发事件发生后必须快速解决的一些应急恢复问题，也就很容易解决。

(3)港口经营单位突发事件应急预案可以成为应对发生在港口经营单位本身和附近各种突发重大事件的响应基础。港口经营单位突发事件应急预案，可保证应急预案具有足够的灵活性，对那些事先无法预料到的突发事件或事故，也可以起到基本的应急指导作用，成为保证应急救援的“底线”。在此基础上，可以针对特定危害，编制专项应急预案，有针对性地制定应急措施进行专项应急准备和演习。

(4)当发生超过港口经营单位管理部门应急能力的重大事件时，便于与上级应急部门的协调。

(5)有利于提高风险防范意识。港口经营单位突发事件应急预案的编制，实际上是辨识港口经营单位重大风险和防御决策的过程，强调各方的共同参与。因此，预案的编制、评审以及发布和宣传有利于社会各方了解可能面临的重大风险及其相应的应急措施，有利于促进社会各方提高风险防范意识和能力。

按照不同的责任主体，预案分为国家总体应急预案、专项应急预案、部门应急预案、地方应急预案、企事业单位应急预案5个层次。港口经营单位突发事件应急预案是针对港口码头及航运船舶制订的应急预案，属于企事业单位应急预案，位于突发事件应急处置的最前沿，要求操作性强。

为建立健全港口经营单位应对各类突发事件的预警体系，形成功能齐全、反应灵敏、运转高效的应急机制，提高保障港口经营单位的正常运营和处置突发事件的能力，港口经营单位必须制订突发事件应急预案，同时还要保证所制订的应急预案科学合理并与其他应急预案紧密衔接，确保预案可操作性。

2. 港口企业应急预案

根据相关法律法规的要求，结合水路交通突发事件分类，港口经营单位突发事件应急预案一般包括：综合应急预案、专项应急预案和现场处置方案。应急预案应形成体系，针对各级各类可能发生的事故和所有危险源制订专项应急预案和现场应急处置方案，并明确事前、事发、事中、事后的各个过程中相关部门和有关人员的职责。生产规模小、危险因素少的港口经营单位，综合应急预案和专项应急预案可以合并编写。

参考的突发事件应急预案体系构成如图8-2所示。

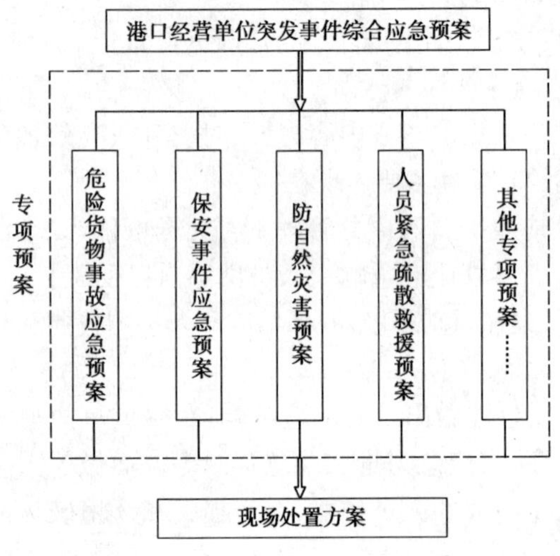

图8-2　港口经营单位突发事件应急预案体系

(1)综合应急预案是公司突发事件应急预案体系的总纲，主要阐述公司应急救援预案的方针、政策、应急组织机构及相应的职责、应急行动、措施和保障等基本要求和程序，是处理公司范围内突发事件应急救援工作的基本程序和组织原则，是公司应对各类突发事件的指导性文件。

(2)专项应急预案是针对具体的事故类别(如危险货物泄漏、火灾、自然灾害等事故)、危险源和应急保障而制订的计划或方案，是综合应急预案的组成部分，应按照综合应急预案的程序和要求组织制订，并作为综合应急预案的附件。专项应急预案应制订明确的救援程序和具体的应急救援措施。

(3)现场处置方案是针对具体的装置、场所或设施、岗位所制订的应急处置措施。现场处置方案应具体、简单、针对性强。现场处置方案应根据风险评估及危险性控制措施逐一编制，做到事故相关人员应知应会，熟练掌握，并通过应急演练，做到迅速反应、正确处置。

二、应急预案的编制准备和程序

1. 编制准备

编制应急预案应做好以下准备工作：

(1)全面分析本单位危险因素、可能发生的事故类型及事故的危害程度。

(2)排查事故隐患的种类、数量和分布情况,并在隐患治理的基础上,预测可能发生的事故类型及其危害程度。

(3)确定事故危险源,进行风险评估。

(4)针对事故危险源和存在的问题,确定相应的防范措施。

(5)客观评价本单位的应急能力。

(6)充分借鉴国内外同行业事故的教训及应急工作经验。

2. 编制程序

(1)应急预案编制工作组。结合本单位部门职能分工,成立以单位主要负责人为领导的应急预案编制工作组,明确编制任务、职责分工,制订工作计划。

(2)资料收集。收集应急预案编制所需的各种资料(相关法律法规、应急预案、技术标准、国内外同行业事故案例分析、本单位技术资料等)。

(3) 危险源与风险分析。在危险因素分析及事故隐患排查、治理的基础上,确定本单位的危险源、可能发生事故的类型和后果,进行事故风险分析,并指出事故可能产生的次生、衍生事故,形成分析报告,分析结果作为应急预案的编制依据。

(4)应急能力评估。对本单位应急装备、应急队伍等应急能力进行评估,并结合本单位实际,加强应急能力建设。

(5)应急预案编制。针对可能发生的事故,按照有关规定和要求编制应急预案。应急预案编制过程中,应注重全体人员的参与和培训,使所有与事故有关人员均掌握危险源的危险性、应急处置方案和技能。应急预案应充分利用社会应急资源,与地方政府预案、上级主管单位以及相关部门的预案相衔接。

(6)应急预案评审与发布。应急预案编制完成后,应进行评审。评审由本单位主要负责人组织有关部门和人员进行。外部评审由上级主管部门或地方政府负责安全管理的部门组织审查。评审后,按规定报有关部门备案,并经生产经营单位主要负责人签署发布。

三、综合预案的框架结构及主要内容

1. 综合预案的框架结构

不同的预案由于各自所处的层次和适用的范围不同,因而在内容的详略程度和侧重点上会有所不同,但都可以采用相似的基本结构。港口经营单位突发事件应急预案应采用《生产经营单位安全生产事故应急预案编制导则》的框架结构。

2. 综合应急救援预案的主要内容

(1)总则。

①编制目的。简述应急预案编制的目的、作用等。

②编制依据。简述应急预案编制所依据的法律法规、规章,以及有关行业管理规定、技术规范和标准等。

③适用范围。说明应急预案适用的区域范围,以及事故的类型、级别。

④应急预案体系。说明本单位应急预案体系的构成情况。

⑤应急工作原则。说明本单位应急工作的原则,内容应简明扼要、明确具体。

(2)生产经营单位的危险性分析。

①生产经营单位概况。主要包括单位地址、从业人数、隶属关系、主要原材料、主要产品、

产量等内容，以及周边重大危险源、重要设施、目标、场所和周边布局情况。必要时，可附平面图进行说明。

②危险源与风险分析。主要阐述本单位存在的危险源及风险分析结果。

(3)组织机构及职责。

①应急组织体系。明确应急组织形式、构成单位或人员，并尽可能以结构图的形式表示出来。

尽管港口经营单位各类突发公共安全事件的起因各异，但其后果和影响以及需采取的应急行动方面却有较大的共性。相应的应急预案功能主要包括各类重大突发事件应急救援中通常都要采取的一系列基本应急行动和任务，如指挥和控制、警报、通信、人群疏散、人群安置、医疗等。它着眼于港口经营单位对突发事件响应时所要实施的应急任务。由于应急预案的功能是围绕应急行动开展，因此预案针对的主要应急行动对象是那些执行应急任务的机构和人员。针对每一应急功能应明确其面对的形势、应急目标、负责机构和支持机构的职责、任务分工和要求、应急准备和操作程序等。应急预案中包含的功能设置的数量和类型因地区差异会有所不同，主要取决于所针对潜在事件类型，以及应急的组织方式和运行机制等具体情况。

为了能够确定重要港口设施突发事件应急组织指挥体系及职责，可通过下列应急功能矩阵表的形式进行表述(表8-1)。

应急功能矩阵表 表8-1

应急机构	应急功能			
	报警与通知	指挥与控制	通　信	……
应急救援指挥部				
……				

通过应急功能矩阵表，可确定应急组织指挥体系及职责以及相关部门和机构的作用，根据分级负责、部门协作的机制，明确各部门对突发事件的应对措施、接警、报送和执行上级指挥部门的指挥，同时积极配合相关其他应急救援部门进行突发事件的处置。

②指挥机构及职责。明确应急救援指挥机构总指挥、副总指挥、各成员单位及其相应职责。

应急救援指挥机构根据事故类型和应急工作需要，可以设置相应的应急救援工作小组，并明确各小组的工作任务及职责。

(4)预防与预警。

①危险源监控。明确本单位对危险源监测监控的方式、方法，以及采取的预防措施。

落实突发事件及其风险信息收集的手段及方式，例如CCTV等监控设备、风险源信息综合平台、航运交通管理(VTS)及国家、省市有关机构提供的相关信息等。

②预警行动。明确事故预警的条件、方式、方法和信息的发布程序。

针对相关应急机构及其应急职责研究确定预警预防行动。其中，预警级别可参照交通运输部应急预案或其他相关部门对级别的划分，特别要考虑港口和航运企业自身的特点，建立切实可行的应急预案，建立健全各级保证和执行部门。

③信息报告与处置。按照有关规定，明确事故及未遂伤亡事故信息报告与处置办法。

a.信息报告与通知。明确24小时应急值守电话、事故信息接收和通报程序。

b. 信息上报。明确事故发生后向上级主管部门和地方人民政府报告事故信息的流程、内容和时限。

c. 信息传递。明确事故发生后向有关部门或单位通报事故信息的方法和程序。

(5)应急响应。应急响应程序应参照预警级别和分级原则确定分级响应程序。

同时应急响应程序中应包括通信、指挥、协调,紧急处置、应急人员和群众的安全防护,事故调查、监测、处理和后果评估、新闻发布以及应急解除。

值得注意的是,应急解除中应明确应急解除判别指标和宣布应急状态解除的程序。

①响应分级。针对事故危害程度、影响范围和单位控制事态的能力,将事故分为不同的等级。按照分级负责的原则,明确应急响应级别。

②响应程序。根据事故的大小和发展态势,明确应急指挥、应急行动、资源调配、应急避险、扩大应急等响应程序。

③应急结束。明确应急终止的条件。事故现场得以控制,环境符合有关标准,导致次生、衍生事故隐患消除后,经事故现场应急指挥机构批准后,现场应急结束。

应急结束后,应明确:

a. 事故情况上报事项。

b. 需向事故调查处理小组移交的相关事项。

c. 事故应急救援工作总结报告。

(6)信息发布。明确事故信息发布的部门,发布原则。事故信息应由事故现场指挥部及时准确地向新闻媒体通报。

(7)后期处置。主要包括污染物处理、事故后果影响消除、生产秩序恢复、善后赔偿、抢险过程和应急救援能力评估及应急预案的修订等内容。

(8)保障措施。

①通信与信息保障。明确与应急工作相关联的单位或人员通信联系方式和方法,并提供备用方案。建立信息通信系统及维护方案,确保应急期间信息通畅。

为确保应急反应的信息及时报送,必须建立港口及航运企业领导、应急执行部门领导等应急单位和个人的通讯录,并保证准确有效和 24 小时开通。在通信方式发生变化时,如电话号码变更、人员变动,应及时更新。

②应急队伍保障。明确各类应急响应的人力资源,包括专业应急队伍、兼职应急队伍的组织与保障方案。

③应急物资装备保障。明确应急救援需要使用的应急物资和装备的类型、数量、性能、存放位置、管理责任人及其联系方式等内容。

④经费保障。明确应急专项经费来源、使用范围、数量和监督管理措施,保障应急状态时生产经营单位应急经费的及时到位。

⑤其他保障。根据本单位应急工作需求而确定的其他相关保障措施(如:交通运输保障、治安保障、技术保障、医疗保障、后勤保障等)。

(9)培训与演练。

①培训。明确对本单位人员开展的应急培训计划、方式和要求。如果预案涉及社区和居民,要做好宣传教育和告知等工作。

②演练。明确应急演练的规模、方式、频次、范围、内容、组织、评估、总结等内容。

(10)奖惩。明确事故应急救援工作中奖励和处罚的条件和内容。

(11)附则。

①术语和定义。对应急预案涉及的一些术语进行定义。

②应急预案备案。明确本应急预案的报备部门。

③维护和更新。明确应急预案维护和更新的基本要求,定期进行评审,实现可持续改进。

④制订与解释。明确应急预案负责制订与解释的部门。

⑤应急预案实施。明确应急预案实施的具体时间。

四、专项应急预案要素组成和要求

对于某一种类的风险,生产经营单位应当根据存在的重大危险源和可能发生的事故类型,制订相应的专项应急预案。

1. 事故类型和危害程度分析

在危险源评估的基础上,对其可能发生的事故类型和可能发生的季节及其严重程度进行确定。

基本要求:

(1)能够客观分析本单位存在的危险源及危险程度。

(2)能够客观分析可能引发事故的诱因、影响范围及后果。

(3)能够提出相应的事故预防和应急措施。

2. 应急处置基本原则

明确处置安全生产事故应当遵循的基本原则。

3. 组织机构及职责

(1)应急组织体系。明确应急组织形式,构成单位或人员,并尽可能以结构图的形式表示出来。

基本要求:

①能够清晰描述本单位的应急组织体系(推荐使用图表)。

②明确应急组织成员日常及应急状态下的工作职责。

(2)指挥机构及职责。根据事故类型,明确应急救援指挥机构总指挥、副总指挥以及各成员单位或人员的具体职责。应急救援指挥机构可以设置相应的应急救援工作小组,明确各小组的工作任务及主要负责人职责。

基本要求:

①清晰表述本单位应急指挥体系。

②应急指挥部门职责明确。

③各应急救援小组设置合理,应急工作明确。

4. 预防与预警

(1)危险源监控。明确本单位对危险源监测监控的方式、方法,以及采取的预防措施。

基本要求:

①明确危险源的监测监控方式、方法。

②明确技术性预防和管理措施。

③明确采取的应急处置措施。

(2)预警行动。明确具体事故预警的条件、方式、方法和信息的发布程序。

基本要求：

①明确预警信息发布的方式及流程。

②预警级别与采取的预警措施科学合理。

5. 信息报告程序

主要包括：

(1)确定报警系统及程序。

(2)确定现场报警方式，如电话、警报器等。

(3)确定24小时与相关部门的通信、联络方式。

(4)明确相互认可的通告、报警形式和内容。

(5)明确应急反应人员向外求援的方式。

基本要求：

(1)明确24小时应急值守电话。

(2)明确本单位内部信息报告的方式、要求与处置流程。

(3)明确事故信息上报的部门、通信方式和内容时限。

(4)明确向事故相关单位通告、报警的方式和内容。

(5)明确向有关单位发出请求支援的方式和内容。

6. 应急处置

(1)响应分级。针对事故危害程度、影响范围和单位控制事态的能力，将事故分为不同的等级。按照分级负责的原则，明确应急响应级别。

基本要求：

①分级清晰合理，且与上级应急预案响应分级衔接。

②能够体现事故紧急和危害程度。

③明确紧急情况下应急响应决策的原则。

(2)响应程序。根据事故的大小和发展态势，明确应急指挥、应急行动、资源调配、应急避险、扩大应急等响应程序。

基本要求：

①明确具体的应急响应程序和保障措施。

②明确救援过程中各专项应急功能的实施程序。

③明确扩大应急的基本条件及原则。

④能够辅以图表直观表述应急响应程序。

(3)处置措施。针对本单位事故类别和可能发生的事故特点、危险性，制定应急处置措施(如：船舶碰撞、自然灾害等事故应急处置措施，危险货物火灾、爆炸、中毒等事故应急处置措施)。

基本要求：

①针对事故种类制定相应的应急处置措施。

②符合实际，科学合理。

③程序清晰，简单易行。

7. 应急物资与装备保障

明确应急处置所需的物资与装备数量、管理和维护、正确使用等。

基本要求：

(1)明确对应急救援所需的物资和装备的要求。

(2)应急物资与装备保障应符合单位实际，满足应急要求。

五、现场处置方案

现场处置方案是针对具体的装置、场所或设施、岗位所制订的应急处置措施。现场处置方案应具体、简单、针对性强。现场处置方案应根据风险评估及危险性控制措施逐一编制，做到事故相关人员应知应会，熟练掌握，并通过应急演练，做到迅速反应、正确处置。

现场处置方案的主要内容：

1. 事故特征

主要包括：

(1)危险性分析，可能发生的事故类型。

(2)事故发生的区域、地点或装置的名称。

(3)事故可能发生的季节和造成的危害程度。

(4)事故前可能出现的征兆。

2. 应急组织与职责

主要包括：

(1)基层单位应急自救组织形式及人员构成情况。

(2)应急自救组织机构、人员的具体职责，应同单位或车间、班组人员工作职责紧密结合，明确相关岗位和人员的应急工作职责。

3. 应急处置

主要包括以下内容：

(1)事故应急处置程序。根据可能发生的事故类别及现场情况，明确事故报警、各项应急措施启动、应急救护人员的引导、事故扩大及同企业应急预案衔接的程序。

(2)现场应急处置措施。针对可能发生的火灾、爆炸、危险货物泄漏、坍塌、水患、机动车辆伤害等，从操作措施、工艺流程、现场处置、事故控制，人员救护、消防、现场恢复等方面制订明确的应急处置措施。

(3)报警电话及上级管理部门、相关应急救援单位联络方式和联系人员，事故报告的基本要求和内容。

4. 注意事项

主要包括：

(1)佩戴个人防护器具方面的注意事项。

(2)使用抢险救援器材方面的注意事项。

(3)采取救援对策或措施方面的注意事项。

(4)现场自救和互救注意事项。

(5)现场应急处置能力确认和人员安全防护等事项。

(6)应急救援结束后的注意事项。

(7)其他需要特别警示的事项。

第四节　应急预案的演练

一、按演练的规模分类

可采用不同规模的应急演练方法对应急预案的完整性和周密性进行评估，如桌面演练、功能演练和全面演练等。

1. 桌面演练

桌面演练是指由应急组织的代表或关键岗位人员参加的，按照应急预案及其标准工作程序，讨论紧急情况时应采取行动的演练活动。桌面演练的特点是对演练情景进行口头演练，一般是在会议室内举行。其主要目的是锻炼参演人员解决问题的能力，以及解决应急组织相互协作和职责划分的问题。

桌面演练一般仅限于有限的应急响应和内部协调活动，应急人员主要来自本企业应急组织，事后一般采取口头评论形式收集参演人员的建议，并提交一份简短的书面报告，总结演练活动和提出有关改进应急响应工作的建议。桌面演练方法成本较低，主要为功能演练和全面演练做准备。

2. 功能演练

功能演练是指针对某项应急响应功能或其中某些应急响应行动举行的演练活动，主要目的是针对应急响应功能，检验应急人员以及应急体系的策划和响应能力。例如，指挥和控制功能的演练，其目的是检测、评价多个部门在紧急状态下实现集权式的运行和响应能力，演练地点主要集中在若干个应急指挥中心或现场指挥部，并开展有限的现场活动，调用有限的外部资源。

功能演练比桌面演练规模要大，需动员更多的应急人员和机构，因而协调工作的难度也随着更多组织的参与而加大。演练完成后，除采取口头评论形式外，还应向地方提交有关演练活动的书面汇报，提出改进建议。

3. 全面演练

全面演练指针对应急预案中全部或大部分应急响应功能，检验、评价应急组织应急运行能力的演练活动。全面演练一般要求持续几个小时，采取交互式方式进行，演练过程要求尽量真实，调用更多的应急人员和资源，并开展人员、设备及其他资源的实战性演练，以检验相互协调的应急响应能力。与功能演练类似，演练完成后，除采取口头评论、书面汇报外，还应提交正式的书面报告。

应急演练的组织者或策划者在确定采取哪种类型的演练方法时，应考虑以下因素：

(1)应急预案和响应程序制订工作的进展情况。

(2)本企业面临风险的性质和大小。

(3)本企业现有应急响应能力。

(4)应急演练成本及资金筹措状况。

(5)应急组织投入的资源状况。

(6)国家及地方政府部门颁布的有关应急演练的规定。

无论选择何种演练方法，应急演练方案必须与辖区重大事故应急管理的需求和资源条件相适应。

二、按演习的基本内容不同分类

根据演习的基本内容不同可以分为基础训练、专业训练、战术训练和自选科目训练。

1. 基础训练

基础训练是应急队伍的基本训练内容之一，是确保完成各种应急救援任务的基础。基础训练主要包括队列训练、体能训练、防护装备和通信设备的使用训练等内容。训练的目的是使应急人员具备良好的战斗意志和作风，熟练掌握个人防护装备的穿戴，通信设备的使用等。

2. 专业训练

专业技术关系到应急队伍的实战水平，是顺利执行应急救援任务的关键，也是训练的重要内容，主要包括专业常识、堵源技术、抢运和清消，以及现场急救等技术。通过专业训练可使救援队伍具备一定的救援专业技术，有效地发挥救援作用。

3. 战术训练

战术训练是救援队伍综合训练的重要内容和各项专业技术的综合运用，是提高救援队伍实战能力的必要措施。战术训练可分为班（组）战术训练和分队战术训练。通过训练，可使各级指挥员和救援人员具备良好的组织指挥能力和实际应变能力。

4. 自选科目训练

自选科目训练可根据各自的实际情况，选择开展如防化、气象、侦检技术、综合演练等项目的训练，进一步提高救援队伍的救援水平。

在确定训练科目时，专职救援队伍应以社会性救援需要为目标确定训练科目；兼职救援队应以本单位救援需要，兼顾社会救援的需要确定训练科目。

三、演练的参与人员

应急演练的参与人员包括参演人员、控制人员、模拟人员、评价人员和观摩人员。这 5 类人员在演练过程中都有着重要的作用，并且在演练过程中都应佩戴能表明其身份的识别符。

1. 参演人员

参演人员所承担的具体任务主要包括：

（1）救助伤员或被困人员。

（2）保护财产或人员健康。

（3）获取并管理各类应急资源。

（4）与其他应急人员协同处理重大事故或紧急事件。

2. 控制人员

控制人员主要任务包括：

（1）确保规定的演练项目得到充分的演练，以利于评价工作的开展。

（2）确保演练活动的任务量和挑战性。

（3）确保演练的进度。

（4）解答参演人员的疑问，解决演练过程中出现的问题。

（5）保障演练过程的安全。

3. 模拟人员

模拟人员主要任务包括:

(1)扮演、替代正常情况或响应实际紧急事件时应与应急指挥中心、现场应急指挥所相互作用的机构或服务部门。由于各方面的原因,这些机构或服务部门并不参与此次演练。

(2)模拟事故的发生过程,如释放烟雾、模拟气象条件、模拟泄漏等。

(3)模拟受害或受影响人员。

4. 评价人员

评价人员主要任务包括:

(1)观察参演人员的应急行动,并记录观察结果。

(2)在不干扰参演人员工作的情况下,协助控制人员确保演练按计划进行。

5. 观摩人员

观摩人员是指来自有关部门、外部机构以及旁观演练过程的观众。

四、演练实施的基本过程

综合性应急演练的过程可划分为演练准备、演练实施和演练总结3个阶段。

应急演练结束后应对演练的效果做出评价,并提交演练报告,详细说明演练过程中发现的问题。按照对应急救援工作及时有效性的影响程度,将演练过程中发现的问题分为不足项、整改项和改进项。

1. 不足项

不足项指演练过程中观察或识别出的应急准备缺陷,可能导致在紧急事件发生时,不能确保应急组织或应急救援体系有能力采取合理应对措施保护人员的安全与健康。不足项应在规定的时间内予以纠正。演练过程中发现的问题确定为不足项时,策划小组负责人应对不足项进行详细说明,并给出应采取的纠正措施和完成时限。最有可能导致不足项的应急预案编制要素包括:职责分配,应急资源,警报、通报方法与程序,通信,事态评估,人员教育与公共信息,保护措施,应急人员安全和紧急医疗服务等。

2. 整改项

整改项指演练过程中观察或识别出的,单独不可能在应急救援中对人员的安全与健康造成不良影响的应急准备缺陷。整改项应在下次演练前予以纠正。在以下两种情况下,整改项可列为不足项:一是某个应急组织中存在2个以上整改项,共同作用可影响保护人员安全与健康能力的;二是某个应急组织在多次演练过程中,反复出现前次演练发现的整改项问题的。

3. 改进项

改进项指应急准备过程中应予改善的问题。改进项不同于不足项和整改项,它不会对人员安全与健康产生严重的影响,视情况予以改进,不必一定要求予以纠正。

第五节 应急物资的配备

石油化工码头及库区应急设施通常包括固定式消防设施、移动式消防设施、油气处理设施、火灾报警装置、其他消防安全设施、消防供水安全设施、安全防护设施、通信设施、头部护具类、呼吸护具类、眼(面)护具类、耳朵防护类、手部防护类、脚部防护类、防护服类、防坠落护具类等16类,其具体设施的配备原则、依据和要求可参见“第6章 石油化工码头及库区安全设施配备”的有关内容。

港口码头应配备的应急设施最重要的依据之一是《港口码头溢油应急设备配备要求》(JT/T 451—2009),该标准规定了港口各类码头的等级划分、溢油应急设备的配备原则、配备数量和种类、配备基本要求,以及管理要求。该标准规定的核心内容如下:

(1)油码头在50000吨级以上时,应配备专业的浮油回收船和专门的围油栏布放艇。浮油回收船舱容超出 $100m^3$ 时,超出部分可由油轮油舱替代。油码头在5000~50000吨级(含)时,可使用经改造后符合相关要求的船舶作为浮油回收船和围油栏布放艇。浮油回收船具有围油栏布放功能时,可不配备围油栏布放艇。油码头在1000~5000吨级(含)时,其他码头在1000吨级以上时,可使用经改造后符合相关要求的船舶兼用或专用围油栏布放艇。

(2)当油码头经营油品的黏度大于6000cSt或港区水域的水温可能低于油品的凝点时应配备油拖网;油码头在50000吨级以上时,应配备溢油监视报警装置。

(3)海港油码头溢油应急设备配备要求见表8-2,河港油码头溢油应急设备配备要求见表8-3,海港的其他码头溢油应急设备配备要求见表8-4,河港的其他码头溢油应急设备配备要求见表8-5。

海港装卸油品的码头溢油应急设备配备要求 表8-2

设备名称		靠泊能力						
		1000~5000吨级(含)	5000~10000吨级(含)	10000~50000吨级(含)	50000~100000吨级(含)	100000~150000吨级(含)	150000~300000吨级	300000吨级及以上
围油栏	永久布放型 m	实体结构码头的单个泊位:船长+(船宽+50m)×2,栈桥式、支墩式码头的单个泊位:(船长+船宽+100m)×2						
	应急型 m	不低于最大设计船型的3倍设计船长						
收油机	总能力 m^3/h	10	20	30	65	90	125	150
油拖网	总容量 m^3	4		6		8		10
	数量 套	2						
吸油材料	数量 t	1	1.5	2.5	5	7	10	12
溢油分散剂	浓缩型,数量 t	1	1.5	2	4	5.5	7.5	9
溢油分散剂喷洒装置	喷洒速度 t/h	0.13	0.19	0.25	0.50	0.69	0.94	1.13
储存装置	有效容积 m^3	10	20	30	65	90	125	150
溢油监视报警装置	数量 套	—			对泊位按监控直径布设,长度不足监控直径时取1套			
围油栏布放艇	数量 艘	1						
浮油回收船	回收舱容 m^3	-	40	60	130	180	250	300
	收油能力 m^3/h	-	20	30	65	90	125	150

河港装卸油品的码头溢油应急设备配备数要求 表 8-3

设备名称		靠泊能力			
		1000～5000吨级(含)	5000～10000吨级(含)	10000～50000吨级	50000吨级及以上
围油栏	永久布放型 m	实体结构码头的单个泊位:船长+(船宽+50m)×2,栈桥式、支墩式的单个泊位:2×(船长+船宽+100m),浮式码头的单个泊位:船长×1.25+船宽×2			
	应急型 m	不低于最大设计船型的3倍设计船长			
收油机	总能力 m^3/h	20	40	60	65
油拖网	总容量 m^3	4	6		6
	数量 套	2			2
吸油材料	数量 t	2	3	5	5
溢油分散剂	浓缩型,数量 t	1.0	1.5	2	4
溢油分散剂喷洒装置	喷洒速度 t/h	0.13	0.19	0.25	0.50
储存装置	有效容积 m^3	20	40	60	65
围油栏布放艇	数量 艘	1			
浮油回收船	回收舱容 m^3	–	80	120	130
	收油能力 m^3/h	–	40	60	65

海港其他码头溢油应急设备配备要求 表 8-4

设备名称		靠泊能力						
		1000～5000吨级(含)	5000～10000吨级(含)	10000～50000吨级(含)	50000～100000吨级(含)	100000～150000吨级(含)	150000～300000吨级	300000吨级及以上
围油栏	应急型 m	不低于最大设计船型的3倍设计船长						
收油机	总能力 m^3/h	1	2	3	6.5	9	12.5	15
油拖网	数量 套	1						
吸油材料	数量 t	0.2	0.3	0.5	1.0	1.4	2	2.4
溢油分散剂	浓缩型,数量 t	0.2	0.3	0.4	0.8	1.1	1.5	1.8
溢油分散剂喷洒装置	数量 套	1						
储存装置	有效容积 m^3	1	2	3	6.5	9	12	15
围油栏布放艇	数量 艘	1						
浮油回收船*	回收舱容 m^3	–	40	60	130	180	250	300
	收油能力 m^3/h	–	20	30	65	90	125	150

注:除从事船舶修造、拆解的单位外,其余单位不用配备标注*号的设备。

河港其他码头溢油应急设备配备要求 表 8-5

设备名称		靠泊能力			
		1000～5000吨级(含)	5000～10000吨级(含)	10000～50000吨级	50000吨级及以上
围油栏	应急型 m	不低于最大设计船型的3倍设计船长			
收油机	总能力 m^3/h	1	2	3	6.5

续上表

设备名称		靠泊能力			
		1000～5000吨级(含)	5000～10000吨级(含)	10000～50000吨级	50000吨级及以上
油拖网	数量 套	1			
吸油材料	数量 t	0.2	0.3	0.5	1.0
溢油分散剂	浓缩型,数量 t	0.11	0.15	0.2	0.8
溢油分散剂喷洒装置	数量 套	1			
储存装置	有效容积 m^3	1	2	3	6.5
围油栏布放艇	数量 艘	1			
浮油回收船*	回收舱容 m^3	-	80	120	130
	收油能力 m^3/h	-	40	60	65

注:除从事船舶修造、拆解的单位外,其余单位不用配备标注*号的设备。

第六节　危险货物的消防措施

一、火灾分类

《火灾分类》(GB/T 4968—2008)根据可燃物类型和燃烧特性将火灾划分为六类,分别为:

A类火灾:固体物质火灾。这种物质通常具有有机物性质,一般在燃烧时能产生灼热的余烬。

B类火灾:液体或可熔化的固体物质火灾。

C类火灾:气体火灾。

D类火灾:金属火灾。

E类火灾:带电火灾。物体带电燃烧的火灾。

F类火灾:烹饪器具内的烹饪物(如动植物油脂)火灾。

二、灭火基本方法

燃烧必须具备三个必要条件,只要消除其中任何一个条件,就能达到灭火的目的。基本方法有:

1.冷却灭火法

灭火剂直接喷射到燃烧物上,将燃烧物的温度降低到燃点以下来停止燃烧。也可用灭火剂喷洒到火场附近未燃的可燃物上起冷却作用,防止其受辐射热的影响升温而起火是扑救火灾的常用方法。以二氧化碳冷却灭火效果最好,固化的 CO_2 温度很低,喷出后迅速气化,吸收大量热量,从而降低燃烧区的温度,达到灭火目的。

2.隔离灭火法

将燃烧物或其附近的可燃物隔离或疏散开,使燃烧因缺少可燃物而停止。如关闭阀门、阻止可燃气体、液体流入燃烧区;拆除与火源相连的易燃建筑物;造成阻止火势蔓延的空间地带;

将火源附近的可燃物搬走等。

3. 窒息灭火法

阻止空气流入燃烧区，或用不燃物质稀释空气，使燃烧的物质得不到足够的氧气而熄灭。适用于扑救封闭房间、容器或生产设备内火灾。如用浸湿的棉被、帆布、沙土等覆盖燃烧物或封闭孔洞；用水蒸气、惰性气体充入燃烧区域等。

4. 化学抑制灭火法

使灭火剂参加到燃烧反应的过程中去，抑制燃烧反应的继续进行，使火焰熄灭。采用这种方法的灭火剂有干粉等。一定要有足够数量的灭火剂准确喷射在燃烧区内，以使其充分参与燃烧反应，否则不能完全抑制燃烧反应的进行，同时还要采取必要的冷却降温措施，以防止复燃。

三、一般消防措施

防止危险货物发生火灾，港口企业应注意落实以下基本措施：

(1)使可燃物质远离火源。

(2)用有效的包装防护易燃物质。

(3)拒绝接收破损或渗漏的包件。

(4)在能保护不遭意外损害或受热的地方积载。

(5)与易于产生火花或蔓延火灾的物质隔离。

(6)应用告示或标牌在禁止吸烟的危险处所清楚地显示“禁止吸烟”。

(7)电缆、照明和电气设备应处于良好的状态，防止因短路、接地漏电或产生火花造成危险。

四、港区消防设施要求

一般由报警系统、供水冷却系统和泡沫灭火系统组成。

1. 水消防系统

危险品码头、库区应建设共用或专用的消防给水设施，有可靠的供电系统和取水设施。即双电源、双水源，确保在任何情况下消防系统正常工作，消防给水管道的管径、消防泵的压力、流量及消火栓的设置应符合有关规范要求。

2. 火灾报警系统

有固定式和人工手动报警系统等形成。

3. 泡沫灭火系统

对散液码头必须设置泡沫灭火系统，包括泡沫原液储罐、泡沫比例发生器、泡沫管等。多数情况下使用泡沫是有效的，它能在燃烧的液体表面构成一层泡沫，并能阻止空气进入。如该物质火灾不宜使用普通泡沫，并不妨碍使用特殊泡沫。泡沫剂选用和泡沫罐容量依需而定。

4. 移动式灭火器材

常用消防器材主要有手提式干粉灭火器、推车式干粉灭火器、手提式泡沫灭火器、推车式泡沫灭火器、手提式 CO_2灭火器等。

(1)干粉灭火器内装一种干燥的、易于流动的微细固体粉末，借助于专用灭火器或灭火设备中的气体压力，将干粉从容器中喷出，以粉雾的形式灭火。使用时应先将干粉灭火器颠倒数次，使筒内干粉松动，然后提起拉环，使 N_2或 CO_2动力气体进入筒内，干粉在气体作用下喷出。

(2)泡沫灭火器内装能够与水混溶,并可通过化学反应或机械方法产生灭火泡沫的药剂。泡沫灭火器分为化学泡沫灭火剂和空气机械泡沫灭火剂两类,油库常用化学泡沫灭火器。手提式化学泡沫灭火器使用前,应将灭火器平稳地提到火场10m开外,颠倒筒身,略加摇晃,即可喷出泡沫。推车式化学泡沫灭火器使用时,一人施放皮管,双手握住喷枪对准燃烧物,一人逆时针转手轮,开启瓶胆室,倒放灭火器,上下摇晃数次,拖杆着地,扳开阀门喷射灭火。

(3)CO_2灭火器是以液态CO_2灌装在钢瓶内,依靠CO_2的蒸发作用喷射出雪花状固体颗粒的干冰。使用时只要逆时针旋转手轮,即可喷出CO_2灭火。对鸭嘴式要拔去保险锁,将鸭嘴压下即可。使用时注意不能手握金属杆以防冻伤,不能逆风使用,室内灭火完毕迅速撤离。

五、危险货物的火灾扑救

1. 易燃易爆气体火灾

易燃易爆气体遇明火,或与氧化剂接触,或在热传递作用下,能够引起燃烧爆炸。常见的易燃易爆气体有液化气、煤气、氢气、乙炔气、氨气等。

(1)易燃易爆气体发生火灾应首先扑灭泄漏处附近被引燃的可燃物火势,控制灾害范围。要自始至终对燃烧容器及受热辐射烧烤的相邻储罐、气瓶等进行冷却降温,如有可能可将其移开。

(2)气体泄漏着火后,不可轻易关闭阀门,更不能随便关停输送气体的设备,以防止回火引起爆炸。应先关小阀门,降低泄漏压力后进行灭火,并事先做好准备,火焰熄灭后立即进行堵漏。

(3)气体泄漏起火后不能盲目扑灭泄漏处燃烧,以防堵漏失败后大量可燃气体继续泄漏,与空气形成爆炸性混合气体,遇火源发生大范围爆炸。

(4)如果泄漏口不大,能在短时间内快速封堵,则可以用水、干粉、蒸气、氮气、二氧化碳灭火,然后组织人力快速堵漏同时用雾状水稀释驱散泄漏气体。

(5)如果泄漏口较大,难以或无法堵漏,则可采取冷却的方法,防止发生爆炸,任其稳定燃烧,直至自行燃尽熄灭。

(6)对于有爆炸危险的容器或设备的灭火,要利用地势、地物作为掩体,出现爆炸先兆要果断撤离,避免伤亡。

2. 易燃液体火灾

易燃液体在常温下极易着火燃烧,易燃液体分水溶性和非水溶性两类。常见的易燃液体有各种有机油品、有机溶剂。

(1)储罐火灾的扑救。

①及时冷却罐体。首先启动固定式水喷淋系统,对燃烧罐和邻近罐进行冷却。若固定水冷却系统损坏,则应用高压水枪进行冷却,防止罐体受破坏。

②集中力量灭火。针对不同的易燃液体,正确选用灭火剂。一般使用干粉、泡沫等,集中力量进行灭火。灭火前要准备充足的灭火剂,其供应强度要有余量。

③迅速灭火。灭火时应采取灵活的方法,可集中大量干粉灭火器,集中喷射灭火,也可用泡沫迅速扑灭初期火灾,不让其扩大。

④防止爆燃伤人。在及时扑灭易燃液体燃烧后,流体迅速挥发的蒸气会很快与空气形成爆炸性混合物,因此灭火后要采取泡沫覆盖、导流回收等方法,减少液体挥发,同时要严格控制各种着火源、静电放电、工具相碰产生火花等,以防不测。

(2)泄漏火灾的扑救。

①及时堵漏。泄漏易燃液体燃烧应及时采取关阀倒罐、塞孔、捆扎等方法，目的在于减少或制止易燃液体泄漏。

②控制扩散。泄漏易燃液体燃烧，随着流淌面积的扩大，燃烧面积也不断扩大，因此必须采取有效方法控制燃烧液体无限制地扩大。通常采用围堤拦堵、挖沟导流、围栏拦截等方法，实施时应设多道防线，留有提前量，力争一次成功。

③迅速灭火。灭火时采取灵活方式，集中大量干粉灭火器或泡沫迅速扑灭初期火灾，不使扩大。

④防止燃爆伤人。在及时扑灭易燃液体燃烧后，流体迅速挥发的蒸气会很快与空气形成爆炸性混合物，因此灭火后要采取泡沫覆盖、导流回收等方法，减少液体挥发，同时要严格控制各种着火源、静电放电、工具相碰产生火花等，以防不测。

(3)可溶性易燃液体的扑救。

①多选用抗溶性泡沫、干粉等灭火剂，使用普通蛋白泡沫则应加大泡沫供给强度，不间断喷射直至扑灭燃烧。

②根据实际情况可用大量水稀释燃烧液体，直至燃烧停止。用此方法灭火后，易燃液体不能再使用，会造成较大损失。

③泄漏可溶性易燃液体燃烧，除筑堤堵截、挖沟导液外，可使用大量的水稀释，使其熄灭燃烧，同时可降低易燃液体蒸气挥发，消除复燃或爆燃危险。

④可溶性易燃液体因其本身含氧、含碳量较少，燃烧时火焰呈蓝色，有时不易被发现，因此在灭火时要避免流淌燃烧液体伤人。

3. 易燃固体火灾

易燃固体燃点较低，在遇明火、受热、撞击、摩擦或与氧化剂接触后会引起强烈燃烧，并散发有毒烟雾或有毒气体。常见的有磷及磷化合物、硝基化合物、各种金属粉末、硝化棉制品、硫黄、萘及其衍生物。

(1)及时扑救初期火灾。易燃固体发生火灾后要区分不同情况，及时扑灭初期火灾，使其不致扩散蔓延。多数易燃固体可用水扑救，使用干粉灭火器扑救后要注意防止复燃。

(2)采取疏散、隔离的方法控制火势。对难以一时扑灭的火灾，应组织人员迅速疏散或隔离易燃易爆物质。疏散是把可搬运走的搬离火灾现场，存放安全地点；隔离是把难以搬离而又受火势直接威胁的易燃易爆物，使用水幕、不燃物质等与燃烧隔离降低危险。

(3)防止爆炸，迅速灭火。灭火时尽量避免水流直冲易燃固体，防止发生爆炸。扑救金属粉末火灾时，要避免冲击，造成粉尘飞扬，发生粉尘爆炸。

(4)扑救易熔性易燃固体火灾时，要采取措施堵截，控制熔流扩散，以防火势蔓延；扑救时应用大量消防水一面灭火一面冷却，以使其形成硬壳控制流散。

4. 自燃物品火灾

自燃物品不需要任何火源，本身受空气氧化或外界温度、湿度影响，发热达到自燃点就发生燃烧，一般自燃点在200℃以下的物质被列为自燃物品，常见有黄磷、硝化纤维素等。

(1)一些自燃品如锌、锑、硼、铝等有机金属化合物燃烧时不可用水扑救，可使用干粉、干砂、食盐等灭火剂，灭火时要注意防止烧伤、灼伤等。

(2)黄磷等自燃起火可用水扑救，但要避免直冲，可及时采取措施将磷浸没于水中，否则火势难以扑灭。

(3)硝化纤维类物品如胶片、赛璐珞、含植物油物品如油布、油纸等自燃起火,可大量使用水扑救,并要不断翻动使其彻底熄灭,防止死灰复燃,再次燃烧。

(4)疏散物品,防止火势蔓延。扑救自燃物品火灾时,首先要控制火势,缩小燃烧范围,受火势威胁和有可能导致火势扩大的易燃易爆物品及时疏散隔离,把燃烧控制在一定范围内。

5. 遇湿易燃(遇水燃烧)物品火灾

遇湿易燃物品当遇水或潮湿空气能分解产生易燃气体并放出热量而引起燃烧或爆炸。常见有:钾、钠、镁、氢化铝、保险粉、硼氢化钾等。

(1)扑救时正确选用灭火剂,严禁用水或 CO_2扑救。遇湿易燃物品燃烧时,如用水扑救会发生剧烈氧化反应,并放出大量易燃气体而发生爆炸。可用干粉、食盐、干砂等灭火剂扑救,主要是覆盖,以隔绝空气,窒息灭火。

(2)金属粉末起火不可使用有压力的灭火剂,防止吹散而造成粉尘飞扬,发生粉尘爆炸。

(3)疏散隔离控制燃烧,对燃烧的遇湿易燃物品周围的易燃易爆物品要及时疏散、隔离,有效控制燃烧范围,不使火势扩大,对引燃的相邻物品火灾要首先扑救,但用水需谨慎。

(4)排烟通风、防中毒。对于能产生有毒气体和烟雾的遇湿易燃易爆物品火灾现场,要及时打开门窗排除有毒气体和烟雾,防止现场施救人员中毒。

6. 氧化剂和有机过氧化物火灾

这类物质具有较强的氧化性能,遇酸、碱、潮湿、强热、摩擦、冲击或与易燃物、还原剂等接触,能发生分解反应,引起燃烧和爆炸。常见的有:硝酸盐类、氯的含氧酸及其盐类、高锰酸盐类、银、铝催化剂、过氧化钾、过氧化钠等。

(1)采用淹浸灭火。由于氧化剂和过氧化物着火或被卷入火中时,会放出氧,加剧火势,即使在惰性气体中燃烧仍能继续。因此无论是采取封闭还是用蒸汽、二氧化碳及其他惰性气体灭火都是无效的。如使用少量的水灭火,还会引起氧化物的剧烈反应。因此使用大量的水或用水淹浸灭火,才是控制和熄灭氧化剂火灾最为有效的方法。

(2)疏散或投弃,控制火势。有机过氧化物着火或被卷入火中时可能导致爆炸。如有可能应迅速将这些包件疏散移开火场,或予以投弃。人员应尽可能远离火场,并在有防护的地方实施灭火。

(3)正确选用灭火剂,及时扑灭火灾。一般情况下氧化剂和有机过氧化物燃烧,应采用大量水来扑救,但对少数活泼金属氧化剂不能用水,可采用干粉等其他灭火剂施救。要避免因灭火剂使用不当而引起火势扩大或爆炸伤人。

第七节 港口危险货物作业常见事故现场处置基本程序与措施

一、危险货物泄漏的现场应急处置基本程序和措施

1. 气体类危险货物泄漏事故现场应急处置基本程序和措施

(1)防护。

根据泄漏气体的毒性及划定的危险区域,确定相应的防护等级;防护等级划分标准、防护标准见表8-6和表8-7。

防护等级划分标准 表 8-6

毒性 \ 危险区	重度危险区	中度危险区	轻度危险区
剧毒	一级	一级	二级
高毒	一级	一级	二级
中毒	一级	二级	二级
低毒	二级	三级	三级
微毒	二级	三级	三级

防 护 标 准 表 8-7

级别	形式	防化服	防护服	防护面具
一级	全身	内置式重型防化服	全棉防静电内外衣	正压式空气呼吸器或全防型滤毒罐
二级	全身	封闭式防化服	全棉防静电内外衣	正压式空气呼吸器或全防型滤毒罐
三级	呼吸	简易防化服	战斗服	简易滤毒罐、面罩或口罩、毛巾等防护器材

(2)询情。

①遇险人员情况。

②容器储量、泄漏量、泄漏时间、部位、形式、扩散范围。

③周边单位、居民、地形、电源、火源等情况。

④消防设施、工艺措施、到场人员处置意见。

(3)侦检。

①搜寻遇险人员。

②使用检测仪器测定泄漏物质种类、浓度、扩散范围。

③测定风向、风速等气象情况。

④确定设施、建(构)筑物险情及可能引发爆炸燃烧的各种危险源。

⑤确认消防设施运行情况。

⑥确定攻防路线、阵地。

⑦现场及周边污染情况。

(4)警戒。

①根据询情、侦检情况确定警戒区域。

②将警戒区域划分为重危区、中危区、轻危区和安全区,并设立警戒标志,在安全区视情况设立隔离带。

③合理设置出入口,严格控制各区域进出人员、车辆、物资,并进行安全检查、逐一登记。

(5)救生。

①组成救生小组,携带救生器材迅速进入危险区域。

②采取正确的救助方式,将所有遇险人员转移至安全区域。

③对救出人员进行登记、标识和现场急救。

④将伤情较重者送医疗急救部门救治。

(6)控险。

①启用单位现有喷淋、泡沫、蒸气等固定、半固定灭火设施。

②选定水源,铺设水带,设置阵地,有序展开。

③设置水幕或屏封水枪,稀释、降解泄漏物浓度,或设置蒸气幕。

④采用雾状射流形成水幕墙，防止泄漏物向重要目标或危险源扩散。

(7)堵漏。

①根据现场泄漏情况，研究制订堵漏方案，并严格按照堵漏方案实施。

②若易燃气体泄漏，所有堵漏行动必须采取防爆措施，确保安全。

③关闭前置阀门，切断泄漏源。

④根据泄漏对象，对不溶于水且比水轻的液化气体，可向罐内适量注水，抬高液位，形成水垫层，缓解险情，配合堵漏。堵漏方法见表8-8。

堵漏方法 表8-8

部位	形式	方法
罐体	砂眼	使用螺丝加黏合剂旋进砂眼堵漏
	缝隙	使用外封式堵漏袋、电磁式堵漏工具组、粘贴式堵漏密封胶(适用于高压)、潮湿绷带冷凝法或堵漏夹具、金属堵漏锥堵漏
	孔洞	使用各种木楔、堵漏夹具、粘贴式堵漏密封胶(适用于高压)、金属堵漏锥堵漏
	裂口	使用外封式堵漏袋、电磁式堵漏工具组、粘贴式堵漏密封胶(适用于高压)堵漏
管道	砂眼	使用螺丝加黏合剂旋进堵漏
	缝隙	使用外封式堵漏袋、金属封堵套管、电磁式堵漏工具组、潮湿绷带冷凝法或堵漏夹具堵漏
	孔洞	使用各种木楔、堵漏夹具、粘贴式堵漏密封胶(适用于高压)堵漏
	裂口	使用外封式堵漏袋、电磁式堵漏工具组、粘贴式堵漏密封胶(适用于高压)堵漏
阀门		使用阀门堵漏工具组、注入式堵漏胶、堵漏夹具堵漏
法兰		使用专用法兰夹具、注入式堵漏胶堵漏

(8)输转。

①利用工艺措施倒罐或放空。

②转移较危险的瓶(罐)。

(9)救护。

①现场救护。

a.将染毒者迅速撤离现场，转移到上风或侧上风方向，空气无污染地区。

b.有条件时应立即进行呼吸道及全身防护，防止继续吸入毒气。

c.对呼吸、心跳停止者，应立即进行人工呼吸和胸外心脏按压等心肺复苏措施，并输氧气。

d.立即脱去被污染者的服装，皮肤污染者，用流动清水或肥皂水彻底冲洗，眼睛被污染者，可用大量流动清水彻底冲洗，之后使用特效药物治疗。

②对症治疗。

严重者送医院观察治疗。

(10)洗消。

①在危险区与安全区交界处设立洗消站。

②洗消的对象：

a.轻毒中毒的人员；

b.重度中毒人员在送医院治疗之前；

c.现场医务人员；

d.消防和其他抢险人员及群众互救人员；

e. 抢救及染毒器具。

③洗消应使用相应的洗消药剂。

④洗消污水的排放必须经过环保部门的检测，以防止造成次生灾害。

(11)清理。

①用喷雾水、蒸气、惰性气体清扫现场内的事故罐、管道、低洼、沟渠等处，确保不留残气(液)。

②清点人员、车辆及器材。

③撤除警戒，做好移交，安全撤离。

(12)警示。

①进入现场必须正确选择行车路线、停车位置、作战阵地。

②易燃气体泄漏时，应严格控制危险区域内的一切火源，应严格控制进入重危区内实施抢险作业的人员数量，严禁处置人员在泄漏区域内下水道等地下空间顶部、井口处滞留。

③谨慎使用点火方法。

a. 点火原则。

- 遇到下列情况时点火：泄漏扩散将会引起更严重灾害性后果时；
- 顶部受损泄漏，堵漏无效时；
- 槽车在人员密集区泄漏，无法转移和堵漏时；
- 泄漏浓度有限(浓度小于爆炸下限30%)且范围较小时。

b. 点火准备。

- 确认危险区域内人员撤离时；
- 灭火、掩护、冷却等防范措施准备就绪时；
- 现场设有或安排空火炬时。

c. 点火方法。

- 铺设导火索(绳)点燃(在安全区内操作)；
- 使用长竿点燃(在上风方向，穿着防火服，采用水枪掩护等措施，仅适用于放空点燃)；
- 抛射火种点燃(在上风方向，安全区内使用信号枪、曳光弹等操作)；
- 使用电打火器点燃(安全区内操作)。

d. 严密监视液相流淌、气相扩散情况，防止灾情扩大。

e. 注意风向变换，适时调整部署。

f. 慎重发布灾情和相关新闻。

2. 液体类危险货物泄漏事故现场应急处置基本程序和措施

(1)防护。根据泄漏液体的毒性及划定的危险区域，确定相应的防护等级。

(2)询情。

①遇险人员情况。

②容器储量、泄漏量、泄漏时间、部位、扩散范围。

③周边居民、地形、电源、火源等情况。

④单位的消防组织与设施。

⑤工艺措施、到场人员处置意见。

(3)侦检。

①搜寻遇险人员。

②使用检测仪器测定泄漏物质、蒸气浓度、扩散范围。

③确认设施、建(构)筑物险情及可能引发爆炸燃烧的各种危险源。

④确认消防设施运行情况。

⑤确定攻防路线、阵地。

⑥现场及周边污染情况。

(4)警戒。

①根据询情、侦检情况确定警戒区域。

②将警戒区域划分为重危区、中危区、轻危区和安全区,并设立警戒标志,在安全区视情况设立隔离带。

③合理设置出入口,严格控制各区域进出人员、车辆、物资,并进行安全检查,逐一登记。

(5)救生。

①组成救生小组,携带救生器材迅速进入危险区域。

②采取正确的救助方式,将所有遇险人员转移至安全区域。

③对救出人员进行登记、标识和现场急救。

④将需要救治人员送医疗急救部门救治。

(6)控险。

①启用单位现有喷淋、泡沫、蒸气等固定、半固定消防设施。

②选定水源,铺设水带,设置阵地,有序展开。

③外围设置水幕或屏封水枪,稀释、降解泄漏物蒸气浓度或设置蒸气幕。

④用干沙土、水泥粉、煤灰等围堵或导流,防止泄漏物向重要目标或危险源流散。

⑤视情况使用移动式泡沫管枪(炮)或高倍数泡沫发生器喷射泡沫,充分覆盖泄漏液面。

(7)堵漏。

①根据现场泄漏情况,研究制订堵漏方案,并严格按照堵漏方案实施。

②若易燃液体泄漏,则所有堵漏行动必须采取防爆措施,确保安全。

③关闭前置阀门,切断泄漏源。

④根据泄漏对象,对不溶于水且比水轻的易燃液体,可向罐内适量注水,抬高液位,形成水垫层,缓解险情,配合堵漏。

(8)输转。

①利用工艺措施导流或倒罐。

②转移较危险的瓶(罐、桶)。

(9)救护。

①现场救护。

a. 将染毒者迅速撤离现场,转移到上风或侧上风方向,无污染地区。

b. 有条件时应立即进行呼吸道及全身防护,防止继续吸入染毒。

c. 对呼吸、心跳停止者,应立即进行人工呼吸和胸外心脏按压等心肺复苏措施,并输氧气。

d. 立即脱去被污染者的服装,皮肤污染者,用流动清水或肥皂水彻底冲洗,眼睛污染者,用大量流动清水彻底冲洗,之后使用特效药物治疗。

②对症治疗。严重者送医院观察治疗。

(10)洗消。

①在危险区与安全区交界处设立洗消站。

②洗消对象:轻度中毒的人员,重度中毒人员在送医院治疗之前。

③现场医务人员:消防和其他抢险人员,以及群众互救人员。

④抢救及染毒器具:使用相应的洗消药剂。

⑤洗消污水的排放必须经过环保部门的检测,以防止造成次生灾害。

(11)清理。

①少量残液:用干沙土、水泥粉、煤灰、干粉等吸附,收集后做技术处理或视情况放到空旷地方掩埋;对与水反应或溶于水的污染物质也可视情况直接使用大量水稀释,污水排入废水处理系统。

②大量残液:用防爆泵抽吸或使用无火花盛器收集,集中处理。在污染地面上洒上中和剂或洗涤剂浸洗,然后用大量直流水清扫现场,特别是低洼、沟渠等处,确保不留残液。

③清点人员、车辆及器材。

④撤除警戒,做好移交,安全撤离。

(12)警示。

①进入现场必须正确选择行车路线、停车位置、作战阵地。

②易燃液体泄漏,一切处置行动自始至终必须严防引发爆炸。

③严密监视液体流淌情况,防止灾情扩大。

④注意风向变换,适时调整部署。

⑤慎重发布灾情和相关新闻。

3. 固体类危险货物泄漏事故现场应急处置基本程序和措施

(1)防护。根据泄漏固体的毒性及划定的危险区域,确定相应的防护等级。

(2)询情。

①遇险人员情况。

②物质泄漏的时间、部位、形式、已散落范围。

③单位的消防组织与设施。

④工艺处置措施、到场人员处置意见。

(3)侦检。

①搜寻遇险人员。

②使用检测仪器测定泄漏物质浓度及扩散范围。

③确定攻防路线及阵地。

④确定现场及周边污染情况。

(4)警戒。

①根据询情、侦检情况确定警戒区域。

②将警戒区域划分为重危区、中危区、轻危区和安全区,并设立警戒标志,在安全区视情况设立隔离带。

③严格控制各区域进出人员、车辆,并逐一登记。

(5)救生。

①组成救生小组,携带救生器材迅速进入危险区域。

②采取正确的救助方式,将所有遇险人员转移至安全区域。

③对救出人员进行登记和标识。

④将需要救治人员送医疗急救部门救治。

(6)控险。

①占领水源，铺设消防水龙带，设置阵地，有序展开。

②做好用泡沫、干粉、二氧化碳及沙土灭火进攻的准备，以防万一。

(7)排险。

①少量污染物泄漏时，应小心扫起，收集于专用密封桶或干净、有盖的容器中；对与水反应或溶于水的物品可视情况直接使用大量水稀释，污水排入废水处理系统。

②大量污染物泄漏时，应先用塑料布、帆布等覆盖，减少飞散，然后尽可能回收，恢复原状，若完全回收有困难，可收集后运至废物处理场所处理。

(8)救护。

①现场救护。

a. 迅速将遇险者救离危险区域；

b. 注意呼吸道（戴防毒面具、面罩或用湿毛巾捂住口鼻）和皮肤（穿防护服）的防护；对昏迷者应立即进行人工呼吸和胸外心脏按压，采取心肺复苏措施，并输氧气；

c. 脱去污染服装，皮肤及眼睛受到污染应用清水彻底冲洗，对易损伤呼吸道及黏膜的化合物应注意呼吸道是否通畅，防止窒息或阻塞，对消化道服入者应立即催吐。

②对症治疗，严重者送医院观察治疗。

(9)洗消。

①在危险区与安全区交界处设立洗消站。

②洗消的对象：

a. 轻度中毒的人员；

b. 重度中毒人员在送医院治疗之前；

c. 现场医务人员；

d. 消防和其他抢险人员及群众互救人员；

e. 抢救及染毒器具。

③洗消应使用相应的洗消药剂。

④洗消污水的排放必须经过环保部门的检测，以防止造成次生灾害。

(10)清理。

①在污染地面上洒上中和剂或洗涤剂浸洗，然后用大量直流水清扫现场，特别是低洼、沟渠等处，确保不留残物。

②清点人员、车辆及器材。

③撤除警戒，做好移交，安全撤离。

(11)警示。

①进入现场必须正确选择行车路线、停车位置、作战阵地。

②可燃物泄漏时，应消除现场一切可能引发燃烧、爆炸的点火源。

③注意风向变换，适时调整部署。

④慎重发布灾情和相关新闻。

二、火灾事故现场应急处置基本措施

危险货物容易发生火灾、爆炸事故，但不同的化学品在不同情况下发生火灾时，其扑救方法差异很大，若处置不当，不仅不能有效扑灭火灾，反而会使灾情进一步扩大。此外，由于化学品本身及其燃烧产物大多具有较强的毒害性和腐蚀性,极易造成人员中毒、灼伤。因此,扑救危险货物火灾是一项极其重要而又非常危险的工作。

从事化学品生产、使用、储存、运输的人员和消防救护人员应熟悉和掌握化学品的主要危险特性及其相应的灭火措施,并定期进行防火演习,提高紧急事态时的应变能力。

一旦发生火灾,每个职工都应清楚地知道自己的作用和职责,掌握有关消防设施的使用方法、人员的疏散程序和危险货物灭火的特殊要求等。

1. 灭火对策现场应急处置基本措施

(1)扑救初期火灾。

①迅速关闭火灾部位的上下游阀门,切断进入火灾事故地点的一切物料。

②在火灾尚未扩大到不可控制的情况之前,应使用移动式灭火器,或现场其他各种消防设备、器材,扑灭初期火灾、控制火源。

(2)采取保护措施。为防止火灾危及相邻设施,可采取以下保护措施:

①对周围设施及时采取冷却保护措施。

②迅速疏散受火势威胁的物资。

③有的火灾可能造成易燃液体外流,这时可用沙袋或其他材料筑堤拦截飘散流淌的液体,或挖沟导流将物料导向安全地点。

④用毛毡、海草帘堵住下水井、阴井口等处,防止火焰蔓延。

(3)火灾扑救。

扑救危险货物火灾决不可盲目行动,应针对每一类化学品,选择正确的灭火剂和灭火方法来安全地控制火灾。化学品火灾的扑救应由专业消防队来进行,其他人员不可盲目行动,须待消防队到达后,介绍物料介质,配合扑救。

2. 扑救压缩或液化气体火灾现场应急处置基本措施

压缩或液化气体总是被储存在不同的容器内,或通过管道输送。其中储存在较小钢瓶内的气体压力较高,受热或受火焰熏烤容易发生爆裂。气体泄漏后遇火源已形成稳定燃烧时,其发生爆炸或再次爆炸的危险性与可燃气体泄漏未燃烧时相比要小得多。遇压缩或液化气体火灾一般应采取以下基本对策。

(1)扑救气体火灾切忌盲目扑灭火势,在没有采取堵漏措施的情况下,应保持其稳定燃烧,否则,大量可燃气体泄漏出来与空气混合,遇火源就会发生爆炸,后果将不堪设想。

(2)首先应扑灭外围被火源引燃的可燃物火势,切断火势蔓延途径,控制燃烧范围,并积极抢救受伤和被困人员。

(3)如果火势中有压力容器或有受到火焰辐射热威胁的压力容器,那么能疏散的应尽量在水枪的掩护下将其疏散到安全地带,对不能疏散的压力容器应部署足够的水枪对其进行冷却保护。为防止压力容器爆炸伤人,进行冷却的人员应尽量采用低姿射水或利用现场坚实的掩蔽体防护。对卧式贮罐,冷却人员应选择贮罐四侧角作为射水阵地。

(4)如果是输气管道泄漏着火,应设法找到气源阀门。阀门完好时,只要关闭气体的进出阀门,火势就会自动熄灭。

(5)贮罐或管道泄漏关闭无效时,应根据火势判断气体压力和泄漏口的大小及其形状,准备好相应的堵漏材料(如软木塞、橡皮塞、气囊塞、黏合剂、弯管工具等)。

(6)堵漏工作准备就绪后,即可用水扑救火灾,也用干粉、二氧化碳、卤代烷灭火,但仍需用水冷却烧烫的贮罐或管壁。火扑灭后，应立即用堵漏材料堵漏，同时用雾状水稀释和驱散泄漏出来的气体。如果确认泄漏口非常大，根本无法堵漏，则只需冷却着火容器及其周围容器和可燃物品，控制着火范围，直到燃气燃尽，火势自动熄灭。

(7)现场指挥应密切注意各种危险征兆，遇有火势熄灭后较长时间未能恢复稳定燃烧或受热辐射的容器安全阀、尖叫、晃动、火焰变亮耀眼等爆裂征兆时，指挥员必须适时作出准确判断，及时下达撤退命令。现场人员看到或听到事先规定的撤退信号后，应迅速撤退至安全地带。

3. 扑救易燃液体现场应急处置基本措施

易燃液体通常是储存在容器内或通过管道输送。与气体不同的是，液体容器有的密闭，有的敞开，一般都是常压，只有反应锅(炉、釜)及输送管道内的液体压力较高。液体不论是否着火，如果发生泄漏或溢出，都将顺着地面(或水面)漂散流淌，而且易燃液体还因密度和水溶性等特性造成能否用水和普通泡沫扑救的问题，以及危险性很大的沸溢和喷溅问题，因此，扑救易燃液体火灾往往也是一场艰难的战斗。遇易燃液体火灾，一般应采用以下基本对策。

(1)首先应切断火势蔓延的途径，冷却和疏散受火势威胁的压力及密闭容器和可燃物，控制燃烧范围，并积极抢救受伤和被困人员。如有液体外流，应筑堤或用围油栏拦截漂散流淌的易燃液体或挖沟导流。

(2)及时了解和掌握着火液体的品名、密度、水溶性等特性，以及有无毒害、腐蚀、沸溢、喷溅等危险性，以便采取相应的灭火和防护措施。

(3)对较大的贮罐或流淌火灾，应准确判断着火面积。

(4)小面积(一般$50m^2$以内)液体火灾，一般可用雾状水扑救。用泡沫、干粉、二氧化碳灭火更有效。

(5)大面积液体火灾则必须根据其密度、水溶性和燃烧面积大小，选择正确的灭火剂扑救。

(6)比水轻又不溶于水的液体(如汽油、苯等)，用直流水、雾状水灭火往往无效。可用普通蛋白泡沫或轻水泡沫灭火。用干粉、卤代烷扑救时，灭火效果要视燃烧面积大小和燃烧条件而定，在灭火的同时最好用水冷却罐壁。

(7)比水重又不溶于水的液体起火时可用水扑救，水能覆盖在液面上灭火，用泡沫灭火也有效。用干粉、卤代烷扑救，灭火效果要视燃烧面积大小和燃烧条件而定，在灭火的同时最好用水冷却罐壁。

(8)具有水溶性的液体(如醇类、酮类等)，虽然从理论上讲能用水稀释扑救，但用此法要使液体闪点消失，水必须在溶液中占很大的比例，而大量的水容易使液体外溢，而普通泡沫又会受到水溶性液体的破坏(如果普通泡沫强度加大，可以减弱火势)，因此，最好用抗溶性泡沫扑救。用干粉或卤代烷扑救时，灭火效果要视燃烧面积大小和燃烧条件而定，灭火的同时也需用水冷却罐壁。

(9)扑救毒害性、腐蚀性或燃烧产物毒害性较强的易燃液体火灾时，扑救人员必须佩戴防护面具，采取相应的防护措施。

(10)扑救原油和重油等具有沸溢和喷溅危险的液体火灾时，如有条件，可采用取放水、搅拌等防止发生沸溢和喷溅的措施，在灭火同时必须注意计算可能发生沸溢、喷溅的时间并观察是否有沸溢、喷溅的征兆。指挥员发现危险征兆时应迅速作出准确判断，及时下达撤退命令，避免造成人员伤亡和装备损失。扑救人员看到或听到统一撤退信号后，应立即撤至安全地带。

(11)遇易燃液体管道或贮罐泄漏着火，在切断蔓延火势并将火势限制在一定范围内的同时，对输送管道应设法找到并关闭进、出阀门，如果管道阀门已损坏或是贮罐泄漏，应迅速准备好堵漏材料，之后先用泡沫、干粉、二氧化碳或雾状水等扑灭地上的流淌火焰，为堵漏扫清障碍，再扑灭泄漏口的火焰，并迅速采取堵漏措施。与气体堵漏不同的是，液体一次堵漏失败，可连续堵，但在堵漏时，应使用泡沫覆盖地面，降低蒸气灾害，并堵住液体流淌通道和控制好周围着火源，以防止易燃液体蒸气遇明火发生火灾、爆炸等事故。

4. 扑救爆炸物品火灾现场应急处置基本措施

爆炸物品一般都有专门或临时的储存仓库。这类物品由于具有易燃易爆特性，受摩擦、撞击、振动、高温等外界因素激发，极易发生爆炸，遇明火则更危险。遇爆炸物品火灾时，一般应采取以下基本对策。

(1)迅速判断和查明再次发生爆炸的可能性和危险性，紧紧抓住爆炸后和再次发生爆炸之间的有利时机，采取一切可能的措施，全力阻止爆炸的再次发生。

(2)切忌用沙土盖压，以免增强爆炸物品爆炸时的威力。

(3)如果有疏散可能，在人身安全确有可靠保障的条件下，应立即组织力量及时疏散着火区域周围的爆炸物品，使着火区域周围形成一个隔离带。

(4)扑救爆炸物品堆垛火灾时，水流应采用吊射，避免强力水流直接冲击堆垛，以免堆垛倒塌引起再次爆炸。

(5)灭火人员应尽量利用现场已有的掩蔽体或尽量采用卧姿等低姿射水，尽可能地采取自我保护措施。消防车辆不要停靠在距离爆炸物品过近的水源处。

(6)灭火人员发现有发生再次爆炸的危险时，应立即向现场指挥报告，现场指挥应迅速勘查情况、作出准确判断，确有发生再次爆炸的征兆或危险时，应立即下达撤退命令。灭火人员看到或听到撤退信号后，应迅速撤至安全地带，来不及撤退时，应就地卧倒。

5. 扑救遇湿易燃物品火灾现场应急处置基本措施

遇湿易燃物品能与潮湿空气和水发生化学反应，产生可燃气体和热量，有时即使没有明火也能自燃或爆炸，如金属钾、钠及三乙基铝(液态)等。因此，这类物品超过一定数量时，绝对禁止用水、泡沫、酸碱灭火器等湿性灭火剂扑救。这类物品的特性给其火灾的扑救带来了很大的困难。

通常情况下，遇湿易燃物品由于其发生火灾时的灭火措施特殊，在储存时要求分库或隔离分堆单独储存，但在实际操作中却很难完全做到，尤其是在生产和运输过程中更难以做到，如铝制品厂往往遍地积有铝粉。对包装坚固、封口严密、数量又少的遇湿易燃物品，在储存规定上允许同室分堆或同柜分格储存。一旦发生火灾这种混存方式给火灾扑救工作带来了更大的困难，灭火人员在扑救中应谨慎处置。对遇湿易燃物品火灾一般采取以下基本对策。

(1)首先应了解清楚遇湿易燃物品的品名、数量，是否与其他物品混存，燃烧范围，火势蔓延途径。

(2)如果只有极少量(一般50g以内)遇湿易燃物品，则不管是否与其他物品混存，仍可用大量的水或泡沫扑救。水或泡沫刚接触着火点时，短时间内可能会使火势增大，但少量遇湿易燃物品燃尽后，火势很快就会熄灭或减小。

(3)如果遇湿易燃物品数量较多，且未与其他物品混存，则绝对禁止用水或泡沫、酸碱等湿性灭火剂扑救。遇湿易燃物品应用干粉、二氧化碳、卤代烷扑救，只有金属钾、钠、铝、镁等个别物品用二氧化碳、卤代烷无效。固体遇湿易燃物品应用水泥、干沙、干粉、硅藻土和蛭石等覆盖。水泥是扑救固体遇湿易燃物品火灾比较容易得到的灭火剂。对遇湿易燃物品中的粉尘，如镁粉、铝粉等，切忌喷射有压力的灭火剂，以防止将粉尘吹扬起来，与空气形成爆炸性混合物而导致爆炸。

(4)如果有较多的遇湿易燃物品与其他物品混存，则应先查明是哪类物品着火，遇湿易燃物品的包装是否损坏。可先用水枪向着火点吊射少量的水进行试探，如未见火势明显增强，则证明遇湿物品尚未着火，包装也未损坏，应立即用大量水或泡沫扑救，扑灭火势后立即组织力量将淋过水或仍在潮湿区域的遇湿易燃物品疏散到安全地带分散开来。如射水试探后火势明确增强，则证明遇湿易燃物品已经着火或包装已经损坏，应禁止用水、泡沫、酸碱灭火器扑救。若是液体应用干粉等灭火剂扑救；若是固体应用水泥、干沙等覆盖；如遇钾、钠、铝、镁等轻金属发生火灾，最好用石墨粉、氯化钠及专用的轻金属灭火剂扑救。

(5)如果其他物品火灾威胁到相邻的较多遇湿易燃物品，应先用油布或塑料膜等其他防水布将遇湿易燃物品遮盖好，然后再在上面盖上棉被并淋上水。如果遇湿易燃物品堆放处地势低洼，可在其周围用土筑一道防水堤。在用水或泡沫扑救火灾时，对相邻的未燃烧遇湿易燃物品应留一定的力量监护。

由于遇湿易燃物品性能特殊，又不能用常用的水和泡沫灭火剂扑救，从事这类物品生产、经营、储存、运输、使用的人员及消防人员平时应了解和熟悉其品名和主要危险特性。

6. 扑救毒害品、腐蚀品火灾现场应急处置基本措施

毒害品和腐蚀品对人体都有一定危害。毒害品主要经呼吸道吸入蒸气或通过皮肤接触引起人体中毒的。腐蚀品是通过皮肤接触使人体形成化学灼伤。毒害品、腐蚀品有些本身能着火，有的本身并不着火，但与其他可燃物品接触后能着火。毒害品和腐蚀品发生火灾一般应采取以下基本对策。

(1)灭火人员必须穿防护服，佩戴防护面具。一般情况下应采取全身防护，对有特殊要求物品火灾，应使用专用防护服。考虑到过滤式防毒面具防毒范围的局限性，在扑救毒害品火灾时应尽量使用隔绝式氧气或空气面具。为了在火场上能正确使用和适应，平时应进行严格的适应性训练。

(2)积极抢救受伤和被困人员，限制燃烧范围。毒害品、腐蚀品火灾极易造成人员伤亡，灭火人员在采取防护措施后，应立即开展寻找和抢救受伤、被困人员的工作，并努力限制燃烧范围。

(3)扑救时应尽量使用低压水流或雾状水，避免腐蚀品、毒害品溅出。遇酸类或碱类腐蚀品最好调配相应的中和剂稀释中和。

(4)遇毒害品、腐蚀品容器泄漏，在扑灭火势后应采取堵漏措施。腐蚀品需用防腐材料堵漏。

(5)浓硫酸遇水能放出大量的热，会导致沸腾飞溅，需特别注意防护。扑救浓硫酸与其他可燃物品接触发生的火灾时，遇少量硫酸泄漏，可用大量低压水快速扑救。如果浓硫酸泄漏量很大，应先用二氧化碳、干粉等灭火，然后再把着火物品与浓硫酸分开。

7. 扑救易燃固体、自燃物品火灾现场应急处置基本措施

易燃固体、自燃物品一般都可用水或泡沫扑救，相对于其他种类的化学危险物品而言是比较容易扑救的，只要控制住燃烧范围，逐步扑灭即可。但也有少数易燃固体、自燃物品的扑救方法比较特殊，如2,4-二硝基苯甲醚、二硝基萘、萘、黄磷等。

(1)2,4-二硝基苯甲醚、二硝基萘、萘等是能升华的易燃固体，受热释放出易燃蒸气。发生火灾时可用雾状水、泡沫扑救并切断火势蔓延途径。需注意，不能以为明火焰扑灭即已完成灭火工作，因为受热后升华的易燃蒸气能在不知不觉中飘逸，在上层与空气能形成爆炸性混合物，尤其是在室内，易发生爆燃。因此，扑救这类物品火灾千万不能被无明火的假象所迷惑。在扑救过程中，应不时向燃烧区域上空及周围喷射雾状水，并用水浇灭燃烧区域及其周围的一切火源。

(2)黄磷，又称白磷，是一种易自燃物质，其着火点为40℃，在空气中能很快氧化升温并自燃。遇黄磷火灾时，首先应切断火势蔓延途径，控制燃烧范围。对着火的黄磷应用低压水或雾状水扑救。高压直流水冲击能引起黄磷飞溅，导致灾害扩大。黄磷熔融液体流淌时应用泥土、沙袋等筑堤拦截并用雾状水冷却，对磷块和冷却后已固化的黄磷，应用钳子钳入贮水容器中。来不及逐一钳入时，可先用沙土掩盖，但应做好标记，等火灾扑灭后，再逐步集中到贮水容器中水封储存。

(3)少数易燃固体和自燃物品不能用水和泡沫扑救，如三硫化二磷、铝粉、烷基铝、保险粉等，应根据具体情况分别处理，宜选用干沙和不用压力喷射的干粉扑救。

8. 扑救放射性物品火灾现场应急处置基本措施

放射性物品是一类能发射出人类肉眼看不见但却能严重损害人类生命的健康的α、β、γ射线和中子流的特殊物品。扑救这类物品火灾必须采取特殊的可防护射线照射的措施。平时生产、经营、储存和运输时，以及使用这类物品的单位及消防部门，应配备一定数量防护装备和放射性测试仪器。遇这类物品火灾一般应采取以下基本对策。

(1)先派出精干人员携带放射性测试仪器，测试辐射(剂)量和范围并应进行不间断巡回监测。测试人员应尽可能地采取防护措施。

对辐射(剂)量超过0.0387c/kg的区域，应设置写有“危及生命、禁止进入”的文字说明警告标志牌。

对辐射(剂)量小于0.0387c/kg的区域，应设置写有“辐射危险、请勿接近”的文字说明警告标志牌。

(2)对辐射(剂)量大于0.0387c/kg的区域，灭火人员不能深入辐射源纵深灭火。对辐射(剂)量小于0.0387c/kg的区域，可快速用水灭火或用泡沫、二氧化碳、干粉、卤代烷扑救，并积极抢救受伤人员。

(3)对燃烧现场包装没有被破坏的放射性物品，可在水枪的掩护下佩戴防护装备，设法疏散，无法疏散时，应就地冷却保护，防止造成新的破损，增加辐射(剂)量。对已破损的容器切忌搬动或用水流冲击，以防止放射性污染范围扩大。

三、爆炸事故现场应急处置基本措施

爆炸事故对人们的生命和财产会造成极大的伤害，并且由于爆炸事故发生的多样性和不确定性，使得在各类生产企业中都有可能发生。因此，掌握一定的防爆和应急救援知识，对于预防爆炸事故的发生和减少爆炸事故带来的损失都是十分有必要的。

1. 气体类危险货物爆炸燃烧事故现场应急处置基本措施

(1)防护。根据爆炸燃烧气体的毒性及划定的危险区域，确定相应的防护等级。

(2)询情。

①被困人员情况。

②容器储量、燃烧部位、形式、火势范围。

③周边单位、居民、地形等情况。

④消防设施、工艺措施、到场人员处置意见。

(3)侦察。

①搜寻被困人员。

②燃烧部位、形式、范围、对毗邻威胁程度等。

③消防设施运行情况。

④生产装置、控制路线、建(构)筑物损坏程度。

⑤确定攻防路线、阵地。

⑥现场及周边污染情况。

(4)警戒。

①根据询情、侦察情况确定警戒区域。

②将警戒区域划分为重危区、中危区、轻危区和安全区,并设立警戒标志,在安全区视情况设立隔离带。

③合理设置出入口,严格控制各区域进出人员、车辆、物资。

(5)救生。

①成立救生小组,携带救生器材迅速进入现场。

②采取正确的救助方式,将所有遇险人员移至安全区域。

③对救出人员进行登记、标识和现场急救。

④将伤情较重者送往医疗急救部门救治。

(6)控险。

①冷却燃烧罐(瓶)及与其相邻的容器,重点应是受火势威胁的一面。

②冷却要均匀、不间断。

③冷却尽可能使用固定式水炮、带架水枪、自动摇摆水枪(炮)和遥控移动炮。

④冷却强度应不小于$0.2L/(s \cdot m^2)$。

⑤启用喷淋、泡沫、蒸气等固定或半固定灭火设施。

(7)排险。

①外围灭火。向泄漏点、主火点进攻之前,应将外围火点彻底扑灭。

②堵漏。

a. 根据现场泄漏情况,研究制订堵漏方案,并严格按照堵漏方案实施。

b. 所有堵漏行动必须采取防爆措施,确保安全。

c. 关闭前置阀门,切断泄漏源。

d. 根据泄漏对象的特性采取相应措施,对不溶于水的液化气体,可向罐内适量注水,抬高液位,形成水垫层,缓解险情,配合堵漏。

③输转。

a. 利用工艺措施倒罐或排空。

b. 转移受火势威胁的瓶(罐)。

④点燃。当罐内气压减小,火焰自动熄灭,或火焰被冷却水流扑灭,但还有气体扩散且无

法实施堵漏，仍能造成危害时，要果断采取措施点燃。

⑤灭火。

a. 灭火条件：

• 周围火点已彻底扑灭。

• 外围火种等危险源已全部控制。

• 着火罐已得到充分冷却。

• 兵力、装备、灭火剂已准备就绪。

• 物料源已被切断，且内部压力明显下降。

• 堵漏准备就绪，并有把握在短时间内完成。

b. 灭火方法：

• 关阀断气法：关闭阀门，切断气源，火焰自行熄灭。

• 干粉抑制法：视燃烧情况使用车载干粉炮、胶管干粉枪、推车或手提式干粉灭火器灭火。

• 水流切封法：采用多支水枪并排或交叉形成密集水流面，集中对准火焰根部下方射水，同时向火头方向逐渐移动，隔断火焰与空气的接触使火熄灭。

• 泡沫覆盖法：对流淌火焰喷射泡沫进行覆盖灭火。

• 旁通注入法：将惰性气体等灭火剂在喷口前的管道旁通处注入灭火。

(8)救护。

①现场救护。

a. 将染毒者迅速撤离现场，转移到上风或侧上风方向，空气无污染地区。

b. 有条件时立即进行呼吸道及全身防护，防止继续吸入染毒。

c. 对呼吸、心跳停止者，应立即进行人工呼吸和胸外心脏按压等心肺复苏措施，并输氧气。

d. 立即脱去被污染者的服装，皮肤污染者，用流动清水或肥皂水彻底冲洗，眼睛污染者，用大量流动清水彻底冲洗，之后使用特效药物治疗。

②对症治疗，严重者送医院观察治疗。

(9)洗消。

①在危险区与安全区交界处设立洗消站。

②洗消的对象：

a. 轻度中毒的人员；

b. 重度中毒人员在送医院治疗之前；

c. 现场医务人员；

d. 消防和其他抢险人员及群众互救人员；

e. 抢救及染毒器具。

③洗消应使用相应的洗消药剂。

④洗消污水的排放必须经过环保部门的检测，以防止造成次生灾害。

(10)清理。

①用喷雾水、蒸气、惰性气体清扫现场内事故罐、管道、低洼、沟渠等处，确保不留残气(液)。

②清点人员、车辆及器材。

③撤除警戒，做好移交，安全撤离。

(11)警示。

①进入现场必须正确选择行车路线、停车位置、作战阵地。

②不准盲目灭火,防止引发再次爆炸。

③冷却时严禁向火焰喷射口射水,防止燃烧加剧。

④当贮罐火灾现场出现罐体振颤、啸叫、火焰由黄变白、温度急剧升高等爆炸征兆时,指挥员应果断下达紧急避险命令,参战人员应迅速撤出或隐蔽。

⑤严禁处置人员在泄漏区域内下水道等地下空间顶部、井口处滞留。

⑥严密监视液相流淌、气相扩散情况防止灾情扩大。

⑦注意风向变换,适时调整部署。

⑧慎重发布灾情和相关新闻。

2. 液体类危险货物爆炸燃烧事故现场应急处置基本措施

(1)防护。根据爆炸燃烧液体的毒性及划定的危险区域,确定相应的防护等级。

(2)询情。

①被困人员情况。

②容器储量、燃烧时间、部位、形式、火势范围。

③周边单位、居民、地形等情况。

④消防设施、工艺措施、到场人员处置意见。

(3)侦查。

①搜寻被困人员。

②燃烧部位、形式范围、对毗邻威胁程度等。

③消防设施运行情况。

④生产装置、控制系统、建(构)筑物损坏程度。

⑤确定攻防路线、阵地。

⑥现场及周边污染情况。

(4)警戒。

①根据询情、侦察情况确定警戒区域。

②将警戒区域划分为重危区、中危区、轻危区和安全区,并设立警戒标志,在安全区视情况设立隔离带。

③合理设置出入口,严格控制人员、车辆进出。

(5)救生。

①组成救生小组,携带救生器材迅速进入危险区域。

②采取正确的救助方式,将所有遇险人员移至安全区域。

③对救出人员进行登记、标识和现场急救。

④将伤情较重者送医疗急救部门救治。

(6)控险

①冷却燃烧罐(桶)及其邻近容器,重点应是受火势威胁的一面。

②冷却要均匀、不间断水枪(炮)。

③冷却强度应不小于0.2L/(s·m^2)。

④冷却尽可能利用带架水枪或自动摇摆。

⑤启用喷淋、泡沫、蒸气等固定或半固定消防设施。

⑥用干沙土、水泥粉、煤灰等围堵或导流,防止泄漏物向重要目标或危险源流散。

(7)排险。

①外围灭火:向泄漏点、主火点进攻之前,应将外围火点彻底扑灭。

②堵漏:

a.根据现场泄漏情况,研究制订堵漏方案,并严格按照堵漏方案实施。

b.所有堵漏行动必须采取防爆措施,确保安全。

c.关闭前置阀门,切断泄漏源。

d.根据泄漏对象的特性采取相应的措施,对不溶于水且比水轻的易燃液体,可向罐内适量注水,抬高液位,形成水垫层,缓解险情,配合堵漏。

③输转:

a.利用工艺措施导流或倒罐。

b.转移受火势威胁的瓶(罐、桶)。

(8)灭火。

①灭火条件。

a.外围火点已彻底扑灭,火种等危险源已全部控制。

b.堵漏准备就绪。

c.着火罐(桶)已得到充分冷却。

d.兵力、装备、灭火剂已准备就绪。

②灭火方法:

a.关阀断料法:关阀断料,熄灭火源。

b.泡沫覆盖法:对燃烧罐(桶)和地面流淌火喷射泡沫覆盖灭火。

c.土覆盖法:使用于沙土、水泥粉、煤灰、石墨等覆盖灭火。

d.干粉抑制法:视燃烧情况使用推车或手提式干粉灭火器灭火。

(9)救护。

①现场救护:

a.将染毒者迅速撤离现场,转移到上风或侧上风方向,空气无污染地区。

b.有条件时应立即进行呼吸道及全身防护,防止继续吸入染毒。

c.对呼吸、心跳停止者,应立即进行人工呼吸和胸外心脏按压等心肺复苏措施,并输氧气。

d.立即脱去被污染者的服装,皮肤污染者,用流动清水或肥皂水彻底冲洗,眼睛污染者,用大量流动清水彻底冲洗。

e.使用特效药物治疗。

②对症治疗,严重者送医院观察治疗。

(10)洗消。

①在危险区与安全区交界处设立洗消站。

②洗消的对象:

a.轻度中毒的人员。

b.重度中毒人员在送医院治疗之前。

c.现场医务人员。

d.消防和其他抢险人员及群众互救人员。

e.抢救及染毒器具。

③洗消应使用相应的洗消药剂。

④洗消污水的排放必须经过环保部门的检测,以防造成次生灾害。

(11)清理。

①少量残液,用干沙土、水泥粉、煤灰、干粉等吸附,收集后作技术处理或视情况倒入空旷地方掩埋。

②大量残液,用防爆泵抽吸或使用无火花盛器收集,集中处理。

③在污染地面洒上中和或洗涤剂浸洗,然后用大量直流水清扫现场,特别是低洼、沟渠等处,确保不留残液。

④清点人员、车辆及器材。

⑤撤除警戒,做好移交,安全撤离。

(12)警示。

①进入现场必须正确选择行车路线、停车位置、作战阵地。

②严密监视液体流淌情况,防止灾情扩大。

③扑灭流淌火灾时,泡沫覆盖要充分到位,并防止回火或复燃。

④着火贮罐或装置出现爆炸征兆时,参战人员应果断撤离。

⑤注意风向变换,适时调整部署。

⑥慎重发布灾情和相关新闻。

3. 固体类危险货物燃烧事故现场应急处置基本措施

(1)防护。根据爆炸燃烧固体的毒性及划定的危险区域,确定相应的防护等级。

(2)询情。

①被困人员情况。

②燃烧物质、时间、部位、形式、火势范围。

③周边单位、居民、地形、供电等情况。

④单位的消防组织、水源、设施。

⑤工艺措施、到场人员处置意见。

(3)侦察。

①搜寻被困人员。

②确定燃烧物质、范围、蔓延方向、火势、对邻近的威胁程度。

③确认设施、建(构)筑物险情。

④确认消防设施运行情况。

⑤确定攻防路线、阵地。

⑥现场及周边污染情况。

(4)警戒。

①根据询情、侦察情况确定警戒区域。

②将警戒区域分为重危区、中危区、轻危区和安全区,并设立警戒标志,在安全区视情况设立隔离带。

③严格控制各区域进出人员、车辆。

(5)救生。

①组成救生小组,携带救生器材迅速进入现场。

②采取正确的救助方式,将所有遇险人员转移至安全区域。

③对救出人员进行登记和标识。

④将需要救治人员送医疗急救部门救治。

(6)控险。

①启用单位泡沫、干粉、二氧化碳等固定或半固定灭火设施。

②占领水源,铺设干线,设置阵地,有序展开。

(7)输转。转移受火势威胁的桶、箱、瓶、袋等。

(8)灭火。

①沙土覆盖法:使用干沙土、水泥粉、煤灰、石墨等覆盖灭火。

②干粉抑制法:使用车载干粉炮(枪)或干粉灭火器灭火。

③泡沫覆盖法:对不与水反应物品,使用泡沫覆盖灭火。

④用水强攻灭疏结合法:对与水反应物品,如保险粉火灾,一般不能用水直接扑救,但在有限空间内(如货运船),桶装堆垛中因固体泄漏引发火灾,在使用干粉、沙土等灭火剂灭火难以奏效的情况下,可直接用水强攻,边灭火、边冷却、边疏散,加快泄漏物反应,直至火焰熄灭。

(9)救护。

①现场救护。

a. 迅速将遇险者救离危险区域。

b. 注意呼吸道(戴防毒面具、面罩或用湿毛巾捂住口鼻)和皮肤(穿防护服)的防护。

c. 对昏迷者应立即进行人工呼吸和胸外心脏按压等心肺复苏措施,并输氧气。

d. 脱去污染服装,皮肤及眼污染用清水彻底冲洗,对易损伤呼吸道及黏膜的化合物应注意呼吸道是否通畅,防止窒息或阻塞,对消化道服入者应立即催吐。

②对症治疗:严重者送医院观察治疗。

(10)洗消。

①在危险区与安全区交界处设立洗消站。

②洗消的对象:

a. 轻度中毒的人员。

b. 重度中毒的人员在送医院治疗之前。

c. 现场医务人员。

d. 消防和其他抢险人员及群众互救人员。

e. 抢救及染毒器具。

③洗消应使用相应的洗消药剂。

④洗消污水的排放必须经过环保部门的检测,以防止造成次生灾害。

(11)清理。

①火场残物,用干沙土、水泥粉、煤灰、干粉等吸附,收集后作技术处理或视情况倒入空旷地方掩埋。

②在污染地面上洒上中和或洗涤剂浸洗,然后用大量直流水清扫现场,特别是低洼、沟渠等处,确保不留残物。

③清点人员、车辆及器材。

④撤除警戒,做好移交,安全撤离。

(12)警示。

①进入现场必须正确选择行车路线、停车位置、作战阵地。

②对大量泄漏且与水反应的物品的火灾,不得使用水、泡沫扑救。

③对粉末状物品火灾,不得使用直流水冲击灭火。

④注意风向变换,适时调整部署。

⑤慎重发布灾情和相关新闻。

4. 爆炸事故急救措施

(1)专业救援到达之前应如何处置。

立即组织幸存者自救互救,并向120、110、119报警台呼救,爆炸事故要求刑事侦察、医疗急救、消防等部门的协同救援。在这些人员到来之前保护现场,维持秩序,初步急救。

(2)爆炸事故伤害的处理步骤。

①检查伤员受伤情况,先救命、后治伤。

②迅速设法清除伤员气管内的尘土、沙石,防止发生窒息。使神志不清者头侧卧,保持呼吸道通畅。伤员出现呼吸停止时,应立即进行口对口人工呼吸和胸外心脏按压。已发生心脏和肺部的损伤时,需慎重应用心脏按压技术。

③就地取材,进行止血、包扎、固定。搬运脊柱损伤的伤员时,应十分小心,防止脊柱弯曲和扭转,以免加重伤性造成截瘫。

四、中毒事故现场应急处置基本措施

在港口危险货物作业过程中,如果不注意安全管理和职业卫生防护,很容易造成职业中毒伤害事故。大量的事故案例表明,事故的发生主要是两个方面的原因:

(1)一些企业只顾生产不顾安全,生产条件差,缺少预防职业中毒的措施。

(2)劳动者缺乏安全意识和职业卫生知识,不懂得安全防护。

因此,在防范化学品伤害事故中,要有针对性地采取各项措施,降低事故发生率,保证劳动者的安全和健康。

1. 预防职业中毒的综合性措施

工业毒物的种类繁多,影响面大,职业中毒约占职业病总数的一半。多年来,国家有关部门为预防职业中毒发布实施了一系列的法律法规、标准制度,对职业中毒的防治起到了重要的作用。预防职业中毒必须采用综合性的防治措施。

(1)组织管理措施。

企业的各级领导必须十分重视预防职业中毒工作,在工作中认真贯彻执行国家有关预防职业中毒的法律法规和政策;结合企业内部接触毒物的性质,制订预防措施及安全操作规程,并建立相应的组织领导机构。

(2)消除毒物。

在生产中,利用科学技术和工艺改革,使用无毒或低毒物质代替有毒或高毒的物质。

(3)降低毒物浓度。

降低空气中毒物含量使之达到或者低于最高允许浓度,是预防职业中毒的中心环节。为此,首先要使毒物不能逸散到空气中,或消除工人接触毒物的机会;其次,对逸出的毒物要设法抑制其飞扬、扩散,对散落到地面的毒物应及时消除;再次,缩小毒物接触的范围,以便于控制,并减少受毒物危害的人数。降低毒物浓度的方法包括:

①改革工艺。尽量采用先进技术和工艺过程,避免开放式生产,消除毒物逸散的条件;采用

远距离程序控制，最大限度地减少工人接触毒物的机会；用无毒或低毒物质代替有毒物质等。

②通风排毒。应用局部抽风式通风装置将产生的毒物尽快收集起来，防止毒物逸散。常用的装置有通风柜、排气罩、吸气罩等，排出的毒物要经过净化回收装置，或回收利用，或净化处理后排出。

③合理布局。不同生产工序的布局，不仅要满足生产上的需要，而且要考虑卫生上的要求。有毒的作业应与无毒的作业分开，危害大的毒物要有隔离设施及防范手段。

④安全管理。对生产设备要加强维修和管理，防止跑、冒、滴、漏事故的发生。

⑤个体防护。做好个体防护与个人卫生，对于预防职业中毒虽不是根本性的措施，但在许多情况下却起着重要作用。除普通工作服外，对某些作业工人还需供应特殊质地或式样的防护服。如接触强碱、强酸应有耐酸碱的工作服，对某些毒物作业要有防毒口罩与防毒面具等。为保持良好的个人卫生状况，减少与毒物接触的机会，应设置盥洗设备、淋浴室及存衣室，配备个人专用更衣箱等。

⑥严格进行环境监测、生物材料监测与健康检查。要定期监测作业场所空气中毒物浓度，将其控制在最高允许浓度以下。实施就业前健康检查，严禁职业禁忌症者参加接触毒物的作业。坚持定期健康检查，早期发现工人健康问题并及时处理。

2. 预防职业中毒的通风排毒措施

工业毒物进入人体的途径有三种，即呼吸道、皮肤和消化道，其中主要是呼吸道。从大量事故案例来看，加强作业场所的通风排毒，是一种简便易行又十分有效的防毒措施。通风按其动力分为自然通风和机械通风，按其范围又可分为局部通风和全面通风。

(1)局部通风。局部通风是指在有毒物质比较集中或作业人员经常活动的局部地区的通风。局部通风有局部排风、局部送风和局部送、排风三种形式。

(2)全面通风。全面通风是用大量新鲜空气将作业场所的有毒气体冲淡至符合卫生要求的通风方式。全面通风多用于毒源不固定，毒物扩散面积较大，或虽实行了局部通风，但仍有毒物散逸点的车间或场所。全面通风只适用于低毒有害气体，并且有害气体散发量不大或作业人员离毒源比较远的情形。全面通风不适用于产生粉尘、烟尘、烟雾的场所。

(3)混合通风。混合通风是既有局部通风又有全面通风的通风方式。如局部排风，室内空气是靠门窗大量补入的，在冬季大量补入冷空气，会使房间过冷，往往要采用一套带有空气预热功能的全面送风系统。

3. 预防职业中毒的个体防护措施

根据有毒物质进入人体的途径，相应的采取各种有效措施，保护劳动者在使用化学品时的安全。

(1)呼吸防护措施。正确使用呼吸防护器，是防止有毒物质从呼吸道进入人体引起职业中毒的重要措施之一。需要指出的是，这种防护只是一种辅助性的保护措施，根本的解决办法还在于改善劳动条件，降低作业场所有毒物质的浓度。用于防毒的呼吸器材，大致可分为过滤式防毒呼吸器和隔离式防毒呼吸器两类。

(2)皮肤防护措施。皮肤防护主要依靠个体防护用品，如工作服、工作帽、工作鞋、手套、口罩、眼镜等，这些防护用品可以避免有毒物质与人体皮肤的接触。对于外露的皮肤，则需涂上皮肤防护剂。由于工种不同，个人防护用品的配备也因工种的不同而有所区别。皮肤被有毒物质污染后，应立即清洗。许多污染物是不易被普通肥皂洗掉的，而应按不同的污染物分别采用不同的清洗剂。但最好不用具有易燃易爆特性且易对环境造成污染的汽油、煤油作清洗剂。

(3)消化道防护措施。防止有毒物质从消化道进入人体，一是要严格遵守有关规定，在有毒工作场所作业时，应按照规定不饮水不进食，防止有毒有害物质进入体内；二是提高安全防范意识，养成良好的卫生习惯，做到饭前洗手，注意搞好个人卫生。

五、自然灾害应急处置基本措施

1. 防抗台风应急处置要点

防抗台风过程中，重点是预防。

(1)当气象部门发布台风蓝色预警信号时，各港口企业应警惕台风对本港、本企业的影响，注意接收气象信息，并做好防台的各项准备。

(2)当气象部门发布台风黄色预警信号时，各港口企业要停止装卸作业，固定好岸吊等重型设备，港口行政管理部门要派专人到防台重点港口企业检查、督促、指导。

(3)当气象部门发布台风红色或橙色预警信号时，应急指挥部要随时准备应对突发险情。港口企业要加强值班，认真检查和落实防台措施，及时应对灾情。

2. 防抗雷电应急处置要点

(1)按规定周期申请质量技术监督部门对码头设备的防雷接地装置进行检测，确保有关装置时刻处于完好状态。

(2)当气象部门发布雷暴预警信号时，码头停止装卸作业。关闭一切非应急用途的电气设备的总电源。

(3)所有人员禁止在码头、设备上停留，尽量不要在空旷处逗留；不要在室外使用对讲机、手机通信。

(4)发生人员遭受雷击的情况时，须立即采取医疗救护措施。

3. 防抗暴雨应急处置要点

(1)易受淹的港口企业做好防抗暴雨的准备工作，及时转移低洼、易受淹地区的货物。

(2)暴雨极易引发地质灾害，如泥石流、山体滑坡等，处于危险地带的港口企业应停止办公，立即将人员转移到安全的地方暂避。

(3)气象部门发布暴雨红色预警信号时，由于降雨较大，能见度低，雷达信号受干扰严重，因此，应暂停靠、离泊作业。

4. 防抗大雾应急处置要点

(1)港口企业应采取措施，如开启码头灯光；巡视航标灯是否正常等，发现问题及时与有关部门联系处理，保证航标灯正常发亮。

(2)码头应和船舶保持联系，将有关情况告知船舶。并要求船舶开启雷达，显示航行灯，注意观察航道情况，保持安全航速，靠近码头时要控制好靠泊速度。

(3)必要时停止船舶靠、离泊作业。

(4)港内作业要注意安全，装卸机械和车辆驾驶人员应控制速度，确保安全；作业场所增加监护人员，采取必要的安全措施；必要时停止装卸作业。

5. 防抗洪应急处置要点

(1)港口经营单位应加强研究防御重点和对策。密切监视水情、雨情的发展变化。

(2)要防止因水位急涨给港口造成险情。

(3)港口应急值班人员要加强与气象部门和三防部门的联系,及时掌握洪水或潮水水位情况,并要检查落实防洪措施,准备好沙袋、救生衣等应急物资,做好防抗洪水工作。

(4)处于危险地带的港口企业要及时疏散人员。

6. 防地震灾害应急处置要点

(1)临震应急期:由地震部门作出预测,各港口单位要做好防震、抗震各项措施,从事港口危险货物作业的企业要采取紧急抗震措施,避免次生灾害的发生。

(2)任何人感觉到地震时,应立即就近寻求保护,室内人员应迅速躲在坚实的桌子底下或躲进小跨度的房间,如卫生间、厨房等地方;室外作业人员应立即停止作业,离开危险区域,并尽可能转移到空旷地方。

(3)地震停止后(大多数情况下,强震时地面晃动也仅为 20 ~ 30s),所有人员都应撤离到室外空旷地方,撤离时应记得关闭煤气和切断电源。

第九章　港口危险货物作业职业卫生

第一节　职业病防治法律、法规和规范、标准

2001年10月27日，第九届全国人民代表大会常务委员会第二十四次会议审议通过了《中华人民共和国职业病防治法》（简称《职业病防治法》），这是我国第一部全面规范职业病防治工作的法律。2011年12月31日，中华人民共和国第十一届全国人民代表大会常务委员会第二十四次会议审议通过了《全国人民代表大会常务委员会关于修改〈职业病防治法〉的决定》。与原《职业病防治法》相比较，新法增加了11条，由79条增加到90条，有了很大的完善。该法是保障劳动者在安全卫生条件下进行生产劳动的行政管理依据，也是国家用法律形式实施职业卫生管理的重要依据。

为贯彻实施《职业病防治法》，我国初步形成了具有中国特色并与国际接轨的，符合依法治国和社会主义市场经济建设要求的，由职业卫生法律、法规、规章、相关技术标准与规范组成的职业卫生法律体系框架。我国现行的职业卫生法律体系主要包括以下内容。

1. 法律

由全国人民代表大会常务委员会通过的职业卫生法律，包括职业卫生专项法律，如《职业病防治法》；含有职业卫生条款的相关法律，如《中华人民共和国劳动法》和《中华人民共和国安全生产法》等。

2. 行政法规

由国务院制定的职业卫生行政法规，如《使用有毒物品作业场所劳动保护条例》、《中华人民共和国尘肺病防治条例》、《突发公共卫生事件应急条例》、《放射性同位素与射线装置安全和防护条例》、《女职工劳动保护特别规定》和《工伤保险条例》等。

3. 部门规章

修改后的《中华人民共和国职业病防治法》进一步明确和理顺了相关部门在职业病防治当中的监管职责，国务院安全生产监督管理部门、卫生行政部门、劳动保障行政部门依照本法和国务院确定的职责，负责全国职业病防治的监督管理工作。

目前卫生部从规范企业职业病防治活动、规范职业卫生技术服务活动、规范卫生行政执法行为、职业卫生防控技术法规4个方面建立健全职业病防治的配套规章，如《职业病危害因素分类目录》（卫法监发〔2002〕63号）、《职业病目录》（卫生部、劳动保障部、卫法监发〔2002〕108号文）和《高毒物品目录》（卫法监发〔2003〕142号）等。

2012年，国家安全生产监督管理总局为规范用人单位职业健康监护工作，保护劳动者健康及其相关权益，预防、控制和消除建设项目可能产生的职业病危害，加强职业健康监护的监

督管理，规范建设项目职业病防护设施建设的监督管理，制定了《工作场所职业卫生监督管理规定》(国家安全生产监督管理总局令第 47 号)、《职业病危害项目申报办法》(国家安全生产监督管理总局令第 48 号)、《用人单位职业健康监护监督管理办法》(国家安全生产监督管理总局令第 49 号)、《职业卫生技术服务机构监督管理暂行办法 》(国家安全生产监督管理总局令第 50 号)和《建设项目职业卫生“三同时”监督管理暂行办法 》(国家安全生产监督管理总局令第 51 号)等。

4. 职业卫生相关标准、规范

职业卫生标准是以保护劳动者健康为目的的卫生标准，主要包括职业卫生专业基础标准；工作场所作业条件卫生标准；工业毒物、生产性粉尘、物理因素职业接触限值、职业病诊断标准；职业防护用品卫生标准；职业危害防治导则；职业照射放射防护标准；劳动生理卫生、工效学标准；职业病危害因素检测、检验方法标准 9 个大类标准。

技术规范有《建设项目职业病危害评价规范》(卫法监发〔2002〕63 号)、《工作场所空气中有害物质监测的采样规范》(GBZ 159—2004)、《职业健康监护技术规范》(GBZ 188—2007)等。

我国已制、修订各类职业卫生标准，例如《工业企业设计卫生标准》(GBZ 1—2002)、《港口工程劳动安全卫生设计规定》(JT 320—1997)、《工作场所有害因素职业接触限值第 1 部分：化学有害因素》(GBZ 2.1—2007)、《工作场所有害因素职业接触限值第 2 部分：物理因素》(GBZ 2.2—2007)等。

第二节　职业卫生的基本概念及术语

一、术语

1. 职业卫生

根据《港口工程劳动安全卫生设计规定》(JT 320—1997)规定，职业卫生是以职工的健康在职业活动过程中免受有害因素侵害为目的的工作领域及在法律、技术、设备、组织制度和教育等方面所采取的相应措施。

2. 职业病

根据《中华人民共和国职业病防治法》(中华人民共和国主席令第五十二号)规定，职业病是指企业、事业单位和个体经济组织等用人单位的劳动者在职业活动中，因接触粉尘、放射性物质和其他有毒、有害因素而引起的疾病。

3. 职业健康监护

根据《用人单位职业健康监护监督管理办法》(国家安全生产监督管理总局令 49 号)规定，职业健康监护是指劳动者上岗前、在岗期间、离岗时，应急的职业健康检查和职业健康监护档案管理。

4. 职业接触限值

依据《工作场所有害因素职业接触限值职业性第 1 部分：化学有害因素》(GBZ 2.1—2007)规定，职业接触限值指劳动者在职业活动过程中长期反复接触，对绝大多数接触者的健康不引起有害作用的容许接触水平。

5. 职业禁忌症

依据《职业健康监护技术规范》(GBZ 188—2007)规定,职业禁忌症是指劳动者从事特定职业或者接触特定职业病危害因素时,比一般职业人群更易于遭受职业病危害和罹患职业病或者可能导致原有自身疾病病情加重,或者在作业过程中诱发可能导致对他人生命健康构成危险的疾病的个人特殊生理或病理状态。

6. 职业病危害因素

依据《职业健康监护技术规范》(GBZ 188—2007)规定,职业病危害因素是指对从事职业活动的劳动者可能导致疾病或其他不良健康效应的各种危害因素,包括各种有害的化学物质、物理、生物因素以及在作业过程中产生的其他职业有害因素。

二、职业卫生工作内容

职业卫生主要以人群和作业环境作为研究对象,旨在创造安全、健康和高效的作业环境,提高职业生命质量,保护劳动者健康,其主要工作内容涉及职业病危害因素识别、职业病危害因素监测、职业健康监护、健康危险度评估及危害告知、健康教育和健康促进等。

1. 职业病危害因素识别

识别生产过程中产生的以下各类职业病危害因素:

(1)生产工艺过程中的有害因素,包括化学性因素、物理性因素、生物性因素。

(2)作业过程中的有害因素,如劳动组织不合理,劳动精神过度紧张,劳动强度过大或安排不当,个别器官、系统过度疲劳。

(3)生产环境中的有害因素,包括生产场所设计不合理,防护措施缺乏、不完善或效果不好,缺乏安全防护设备和必要的个人防护用品,存在不利的自然环境因素,环境污染因素等。

2. 职业病危害因素监测

作业场所的作业条件监测是了解工作环境存在职业病危害因素的重要依据,经检测,可以判定职业病危害因素的性质、分布产生的原因和程度,也可鉴定防护设备的效果。

职业病危害因素监测必须按计划实施,有专门人员负责,建立职业卫生档案。

3. 职业健康监护

健康监护是职业卫生工作的一项主要内容。通过健康监护不仅起到保护员工健康、提高劳动者自我健康保护意识的作用,也是为了便于早期发现疑似职业病病人,早期治疗。

健康职业体检是了解劳动者健康状况的必要手段,上岗前、在岗期间和离岗时的职业健康体检,不仅可避免职业禁忌症,还有助于识别员工的健康变化,结合作业场所的作业条件监测等资料进行动态对比,可鉴别是否属于职业性病变。

健康监护工作中,必须有专职人员负责,建立职业健康监护档案。

4. 职业病的发病规律分析

职业卫生的一项主要工作是通过资料积累,分析职业病的原因和规律,提出相应的预防措施,改善劳动条件,防止职业病的发生。

职业病的病因是很明确的,造成职业病的主要因素是接触方式、接触时间、接触程度(即职业病危害因素的浓度和强度)等。因此,分析职业病的病因,首先应该分析劳动环境、接触水平、防护条件等综合因素。进而摸清发病规律,采取有效的预防措施。

职业病的发病原因,存在着极大的个体差异。在同一环境中,有的人发病,有的人不发病;有的发病早,有的发病迟;有的病情重,有的病情轻;有的病程长,有的病程短;有的可影响下一代等,情况各有不同。另外,还要考虑个体的情况,如性别、年龄、营养条件、健康状况、遗传因素、生活方式、卫生习惯等。

5. 健康危险度评估

将工作场所环境监测资料与健康监护资料及其他资料相结合来共同评估危险度,评估步骤如下:

(1)确定职业病危害因素。

(2)确定工人或工人群体暴露于特定的危害因素。

(3)分析危害因素如何影响工人。

(4)确定个体和群体特征。

(5)评价危害度,提出管理和控制建议。

(6)对采取的危害因素预防和控制措施进行评估。

6. 职业病防治

职业病防治工作的目的是为了预防、控制和消除职业病危害,防治职业病,保护劳动者健康及相关的权益,促进经济发展。

职业病防治工作,必须发挥各方面的力量,形成政府监督管理、企业自律、职业卫生技术服务、职业病防治、工伤社会保险、社会监督、劳动者自我防护的良好职业卫生防控体系,贯彻"预防为主,防治结合"的方针,实行分类管理、综合治理,不断提高职业病防治管理水平。

预防为主,就是在整个职业病防治过程中,要把预防措施作为根本措施和首要环节放在先导地位,控制职业病危害源头,并在一切职业活动中尽可能控制和消除职业病危害因素的产生,使作业场所职业卫生防护符合国家职业卫生标准和卫生要求。

根据《职业病防治法》的要求,职业病防治工作应进行前期预防和作业过程中的防护。

前期预防,是从根本上杜绝职业病危害因素对人的作用,及改进生产工艺和生产设备,合理利用防护设施和个人防护用品,以减少工人接触的机会和程度。产生职业病危害企业的设立,除应当符合法律、法规规定的设立条件外,其工作场所还应符合以下要求:

(1)职业病危害因素的强度或者浓度符合国家职业卫生标准。

(2)有与职业病危害防护相适应的设施。

(3)生产布局合理,符合有害与无害作业分开的原则。

(4)有配套的更衣间、洗浴间、孕妇休息间等卫生设施。

(5)设备、工具、用具等设施符合劳动者生理、心理健康要求。

(6)法律、行政法规和国务院卫生行政部门关于保护劳动者健康的其他要求。

《职业病防治法》规定,新建、扩建、改建建设项目和技术改造、技术引进项目可能产生职业病危害的,建设单位在可行性论证阶段应当进行职业病危害预评价,在竣工验收前,建设单位应当进行职业病危害控制效果评价。建设项目竣工验收时,其职业病防护设施所需费用应当纳入建设项目工程预算,并与主体工程共同设计、共同施工、共同投入生产和使用。同时在安全生产监督管理部门建立职业危害申报制度。

作业过程中的职业病防护,其主要手段是企业需采取必要的管理措施(如:职业卫生组织机构、人员;管理制度和操作规程;健康监护;应急救援等)及必要的工程技术措施,定期进行环境中职业病危害因素的监测和对接触者的定期体格检查,评价工作场所职业病危害程度,控制职业病危害,采取有效的职业病危害防护措施和设施,加强防毒防尘、防止物理性因素等有害因素的危害,使工作场所职业病危害因素浓度(强度)符合国家职业卫生标准。对劳动者进行职业健康监护,开展职业健康检查,早期发现职业性疾病危害,早期鉴别和诊断。

第三节 港口危险货物作业中存在的职业病危害因素辨识

一、职业病危害因素来源与分类

根据卫生部《职业病危害因素分类目录》,职业病危害因素按其来源可概括为三类:生产工艺过程中的有害因素、作业过程中的有害因素和生产环境中的有害因素。

1. 生产工艺过程中的有害因素

生产工艺过程中的有害因素包括化学性因素、物理性因素、生物性因素。

(1)化学因素,包括生产性毒物、生产性粉尘。

(2)物理因素,包括异常气象条件、生产性噪音、振动、非电离辐射、电离辐射。

(3)生物因素,指细菌、寄生虫或病毒等能引起的与职业有关的疾病的生物性有害因素。

2. 作业过程中的有害因素

作业过程中的有害因素主要包括以下几方面:

(1)劳动组织和制度不合理,劳动作息制度不合理等。如劳动时间过长,特别多见于检修车间,有的一天工作10~12h,连续十天半个月,甚至更长时间,如果劳动组织不当则不利于员工的健康。

(2)精神(心理)性职业紧张。多见于新工人或新装置投产试运行生产不正常时,如油重加氢装置,压力高,硫化氢浓度大,易发生燃烧、爆炸和中毒。不仅新工人紧张,老工人在试运行期间也十分紧张。

(3)劳动强度过大或生产定额不当。如安排的作业与劳动者生理状态不相适应、超负荷的加班加点、检修时工作量往往过大。

(4)个别器官或系统过度紧张,如光线不足使视力紧张。

(5)长时间不良体位或使用不合理的工具等,如检修过程中的仰焊等。

3. 生产环境中的有害因素

生产环境中的有害因素包括生产场所设计不合理,防护措施缺乏、不完善或效果不好,缺乏安全防护设备和必要的个人防护用品,自然环境因素,环境污染因素等,主要包括以下几类:

(1)自然环境中的因素,如炎热季节的太阳辐射,头部受长时间照射而发生中暑。

(2)厂房建筑或布局不合理,如车间布置不当,有毒与无毒岗位设在同一工作间;厂房矮小、狭窄;设计时没考虑必要的卫生技术设施,如通风、换气或照明等。

(3)由不合理生产过程所致危害。在实际生产过程中,往往同时存在多种有害因素对劳动者的健康产生联合作用。

(4)工作环境所产生的危害。人类所处的外界环境十分复杂。自然环境中各种物理、化学因素,除了可以引起有关疾病外,还可以产生工效学的影响。通过对微小气候、噪声、振动、照明、色影等的研究,提出人的最适宜工作环境,可以提高工作效率、降低废品率、保护人的身心健康。

(5)劳动组织和劳动休息制度安排不合理,如工人的上岗选用和培训、工间休息、轮班作业制度等的安排不合理,使工人不适应于自己所从事的工作岗位,或疲劳作业。

二、职业病危害因素

1.毒物与职业中毒

(1)基本概念。

①毒物。凡少量化学物质进入机体后,能与机体组织发生化学或物理化学作用,破坏正常生理功能,引起机体暂时的或长期的病理状态的。

②中毒。机体受毒物作用后引起一定程度损伤而出现的疾病状态。

③毒物的毒性。指毒物引起机体损伤的能力。毒物毒性大小可以用引起某种毒性反应的剂量来表示。毒物剂量越小,表明该毒物的毒性更大。

④毒物的危害性。指毒物产生危害的可能性。毒物的危害性,不仅取决于毒物的毒性,还受生产条件、劳动者个人的个体因素等影响。

⑤职业中毒。劳动者在生产作业过程中由于接触生产性毒物而引起的中毒。

(2)毒性危害。

毒物对人体的危害最主要是引起中毒。中毒是指人体在有毒化学品的作用下发生功能性和器质性改变后而出现疾病状态,是各种毒性作用后果的综合表现。毒物对人体危害主要有以下几方面:

①灼伤。毒物作用于身体,腐蚀或溶解表皮及黏膜组织,引起局部组织损伤,并通过受损的皮肤、黏膜组织导致全身病理生理改变;有些化学物质还可以从创面吸收,引起全身中毒的病理过程。一般受刺激的部位为皮肤、眼睛和呼吸系统。

②过敏。刚开始接触时可能不会出现过敏症状,然而长时间的暴露会引起身体的反应。即便是接触低浓度化学物质也会产生过敏反应,皮肤和呼吸系统可能会受到过敏反应的影响。如引起皮疹、水痘或职业性哮喘。

③缺氧(窒息)。当空气中一氧化碳含量达到0.05%时就会导致血液携氧能力严重下降,称为血液内窒息。另外,氰化氢、硫化氢这些物质影响细胞和氧的结合能力,尽管血液中含氧充足,但不能被组织利用,这种称为细胞内窒息。

④昏迷和麻醉。高浓度的某些化学品,如丙醇、丙酮、丁酮、乙炔、乙醚、异丙醇会导致中枢神经抑制,这些化学品有类似醉酒的作用,一次大量接触可导致昏迷,甚至死亡。

⑤全身中毒,是指化学物质引起的对一个或多个系统产生有害影响并扩展到全身的现象,这种作用不局限于身体的某一点或某一区域。如苯酚,长期接触可引起全身中毒。

⑥致畸、致癌、致突变。接触危险化学品可能对胎儿造成危害,干扰胎儿的正常发育。一些试验结果表明:80% ~85%的致癌化学物质对后代有影响,而85%的癌症与化学物质接触有关,有些癌症要在接触化学物质多年以后才表现出来,潜伏期一般为4~40年。

(3)毒物进入人体的途径。

毒物进入人体的途径通常有以下三种:

①呼吸道吸收。在生产条件下,毒物多数是经呼吸道进入人体的。这是最主要、最危险的途径。在生产过程中,以气体蒸汽、雾、烟、粉尘等不同形态存在于生产环境中的毒物随时可被吸入呼吸道。

②皮肤吸收。有些毒物可以通过皮肤和毛囊与皮脂腺、汗腺而被吸收。由于表皮的屏障

作用,相对分子量大于300的物质不易被吸收。只有高度脂溶性和水溶性的物质,如苯胺,相对分子量93.128,易经皮肤吸收。毒物经毛囊、皮脂腺和汗腺吸收时是绕过表皮的。故电解质和某些金属,特别是金属汞可经此途径被吸收。

③胃肠道吸收。在生产环境中,毒物单纯经胃肠道吸收的情况比较少见。多是不良卫生习惯造成的,如被毒物污染的手直接拿食物吃或直接饮用被污染的水而导致中毒。毒物进入胃肠道后,大多随粪便排出,只有一小部分进入血液循环系统。

(4)常见的职业中毒。

①刺激性气体中毒。刺激性气体是指对人的眼睛、皮肤,特别是对呼吸道具有刺激作用的一类气体的总称。常见的刺激性气体主要有氯气、氨气、氮氧化物、光气、二氧化硫等。刺激性气体对人体健康的危害与接触浓度的大小和接触时间的长短有关,轻度刺激作用可以是短暂的,也可以是一时性的,患者不再接触或吸入,不适反应很快就会消失,不治疗也可能会好转;明显或严重的刺激作用,不仅会导致患者出现刺激反应,而且会造成人体器官、系统组织的破坏,出现一系列症状体征,甚至危及人的生命。

②窒息性气体中毒。窒息性气体是指吸入该气体后,人体组织处于缺氧状态的一类气体。窒息性气体一般分为以下三类:

a. 单纯窒息性气体。如氮气、甲烷、二氧化碳等,这类气体本身毒性很小或无毒,但当它们在空气中的含量增加时,就会相应降低空气中氧的含量,造成人体吸入氧不足而发生窒息。

b. 血液窒息性气体。如一氧化碳,吸入后造成红细胞输送氧的能力降低而发生窒息。

c. 细胞窒息性气体。如硫化氢、氰化氢等,吸入后造成人体组织细胞不能利用氧而发生窒息。

③有机溶剂性中毒。生产过程中的各种设施、泵和阀门等设备,有时发生跑、冒、滴、漏现象,可使人在短时间、高浓度吸入或接触有机溶剂,发生急性中毒。另外一些敞口的直接人工操作的场所,如刷洗储罐和槽车、装桶、污水池蒸发,也可能发生急性中毒事故,特别是当操作环境特殊、防护措施不力的情况下,更易发生急性中毒。

常见的有机溶剂中毒有:

a. 苯中毒。苯应用非常广泛,工业上接触苯的机会也比较多。急性苯中毒主要表现为中枢神经系统症状,部分患者可有化学性肺炎、肺水肿及肝肾损害。慢性中毒主要影响造血功能及中枢神经系统。

b. 汽油中毒。吸入汽油蒸气对鼻咽部有刺激性;可引起头痛、视力模糊、头昏、恶心、面色潮红、胸部不适、呈醉酒态,进一步可出现昏迷。

c. 甲醇中毒。吸入甲醇蒸气,轻者有头痛、头晕、乏力、视力模糊、步态蹒跚和失眠;重者除上述症状明显加剧外,有复视、眼球疼痛、手颤等;再严重者精神失常。

2. 粉尘与尘肺

粉尘是指能够长时间浮游于空气中的固体微粒。在生产过程中形成的粉尘叫做生产性粉尘。

(1)粉尘的来源,主要有固体的机械加工、物质加热产生的蒸气在空气中凝结或氧化、有机物质的不完全燃烧,以及粉末状物质在混合、过筛、包装、搬运、装卸等作业时二次扬尘。

(2)粉尘分类:

①无机粉尘,如石棉、煤粉、滑石等。

②有机粉尘,如面粉、炸药、树脂等。

③混合性粉尘,在生产中最常见的是混合性粉尘。

（3）粉尘对健康的危害。

①尘肺。长期吸入粉尘达到一定量后，引起以肺组织为主的全身性疾病叫做尘肺。一般很难在早期发现肺的变化，当 X 射线检查发现这些变化的时候，病情已经较重了。尘肺病患者的换气功能下降，在紧张活动时会发生呼吸短促症状。这种作用是不可逆的。尘肺是目前我国最严重的职业危害病，我国卫生部公布的职业病名单中，列有 13 种尘肺病，如石棉肺、煤尘肺和矽肺等。港口码头作业过程中，可造成尘肺病的工作操作主要是接触保温用的石棉、尘土等。

②中毒。吸入含铅、砷、锰、铍的粉尘可引起职业性中毒。

③粉尘沉着症。吸入一定量的铁、锡、钡等粉尘（如容器除锈，不注意防护，可吸入铁末尘），尘末在肺部沉着，构成一种病情轻、进展慢的肺部疾病，叫做粉尘沉着症。

④过敏性疾病。吸入含苯酐粉尘、甲苯二异氰酸酯可引起哮喘。

⑤局部作用。粉尘可造成皮脂腺孔堵塞，使皮肤干燥、皲裂，引起粉刺、毛囊炎，严重时可引起脓皮症。

3. 物理性危害因素

作业场所的物理性危害因素有噪声、振动、辐射和异常气象条件等。

（1）噪声危害。噪声是指不同频率和不同强度的声音无规律地组合在一起所形成的声音，是人们不希望听到的声音，是一种公害。它不仅能使一些物理装置和设备产生疲劳和失效，以及干扰人们对其他声源信号的感觉和鉴别，更重要的是会影响人们的生活和工作。通过对生产现场调查和临床观察证明，无防护措施的生产性强噪声对人体能产生多种不良影响，甚至诱发噪声性疾病。

不良影响主要表现在以下两方面：

①对听觉系统的影响。每个人对噪声的感觉各不相同，但任何人的听觉都会受到噪声的损害。当脱离噪声影响一段时间后，听力仍能恢复。但是一旦发生暂时性听觉位移，如不及时采取预防措施，就很容易发生永久性听觉位移，既而发展成为噪声聋。

②对神经、消化、心血管等系统的影响。噪声可引起头痛、头晕、记忆力减退、睡眠障碍等神经衰弱综合征；可引起心率加快或减慢、血压升高或降低等改变；也可引起食欲减退、腹胀等胃肠功能紊乱；还可对视力、血糖等产生影响。

（2）振动危害。物体在外力作用下，以中心位置为基准，做直线或弧线的往复运动，称为振动。人体器官在经受振动中有各种感觉方式，从愉快的到不愉快的、不安的甚至是危害性的。振动分为局部振动和全身振动。长期接触局部振动的人，可有头昏、失眠、心悸、乏力等不适，还有手麻、手痛、手凉、手掌多汗、遇冷后手指发白等症状，甚至工具拿不稳、吃饭掉筷子。而长期全身振动，可出现脸色苍白、出汗、唾液多、恶心、呕吐、头痛、头晕、食欲不振等现象，还可有体温、血压降低、全身衰竭等。

（3）辐射危害。辐射是能量的一种形式，一般无法通过视觉、嗅觉、感觉、听觉和味觉来发现它的存在。辐射一般分为两类：电离辐射和非电离辐射。这两类辐射都会造成危害。

①电离辐射。凡是能引起物质电离的各种辐射都称为电离辐射，电离辐射的辐射源包括 X 射线、γ 射线、α 粒子、β 粒子、中子和其他核粒子。电离辐射对人体引起的职业病主要是放射病。放射性疾病是人体受各种电离辐射照射而发生的各种类型和不同程度损伤（或疾病）的总称，它包括全身性放射性疾病，如急慢性放射病；局部放射性疾病，如急慢性放射性皮炎，放射性白内障；放射所致远期损伤，如放射所致白血病。

②非电离辐射，包括紫外辐射、红外辐射、可见光辐射、射频辐射和微波、激光辐射。强烈

的紫外辐射可引起电光性眼炎、皮炎等；红外线最容易引起的职业病是白内障；射频辐射可引起中枢神经系统和植物神经系统功能紊乱，心血管系统方面的疾病；激光主要是对人的眼部和皮肤造成损伤。

(4)异常气象条件，主要表现有高温、高温高湿、低温和高低气压等。港口生产作业中异常气象条件的影响主要表现在高温作业，由于高温作业引发的中暑等职业病。

中暑是高温作业环境下发生的一类疾病的总称，是肌体散热机制发生障碍的结果。高温作业对肌体的影响主要是体温调节和人体水盐代谢的紊乱，肌体内多余的热不能及时散发，产生热积现象，体温升高。在高温作业条件下，人体大量出汗使体内水盐平衡紊乱，对循环系统、消化系统、泌尿系统都可造成不良影响。

三、港口危险货物作业中存在的职业病危害因素辨识

职业病危害因素辨识是作业场所职业病危害评价的基础，在辨识工作中应遵循全面识别、主次分明、定性与定量相结合的原则。港口危险货物作业主要有危险货物的装卸、过驳、储存、包装、集装箱装拆箱等作业过程，根据卫生部《职业病危害因素分类目录》对港口危险货物作业过程职业病危害因素辨识如下。

(1)粉尘。

①在粉体或散装危险货物的装卸、运输过程中产生粉尘。如散装氢氧化钠的码头装卸，将产生具有刺激性、腐蚀性较强的氢氧化钠粉尘。

②二次扬尘。码头、引桥及道路上粉尘未及时有效处理，风或运输车辆将在所经过的区域产生二次扬尘。

(2)毒物。

①港口危险货物作业中涉及许多种有毒的危险货物，在装卸、输送及储存过程中有可能接触到有毒的危险货物。发生泄漏事故或火灾事故时，伴随有高浓度有毒物的弥散，存在急性中毒的危险。

②在装车站、装桶站的装卸过程产生少量的危险货物的蒸气，在输送管道拆装过程、维修过程中有可能接触到危险货物。

③在储罐清洗或检修时，作业人员需进入储罐，如果罐内换气不够充分或个人防护不当，极易发生急性职业中毒或缺氧窒息。

(3)物理因素。

①噪声。各类装卸机械，如散货的装卸起重机械、运输车辆，液体货物的输送泵，物料管道中高速流动、蒸发及气体排空等产生液体动力性噪声。

②高温。异常的高温天气及封闭性的作业环境(如储罐清洗与维修等)下作业，有可能发生职业性中暑。

第四节　港口危险货物作业主要职业危害的评价、控制与预防

一、职业病危害因素评价

1. 职业病危害因素评价的定义

职业病危害因素评价是利用现代采样与检验仪器设备，按照《职业病防治法》及国家职业

卫生标准要求,对生产过程中产生的职业病危害因素进行检验、识别与鉴定,调查职业病危害因素对接触人群健康产生的健康损害,评价工作场所作业环境、劳动条件职业卫生质量,为制定国家职业安全卫生标准、职业病诊断标准和卫生防护措施、改善不良劳动条件、预防控制职业病、保障劳动者健康提供科学依据。

职业病危害因素评价的首要任务是识别、评价、预测和控制工作场所、作业过程、劳动条件中存在的职业病危害因素,以防止其对劳动者健康的损害。

2. 职业病危害因素评价的目的

工作场所环境监测或检测是识别和评价职业病危害因素的一个重要手段。其目的是:

(1)掌握生产环境中职业病危害因素的性质、强度(浓度)及其在时间、空间的分布情况及其变化规律。

(2)估计作业人员的接触水平,为了解接触水平与健康损害之间的关系提供基础数据。

(3)检查工作场所环境的职业卫生质量,评价劳动条件是否符合职业卫生标准的要求。

(4)为监督有关职业病防治法律的执行情况,鉴定预防措施效果提供技术支撑。

(5)为控制职业病危害因素及制定、修订职业卫生标准和工作计划提供科学依据。

3. 职业病危害因素评价的法律依据

职业危害评价是国家制订防治职业病,保护劳动者健康的法律和政策的依据,因此,在进行职业危害评价时,必须以现行的防治职业病法规为依据。

《职业病防治法》第十七条:"新建、扩建、改建建设项目和技术改造、技术引进项目(以下统称建设项目)可能产生职业病危害的,建设单位在可行性论证阶段应当向安全生产监督管理部门提交职业病危害预评价报告。"

《职业病防治法》第十八条:"建设项目的职业病防护设施所需费用应当纳入建设项目工程预算,并与主体工程同时设计,同时施工,同时投入生产和使用。"

《职业病防治法》第十九条:"职业病危害预评价、职业病危害控制效果评价由依法取得资质认可的职业卫生技术服务机构进行。"

为此,相关职能部门公布了《建设项目职业病危害评价规范》、《建设项目职业病危害分类管理办法》、《职业病危害项目申报管理办法》、《职业病危害因素分类目录》、《工作场所职业卫生监督管理规定》、《职业病危害项目申报办法》、《用人单位职业健康监护监督管理办法》、《职业卫生技术服务机构监督管理暂行办法 》和《建设项目职业卫生"三同时"监督管理暂行办法 》等一系列法规、规范、标准作为职业病危害因素评价的法规依据。

4. 职业病危害因素评价的规范化工作内容

(1)职业卫生调查。

(2)职业病危害因素检测。

(3)职业病危害因素评价。

(4)职业流行病学调查。

(5)职业病危害因素分级评价与卫生防护措施评价。

二、港口危险货物作业职业病危害控制

港口码头存在的职业性危害因素主要是粉尘、毒物、物理因素,均来源于生产过程,产生于设备、扩散于环境、作用于接触人群。对职业性有害因素的控制从设备、环境、人三个方面

考虑。

1. 控制原则

一般包括两个方面:

(1)工程控制:主要包括替代、变更工艺、隔离、通风;

(2)管理控制:作业管理、行政管理、健康管理。

2. 港口码头危险货物作业职业危害控制

(1)装卸作业过程的机械化、密闭化、自动化。

(2)有毒的散装液体化学品,宜用管道输送,其装卸、储存设备和容器及其连接部分应采取有效的密封措施。

(3)易出现有毒液体泄漏的作业场所的地面,应采用耐腐蚀、不易渗透的建筑材料铺砌,地面应平整、防滑、易于冲洗。并应有给水和坡向排水设施。

(4)散货装卸工艺流程应尽量减少中转环节,缩短运输距离,减小转运点的落差高度。

(5)有可能因产生、泄漏大量有毒有害物质而造成事故的场所,应设置事故排风、应急照明、报警、通讯等装置。

(6)产生尘、毒的设备,应根据其特点和操作维修要求,采取整体密闭或局部密闭,密闭后应有排风设施,不能密闭时,应有其他防尘防毒设施。

(7)有尘、毒危害的工作室应单独设置或与其他工作室隔开,并设置空气净化装置或排风与通风装置。

3. 港口码头危险货物作业职业危害管理

(1)穿戴适当的个体防护措施与个体防护用具。

(2)危险货物的管理。对危险货物进行危害识别、安全标识,编制安全技术说明书,按标准规范要求进行贮存、处置与使用及接触监测。

(3)作业人员按法规要求进行岗前、岗中培训,取得相应的作业资质证书。

(4)许可制度。危险作业进行许可管理制,如动火作业、有限空间作业许可等。

三、港口码头危险货物作业毒物危害预防措施

预防毒物对人体的危害,必须坚持"预防为主,防治结合"方针,必须坚持"分类管理,综合治理"的原则,必须实施"法制管理,技术控制和全民教育"的策略。防毒的具体措施主要包括技术、教育、管理等方面。

(1)防毒技术措施主要是指对工艺、设备、操作方面,从安全防毒角度考虑进行设计、计划、检查、保养等措施,如进行工艺改革,应尽量优化工艺流程,减少操作环节,提高机械化、自动化水平,对于劳动危险危害大的生产岗位,应设置特殊防护和急救设施;生产设备管道化,密闭化,机械操作自动化;通风净化等。

在装卸、运输、贮存有可燃气体、毒气、粉尘或其他易燃易爆物质时,应根据不同性质采取相应的预防措施,并根据具体情况配置监测、报警、防爆、泄压装置及消防安全设施。

(2)防毒的管理制度措施主要是加强防毒的宣传教育,健全有关防毒的管理制度,严格执行"三同时"方针。对从事有毒有害作业工种的工人,实行保健措施,重视个体防护,配备应急处理设施,强化现场应急处理教育。同时,各单位的卫生保健部门应培训医务人员进行有关中毒的急救处理,积极开展预防职业中毒的各项工作。

四、港口码头危险货物作业粉尘危害预防措施

我国的防尘工作中总结出来的行之有效的经验是“革、水、密、风、护、管、教、查”的八字方针。“革”是指技术革新和技术改造;“水”是指湿式作业;“密”是指密闭尘源;“风”是指抽风除尘;“护”即个人防护;“管”是指维护管理,建立各种制度;“教”是指宣传教育;“查”是指及时检查,定期测尘和健康检查。只要因地、因时制宜地执行八字方针,粉尘的危害是完全可以减少或消除的。

港口码头危险货物作业粉尘来源主要是散装危险货物的装卸作业和作业现场二次扬尘,防尘的综合措施主要包括以下几个方面。

1. 工艺无害化

尽量选用不产生或少产生粉尘的装卸工艺,是消防、减弱粉尘危害的根本途径。

2. 抑尘工艺与措施

(1)密闭隔离措施:物料采用密闭管道输送、密闭自动称量、密闭设备装卸等,防止粉尘外逸。不能安全密闭的尘源,在不妨碍操作条件的情况下,尽可能采用半封闭罩等设施来隔离、减少粉尘与工作场所空气接触,将粉尘限制在局部范围内。

(2)降低物料落差可抑制正压扬尘。

(3)防止二次扬尘。

(4)改革物料包装。粉状物料宜用小包装运输,可以限制粉尘的扩散。

(5)加强个人防护。

五、港口码头危险货物作业物理危害预防措施

1. 噪声危害预防措施

港口作业中噪声主要针对各类码头装卸作业场所和辅助生产中泵房、锅炉房、机加工车间等存在噪声与振动危害的作业场所。

(1)噪声控制。选用低噪声设备,这是控制噪声最根本的办法。主要应在设计、制造生产工具或机械过程中,通过工艺改革,机械结构改造,隔声、控制设备振动等措施来实现;控制管道内的介质流速,管道截面不宜突变、选用低噪声阀门;其次,还应控制噪声的传播。如可利用多孔吸声材料进行室内噪声的吸音,在操作室与存在噪声源场所之间安装双层玻璃窗进行隔声,对机泵、电动机、空气压缩机之类的设备可根据吸声反射、干涉等原理设计消声部件进行消声;此外,应尽量采用机械化操作和自动化的设备工艺,实现远距离的监视操作。

(2)正确使用和选择个人防护用品。在强噪声环境中工作的人员,要合理选择和利用个人防护器材,如耳罩、耳塞、防噪声头盔等。

(3)医学监护。就业前认真做好健康体检,严格控制职业禁忌。对从业人员要定期进行健康体检,发现有明显听力降低者,要及时调离噪声作业环境。

2. 高温危害预防措施

解决高温作业危害的根本出路在于实现生产过程的自动化,目前的防暑降温措施,主要是隔热、通风和个体防护。

(1)通风降温措施。通过通风换气带走有限空间中受热空气,将外面的冷空气置换进来。根据通风的方式可分为自然通风和机械通风。如夏天储罐清理时需在自然通风的基础上进行

机械通风。

(2)空调降温措施。空调降温措施是控制高温职业病危害最有效的工程措施之一。

(3)露天作业。露天作业场所,应在作业点附近设置休息室,根据港口地区气温特征设置取暖及防暑降温设施。

3. 辐射危害预防措施

对操作人员来说最基本的防护措施是减少外照射和防止内照射,即在进行放射性物质操作时要尽可能缩短被照射的时间,尽量加大操作人员与放射源的距离,正确使用个人防护用品,设置防护屏障,同时还要做好健康监护,定期对危险范围内的人员进行体格检查,有不适应者,不得参加此项工作。

(1)电离辐射的控制措施。

控制辐射源的质和量是根本方法。

①外照射防护。使用封闭型电离辐射或射线装置进行工作,射线由外部对人体照射,称为外照射。外照射防护的基本方法有时间防护、距离防护和屏蔽防护三种,通称为"外防护三原则"。

②内照射防护。使用开放型电离辐射源的工作,放射性核素常常以液体、气体、粉末或气溶胶状态进入周围环境,污染空气、设备、工作服或工作人员体表,除了对工作人员造成外辐射,主要还能经过人的呼吸道、消化道、皮肤或伤口等进入人体内,造成内辐射。基本防护方法有围封隔离、除污保洁和个人防护等综合性防护措施,通称为"内照射防护三要素"。

(2)非电离辐射的控制措施。

对工作地点电离辐射频率在300MHz~300GHz、30MHz~300MHz、0.1MHz~30MHz的电磁辐射强度,分别规定了连续波一日内8h暴露时不得超过的剂量值;规定工作日接触连续波、脉冲波时间小于8h的容许辐射平均功率密度计算公式,见表9-1。详见《作业场所微波辐射卫生标准》(GB 10436—1989规定)。

作业场所微波辐射限量值 表9-1

标准限量值 / 微波形式	卫生标准限量值	
	8h暴露的平均功率密度	小于或大于8h暴露的平均功率密度公式
连续波	$50\mu W/cm^2$	Pd = 400/t
脉冲波(固定辐射)	$25\mu W/cm^2$	Pd = 200/t
肢体局部辐射(不区分连续波和脉冲波)	$500\mu W/cm^2$	Pd = 4000/t
短时间暴露最高功率密度的限制	$5mW/cm^2$	/

注:Pd-容许辐射平均功率密度,$\mu W/cm^2$;t-受辐射时间,h。

①红外辐射线的防护。红外辐射防护的重点是对眼睛的保护,严禁裸眼直视强光源。生产操作中应戴绿色防护镜,镜片中应含有氧化亚铁或其他可滤过红外线的成分。

②紫外辐射的防护。生产中的紫外辐射主要来源于电焊作业,操作者必须佩戴专用的防护面罩、防护眼镜,以及防护手套,不得有裸露皮肤。电焊工工作时应用可移动的屏障围住作业区,以免周围其他人受辐射。在操作中与助手要密切配合,防止助手猝不及防,遭受辐射。

第五节 港口危险货物经营单位职业卫生管理

为了预防、控制和消除职业病危害,防治职业病,保护职工的健康及其相关权益,改善生产作业环境，搞好职业卫生工作，促进经济可持续发展，根据《中华人民共和国职业病防治法》第十九条第一项的规定，危险货物港口经营单位应设置或者指定职业卫生管理机构或者组织，配备专职或者兼职的职业卫生专业人员，负责本单位的职业病防治工作。

一、职业卫生管理机构与职责

1. 职业卫生职责

(1)职业病防治责任主体。

预防和控制职业病的主体是企业，企业是防止职业病的最前沿；政府监督是外部的，任何外部的监督都不可能取代企业自身的管理，只有依靠企业，才能有效地预防和控制职业病。赋予企业义务和责任，发挥行业和企业的优势，把行业和企业作为预防和控制职业病的主力军，建立规范、科学、标准的企业职业卫生管理制度，改善作业环境，不断提高职业病防治水平，是预防和控制职业病危害的得力措施之一。

(2)企业在职业病防治方面的具体责任和义务。

企业在职业病防治方面的具体责任和义务有：保障劳动者健康；负责本单位的职业卫生管理；参加工伤社会保险；报告义务(职业病危害项目申报、职业危害事故报告、检测评价结果报告、职业病报告)；向劳动者提供合格的个人卫生防护用品；控制和消除职业病危害因素；对作业场进行职业病危害因素检测评价；不转移职业危害；职业病危害告知；对劳动者进行培训教育；对劳动者进行健康检查；给予职业病人或疑似职业病人法律规定的待遇；职业危害事故处理；对特殊劳动者给予职业卫生保护；如实向劳动者提供职业病诊断所需有关职业卫生和健康监护等资料；接受政府有关部门监督检查与管理。

2. 职业卫生管理机构

《职业病防治法》规定企业应设置或指定职业卫生管理机构与组织，配备专职或者兼职的职业卫生专业人员，负责本单位的职业病防治工作。

《使用有毒物品作业场所劳动保护条例》规定从事使用高毒物品作业的企业，应当配备专职的或者兼职的职业卫生医师和护士；不具备配备专职的或者兼职的职业卫生医师和护士条件的，应当与依法取得资质认证的职业卫生技术服务机构签订合同，由其提供职业卫生服务。

3. 职业卫生管理制度

企业应建立健全职业卫生管理责任制、各规章制度和操作规程，并发放到每一个责任人和岗位。

(1)职业卫生管理责任制。企业应根据本企业职业危害特点和职业卫生管理需要，指定本企业法定代表人(或负责人)总负责，部门分工负责和岗位各负其责的责任体系和责任保证制度，做到责任到人，事有人管。

(2)职业卫生管理规章制度。企业职业卫生管理规章制度中，应明确负责企业职业卫生管理、职业病防治、职业卫生档案、职业健康监护、职业危害检测、职业卫生培训、职业卫生告知、应急救援等工作的要点和责任部门。

(3)职业卫生管理操作规程。根据不同作业场所、不同工作岗位、不同工作内容职业危害的特点，进行职业病危害因素识别，编制有针对性的操作规程与作业指导书，提高劳动者对职业危害防护意识，指导劳动者在作业过程中自主防护职业危害。

(4)职业卫生计划与实施方案。企业应根据本企业职业病防治的工作特点，编制年度职业卫生工作计划及实施方案。在职业卫生工作计划中,详细写明年度职业卫生工作内容。

企业应结合本单位职业病防治工作的实际情况,参照年度职业病防治计划所列的事项,制订本年度职业病防治工作目标,确定本年度职业病防治工作的具体事项。然后,将各项工作事项分解、细化,最后,将分解、细化的各项工作纳入时间表、把任务落实到人,实行分工负责、按时完成职业病防治计划的实施方案。

为保障职业病防治计划的落实,实施方案应该包括对开展各项工作所需经费的预算。只有经费得到落实,才能保障劳动者的合法权益和职业病防治措施的落实。

4. 职业卫生培训

(1)职业卫生培训分类。

①针对企业负责人的培训。企业的负责人应当接受职业卫生培训,遵守职业病防治法律、法规,依法组织本企业的职业病防治工作。

②针对企业职业卫生管理人员的培训。对职业卫生管理人员进行职业病防治法律、法规、专业知识与管理知识的培训,使职业卫生管理人员明白做什么、怎么做。

③针对劳动者的培训。总结近年来发生职业病的原因之一,就是劳动者对本工作岗位的职业危害不了解,不懂得如何去保护自己。因此,企业组织劳动者进行岗前和在岗期间的职业卫生知识培训和教育就显得尤为重要。企业应当对劳动者进行上岗前的职业卫生培训和在岗期间的定期职业卫生培训,普及职业卫生知识,督促劳动者遵守职业病防治法律、法规、规章和操作章程。

(2)职业卫生相关培训效果评价。

①职业卫生培训的效果评估应包括:企业领导和职工对所接触的职业危害认识程度,包含职业卫生知识,尤其是防护知识与技能知识水平的提高;企业领导和职工预防职业病危害因素行为的改变,包括企业改善环境的经费投入、技术改造项目投入的多少、防护用具的配备程度,以及工人参与改善环境的程度、防护用具的使用率和正确使用率。

②企业环境质量变化指标包括:企业大部分环境卫生状况的改善,企业大环境与车间内卫生状况的好坏是企业文化的重要组成部分,优美的环境会使人精神振奋、激发热情和积极性;定时定点进行作业场所有毒有害因素浓度(强度)的监测,了解其变化规律,并保证符合国家职业卫生标准和卫生要求。

③健康监护指标包括:有毒有害作业点环境监测率;有毒有害作业工人职业健康检查覆盖率和合格率;职工患病后的诊断率。

④健康水平变化指标包括:职工一般疾病发病率下降的比例;职工因病缺勤工时下降比例;疑似职业病、职业病发病率比例的下降;职工平均期望寿命及死亡率的变化。

二、职业卫生日常管理

职业卫生日常管理,就是在建立职业卫生管理机构、落实职业卫生管理责任制后,编制年度职业卫生计划和实施方案,对职业卫生工作实行“计划—实施—检查—评比”的全过程管理,并对本单位的职业卫生工作进行年度总结,以充分了解本单位的职业卫生现状,掌握本单位职业卫生情况和职业危害发展趋势。

1. 职业卫生许可

对企业使用有毒物品的作业场所,国家实行职业卫生安全许可制度。未取得职业卫生许可证的，不得从事使用有毒物品的作业场所。

在《使用有毒物品作用场所劳动保护条例》中，对用人单位申请职业卫生安全许可证提出了明确要求。首先企业的设立应当符合有关法律、法规的设立条件，依法办理有关手续，取得营业执照。企业使用有毒物品的作业场所，除应当符合职业病防治法规定的职业卫生要求外，还必须符合下列要求：

(1)作业场所与生活场所分开，作业场所不得住人。

(2)有害作业与无害作业分开，高毒作业场所与其他作业场所隔离。

2. 职业危害申报

职业病防治工作重点在于预防。凡产生职业危害的项目都必须接受监督，不能失控，不能任其伤害劳动者。《职业病防治法》明确提出建立职业病危害项目申报制度，企业设有职业病目录所列职业病危害项目的，应当及时、如实申报，并接受监督。

申报时要遵循两个原则：一是及时，即企业必须按申报规定和要求及时主动申报；二是如实，即企业应将项目的全部情况实事求是地向安全生产监督管理部门申报，接受安全生产监督管理部门的监督。

申报内容、申报时限、申报材料按照国家安全生产监督管理总局制定的新办法执行，新办法在制定之中。

3. 职业危害告知

《职业病防治法》及相关职业卫生法规都对职业危害告知有明确的规定。职业危害告知包括企业及相关方双方的权利和义务。

(1)企业的权利。

①企业购置可能产生职业危害的设备，应当向供货方索取说明书，并查验在设备的醒目位置是否设置警示标志和中文警告说明。警告说明是否载明设备性质、可能产生的职业危害、安全操作和维护注意事项、职业病防护以及应急救治措施等内容。

②企业购置可能产生职业危害的化学、放射性同位素、含有放射性物质的材料的，应当向供货方索取中文说明书，说明书应当载明产品特性、主要配方、存在的有害因素、可能产生的后果、安全使用注意事项等；查验产品包装是否有醒目的警示标志和中文警示说明。企业储存可能产生职业危害的化学、放射性同位素、含有放射性物质的材料的场所，应当在规定的部位设置危险物品标志或者放射性警示标志。

(2)企业对劳动者的告知义务。

①合同告知，其内容包括：作业过程中可能接触职业病危害因素的种类、危害程度、危害结果，提供的职业病防护设施和个体使用的职业病防护用品；工资待遇、岗位津贴和工伤社会保险待遇；职业卫生知识培训教育；职业病防治规章制度和操作规程。

②作业场所职业危害告知，企业应在醒目位置设置公告栏，另外对产生严重职业危害的作业岗位，应当在醒目位置设置警示标志和中文警示说明。

③职业危害健康告知应包括：定期对工作场所进行职业病危害因素检测和评价；企业应当按照国务院卫生行政部门的规定组织上岗前、上岗期间和离职时的职位健康检查，并将检查结果如实告知劳动者；医疗卫生机构发现疑似职业病病人时，应当告知劳动者本人并及时通知企业。

4. 作业场所的职业卫生管理

企业应按照《职业病防治法》第十三条的规定积极做好工作场所的职业卫生防护工作，使

工作场所符合下列职业卫生标准的要求:

(1)职业病危害因素的强度或者浓度符合国家职业卫生标准。

(2)有与职业病危害防护相适应的设施。

(3)生产布局合理,符合有害与无害作业分开的原则。

(4)有配套的更衣间、洗浴间、孕妇休息间等卫生设施。

(5)设备、工具、用具等设施符合保护劳动者生理、心理健康的要求。

(6)法律、行政法规和国务院卫生行政部门关于保护劳动者健康的其他要求。

三、职业危害的应急与救援

对作业场所的职业卫生警示、应急和救援,《职业病防治法》等相关法规、标准均做了详细规定。

(1)作业场所的现场警示。要求在产生严重职业病危害的作业岗位的醒目位置,设置警示标志和警示说明。警示说明应当载明产生职业病危害的种类、后果、预防以及应急救治措施等内容。

(2)作业场所现场应急设施。对可能发生急性职业伤害的有毒、有害工作场所,企业应当设置报警装置,配置现场急救用品、冲洗设备、应急撤离通道和必要的泄险区。并对设施进行经常性的维护、检修,定期检测其性能和效果,确保处于良好运行状态。

(3)应急救援预案。企业应建立健全职业危害事故应急救援预案,预案应包括救援组织、机构和人员职责、应急措施、人员撤离路线和疏散方法、事故报告途径和方式、预警设施、应急防护用品及使用指南、医疗救护等内容。企业应组织员工对预案中的内容定期进行演练。

四、职业卫生档案与健康监护档案

企业应按《职业病防治法》的要求,制订职业病防治计划和实施方案,建立健全职业卫生档案与健康监护档案。

1. 职业卫生档案

建立职业卫生档案以掌握企业职业病防治的基础资料和评价企业职业病危害预防、控制、治理的动态资料,也是区分职业健康损害责任和职业病诊断、鉴定的重要依据之一。

(1)职业卫生档案的内容。

①企业的基本情况包括:名称、性质、厂址、通讯方式、法人代表、职业卫生管理机构状况及其他的企业基本信息。

②职业病防治管理措施包括:职业病防治计划、实施方案、管理制度、操作规程和应急救援预案等。

③职业病危害因素种类、产生环节、接触人数和定期检测评价、监督检查情况资料。

④建设项目可行性研究职业卫生专篇、职业病危害评价、设计审查、卫生防护设施验收资料。

⑤职业病危害防护设施、现场应急救援设施设置、维护、使用情况资料。

⑥既往的职业危害与职业危害事故资料。

(2)职业卫生档案的管理。

①建立职业卫生档案的责任主体是企业。

②企业的职业卫生档案应有专人负责与管理。

③职业卫生档案应定期复核,复核频率为每年至少一次。

④各类职业卫生资料应及时归档。

⑤职业病危害因素定期检测与评价、职业性健康体检和职业卫生宣传培训材料应随时归档,并定期向劳动者公告。

(3)职业病危害因素检测与评价档案。

进行职业病危害因素检测与评价的目的在于定期对作业场所职业病危害因素存在的浓度(强度)进行检测,以便对其产生环节、危害程度进行分析与评价,为职业危害的控制、防护与治理提供依据。

2. 职业健康监护与职业健康监护档案

职业健康监护制度是《职业病防治法》建立的主要制度之一,是落实企业的义务,实现劳动者的重要保障,也为职业病诊断鉴定提供的重要依据。

(1)职业健康监护的基本概念。

①定义。职业健康监护是指根据劳动者的职业接触史,对劳动者进行有针对性的定期或不定期的健康检查和连续的、动态的医学观察,记录职业接触史及健康变化,及时发现劳动者的职业性健康损害,评价劳动者健康变化与职业病危害因素的关系;以保证劳动者健康及相关权益,预防、控制和消除职业危害,促进社会生产力及经济的发展。

②主要内容。职业性健康检查是职业性健康监护工作中的主要内容,它通过医学检查的方法,发现职业人群中一些敏感个体存在的健康变化,早期检查出疑似职业病人(观察对象)、职业禁忌症者,早期诊断、早期治疗、早期调离职业禁忌症者,以免遭受永久性损害,并通过群体健康影响范围和程度的观察间接起到环境监测作用,以便及时采取措施,减少和避免职业病的发生和发展。

③目的。职业健康监护的目的在于检索和发现职业危害易感人群,监视职业病及与工作相关疾病的发展趋势;及时发现健康损害,评价健康变化与职业病危害因素的关系,掌握对健康损害的程度;及时发现、诊断职业病,以利于及时治疗或安置职业病人;鉴定新的职业危害、危害因素和受害人群。进行目标干预;为职业危害评价、职业危害治理效果评价和行政执法提供依据和证据。

(2)职业健康检查。

用人单位必须依据《职业病防范法》及国家《职业健康监护管理办法》等相关法律法规,对接触职业危害的劳动者进行职业性健康检查,应由具有职业健康检查资质的医疗卫生机构进行健康检查。职业性健康检查的对象必须是在用人单位从事接触职业病危害因素的作业人员,职业病健康检查分为以下四类。

①上岗前职业健康检查,指用人单位应安排将从事某种或某些职业危害作业的人员,包括新招工进厂准备安排从事有害作业的人员;从无害岗位准备调到有害作业岗位的作业人员;从甲种有害作业的岗位准备调到乙种有害作业岗位的人员;从事某种特殊作业的人员(如高温作业,潜水作业等),进行上岗前职业健康检查。

②在岗期间定期职业健康检查,指对已从事接触职业危害的工作人员,及目前已在有害作业岗位的作业人员进行定期职业健康检查。

③离岗时职业健康检查,指从事接触职业危害作业的工人在离岗时的健康检查,包括从事有害作业的离休、退休、调离人员。

④应急的职业健康检查,指在发生急性职业危害事故时,对遭受或可能遭受急性职业危害

的人员进行的健康检查，主要是了解、确定该事故对作业人员的健康是否遭受损害，一旦发生急性职业病病人或观察对象应立即抢救治疗和观察。

(3)职业健康检查项目及周期。

根据卫生部发布的《职业健康监护管理办法》的要求，职业性健康检查内容包括：接触职业危害工人的一般自然情况，职业接触史，体检周期，上岗前和在岗期间检查项目，职业禁忌症等。

①职业健康检查项目。检查项目包括一般检查项目、特殊检查项目和选检项目。其中选检项目可根据用人单位职业危害程度、劳动者健康损害程度和医疗卫生机构仪器设备条件确定。

②体检周期。职业性健康体检中心的间隔时间(周期)，应执行《职业健康监护管理办法》中的在岗期间检查周期规定。但是，由于生产环境中的职业性有害因素种类繁杂，还有许多有害因素未列入《职业健康监护管理办法》规定中，对这类有害因素，用人单位应依据生产环境监测结果及作业人员的健康状况来确定体检周期。

③职业健康检查结果报告。职业健康检查机构应当自体检结束之日起30日内，将检查结果及健康评定以书面方式通知受检单位，有特殊情况需延长的，应说明理由，并告知受检单位。受检单位应及时将检查结果如实告知员工。

职业健康检查机构发现职业病病人或疑似职业病病人时，应立即向当地政府卫生行政部门报告，并及时通知用人单位和劳动者本人。

④职业健康监护档案。

建立职业健康监护制度，是用人单位的职业健康监护工作严格规范化、制度化管理的体现。

a. 建立职业健康监护档案的意义。劳动者的职业健康监护档案是劳动者健康变化与职业病危害因素关系的客观记录，是职业病诊断鉴定的重要依据之一，也是区分健康损害责任的重要依据。同时也是评价用人单位治理职业危害的依据。因此，规范职业健康监护档案的内容、保存期限、保存责任人等意义十分重大。

b. 职业健康监护档案的内容。职业健康监护档案应当包含劳动者的职业史；职业危害接触史；岗前、在岗期间、离岗时的健康体检；职业健康检查结果和职业病诊断等有关个人健康资料。

c. 职业健康监护档案的管理。职业健康监护档案应当由用人单位为劳动者建立。劳动者有权查阅、复印其本人的职业健康档案。一个用人单位职业健康监护档案质量的高低直接反映了该用人单位职业病防治工作的好坏。职业健康监护档案应当由专人严格保管，永久保存。

劳动者离开用人单位时，有权索取本人职业健康监护档案复印件，用人单位应当如实、无偿提供，并在所提供的复印件上签章。

五、职业危害事故与职业病报告

根据《职业病危害事故调查处理办法》要求，规范职业病危害事故的调查处理，及时有效地控制职业病危害事故，减轻职业病危害事故造成的损害。

1. 职业危害事故报告

发生或可能发生急性职业危害事故时，企业应当立即采取应急救援和控制措施，并及时报告所在地安监部门。安监部门接到报告后,应当及时会同有关部门组织调查处理;必要时,可以采取临时控制措施。对遭受或可能遭受急性职业危害的劳动者,应当及时组织救治,进行健康检查和医学观察,并由企业承担职业病事故处理所需一切费用;最后应对职业危害事故原因进行总结分析,及时采取相应措施,防治职业危害事故的再次发生。

(1)职业危害事故报告。

①事故报告职责。发生职业危害事故时,企业应当立即向安监部门和有关部门报告;任何单位和个人不得以任何借口对职业危害事故瞒报、虚报、漏报和迟报。

②事故报告内容。事故发生的时间、地点、发病情况、死亡人数、可能发生原因、已采取措施和发展趋势等。

(2)企业事故控制措施。

①停止导致职业危害事故的作业,控制事故现场,防止事态扩大,把事故危害降到最低限度;

②疏通应急撤离通道,撤离作业人员,组织抢险;

③保护事故现场,保留导致职业危害事故的材料、设备和工具等;

④对遭受或可能遭受急性职业危害的劳动者,及时组织就职,进行健康检查和医学观察;

⑤按照规定进行事故报告;

⑥配合安监部门进行调查,按照安监部门的要求如实提供事故发生情况、有关材料和样品;

⑦落实安监部门要求采取的其他措施。

2. 职业病报告

《职业病防治法》中对职业病报告职责及违法处罚做了规定。卫生行政部门的《职业病报告办法》中,对职业危害事故报告、事故处理及法律责任均作了规定。

(1)职业病报告种类及要求。

依据《职业病报告办法》和《职业病诊断鉴定管理办法》的规定,职业病报告应符合下列要求:

①急性职业病报告。

a. 任何医疗卫生机构接诊的急性职业病均应在 12 ~ 24 小时内向患者所在地卫生行政部门报告;

b. 凡有死亡或同时发生 3 名以上急性职业中毒以及发生 1 名职业性炭疽,初诊医疗机构应当立即电话报告卫生行政主管部门或卫生监督机构;

c. 有关企业也应当按照规定的时限和程序进行报告。

②非急性职业病报告。

a. 企业和医疗卫生机构(包括没有取得职业病诊断资质的综合医院)在发现或怀疑为职业病的患者时,均应及时向卫生行政主管部门报告;

b. 对发现或怀疑为职业病的非急性职业病或急性职业病紧急救治后的患者,应根据有关规定及时转诊到取得职业病诊断资质的医疗卫生机构明确诊断,并按规定报告;

c. 对确诊的非急性职业病患者如尘肺病、慢性职业中毒或其他慢性职业病,应及时按卫生行政主管部门规定的程序逐级上报。

(2)职业病报告程序及要求。

①职业病报告责任主体。

a. 企业;

b. 接诊急性职业病的综合医疗卫生机构；

c. 承担职业病诊断的医疗卫生机构。

②报告时限。

a. 3 人以上急性职业中毒或发生残废的急性职业病应立即电话报告；

b. 发生 3 人以下的急性职业病应在 12 ~ 24 小时内电话报告或以《职业病报告卡》的形式报告；

c. 非急性职业病如尘肺病、慢性职业中毒和其他慢性职业病以及尘肺病死亡患者应在 15 日内报告，分别填报《尘肺病报告卡》和《职业病报告卡》。

③报告要求。

a. 地方各级卫生行政主管部门指定的劳动卫生职业病防治机构或疾病预防控制机构或卫生监督机构负责职业病报告工作并指定专职人员或兼职人员负责；

b. 负责职业病报告工作的省级机构应按《职业病报告办法》的要求，填报《职业病年报表》和尘肺病年报表；

c. 卫生部制定的全国职业卫生职业病防治中心负责全国职业病统计、分析、报告工作。

第六节　个体防护

个体防护器具的应用是防止职业危害因素直接侵入人体的最后一道防线。有些较差的劳动环境难以一时治理好，而劳动者的工作时间又较短时，就应该做好个人防护，防止其危害劳动者的健康。

一、呼吸系统防护

呼吸系统防护主要是防止有毒气体、蒸气、尘、烟、雾等有害物质经呼吸器官进入人体内，从而对人体造成损害。在尘毒污染、事故处理、抢救、检修、剧毒操作以及在狭小仓库内作业时，要求都必须选用可靠的呼吸器官保护用具。

1. 呼吸防护设备的用途及分类

呼吸防护设备主要为呼吸器，按用途和作用原理分类如下：

(1)按用途分，呼吸器可分为防尘、防毒、供氧三类。

(2)按作用原理分，呼吸器分为过滤式(净化式)、隔绝式(供气式)两类。

①过滤式呼吸器的功能是滤除人体吸入空气中的有害气体、工业粉尘等，使其有害含量低于《工业企业设计卫生标准》(GBZ 1—2010)。

②隔绝式呼吸器的功能是使戴用者的呼吸系统与劳动环境隔离，由呼吸器自身供气(氧气或空气)或从清洁环境中引入纯净空气维持人体正常呼吸，适用于缺氧、严重污染等有生命危害的工作场所戴用。

2. 呼吸器的选用

选用原则：一是防护有效；二是戴用舒适；三要经济。工作现场既要考虑可能发生的染毒危害，配特殊的呼吸器，又要根据实际的污染程度选择呼吸器品种。一般情况下，过滤式面具适合毒物浓度不高的场合，在毒物浓度高的情况下，选用氧气呼吸器或空气呼吸器。使用呼吸器前一定要检查其是否完好，并学会正确的使用方法。

二、头部防护

1. 头部的伤害因素

(1)物体打击伤害。在生产过程中,如建筑施工、爆破等,可能发生物件、岩石、土块、工具和零部件从高处坠落或抛出,击中在场人员的头部而造成头部伤害。

(2)机械性损伤。生产过程中旋转的机床、叶轮、传动带等,可造成作业人员的毛发和头皮受损,严重时还会危及生命。

(3)高处坠落伤害。在生产中,如进行安装、维修、攀高等高处作业时有可能发生人体坠落事故。

(4)毛发(头皮)的污染伤害。粉尘作业、农药喷射时容易污染毛发。

2. 头部防护用品的种类

头部防护用品是为防御头部不受外来物体打击和其他因素危害而配备的个体防护装备。根据防护功能分为安全帽、工作帽和防护头罩三类。

(1)安全帽,是生产中广泛使用的头部防护用品,它的作用在于:当作业人员受到坠落物、硬质物体的冲击或挤压时,减少冲击力,消除或减轻其对人体头部的伤害。安全帽属于国家特种防护用品工业生产许可证管理的产品。

国家标准《安全帽》(GB 2811—2007)是强制执行的标准。选择安全帽时,一定要选择符合国家标准规定、标志齐全,经检验合格的安全帽。使用安全帽时,要掌握正确的使用和保养方法。据有关部门统计,坠落物体伤人事故中5%是因为安全帽使用不当造成的。因此,在使用过程中一定要注意以下问题:

①使用前一定要检查安全帽上是否有裂纹、碰伤痕迹、磨损,安全帽上如存在影响其性能的明显缺陷就应该及时报废,以免影响防护作用。

②不能随意在安全帽上拆卸或添加附件,以免影响其原有的防护性能。

③不能随意调节安全帽的尺寸,因为安全帽的尺寸直接影响其防护性能。

④使用时须正确佩戴安全帽,要戴牢戴正,防止安全帽脱落。

⑤受过冲击或做过试验的安全帽要予以报废。

⑥不能私自在安全帽上打孔,以免影响其强度。

⑦要注意安全帽的有效期,超过有效期的安全帽应报废。

(2)工作帽。工作帽又叫护发帽,主要是对头部,特别是对头发起到保护作用,它可以保护头发不受灰尘、油烟和其他环境因素的污染,也可以避免头发被卷入转到转动的传动带或转轴里,还可以起到防止异物进入颈部的作用。

(3)防护头罩。防护头罩是使头部免受火焰、腐蚀性烟雾、粉尘以及恶劣气候伤害的个人防护装备。

三、眼、面部防护

伤害眼、面部的因素较多,如各种高温热源、射线、光辐射、气体等异物飞溅、爆炸等都是造成眼、面部伤害的因素。眼、面部防护用品主要用以保护作业人员的眼、面部,防止各种伤害,主要有眼镜、眼罩和面罩三类。目前我国眼、面部防护用品主要有:焊接用眼防护具、防冲击眼防护具、微波防护镜,激光防护镜、尘毒防护镜等。

四、皮肤的防护

1. 护肤用品的种类

护肤剂分为水溶性和脂溶性两类，前者防油溶性毒物，后者防水溶性毒物。护肤剂一般在整个劳动过程中使用，上班时涂抹，下班后清洗，涂用时间长，可起一定隔离作用，使皮肤得到保护。

2. 常用护肤用品

(1)防护膏。防护膏的作用是增加涂展性，即对皮肤的附着性，从而能隔绝有害物质的侵入。防护膏有亲水性防护膏、疏水性防护膏、遮光护肤膏和滋润性防护膏。

(2)护肤霜。护肤霜主要用于预防和治疗皮肤干燥、粗糙、皲裂及职业性皮肤干燥。特别适宜于接触吸水性或碱性粉尘，能溶解皮脂的有机溶剂和肥皂等碱性溶液，也特别适用于露天、水上作业等工种。

(3)皮肤清洗剂，包括皮肤清洗液和皮肤干洗膏。皮肤清洗液适用于汽车修理、机械维修、机床加工、钳工装配、印刷油印、设备清洗等行业。皮肤干洗膏主要用于在无水情况下，去除手上的油污，如汽车司机在途中检修排除故障等环境。

(4)皮肤防护膜。皮肤防护膜又叫隐形手套，其作用是附着于皮肤表面，阻止有害物质吸附在皮肤上对皮肤产生刺激作用。

五、手、足部的防护

1. 手的防护用品

手的防护，是指劳动者为防止作业环境中的有害因素伤害手部而戴用特别手套，可防止各种手伤事故。

防护手套主要品种有：耐酸碱手套、电工绝缘手套、电焊工手套、防寒手套、耐油手套、防X射线手套、石棉手套等10余种。

2. 足部防护用品

足部防护用品，是指劳动者为防止作业环境中的有害因素伤害足部而穿着的特殊靴(鞋)，可防止各种足部伤害或其他事故。

特制的靴(鞋)种类主要有：防静电鞋和导电鞋、绝缘鞋、防砸鞋、防酸碱鞋、防油鞋、防滑鞋、防寒鞋、防水鞋等。

第七节　常见有毒化学品职业危害及防护

常见的有毒化学品通常有如下特性：容易燃烧，熔点、沸点低，在常温下以气体、液体或低熔点固体形态存在。中毒途径多数通过呼吸道或皮肤吸收，常侵犯神经系统、造血系统和实质性脏器。本节参考现行有关职业卫生标准、部分相关专业书籍和其他有关文献报道，编制了常见有毒化学品职业危害防治周知卡和职业病危害告知卡。

一、常用警示标识

警示标识指在工作场所设置的可以使作业者对职业病危害产生警觉，并采取相应防护措施的图形标识、警示线、警示语句和文字等。

工作场所常用的警示标识见表 9-2。

工作场所常用警示标识 表 9-2

名　　称	图形符号	标识种类	设置范围和地点
当心中毒		警告标识	使用有毒物品作业场所
禁止入内		禁止标识	可能引起职业病危害的工作场所入口处或卸险区周边；或可能产生职业病危害的设备发生故障时，或维修、检修存在有毒物品的生产装置时，根据现场实际情况设置
必须戴防毒面具		指令标识	可能产生职业中毒的作业场所
必须戴防护眼镜		指令标识	对眼睛有危害的作业场所
必须戴防尘口罩		指令标识	可能产生职业中毒的作业场所
必须戴防护手套		指令标识	需对手部进行保护的作业场所
必须穿防护服		指令标识	需穿防护服的作业场所
注意通风		指令标识	存在有毒物品需作通风处理的作业场所

二、常见危险货物职业病危害周知卡

(1)丙烷的危害周知卡,见表9-3。

丙烷的危害周知卡 表9-3

中文名称	丙烷 CAS:74-98-6
英文名称	Propane 分子式:C_3H_8
理化特性	无色、无臭气体,分子量44.09,沸点-42.1℃,熔点-187.7℃,相对密度(-44.5℃)0.58、相对蒸气密度1.56,闪点-104.4℃,爆炸极限为2.1%~9.5%;微溶于水,溶于醇、醚和各烃类溶剂;在常温常压下化学性质稳定,在650℃时分解为乙烯和甲烷
职业接触	存在于油田气、天然气、炼厂气中,主要用于润滑油馏分的脱蜡和脱沥青,还用于从香料植物的花中提取香精油、农副产品中提取油脂,作为制造乙烯、丙烯、含氧化合物和低级硝基烷的原料,上述生产或使用过程均可导致接触
进入途径	主要经呼吸道吸入或皮肤吸收进入人体
潜在安全危害	易燃、易爆。其蒸气比空气重,能在较低处扩散到相当远的地方,遇火源会着火回燃。燃烧产物为CO和CO_2
毒　　性	微毒,有单纯窒息及麻醉作用。人在1%浓度下无影响,10%以下浓度时可出现轻度头晕,但无刺激症状;高浓度时可出现麻醉状态、意识丧失,极高浓度时可致窒息
健康影响	1.急性中毒:主要损害神经系统。接触较高浓度丙烷为主的混合气,可出现头晕、头痛、兴奋或嗜睡、恶心、呕吐、流涎,血压低、脉搏慢、神经生理反射减弱,但不出现病理反射;严重者可出现麻醉状态;极高浓度时,可致窒息、猝死。直接接触其液体可致冻伤。 2.慢性中毒:长期接触可致自主神经功能紊乱,肢体远端感觉减退等
健康监护	1.建议职业健康检查项目:内科常规,握力,肌张力,腱反射,三颤,指鼻试验,眼角膜反射,血常规,尿常规,肝功能。 2.职业禁忌症:中枢神经系统器质性疾病,精神病
防护措施	1.隔毒排毒:密闭操作,防止泄漏;加强通风,尤其是角落底层等的有效通风。 2.防燃防爆:工作场所严禁吸烟,远离火种、热源,并避免与氧化剂接触;使用防爆型通风系统和照明等设备;搬运时要轻装轻卸,防止包装及容器损坏。 3.应急措施:提供便捷的淋浴和洗眼设施,配备相应品种和数量的消防器材及泄漏应急处理设备。紧急救援时佩戴空气呼吸器。 4.个人防护:戴过滤式防毒口罩或面具(半面罩),戴化学安全防护眼镜,穿防静电工作服、防静电鞋,戴橡胶手套等。 5.制度保障:建立健全职业病防护制度和操作规程,并对作业人员进行专门培训
效果监控	建议作业场所每年至少进行一次职业病危害因素检测与评价;每年作业工人职业健康检查一次
应急措施	1.准备工作:立即将患者移至安全区空气新鲜处,除去污染衣物,保暖、安静。 2.皮肤污染:用肥皂水和清水冲洗,至少15min。就医。 3.眼睛污染:提起眼睑,用慢速流动清水或生理盐水冲洗至少15min。就医。 4.吸入:保持呼吸道通畅,呼吸困难者应尽快输氧;呼吸停止,立即进行人工呼吸。就医
警示标识	

(2)正己烷的危害周知卡,见表9-4。

正己烷的危害周知卡 表9-4

中文名称	正己烷 CAS:110-54-3
英文名称	*N*-hexane 分子式:C_6H_{14}
理化特性	无色挥发性液体,有微弱的特殊气味。分子量86.18,沸点68.7℃,相对密度0.66,相对蒸气密度2.97,饱和蒸气压17kPa(20℃),爆炸极限1.2%~6.9%。不溶于水,溶于乙醇、乙醚等多数有机溶剂。常温常压下化学性质稳定
职业接触	用于石油加工业的催化重整、食品制造业的粗油浸出、塑料制造业的丙烯溶剂回收、日用化学品制造业的花香溶剂萃取,印刷、五金、电子等行业中的除污清洁剂,皮革鞋业中的黏合剂等;另外在化工产品中如粉胶、清漆、白电油、开胶水、开油水等都含有正己烷,上述生产或使用过程均可导致接触
进入途径	主要经呼吸道吸入或皮肤进入人体,也可经消化道吸收
潜在安全危害	易燃,其蒸气与空气可形成爆炸性混合物,遇明火、高热极易燃烧爆炸。与氧化剂接触发生强烈反应,甚至引起燃烧。在火场中,受热的容器有爆炸危险。其蒸气比空气重,能在较低处扩散到相当远的地方,遇火源会着火回燃
毒　　性	低毒,LD_{50}:28.71g/kg(大鼠经口)
健康影响	1.急性中毒:吸入高浓度的正己烷可出现头晕、头痛、胸闷、眼和上呼吸道黏膜刺激及麻醉症状。经口食入,可出现恶心、呕吐、支气管及胃肠道刺激症状,严重者可发生化学性肺炎和肺水肿;当食入量达50g时,可致死亡。 2.慢性中毒:主要损害周围神经,起病隐匿、进展缓慢,潜伏期可长达3个月,表现为肢体远端麻木、疼痛、下肢沉重感;食欲减退、体重减轻、头昏、头痛,同时伴有跟腱反射减弱或消失;神经-肌电图显示神经源性不同程度的损害,四肢远端肌肉明显萎缩
健康监护	1.建议职业健康检查项目:内科常规,神经系统常规包括握力、肌张力、腱反射、末梢感觉、三颤、指鼻试验、眼角膜反射等,血常规,尿常规,尿2,5-己二酮。 2.职业禁忌症:多发性周围神经病,中枢神经系统器质性疾病,精神病。 3.可能产生的职业病:职业性慢性正己烷中毒
防护措施	1.隔毒排毒:密闭操作,防止蒸气泄漏;加强通风,尤其是角落底层等的有效通风。 2.防燃防爆:工作场所严禁吸烟,远离火种、热源,并避免与氧化剂接触;使用防爆型通风系统和照明等设备;灌装时控制流速,最好设接地,防止静电积聚;搬运时要轻装轻卸,防止包装及容器损坏。及时清除倒空容器内可能残留的有害物。 3.应急措施:提供便捷的淋浴和洗眼设施,配备相应品种和数量的消防器材及泄漏应急处理设备。紧急救援时佩戴空气呼吸器。 4.个人防护:戴过滤式防毒口罩或面具(半面罩),戴化学安全防护眼镜,穿防静电工作服、防静电鞋,戴橡胶手套等。 5.制度保障:建立健全职业病防护制度和操作规程,并对作业工人进行专门培训
效果监控	建议作业场所每年至少进行一次职业病危害因素检测与评价;每年作业工人职业健康检查一次。职业接触限值PC-TWA:100mg/m^3,PC-STEL:180mg/m^3
应急措施	1.准备工作:立即将患者移至安全区空气新鲜处,除去污染衣物,保暖、安静。 2.皮肤污染:用肥皂水和清水冲洗,至少15min。就医。 3.眼睛污染:提起眼睑,用慢速流动清水或生理盐水冲洗至少15min。就医。 4.吸入:保持呼吸道通畅,呼吸困难者应尽快输氧;呼吸停止,立即进行人工呼吸。就医。 5.食入:漱口,不要催吐,休息。就医
警示标识	

（3）丁醛的危害周知卡，见表9-5。

丁醛的危害周知卡 表9-5

中文名称	丁醛 CAS:123-72-8
英文名称	butyladehyde 分子式：C_4H_8O
理化特性	丁醛有正丁醛（*n*-butylaldehyde）和异丁醛（isobutyraldehyde）两种异构体，均为无色透明可燃性液体，具有醛类刺激性气味。分子量72.1。熔点 -99.0℃，沸点75.7℃，相对密度0.8016，爆炸极限1.5%~12.5%。可溶于乙醇、乙醚和丙酮等多种有机溶剂
职业接触	主要用于合成树脂、橡胶、化工等工业生产，也用作塑料增塑剂、硫化促进剂和杀虫剂等的中间体。相关生产和使用过程中可接触本品
进入途径	主要经呼吸道吸入或皮肤吸收进入人体
潜在安全危害	易挥发、易燃、易爆；蒸气与空气可形成爆炸性混合物，遇明火、高热极易燃烧爆炸；蒸气比空气重，能在较低处扩散到相当远的地方，遇火源会着火回燃；常态液体比水轻，用水灭火应注意避免将泄漏物带进下水道，遇明火、高热有引起回燃或爆炸的危险。能与氧化剂发生强烈反应。易产生和聚集静电，有燃烧爆炸危险
毒　性	1. 低毒，正丁醛 LD_{50}:5.9g/kg（大鼠经口）；LC_{50}:174g/m^3，30min（大鼠吸入）。 2. 低毒，异丁醛 LD_{50}:1.6~3.7g/kg（大鼠经口）；LC_{50}:>23.2g/m^3，4h（大鼠吸入）
健康影响	1. 急性中毒：对眼、呼吸道黏膜及皮肤有强烈刺激性。吸入可引起喉、支气管的炎症、水肿和痉挛，化学性肺炎、肺水肿，并伴有麻醉症状。 2. 慢性中毒：长期或反复接触个别敏感者可引起变态反应
健康监护	1. 建议职业健康检查项目：职业史、疾病史、常规检查（内科、皮肤）、血常规、尿常规、肝功能、X射线胸部摄片。 2. 职业禁忌症：慢性肺部疾病，严重的全身性皮肤病。 3. 可能产生的职业病：化学性眼灼伤
防护措施	1. 隔毒排毒：密闭操作，防止蒸气泄漏；加强通风，尤其是局部有效的通风排毒。 2. 防燃防爆：工作场所严禁吸烟，远离火种、热源，并避免与氧化剂接触；使用防爆型通风系统和照明等设备；灌装时控制流速，最好设接地，防止静电积聚；搬运时要轻装轻卸，防止包装及容器损坏。及时清除倒空容器内可能残留的有害物。 3. 应急措施：提供便捷的淋浴和洗眼设施，配备相应品种和数量的消防器材及泄漏应急处理设备。紧急救援时佩戴空气呼吸器。 4. 个人防护：佩戴自吸过滤式防毒面具（半面罩），戴化学安全防护眼镜，穿防毒物渗透工作服，戴橡胶耐油手套。 5. 制度保障：建立健全职业病防护制度和操作规程，并对作业人员进行专门培训
效果监控	建议作业场所每年至少进行一次职业病危害因素检测与评价；每年作业工人职业健康检查一次。职业接触限值 PC-TWA：5mg/m^3，PC-STEL：10mg/m^3
应急措施	1. 准备工作：立即将患者移至安全区空气新鲜处，除去污染衣物，保暖、安静。 2. 皮肤污染：脱去污染的衣着，用肥皂水和清水彻底冲洗皮肤。 3. 眼睛污染：提起眼睑，用慢速流动清水或生理盐水冲洗10min。就医。 4. 吸入：保持呼吸道通畅。呼吸困难者应尽快输氧。如呼吸停止，立即进行人工呼吸。就医。 5. 食入：漱口，注意休息
警示标识	

(4)丙酮的危害周知卡,见表9-6。

丙酮的危害周知卡 表9-6

中文名称	丙酮 CAS:67-64-1
英文名称	Acetone 分子式:C_3H_6O
理化特性	无色透明易挥发吸湿液体,有特殊的愉快气味。分子量58.08。熔点-94.3℃,沸点56.2℃,相对密度0.79,相对蒸气密度2.0,闪点-18℃(闭杯),燃点465℃,蒸气压(20℃)24kPa。挥发度在室温下为711mg/L。能与水、醇、醚、氯仿和大多数油类相混合,能溶解油脂、树脂和橡胶
职业接触	用作合成纤维、树脂、塑料、橡胶、油漆、喷漆等的溶剂;用来生产润滑油、三氯甲烷、碘仿、烯酮以及各种药物与农药的中间体;用于照相材料、雨衣制造及相关化学工业之中;还常用作分析试剂、溶剂及色谱分析标准物质
进入途径	主要经呼吸道、消化道、皮肤吸收
潜在安全危害	蒸气比空气重,可沿地面扩散造成远处着火。与氧化剂如乙酸、硝酸、过氧化氢接触可生成爆炸性过氧化物;可侵蚀塑料
毒　　性	属于低毒类,大鼠经口LD_{50}:8.5g/kg。豚鼠小剂量经皮(0.5ml)或皮下(0.05ml)染毒3~8周,可引起白内障
健康影响	1.急性中毒:蒸气对眼及呼吸道有刺激作用,可引起流泪、畏光及角膜上皮浸润等眼刺激症状。对中枢神经系统有抑制和麻醉作用,对肝、肾、胃等也可能有损害。初期有乏力、恶心、头痛、头晕、容易激动等,严重时可发生呕吐、气促、痉挛甚至昏迷,偶见肝、肾和胰腺损害。误服后,出现口唇、咽喉烧灼感,经数小时的潜伏期后可发生口干、呕吐、昏睡、酸中毒和酮症,甚至暂时性意识障碍。 2.慢性中毒:长期低浓度吸入也可能出现头痛、头晕、失眠、食欲减退等症状。反复接触可引起皮炎,可能对血液和骨髓有影响
健康监护	1.建议职业健康检查项目:职业史、疾病史、常规检查(内科、神经、眼科、皮肤)、血常规、尿常规、肝肾功能、肝脾B超。 2.职业禁忌症:神经系统器质性疾病;明显的肝、肾疾病;慢性眼病;明显的皮肤病。 3.可能产生的职业病:化学性眼灼伤
防护措施	1.隔毒排毒:密闭操作,防止蒸气泄漏;加强通风,尤其是局部有效的通风排毒。 2.防燃防爆:工作场所严禁吸烟,远离火种、热源,并避免与氧化剂接触;使用防爆型通风系统和照明等设备;灌装时控制流速,最好设接地,防止静电积聚;搬运时要轻装轻卸,防止包装及容器损坏。及时清除倒空容器内可能残留的有害物。 3.应急措施:提供便捷的淋浴和洗眼设施,配备相应品种和数量的消防器材及泄漏应急处理设备。紧急救援时佩戴空气呼吸器。 4.个人防护:戴过滤式防毒口罩或面具(半面罩),戴化学安全防护眼镜,穿防毒物渗透工作服、防腐鞋,戴橡胶耐油手套等。 5.制度保障:建立健全职业病防护制度和操作规程,并对作业人员进行专门培训
效果监控	建议作业场所每年至少进行一次职业病危害因素检测与评价;每年作业工人职业健康检查一次。职业接触限值PC-TWA:300mg/m^3,PC-STEL:450mg/m^3
应急措施	1.准备工作:立即将患者移至安全区空气新鲜处,除去污染衣物,保暖、安静。 2.皮肤污染:用肥皂水和清水冲洗,至少15min。就医。 3.眼睛污染:提起眼睑,用慢速流动清水或生理盐水冲洗至少15min。就医。 4.误服:漱口,给予医学护理
警示标识	

(5)甲苯的危害周知卡,见表9-7。

甲苯的危害周知卡 表9-7

中文名称	甲苯 CAS:108-88-3
英文名称	toluene 分子式:C_7H_8
理化特性	无色透明液体,有芳香味。分子量92.14。沸点110.4℃,相对密度0.87,相对蒸气密度3.14,闪点4℃,饱和蒸气4.89kPa(30℃),爆炸极限1.2%~7.0%。不溶于水,与有机溶剂混溶
职业接触	常用于制作苯、甲酚、苯甲酚、苯甲醛、混合二硝基甲苯、邻甲苯、磺酰胺等,这些中间体是合成纤维、药物、染料、农药、炸药等的原料;还可用作汽油添加剂和各种用途溶剂、萃取剂等
进入途径	主要经呼吸道吸入或皮肤吸收进入人体
潜在安全危害	易挥发、高度易燃,蒸气与空气可形成爆炸性混合物,遇明火、高热极易燃烧爆炸;蒸气比空气重,能在较低处扩散到相当远的地方,遇火源会着火回燃。与氧化剂能发生强烈反应。易产生和聚集静电,有燃烧爆炸危险
毒　　性	LD_{50}:5g/kg(大鼠经口);12.12g/kg(兔经皮);20g/kg(小鼠吸入)
健康影响	1.急性中毒:短时间内吸入较高浓度本品可出现眼及呼吸道有明显刺激症状和神经系统的麻醉作用,表现为眼结膜及咽部充血、头晕、头痛、恶心、呕吐、胸闷、四肢无力、步态蹒跚、意识模糊。重症者可有躁动、抽搐、昏迷。 2.慢性中毒:长期接触可发生神经衰弱样症状,可引起肝肾损害,女工月经异常等。皮肤干燥、皲裂、皮炎
健康监护	1.建议职业健康检查项目:职业史、疾病史、常规检查(内科、神经、眼科、皮肤)、血常规、尿常规、血清ALT、心电图、肝脾B超、尿中马尿酸。 2.职业禁忌症:神经系统器质性疾病;精神病,慢性肝肾疾病,全身性皮肤病。 3.可能产生的职业病:职业性甲苯中毒
防护措施	1.隔毒排毒:密闭操作,防止蒸气泄漏;加强通风,尤其是局部有效的通风排毒。 2.防燃防爆:工作场所严禁吸烟,远离火种、热源,并避免与氧化剂接触;使用防爆型通风系统和照明等设备;灌装时控制流速,最好设接地,防止静电积聚;搬运时要轻装轻卸,防止包装及容器损坏。及时清除倒空容器内可能残留的有害物。 3.应急措施:提供便捷的淋浴和洗眼设施,配备相应品种和数量的消防器材及泄漏应急处理设备。紧急救援时佩戴空气呼吸器。 4.个人防护:戴过滤式防毒口罩或面具(半面罩),戴化学安全防护眼镜,穿防毒物渗透工作服、防腐鞋,戴橡胶耐油手套等。 5.制度保障:建立健全职业病防护制度和操作规程,并对作业人员进行专门培训
效果监控	建议作业场所每年至少进行一次职业病危害因素检测与评价;每年作业工人职业健康检查一次。职业接触限值PC-TWA:50mg/m³,PC-STEL:100mg/m³
应急措施	1.准备工作:立即将患者移至安全区空气新鲜处,除去污染衣物,保暖、安静。 2.皮肤污染:用肥皂水和清水冲洗,至少15min。就医。 3.眼睛污染:提起眼睑,用慢速流动清水或生理盐水冲洗至少15min。就医。 4.吸入:保持呼吸道通畅,呼吸困难者应尽快输氧;呼吸停止,立即进行人工呼吸。就医 5.误服:漱口,不要催吐。就医
警示标识	

(6)甲醇的危害周知卡,见表9-8。

甲醇的危害周知卡 表9-8

中文名称	甲醇 CAS:67-56-1
英文名称	methanol 分子式:CH_4O
理化特性	无色澄清液体,有刺激性气味。分子量32.04,沸点64.8℃,相对密度0.79,相对蒸气密度1.11,饱和蒸气压13.33kPa(21.2℃),闪点12℃,爆炸极限5.5%~44.0%。溶于水,可混溶于醇、酮、苯、卤代烃、醚等多数有机溶剂
职业接触	甲醇在工业、医药行业、日用化妆品等行业广泛应用,作为原料和溶剂,可用作制造甲醛、香精、火药、甲胺和杀虫剂等;作为溶剂,用于染料、树脂、人造革、橡胶、喷漆等的生产,也可用作油漆、颜料的去除剂,防冻剂、萃取剂、橡胶加速剂、管道脱水剂、焊剂、乙醇的变性剂等。职业性中毒是由于生产中吸入甲醇蒸气所致。工业酒精中含有一定浓度的甲醇,误服含甲醇的酒或饮料是引起急性中毒的主要原因
进入途径	主要经呼吸道吸入、胃肠道及皮肤吸收进入人体
潜在安全危害	易挥发、易燃、易爆,蒸气与空气可形成爆炸性混合物,遇明火、高热可燃烧爆炸;蒸气比空气重,能在较低处扩散到相当远的地方,遇火源会着火回燃。与氧化剂接触发生化学反应或引起燃烧。在火场中,受热的容器有爆炸危险
毒　　性	LD_{50}:5.628g/kg(大鼠经口),15.8g/kg(兔经皮);LC_{50}:83.776g/m^3,4h(大鼠吸入)
健康影响	1.急性中毒:短时大量吸入出现轻度眼和上呼吸道刺激症状(口服有胃肠道刺激症状);经一段时间后出现头痛、头晕、乏力、眩晕、酒醉感、谵妄甚至昏迷。视神经及视网膜病变,可有视物模糊、复视等,重者失明。代谢性酸中毒时出现二氧化碳结合力下降、呼吸加速等。严重者可伴发心、肝、肾损害。 2.慢性影响:神经衰弱综合征,植物神经功能失调,黏膜刺激,视力减退等。皮肤出现脱脂、皮炎等
健康监护	1.建议职业健康检查项目:内科常规、眼科常规、神经系统常规检查、血常规、尿常规、肝肾功能、心电图、血中甲醇和甲酸。 2.职业禁忌症:视网膜及视神经病,中枢神经系统器质性疾病。 3.可能产生的职业病:职业性急性甲醇中毒
防护措施	1.隔毒排毒:密闭操作,防止蒸气泄漏;加强通风,尤其是局部有效的通风排毒。 2.防燃防爆:工作场所严禁吸烟,远离火种、热源,并避免与氧化剂、酸类、碱金属接触;使用防爆型通风系统和照明等设备;灌装时控制流速,最好设接地,防止静电积聚;搬运时要轻装轻卸,防止包装及容器损坏。及时清除倒空容器内可能残留的有害物。 3.应急措施:提供便捷的淋浴和洗眼设施,配备相应品种和数量的消防器材及泄漏应急处理设备。紧急救援时佩戴空气呼吸器。 4.个人防护:戴过滤式防毒面具,戴化学安全防护眼镜,穿防静电工作服、戴橡胶手套。 5.制度保障:建立健全职业病防护制度和操作规程,并对作业工人进行专门培训
效果监控	建议作业场所每年至少进行一次职业病危害因素检测与评价;每年作业工人职业健康检查一次。职业接触限值 PC-TWA:25mg/m^3,PC-STEL:50mg/m^3
应急措施	1.准备工作:立即将患者移至安全区空气新鲜处,除去污染衣物,保暖、安静。 2.皮肤污染:用肥皂水和清水冲洗,至少15min。就医。 3.眼睛污染:提起眼睑,用慢速流动清水或生理盐水冲洗至少15min。就医。 4.吸入:保持呼吸道通畅,呼吸困难者应尽快输氧;呼吸停止,立即进行人工呼吸。就医。 5.食入:催吐(仅对清醒病人)。就医
警示标识	

(7)乙醇的危害周知卡,见表9-9。

乙醇的危害周知卡 表9-9

中文名称	乙醇 CAS:64-17-5
英文名称	ethyl alcohol 分子式:C_2H_6O
理化特性	无色液体,有酒香。分子量46.07,沸点78.3℃,相对密度0.79,相对蒸气密度1.59,饱和蒸气压5.33kPa(19℃),闪点12.78℃,爆炸极限3.3%~19.0%。与水混溶,可混溶于醚、氯仿、甘油等多数有机溶剂
职业接触	用作制酒工业、有机合成、消毒,可用作工业溶剂、防冻剂和燃料,亦用于化工、制药、合成纤维、树脂、合成橡胶、塑料等工业。70%的酒精在医疗工作中用作消毒剂。在含有乙醇的环境中工作可因吸入致急性职业性中毒。日常酒类饮料均含有不同浓度的乙醇。急性中毒多见于生活习性,由于饮过量酒或酒类饮料所致
进入途径	主要经呼吸道吸入、消化道及皮肤吸收进入人体
潜在安全危害	易挥发、易燃、易爆,蒸气与空气可形成爆炸性混合物,遇明火、高热能引起燃烧爆炸;蒸气比空气重,能在较低处扩散到相当远的地方,遇火源会着火回燃。与氧化剂接触发生化学反应或引起燃烧。在火场中,受热的容器有爆炸危险
毒　　性	LD50:7.06g/kg(兔经口),7.43g/kg(兔经皮);LC50:37.62g/m^3,10h(大鼠吸入)
健康影响	1. 急性中毒:本品为中枢神经系统抑制剂,首先引起兴奋,随后抑制。急性中毒多发生于口服。一般可分为兴奋、催眠、麻醉、窒息四个阶段。患者进入第三或第四阶段,出现意识丧失、瞳孔扩大、呼吸不规律、休克、心力循环衰竭及呼吸停止。 2. 慢性影响:在生产中长期接触高浓度本品可引起鼻、眼、黏膜刺激症状,以及头痛、头晕、疲乏、易激动、震颤、恶心等。长期酗酒可引起多发性神经病、慢性胃炎、脂肪肝、肝硬化、心肌损害及器质性精神病等。皮肤长期接触可引起干燥、脱屑、皲裂和皮炎
健康监护	1. 建议职业健康检查项目:职业史、疾病史、内科常规、血常规、尿常规、心电图、血清ALT、腹部肝脏B超。 2. 职业禁忌症:急慢性肝病,中枢神经系统器质性疾病。 3. 可能产生的职业病:中毒性肝病,中毒性血小板减少症,急性中毒性脑病,接触性皮炎,化学性眼灼伤
防护措施	1. 隔毒排毒:密闭操作,防止蒸气泄漏;加强通风,尤其是局部有效的通风排毒。 2. 防燃防爆:工作场所严禁吸烟,远离火种、热源,并避免与氧化剂接触;使用防爆型通风系统和照明等设备;灌装时控制流速,最好设接地,防止静电积聚;搬运时要轻装轻卸,防止包装及容器损坏。及时清除倒空容器内可能残留的有害物。 3. 应急措施:提供便捷的淋浴和洗眼设施,配备相应品种和数量的消防器材及泄漏应急处理设备。紧急救援时佩戴空气呼吸器。 4. 个人防护:戴过滤式防毒面具(半面罩),穿防静电工作服、戴一般手套。 5. 制度保障:建立健全职业病防护制度和操作规程,并对作业工人进行专门培训
效果监控	建议作业场所每年至少进行一次职业病危害因素检测与评价;每年作业工人职业健康检查一次。职业接触限值PC-TWA:2052mg/m^3(美国)
应急措施	1. 准备工作:立即将患者移至安全区空气新鲜处,除去污染衣物,保暖、安静。 2. 皮肤污染:用肥皂水和清水冲洗,至少15min。就医。 3. 眼睛污染:提起眼睑,用慢速流动清水或生理盐水冲洗至少15min。就医。 4. 吸入:保持呼吸道通畅,呼吸困难者应尽快输氧;呼吸停止,立即进行人工呼吸。就医。 5. 食入:漱口。就医
警示标识	

(8)苯的危害周知卡,见表9-10。

苯的危害周知卡 表9-10

中文名称	苯 CAS:71-43-2
英文名称	benzene 分子式:C_6H_6
理化特性	无色易挥发性液体,有芳香味。分子量78.11,沸点80.1℃,相对密度0.88,相对蒸气密度2.77,饱和蒸气压13.33kPa(26.1℃),闪点-11℃,爆炸极限1.4%~8.0%。与有机溶剂混溶
职业接触	苯是由煤焦油提炼或石油裂解重整所得。苯主要用作油、脂、橡胶、树脂、油漆、喷漆和氯丁橡胶等的溶剂和稀释剂。也用于制造各种化工产品,如苯乙烯、苯酚、顺丁烯二酸酯和许多清洁剂、炸药、化肥、农药和燃料等。还可做黏合剂、涂料等
进入途径	主要经呼吸道吸入或皮肤吸收进入人体
潜在安全危害	易挥发,高度易燃,蒸气与空气的混合物,遇明火、高热极易燃烧爆炸;蒸气比空气重,能在较低处扩散到相当远的地方,遇火源会着火回燃,与氧化剂能发生强烈反应。易产生和聚集静电,有燃烧爆炸危险
毒　　性	高毒物品。LD_{50}:3.3g/kg(大鼠经口),0.048g/kg(小鼠经皮)
健康影响	1.急性中毒:主要损害神经系统。轻者有头晕、头痛、恶心、呕吐、兴奋、步态蹒跚等酒醉样状态,可伴有眼、呼吸道黏膜刺激症状,眼灼伤等;重者烦躁不安,抽搐、意识模糊、昏迷、血压下降,甚至呼吸和循环衰竭而死亡。 2.慢性中毒:主要损害造血系统。轻者白细胞、血小板减少;重者全血细胞减少,出现再生障碍性贫血;严重者发生白血病(以急性粒细胞性多见)。慢性损害还可表现为神经衰弱综合征,皮肤脱脂、干燥、皲裂、皮炎,月经量增多、经期延长等
健康监护	1.建议职业健康检查项目:职业史、疾病史、内科常规、皮肤、血常规(注意细胞形态及分类)、血小板计数、肝功能、肝脾B超。 2.职业禁忌症:血细胞计数低于正常参考值;造血系统疾病,如各种类型的贫血、白细胞减少症和粒细胞缺乏症、血红蛋白病、血液肿瘤和凝血障碍疾病等;脾功能亢进;严重的全身性皮肤病;月经过多或功能性子宫出血。 3.可能产生的职业病:职业性苯中毒;苯所致白血病
防护措施	1.隔毒排毒:密闭化、管道化、自动化、机械化操作;加强通风,尤其是局部有效地通风排毒。 2.防燃防爆:工作场所严禁吸烟,远离火种、热源,并避免与氧化剂接触;使用防爆型通风系统和照明等设备;灌装时控制流速,最好设接地,防止静电积聚;搬运时要轻装轻卸,防止包装及容器损坏。及时清除倒空容器内可能残留的有害物。 3.应急措施:提供便捷的淋浴和洗眼设施,配备相应品种和数量的消防器材及泄漏应急处理设备。紧急救援时佩戴空气呼吸器。 4.个人防护:戴过滤式防毒口罩或面具(半面罩),戴化学安全防护眼镜,穿防毒物渗透工作服、防腐鞋,戴橡胶耐油手套等。 5.制度保障:建立健全职业病防护制度和操作规程,并对作业工人进行专门培训
效果监控	建议作业场所每月检测一次,每半年进行控制效果评价一次;每年作业工人职业健康检查一次。职业接触限值PC-TWA:6mg/m^3,PC-STEL:10mg/m^3
应急措施	1.准备工作:立即将患者移至安全区空气新鲜处,除去污染衣物,保暖、安静。 2.皮肤污染:用肥皂水和清水冲洗,至少15min。就医。 3.眼睛污染:提起眼睑,用慢速流动清水或生理盐水冲洗至少15min。就医。 4.吸入:保持呼吸道通畅,呼吸困难者应尽快输氧;呼吸停止,立即进行人工呼吸。就医。 5.食入:漱口,不要催吐。就医
警示标识	

(9)苯酚的危害周知卡,见表9-11。

苯酚的危害周知卡

表9-11

中文名称	苯酚(酚、碳酚) CAS:108-95-2
英文名称	phenol 分子式:C_6H_6O
理化特性	白色结晶,有特殊气味。分子量94.11,沸点181.9℃,相对密度1.07,相对蒸气密度3.24,饱和蒸气压0.13kPa(40.1℃),闪点79.44℃,爆炸极限1.7%~8.6%。可与水混溶,易溶于乙醇、醚、氯仿、甘油。弱酸性
职业接触	用作消毒、杀虫剂,用作生产酚醛树脂、卡普隆和己二酸的原料,也用于塑料和医药工业,用作分析试剂,化工生产中间体
进入途径	主要经皮肤吸收进入人体
潜在安全危害	可燃,遇明火、高热、氧化剂、静电可燃,与三氯化铝、硝基苯、丁二烯等发生剧烈反应,引起燃烧爆炸
毒　　性	LD_{50}:0.317g/kg(大鼠经口),0.85g/kg(兔经皮);LC_{50}:0.316g/m^3(大鼠吸入)
健康影响	1.急性中毒:对眼睛、皮肤、黏膜有强烈的腐蚀作用,可抑制中枢神经或损害肝、肾功能。吸入高浓度蒸气可致头痛、头晕、乏力、视物模糊、肺水肿等。误服引起消化道灼伤,出现烧灼痛、呼出气带酚味,呕吐物或大便可带血液,有胃肠穿孔等的可能,可出现休克、肺水肿、肝或肾损害,出现急性肾功能衰竭,可死于呼吸衰竭。眼接触可致灼伤。可经灼伤皮肤吸收经一定潜伏期后引起急性肾功能衰竭。 2.慢性中毒:可引起头痛、头晕、咳嗽、食欲减退、恶心、呕吐,严重者引起蛋白尿。可致皮炎
健康监护	1.建议职业健康检查项目:内科常规、皮肤、眼科常规、血常规及网织红细胞、尿常规、肝肾功能、心电图。 2.职业禁忌症:慢性肾炎,血液系统疾病。 3.可能产生的职业病:职业性急性酚中毒
防护措施	1.隔毒排毒:密闭操作,防止蒸气泄漏;加强通风,尤其是局部有效的通风排毒。 2.防燃防爆:工作场所严禁吸烟,远离火种、热源,并避免与氧化剂、碱类接触;使用防爆型通风系统和照明等设备;搬运时要轻装轻卸,防止包装及容器损坏。及时清除倒空容器内可能残留的有害物。 3.应急措施:提供便捷的淋浴和洗眼设施,配备相应品种和数量的消防器材及泄漏应急处理设备。紧急救援时佩戴空气呼吸器。 4.个人防护:戴自吸过滤式防尘口罩,戴化学安全防护眼镜,穿透气型防毒服、戴防化学品腐蚀手套。 5.制度保障:建立健全职业病防护制度和操作规程,并对作业工人进行专门培训
效果监控	建议作业场所每年至少进行一次职业病危害因素检测与评价;每年作业工人职业健康检查一次。职业接触限值PC-TWA:10mg/m^3,PC-STEL:20mg/m^3
应急措施	1.准备工作:立即将患者移至安全区空气新鲜处,除去污染衣物,保暖、安静。 2.皮肤污染:用甘油、聚乙烯乙二醇或聚乙烯乙二醇和酒精混合液(7:3)抹洗,然后用水彻底清洗。或用大量流动清水冲洗至少15min。就医。 3.眼睛污染:提起眼睑,用慢速流动清水或生理盐水冲洗至少15min。就医。 4.吸入:保持呼吸道通畅,呼吸困难者应尽快输氧;呼吸停止,立即进行人工呼吸。就医。 5.食入:漱口,大量饮水,不要催吐。就医
警示标识	

(10)乙酸的危害周知卡,见表 9-12。

乙酸的危害周知卡 表 9-12

中文名称	乙酸 CAS:64-19-7
英文名称	ethanoic acid 分子式:$C_2H_4O_2$
理化特性	无色液体或固体,有刺激性气味。无水乙酸在低温时凝固成冰状,俗称冰醋酸。分子量 60.05,熔点 16.66℃,沸点 118.1℃,相对密度 1.0493,相对蒸气密度 2.1,闪点 39℃,燃点 427℃,爆炸极限 5.4% ~ 16.0%。能与水及乙醇、乙醚、四氯化碳等常用有机溶剂混溶,不溶于二硫化碳和 C12 以上的高级脂肪烃。能溶解大多数树脂和精油
职业接触	主要用于合成醋酸乙烯、醋酸纤维素、醋酸酯、醋酸酐、金属醋酸盐及卤代醋酸等,也是制药、染料、农药及其他有机合成的重要原料。在照相、药品制造、织物印染及橡胶工业等方面也有使用
进入途径	主要经呼吸道吸入或消化道、皮肤吸收进入人体
潜在安全危害	易燃、其蒸气与空气可形成爆炸性混合物,遇明火、高热能引起燃烧爆炸;与铬酸、过氧化钠、硝酸或其他氧化剂接触,有爆炸危险。具有腐蚀性。能与氧化剂、碱剧烈反应
毒　　性	低毒,LD_{50}:3.31g/kg(大鼠经口);LC_{50}:12.3g/m^3,1h(大鼠和豚鼠吸入)
健康影响	急性中毒:接触较高浓度的乙酸气溶胶,主要表现为咳嗽、气促、胸闷、咽干、眼部刺痛、流泪、鼻分泌物增多、鼻出血、头痛等。皮肤接触乙酸后,轻者仅见红斑反应,重者可引起化学灼伤,偶见皮肤过敏反应。部分接触者出现局部皮肤发黑和角化现象,偶可见鼻黏膜、牙酸蚀病和贫血等。吸入蒸气可引致肺水肿,症状可能迟发,需医学观察;眼接触可引致深度烧伤、重者失明
健康监护	1. 建议职业健康检查项目:职业史、疾病史、常规检查(内科、眼科和皮肤)、血常规,尿常规,血清 ALT、X 射线胸部摄片。 2. 职业禁忌症:严重的全身性皮肤病,慢性阻塞性肺病,支气管哮喘,慢性间质性肺病。 3. 可能产生的职业病:化学性皮肤灼伤,化学性眼灼伤
防护措施	1. 隔毒排毒:密闭操作,防止蒸气泄漏;加强通风,尤其是局部有效的通风排毒。 2. 防燃防爆:工作场所严禁吸烟,远离火种、热源,并避免与氧化剂接触;使用防爆型通风系统和照明等设备;灌装时控制流速,最好设接地,防止静电积聚;搬运时要轻装轻卸,防止包装及容器损坏。及时清除倒空容器内可能残留的有害物。 3. 应急措施:提供便捷的淋浴和洗眼设施,配备相应品种和数量的消防器材及泄漏应急处理设备。紧急救援时佩戴空气呼吸器。 4. 个人防护:佩戴自吸过滤式防毒面具(半面罩),戴化学安全防护眼镜,穿防毒物渗透工作服,戴橡胶耐油手套。 5. 制度保障:建立健全职业病防护制度和操作规程,并对作业工人进行专门培训
效果监控	建议作业场所每年至少进行一次职业病危害因素检测与评价;每年作业工人职业健康检查一次。职业接触限值 PC-TWA:10mg/m^3,PC-STEL:20mg/m^3
应急措施	1. 准备工作:立即将患者移至安全区空气新鲜处,除去污染衣物,保暖、安静。 2. 皮肤污染:脱去污染的衣着,用肥皂水和清水彻底冲洗皮肤。 3. 眼睛污染:提起眼睑,用慢速流动清水或生理盐水冲洗 10min。就医。 4. 吸入:保持呼吸道通畅,呼吸困难者应尽快输氧;如呼吸停止,立即进行人工呼吸。就医。 5. 食入:漱口,不要催吐。就医
警示标识	

(11)乙酸乙酯的危害周知卡,见表9-13。

乙酸乙酯的危害周知卡　　表9-13

中文名称	乙酸乙酯　　CAS:141-78-6
英文名称	ethylacetate　　分子式:$C_4H_8O_2$,$CH_3COOC_2H_5$
理化特性	无色透明水样液体,易挥发,易燃,有水果香味。分子量88.11,相对密度0.901(25℃),熔点-83.8℃,沸点77.15℃,闪点-4.44℃(闭杯),燃点425.5℃,爆炸极限2.2%~11.4%。相对蒸气密度3.04,蒸气压13.33kPa(100mmHg,27℃)。25℃时水中溶解度8.6%,与乙醇、丙酮、氯仿、乙醚、苯等混溶
职业接触	本品是工业上重要的有机溶剂,广泛用作人造香精、乙基纤维素、硝化纤维素、人造纤维、人造革、清漆、涂料印刷油墨及各种树脂等的溶剂,在制帽、制革、制药及涂料等行业常用
进入途径	主要经呼吸道吸入或皮肤吸收进入人体
潜在安全危害	蒸气与空气混合物,遇热、明火易燃烧、爆炸。与氯磺酸、发烟硫酸、叔丁醇钾、氢化锂铝、2-氯甲基呋喃发生剧烈反应。经紫外线照射可分解生成一氧化碳、二氧化碳和氢或甲烷等可燃气体。遇水可水解为乙酸和乙醇,有明显的酸性腐蚀作用
毒　　性	属低毒类,大鼠经口LD_{50}为5.62g/kg;小鼠经口LD_{50}为4.1g/kg,兔经皮LD_{50}>20mL/kg;吸入16g/m^3,每天1h,共40d,可引起贫血、白细胞增多、内脏水肿和脂肪变性
健康影响	1.急性中毒:接触较高浓度后,眼睛、上呼吸道等可出现明显刺激作用,出现眼灼热感、流泪、咳嗽、胸闷等不适,有时可致角膜混浊。过量吸入本品可引起鼻黏膜刺激症和恶心等不适,同时也可作用于中枢神经系统引起暂时性视觉障碍,持续高浓度吸入,可致肺水肿和呼吸麻痹。严重者可导致死亡。 2.慢性中毒:反复长时间接触,中枢神经系统出现进行性麻痹作用,停止接触后恢复缓慢
健康监护	1.建议职业健康检查项目:职业史、疾病史、常规检查(内科、眼科和皮肤)、血常规,尿常规,肝功能、X射线胸部摄片。 2.职业禁忌症:中枢神经系统器质性疾病,严重的全身性皮肤病,急、慢性眼病。 3.可能产生的职业病:化学性眼、皮肤灼伤
防护措施	1.隔毒排毒:密闭操作,防止蒸气泄漏;加强通风,尤其是局部有效的通风排毒。 2.防燃防爆:严格按照危险品储存规范储存,认真执行安全操作规程,防止火焰与本品接触而引起燃烧或爆炸。 3.应急措施:提供便捷的淋浴和洗眼设施,配备相应品种和数量的消防器材及泄漏应急处理设备。 4.个人防护:戴防毒口罩,戴安全防护眼镜,穿防静电服、防静电鞋、戴防护手套等。 5.制度保障:建立健全职业病防护制度和操作规程,并对作业工人进行专门培训
效果监控	建议作业场所每年至少进行一次职业病危害因素检测与评价;每年作业工人职业健康检查一次。职业接触限值PC-TWA:200mg/m^3,PC-STEL:300mg/m^3
应急措施	1.准备工作:立即将患者移至安全区空气新鲜处,除去污染衣物,保暖、安静。 2.皮肤污染:用肥皂水和清水冲洗,至少15min。就医。 3.眼睛污染:提起眼睑,用慢速流动清水或生理盐水冲洗至少15min。就医。 4.吸入:保持呼吸道通畅,呼吸困难者应尽快输氧;对呼吸停止者,应立即进行人工呼吸。就医。 5.食入:漱口,静卧。就医
警示标识	

(12) *N*,*N*-二甲基甲酰胺的危害周知卡，见表9-14。

N,N-二甲基甲酰胺的危害周知卡 表9-14

中文名称	*N*,*N*-二甲基甲酰胺 CAS:68－12－2
英文名称	dimethyl formamide(DMF) 分子式:C_3H_7ON
理化特性	无色液体，有氨气味，分子量73.1，熔点－61℃，沸点153℃，相对密度0.95，相对蒸气密度2.5，蒸气压0.49kPa(25℃)，闪点58℃(闭杯)，燃点445℃，爆炸极限2.2%～15.2%。可溶于水和一般有机溶剂，与碱接触可生成二甲胺
职业接触	工业用途广，是制造聚氯乙烯、聚丙烯腈等合成纤维的优质溶剂；医药生产中用于合成磺胺嘧啶，可的松和维生素B_1等；也可用于合成杀虫脒、抽提丁二烯，以及染料、石油提炼、树脂和皮革生产。相关作业可接触
进入途径	主要经呼吸道吸入或皮肤吸收进入人体
潜在安全危害	加热或燃烧时可分解生成氮氧化物有毒烟雾；能与氧化剂、硝酸盐和卤代烃激烈反应；能侵蚀某些塑料和橡胶
毒　　性	低毒，LD_{50}:4.2g/kg(大鼠经口)；LC_{50}:9.4g/m^3，2h(小鼠吸入)
健康影响	1.急性中毒：主要表现为神经系统、消化系统和皮肤改变。其中以消化系统损害最突出，尤其是腹痛、便秘，多数患者有阵发性腹绞痛，常被误诊为急腹症。早期常有明显乏力、右上腹胀痛不适或出现黄疸，肝脏逐渐肿大，肝功能异常。吸入后一般6～12h左右发病，而皮肤接触中毒者潜伏期较长。吸入高浓度DMF中毒者除眼、上呼吸道刺激症状、头痛、头昏、嗜睡外，常见恶心、呕吐、腹痛和便秘等症状，胃十二指肠黏膜充血、水肿、糜烂、小出血点或黏膜脱垂；重症者可出现肝、肾损害。局部皮肤接触有麻木、瘙痒、灼痛感，以及丘疹、水肿，甚或水疱、糜烂等改变。 2.慢性中毒：长期低浓度接触可出现慢性皮炎、类神经症等。可能有肝损害
健康监护	1.建议职业健康检查项目：职业史、疾病史、内科常规、血常规、尿常规、心电图、肝功能、乙肝表面抗原、肝脾B超。 2.职业禁忌症：慢性肝炎。 3.可能产生的职业病：职业性急性二甲基甲酰胺中毒
防护措施	1.隔毒排毒：密闭操作，防止蒸气泄漏；加强通风，尤其是局部有效的通风排毒。 2.防燃防爆：工作场所严禁吸烟，远离火种、热源，并避免与氧化剂接触；使用防爆型通风系统和照明等设备；灌装时控制流速，最好设接地，防止静电积聚；搬运时要轻装轻卸，防止包装及容器损坏。及时清除倒空容器内可能残留的有害物。 3.应急措施：提供便捷的淋浴和洗眼设施，配备相应品种和数量的消防器材及泄漏应急处理设备。紧急救援时佩戴空气呼吸器。 4.个人防护：佩戴自吸过滤式防毒面具(半面罩)，戴化学安全防护眼镜，穿防毒物渗透工作服，戴橡胶耐油手套。 5.制度保障：建立健全职业病防护制度和操作规程，并对作业工人进行专门培训
效果监控	建议作业场所每年至少进行一次职业病危害因素检测与评价；每年作业工人职业健康检查一次。职业接触限值PC－TWA:20mg/m^3，PC－STEL:40mg/m^3
应急措施	1.准备工作：立即将患者移至安全区空气新鲜处，除去污染衣物，保暖、安静。 2.皮肤污染：脱去污染的衣着，用肥皂水和清水彻底冲洗皮肤。 3.眼睛污染：提起眼睑，用慢速流动清水或生理盐水冲洗10min。就医。 4.吸入：保持呼吸道通畅，呼吸困难者应尽快输氧；对呼吸停止者，应立即进行人工呼吸。就医。 5.食入：漱口。就医
警示标识	

(13)乙醇胺的危害周知卡,见表9-15。

乙醇胺的危害周知卡　　表9-15

中文名称	乙醇胺　　CAS:141-43-5
英文名称	ethanolamine　　分子式:C_2H_7NO
理化特性	无色有氨味,呈强碱性和吸湿性的黏稠液体。分子量61.08,相对密度1.0180(20℃/4℃),凝固点10.5℃,沸点170.8℃,相对蒸气密度2.11,闪点93.33℃(开杯),蒸气压0.80kPa(6mmHg60℃);与水、甲醇、丙酮混溶,吸收空气中二氧化碳,腐蚀铜、黄铜、其他铜合金、橡胶、遇热、明火可燃
职业接触	用作化学试剂、溶剂、乳化剂、橡胶促进剂、腐蚀抑制剂等,此类行业生产与使用过程中致接触
进入途径	主要经呼吸道吸入或皮肤吸收进入人体
潜在安全危害	遇热、明火可燃。与盐酸、氢氟酸、硝酸、发烟硫酸、硫酸等强酸,发生剧烈化学反应并放热
毒　性	LD_{50}为1.72g/kg(大鼠经口);LC_{50}:700mg/kg(小鼠经口)
健康影响	急性中毒:较高浓度可引起呼吸道刺激症状,反复大量接触则可致肝、肾功能损伤;皮肤接触可引起皮肤发红、浸润;眼睛接触可引起急性角膜炎和结膜炎
健康监护	1.建议职业健康检查项目:职业史、疾病史、常规检查(内科、眼科和皮肤)、血常规,尿常规,肝功能、肾功能、X射线胸部摄片。 2.职业禁忌症:严重的全身性皮肤病,慢性眼病。 3.可能产生的职业病:化学性眼、皮肤灼伤
防护措施	1.隔毒排毒:密闭操作,防止蒸气泄漏;加强通风,尤其是局部有效的通风排毒。 2.防燃防爆:工作场所严禁吸烟,远离火种、热源,并避免与氧化剂接触;使用防爆型通风系统和照明等设备;灌装时控制流速,最好设接地,防止静电积聚;搬运时要轻装轻卸,防止包装及容器损坏。及时清除倒空容器内可能残留的有害物。 3.应急措施:提供便捷的淋浴和洗眼设施,配备相应品种和数量的消防器材及泄漏应急处理设备。紧急救援时佩戴空气呼吸器。 4.个人防护:佩戴自吸过滤式防毒面具(半面罩),戴化学安全防护眼镜,穿防毒物渗透工作服,戴橡胶耐油手套。 5.制度保障:建立健全职业病防护制度和操作规程,并对作业工人进行专门培训
效果监控	建议作业场所每年至少进行一次职业病危害因素检测与评价;每年作业工人职业健康检查一次。职业接触限值PC-TWA:8mg/m^3,PC-STEL:15mg/m^3
应急措施	1.准备工作:立即将患者移至安全区空气新鲜处,除去污染衣物,保暖、安静。 2.皮肤污染:用肥皂水和清水冲洗,至少15min。就医。 3.眼睛污染:提起眼睑,用慢速流动清水或生理盐水冲洗至少15min。就医。 4.吸入:保持呼吸道通畅,呼吸困难者应尽快输氧;对呼吸停止者,应立即进行人工呼吸。就医。 5.食入:漱口,饮足量水,不要催吐。就医
警示标识	

(14)苯胺的危害周知卡,见表9-16。

苯胺的危害周知卡 表9-16

中文名称	苯胺 CAS:62-53-3
英文名称	aniline 分子式:C_6H_7N
理化特性	无色或微黄色油状液体,有强烈气味。分子量93.12,沸点184.4℃,相对密度1.02,相对蒸气密度3.22,饱和蒸气压2.0kPa(77℃),爆炸极限1.3%~11.0%。微溶于水,溶于乙醇、乙醚、苯。弱碱性
职业接触	用于印染、染料制造、染料中间体、橡胶促凝剂和防老剂、打印油墨、2,4,6-三硝基苯甲硝胺、光学白涂剂、照相显影剂、树脂、假漆、香料、轮胎抛光剂等工业
进入途径	主要经呼吸道吸入或皮肤吸收进入人体
潜在安全危害	可燃,遇明火、高热或与强氧化剂或酸等可发生强烈反应,引起燃烧或爆炸,遇钠、钾、钙等金属可产生易燃的氢气
毒　　性	高毒物品。LD_{50}:0.442g/kg(大鼠经口),0.82g/kg(兔经皮);LC_{50}:0.665g/m^3,7h(小鼠吸入)
健康影响	1.急性中毒:主要引起高铁血红蛋白血症、溶血性贫血和肝、肾损害。患者口唇、指端、耳郭紫绀,有头痛、头晕、恶心、呕吐、手指发麻、精神恍惚等症状;重度中毒时,皮肤、黏膜严重青紫,呼吸困难,抽搐,甚至昏迷、休克。出现溶血性黄疸、中毒性肝炎及肾损害。可有化学性膀胱炎。眼接触引起结膜角炎。 2.慢性中毒:患者有神经衰弱综合征表现,伴有轻度紫绀、贫血和肝、脾肿大。皮肤接触可引起皮炎和湿疹
健康监护	1.建议职业健康检查项目:内科常规、皮肤检查、血常规、尿常规、血清ALT、血清葡萄糖-6-磷酸脱氢酶测定、心电图、肝脾B超、乙肝表面抗原、高铁血红蛋白定量。 2.职业禁忌症:慢性肝炎、慢性肾炎、慢性皮肤病、血液病如贫血等。 3.可能产生的职业病:职业性苯的氨基及硝基化合物中毒
防护措施	1.隔毒排毒:密闭操作、防止蒸气泄漏;加强通风,尤其是局部有效地通风排毒。 2.防燃防爆:工作场所严禁吸烟,远离火种、热源,并避免与氧化剂接触;使用防爆型通风系统和照明等设备;灌装时控制流速,最好设接地,防止静电积聚;搬运时要轻装轻卸,防止包装及容器损坏。及时清除倒空容器内可能残留的有害物。 3.应急措施:提供便捷的淋浴和洗眼设施,配备相应品种和数量的消防器材及泄漏应急处理设备。紧急救援时佩戴空气呼吸器。 4.个人防护:戴过滤式防毒口罩或面具(半面罩),戴化学安全防护眼镜,穿防毒物渗透工作服、防腐鞋,戴橡胶耐油手套等。 5.制度保障:建立健全职业病防护制度和操作规程,并对作业工人进行专门培训
效果监控	建议作业场所每月检测一次,每半年进行控制效果评价一次;每年作业工人职业健康检查一次。职业接触限值PC-TWA:3mg/m^3,PC-STEL:7.5mg/m^3
应急措施	1.准备工作:立即将患者移至安全区空气新鲜处,除去污染衣物,保暖、安静。 2.皮肤污染:用肥皂水和清水冲洗,至少15min。就医。 3.眼睛污染:提起眼睑,用慢速流动清水或生理盐水冲洗至少15min。就医。 4.吸入:保持呼吸道通畅,呼吸困难者应尽快输氧;对呼吸停止者,应立即进行人工呼吸。就医。 5.食入:漱口,催吐(仅对清醒病人)。就医
警示标识	

(15)环氧乙烷的危害周知卡,见表9-17。

环氧乙烷的危害周知卡　　表9-17

中文名称	环氧乙烷　　CAS:75－21－8
英文名称	epoxyethane　　分子式:C_2H_4O
理化特性	无色气体,低于12℃冷凝为流动性液体。易燃易爆,分子量44.1。能与水、乙醇、乙醚及许多其他有机化合物以任何比例混溶。沸点10.4℃,相对密度0.8671(20℃/4℃),蒸气压(20℃)149.32kPa。化学性质活泼,易发生开环反应,能与许多化合物进行加成反应,与水反应生成乙二醇,与醇类反应生成苯氧乙醇,与无机酸如硝酸反应生成乙二醇二硝酸酯。环氧乙烷能发生聚合反应生成聚乙二醇
职业接触	本品为人工制成,由乙烯催化和氧化反应而成;主要用于制造其他各种溶剂、稀释剂和生产乙二醇及其衍生物、乙醇胺、丙烯腈和表面活性剂等的化工原料,与二氧化碳混合用作熏蒸剂或刹车剂,并可用作医用消毒剂。在生产和使用本品过程中均有机会接触
进入途径	主要经呼吸道、皮肤接触吸收
潜在安全危害	是一种强氧化剂,遇热、撞击、明火或由于自发化学反应而引起燃烧爆炸。气体比空气重,可沿地面扩散,造成远处着火;在酸碱金属、氯化物作用下加热有着火爆炸危险;能与许多化合物激烈反应
毒　　性	属中等毒物,液体状态对眼睛会造成严重伤害,其蒸气对眼、鼻和喉咙有刺激性,对神经系统有抑制作用。大鼠经口LD_{50}为330mg/kg;人吸入180mg/m^{3}出现有害症状,450mg/m^3、60min会产生严重中毒。远期危害动物实验证明,环氧乙烷有致畸、致突变、致癌效应
健康影响	1.急性中毒:主要是刺激眼、皮肤和呼吸道黏膜,水溶液可使皮肤起水泡,液体迅速蒸发可致皮肤冻伤;可干扰神经系统功能和影响细胞代谢。 2.慢性中毒:长期反复接触可引起皮肤过敏、哮喘;也可引起类神经症综合征和自主神经功能紊乱,表现为头痛、头晕、乏力、失眠、记忆力减退、兴奋易怒等。低浓度长期接触后也可发生手足不灵、共济失调和震颤等周围神经病表现。该物质是人类致癌物,长期接触环氧乙烷不仅可引起晶体混浊和白内障发生率增高,也可引起细胞遗传学改变、肿瘤和白血病发病率高及女工流产率增高等
健康监护	1.建议职业健康检查项目:职业史、疾病史、内科、眼科及神经系统常规检查、血常规、尿常规、肝功能、肿瘤标记物(AFP、CEA等)、X射线胸部摄片。 2.职业禁忌症:器质性神经系统疾病,严重的全身性皮肤病,明显的眼疾,血液病
防护措施	1.隔毒排毒:密闭操作、防止蒸气泄漏;加强通风,尤其是局部有效地通风排毒。 2.防燃防爆:工作场所严禁吸烟,远离火种、热源,并避免与氧化剂接触;使用防爆型通风系统和照明等设备;灌装时控制流速,最好设接地,防止静电积聚;搬运时要轻装轻卸,防止包装及容器损坏。及时清除倒空容器内可能残留的有害物。 3.应急措施:提供便捷的淋浴和洗眼设施,配备相应品种和数量的消防器材及泄漏应急处理设备。紧急救援时佩戴空气呼吸器。 4.个人防护:戴过滤式防毒口罩或面具(半面罩),戴化学安全防护眼镜,穿防毒物渗透工作服、防腐鞋,戴橡胶耐油手套等。 5.制度保障:建立健全职业病防护制度和操作规程,并对作业工人进行专门培训
效果监控	建议作业场所每年进行一次职业病危害因素检测与评价;每年作业工人职业健康检查一次。职业接触限值PC-TWA:2mg/m^3,PC-STEL:5mg/m^3
应急措施	1.准备工作:立即将患者移至安全区空气新鲜处,除去污染衣物,保暖、安静。 2.皮肤污染:用肥皂水和清水彻底冲洗;冻伤时用大量水冲洗,不要脱衣服。就医。 3.眼睛污染:提起眼睑,用慢速流动清水或生理盐水冲洗至少15min。就医。 4.吸入:可致哮喘,注意医学观察
警示标识	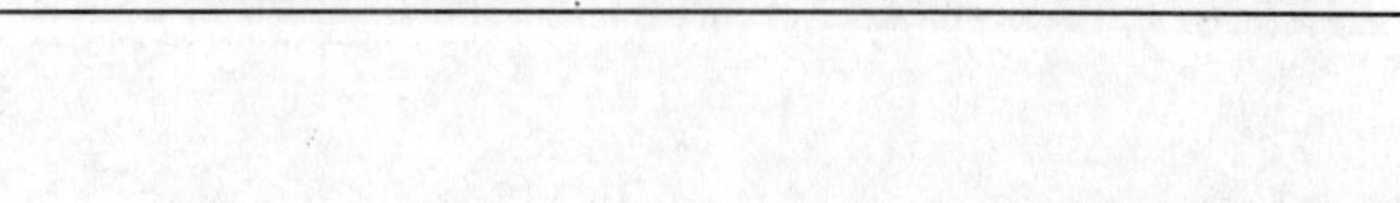

（16）汽油的危害周知卡，见表9-18。

汽油的危害周知卡 表9-18

中文名称	汽油 CAS:8006-61-9
英文名称	gasoline 分子式:无
理化特性	无色或淡黄色，有特殊臭味的易挥发易燃液体，由C4～C12脂肪烃和环烃类组成，并含有少量的芳香烃和硫化物，其中正己烷含量约为5%；不溶于水，易溶于苯、二硫化碳、醇，极易溶于脂肪
职业接触	作为汽油机的燃料，以及橡胶、制鞋、印刷、制革、油漆、洗染、颜料等行业及机械零件去垢等，此类生产和使用过程均可导致接触
进入途径	主要经呼吸道吸入或皮肤吸收进入人体
潜在安全危害	遇热、明火、强氧化剂易引起燃烧和爆炸，空气混合物也可在较低处扩散，遇明火可回燃
毒　　性	麻醉性毒物。大鼠吸入5min LD_{50}300mg/m^3
健康影响	1.急性中毒：高浓度短时间吸入，表现为出现头晕、头痛、四肢无力、心悸、恶心、呕吐、视物模糊、复视、酩酊感、易激动、步态不稳，眼睑、舌、手指微震颤、共济失调等；严重者表现为中毒性脑病症状，有瞻妄、昏迷、抽搐等。眼睛和上呼吸道黏膜接触有刺激症状。少数可发生化学性肺炎；吸入极高浓度可迅速引起意识丧失、反射性呼吸停止，可继发支气管炎、肺炎和肝肾损害。 2.慢性中毒：出现头晕、记忆减退、失眠、失梦等神经衰弱综合征，也可导致周围神经病，严重者可致中毒性脑病；长期接触还可损害肺、肾等脏器，对血液系统也可产生一定影响。皮肤长期接触后可产生皮炎
健康监护	1.建议职业健康检查项目：内科常规检查、握力、肌张力、腱反射、三颤、指鼻试验、眼角膜反射、血常规、尿常规、肝功能、肾功能、心电图、X射线胸部摄片。 2.职业禁忌症：神经系统器质性疾病，精神病，全身性或过敏性皮炎，慢性肾炎。 3.可能产生的职业病：职业性溶剂汽油中毒；汽油致职业性皮肤病
防护措施	1.隔毒排毒：密闭操作、防止蒸气泄漏；加强通风，尤其是局部有效地通风排毒。 2.防燃防爆：工作场所严禁吸烟，远离火种、热源，并避免与氧化剂接触；使用防爆型通风系统和照明等设备；灌装时控制流速，最好设接地，防止静电积聚；搬运时要轻装轻卸，防止包装及容器损坏。及时清除倒空容器内可能残留的有害物。 3.应急措施：提供便捷的淋浴和洗眼设施，配备相应品种和数量的消防器材及泄漏应急处理设备。紧急救援时佩戴空气呼吸器。 4.个人防护：戴过滤式防毒口罩或面具（半面罩），戴化学安全防护眼镜，穿防静电工作服、防静电鞋，戴橡胶耐油手套等。 5.制度保障：建立健全职业病防护制度和操作规程，并对作业工人进行专门培训
效果监控	建议作业场所每年至少进行一次职业病危害因素检测与评价；每年作业工人职业健康检查一次。职业接触限值PC-TWA:300mg/m^3，PC-STEL:450mg/m^3
应急措施	1.准备工作：立即将患者移至安全区空气新鲜处，除去污染衣物，保暖、安静。 2.皮肤污染：用肥皂水和清水冲洗，至少15min。就医。 3.眼睛污染：提起眼睑，用慢速流动清水或生理盐水冲洗至少15min。就医。 4.吸入：保持呼吸道通畅，呼吸困难者应尽快输氧；对呼吸停止者，应立即进行人工呼吸。就医。 5.食入：漱口，饮足量温水，催吐（仅对清醒病人）。就医
警示标识	

三、常见危险货物职业病危害告知卡(见表9-19至表9-36)

正己烷危害告知卡 表9-19

<table>
<tr><th>有毒物品</th><th>接触有害</th><th>注意防护</th></tr>
<tr><td rowspan="2">正己烷
N-hexane</td><td>健康危害</td><td>理化特性</td></tr>
<tr><td>可经呼吸道、皮肤吸入人体,主要损害周围神经。
短期大量接触可出现眼和上呼吸道黏膜刺激及麻醉症状,可有头晕、头痛、胸闷、咽喉刺激、乏力等表现;长期接触可损害周围神经,出现肢体远端麻木、疼痛、下肢沉重感,跟腱反射减弱或消失,严重的出现四肢远端肌肉萎缩,影响运动功能</td><td>无色挥发性液体,不溶于水,溶于多种有机溶剂,遇明火、高极热易燃烧爆炸</td></tr>
<tr><td rowspan="2">当心中毒</td><td colspan="2">应急处理</td></tr>
<tr><td colspan="2">抢救人员穿戴防护用具,迅速将患者转移至安全区空气新鲜处,除去污染衣物,漱口,保持呼吸道畅通,保暖、安静;皮肤污染用肥皂水和清水冲洗,溅入眼睛用流动清水或生理盐水冲洗,至少15min,呼吸困难者应尽快输氧,必要时进行人工呼吸。立即与医疗急救单位联系抢救</td></tr>
<tr><td rowspan="2">工作岗位:</td><td colspan="2">注意防护</td></tr>
<tr><td colspan="2">工作场所职业接触限值PC-TWA:100mg/m^3,PC-STEL:180 mg/m^3。密闭防泄漏,局部排风,防吸入及眼、皮肤接触;工作场所禁止吸烟、明火,高热,使用防爆电器和照明设备</td></tr>
<tr><td colspan="2">检测结果:( )mg/m^3,合格□ 超标□</td><td>检查时间: 年 月 日</td></tr>
<tr><td colspan="2">**急救电话:120**</td><td>**职业卫生咨询电话:**********</td></tr>
</table>

丙烷危害告知卡 表9-20

<table>
<tr><th>有毒物品</th><th>接触有害</th><th>注意防护</th></tr>
<tr><td rowspan="2">丙烷
propane</td><td>健康危害</td><td>理化特性</td></tr>
<tr><td>主要经呼吸道吸入。
高浓度接触可出现头晕、头痛、兴奋或嗜睡、恶心、流涎,严重者可出现麻醉状态;极高浓度时,可致窒息、猝死。液态丙烷皮肤直接接触可致冻伤</td><td>无色、无臭气体,微溶于水,易燃、易爆</td></tr>
<tr><td rowspan="2">当心中毒</td><td colspan="2">应急处理</td></tr>
<tr><td colspan="2">抢救人员穿戴防护用具,迅速将患者转移至安全区空气新鲜处,除去污染衣物,漱口,保持呼吸道畅通,保暖、安静;皮肤冻伤用温水冲洗复温,呼吸困难者应尽快输氧,必要时进行人工呼吸。立即与医疗急救单位联系</td></tr>
<tr><td rowspan="2">工作岗位:</td><td colspan="2">注意防护</td></tr>
<tr><td colspan="2">密闭防泄漏,局部排风,防吸入起蒸气或眼、皮肤直接接触其液体;工作场所禁止吸烟、明火、高温,使用防爆电器和照明设备</td></tr>
<tr><td colspan="2">检测结果:( )mg/m^3,合格□ 超标□</td><td>检查时间: 年 月 日</td></tr>
<tr><td colspan="2">**急救电话:120**</td><td>**职业卫生咨询电话:**********</td></tr>
</table>

丁二烯危害告知卡 表9-21

<table>
<tr><th>有毒物品</th><th>接触有害</th><th>注意防护</th></tr>
<tr><td rowspan="2">1,3-丁二烯
1,3-butadiene</td><td>健康危害</td><td>理化特性</td></tr>
<tr><td>主要经呼吸道吸入。主要损害神经系统。
吸入高浓度时,可出现头晕、头痛、嗜睡、恶心、酒醉状态。严重者抽搐、昏迷。接触后,可出现眼和上呼吸道黏膜刺激症状</td><td>无色气体,溶于丙酮、苯、乙酸、酯等有机溶剂,易燃,易爆</td></tr>
<tr><td rowspan="2">当心中毒</td><td colspan="2">应急处理</td></tr>
<tr><td colspan="2">抢救人员穿戴防护用具,迅速将患者转移至安全区空气新鲜处,除去污染衣物,漱口,保持呼吸道畅通,保暖、安静;皮肤冻伤用温水冲洗复温,呼吸困难者应尽快输氧,必要时进行人工呼吸。立即与医疗急救单位联系</td></tr>
<tr><td rowspan="2">工作岗位:</td><td colspan="2">注意防护</td></tr>
<tr><td colspan="2">密闭防泄漏,局部排风,防吸入起蒸气或眼、皮肤直接接触其液体;工作场所禁止吸烟、明火、高温,使用防爆电器和照明设备</td></tr>
<tr><td colspan="3">检测结果:(　　　　)mg/m³,合格□　超标□　　　　检查时间:　年　月　日</td></tr>
<tr><td colspan="3">急救电话:120　　　　职业卫生咨询电话:********</td></tr>
</table>

汽油危害告知卡 表9-22

<table>
<tr><th>有毒物品</th><th>接触有害</th><th>注意防护</th></tr>
<tr><td rowspan="2">汽油
gasoline petrol</td><td>健康危害</td><td>理化特性</td></tr>
<tr><td>可经呼吸道、消化道、皮肤吸进入人体。
主要损害神经系统。高浓度短时间吸入,可致头晕、头痛、乏力、神志不清、易激动、步态不稳,眼睑、舌、手指轻微震颤、共济失调等;严重者出现中毒性脑病症状,有谵妄、昏迷、抽搐等。吸入极高浓度可导致猝死。误服可出现消化道或全身中毒症状。长期接触可出现神经衰弱综合征,也可致周围神经病。可损害肺、肾等脏器</td><td>无色气体,不溶于水,易溶于苯、二硫化碳、醇,极易溶于脂肪。遇热、明火、强氧化剂易引起燃烧和爆炸</td></tr>
<tr><td rowspan="2">当心中毒</td><td colspan="2">应急处理</td></tr>
<tr><td colspan="2">抢救人员穿戴防护用具,迅速将患者转移至安全区空气新鲜处,除去污染衣物,漱口,保持呼吸道畅通,保暖、安静;皮肤污染用肥皂水和清水冲洗,溅入眼睛用流动清水或生理盐水冲洗,各至少15min,呼吸困难者应尽快输氧,必要时进行人工呼吸。立即与医疗急救单位联系</td></tr>
<tr><td rowspan="2">工作岗位:</td><td colspan="2">注意防护</td></tr>
<tr><td colspan="2">工作场所职业接触限值PC-TWA:300mg/m³,PC-STEL:450 mg/m³。密闭防泄漏,局部排风,防吸入及眼、皮肤接触;工作场所禁止吸烟、明火,高热,使用防爆电器和照明设备</td></tr>
<tr><td colspan="3">检测结果:(　　　　)mg/m³,合格□　超标□　　　　检查时间:　年　月　日</td></tr>
<tr><td colspan="3">急救电话:120　　　　职业卫生咨询电话:********</td></tr>
</table>

苯危害告知卡 表 9-23

<table>
<tr><th>有毒物品</th><th colspan="2">接触有害</th><th>注意防护</th></tr>
<tr><td rowspan="2">苯
benzene</td><td colspan="2">健康危害</td><td>理化特性</td></tr>
<tr><td colspan="2">主要经呼吸道或皮肤吸收进入人体。
短时间或短期大量接触可引起头晕、头痛、恶心、呕吐、步态不稳,重者引发抽搐、意识障碍、昏迷等;溅入眼睛可致眼灼伤,皮肤接触可致接触性皮炎;长期接触可致白细胞、血小板等血细胞减少,易出血、易感染,严重时可引起再生障碍性贫血或白血病</td><td>无色易挥发性液体,有芳香气味;不溶于水;遇热、明火易燃烧、爆炸</td></tr>
<tr><td rowspan="2">当心中毒</td><td colspan="3">应急处理</td></tr>
<tr><td colspan="3">抢救人员穿戴防护用具,迅速将患者转移至安全区空气新鲜处,除去污染衣物,漱口,保持呼吸道畅通,保暖、安静;皮肤污染用肥皂水和清水冲洗,溅入眼睛用流动清水或生理盐水冲洗,各至少 15min,呼吸困难者应尽快输氧,必要时进行人工呼吸。立即与医疗急救单位联系抢救</td></tr>
<tr><td rowspan="2">工作岗位:</td><td colspan="3">注意防护</td></tr>
<tr><td colspan="3">工作场所职业接触限值 PC-TWA:100mg/m³,PC-STEL:180 mg/m³。密闭防泄漏,局部排风,防吸入及眼、皮肤接触;工作场所禁止吸烟、明火,高热,使用防爆电器和照明设备</td></tr>
<tr><td colspan="2">检测结果:(　　　)mg/m³,合格□　超标□</td><td colspan="2">检查时间:　　年　月　日</td></tr>
<tr><td colspan="2">**急救电话:120**</td><td colspan="2">**职业卫生咨询电话:**＊＊＊＊＊＊＊＊</td></tr>
</table>

甲苯危害告知卡 表 9-24

<table>
<tr><th>有毒物品</th><th colspan="2">接触有害</th><th>注意防护</th></tr>
<tr><td rowspan="2">甲苯
toluene</td><td colspan="2">健康危害</td><td>理化特性</td></tr>
<tr><td colspan="2">主要经呼吸道或皮肤吸收进入人体。
短时间内吸入较高浓度本品可出现眼及上呼吸道明显的刺激症状、眼结膜及咽部充血、头昏、头痛、恶心、呕吐、胸闷、四肢无力、步态蹒跚、意识模糊。重症者可有躁动、抽搐、昏迷;长期接触可发生神经衰弱综合征,肝肿大,女工月经异常等</td><td>无色透明液体,有芳香气味;不溶于水;遇热、明火易燃烧、爆炸</td></tr>
<tr><td rowspan="2">当心中毒</td><td colspan="3">应急处理</td></tr>
<tr><td colspan="3">抢救人员穿戴防护用具,迅速将患者转移至安全区空气新鲜处,除去污染衣物,漱口,保持呼吸道畅通,保暖、安静;皮肤污染用肥皂水和清水冲洗,溅入眼睛用流动清水或生理盐水冲洗,各至少 15min,呼吸困难者应尽快输氧,必要时进行人工呼吸。立即与医疗急救单位联系</td></tr>
<tr><td rowspan="2">工作岗位:</td><td colspan="3">注意防护</td></tr>
<tr><td colspan="3">工作场所职业接触限值 PC-TWA:50mg/m³,PC-STEL:100 mg/m³;密闭防泄漏,局部排风,防吸入及眼、皮肤接触;工作场所禁止吸烟、明火,高热,使用防爆电器和照明设备</td></tr>
<tr><td colspan="2">检测结果:(　　　)mg/m³,合格□　超标□</td><td colspan="2">检查时间:　　年　月　日</td></tr>
<tr><td colspan="2">**急救电话:120**</td><td colspan="2">**职业卫生咨询电话:**＊＊＊＊＊＊＊＊</td></tr>
</table>

氯仿危害告知卡 表 9-25

<table>
<tr><th>有毒物品</th><th colspan="2">接触有害</th><th>注意防护</th></tr>
<tr><td rowspan="2">氯仿
chloroform</td><td colspan="2">健康危害</td><td>理化特性</td></tr>
<tr><td colspan="2">可经呼吸道或皮肤吸收进入人体。
主要损害神经系统和肝脏。表现头痛、头晕、恶心、呕吐、兴奋、神经错乱、不安、手震颤、呼吸浅表,在数分钟内进入麻痹状态,反射消失和昏迷,严重中毒者可引发呼吸麻痹和心、肝功能损害。
刺激眼、皮肤,先有烧灼感,继而发生红斑、水肿、水疱,可引起结膜炎、角膜炎、皮炎和皮肤湿疹。
是人类的可疑致癌物</td><td>无色易挥发性液体,微溶于水,溶于多种有机溶剂,易燃、易爆。爆炸可生成光气和氯化氢有毒气体</td></tr>
<tr><td rowspan="2">当心中毒</td><td colspan="3">应急处理</td></tr>
<tr><td colspan="3">抢救人员穿戴防护用具,迅速将患者转移至安全区空气新鲜处,除去污染衣物,漱口,保持呼吸道畅通,保暖、安静;皮肤污染用肥皂水和清水冲洗,溅入眼睛用流动清水或生理盐水冲洗,各至少 15min,呼吸困难者应尽快输氧,必要时进行人工呼吸。立即与医疗急救单位联系</td></tr>
<tr><td rowspan="2">工作岗位:</td><td colspan="3">注意防护</td></tr>
<tr><td colspan="3">工作场所职业接触限值 PC-TWA:20mg/m³,PC-STEL:40 mg/m³。密闭防泄漏,局部排风,防吸入及眼、皮肤接触;工作场所禁止吸烟、明火,高热,使用防爆电器和照明设备</td></tr>
<tr><td colspan="2">检测结果:(　　　)mg/m³,合格□　超标□</td><td colspan="2">检查时间:　　年　月　日</td></tr>
<tr><td colspan="2">**急救电话:120**</td><td colspan="2">**职业卫生咨询电话:**＊＊＊＊＊＊＊＊</td></tr>
</table>

四氯化碳危害告知卡 表 9-26

<table>
<tr><th>有毒物品</th><th colspan="2">接触有害</th><th>注意防护</th></tr>
<tr><td rowspan="2">四氯化碳
carbon tetrachloride</td><td colspan="2">健康危害</td><td>理化特性</td></tr>
<tr><td colspan="2">可经呼吸道或皮肤吸收进入人体。
主要引起以中枢神经系统麻痹的和(或)肝、肾损害为主的全身性表现。高浓度接触可致急性中毒,先表现为流泪、眼痛、鼻不适感,咽干喉痛、咳嗽无痰等黏膜刺激症状,可很快出现中枢神经抑制和胃肠道刺激症状,严重者可在几天后出现肝、肾损害。
长期反复接触,可有进行性脑衰综合征、胃肠功能紊乱、肝大、肝功能异常,甚至有门脉性肝硬化的改变</td><td>无色液体,微溶于水,易溶于多种有机溶剂;遇明火或接触灼热的物质可产生剧毒的光气和氯化氢</td></tr>
<tr><td rowspan="2">当心中毒</td><td colspan="3">应急处理</td></tr>
<tr><td colspan="3">抢救人员穿戴防护用具,迅速将患者转移至安全区空气新鲜处,除去污染衣物,漱口,保持呼吸道畅通,保暖、安静;皮肤污染用肥皂水和清水冲洗,溅入眼睛用流动清水或生理盐水冲洗,各至少 15min,呼吸困难者应尽快输氧,必要时进行人工呼吸。立即与医疗急救单位联系</td></tr>
<tr><td rowspan="2">工作岗位:</td><td colspan="3">注意防护</td></tr>
<tr><td colspan="3">工作场所职业接触限值 PC-TWA:15mg/m³,PC-STEL:25mg/m³;密闭防泄漏,局部排风,防吸入及眼、皮肤接触;工作场所禁止吸烟、明火,高热,使用防爆电器和照明设备</td></tr>
<tr><td colspan="2">检测结果:(　　　)mg/m³,合格□　超标□</td><td colspan="2">检查时间:　　年　月　日</td></tr>
<tr><td colspan="2">**急救电话:120**</td><td colspan="2">**职业卫生咨询电话:**＊＊＊＊＊＊＊＊</td></tr>
</table>

甲醇危害告知卡 表 9-27

<table>
<tr><th>有毒物品</th><th>接触有害</th><th>注意防护</th></tr>
<tr><td rowspan="2">甲醇
methanol</td><td>健康危害</td><td>理化特性</td></tr>
<tr><td>主要经呼吸道或皮肤吸收进入人体。
短时间内大量吸入出现轻度眼及呼吸道刺激症状;经一段时间潜伏期后出现头痛、头晕、乏力、眩晕、酒醉感。意识不清、谵妄,甚至昏迷;可有视物模糊、复视等,重者失明。长期接触可出现神经衰弱综合征,植物神经功能失调,黏膜刺激,视力减退等</td><td>无色液体,有刺激性气味;溶于水;遇热、明火可引起燃烧、爆炸</td></tr>
<tr><td rowspan="2">当心中毒 </td><td colspan="2">应急处理</td></tr>
<tr><td colspan="2">抢救人员穿戴防护用具,迅速将患者转移至安全区空气新鲜处,除去污染衣物,漱口,保持呼吸道畅通,保暖、安静;皮肤污染用肥皂水和清水冲洗,溅入眼睛用流动清水或生理盐水冲洗,各至少15min,呼吸困难者应尽快输氧,必要时进行人工呼吸。立即与医疗急救单位联系</td></tr>
<tr><td rowspan="2">工作岗位:</td><td colspan="2">注意防护</td></tr>
<tr><td colspan="2">工作场所职业接触限值 PC-TWA:25mg/m³,PC-STEL:50mg/m³;密闭防泄漏,局部排风,防吸入及眼、皮肤接触;工作场所禁止吸烟、明火,高热,使用防爆电器和照明设备 </td></tr>
<tr><td colspan="2">检测结果:(　　　　)mg/m³,合格□　超标□</td><td>检查时间:　　年　月　日</td></tr>
<tr><td colspan="2">急救电话:120</td><td>职业卫生咨询电话: * * * * * * * *</td></tr>
</table>

乙醇危害告知卡 表 9-28

<table>
<tr><th>有毒物品</th><th>接触有害</th><th>注意防护</th></tr>
<tr><td rowspan="2">乙醇
ethyl alcohol</td><td>健康危害</td><td>理化特性</td></tr>
<tr><td>主要经呼吸道或皮肤吸收进入人体。
急性中毒多发生于口服,一般可分为兴奋、催眠、麻醉、窒息四个阶段,患者进入第三或第四阶段,出现意识丧失、瞳孔扩大、呼吸不规律、休克、心力循环衰竭及呼吸停止;长期接触高浓度本品可引起鼻、眼、黏膜刺激症状,以及头痛、头晕、疲乏、易激动、震颤、恶心等;皮肤长期接触可引起干燥、脱屑、皲裂和皮炎</td><td>无色液体,有酒香;混溶于水;遇热、明火可引起燃烧、爆炸</td></tr>
<tr><td rowspan="2">当心中毒 </td><td colspan="2">应急处理</td></tr>
<tr><td colspan="2">抢救人员穿戴防护用具,迅速将患者转移至安全区空气新鲜处,除去污染衣物,漱口,保持呼吸道畅通,保暖、安静;皮肤污染用肥皂水和清水冲洗,溅入眼睛用流动清水或生理盐水冲洗,各至少15min,呼吸困难者应尽快输氧,必要时进行人工呼吸。立即与医疗急救单位联系</td></tr>
<tr><td rowspan="2">工作岗位:</td><td colspan="2">注意防护</td></tr>
<tr><td colspan="2">工作场所职业接触限值 PC-TWA:2052mg/m³(美国);密闭防泄漏,局部排风,防吸入及眼、皮肤接触;工作场所禁止吸烟、明火,高热,使用防爆电器和照明设备 </td></tr>
<tr><td colspan="2">检测结果:(　　　　)mg/m³,合格□　超标□</td><td>检查时间:　　年　月　日</td></tr>
<tr><td colspan="2">急救电话:120</td><td>职业卫生咨询电话: * * * * * * * *</td></tr>
</table>

苯酚危害告知卡　　表 9-29

<table>
<tr><th>有毒物品</th><th>接触有害</th><th>注意防护</th></tr>
<tr><td rowspan="2">苯酚
phenol</td><td>健康危害</td><td>理化特性</td></tr>
<tr><td>主要经呼吸道或皮肤吸收进入人体。
对眼睛、皮肤、黏膜有强烈的腐蚀作用,可抑制中枢神经或损害肝、肾功能。吸入高浓度蒸气可导致头痛、头晕、乏力、视力模糊、肺水肿等。误服引起消化道灼伤,出现烧灼痛,呼出气带酚味,呕吐物或大便可带血液,有胃肠穿孔的可能,可出现休克、肺水肿、肝或肾损害,出现急性肾功能衰竭,可死于呼吸衰竭。眼接触可致灼伤</td><td>白色结晶,有特殊气味;不溶于水;遇热、明火可引起燃烧</td></tr>
<tr><td rowspan="2">当心中毒</td><td colspan="2">应急处理</td></tr>
<tr><td colspan="2">抢救人员穿戴防护用具,迅速将患者转移至安全区空气新鲜处,除去污染衣物,漱口,保持呼吸道通畅,保暖、安静;皮肤污染用甘油、聚乙烯乙二醇或聚乙烯乙二醇和酒精混合液(7∶3)抹洗后用水彻底清洗,溅入眼睛用流动清水或生理盐水冲洗,各至少 15min,呼吸困难者应尽快输氧,必要时进行人工呼吸。立即与医疗急救单位联系</td></tr>
<tr><td rowspan="2">工作岗位:</td><td colspan="2">注意防护</td></tr>
<tr><td colspan="2">工作场所职业接触限值 PC-TWA:10mg/m³,PC-STEL:20 mg/m³;密闭防泄漏,局部排风,防吸入及眼、皮肤接触;工作场所禁止吸烟、明火,高热,使用防爆电器和照明设备</td></tr>
<tr><td colspan="2">检测结果:(　　　　)mg/m³,合格□　超标□</td><td>检查时间:　　年　月　日</td></tr>
<tr><td colspan="2">急救电话:120</td><td>职业卫生咨询电话:********</td></tr>
</table>

甲酚危害告知卡　　表 9-30

<table>
<tr><th>有毒物品</th><th>接触有害</th><th>注意防护</th></tr>
<tr><td rowspan="2">甲酚
cresol</td><td>健康危害</td><td>理化特性</td></tr>
<tr><td>主要经呼吸道或皮肤吸收进入人体。
对皮肤、黏膜有强烈刺激和腐蚀作用。引起多脏器损害。引起肌肉无力、胃肠道症状、中枢神经抑制、虚脱、体温下降和昏迷,并可引起肺水肿和肝、肾、胰等脏器损害,最终发生呼吸衰竭</td><td>白色结晶,有芳香气味;微溶于水;遇热、明火可引起燃烧</td></tr>
<tr><td rowspan="2">当心中毒</td><td colspan="2">应急处理</td></tr>
<tr><td colspan="2">抢救人员穿戴防护用具,迅速将患者转移至安全区空气新鲜处,除去污染衣物,漱口,保持呼吸道通畅,保暖、安静;皮肤污染用甘油、聚乙烯乙二醇或聚乙烯乙二醇和酒精混合液(7:3)抹洗后用水彻底清洗,溅入眼睛用流动清水或生理盐水冲洗,各至少 15min,呼吸困难者应尽快输氧,必要时进行人工呼吸。立即与医疗急救单位联系</td></tr>
<tr><td rowspan="2">工作岗位:</td><td colspan="2">注意防护</td></tr>
<tr><td colspan="2">工作场所职业接触限值 PC-TWA:10mg/m³,PC-STEL:20 mg/m³;密闭防泄漏,局部排风,防吸入及眼、皮肤接触;工作场所禁止吸烟、明火,高热,使用防爆电器和照明设备</td></tr>
<tr><td colspan="2">检测结果:(　　　　)mg/m³,合格□　超标□</td><td>检查时间:　　年　月　日</td></tr>
<tr><td colspan="2">急救电话:120</td><td>职业卫生咨询电话:********</td></tr>
</table>

丙酮危害告知卡 表9-31

有毒物品	接触有害	注意防护
	健康危害	理化特性
丙酮 acetone	主要经呼吸道、皮肤或消化道吸收进入人体。 蒸气对眼及呼吸道有刺激作用,可引起流泪、畏光及角膜上皮浸润等眼刺激症状。对中枢神经系统有抑制和麻醉作用,对肝、肾、胃等也可能有损害。误服后,出现口唇、咽喉灼烧感,经数小时的潜伏期后可发生口干、呕吐、昏睡、酸中毒和酮症,甚至暂时性意识障碍	无色透明易挥发吸湿液体。能与水、醇、醚、氯仿和大多数油类相混合。与氧化剂可生成爆炸性过氧化物;可侵蚀塑料
当心中毒	应急处理	
	抢救人员穿戴防护用具,迅速将患者转移至安全区空气新鲜处,除去污染衣物,漱口,保持呼吸道通畅,保暖、安静;皮肤污染用肥皂水和清水冲洗,溅入眼睛用流动清水或生理盐水冲洗,各至少15min,呼吸困难者应尽快输氧,必要时进行人工呼吸。立即与医疗急救单位联系	
工作岗位:	注意防护	
	工作场所职业接触限值PC-TWA:300mg/m^3,PC-STEL:450mg/m^3;密闭防泄漏,局部排风,防吸入及眼、皮肤接触;工作场所禁止吸烟、明火,高热,使用防爆电器和照明设备	
检测结果:(　　)mg/m^3,合格□　超标□		检查时间:　年　月　日
急救电话:120		职业卫生咨询电话:＊＊＊＊＊＊＊＊

丁酮(甲基乙基酮)危害告知卡 表9-32

有毒物品	接触有害	注意防护
	健康危害	理化特性
丁酮(甲基乙基酮) 2-butanone; methyl ethyl ketone; MEK	主要经呼吸道、皮肤或消化道吸收进入人体。 刺激眼、上呼吸道黏膜。眼接触者可致角膜、结膜轻度水肿,有灼烧感、视力模糊流泪等。吸入过量可导致神志不清。长期接触者可致皮炎	无色液体。溶于水、乙醇、乙醚,混溶于油类。遇明火、高热或氧化剂有燃烧爆炸危险
当心中毒	应急处理	
	抢救人员穿戴防护用具,迅速将患者转移至安全区空气新鲜处,除去污染衣物,漱口,保持呼吸道通畅,保暖、安静;皮肤污染用肥皂水和清水冲洗,溅入眼睛用流动清水、或生理盐水冲洗,各至少15min,呼吸困难者应尽快输氧,必要时进行人工呼吸。立即与医疗急救单位联系	
工作岗位:	注意防护	
	工作场所职业接触限值PC-TWA:300mg/m^3,PC-STEL:600 mg/m^3;密闭防泄漏,局部排风,防吸入及眼、皮肤接触;工作场所禁止吸烟、明火,高热,使用防爆电器和照明设备	
检测结果:(　　)mg/m^3,合格□　超标□		检查时间:　年　月　日
急救电话:120		职业卫生咨询电话:＊＊＊＊＊＊＊＊

甲酸危害告知卡　　表 9-33

<table>
<tr><th>有毒物品</th><th colspan="2">接触有害</th><th>注意防护</th></tr>
<tr><td rowspan="2">甲酸
methanoic acid</td><td colspan="2">健康危害</td><td>理化特性</td></tr>
<tr><td colspan="2">主要经呼吸道或皮肤吸收进入人体。
对皮肤和眼睛的刺激作用,可引起皮肤发红、灼烧感、疼痛,结膜充血、流泪、畏光,甚至可引起皮肤灼伤,伴有水疱,灼伤处无痛,愈合后不留瘢痕。蒸气对眼睛、皮肤和呼吸道黏膜可产生刺激性损伤。吸入蒸气还可引起鼻咽不适、咳嗽、呼吸困难等症状。短时间内吸入高浓度时可致喉头痉挛,严重者可产生急性化学肺炎</td><td>无色液体。有刺激性气味。可与水、乙醇、乙醚、甘油等混溶。遇明火、高热能引起燃烧爆炸</td></tr>
<tr><td rowspan="2">当心中毒</td><td colspan="3">应急处理</td></tr>
<tr><td colspan="3">抢救人员穿戴防护用具,迅速将患者转移至安全区空气新鲜处,除去污染衣物,漱口,保持呼吸道通畅,保暖、安静;皮肤污染用肥皂水和清水冲洗,溅入眼睛用流动清水或生理盐水冲洗,各至少 15min,呼吸困难者应尽快输氧,必要时进行人工呼吸。立即与医疗急救单位联系</td></tr>
<tr><td rowspan="2">工作岗位:</td><td colspan="3">注意防护</td></tr>
<tr><td colspan="3">工作场所职业接触限值 PC-TWA:10mg/m³,PC-STEL:20 mg/m³;密闭防泄漏,局部排风,防吸入及眼、皮肤接触;工作场所禁止吸烟、明火,高热,使用防爆电器和照明设备</td></tr>
<tr><td colspan="2">检测结果:(　　　　)mg/m³,合格□　超标□</td><td colspan="2">检查时间:　　年　月　日</td></tr>
<tr><td colspan="2">急救电话:120</td><td colspan="2">职业卫生咨询电话:* * * * * * * *</td></tr>
</table>

乙酸危害告知卡　　表 9-34

<table>
<tr><th>有毒物品</th><th colspan="2">接触有害</th><th>注意防护</th></tr>
<tr><td rowspan="2">乙酸
ethanoic acid</td><td colspan="2">健康危害</td><td>理化特性</td></tr>
<tr><td colspan="2">主要经呼吸道或皮肤吸收进入人体。
较高浓度吸入可出现咳嗽、气促、胸闷、咽干、眼部刺痛、流泪、鼻分泌物增多、鼻出血、头痛等。皮肤接触乙酸后,轻者仅见红斑反应,重者可引起化学灼伤,偶见皮肤过敏反应。吸入蒸气可致肺水肿,症状可能迟发;眼接触可引致深度烧伤、重者失明</td><td>无色液体或固体;能与常用有机溶剂混溶;遇高热、明火能引起燃烧爆炸</td></tr>
<tr><td rowspan="2">当心中毒</td><td colspan="3">应急处理</td></tr>
<tr><td colspan="3">抢救人员穿戴防护用具,迅速将患者转移至安全区空气新鲜处,除去污染衣物,漱口,保持呼吸道通畅,保暖、安静;皮肤污染用肥皂水和清水冲洗,溅入眼睛用流动清水或生理盐水冲洗,各至少 15min,呼吸困难者应尽快输氧,必要时进行人工呼吸。立即与医疗急救单位联系</td></tr>
<tr><td rowspan="2">工作岗位:</td><td colspan="3">注意防护</td></tr>
<tr><td colspan="3">工作场所职业接触限值 PC-TWA:10mg/m³,PC-STEL:20 mg/m³;密闭防泄漏,局部排风,防吸入及眼、皮肤接触;工作场所禁止吸烟、明火,高热,使用防爆电器和照明设备</td></tr>
<tr><td colspan="2">检测结果:(　　　　)mg/m³,合格□　超标□</td><td colspan="2">检查时间:　　年　月　日</td></tr>
<tr><td colspan="2">急救电话:120</td><td colspan="2">职业卫生咨询电话:* * * * * * * *</td></tr>
</table>

乙酸甲酯危害告知卡 表9-35

<table>
<tr><th>有毒物品</th><th colspan="2">接触有害</th><th>注意防护</th></tr>
<tr><td rowspan="2">乙酸甲酯
methyl acetate</td><td colspan="2">健康危害</td><td>理化特性</td></tr>
<tr><td colspan="2">主要经呼吸道或皮肤吸收进入人体。
接触本品后发生眼、皮肤和鼻、咽喉黏膜刺激症状，尤以眼的刺激为甚，出现眼灼热感、流泪、咳嗽、胸闷、头痛、头晕等不适，严重中毒时可发生呼吸困难、心悸和困倦、晕眩等中枢神经系统抑制。误服会刺激口、咽，舌头接触会有灼烧感、发红、肿胀；大量误服会引起酸中毒及视力减弱甚至死亡</td><td>无色、易挥发液体。溶于苯、丙酮、氯仿。受热、遇明火或氧化剂易燃</td></tr>
<tr><td rowspan="2">当心中毒</td><td colspan="3">应急处理</td></tr>
<tr><td colspan="3">抢救人员穿戴防护用具，迅速将患者转移至安全区空气新鲜处，除去污染衣物，漱口，保持呼吸道通畅，保暖、安静；皮肤污染用肥皂水和清水冲洗，溅入眼睛用流动清水或生理盐水冲洗，各至少15min，呼吸困难者应尽快输氧，必要时进行人工呼吸。立即与医疗急救单位联系</td></tr>
<tr><td rowspan="2">工作岗位：</td><td colspan="3">注意防护</td></tr>
<tr><td colspan="3">工作场所职业接触限值PC-TWA：200mg/m^3，PC-STEL：500 mg/m^3；密闭防泄漏，局部排风，防吸入及眼、皮肤接触；工作场所禁止吸烟、明火，高热，使用防爆电器和照明设备</td></tr>
<tr><td colspan="2">检测结果：(　　　　)mg/m^3，合格□　超标□</td><td colspan="2">检查时间：　　年　　月　　日</td></tr>
<tr><td colspan="2">急救电话：120</td><td colspan="2">职业卫生咨询电话：＊＊＊＊＊＊＊＊</td></tr>
</table>

乙酸乙酯危害告知卡 表9-36

<table>
<tr><th>有毒物品</th><th colspan="2">接触有害</th><th>注意防护</th></tr>
<tr><td rowspan="2">乙酸乙酯
ethylacetate</td><td colspan="2">健康危害</td><td>理化特性</td></tr>
<tr><td colspan="2">主要经呼吸道或皮肤吸收进入人体。
接触较高浓度后，眼睛、上呼吸道等可出现明显刺激作用，出现眼灼热感、流泪、咳嗽、胸闷等不适，有时可致角膜混浊。过量吸入本品可引起鼻黏膜刺激症和恶心等不适，同时也可作用于中枢神经系统引起暂时性视觉障碍，持续高浓度吸入，可致肺水肿和呼吸麻痹。严重者可导致死亡</td><td>无色透明水样液体，易挥发。与乙醇、丙酮、苯等混溶。遇热、明火易燃烧、爆炸</td></tr>
<tr><td rowspan="2">当心中毒</td><td colspan="3">应急处理</td></tr>
<tr><td colspan="3">抢救人员穿戴防护用具，迅速将患者转移至安全区空气新鲜处，除去污染衣物，漱口，保持呼吸道通畅，保暖、安静；皮肤污染用肥皂水和清水冲洗，溅入眼睛用流动清水或生理盐水冲洗，各至少15min，呼吸困难者应尽快输氧，必要时进行人工呼吸。立即与医疗急救单位联系</td></tr>
<tr><td rowspan="2">工作岗位：</td><td colspan="3">注意防护</td></tr>
<tr><td colspan="3">工作场所职业接触限值PC-TWA：200mg/m^3，PC-STEL：300 mg/m^3；密闭防泄漏，局部排风，防吸入及眼、皮肤接触；工作场所禁止吸烟、明火，高热，使用防爆电器和照明设备</td></tr>
<tr><td colspan="2">检测结果：(　　　　)mg/m^3，合格□　超标□</td><td colspan="2">检查时间：　　年　　月　　日</td></tr>
<tr><td colspan="2">急救电话：120</td><td colspan="2">职业卫生咨询电话：＊＊＊＊＊＊＊＊</td></tr>
</table>

第十章　石油化工码头企业安全生产标准化

第一节　安全生产标准化综述

一、企业安全生产标准化定义

根据《企业安全生产标准化基本规范》(AQ/T 9006—2010),企业安全生产标准化是指通过建立安全生产责任制,制订安全管理制度和操作规程,排查治理隐患和监控重大危险源,建立预防机制,规范生产行为,使各生产环节符合有关安全生产法律法规和标准规范的要求,人、机、物、环处于良好的生产状态,并持续改进,不断加强企业安全生产规范化建设。

这一定义涵盖了企业安全生产工作的全局,从建章立制、改善设备设施状况、规范作业人员行为等方面提出了具体要求,是企业实现管理标准化、现场标准化、操作标准化的基本要求和衡量尺度;是企业夯实安全管理基础、提高设备本质安全程度、加强人员安全意识、落实企业安全生产主体责任、建设安全生产长效机制的有效途径;是安全生产理论创新的重要内容;是科学发展、安全发展战略的基础工作;是创新安全监管体制的重要手段。

企业安全生产标准化包括企业安全管理标准化、安全技术标准化、安全装备标准化、现场(环境)安全生产标准化和岗位安全生产标准化五大方面,重点是把握企业安全管理标准化、现场安全管理标准化和岗位作业安全生产标准化。其目的是使企业的各项活动、工序及各个环节、岗位都规范化、制度化、标准化、科学化和法制化。

二、交通运输行业安全生产标准化历程

2004 年,《国务院关于进一步加强安全生产工作的决定》(国发〔2004〕2 号)提出了在全国所有的工矿、商贸、交通、建筑施工等企业开展安全质量标准化活动的要求,煤矿、非煤矿山、危险化学品、烟花爆竹、冶金、机械等行业、领域均开展了安全生产标准化建设工作。

2010 年,为了全面规范各行业企业安全生产标准化建设工作,使企业安全生产标准化建设工作进一步规范化、系统化、科学化、标准化,做到有据可依,有章可循。在总结相关行业企业开展安全生产标准化工作的基础上,结合我国国情及企业安全生产工作的共性要求和特点,国家安全生产监督管理总局制定了安全生产行业标准《企业安全生产标准化基本规范》(AQ/T 9006—2010),以下简称《基本规范》,对开展安全生产标准化建设的核心思想、基本内容、形式要求、考评办法等方面进行了规范,成为各行业企业制订安全生产标准化标准、实施安全生产标准化建设的基本要求和核心依据,对达标分级等考评办法进行了统一规定。这一规范的出台,使我国安全生产标准化建设工作进入了一个新的发展时期。

为了贯彻落实国务院《关于进一步加强企业安全生产工作的通知》(国发〔2010〕23 号)、《关

于坚持科学发展安全发展 促进安全生产形势持续稳定好转的意见》（国发〔2011〕40 号）精神和《关于深入开展企业安全生产标准化建设的指导意见》（安委〔2011〕4 号）的部署的总体要求，全面推进交通运输企业安全生产标准化建设工作，2011 年 7 月，交通运输部印发了《交通运输部企业安全生产标准化建设实施方案》，明确了交通运输企业安全生产标准化的指导思想、工作目标，确定了实施范围、管理分工和工作内容，提出了具体的工作要求。并于 2012 年 4 月 23 日发布了《关于印发交通运输企业安全生产标准化考评管理办法和达标考评指标的通知》（交安监发〔2012〕第 175 号），该通知明确了港口危险货物码头企业、普通货物码头企业等 16 个交通运输企业的安全生产达标考评指标，为交通运输企业全面推进标准化工作奠定了理论基础。

此后，交通运输部又相继发布了《关于印发交通运输企业安全生产标准化相关实施办法的通知》（厅安监字〔2012〕第 134 号），制定了《交通运输企业安全生产标准化考评发证实施办法》、《交通运输企业安全生产标准化考评机构管理实施办法》、《交通运输企业安全生产标准化考评员管理实施办法》等实施办法，进一步完善了交通运输企业安全生产标准化的相关制度基础。

三、交通运输行业安全生产标准化推进要求

2010 年，《国务院关于进一步加强企业安全生产工作的通知》（国发〔2010〕23 号）中明确提出："深入开展以岗位达标、专业达标和企业达标为内容的安全生产标准化建设，凡在规定时间内未实现达标的企业要依法暂扣生产许可证和安全生产许可证，责令停产整顿；对整改逾期未达标的，地方政府要予以关闭。"并要求"安全生产监管监察部门、负有安全生产监管职责的有关部门和行业管理部门要按职责分工，对当地企业包括中央和省属企业实行严格的安全生产监督检查和管理，组织对企业安全生产状况进行安全生产标准化分级考评评价。"

2011 年，《国务院办公厅关于继续深化"安全生产年"活动的通知》（国办发〔2011〕11 号）中提出："有序推进企业安全生产标准化达标升级。在工矿商贸和交通运输企业广泛开展以'企业达标升级'为主要内容的安全生产标准化创建活动，着力推进岗位达标、专业达标和企业达标。组织对企业安全生产状况进行安全生产标准化分级考核评价，评价结果向社会公开，并向银行业、证券业、保险业、担保业等主管部门通报，作为企业信用评级的重要参考依据。各有关部门要加快制定完善有关标准，分类指导，分步实施，促进企业安全基础不断强化。"

《国务院安委会关于深入开展企业安全生产标准化建设的指导意见》（安委〔2011〕4 号）中要求"在工矿商贸和交通运输行业（领域）深入开展安全生产标准化建设，重点突出煤矿、非煤矿山、交通运输、建筑施工、危险化学品、烟花爆竹、民用爆炸物品、冶金等行业（领域）。"并提出达标时限，其中"冶金、机械等工贸行业（领域）规模以上企业要在 2013 年底前，规模以下企业要在 2015 年前实现达标。"

《国务院关于坚持科学发展安全发展 促进安全生产形势持续稳定好转的意见》（国发〔2011〕40 号）中要求"推进安全生产标准化建设。在工矿商贸和交通运输行业领域普遍开展岗位达标、专业达标和企业达标建设，对在规定期限内未实现达标的企业，要依据有关规定暂扣其生产许可证、安全生产许可证，责令停产整顿；对整改逾期仍未达标的，要依法予以关闭。加强安全生产标准化分级考核评价，将评价结果向银行、证券、保险、担保等主管部门通报，作为企业信用评级的重要参考依据。"

2012 年，《国务院办公厅关于继续深入扎实开展"安全生产年"活动的通知》（国办发〔2012〕14 号）中，要求"着力推进企业安全生产达标创建。加快制定和完善重点行业领域、重

点企业安全生产的标准规范，以工矿商贸和交通运输行业领域为主攻方向，全面推进安全生产标准化达标工程建设。对一级企业要重点抓巩固、二级企业着力抓提升、三级企业督促抓改进，对不达标的企业要限期抓整顿，经整改仍不达标的要责令关闭退出，促进企业安全条件明显改善、管理水平明显提高。”

2011 年 6 月 29 日，交通运输部发布了《关于印发交通运输企业安全生产标准化建设实施方案的通知》（交安监发〔2011〕第 322 号），要求“交通运输企业全面开展安全生产标准化建设工作，实现企业安全管理标准化、作业现场标准化和操作过程标准化。力争从事客运、危险化学品和烟花爆竹等重点运输企业在 2013 年底前达标，其他交通运输企业在 2015 年前达标。”

这一系列重要文件均对交通运输行业企业安全生产标准化工作提出了要求，标志着以岗位达标、专业达标和企业达标为内容的安全生产标准化建设作为有效防范事故、建立安全生产长效机制的重要手段，推动企业落实安全生产主体责任的重要抓手，成为创新社会管理、创新安全生产监管体制机制、促进企业转型升级和加快转变经济发展方式的重要内容。

四、交通运输行业安全生产标准化的意义

安全生产标准化建设对于进一步规范我国企业安全生产行为，改善安全生产条件，强化安全基础管理，有效防范和坚决遏制重特大事故的发生，具有十分重要的意义。

1. 落实安全生产主体责任的必要途径

国家有关安全生产法律法规和规定明确要求，要严格企业安全管理制定，全面开展安全达标工作。企业是安全生产的责任主体，也是安全生产标准化建设的主体，要通过加强企业每个岗位和环节的安全生产标准化建设，不断提高安全管理水平，促进企业安全生产主体责任落实到位。

2. 强化企业安全基础工作的长效机制

安全生产标准化建设涵盖了增强人员安全素质、提高装备设施水平、改善作业环境、强化岗位责任落实等各个方面，是一项长期的基础性的系统工程，有利于全面促进企业提高安全生产保障水平。

3. 政府实施安全生产分类指导、分级监督的重要依据

实施安全生产标准化建设考评，将企业划分为不同等级、能够客观真实反映出各地区企业安全生产状况和不同安全生产水平的企业数量，为加强安全监督提供有效的基础数据。

4. 预防事故发生的重要手段

深入开展安全生产标准化建设，能够进一步规范从业人员的安全行为，提高机械化和信息化水平，促进现场各类隐患的排查治理推进安全生产长效机制建设，有效防范和坚决遏制事故发生，促进全国安全状况持续稳定好转。

第二节　交通运输企业安全生产标准化建设流程

交通运输企业安全生产标准化建设流程包括策划准备及制定目标、教育培训、现状梳理、管理文件制修订、实施运行及整改、企业自评、考评申请、外部考评等八个阶段。

一、策划准备及制定目标

策划准备阶段首先要成立领导小组，由企业主要负责人担任领导小组组长，所有相关的职

能部门的主要负责人作为成员，确保安全生产标准化建设的组织保障；成立执行小组，由各部门负责人、工作人员共同组成，负责安全生产标准化建设过程中的具体问题。

制定安全生产标准化建设目标，并根据目标来制订推进方案，分解落实达标建设责任，确保各部门在安全生产标准化建设过程中任务分工明确，顺利完成各阶段工作目标。

二、教育培训

安全生产标准化建设需要全员参与。教育培训首先要解决企业领导层对安全生产标准化建设工作重要性的认识，加强其对安全生产标准化工作的理解，从而使企业领导层重视该项工作，加大推动力度并监督检查执行进度；其次要解决执行部门、人员操作的问题，培训评定标准的具体条款要求是什么，本部门、本岗位、相关人员应该做哪些工作，如何将安全生产标准化建设和企业日常安全管理工作相结合。

同时，要加大安全生产标准化工作的宣传力度，充分利用企业内部资源广泛宣传安全生产标准化的相关文件和知识，加强全员参与度，解决安全生产标准化建设的思想认识和关键问题。

三、现状梳理

对照规范或评分细则，对企业各职能部门及下属各单位安全管理情况、现场设备设施状况进行现状摸底，摸清各单位存在的问题和缺陷；对于发现的问题，定责任部门、定措施、定时间、定资金，及时进行整改并验证整改效果。现状摸底的结果作为企业安全生产标准化建设各阶段进度任务的针对性依据。

四、管理文件制订和修订

安全生产标准化对安全管理制度、操作规程等要求，核心在其内容的符合性和有效性，而不是对其名称和格式的要求。企业要对照评定标准，对主要安全管理文件进行梳理，结合现状摸底所发现的问题，准确判断管理文件亟待加强和改进的薄弱环节，提出有关文件的制订、修订计划；以各部门为主，自行对相关文件进行制修订，由标准化执行小组对管理文件进行把关。

五、实施运行及整改

根据制修订后的安全管理文件，企业要在日常工作中进行实际运行。根据运行情况，对照评定标准的条款，按照有关程序，将发现的问题及时进行整改及完善。

六、企业自评

企业在安全生产标准化体系运行一段时间后，依据评定标准，由标准化执行小组组织相关人员，开展自主评定工作。

企业对自主评定中发现的问题进行整改，整改完毕后，着手准备安全生产标准化考评申请材料。

七、考评申请

企业在自评材料中，应当将每项考评内容的得分及扣分原因进行详细描述，要通过申请材料反映企业工艺及安全管理情况；根据自评结果确定拟申请的等级，按相关规定到属地或上级港口管理部门办理外部考评推荐手续后，正式向相应的考评组织单位（承担考评组织职能的有关部门)递交考评申请。

八、外部考评

接受外部考评单位的正式考评,在外部考评过程中,积极主动配合,由参与安全生产标准化建设执行部门的有关人员参加外部考评工作。企业应针对考评报告中列举的全部问题形成整改计划,及时进行整改,并配合考评单位上报有关考评材料。外部考评时,可邀请属地港口管理部门派员参加,便于港口管理部门监督考评工作,掌握考评情况,督促企业整改考评过程中发现的问题和隐患。

第三节　交通运输企业安全生产标准化考评

一、达标分级与考评权限

1. 达标分级

根据《交通运输企业安全生产标准化考评管理办法》(交安监发〔2012〕175 号),交通运输企业安全生产标准化达标等级分为一级、二级、三级。评为一级达标企业的考评分数不低于900 分(满分 1000 分,下同)且完全满足所有达标企业必备条件,评为二级达标企业的考评分数不低于 700 分且完全满足二、三级达标企业必备条件,评为三级达标企业的考评分数不低于600 分且完全满足三级达标企业必备条件。

2. 考评权限

根据《交通运输企业安全生产标准化考评管理办法》(交安监发〔2012〕175 号)规定,交通运输部主管全国交通运输企业安全生产标准化工作并负责一级达标企业的考评工作。

省级交通运输主管部门负责本管辖范围内交通运输企业安全生产标准化工作和二、三级达标企业的考评工作。长江航务管理局、珠江航务管理局分别负责长江干线、西江干线跨省航运企业安全生产标准化工作和二、三级达标企业的考评工作。

二、考评机构和考评人员

根据《交通运输企业安全生产标准化考评管理办法》(交安监发〔2012〕175 号)规定:

(1)考评机构应为交通运输事业单位或系统社团组织。

(2)考评机构应具备以下条件:

①交通运输事业单位或经批准注册的交通运输系统社团组织;

②具备固定办公地点和必要的设备;

③具有一定数量从事相关领域考评工作需要的管理人员及考评员;

④建有相应的管理制度。

(3)考评机构应经主管机关认可,接受主管机关的监督管理,并按照主管机关赋予的权限开展工作,建立企业考评档案。

(4)考评员应具有交通运输相关学历和工作经历,并经专业培训、考试合格取得资格。

(5)主管机关负责考评员适任条件的审核、考试发证、注册登记等管理工作,并建立档案。考评机构应建立考评员日常管理档案,并按年度向主管机关备案。

三、考评程序

根据《交通运输企业安全生产标准化考评发证实施办法》的要求,考评程序如下:

(1)交通运输企业应根据经营类别分别申请达标等级。

(2)申请达标等级的交通运输企业应对照相应的达标考评指标进行自评,逐项给出自评分值,形成自评报告,并通过交通运输企业安全生产标准化管理信息系统向相应的主管机关提出考评申请。

(3)主管机关收到企业申请后确定考评机构受理考评。

(4)考评机构应在5个工作日内完成对企业申请材料的真实性和符合性的核查,对核查通过的企业启动考评;核查不通过的,应及时告知主管机关和企业,并说明原因。

(5)考评机构应组织3名以上(含3名)具有相应资质的考评人员成立考评组,制订具体考评计划,告知企业后实施。考评机构应在接到申请后25个工作日内完成对企业的考评。

(6)考评组实施考评可采取提问、交谈、查阅文件和记录、现场检查与抽查等方式。若有必要,可以进行现场检测与测量。考评组在企业从事考评活动,按下列程序进行:

①考评启动。考评组应提前与企业协调确认考评计划及考评进度表,考评前应介绍考评流程、考评方法及保密承诺等。企业应向考评组介绍企业的组织构架和安全生产工作等情况。

②实施考评。考评组成员按照考评计划和任务分工实施考评,获取真实数据,给出公正客观的考评分值和评价。

③考评组内部评议。考评组应进行内部评议,具体审核汇总各考评人员提交的考评依据和考评结果,研究确定综合考评结论。

④交换意见。考评组应向企业通报考评情况,交换考评结果,并就考评过程中发现的问题向企业提出整改建议。

(7)企业对考评机构提出的整改意见,1个月内能按要求整改到位的,经考评机构核实后,可视为达到考评要求。

(8)企业对考评结论存有异议的,可向同级主管机关、直至上级主管机关提出复核申请。主管机关应及时组织复核。

(9)考评组考评工作结束后,应向考评机构提交考评报告,考评报告包含下列内容:

①考评组人员组成;

②考评综述;

③考评材料(含考评员考评结果原件等);

④考评结论;

⑤对企业的相关整改建议;

⑥其他需说明的问题。

(10)考评机构收到考评组的考评报告并按程序审查后,向主管机关提交考评结论及达标等级意见。

四、考评发证

(1)主管机关收到考评机构提交的考评结论后,应对企业拟达标的等级进行公示(公示期7天),公示期间没有实名举报的应向企业颁发安全生产标准化达标等级证书,并向社会公布。公示期间如有实名举报,主管机关应进行核查,举报不属实和举报属实但不影响考评结论的应予以发证;举报属实且影响考评结论的不予发证。

(2)省级交通运输主管部门和长江航务管理局、珠江航务管理局应将二、三级达标企业发证情况报交通运输部。

(3)企业安全生产标准化达标证书应按照交通运输部规定的统一样式制发。

五、日常管理

(1)获得安全生产达标等级证书的企业每年应进行自评,并在次年1月底前将年度自评报告报发证主管机关。

(2)上级主管机关应对下级主管机关和考评机构的考评工作进行监督检查。

第四节　港口危险货物码头企业安全生产达标考评指标

一、交通运输部《港口危险货物码头企业安全生产达标考评指标》简介

2012年4月23日,交通运输部发布了《关于印发交通运输企业安全生产标准化考评管理办法和达标考评指标的通知》(交安监发〔2012〕第175号),该通知明确了港口危险货物码头企业、普通货物码头企业等16个交通运输企业的安全生产达标考评指标,为交通运输企业全面推进标准化工作奠定了理论基础。16个交通运输企业的安全生产达标考评指标具体见表10-1。

16类交通运输企业的安全生产达标考评指标一览表　　表10-1

序号	安全生产达标考评指标	备　注
1	城市公共汽车客运企业安全生产达标考评指标	城市客运
2	城市轨道交通运输企业安全生产达标考评指标	
3	出租汽车企业安全生产达标考评指标	
4	道路旅客运输企业安全生产达标考评指标	
5	道路危险货物运输企业安全生产达标考评指标	道路运输
6	道路交通普通货运企业安全生产达标考评指标	
7	道路货物运输场站安全生产达标考评指标	
8	机动车维修企业安全生产达标考评指标	
9	汽车客运站安全生产达标考评指标	
10	港口客运(滚装、渡船渡口)码头企业安全生产达标考评指标	港口营运
11	港口普通货物码头企业安全生产达标考评指标	
12	港口危险货物码头企业安全生产达标考评指标	
13	水路旅客运输企业安全生产达标考评指标	水路运输
14	水路普通货物运输企业安全生产达标考评指标	
15	水路危险货物运输企业安全生产达标考评指标	
16	交通运输建筑施工企业安全生产达标考评指标	交通运输工程建设

《港口危险货物码头企业安全生产达标考评指标》是港口危险货物码头企业创建安全生产标准化的主要依据和要求,其主要内容如表10-2所示。

港口危险货物码头企业安全生产达标考评指标　　表10-2

考评内容	考评要点		分　值	考评评价	得分
一、安全目标(35分)	1. 安全工作方针与目标	①制订企业安全生产方针、目标和不低于上级下达的安全控制指标	5★★★		
		②制订实现安全工作方针与目标的措施	5		
	2. 中长期规划	①制订和实施企业安全生产中长期规划和跨年度专项工作方案	5★★		
	3. 年度计划	①根据中长期规划,制订年度计划和年度专项活动方案,并严格执行	5		
	4. 目标考核	①将安全生产管理指标进行细化和分解,制订阶段性的安全生产控制指标	5		
		②制定安全生产目标考核与奖惩办法	5		
		③定期考核年度安全生产目标完成情况,并奖惩兑现	5		
二、管理机构和人员(40分)	1. 安全管理机构	①成立安全生产委员会(或领导小组),下属各分支机构分别成立相应的领导机构。安委会职责明确,实行主要领导负责制	10★★		
		②按规定设置与企业规模相适应且独立的安全生产管理机构	15★★★		
		③定期召开安全生产委员会会议。安全生产管理机构和下属各分支机构每月至少召开一次安全工作例会	5		
	2. 管理人员配备	①按规定足额配备专职安全生产和应急管理人员	10★★★		
三、安全责任体系(45分)	1. 健全责任制	①企业主要负责人、分管领导、全体员工安全职责明确,制订并落实安全生产责任制,层层签订安全生产责任书,并落实到位	10★★★		
		②主要负责人或实际控制人是安全生产第一责任人,按照安全生产法律法规赋予的职责,对安全生产负全面组织领导、管理责任和法律责任,并履行安全生产的责任和义务	5★★		
		③分管安全生产的负责人是安全生产的重要负责人,统筹协调和综合管理企业的安全生产工作,对安全生产负重要管理责任	5		
		④其他负责人和全体员工实行"一岗双责",对业务范围内的安全生产工作负责	5		
		⑤安全生产管理机构、各职能部门、生产基层单位的安全职责明确并落实到位	10		
	2. 责任制考评	①根据安全生产责任进行定期考核和奖惩,公告考评和奖惩情况	10★★		

续上表

<table>
<tr><th>考评内容</th><th colspan="2">考 评 要 点</th><th>分 值</th><th>考评评价</th><th>得分</th></tr>
<tr><td rowspan="14">四、法规和安全管理制度(70分)</td><td>1. 资质</td><td>①《港口经营许可证》、《企业法人营业执照》、《危险货物港口作业认可证》合法有效,经营范围符合要求</td><td>5★★★</td><td></td><td></td></tr>
<tr><td rowspan="4">2. 法规</td><td>①及时识别、获取适用的安全生产法律法规、标准规范</td><td>5</td><td></td><td></td></tr>
<tr><td>②将法规标准和相关要求及时转化为本单位的规章制度,贯彻到各项工作中</td><td>5</td><td></td><td></td></tr>
<tr><td>③执行并落实安全生产法律法规、标准规范</td><td>5</td><td></td><td></td></tr>
<tr><td>④将适用的安全生产法律、法规、标准及其他要求及时对从业人员进行宣传和培训</td><td>5</td><td></td><td></td></tr>
<tr><td rowspan="2">3. 安全管理制度</td><td>①制订并及时修订安全生产管理制度,包括:a. 安全生产责任制;b. 安全例会制度;c. 文件和档案管理制度;d. 安全生产费用提取和使用管理制度;e. 设施、设备、货物安全管理制度;f. 安全生产培训和教育学习制度;g. 安全生产监督检查制度;h. 事故统计报告制度;i. 安全生产奖惩制度</td><td>10</td><td></td><td></td></tr>
<tr><td>②对从业人员进行安全管理制度的学习和培训</td><td>5</td><td></td><td></td></tr>
<tr><td rowspan="2">4. 岗位安全生产操作规程</td><td>①制订并及时修订各岗位的安全生产操作规程,并发放到岗位(职工)</td><td>10★★★</td><td></td><td></td></tr>
<tr><td>②对从业人员进行安全操作规程的学习和培训;从业人员严格执行本单位的安全操作规程</td><td>5</td><td></td><td></td></tr>
<tr><td rowspan="3">5. 制度执行及档案管理</td><td>①执行国家有关安全生产方针、政策、法规及本单位的安全管理制度和操作规程,依据行业特点,制订企业安全生产管理措施</td><td>5</td><td></td><td></td></tr>
<tr><td>②每年至少一次对安全生产法律法规、标准规范、规章制度、操作规程的执行情况进行检查</td><td>5</td><td></td><td></td></tr>
<tr><td>③建立和完善各类台账和档案,并按要求及时报送有关资料和信息</td><td>5★★★</td><td></td><td></td></tr>
<tr><td rowspan="5">五、安全投入(45分)</td><td rowspan="3">1. 资金投入</td><td>①按规定足额提取安全生产费用</td><td>10★★★</td><td></td><td></td></tr>
<tr><td>②安全生产经费专款专用,保证安全生产投入的有效实施</td><td>15★★</td><td></td><td></td></tr>
<tr><td>③及时投入满足安全生产条件的所需资金</td><td>10</td><td></td><td></td></tr>
<tr><td rowspan="2">2. 费用管理</td><td>①跟踪、监督安全生产专项经费使用情况</td><td>5</td><td></td><td></td></tr>
<tr><td>②建立安全费用使用台账</td><td>5</td><td></td><td></td></tr>
<tr><td rowspan="2">六、装备设施(130分)</td><td rowspan="2">1. 设施</td><td>①具备满足安全生产需要的建筑、场地和设施设备,并符合相关安全规范和技术要求</td><td>10★★★</td><td></td><td></td></tr>
<tr><td>②按国家有关规定配足有效的安全防护、消防、救生设备及器材</td><td>15★★</td><td></td><td></td></tr>
</table>

续上表

考评内容	考评要点		分值	考评评价	得分
六、装备设施(130分)	1.设施	③设有覆盖安全重点部位视频监控设备,并保持实时监控	5		
		④装卸管线配有扫线装置及系统,扫线介质的选用应保证物料质量和作业安全	5		
		⑤设置紧急疏散通道	10★★★		
		⑥按规定设置宣传告示设备、安全警告标志、指示牌	5		
	2.设备	①趸船、港作船舶、起重装卸设备、车辆、通信设备、压力容器等符合相关安全规范和技术要求,设备及操作人员证书齐全有效	10		
		②按规定对设施设备进行定期检验,检验证书合法有效	10		
		③码头应配备易燃易爆气体、有毒气体检测报警装置或便携式易燃易爆气体、有毒气体检测仪	5		
		④按规定定期对设施设备维护保养,设备技术状况良好	10		
		⑤指定专人对特种设备进行管理	10		
		⑥建立并规范设备管理台账	5		
	3.环境保护	①按规定配置足够的防污应急器材,如:围油栏,收油机等,并保持完好状态	10		
		②配置装载危险化学品气相回流装置	5		
	4.电气安全管理	①按照国家相关法律法规规范码头电气安全管理,满足一、二级配电标准	15		
七、科技创新与信息化(55分)	1.科技创新及应用	①使用先进的、安全性能可靠的新技术、新工艺、新设备和新材料,优先选购安全、高效、节能的先进设备	10		
		②组织开展安全生产科技攻关或课题研究	10		
		③设有安全生产管理系统或平台	10		
		④应用现代科技手段,提升安全管理水平	10		
	2.科技信息化	①设有电子显示设备	5		
		②设有其他的安全监管信息系统	10		
八、队伍建设(90分)	1.培训计划	①制订并实施年度及长期的继续教育培训计划,明确培训内容和年度培训时间	10		
	2.宣传教育	①组织开展安全生产的法律、法规和安全生产知识的宣传、教育	10		
	3.管理人员	①企业主要负责人和管理人员具备相应安全知识和管理能力,并取得行业主管部门培训合格证	10★★★		
		②专(兼)职安全管理人员具备专业安全生产管理知识和经验,熟悉各岗位的安全生产业务操作规程,运用专业知识和规章制度开展安全生产管理工作,并保持安全生产管理人员的相对稳定	15		

续上表

考评内容	考评要点		分值	考评评价	得分
八、队伍建设(90分)	4. 从业人员培训	①从业人员每年接受再培训，提高从业人员的素质和能力，再培训时间不得少于有关规定学时。未经安全生产培训合格的从业人员，不得上岗作业	10★★		
		②转岗人员及时进行岗前培训	10		
		③新技术、新设备投入使用前，对管理和操作人员进行专项培训	10		
	5. 规范档案	①建立健全安全宣传教育培训考评档案，详细、准确记录培训考评情况	10		
		②对培训效果进行评审，改进提高培训质量	5		
九、作业管理(145分)	1. 现场作业管理	①严格执行操作规程和安全生产作业规定的，严禁违章指挥、违章操作、违反劳动纪律	10		
		②具有与经营规模、范围相适应的专业技术人员、管理人员和操作人员，按规定持证上岗	10★★★		
		③在下达生产任务的同时，布置安全生产工作要求	5		
		④作业前向港口主管机关进行申报	5		
		⑤内部及外来从事危险作业人员须具备相应资质，并取得相关资格证书	5		
		⑥制订至少包括下列危险作业的安全监督管理制度，明确责任部门、人员、许可范围、审批程序、许可签发人员等：危险区域动火作业、进入受限空间作业、高处作业、装卸危险品货物作业，其他危险生产作业	10		
		⑦制订码头建筑、设备设施、电气线路、消防设施维护保养制度，按规定定期进行维护保养，特种设备定期进行检测检验	10★★★		
		⑧严格执行船岸检查制度，认真落实《船岸安全检查表》的要求，并按协商好的装卸程序进行作业	5★★★		
		⑨作业场所及设施设备应采用可靠的防雷和防静电接地措施	5		
		⑩指定专人对危险作业进行现场管理，严格执行巡回检查制度	10★★		
	2. 安全值班	①制订并落实安全生产值班计划和值班制度，重要时期实行领导到岗带班，有值班记录	10		
	3. 相关方管理	①两个或两个以上单位共用同一设施设备进行生产经营的现场安全生产管理职责明确，并落实到位	5		
		②对外发包或出租生产经营项目、场所、设备，对承包承租方进行资质审查	5		
		③与外来施工（作业）方签订安全协议，明确双方各自的安全责任	5		

续上表

考评内容		考 评 要 点	分 值	考评评价	得分
九、作业管理(145分)	3. 相关方管理	④对短期合同工、临时用工、实习人员、外来参观人员、客户及其车辆等进入作业现场有相应的安全管理制度和措施	5		
	4. 装卸作业管理	①按装卸货物种类,制订作业指导书,作业指导书包含安全操作规程	5		
		②现场作业各工种按作业指导书进行作业,严格遵守岗位操作规程	10		
		③货物堆放和存储符合相关安全规范和技术要求	10		
		④建立并规范填写装卸工作台账	5		
	5. 警示标志	①设置安全警示标志,采取措施,严禁无关人员进入作业场所	10★★★		
十、危险源辨识与风险控制(45分)	1. 危险源辨识	①开展本单位危险设施或场所危险源的辨识和确定工作	10		
		②辨识重大危险源,采取有效防护措施,按规定报有关部门备案	15★★		
	2. 风险控制	①及时对作业活动和设备设施进行危险、有害因素识别	10		
		②向从业人员如实告知作业场所和工作岗位存在的危险因素、防范措施以及事故应急措施	5		
		③对危险源进行建档,重大危险源单独建档管理	5		
十一、隐患排查与治理(70分)	1. 隐患排查	①制订隐患排查工作方案,明确排查的目的、范围,选择合适的排查方法	10		
		②每月至少开展一次安全自查自纠工作,及时发现安全管理缺陷和漏洞,消除安全隐患。检查及处理情况应当记录在案	15★★★		
		③对各种安全检查所查出的隐患进行原因分析,制订针对性控制对策	10		
	2. 隐患治理	①制订隐患治理方案,包括目标和任务、方法和措施、经费和物资、机构和人员、时限和要求	5		
		②对上级检查指出或自我检查发现的一般安全隐患,严格落实防范和整改措施,并组织整改到位	5		
		③重大安全隐患报相关部门备案,做到整改措施、责任、资金、时限和预案“五到位”	10★★		
		④建立隐患治理台账和档案,有相关的记录	5		
		⑤按规定对隐患排查和治理情况进行统计分析,并向有关部门报送	10		

续上表

考评内容	考评要点		分值	考评评价	得分
十二、职业健康(25分)	1.健康管理	①设置或指定职业健康管理机构,配备专(兼)职管理人员	5		
		②按规定对员工进行职业健康检查	5		
	2.工伤保险	①为从事危险作业人员参加工伤保险	5		
	3.危害告知	①对从业人员进行职业健康宣传培训。使其了解其作业场所和工作岗位存在的危险因素和职业危害、防范措施和应急处理措施	5		
	4.环境与条件	①为从业人员提供符合职业健康要求的工作环境和条件,配备与职业健康保护相适应的设施、工具	5		
十三、安全文化(35分)	1.安全环境	①设立安全文化廊、安全角、黑板报、宣传栏等员工安全文化阵地,每月至少更换一次内容	5		
		②公开安全生产举报电话号码、通信地址或者电子邮件信箱。对接到的安全生产举报和投诉及时予以调查和处理	5		
	2.安全行为	①开展安全承诺活动	5★		
		②编制安全知识手册,并发放到职工	5		
		③组织开展安全生产月活动、安全生产竞赛活动,有方案、有总结	5		
		④对在安全工作中做出显著成绩的集体、个人给予表彰、奖励,并与其经济利益挂钩	5		
		⑤对安全生产进行检查、评比、考评,总结和交流经验,推广安全生产先进管理方法	5		
十四、应急救援(85分)	1.预案制定	①制订相应的突发事件应急预案,有相应的应急保障措施	10★★★		
		②结合实际将应急预案分为综合应急预案、专项应急预案和现场处置方案	5★★		
		③应急预案与当地政府预案保持衔接,报当地有关部门备案,通报有关协作单位	5		
		④定期评审应急预案,并根据评审结果或实际情况的变化进行修订和完善	10		
	2.预案实施	①开展应急预案的宣传教育,普及生产安全事故预防、避险、自救和互救知识	5		
		②开展应急预案培训活动,使有关人员了解应急预案内容,熟悉应急职责、应急程序和应急处置方案	5★★★		
		③发生事故后,及时启动应急预案,组织有关力量进行救援,并按照规定将事故信息及应急预案启动情况报告有关部门	10		
	3.应急队伍	①建立与本单位安全生产特点相适应的专兼职应急救援队伍,或指定专兼职应急救援人员	5		
		②组织应急救援人员日常训练	5		

续上表

考评内容	考评要点		分 值	考评评价	得分
十四、应急救援(85分)	4. 应急装备	①按照应急预案的要求配备相应的应急物资及装备	5		
		②建立应急装备使用状况档案,定期进行检测和维护,使其处于良好状态	5		
	5. 应急演练	①按照有关规定制订应急预案演练计划,并按计划组织开展应急预案演练	10★★★		
		②应急预案演练结束后,对应急预案演练效果进行评审,撰写应急预案演练评审报告,分析存在的问题,并对应急预案提出修订意见	5★		
十五、事故报告调查处理(50分)	1. 事故报告	①发生事故及时进行事故现场处置,按相关规定及时、准确、如实向有关部门报告,没有瞒报、谎报、迟报情况	10★★★		
		②跟踪事故发展情况,及时续报事故信息,建立事故档案和事故管理台账	5		
	2. 事故处理	①接到事故报告后,迅速采取有效措施,组织抢救,防止事故扩大,减少人员伤亡和财产损失	10		
		②发生事故后,按规定成立事故调查组,积极配合各级人民政府组织的事故调查,随时接受事故调查组的询问,如实提供有关情况	5		
		③按时提交事故调查报告,分析事故原因,落实整改措施	5		
		④发生事故后,及时召开安全生产分析通报会,对事故当事人的聘用、培训、考评、上岗以及安全管理等情况进行责任倒查	5		
		⑤按"四不放过"原则严肃查处事故,严格追究责任领导和相关责任人。处理结果报有关部门备案	10★		
十六、绩效考核与持续改进(35分)	1. 绩效评定	①每年至少一次对本单位安全生产标准化的实施情况进行评定,对安全生产工作目标、指标的完成情况进行综合考评	5		
	2. 持续改进	①提出进一步完善安全标准化的计划和措施,对安全生产目标、指标、管理制度、操作规程等进行修改完善	10		
	3. 安全管理体系建设	①根据企业生产经营实际,建立相应的安全管理体系,规范安全生产管理,形成长效机制	20★		

注:1. "★"为一级必备条件;"★★"为二级必备条件;"★★★"为三级必备条件。必备条件为考评指标中申请相应达标级别的企业必须完全满足的指标项。

2. 评为一级达标企业的考评分数不低于900分(满分1000分,下同)且满足所有必备条件,评为二级达标企业的考评分数不低于700分且满足二、三级必备条件,评为三级达标企业的考评分数不低于600分且满足三级必备条件。

2012年4月交通运输部颁布实施的《港口危险货物码头企业安全生产达标考评指标》(以下简称《考评指标》)较《企业安全生产标准化基本规范》(AQ/T 9006—2010)来说有创新,比如规定了一、二、三级安全生产标准化达标企业的必须完全满足的指标项("★"为一级必备条件;"★★"为二级必备条件;"★★★"为三级必备条件);还如增加了3个要素,科技创新与信息化、队伍建设、安全文化等等。但是《考评指标》还存在着不足,主要是"考评要素"没有进一步细化,列出考评要点,这样可能导致不同机构、不同的人对同一对象有不同的分值;还有

《考评指标》与港口危险货物码头安全生产特点还有进一步结合的空间。

江苏省交通运输厅港口管理局组织编制了《石油化工码头企业安全生产标准化规范》(DB32/T 2171—2012,2012-12-10 批准,2012-12-30 实施)和《石油化工码头企业安全生产标准化规范考评细则》,于 2012 年年底在江苏省范围内石油化工码头企业安全生产标准化考评中实施。

二、江苏省交通运输厅港口局制定的《石油化工码头企业安全生产标准化规范》和《石油化工码头企业安全生产标准化规范考评细则》简介

2011 年 10 月 10 日,为进一步规范江苏省石油化工码头企业安全生产行为,改善安全生产条件,强化安全基础管理,有效防范和遏制港口重特大安全事故发生,江苏省交通运输厅发布了《关于推进石油化工码头企业安全生产标准化的通知》(苏交港〔2011〕第 89 号),决定在全省石油化工码头企业先期开展安全生产标准化建设,明确提出以《石油化工码头企业安全生产标准化规范》为石油化工码头企业建立标准化管理体系的基础。在交通运输部发布《关于印发交通运输企业安全生产标准化考评管理办法和达标考评指标的通知》(交安监发[2012]第 175 号)后,江苏省交通运输厅结合《港口危险货物码头企业安全生产达标考评指标》的要求和内容,对《石油化工码头企业安全生产标准化规范》进行了修订和细化,使其不但满足交通运输部发布的《港口危险货物码头企业安全生产达标考评指标》的要求,而且对江苏省石油化工码头企业的安全生产标准化工作提出了更高、更细致的要求。

1.《石油化工码头企业安全生产标准化规范》简介

(1)《石油化工码头企业安全生产标准化规范》主要内容。

《石油化工码头企业安全生产标准化规范》是目前江苏石油化工码头企业安全生产标准化评定标准、考评办法制订的基本依据,指导企业建立和保持安全生产标准化体系;明确了安全生产标准化体系的核心内容和要求。

《石油化工码头企业安全生产标准化规范》共分为范围、规范性引用文件、术语和定义、核心要求、检查与绩效评定五章。其核心要求是石油化工码头企业的安全生产标准化评定标准制订的主要依据,共包括 14 项一级要素、48 项二级要素,对企业安全生产工作的目标、机构设置与职责、法律法规与安全管理制度、风险管理、安全投入及工伤保险、教育培训、生产工艺、设备设施、作业安全、消防管理、职业健康、隐患排查与治理、应急救援、事故调查与处理等方面的内容做了具体规定。

(2)《石油化工码头企业安全生产标准化规范》主要特点。

①管理方法的先进性。

采用了国际通用的策划、实施、检查、改进动态循环的 PDCA 现代安全管理模式。通过企业自我检查、自我纠正、自我完善这一动态循环的管理模式,能更好地促进企业安全绩效持续改进和安全生产长效机制的建立。

②内容的系统性。

内容涉及码头企业安全生产的各个方面,从目标、机构与职责、法律法规和安全管理制度、风险管理、安全投入及工伤保险、教育培训、生产工艺及设备设施、作业安全、消防管理、职业健康、隐患排查与治理、应急救援、事故调查与处理、检查与绩效评定等多个方面提出了比较全面的要求,而且这些方面是有机的、系统的结合,具备系统性和全面性。

③较强的可操作性。

结合国家和江苏省已经制定的标准化工作的做法和经验,结合交通运输部发布的《港口

危险货物码头企业安全生产达标考评指标》,对核心要素都提出了具体细化的内容要求。企业在贯彻时,全员参与规章制度、操作规程的制定,并进行定期评估检查,这样使得规章制度、操作规程与企业的实际情况紧密结合,避免"两张皮"情况的发生,有较强的可操作性,便于企业实施。

④管理的量化性。

吸收了传统标准化量化分级管理的思想,有配套的评分细则,在企业自主建立和外部考评定级中,根据对比衡量得到量化的评价结果,能够比较真实地反映自身的安全管理水平和改进方向,便于企业进行有针对性地改进完善。量化的评价结果也是监管部门分类监管的依据。

⑤主体责任与外部监督相结合。

要求石化码头企业对安全生产标准化工作进行自主评定,自主评定后申请外部考评定级,并由各级交通运输主管部门组织考评定级并进行监督,体现了企业主体责任与外部监督相结合的思想。

2.《石油化工码头企业安全生产标准化规范考评细则》简介

(1)主要内容。

为便于石油化工码头企业安全生产标准化考评,江苏省交通运输厅又组织编写了《石油化工码头企业安全生产标准化规范考评细则》(以下简称《细则》),确保企业安全生产标准化自评和外部评审的客观性和公正性。

《细则》是石油化工码头企业开展安全生产标准化建设、自评、外部考评以及安全监管部门监管的依据,明确了企业达标标准、考评方法和考评标准。《细则》内容共分为基本要素、规范要求、企业达标标准、考评方法、考评标准五大项。《细则》采用计分制,总分为1000分,具体企业安全生产标准化考评一级要素分数分布见表10-3。

企业安全生产标准化考评一级要素分数分布表 表10-3

一级要素	分数	一级要素	分数
1.目标	30分	9.消防管理	40分
2.机构设置与职责	30分	10.职业健康	23分
3.法律法规与安全管理制度	100分	11.安全文化建设	20分
4.风险管理	60分	12.隐患排查与治理	55分
5.安全投入及工伤保险	30分	13.应急管理	70分
6.教育培训	80分	14.事故/事件管理	50分
7.生产工艺及设备设施	172分	15.绩效评定与持续改进	30分
8.作业安全	210分		

(2)前置条件和否决项。

《细则》规定了设置了"企业法人营业执照"、"港口经营许可证"、"相关安全评价"三项安全生产标准化企业评定前置条件,其中任何一条不符合,考评结论均为不合格;还明确规定了1个一级安全生产标准化企业否决项和12个二级安全生产标准化企业否决项。具体见表10-4和表10-5。

企业安全生产标准化考评前置条件表 表 10-4

基本要素	规范要求	企业达标标准	考评方法	考评标准
企业法人营业执照	《中华人民共和国企业法人登记管理条例施行细则》要求： 具备企业法人条件的全民所有制企业、集体所有制企业、联营企业、在中国境内设立的外商投资企业(包括中外合资经营企业、中外合作经营企业、外资企业)和其他企业,应当根据国家法律法规及本细则有关规定,申请企业法人登记。 经营单位凭据登记主管机关核发的《企业法人营业执照》开展核准的经营范围以内的生产经营活动	1. 持有企业法人营业执照； 2. 所经营的项目在营业执照许可的范围内； 3. 营业执照在有效期内	查:营业执照	其中任何一条达标标准不符合,考评结论为不合格
港口经营许可证	《港口经营管理规定》要求： 从事港口经营,应当申请取得港口经营许可。符合资质条件的,由港口行政管理部门发给《港口经营许可证》。 《港口经营许可证》的有效期为3年	1. 持有港口经营许可证； 2. 所经营的项目在港口经营许可证许可的范围内； 3. 所装卸的货种在许可范围内； 4. 港口经营许可证在有效期内	查:港口经营许可证(及港口危险货物作业认可证)	其中任何一条达标标准不符合,考评结论为不合格
相关安全评价	《危险化学品安全管理条例》要求： 生产、储存危险化学品的企业,应当委托具备国家规定的资质条件的机构,对本企业的安全生产条件每三年进行一次安全评价,提出安全评价报告； 在港区内储存危险化学品的企业,应当将安全评价报告以及整改方案的落实情况报港口行政管理部门备案。 《港口危险化学品安全管理规定》要求： 新建、改建、扩建从事港口危险化学品作业的建设项目,建设单位在申请设立安全审查前,应当自行对港口建设项目进行安全条件论证,并应当委托具有法律法规规定的资质的安全评价机构对该建设项目进行安全预评价	1. 按规定进行安全条件论证、安全预评价、安全验收评价、危险化学品装卸作业安全评价,并通过审查； 2. 由具备相应资质的评价单位进行安全评价； 3. 将安全评价报告以及整改方案的落实情况报港口行政管理部门备案； 4. 危险化学品装卸作业安全评价报告在有效期内	查： 1. 安全条件论证报告； 2. 安全评价报告； 3. 备案文件	其中任何一条达标标准不符合,考评结论为不合格

一、二级安全生产标准化企业否决项表　　表10-5

一级要素	二级要素	规范要求	企业达标标准	考评方法	考评标准	
4 风险管理(60分)	4.1 风险评估(20分)	2.应根据企业实际情况,选定合适的评估方法,定期、及时对作业活动(各岗位、各作业环节)和设备设施进行危险、有害因素识别和风险评估(9分)	企业可根据实际情况,针对不同的评估单元选用不同的评估方法,定期、及时对作业活动和设备设施进行危险有害因素识别和风险评估	查:风险评估报告或风险评估记录	一级否决项:从未进行过危险有害因素识别或从未进行过风险评估,扣60分	1.所选用风险评估方法不当,扣1分;2.未定期或未及时进行危险、有害因素识别与风险评估,一项扣2分;3.作业活动/设备设施缺一项未进行评估,扣1分;4.无无风险评估报告或风险评估记录,扣2分
1 目标(30分)	1.1 目标合规性(12分)	1.应依据国家法律法规,结合企业实际,组织制订文件化的安全生产目标。 安全生产目标和指标应: (1)形成文件,并得到本单位所有从业人员的贯彻和实施; (2)符合或严于相关法律法规的要求; (3)与企业的职业安全健康风险相适应; (4)具有可考核性,体现企业持续改进的承诺; (5)企业员工及相关方易于获得 (12分)	1.组织制订符合国家相关法律法规要求、并结合企业实际的安全生产目标; 2.形成文件,并得到本单位所有从业人员的贯彻和实施; 3.符合或严于相关法律法规的要求; 4.与企业的职业安全健康风险相适应; 5.具有可考核性,体现企业持续改进的承诺; 6.企业员工及相关方易于获得	查: 1.企业安全生产目标发布文件; 2.企业安全生产目标和指标。 问: 随机询问从业人员是否知道本企业的安全生产目标。 现场查看: 现场安全生产目标告知情况	二级否决项: 1.无安全生产目标,扣12分; 2.安全生产目标不符合国家法律法规的要求,扣12分	1.与企业职业安全健康风险不相适应,扣3分; 2.安全生产目标未文件化,扣1分 3.不能体现持续改进,扣3分; 4.从业人员不了解安全生产目标,一人次扣1分
	1.2 目标贯彻实施(18分)	应签订各级安全目标责任书,确定量化的年度安全生产工作指标,量化指标包括:人身伤害、财产损失、环境污染、设备设施完好率等内容,以保证企业年度安全生产目标的有效完成 (18分)	1.根据安全目标制订量化的安全生产工作指标,量化指标包括:人身伤害、财产损失、环境污染、设备设施完好率等内容;	查: 1.量化的工作指标;	二级否决项: 无量化的安全生产指标,扣18分	1.量化的安全生产指标不全面,缺一级扣2分,指标内容缺一项扣2分; 2.无各级安全生产目标责任书,缺一级扣1分;

续上表

一级要素	二级要素	规范要求	企业达标标准	考评方法	考评标准	
1 目标（30 分）	1.2 目标贯彻实施（18 分）		2. 签订各级安全生产指标责任书； 3. 定期考核安全生产指标完成情况	2. 各级安全生产指标责任书； 3. 安全生产指标考核与奖惩记录		3. 无考核奖惩记录，扣 2 分
3 法律法规与安全管理制度（100 分）	3.2 安全生产管理制度（35 分）	1. 应制订下列安全生产管理制度： (1) 安全生产责任制； (2) 法律法规、标准及其他要求的识别与获取管理制度； (3) 安全生产工作会议制度； (4) 安全投入保障制度； (5) 安全生产奖惩制度； (6) 安全检查管理制度； (7) 安全生产隐患排查治理制度； (8) 事故报告、调查、处理制度； (9) 安全培训教育制度； (10) 特种作业人员管理制度； (11) 风险评估制度； (12) 重大危险源管理制度； (13) 危险作业许可制度； (14) 船岸检查管理制度； (15) 散装危化品装卸作业安全管理制度； (16) 过驳作业安全管理制度； (17) 浮码头安全管理制度； (18) 装卸/储存设备安全管理制度； (19) 特种设备、强检设备安全管理制度； (20) 电气设备安全管理制度； (21) 防爆设备安全管理制度； (22) 安全防护设备设施管理制度； (23) 监视和测量设备管理制度； (24) 消防管理制度； (25) 应急管理制度； (26) 相关方及外用工管理制度； (27) 职业健康管理制度；	1. 应制订符合法律法规、标准、条例规定并符合本企业实际的安全生产规章制度，并严格落实； 2. 各制度应明确责任部门、职责、工作要求； 3. 各制度应具有可操作性； 4. 除制订规范要求的管理制度外，还应制订与本企业实际情况密切相关的其他管理制度，如：添加抑制剂和稳定剂作业管理、易制毒品/易制爆品管理、危险化学品输送管道定期巡线等管理制度； 5. 企业主要负责人应组织审定并签发安全生产管理制度	查： 1. 安全管理制度及其清单（其清单中安全管理制度是否覆盖企业的所有工作）； 2. 随机抽查不少于制度总数 1/3 以上的管理制度； 3. 企业安全生产管理制度签发文件	二级否决项：所有管理制度均没有，扣 35 分	1. 缺少一项相关的管理制度内容（制度名称不要求一样，但内容应涵盖），扣 4 分； 2. 制度中无责任部门、职责、工作要求等内容，一项不符合扣 1 分； 3. 安全生产管理制度未按规定审定并签发，扣 2 分

续上表

一级要素	二级要素	规范要求	企业达标标准	考评方法	考评标准	
3法律法规与安全管理制度(100分)	3.2 安全生产管理制度(35分)	(28)劳动防护用品管理制度; (29)无主、废弃危险化学品处理制度; (30)建设项目“三同时”管理制度; (31)变更管理制度; (32)管理制度评审和修订制度; (33)文件和档案管理制度; (34)其他管理制度 (22分)				
	3.3 操作规程(30分)	1.应根据装卸工艺、设备设施的特点和装卸货种的特性,编制操作规程: (1)船舶靠离泊作业操作规程; (2)系解缆作业操作规程; (3)装卸船作业操作规程; (4)水上过驳作业操作规程; (5)进出罐作业操作规程; (6)汽车装车作业操作规程; (7)火车装车作业操作规程; (8)装桶作业操作规程; (9)停送电作业操作规程; (10)高压倒闸作业操作规程; (11)剧毒物品装卸/储存作业操作规程; (12)液化气装卸/储存作业操作规程; (13)装卸设备操作规程; (14)罐区设备操作规程; (15)消防设备操作规程; (16)其他操作规程 (16分)	1.根据装卸工艺、设备设施的特点和装卸货种的危险性,编制操作规程,并发放至相关岗位; 2.除制订规范要求的操作规程外,还应制订与本企业实际情况密切相关的其他操作规程,如压力容器安全技术操作规程等; 3.操作规程应具有可操作性	查: 1.操作规程及其清单(其清单中操作规程是否覆盖本企业的所有工作); 2.随机抽查不少于规程总数1/3的操作规程	二级否决项: 所有操作规程均没有,扣30分	1.缺少一项相关的操作规程内容(操作规程名称不要求一样,但内容应涵盖),扣4分; 2.无操作规程清单,扣2分; 3.操作规程存在缺陷,一项扣1分
5安全投入及工伤保险(30分)	5.2 工伤保险(10分)	应依法参加工伤社会保险,为从业人员缴纳工伤保险费(10分)	依法参加工伤保险,为全体从业人员缴纳工伤保险费	查: 为从业人员缴纳保险的凭证	二级否决项: 未参加工伤社会保险,扣10分	每漏缴工伤保险费1人次扣1分
7生产工艺及设备设施(172分)	7.4 安全防护设备设施(32分)	1.应配置以下安全防护设施,并确保安全防护设施的配备符合国家有关规定和标准: (1)按照《港口防雷与接地技术	根据企业实际情况设置安全防护设施	查: 安全防护设施台账	二级否决项:	1.应配备的安全防护设施未配备,一项扣1分;

续上表

一级要素	二级要素	规范要求	企业达标标准	考评方法	考评标准	
7 生产工艺及设备设施（172 分）	7.4 安全防护设备设施（32 分）	要求》（JT 556—2004）、《建筑物防雷设计规范》（GB 50057—2010）的要求在港区安装防雷设施，并定期进行检测； （2）按照《装卸油品码头防火设计规范》（JTJ 237—1999）、（GB 50074—2002）《石油库设计规范》（JTJ 237—1999）的要求在易燃、易爆、有毒区域设置固定式可燃气体和/或有毒气体的检测报警设施； （3）按照《装卸油品码头防火设计规范》（JTJ 237—1999）的要求设置紧急切断阀、紧急脱离装置、放空装置、水幕及残液收集池、围油栏、消防人体静电等安全防护装置； （4）按照《储罐区防火堤设计规范》（GB 50351—2005）的要求在可燃液体罐区设置防火堤，在酸、碱罐区设置围堤并进行防腐处理； （5）按照《石油库设计规范》（GB 50074—2002）的要求设置储罐液位、温度、压力等检测仪表、声/光报警和安全联锁装置、喷淋冲洗装置等设施； （6）按照《个体防护装备选用规范》（GB/T 11651—2008）的要求配备个体防护设施； （7）按照《码头附属设施技术规范》（JTT 297—2001）的要求配置护舷等防撞装置； （8）按照《港口装卸机械防风载荷计算及防风安全要求》（JT/T 90—2008）的规定为大型机械设置防风装置； （9）根据海关总署 171 号令《中华人民共和国海关监管场所管理办法》的要求配置储存时间不少于 3 个月的视频监控系统，并满足全方位 24 小时监控的需要； （10）其他安全防护设备设施（10 分）		现场查看： 各种安全防护设施的配备情况	规范中的所有安全防护设施均未配备，扣 32 分	2. 现场配备的安全防护设施与清单不符，一项扣 1 分； 3. 安全防护设施的配备、安装不符合有关标准规定，一项扣 1 分

续上表

一级要素	二级要素	规范要求	企业达标标准	考评方法	考评标准	
8作业安全（210分）	8.7 安全检查（30分）	1.应严格执行安全检查管理制度，定期或不定期进行安全检查； 应根据安全检查管理制度，开展综合性检查、专业性检查、季节性检查、日常检查和节假日检查；各种安全检查均应按相应的安全检查表逐项检查，保存安全检查记录 （10分）	1.依据安全检查管理制度，开展各类安全检查； 2.保存安全检查记录	查： 1.安全检查管理制度； 2.安全检查记录	二级否决项： 从未进行安全检查，扣30分	1.缺一次安全检查，扣2分； 2.无安全检查记录，扣2分
	8.8 个体防护（10分）	1.应根据接触危害的种类、强度，为从业人员提供符合国家标准或行业标准的个体防护用品和器具，并监督、教育从业人员正确佩戴、使用 （3分）	1.为从业人员提供符合国家标准或行业标准的个体防护用品和器具； 2.监督、教育从业人员正确佩戴、使用个体防护用品和器具	查： 个体防护用品台账 现场查看 1.从业人员配备和使用的个体防护用品是否符合规定； 2.从业人员是否能够正确佩戴、使用个体防护用品和器具	二级否决项： 未按规定为从业人员配备个体防护用品和器具，扣10分	1.从业人员在生产现场未佩戴、使用个体防护用品，一人次扣1分； 2.佩戴、使用个体防护用品或器具不符合规定要求，一人次扣0.5分
11安全文化建设（20分）	11.1 安全承诺（3分）	1.应建立包括安全价值观、安全愿景、安全使命和安全目标等在内的安全承诺。 安全承诺应： （1）切合企业特点和实际，反映共同安全志向； （2）明确安全问题在企业内部具有最高优先权； （3）声明所有与企业安全有关的重要活动都追求卓越；	1.建立包括安全价值观、安全愿景、安全使命和安全目标等在内的安全承诺 2.安全承诺应： （1）切合企业特点和实际，反映共同安全志向；	查： 安全承诺	二级否决项： 无安全承诺，扣3分	安全承诺部分要素缺失或不全面，缺一项，扣0.5分

续上表

一级要素	二级要素	规范要求	企业达标标准	考评方法	考评标准	
11 安全文化建设(20分)	11.1 安全承诺(3分)	(4)含义清晰明了,并被全体员工和相关方所知晓和理解(3分)	(2)明确安全问题在企业内部具有最高优先权; (3)明确所有与企业安全有关的重要活动都追求卓越; (4)含义清晰明了,并被全体员工和相关方所知晓和理解			
13 应急管理(70分)	13.1 应急预案(18分)	1.应按规定制订生产安全事故综合应急预案,并针对某种具体的、特定类型的紧急情况,制订专项预案,针对重点作业岗位制订应急处置方案或措施,形成安全生产应急预案体系(6分)	1.按规定制订生产安全事故综合应急预案; 2.针对某种具体的、特定类型的紧急情况,制订专项预案; 3.针对重点作业岗位制订应急处置方案或措施	查: 1.综合应急预案; 2.专项预案; 3.应急处置方案或措施 问: 重点岗位作业人员对应急处置方案或措施的掌握情况	二级否决项: 所有应急预案均没有,扣18分	1.无综合应急预案,扣6分; 2.综合应急预案内容不符合标准要求,扣2分; 3.无专项预案,一项扣2分; 4.无应急处置方案或措施,一项扣2分; 5.相关岗位人员不熟悉应急处置方案,一人次扣1分
	13.4 应急通信(6分)	应建立应急通信网络,并保证其24小时畅通(6分)	1.设置固定报警电话; 2.明确应急救援指挥和各救援小组负责人电话; 3.明确外部救援单位联络电话; 4.报警电话24小时畅通	查: 应急救援预案 内、外部通信联络表 问: 作业人员是否清楚内部、外部报警电话号码	二级否决项: 未建立应急通信网络,扣6分	1.无固定报警电话,扣1分; 2.内、外部通信联络表,扣2分,表中联系人、联系电话缺一处扣0.5分; 3.报警电话不能保证畅通,一处扣0.5分; 4.作业人员不了解内外部报警电话号码,一人次扣0.5分

续上表

一级要素	二级要素	规范要求	企业达标标准	考评方法	考评标准	
13 应急管理(70分)	13.4 应急通信(6分)			现场查看: 1.是否设置报警电话; 2.报警电话是否畅通; 3.紧急联系电话告知情况		
15 绩效评定与持续改进(30分)	15.1 绩效评定(10分)	1.每年应至少一次对本单位安全生产标准化的实施情况进行绩效评定,验证安全生产制度、安全投入、安全生产管理机构及人员、安全培训教育、事故报送及事故调查处理、隐患排查与治理等情况的适宜性、充分性和有效性,检查安全生产工作目标、指标的完成情况 (4分)	1.制订安全生产标准化绩效评定管理制度; 2.成立绩效评定小组,由至少一名安全生产标准化内审员、相关部门和作业队(班组)有关人员参加,每年至少一次,实施企业标准化绩效评定; 3.制订自评计划,明确绩效评定时间、编制自评检查表; 4.编写绩效评定报告; 5.提出进一步完善企业安全生产标准化工作的计划和措施; 6.绩效评定有关资料存档管理	查: 1.安全生产标准化绩效评定管理制度; 2.开展绩效评定的相关文件资料; 3.进一步完善企业安全生产标准化工作的计划和措施	二级否决项: 未进行绩效评定,扣10分	1.无安全生产标准化绩效评定管理制度,扣4分; 2.绩效评定文件不全,一项扣1分; 3.无进一步完善企业安全生产标准化工作的计划和措施,扣3分

第十一章　事故案例及原因分析

第一节　港口危险货物作业事故特点

港口危险货物作业是一项多工种协作运转的操作过程，主要特点是涉及的危险货物多，点多线长，流动分散，操作形式复杂，劳动密集，露天作业，人机交叉，昼夜连续作业等。这些特点给港口危险货物作业安全生产带来了一定的难度。且港口环境和作业条件特殊、复杂多变，容易造成港口危险货物作业事故。

一、港口危险货物作业的特点

1. 港口危险货物作业的复杂多变性

港口危险货物作业点多、线长、面广、货杂、人员分散。

2. 港口危险货物作业手段的立体交叉性

港口危险货物作业以装卸作业为主体，实现这一过程，就注定了需要大量的人、机（机械设备、车辆）、物（货物）、具（工具、船舶）在特定的时间、特定的地点、特定的空间上和环境下流通，这一立体交叉的生产流通特点，就产生着港口危险货物作业的安全隐患，就需要通过借助安全管理的手段同步实现这一生产过程的动态平衡。

3. 港口危险货物作业主体的差异性

作业人员素质参差不齐，影响着港口安全生产。港口生产以机械化、半机械化作业为主，但仍离不开人力操作，人机配合作业，体力劳动仍占较大比重、人员作业密度仍很大，这就需要不同层次、不同岗位的人员，而这些人员在体质、文化程度、安全意识与技能等方面各参差不齐。面临不同的危险环境时，危险识别、减灾灭害能力与紧急避险能力各不相同，而人的因素，是决定事故能否形成的最直接、最活跃的因素。

4. 港口危险货物作业环境的不确定性

港口危险货物作业多为露天作业，受自然环境影响大，如高低温作业，雨、雪、风中作业等，同时港口危险货物作业的工作时间为 24 小时连续“三班倒”作业，昼夜不停三班交接的工作制度扰乱了作业人员正常的生理和生活规律，特别是夜间作业操作环境复杂，影响作业人员的体力和精力，势必造成人员的安全意识疲劳、操作失误和应急反应迟缓。

5. 港口危险货物作业涉及货种的危险性

港口危险货物作业所涉及的货种大部分为易燃易爆、有毒有害、腐蚀性物质，储存、运输均有其严格的要求，一旦设备设施存在缺陷、作业人员违章作业或培训教育不足，容易引发安全事故。

二、港口危险货物作业事故的特点

港口危险货物作业由于所装卸的货种大部分为具有易燃易爆、有毒有害、腐蚀等危险特性的物质,如果在日常作业过程中发生严重的危险货物泄漏事故、火灾爆炸事故或其他事故,不但会导致人员伤亡、中毒事故,会造成严重的安全生产事故,而且一旦泄漏的危险货物进入江河,往往会造成涉及面积广、影响力大、后果极其严重的环境污染事故。

第二节　散装液态危险货物港口作业典型事故案例及原因分析

一、A 公司 7.16 输油管爆炸

1. 事故经过

A 公司是 B 公司(80% 股份)与 C 公司(20% 股份)的合资企业,成立于 2005 年 9 月,注册资金 1 亿元人民币。A 公司原油罐区的日常运营和检维修工作由 A 公司下属 D 公司负责。A 公司原油罐区内建有 20 个储罐,库存能力 185 万 m^3;周边还有其他单位大量原油罐区、成品油罐区和液体化工产品罐区,储存原油、成品油、苯、甲苯等危险化学品。

事故当天,某公司所属 30 万吨"宇宙宝石"油轮在向 A 公司原油罐区卸送最终属于 E 公司的原油;E 公司委托 F 公司负责加入原油脱硫剂作业,F 公司安排 G 公司在 A 公司原油罐区输油管道上进行现场作业。所添加的原油脱硫剂由 F 公司生产。

7 月 15 日 15 时 30 分左右,"宇宙宝石"油轮开始向 A 原油罐区卸油,卸油作业在两条输油管道同时进行。20 时左右,F 公司和 G 公司作业人员开始通过原油罐区内一条输油管道(内径 0.9m)上的排空阀,向输油管道中注入脱硫剂。7 月 16 日 13 时左右,油轮暂停卸油作业,但注入脱硫剂的作业没有停止。18 时,在注入了 88m^3 脱硫剂后,现场作业人员加水对脱硫剂管路和泵进行冲洗。18 时 8 分,靠近脱硫剂注入部位的输油管道突然发生爆炸,引发火灾,造成部分输油管道、附近储罐阀门、输油泵房和电力系统损坏和大量原油泄漏。事故导致储罐阀门无法及时关闭,火灾不断扩大。原油顺地下管沟流淌,形成地面流淌火,火势蔓延。事故造成 103 号罐和周边泵房及港区主要输油管道严重损坏,部分原油流入附近海域。

2. 事故原因

经初步分析,此次事故原因是:在"宇宙宝石"油轮已暂停卸油作业的情况下,F 公司和 G 公司继续向输油管道中注入含有强氧化剂的原油脱硫剂,造成输油管道内发生化学爆炸。事故具体原因正在进一步调查分析中。这起事故虽未造成人员伤亡,但大火持续燃烧 15 个小时,事故现场设备管道损毁严重,周边海域受到污染,社会影响重大,教训极为深刻。

事故暴露出以下主要问题:

(1)事故单位对所加入原油脱硫剂的安全可靠性没有进行科学论证。

(2)原油脱硫剂的加入方法没有正规设计,没有对加注作业进行风险辨识,没有制订安全作业规程。

(3)原油接卸过程中安全管理存在漏洞。指挥协调不力,管理混乱,信息不畅,有关部门接到暂停卸油作业的信息后,没有及时通知停止加剂作业,事故单位对承包商现场作业疏于管理,现场监护不力。

(4)事故造成电力系统损坏,应急和消防设施失效,罐区阀门无法关闭。

(5)港区内原油等危险化学品大型储罐集中布置,也是造成事故险象环生的重要因素。

3. 事故教训

(1)严格港口接卸油过程的安全管理,确保接卸油过程安全。

a. 切实加强港口接卸油作业的安全管理。要制订接卸油作业各方协调调度制度,明确接卸油作业信息传递的流程和责任,严格制订接卸油安全操作规程,进一步明确和落实安全生产责任,确保接卸油过程有序可控安全。

b. 加强对接卸油过程中采用新工艺、新技术、新材料、新设备的安全论证和安全管理。各有关企业、单位要立即对接卸油过程加入添加剂作业进行一次全面排查。凡加入有氧化剂成分添加剂的要立即停止作业。接卸油过程中一般不应同时进行其他作业,确实需要在接卸油过程中加入添加剂或进行其他作业的,要对加入添加剂及其加入方法等有关作业进行认真科学的安全论证,全面辨识可能出现的安全风险,采取有针对性的防范措施,并与罐区保持足够的安全距离,确保安全。加剂装置必须由取得相应资质的单位设计、制造、施工。

c. 加强对承包商和特殊作业安全管理,坚决杜绝"三违"(违章指挥、违章操作和违反劳动纪律)现象。接卸油过程环节多、涉及单位多,稍有不慎就会导致安全事故。有关单位要增强安全意识,完善安全管理制度,强化作业现场的安全管理,尤其要加强对承包商的管理,严禁以包代管、包而不管。要采取有效措施杜绝"三违"现象,加强对特殊作业人员的安全生产教育和培训,使其掌握相关的安全规章制度和安全操作规程,具备必要的安全生产知识和安全操作技能,确保安全生产。建立健全"三违"责任追究制度,依法查处渎职责任。

(2)持续开展隐患排查治理工作,进一步加强危险化学品各环节的安全管理。

各地、各有关部门和生产经营单位要全面加强企业安全生产工作,尤其要加强危险化学品生产、经营、运输、使用等各个环节安全管理与监督,进一步建立健全危险化学品从业单位事故隐患排查治理制度,持续深入地开展隐患排查治理工作,严格做到治理责任、措施、资金、期限和应急预案"五落实"。对重大隐患要实行挂牌督办,跟踪落实。当前,正值高温雷雨季节,容易发生危险化学品事故。各地要加强危险化学品安全生产监管工作,督促有关企业进一步加强对危险化学品生产、储存设施的安全监控,特别是加强危险化学品重大危险源的安全管理,切实落实责任,强化措施,保证安全生产。

(3)深刻吸取事故教训,合理规划危险化学品生产储存布局。

各地、各有关部门和单位要深刻吸取此次事故教训,认真做好大型危险化学品储存基地和化工园区(集中区)的安全发展规划,合理规划危险化学品生产储存布局,严格审查涉及易燃易爆、剧毒等危险化学品生产储存建设项目。同时,要组织开展已建成基地和园区(集中区)的区域安全论证和风险评估工作,预防和控制潜在的生产安全事故,确保危险化学品生产和储存安全。

(4)切实做好应急管理各项工作,提高重特大事故的应对与处置能力。

a. 各地、各有关部门要加强对危险化学品生产厂区和储罐区消防设施的检查,督促各有关企业进一步改进管道、储罐等设施的阀门系统,确保事故发生后能够有效关闭;督促企业进一步加强应急管理,加强专兼职救援队伍建设,组织开展专项训练,健全完善应急预案,定期开展应急演练;加强政府、部门与企业间的应急协调联动机制建设,确保预案衔接、队伍联动、资源共享;加大投入,加强应急装备建设,提高应对重特大、复杂事故的能力。

b. 各类危险化学品从业单位要认真研究分析本单位重大危险源情况,建立健全重大危险源档案,加强监控和管理,建立科学有效的监控系统,确保一旦发生险情,能够迅速响应、快速处置。与此同时,要加强应急值守,完善应急物资储备,扎扎实实做好应急管理各项基础工作,切实提高应急管理水平。

二、某公司汽油储罐爆炸事故

1. 事故经过

1993 年 10 月 21 日 15 点，某公司油品分厂半成品车间无铅汽油罐区操作工黄咏华在开启 310 号汽油罐出口阀作循环调合时，误开了 311 号汽油罐出口阀，造成了 311 号罐内汽油打入已经满罐但入口阀处于开启状态的 310 号罐，当日 18 时，310 号罐浮顶被顶破，汽油大量外冒、气化、扩散、流淌后，油蒸气遇罐区公路上行驶的手扶拖拉机排气管火星爆炸燃烧，万吨油罐冒起了冲天大火，罐顶、罐区、阀门、沟管、山林同时多火点烧成一片，燃烧面积达 23437.5m^2。市消防支队“119”调度室闻警后，集中调动全市 99 辆消防车前往火场，江苏和上海、安徽等兄弟省市又相继调出 88 辆车增援，三省、市共 12 个城市的 187 辆消防车，军警民 6000 余人联合作战，同心协力搏火龙。到场消防力量实施统一指挥，先冷却控制，15 个小时后发起总攻，经过 17 个小时的扑救，大火于次日上午 11 时 15 分被扑灭，加上扑救地面复燃火势和持续冷却，22 个小时后结束战斗。现场 2 人死亡（其中 1 名是农民工），直接经济损失 38.96 万元。

2. 事故原因的分析

经专家论证分析，可以认定事故原因是：当日 15 时左右，白班操作人员进行 310 罐加剂后用泵循环操作时，本应打开循环线上该罐的出口阀，但却错误地将循环线上 311 罐出口阀打开，造成 311 罐抽出的油泵入 310 罐。在计算机连续报警的情况下，始终没有引起操作人员的重视；交接班不严不细，没有发现在事故状态下运行，接班后事故状态延续，导致 310 罐冒罐外溢，汽油蒸气在罐区及罐区范围之外大面积扩散。18 时 15 分左右，驶入爆燃区域的手扶拖拉机的尾气排气火花点燃了大面积扩散的汽油蒸气与空气混合物，终于酿成这次重大火灾事故。事故的具体过程如下。

（1）311 罐收满油后，理应关闭罐根阀封罐，但这个岗位不关闭油罐的罐根阀进行封罐已成惯例，致使在循环线上开错阀的误操作，将 311 罐中的油泵入 310 罐，造成满罐外溢。

（2）操作人员工作责任心不强，严重违反操作纪律，对 310 罐的高液位报警无动于衷，既不报告也不认真查找原因，待闻到汽油味才去检查，为时已晚。

（3）操作工交接班不到现场进行交接，也不认真核对运行流程，只是进行了口头交接，致使流程错误未能及时发现。

（4）巡回检查挂牌制等岗位责任制流于形式，形同虚设（牌已锈蚀，长时间不挂牌）。也没有人对巡检制度的执行进行检查和督促。

（5）罐区阀组各阀门上没有标记，几个罐的阀门并列在一条线上，容易在操作中造成失误。

（6）该油罐区属一级防火防爆区，拖拉机等机动车辆应禁止驶入，但厂里对外单位机动车辆发放的通行证管理不严，手扶拖拉机手竟持过期的通行证将拖拉机从油罐区旁的马路上驶过，尾气排气火花直接导致了火灾事故的发生。

（7）油罐的消防泡沫线未按正规设计，自 1988 年投用后就没有认真检查过其状况是否完好。油罐的半固定泡沫灭火线底阀没有安装上（4 个阀埋在土下，一个也没安上），长期没有发现，在救火中泡沫短路跑掉，没有起到消防线应起的作用，延误了灭火的时机。

（8）防火堤内的排水明沟出罐区没有按规定加装闸板或阀门，造成满罐溢出的汽油流出堤外。

（9）该油罐区缺乏符合消防规范的总体设计，建成的汽油罐区一直没有形成环形消防通道，造成火灾时普通消防车不能接近火源进行有效的扑救，延长了大火扑灭的时间。

3. 事故教训

(1)预防事故必须加强法制。

本次事故从根本上说,是由于管理人员和操作人员长期不重视安全法律法规造成的,是这个厂对火险隐患整改不力所致。据消防部门调查,310 号油罐所在的罐区建于 1965 年,1982 年改建为汽油罐,工程实施过程中既没有按消防规范对消防安全设施、道路等进行改造,也未按规定要求办理防火审批手续,整个罐区既没有消防通道,也未按规定设置防火堤。此外,消防设施不足,已有的也多数损坏,不能发挥作用。特别严重的是库区对机动车辆管理不严,未装阻火器的机动车辆可以随意进出。这次大火的火种就是未装阻火器的拖拉机带入的。

对于这些问题,南京市消防部门曾多次发出重大火险隐患通知书,要求其尽快整改。1993 年 8 月 3 日和 9 月 17 日也曾先后两次发出通报,并责成其将整改情况在 9 月 30 日前报市防火委员会,但该厂仍未重视。

由于这个厂长期忽视防火安全,近几年不断发生火险火情。就在 1992 年 6 月 30 日,这个厂的铂重整车间就因违章作业,致使氢气罐燃烧爆炸,当场炸死 3 人。但这个厂仍未吸取教训,致使轰动全国的“10·21”大火发生。

(2)预防事故必须加强人的管理和教育。

这次火灾经历了一连串的环节,只要有一个环节不通,就不会酿成如此大的事故。然而,中石化总公司对石化工业的事故原因进行的统计结果表明,由于技术上没有解决的问题或由于意外不可抗拒的原因造成事故的,几乎没有碰到,事故经常出在管理上和纪律上。据了解,其他行业也存在类似的现象。因此,消除和减少生产事故,就必须从生产过程的各个环节入手,运用科学的方法,超前管理,系统防范,做好生产的本质安全基础工作。所强调的做法通常是,企业安全管理必须加强领导,经常进行安全规章制度教育,落实安全经费,建设现场防护设施,强化安全检查和隐患整改。这些都是企业安全管理行之有效的办法和经验。然而,从根本上讲,这些成功都是外力作用的结果,没有正常发挥生产者的潜能,没有创造出具有再生能力的“抗病”机体群。

消除和减少生产事故,必须从人着手,加强对人的教育和管理,变行政管理为契约整合和自然追求,以达到安全再生的目的,也是减少生产事故的根本途径。

三、某公司违章动火油罐爆炸事故

2000 年 7 月 2 日,某公司因未堵盲板,违章动火焊接,造成 2 个 500m^3 油罐爆炸起火,10 人死亡,部分操作室及管排、管架烧毁,直接经济损失 200 余万元。

1. 事故经过

2000 年 7 月 1 日,为解决柴油存放一段时间后由棕黄色变为深灰色的质量问题,某公司领导决定采用某个体技术人员的脱色技术,在柴油罐间加活性剂罐、混合罐、管道泵,将 307# 罐、308# 罐的柴油,经管道泵注入混合罐,同来自活性剂罐的活性剂混合脱色后,注入 204# 罐储存外销。分管生产的副厂长直接安排生产设备部牵头,由机动车间维修班负责焊接安装。整个作业,采用先将混合罐、活性剂罐、管道泵定位后,再对接同柴油罐相连接的阀门、法兰、管道,现场进行焊接的方法。

7 月 2 日上午,已将混合罐、活性剂罐、管道泵定位,并同 308# 罐对连焊接完毕,下午继续进行同 204# 罐的对接。18 时 45 分,在焊接同 204# 罐相接的管道时,发生爆炸,204# 罐罐体炸飞,南移3.5m落下,罐内柴油飞溅着火,同时204#罐罐体飞起时,又将该罐同307#罐之间的管道从307#罐根部阀前撕断,307#罐中400余吨柴油从管口喷出着火,现场施工的10人,突然被柴油烈火掩盖,瞬间即被烧死。307#罐在204#罐爆炸起火后45min,再次发生爆炸,罐底焊缝撕开12m左右,罐内剩余柴油急速涌出,着火的柴油顺混凝土地面,流至附近的10间操作室,导致操作室被烧毁;柴油流至装置管排底部,造成管排管架被烧塌;柴油流至厂区大门以外,将部分大树烧死。事故发生后,地市县及厂消防队及时赶到扑救,大火于20时45分被扑灭,没有造成罐区其他汽油、柴油罐的爆炸,避免了更大的损失。

事故发生后,省地县有关领导到厂进行指导,同时成立了事故调查小组,对事故发生的经过进行了调查分析,查清了事故发生的原因。

2. 事故原因分析

(1)事故发生的直接原因。

从事故现场看,有2台电焊机、接线及焊钳,有9根用后剩余的电焊条头及夹在焊钳上的整根焊条,说明事故发生前,确实在进行焊接作业。

经向曾在现场的职工了解,事故是在焊接204#罐底部闸板阀对接的管道时发生的。而204#罐盛过柴油,但已长时间没用了,只偶尔当作生产中吹扫管道时的储气罐用。但在阀门以下,有24cm深,约15m^{3}放不出来的柴油,而阀门以上无油,从而成为罐内柴油轻质馏分挥发的空间,挥发后的柴油轻组分,与罐内的空气混合,形成爆炸性混合气体。经察看,204#柴油罐底部Dg80闸板阀阀瓣靠近罐体一侧有明显的暗红色铁锈,仅在底部有一弦高10cm左右的弯月形面,呈现高温后的蓝灰色,而阀瓣面向焊接的一侧,没有活动但留有间隙。因此,调查组认为,7月2日16时45分,维修班在电焊焊接时,204#罐内的爆炸性混合气体,泄漏入正焊接的管道内,电焊明火引起了管内气体的爆炸,从而,通过闸板阀阀瓣底部的缝隙,引起了204#罐内混合气体的爆炸,这是事故发生的直接原因。

(2)违章作业是事故发生的根本原因。

该厂是地级市农委系统的直属小石油化工厂,无原油常减压蒸馏工段,只有催裂化润滑油工序,生产汽油、柴油、润滑油、液化气等产品,经济效益较好,年利税过亿元。但是,该厂缺乏生产管理,特别是安全技术管理人才,虽然参照其他石油化工厂的经验,制订了不少规章制度,但是制度执行不严,违章指挥、违章作业现象时有发生。如此次施工作业,按制度规定,成品油罐区为一类禁火区,要动火,必须经安全生产厂长、总工程师批准,安全处室专职安全人员、施工人员签字,办理一级动火证,制订严密的防范措施,有消防、安全、专职人员现场监督,确保不出事故方能动火作业。但该厂生产副厂长直接安排生产设备部和机动车间维修班施工,没有办理一级动火证,也没有通知总工程师、安保部、消防队审查施工方案及进行监督检查,失去了制止违章作业及采取防范措施防止事故发生的机会。另外,制度规定,动火作业必须同生产系统有效隔绝,而且专门制订了抽堵盲板的制度,但施工人员,虽然制作了盲板,带到了现场,但没有使用,仅以关闭阀门代替插入盲板同油罐隔绝。但是,阀门关闭后,虽然不漏油,但在使用过程中,或因关闭不严,在阀体与阀瓣之间,会有一定间隙,特别是在有一定压力或温度差别时,阀门可能会漏气。因此上午焊接308#罐时,因308#罐盛满柴油,没有发生事故,而在下午焊接204#罐的管道时,因阀门间隙漏气引起油罐内混合气体的爆炸着火。

(3)对柴油性质认识不足。

柴油虽然不是易挥发的一级易燃易爆品,但是,柴油是混合物,其中含有介于汽油、柴油之间的轻沸点馏分,在夏季高温情况下,挥发积聚于油罐相对密封的上部空间,形成了爆炸性混合气体，遇明火造成了爆炸。

(4)改变储罐用途未设置相应的消防措施

307#罐、204#罐原设计为消防用清水罐，位于成品罐区西防火堤的外侧，当改为柴油储罐后，2#罐周围没有再加防火堤，也没有设立明显的禁火标志，这也是造成施工人员未办理一级动火证违章施工的原因之一。

(5)专职安全管理人员安全技术素质低，也是事故发生原因之一。

据厂安全保卫部负责安全生产的副部长崔某介绍，他在巡回检查中，已发现了施工人员在一类禁火区动火作业，但他没有按规章制度制止他们的违章作业，只是在施工人员从车间办的二级动火证上签上自己的名字，代替厂一级动火证，使他们的违章作业合法化，但又没有按一级动火证要求提出防止事故的措施，导致了事故的发生。崔某作为这次重大伤亡事故的主要责任人被逮捕追究刑事责任。

3. 防范措施

这次重大伤亡事故再次告诉我们，企业的各级领导及职工，一定要严格遵守安全规章制度，严禁违章作业，同时，要开展全员安全生产规章制度教育与安全生产技术知识教育，提高全体人员遵章守纪的自觉性；增强安全意识，提高安全技术水平与自我防护能力；关键管理岗，要选用有生产管理实践经验及安全技术管理经验，专业知识丰富，技术素质较高的同志，以适应工作的需要，关键时刻起到管理把关作用，防止事故的发生，促进企业的正常发展。

第三节　危险货物集装箱港口作业典型事故案例及原因分析

一、某公司因受潮而引发的集装箱火灾事故

1. 事故经过

1999年7月25日，一场强台风袭击南方某港口，某公司港区集装箱堆场出现大面积积水。管理人员发现在地势较低的C13区有9个危险货物集装箱，其中5箱的箱内货物为二氯异氰尿酸，4箱为硝酸。于是立即组织转栈，转往地势较高、不易积水的D03区。两天以后，天气转晴。7月31日凌晨，管理人员发觉堆放在D0306的集装箱突然冒烟，并且很快燃起大火。当即向生产指挥中心报告，数分钟后消防队赶到，这时，8个集装箱先后不同程度出现冒烟后起火燃烧。港务公司立即启动应急救援系统，组织机械将该堆场的其余集装箱转移到安全场所，同时由消防队用大量的水对着火的集装箱集中喷射。两小时后，火灾扑灭，这8个集装箱全部毁损。

2. 事故原因分析

此起事故由停放在D0306位的集装箱开始，先后涉及其余集装箱，其火灾发生的过程都是：先冒烟雾，在较短的时间内烟雾加剧，继而冒出火光，期间可以听到有大量气体自集装箱门处溢出的声音。当集装箱被大火和浓烈的烟雾笼罩后，出现沉闷的爆裂声，事后证实是集装箱内急骤膨胀的气体顶开了集装箱门的声音。整个过程表明，事故所发生的化学反应，及其反应过程中释放的能量是一个渐进过程，而不是瞬间完成，因而并非危险物品爆炸事故。

二氯异氰酸的有效含氯量达到58%～64%，因而属于强氧化剂。工业用途为杀菌剂和漂白剂，为白色结晶粉末固体，吸收水分会发生潮解。二氯异氰尿酸本身不燃，在以下几种情况下会着火：一是遇大多数有机物、易氯化物、易氧化物；二是遇铵、铵盐、尿素等氮化合物能生成

易爆的三氯化氮;三是遇水易发生水解发应,生成易爆炸的三氯化氮。从该集装箱出事故的过程来分析,没有证据表明有其他化学物质与其发生反应的可能,而该物质受潮水解产生热量引起燃烧的可能性较大。

二氯异氰尿酸是发货人送货到集装箱货运站装箱后,送进港区的。这期间正是台风来临的时刻,该地区连续数天下雨,因此,货物包装件在集装箱内受潮的可能性是存在的。导致货物在集装箱内受潮的途径有以下几个方面:货物被雨淋湿的情况下装箱;集装箱在接受货物积载时处于非干燥状态;由于昼夜温差在集装箱内出现汗湿凝结水;集装箱在暴雨中进水。上述四种情况都有可能出现,其中因台风到达伴随着暴雨造成堆场积水,加上集装箱箱门水密性存在缺陷而进水尤为严重。据事后对其他集装箱开箱检查发现,有相当一部分箱体的箱门水密性都存在缺陷:密封条变形或部分脱落的现象较多,因而造成箱内进水。

二氯异氰尿酸的包装,根据《国际海运危规》的要求:“袋类(5H3、5L4、5L3 和 5M2)只允许装在封闭式货物运输组件内”。在积载方面要求:“尽量合理可行的保持干燥”,该批货物包装的生产和使用经过商检部门的检验和鉴定,并且出具了“出境货物运输包装性能检验结果单”和“出境危险货物的运输包装性能鉴定结果单”,因而是合格包装。然而不能排除的可能性是:货物包装在装箱时出现破损。

综合上述的分析,关于事故原因的结论是,由于气候等自然因素,造成集装箱内货物处于水湿状态,二氯异氰尿酸在受潮情况下出现分解,并放出热量。在集装箱内这些热量不易散发,加剧了局部货物温度升高,从而使化学反应变得更加剧烈。当温度上升到200℃时,该物质发生自分解反应,释出含有氯气等有毒气体的烟雾,能对人造成伤害,同时在最短的时间内引发火灾。当处于 D0306 位的集装箱着火后,大量的热辐射使周围的集装箱卷入大火之中,其中积载硝酸的两只集装箱,盛装硝酸的包装容器是塑料桶,在高温烘烤下很快变形,硝酸自容器内泄出,硝酸本身不燃,但是当其与金属粉末、电石、硫化氢、松节油等发生反应时会引发爆炸,与可燃物、还原剂和有机物(如木质、棉花、稻草、棉纱等)接触会发生燃烧。集装箱的内壁出现锈蚀是不可避免的,因而在与硝酸接触后引发燃烧,并散发有毒的气体。

二、某公司集装箱内货物积载不当引发的火灾事故案例评议

1. 事故经过

2003 年 8 月 3 日 9 时 50 分左右,某公司所属巴拿马籍集装箱船“意实”轮在盐田港锚泊时发生火灾,经深圳海事局及时组织施救,于 8 月 6 日扑灭。“意实”轮为第五代集装箱船。在锚泊盐田港之前,先后在上海、宁波两港装货,共装载 3709 个集装箱,总重 34290t。其中有 47 个装载危险货物(36 个在上海港装船,11 个在宁波港装船)。积载时按《国际海运危规》的要求进行隔离。积载的甲板面清洁,箱体完好无损。集装箱固定绑扎良好。

8 月 1 日,“意实”轮驶往深圳盐田港区。8 月 2 日 15 时,在盐田港区 4 号锚地候泊。

8 月 3 日上午 9 时 50 分,船长发现第四舱舱面 31BAY 位左舷有白烟冒出,立即下令船员采取应急措施。大副立即跑到 31BAY 位处,发现主甲板 4 号货舱面 31BAY 位第一层的左舷外档,BAY 位号为 311482 的集装箱内起火。火焰从集装箱门底部接缝处冒出,已达到集装箱四分之一的高度;集装箱门顶部接缝处则冒出大量白色和黑色浓烟。大副随即查实,该箱内货物为液体过氧化甲基乙基酮。

船长立即向深圳海事局报告,并且立即组织船员用水泵打水灭火。但是火势未能受到控

制。深圳海事局及时组织救援,将着火货物和危险货物安全转移离船,保护了船舶和其他货物的安全,未造成人员伤亡。这场火灾造成的损失是:“意实”轮第 4 舱面有烧损痕迹,损失轻微;10 个 20 英尺和 35 个 40 英尺集装箱全损;49 个集装箱内货物全损。火灾造成的直接损失达 1000 万元。

2. 事故原因分析

根据现场勘查和船员的描述,可以确定积载在 BAY311482 号位的集装箱是这次火灾的起火点。由于该箱号位的外部没有引发火源的条件,因此,起火原因应当从箱内货物的特性上查找。积载在该箱位的是一只在上海港装上船的集装箱,箱号为 EISU3504664。内装货物为过氧化甲基乙基酮。在该箱右舷装有四个内装打火机的集装箱;前方位 BAY29 位对应位置积载的四个集装箱内装的也是打火机;后方位 BAY37 位积载的是装有易燃液体和腐蚀品的集装箱各两个。

过氧化甲基乙基酮,联合国编号为 3101,属第五类有机过氧化物。无色透明液体,受热和受振动引起爆炸的敏感性极强。过氧化甲基乙基酮要投入运输,必须用苯二甲酸二乙脂做溶剂稀释,在 45% 稀释溶剂中的自行分解温度为 63℃,在 100℃时会分解爆炸。该物品有多种异构体,有些结构状态对振动的敏感性特别强,稍有振动就会爆炸,因而储运要求特别严格。该物品遇氧化物、有机物、易燃物、促进剂都会引起剧烈反应。

一只 20 英尺的集装箱如果满载这种货物可装载 18t,但该批货物仅 13.3t,因此这只集装箱并没有装满。合理的积载方法应当是用木板和木棱在箱内衬垫、支撑和固定,防止货物在运输途中因颠簸而引起碰撞、挤压、移动甚至倒塌。有机过氧化物的装箱要求尤为严格:箱壁的四周要有木板隔离,箱内所留有的空隙(包括货物与货物之间)应用木板、填补器或支撑的办法加以固定,钉子还不能外露,所用的材料质地要良好,木板上不能有树皮,不能有油污、杂物沾附,集装箱内不得有酸类、硫化物、木屑及粉状可燃等物质。

从该集装箱起火及完全受损的现状分析,最大的可能是:箱内的过氧化甲基乙基酮在没有满载的情况下,装箱人员没有按严格的积载要求给予固定。从上海港装船后,该船在宁波港加载,航行驶至盐田港,到事故发生之日共 17 天,如果装箱不稳妥,箱内货物就会发生倾斜甚至倒塌。由于过氧化甲基乙基酮在常温下就会分解,湿度越高分解越快,所以在包装桶的开口处留有透气孔。这种特殊的密封透气装置就是为了减少桶内的压力而设计的。当包装桶倾斜或侧放时,稀释溶剂就会堵住透气孔,但桶内货物的分解反应仍在继续进行,这样桶内的压力在不断增大,桶内液体的泄漏速度也就会加快。集装箱长期使用后必然会出现油漆脱落、锈蚀,螺栓、螺母裸露等现象,这是一些具有还原剂性质的物质,过氧化物与之接触后的反应是相当强烈的,反应产生热量使温度升高,高温促使反应加快。温度只要上升到 70℃左右,燃烧的条件就具备了。集装箱在船上积载具有特殊性,集装箱本身封闭性又使火灾发生后的救援工作带来难度,反之相邻的集装箱受热辐射则很快升温,致使易燃物受热燃烧。因此,火灾扩散快,而灭火难度相当大。

第四节　包装(件)、固体散装危险货物典型事故案例及原因分析

一、美国德克萨斯城“格兰德坎普”轮硝酸铵化肥爆炸事故

1. 事故经过

1947 年 4 月 16 日,停泊在美国德克萨斯城加尔沃斯顿海湾的“格兰德坎普”轮装载有

2300t 硝酸铵。当日 8 时,工人发现舱内硝酸铵起火,急忙用水桶和泡沫灭火器灭火,在无法控制火势的情况下,货轮大副随即下令盖上舱盖用蒸气灭火。9 时 12 分,货舱发生剧烈爆炸,135m 长的船体当即被炸成碎片,所有船员全部遇难,数千只海鸥被冲击波震死后,像雨点般从空中落下;正在城市上空飞行的 2 架飞机被击碎后掉入海中;码头附近的海水在爆炸瞬间几乎完全被排开,然后波涛又以排山倒海之势猛扑回来,激起冲天巨浪,席卷了码头车库内的 600 辆汽车;同时引起多次二次火灾,并造成相邻船舶和建筑物的燃烧和爆炸,爆炸范围波及港口周围的多家化工厂和石油公司库区,形成的烈火几乎吞没了整个德克萨斯城,燃烧整整持续了 3 天 3 夜。事故造成 516 人死亡,3000 多人受伤,15000 多人无家可归;财产损失超过 3 亿美元,这个数字几乎相当于第二次世界大战期间整座城市被轰炸所受到的损失。

2. 事故原因分析

后经多方调查分析认为,当时港口和船上工作人员都不了解硝酸铵的化学危险品的特性,不知道它着火后会转为爆炸,更不知道爆炸威力有多大,因而在轮船装卸作业中没有采取任何防火防爆措施。有的装卸工人在工作期间吸烟,事故发生前工人把烟头丢入货舱,先点燃了包装纸,继而引燃了硝酸铵。此外,该轮船长和大副并不了解此类物品起火只能用大量水灭火,而不能密闭处理,因硝酸铵着火后在封闭条件下会迅速由燃烧转化为爆炸。由于船方未能及时采取正确的灭火措施,最终导致了悲剧的发生。

该事故已经过去了半个多世纪,但仍然值得我们思索。虽然事故的起因是因为工人违章吸烟引燃货物,但仅仅一个烟头却不足以造成如此巨大的灾害,当时的现场人员对货物危险性质缺乏了解才是事故的关键。因此,对于当前的港口危险货物管理不仅要做到建立健全安全制度,落实应急措施和应急器材,更重要的是要在从业人员中全面普及危险货物知识,使各级管理及作业人员掌握危险货物特性和正确的应急方案,如此才能从根本上保证危险货物的作业安全,避免悲剧的重演。

二、“龙溪口”轮银铝粉爆炸事故

1. 事故经过

1983 年 4 月中国籍 1.8 万吨级远洋轮“龙溪口”在印度洋洋面上第三货舱突然爆炸、起火,之后危及其他货舱,在不得已的情况下弃船,该轮于第二天晚沉没。该轮是我国当时引进的较为先进的一条远洋货轮,其装备居全国领先水平。该船的沉没,立即引起了各级主管部门的极大关注,并先后多次派出有关专家组成的调查组,调查事故原因。经查,装在该轮第三货舱二层柜上的 40 多桶银铝粉(UN No1309)是导致此次事故的元凶。该货物包装未采用符合国际标准的包装,桶盖不密封,致使货物受潮,受潮后的货物使其外包的一层硬脂酸溶化,因而变为另一种更具危险性的铝银粉(UN No1396),使桶内积聚了大量的热量,同时又加速了放氢放热反应,直至其所放出的热量已足能点爆所释放出的氢气而爆炸,随之产生铝银粉的粉尘爆炸,引燃了相邻的大量油漆等易燃物品,最后蔓延到全船。

2. 事故原因分析

各种事故情形虽不尽相同,但却有一个共同的特点,即事故最初均由于货物中易燃气体挥发或货物受潮产生易燃气体,从而导致燃烧爆炸,其根本原因在于危险货物的包装不合格。

货物包装对航运安全有着极为重要的影响,不合格的包装不仅会造成货物的损耗,更有可能引发恶性事故,因此通过对案例的学习,我们应从中吸取教训,对港口危险货物管理人员而言，尤其要认真掌握危险货物包装的相关规定和知识，应严格按《国际危规》对危险货物包装进行审核，确保其坚固、密封良好、可靠。对包装有明显渗漏破坏的货物应及时妥善处理，消除事故隐患；同时还应积极配合有关主管部门对危险货物包装、设计进行审查，并进行质量监督，严格把关，从根本上确保海运危险货物的安全装卸和运输。

三、其他部分典型包装（件）、固体散装危险货物事故案例

1. 案例一

1989年，某货主将DPT发孔剂（危险货物）作为第4.1类易燃固体申报托运。船舶开航后，在南中国海连续发生了13次爆炸。事故调查分析：该物质的学名是“二硝基戊撑四胺”，不加减敏剂的话，属于爆炸品；加入18%以上的减敏剂可作为4.1项易燃固体运输；包装要求：该物质不允许用铁桶包装运输；环境要求：舱内控制温度须在50℃以下。

事故原因及责任：货主未对货物添加减敏剂，同时又使用铁桶；船方未对货物进行温度控制。

2. 案例二

1999年7月某集装箱船在大连港装载了“次氯酸钙”，航行至地中海东部时起火并爆炸。英国海难救援队花了5天的时间才将大火扑灭。此起火灾爆炸致使船舶和货物严重损坏和损失。后船东通过保赔协会提出了2亿美元的高额索赔。

事故原因：货物产品质量低下、杂质多；包装件过大；船舱积载不当（靠近船舶热源）等。

3. 案例三

2003年5月28日，“华顶山”集装箱轮在厦门港装箱结束，刚出港一船舱便冒起浓烟，后发生爆炸，船舶沉没。事故调查分析：该轮某舱三个集装箱内装有保险粉（连二亚硫酸钠），属第4.2项：易于自燃的物质，在空气中易发热、自燃，并放出二氧化硫气体，受热190°以上可发生爆炸。

事故责任：货主申报托运时瞒报；内包装材料是普通编织袋不符合物质特性要求。

4. 案例四

1993年8月5日，深圳安贸公司清水河化学危险品仓库爆炸，死15人，伤200多人（其中重伤25人），直接经济损失2.5亿元。

事故调查分析：该仓库危险货物储存违反品种的理化特性以及安全操作规程的规定，将不相容的品种混存混放，使过硫酸铵（强氧化剂）与硫化碱（还原剂）接触，发生激烈的氧化还原反应，热量积聚导致起火燃烧，并引燃引爆仓库内其他化学品，最终引发硝酸铵爆炸成灾。

事故原因：仓库设计违规；消防审批不严；违规混存混放。

5. 案例五

1947年4月16日，法国货船“大本营”号轮停泊在美国得克萨斯港，船上载有2500t硝酸铵及其他各种货物，在作业过程中船舱发生了火灾，引起爆炸。4月17日，同一港内“高飞”轮载运900t硝酸铵再次发生爆炸；两次连环爆炸事故共造成600余人死亡、3500余人受伤、财产损失约3.3亿美元。硝酸铵5.1项固体散装货物；如果该物质受到污染（如：燃油）或处于牢固密封状态，则在船舶发生重大火灾时有爆炸危险。邻近的爆燃也有引发爆炸的危险。如果大量加热，该货物将会分解，释放出有毒气体和助燃气体。

事故原因:船长对货种理化特性缺乏了解致硝酸铵污染,灭火时措施不当。

6. 案例六

2004 年 11 月 1 日,“沪宝货 0193”轮装载约 45t 电石运往上海长兴氧气厂,在途径吴淞口水域遭遇 5 ~ 6 级大风的情况下仍然冒险航行,强劲的风力将本不严实的货舱油布掀开,导致电石暴露,电石遇水后发生强烈反应并起火爆炸,船长被当场炸死。电石,无色晶体,工业品为灰黑色块状物,断面为紫色或灰色。遇水立即发生激烈反应,生成乙炔,并放出热量,按规定必须采取包装运输。

事故原因:该轮遭遇 5 ~ 6 级大风仍然冒险航行,电石包装方式不当。

第五节　事故原因分析

通过对上述典型事故案例的分析,对事故发生原因进一步分析,可以归纳总结出一些共性的规律,供港口危险货物作业单位参考、借鉴,以预防类似事故的发生。

1. 事故的发生原因

客观上存在的不安全因素以及各种社会因素和环境条件的影响是诱发港口危险货物作业事故发生的基本原因。各类事故的发生都存在于人、物、环境的三个因素,三个因素中人的因素又起着关键的作用。

人们通过长期的对事故分析,发现人的失误是构成事故的重要原因。人如不能对环境(包括生产过程中的生产环境、社会环境、自然环境)控制、规避,环境就会作用于人和生产,例如:易燃易爆液体化工原料泄漏会发生火灾,泄漏后其蒸气达到一定浓度会发生爆炸,照明不足也会引发事故,雷电、暴雨、洪水、台风、龙卷风等会造成破坏。安全管理失误是造成事故发生的重要因素。事故发生的直接原因是人的不安全行为和物的不安全状态,而造成“人的失误”和“物的故障”往往又是管理上的缺陷,人的不安全行为可以促成物的不安全状态,物的不安全状态也是客观上造成人的不安全行为的物质条件;人的不安全行为,物的不安全状态和管理上的缺陷所耦合形成的“隐患”,会直接导致死亡事故,甚至火灾、爆炸等恶性事故的发生。因此,实现安全生产必须抓好人、机、物、管理和环境五个方面,他们之间的相互作用,见人、物、环境——事故的相互作用见图 11-1。

2. 人为失误

人为失误是人为地造成系统故障或发生事故的直接原因因素,需要加以防止,人的失误分析见图 11-2。属于人为失误有:

(1)人机工程在设计上的失误;

(2)机械、设备在安装上的失误;

(3)检查失误;

(4)设备保养维修不良所造成的失误;

(5)操作者的失误;

(6)管理和决策失误(包括劳动组织不合理);

(7) 运输失误;

(8)信息误认等。

生产环境：生产过程中不安全因素
社会环境
自然环境
物的不安全状态
管理上的缺陷
人的不安全行为
隐患
事故

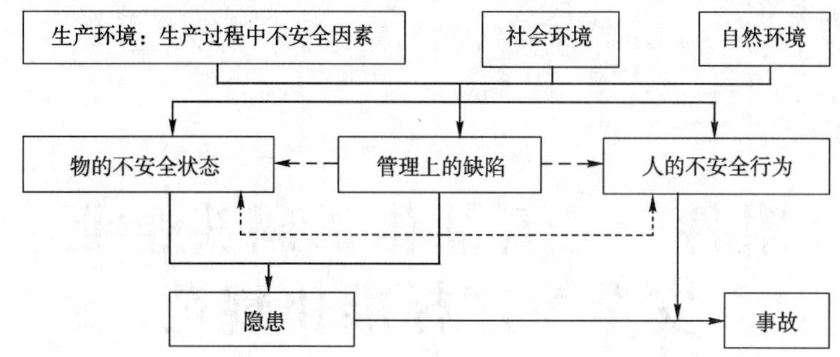

图 11-1　人、物、环境——事故图

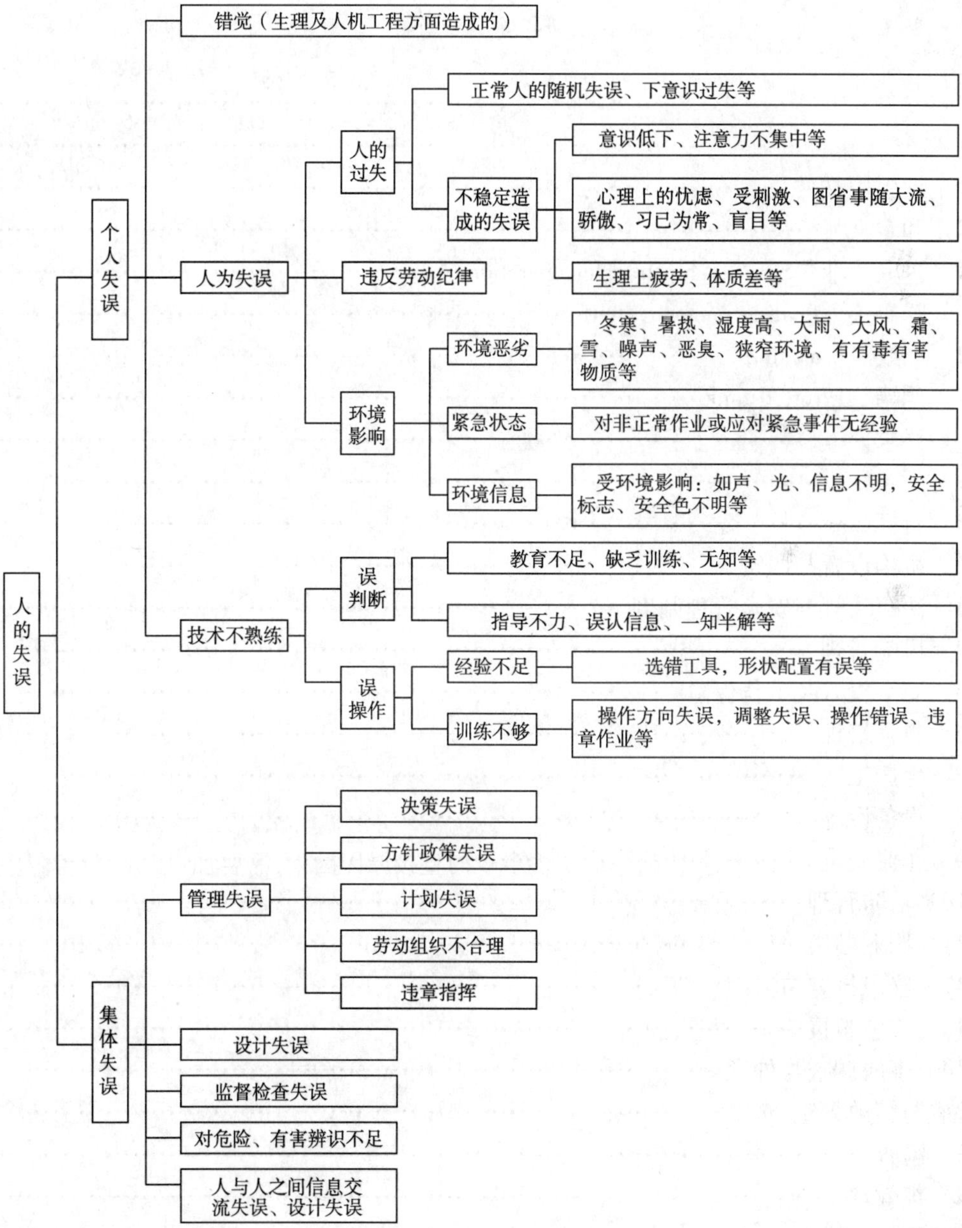

人的失误
个人失误
错觉（生理及人机工程方面造成的）
人为失误
人的过失
正常人的随机失误、下意识过失等
不稳定造成的失误
意识低下、注意力不集中等
心理上的忧虑、受刺激、图省事随大流、骄傲、习已为常、盲目等
生理上疲劳、体质差等
违反劳动纪律
环境影响
环境恶劣
冬寒、暑热、湿度高、大雨、大风、霜、雪、噪声、恶臭、狭窄环境、有有毒有害物质等
紧急状态
对非正常作业或应对紧急事件无经验
环境信息
受环境影响：如声、光、信息不明，安全标志、安全色不明等
技术不熟练
误判断
教育不足、缺乏训练、无知等
指导不力、误认信息、一知半解等
误操作
经验不足
选错工具，形状配置有误等
训练不够
操作方向失误，调整失误、操作错误、违章作业等
集体失误
管理失误
决策失误
方针政策失误
计划失误
劳动组织不合理
违章指挥
设计失误
监督检查失误
对危险、有害辨识不足
人与人之间信息交流失误、设计失误

图 11-2　人的失误分析

附件一　石油化工码头企业安全生产标准化规范

目　次

前　言

本标准按 GB/T 1.1—2009《标准化工作导则 第1部分:标准的结构和编写》的规定编写。

本标准由江苏省交通运输厅港口局提出。

本标准主要起草单位:江苏省交通运输厅港口局、南京市交通运输局、南京市港政管理处、交通运输部水运科学研究院。

本标准参与起草单位:南京市标准化研究院。

本标准主要起草人:谭瑞兵、朱家宝、李佃双、应后强、何秋萍、殷鑫奋、谢天生、俞维纫、邹隆涛、黄家东

本标准首次发布日期:2012-12-10

石油化工码头企业安全生产标准化规范

1 范围

本标准规定了石油化工码头企业安全生产标准化规范的术语和定义、一般要求、核心要求、检查与绩效评定。

本标准适用于江苏省境内石油化工码头企业(以下简称企业)开展安全生产标准化工作以及对标准化工作的咨询、服务和考评,其他类型码头企业可参照执行。

2 规范性引用文件

下列文件对于本文件的应用是必不可少的。凡是注日期的引用文件,仅注日期的版本适用于本文件。凡是不注日期的引用文件,其最新版本(包括所有的修改单)适用于本文件。

GB 2893 安全色
GB 2894 安全标志及其使用导则
GB 7231 工业管道的基本识别色、识别符号和安全标识
GB/T 11651 个体防护装备选用规范
GB 18218 危险化学品重大危险源辨识
GB 50057 建筑物防雷设计规范
GB 50058 爆炸和火灾危险环境电力装置设计规范
GB 50074 石油库设计规范
GB 50140 建筑灭火器配置设计规范
GB 50160 石油化工企业设计防火规范
GB 50351 储罐区防火堤设计规范
GB 50444 建筑灭火器配置验收及检查规范
GB 50493 石油化工可燃气体和有毒气体检测报警设计规范
AQ 3013—2008 危险化学品从业单位安全标准化通用规范
AQ/T 9006—2010 企业安全生产标准化基本规范
GBZ 158 工作场所职业危害警示标识
JT/T 90 港口装卸机械风载荷计算及防风安全要求
JTS 165 石油化工码头装卸工艺设计规范
JTJ 237 装卸油品码头防火设计规范
JTJ 297 码头附属设施技术规范
JT/T 451 港口码头溢油应急设备配备要求
JT 556 港口防雷与接地技术要求
中华人民共和国特种设备安全监察条例 国务院令第549号
中华人民共和国强制检定的工作计量器具检定管理办法 国发〔1987〕31号

3 术语和定义

AQ 3013—2008、AQ/T 9006—2010 确立的以及下列术语和定义适用于本标准。

3.1　过驳作业　Ship to ship transfer operation

在船舶与船舶之间进行货物直接换装的作业。

3.2　浮码头　floating pontoon wharf

用锚碇在岸边,供船舶停靠的码头,由趸船及其系留设施、活动钢引桥、升降架、固定引桥和作业平台等组成。

3.3　扫线　Scan line

用氮气、蒸气等介质,或者用清管球清扫工艺管线及其附件(流量计、阀门等)。

3.4　倒罐　Inverted tank

将罐内储存的货物倒入其它罐装容器。

4　一般要求

企业应遵守 AQ 3013—2008 第 4 章和 AQ/T 9006—2010 第 4 章的规定,开展安全生产标准化工作。

5　核心要求

5.1　目标

企业应按 AQ 3013—2008 中 5.1.2 的规定制定安全生产方针和目标。

5.2　机构设置与职责

5.2.1　机构设置

5.2.1.1　企业应建立安全生产委员会或安全生产领导小组,并按规定配备注册安全工程师。

5.2.1.2　企业应按规定设置安全生产管理机构,配备安全生产管理人员。

5.2.1.3　企业应建立、健全从安全生产委员会(或安全生产领导小组)至基层班组的安全生产管理网络。

5.2.2　职责

5.2.2.1　企业主要负责人应按照安全生产法律法规赋予的职责,全面负责安全生产工作,并履行安全生产义务。

5.2.2.2　企业应建立安全生产责任制,明确安全生产委员会(或安全生产领导小组)、安全生产管理部门及其他各级部门和从业人员的安全生产职责。

5.2.2.3　企业应建立安全责任考核机制,对各级管理部门、管理人员及从业人员安全职责的履行情况和安全生产责任制的实施情况进行定期考核,予以奖惩。

5.3　法律法规与安全管理制度

5.3.1　法律法规与标准规范

5.3.1.1　企业应建立识别和获取适用的安全生产法律法规、标准及其他要求的管理制度,明确责任部门,确定获取渠道、方式和时机,及时识别和获取,并定期进行更新。

5.3.1.2　企业应将适用的安全生产法律、法规、标准及其他要求及时对从业人员进行宣传和培训,提高从业人员的守法意识,规范安全生产行为。

5.3.1.3　企业应将适用的安全生产法律、法规、标准及其他要求及时传达给相关方。

5.3.1.4　企业应每年至少1次对适用的安全生产法律、法规、标准及其他要求进行符合性评价，消除违规现象和行为。

5.3.2　安全生产管理制度

5.3.2.1　企业应制订并执行健全的安全生产管理制度，规范从业人员的安全行为。

5.3.2.2　安全生产管理制度应包括下列内容：

a）安全生产职责；

b）法律法规、标准及其他要求的识别与获取；

c）安全生产工作例会；

d）安全投入保障；

e）安全生产奖惩；

f）管理制度评审和修订；

g）文件和档案管理；

h）安全教育培训；

i）特种作业人员管理；

j）风险评估；

k）重大危险源管理；

l）船岸安全检查；

m）浮码头安全管理；

n）装卸/储存设备安全管理；

o）特种设备、强检设备安全管理；

p）防爆设备安全管理；

q）电气设备安全管理；

r）设备检维修管理；

s）危险作业许可；

t）相关方及外用工管理；

u）变更管理；

v）消防管理；

w）职业健康管理；

x）劳动防护用品管理；

y）无主、废弃危险化学品处理；

z）隐患排查治理；

aa）应急管理；

bb）事故报告、调查和处理等。

5.3.2.3　企业应将安全生产管理制度发放到有关的工作岗位。

5.3.3　操作规程

5.3.3.1　企业应根据装卸工艺、设备设施的特点和装卸货种的危险性，编制操作规程，并发放到相关岗位。操作规程应包括以下内容：

a）船舶靠离泊作业；

b）系解缆作业；

c）装卸船作业；

d）过驳作业；

e）货物进出罐作业；

f）清罐作业

g）装卸车作业；

h）机泵操作；

i）输油臂操作；

j）扫线操作；

k）停送电作业；

l）高压倒闸作业；

m）受限空间作业；

n）液化气装卸作业；

o）装卸设备操作；

p）罐区设备操作；

q）消防设备操作等。

5.3.3.2　企业应在新装卸工艺、新设备、新货种投入运营前，组织编制新的操作规程。

5.3.4　修订

企业应按 AQ 3013—2008 中 5.3.5 的规定执行。在发生以下情况时，应及时对相关的管理制度或操作规程进行评审、修订：

a）装卸工艺、装卸设备发生变更；

b）装卸货种危险有害特性增大；

c）相关的法律法规及标准文件发生改变带来影响；

d）发生事故后，相关管理制度或操作规程的缺陷被认定为主要原因。

5.4　风险管理

5.4.1　风险评估

5.4.1.1　企业组织制定的风险评估管理制度应明确风险评估的目的、范围和准则。

5.4.1.2　应根据企业实际情况，选定合适的评估方法，定期、及时进行危险、有害因素识别和风险评估。

5.4.1.3　企业风险评估应贯穿项目规划、设计、建设、试投产、运营等各阶段。

5.4.1.4　企业风险评估应包括以下内容：

a）地理位置与周边环境；

b）自然条件；

c）总平面布置；

d）装卸/储存货种、工艺、设备；

e）水工结构及码头附属设施；

f）地基处理与铺面结构；

g）配套设施：如供电、照明、防雷防静电、通信控制、消防、监控装置、报警系统；

h）拆除、动土、危险区域动火等作业过程；

i）安全管理及作业人员素质等。

5.4.1.5　常用风险评估方法有：

a）作业条件危险性分析（LEC）；

b）安全检查表分析（SCL）；

c）英国帝国化学公司（ICI）蒙德（MOND）火灾、爆炸、毒性指标评价法；

d）道化学公司（DOW）火灾、爆炸危险指数评价法；

e）软件模拟预测评估等方法。

5.4.2　风险控制

企业应按 AQ 3013—2008 中 5.2.3 的规定进行风险控制。

5.4.3　重大危险源

5.4.3.1　企业应按 GB 18218 及相关文件要求，进行重大危险源辨识，确定重大危险源级别，进行分级管理，并登记建档。

5.4.3.2　企业应明确重大危险源中关键设备设施、重点部位的责任人或责任机构。

5.4.3.3　企业应建立健全重大危险源安全管理规章制度，制订实施重大危险源安全管理与监控方案，每三年进行一次重大危险源安全评价。

5.4.3.4　企业应按照有关规定对重大危险源设置安全监控报警系统。

5.4.3.5　企业应对重大危险源的安全设施和安全监控报警系统定期检查、检验，并做好记录。

5.4.3.6　企业重大危险源的防护距离应满足国家标准或规定。不符合国家标准或规定的，应采取切实可行的防范措施，并在规定期限内进行整改。

5.4.3.7　企业应将重大危险源及相关安全措施、应急措施报送港口行政管理部门及其他有关部门备案。

5.5　安全投入及工伤保险

企业应按 AQ 3013—2008 中 5.1.5 的规定执行。

5.6　教育培训

5.6.1　教育培训管理

5.6.1.1　企业应确定安全教育培训职能部门，制订并严格执行安全教育培训制度，依据国家、地方及行业规定和岗位需要，制定适宜的目标和要求。根据不断变化的实际情况和目标，定期识别需求，制定并实施培训计划。

5.6.1.2　企业应保证培训所需人员、资金和设施。

5.6.1.3　企业应做好培训记录，建立从业人员安全教育培训档案。

5.6.1.4　企业应组织对培训效果的评审，改进提高培训质量。

5.6.2　资质培训

5.6.2.1　企业主要负责人和安全生产管理人员应取得有关部门颁发的有效资格证书后任职。

5.6.2.2　企业其他管理人员，包括装卸作业管理人员、申报人员等应接受有关法律、法规、规章和安全知识、专业技术、职业卫生防护和应急救援知识的培训，应在取得港口行政管理部门核发的资格证后上岗作业。

5.6.2.3　企业特种设备作业人员应按有关规定参加安全教育培训，经考核合格取得《特种设备作业人员证》后，从事相应的特种设备作业或者管理工作，并按规定定期复审，复审前应参加再培训。

5.6.2.4　企业特种作业人员应经专门的安全技术培训并考核合格，取得《特种作业操作证》后上岗作业，并按规定每3年复审一次，复审前应参加再培训。离开特种作业岗位6个月以上的特种作业人员，应重新进行实际操作考试，经确认合格后上岗作业。

5.6.3 日常安全教育培训

5.6.3.1 企业应对所有从业人员进行日常安全教育培训，从业人员每年应接受再培训，再培训时间不得少于规定学时。

5.6.3.2 企业应在新工艺、新设备、新货种投入运营前，对有关人员进行专门培训，经考核合格后上岗。

5.6.3.3 企业应按有关规定，对新从业人员进行公司级、部门（作业队）级、班组级三级安全教育培训，经考核合格后上岗。新从业人员安全教育培训时间不得少于国家或地方政府规定学时。

5.6.3.4 企业从业人员转岗、脱离岗位一年以上（含一年）者，应进行部门（作业队）级、班组级安全教育培训，经考核合格后上岗。

5.6.3.5 企业应对外来参观、学习等人员进行有关安全规定及安全注意事项的教育。

5.6.3.6 企业应对相关方进港人员进行进港安全教育，发放临时进港证，保存安全教育记录。

5.6.4 安全文化建设

5.6.4.1 企业应通过安全文化建设，促进安全生产工作。

5.6.4.2 企业应采取多种形式的安全文化活动，引导全体从业人员的安全态度和安全行为，逐步形成为全体员工所认同、共同遵守、带有本单位特点的安全价值观，实现法律和政府监管要求之上的安全自我约束，保障企业安全生产水平持续提高。

5.6.4.3 企业安全生产管理部门或专职安全生产管理人员应结合安全生产实际，制定管理部门、班组月度安全活动计划，规定活动形式、内容和要求。

5.6.4.4 企业管理部门、班组应按照月度安全活动计划开展安全活动和基本功训练。

5.6.4.5 管理部门安全活动每月不少于1次，每次活动时间不少于2学时。

5.6.4.6 班组安全活动每月不少于2次，每次活动时间不少于1学时。班组安全活动应有负责人、有计划、有内容、有记录。企业负责人应每月至少参加1次班组安全活动，基层单位负责人及其管理人员应每月至少参加2次班组安全活动。

5.6.4.7 企业安全生产管理部门或专职安全生产管理人员应每月至少1次对安全活动记录进行检查，并签字。

5.7 生产工艺

5.7.1 企业应根据码头总平面布置、装卸货种、吞吐量等情况选择合适的符合规范要求的装卸、储运、扫线、倒罐、伴热/保温等工艺。

5.7.2 作业人员应了解装卸货种的危险有害特性及装卸储存温度、管道安全流速、最高允许压力、储罐的安全液位等信息。

5.8 设备设施

5.8.1 设备设施建设与维护

5.8.1.1 企业应制订覆盖选型、购买、验收、安装、使用、维护、拆除、报废各个环节的设备设施管理制度，使用质量合格、设计符合要求的生产设备设施。

5.8.1.2 设备设施应有检维修计划，应建立设备设施点检/巡检卡，实行日常检查、定期检测及特殊检测相结合的管理模式，及时处理故障，并保存记录。

5.8.1.3 设备设施检维修前应制订检维修方案，方案中应包含作业行为分析和控制措施。

5.8.1.4 检维修过程中应执行隐患控制措施并进行监督检查。

5.8.1.5 拆除作业前，作业负责人应与需拆除设备设施的主管部门、使用单位、安全管理部门共同到现场进行作业前交底，并进行危险有害因素识别，制订拆除方案。

5.8.1.6 容器、设备和管道应进行清洗、检测合格后方可报废、拆除。

5.8.1.7 企业应建立设备设施台账，进行规范化管理。

5.8.2 特种设备及强检设备

5.8.2.1 企业应按照《中华人民共和国特种设备安全监察条例》、《中华人民共和国强制检定的工作计量器具检定管理办法》，对特种设备、强检设备进行规范管理。

5.8.2.2 企业应建立特种设备、强检设备台账和安全技术档案。设备安全技术档案应包括以下内容：

—— 设计文件、制造单位、产品质量合格证明、使用维护说明等文件以及安装技术文件和资料；
—— 特种设备、强检设备登记注册表；
—— 定期检验和定期自行检查的记录；
—— 日常使用状况记录；
—— 特种设备及其安全附件、安全保护装置、测量调控装置及有关附属仪器仪表的日常维护保养记录；
—— 运行故障和事故记录；
—— 高耗能特种设备的能效测试报告、能耗状况记录以及节能改造技术资料。

5.8.2.3 特种设备的管理应按照 AQ 3013—2008 中 5.5.3 的要求执行。

5.8.2.4 使用强检设备的企业，应按照规定将其使用的强检设备登记造册，报当地人民政府计量行政部门备案，并向其指定的计量检定机构申请周期检定。

5.8.2.5 不得使用未经检定或经检定不合格的强检设备。

5.8.3 安全防护设备设施

5.8.3.1 企业应严格执行安全防护设施管理制度，建立安全防护设施台账。

5.8.3.2 企业应确保安全防护设施的配备符合国家有关规定和标准，至少应做到：

a）按照 GB 50057 的要求在港区安装防雷设施；

b）按照 JTJ 237、GB 50140、GB 50160 和 GB 50444 的要求配置消防设施与器材；

c）按照 GB 50058 的要求设置电力装置；

d）按照 JTJ 237、GB 50493 的要求在易燃、易爆、有毒区域设置固定式可燃气体和（或）有毒气体的检测报警设施；

e）按照 JTJ 237 的要求在码头设置水幕、国际通岸法兰等安全防护装置；

f）按照 JTJ 237 的要求，装卸设备应符合下列规定：

1）输油臂应设置移动超限报警装置；

2）输油臂与油船连接口处，宜配置快速联接器；

3）采用金属软管装卸时，应采取措施避免和防止软管与码头面之间的摩擦碰撞产生火花。

g）按照 JTS 165 的要求，石油化工码头工艺管线应设置紧急切断阀；

h）按照 GB 50351 的要求在可燃液体罐区设置防火堤，在酸、碱罐区设置围堤并进行防腐处理；

i）按照 GB 50074 的要求设置储罐液位、温度、压力等检测仪表、声/光报警和安全联锁装置等设施；

j）按照 GB/T 11651 的要求配备个体防护装备；

k）按照 JTJ 297 的要求配置护舷等防冲设备；

l）按照 JTJ 237、JTS 165 和 JT 556 的要求在输油管道、输油臂和钢引桥等装卸设备及金属构件进行电气连接并设置防静电、防雷接地装置；

m）按照 JT/T 90 的要求为大型机械设置防风装置。

5.8.3.3　各种安全防护设施应有专人负责管理，定期检查和维护保养。

5.8.3.4　安全防护设施应编入设备检维修计划，定期检维修。安全设施不得随意拆除、挪用或弃置不用，因检维修拆除的，检维修完毕后应立即复原。

5.8.3.5　应对监视和测量设备进行规范管理，建立监视和测量设备台账，定期进行校准和维护，并保存校准和维护活动的记录。

5.8.4　防爆设备

5.8.4.1　爆炸危险场所应根据爆炸危险区域的划分采用相应的防爆电器，防爆电器应有防爆合格证。

5.8.4.2　应定期检查防爆电器设备配电系统的继电保护装置、设备的绝缘电阻、电缆的绝缘状况，并保留检查记录。未经检查或检查不合格的防爆电器不得使用。

5.8.4.3　应建立防爆电器设备台账、档案。

5.8.5　信息化管理软硬件设备

5.8.5.1　企业应开展安全管理信息化系统的建设，并根据实际情况建立相关子系统。安全管理信息化系统可包括但不限于以下子系统：

——组织管理系统；

——工艺流程安全自动控制系统；

——重大危险源监控系统；

——应急救援系统；

——安全生产管理系统；

——相关数据库。

5.8.5.2　建立健全信息化软硬件设备安全管理制度，保证本单位信息系统的安全。

5.9　作业安全

5.9.1　作业现场

5.9.1.1　作业现场应配备相应的安全防护设施、消防器材（设施）及应急救援设施，并保证处于适用状态。

5.9.1.2　机动车辆进入装卸区、罐区现场应办理相关手续，机动车辆应佩戴火星熄灭器、按指定线路行驶。

5.9.1.3　装卸、储存剧毒化学品或者国务院公安部门规定的易制爆危险化学品的企业，应如实记录其装卸、储存的剧毒化学品、易制爆易制毒危险化学品的数量、流向，并采取必要的安全防范措施，防止剧毒化学品、易制爆易制毒危险化学品丢失或被盗。

5.9.1.4　剧毒化学品及储存数量构成重大危险源的企业应将其储存数量、储存地点以及管理人员的情况，报港口行政管理部门和公安机关备案。

5.9.1.5　剧毒化学品应在专用储罐单独储存。

5.9.1.6　重复使用的危险化学品包装物、容器，使用前应检查，发现存在安全隐患的，应维修或更换。应记录检查情况，并保存不少于2年。

5.9.1.7　埋地管道，投用超过5年以上的，宜每年在低洼、潮湿处开挖检查1次。

5.9.1.8　作业区域内有其他企业进行生产经营活动时，应与其签订安全生产协议，明确各自的安全生产责任、义务和应当采取的安全措施，并指定专职安全生产管理人员进行安全检查与协调。

5.9.1.9　定期对码头前沿水深进行测量，并保存测量及清淤记录。

5.9.1.10　定期对码头、罐区等地面沉降情况进行观测，并保存观测记录。

5.9.1.11　应对建设项目的施工作业现场实施有效的安全监督，发现问题及时提出整改要求。

5.9.1.12　危险区域内的动火、破土、进入受限空间等施工作业前，相关方应按照管理权限检查确认安全防范措施，办理作业票证后方可实施。

5.9.1.13　应保持作业环境整洁。

5.9.2　作业行为

5.9.2.1　作业人员应严格执行操作规程，不违章指挥、不违章作业、不违反劳动纪律。

5.9.2.2　作业人员在进行非常规的危险性作业活动时，应持相应的作业许可证。

5.9.2.3　危险性作业活动监护人员应具备基本救护技能和作业现场的应急处理能力，持相应作业许可证进行监护作业，作业过程中不得离开监护岗位。

5.9.2.4　靠离泊作业应执行船舶靠离泊作业安全操作指南，并遵守以下规定：

a）靠离泊前，应将有碍船舶靠离泊的码头前沿装卸机械、货物和其他设施移至安全位置；

b）系解缆人员应在船舶靠离泊前到达现场，保证有足够的作业人数，与船方保持密切联系，并按规定正确显示泊位信号；

c）系解缆作业、甲板作业等临水作业人员应穿戴救生衣、防滑鞋等特殊防护用品。

5.9.2.5　作业过程中船/岸安全检查应遵守以下规定：

a）装卸作业前：船/岸双方负责人应对港口企业建立的《船/岸安全检查表》中的所有检查条款进行现场安全检查、确认，对于检查出的不合格项应立即整改，如不能及时整改，应制定相应的防范措施，确保现场装卸作业的安全；

b）装卸作业期间：船/岸双方应随时有足够的人员在场以备处理紧急情况；应以最有效的方法保持通信联系，并以适当的方式做出记录，此记录应经船/岸双方代表确认，并指派具有适当专业操作知识、可用船/岸双方语言进行交流的人员与船方沟通；

c）根据船舶浮态的变化，船/岸双方应对系泊缆具定时检查以防船舶漂移损坏金属软管或输油臂而发生安全事故。

5.9.2.6　装卸/储存作业前应进行安全条件确认：

a）核对装卸/储存货种；

b）核对船舶、储罐、火车槽车、汽车槽车的拟装容积；

c）核对作业计划灌装量；检查装卸/储存设备的技术状况；

d）更换装卸/储存货种时，检查各设备是否经过有效的清洗、吹扫或干燥等工艺处理；

e）检查各静电接地装置连接线完整、可靠；

f）检查与作业流程连通的非作业管道的隔离与封闭状态是否可靠；

g）检查应配备的消防器材、应急物资是否到位；

h）检查输油臂/软管与输送管线的连接是否正确；

i）检查确认作业所用复合软管是否按规定进行了气密性试验、工作压力是否超过软管允许压力；

j）检查软管与软管、软管与甲板相互磨擦处是否加设防擦垫；

k）检查确认输油臂外臂空载展开；

l）检查呼吸阀、压力表、高/低液位报警装置及其他安全附件等是否存在安全隐患；

m）进罐作业前检查人孔、底部排放阀、管道高/低点排放阀、旁通管道等处是否存在安全隐患；是否经通风、测爆，确认安全无害；

n）过驳作业是否配备适合于过驳作业要求的辅助船舶，在现场实施监护或在指定地点待命；

o）过驳作业的船舶是否处于适航状态；配备的靠泊碰垫、系缆的规格、数量是否满足系泊的要求；过驳软管的放置是否充分考虑两船干舷差的变化和位移；

p）灌装作业前检查火车槽车的槽车顶盖、铁梯、踏板、车盖垫圈、底部阀门是否存在安全隐患；

q）装桶作业前检查桶的安全状况；

r）趸船浮码头的漂浮状态等。

5.9.2.7 装卸/储存作业过程中，应遵守以下要求：

a）压力控制：除液化烃类管道外，其余常温介质化工管道控制工作压力≤0.8MPa；

b）流速控制：原油或成品油在正常作业状态时，管道安全流速不应大于4.5m/s；液化石油气液态管道安全流速不应大于3.0m/s；

c）温度控制：作业中应密切监控低凝点货种储罐、管道的储运加热温度，防止泵、管道冷凝堵塞造成停工停产事故；

d）防静电：着防静电服装、鞋，进入装卸/储存区域前消除人体静电，保持连续的导静电通道；

e）防爆：使用规定的防爆工器具、使用规定的防爆通讯工具、使用防爆照明用具等；

f）巡回检查与处理：定时巡检，发现问题及时汇报、处理，问题未得到处理前暂停作业；

g）洗罐作业时，应有人监护；

h）过驳作业期间应有专人负责观察碰垫等。

5.9.2.8 作业结束后应遵守下列要求：

a）保证足够的静电置放时间。火车槽车、汽车槽车静置时间不得少于2min；$50m^3$ 及以下储罐静置时间不得少于3min；$51 \sim 5000m^3$ 储罐及油轮油驳静置时间不得少于10min；$5000m^3$ 以上储罐、油轮静置时间不得少于30min；

b）管道端部应装上盲板；

c）按规定妥善处置残留物、有关工具及防护用品等。

5.9.2.9　从事散装液体危险化学品装卸作业的港口经营企业，装卸作业宜在密闭状态下进行，作业过程中所产生的废气应通过设置气相管线进行收集或焚烧。

5.9.2.10　电气设备运行应执行工作票/作业票两票管理制度、值班人员岗位责任制、交接班制度、巡视检查制度、倒闸操作制度。

5.9.3　警示标志与报警装置

5.9.3.1　企业应按 GB 2894 的要求，设置符合规定的安全警示标志。安全色应符合 GB 2893的规定，工业管道的标志应符合 GB 7231 的规定。

5.9.3.2　企业至少还应设置以下安全警示标志：

a）在重大危险源现场设置明显的安全警示标志；

b）可能产生严重职业危害作业岗位按照 GBZ 158 的规定设置警示标识，同时设置告知牌，告知装卸、储存货种的特性参数、危险性、预防及应急救治措施等；

c）装卸、储存区域设置风向标；

d）码头及较长的引桥上设置警示红灯；

e）管道上设有管内介质名称、流向的标志；

f）软管上设有工作压力和工作温度标志；

g）码头前沿设有禁止无关船舶停靠的标牌；

h）道路限速、限高、限载、禁行等标志；

i）人员撤离路线指示标志及临时集合点标志；

j）应在设备设施检维修、施工、吊装等作业现场设置警戒区域和警示标志，在检维修现场的坑、井、洼、沟、陡坡等场所设置围栏和警示标志。

5.9.3.3　作业场所应设置以下报警装置：

—— 火灾报警装置；

—— 可燃/有毒气体报警装置；

—— 广播/对讲装置。

5.9.4　相关方管理

相关方管理应按 AQ/T 9006—2010 中 5.7.4 的规定执行。

5.9.5　变更管理

5.9.5.1　企业应制订并执行变更管理制度，对机构、人员、工艺、技术、设备设施、作业过程及环境等永久性或暂时性的变化进行有计划的控制。

5.9.5.2　变更的实施应履行审批及验收程序，并对变更过程及变更所产生的隐患进行分析和控制，对变更全过程进行风险管理。

5.9.6　港口设施保安

5.9.6.1　港口设施保安符合证书

a）航行国际航线的客船、500 总吨及以上的货船、500 总吨及以上的特种用途船和移动式海上钻井平台服务的港口设施应在对外开放前向交通运输部申请《港口设施保安符合证书》，并将申请书抄送港口所在地交通（港口）管理部门。

b）《港口设施保安符合证书》的有效期为五年，证书到期前半年应重新进行保安评估、重新制订保安计划，保安评估报告及保安计划经交通运输部评审通过后，申请换证。

c)《港口设施保安符合证书》记载的内容发生变化或者证书丢失、毁损时,应向交通运输部书面申请换发或者补办,并附相关证明材料。

5.9.6.2 保安年度核验

a)港口设施经营人应于《港口设施保安符合证书》签发之日起每周年的前三个月内,向省级交通(港口)管理部门提出年度核验申请。

b)未通过年度核验的港口设施,在期限内改正完毕后,重新申请《港口设施保安符合证书》年度核验。

5.9.6.3 保安薄弱环节整改

a)港口设施经营人应对保安评估报告中提出的保安薄弱环节、省级交通(港口)管理部门年度核验中提出的保安薄弱环节及港口设施日常工作中发现的保安薄弱环节及时进行整改。

b)保安薄弱环节的整改情况应有记录,并存档。

注1:5.8.7条适用于对外开放码头企业。

5.10 消防管理

5.10.1 建设项目的消防设计应依法通过审核,消防设计的建设工程竣工应通过消防验收,验收后应报当地公安机关消防机构备案。未经消防验收或者消防验收不合格的,不得投入使用。

5.10.2 应按5.7.4.2中b)的要求配备消防设施、器材,并设置消防安全标志。

5.10.3 企业应按规定建立志愿消防队,志愿消防队员应经所在地公安消防部门的培训,具备上岗能力。

5.10.4 企业应落实消防安全责任制,制订并执行防火安全检查、动火审核批准、消防设施及器材管理、消防培训教育、消防演练演习等制度,制订消防安全操作规程、灭火和应急疏散预案。

5.10.5 消防器材及设施应有专人负责,定期组织检验、维修,保存检验、维修记录,确保所有消防器材及设施可靠、有效,随时可用。

5.10.6 应保障码头、罐区、建筑物、公共场所安全出口、疏散通道及消防车通道的畅通,保证防火防烟分区、防火间距符合相关标准的要求。

5.10.7 应定期开展消防安全教育和培训,定期进行消防演练演习。

5.10.8 应建立消防档案,确定消防安全重点部位,设置防火标志,实行严格管理。

5.11 职业健康

5.11.1 职业危害申报

应按规定,及时、如实向当地主管部门申报生产过程中存在的职业危害因素,并依法接受其监督。

5.11.2 职业危害告知

5.11.2.1 与从业人员订立劳动合同时,应将工作过程中可能产生的职业危害及其后果和防护措施如实告知从业人员,并在劳动合同中写明。

5.11.2.2 应采用有效的方式对从业人员及相关方进行宣传,使其了解生产过程中的职业危害、预防和应急处理措施,降低或消除危害后果。

5.11.3 作业场所职业危害管理

5.11.3.1　应按规定设置职业健康管理机构并配备专职/兼职的职业健康专业人员，负责本企业的职业病防治工作。

5.11.3.2　应制定职业危害防治计划和实施方案，对可能存在职业危害的作业场所的作业人员定期进行体检，并对体检结果进行分析和提出建议，建立、健全职业卫生档案和从业人员健康监护档案。

5.11.3.3　应在有可能发生急性职业损伤的有毒有害作业场所按规定设置报警设施、冲洗设施、防护急救器具专柜，设置应急撤离通道和必要的泄险区，定期检查，并记录。

5.11.3.4　应严格执行作业场所职业危害因素检测管理制度，定期对作业场所进行检测，在检测点设置标识牌，告知检测结果，并将检测结果存入职业卫生档案。

5.11.3.5　不得安排上岗前未经职业健康检查的从业人员从事接触职业病危害的作业；不得安排有职业禁忌的从业人员从事禁忌作业。

5.11.4　个体防护用品

5.11.4.1　企业应按 AQ 3013—2008 中 5.8.3 的规定，配置和管理劳动防护用品。

5.11.4.2　应将损坏或者过期作废的个体防护用品及时回收和做妥善处置，保留回收记录，以防止污染环境和流落到其他人员手中。

5.12　隐患排查与治理

5.12.1　隐患排查

5.12.1.1　企业应建立健全事故隐患排查治理、建档监控制度，并保证事故隐患排查治理所需资金。

5.12.1.2　企业应定期组织事故隐患排查工作，对排查出的事故隐患，按事故隐患等级进行登记，建立事故隐患信息档案，并按照职责分工实施监控治理。

5.12.1.3　在法律法规、标准规范发生变更或有新的公布，以及操作条件或工艺改变，新建、改建、扩建项目建设，相关方进入、撤出或改变，对事故、事件或其他信息有新的认识，组织机构发生大的调整的，应及时组织隐患排查。

5.12.1.4　隐患排查前应制定排查方案，明确排查的目的、范围，选择合适的排查方法。

5.12.2　隐患治理

5.12.2.1　对隐患排查中发现的事故隐患，企业应及时组织隐患治理，做到定治理措施、定负责人、定资金来源、定治理期限。

5.12.2.2　对于一般事故隐患，企业应立即组织整改。

5.12.2.3　对于重大事故隐患，企业应组织制订并实施事故隐患治理方案。重大事故隐患治理方案应包括：

——治理的目标和任务；

——采取的方法和措施；

——经费和物资的落实；

——负责治理的机构和人员；

——治理的时限和要求；

——安全措施和应急预案。

5.12.2.4　企业在隐患治理过程中，应采取相应的安全防范措施，防止事故发生。隐患排除前或者排除过程中无法保证安全的，应当从危险区域内撤出作业人员，并疏散可能危及的其他人员，设置警戒标志，暂时停止作业或者停止使用；对暂时难以停止作业或者停止使用的相关生产储存装置、设施、设备,应当加强维护和保养,防止事故发生。

5.12.2.5　全部或者局部停产停业治理的重大事故隐患,治理工作结束后,企业应组织本单位的技术人员和专家对重大事故隐患的治理情况进行评估,或委托具备相应资质的安全评价机构对重大事故隐患的治理情况进行评估。

5.12.2.6　经治理后符合安全生产条件的,企业应向港口行政管理部门和其他有关部门提出恢复生产的书面申请,经港口行政管理部门和有关部门审查同意后,方可恢复生产经营。申请报告应包括治理项目名称、治理方案、安全评价机构出具的评价报告等内容。

5.12.2.7　对暂不具备整改条件的重大事故隐患,应采取防范措施,并纳入计划。无力解决的重大事故隐患,除书面向企业直接主管部门报告外,还应采取有效防范措施。

5.12.2.8　应对隐患治理效果进行跟踪管理,确保隐患已予以排除。跟踪管理情况应有记录,并归档保存。

5.12.3　隐患排查治理的管理

5.12.3.1　企业应定期对事故隐患排查治理情况进行统计分析,并按规定时间向港口行政管理部门和有关部门报送书面统计分析表。统计分析表应当由生产经营单位主要负责人签字。

5.12.3.2　对于重大事故隐患,企业除依照5.11.3.1条规定报送外,应当及时向港口行政管理部门和有关部门报告。重大事故隐患报告内容应当包括:

——隐患的现状及其产生原因;

——隐患的危害程度和整改难易程度分析;

——隐患的治理方案,包括资金概算等情况。

5.12.3.3　企业应将隐患排查、治理情况形成书面记录,建立隐患排查治理台账。

5.12.3.4　重大事故隐患应建立档案,档案内容应包括:

a) 隐患的现状及其产生原因;

b) 隐患治理方案;

c) 治理时间表和责任人;

d) 隐患治理情况评估报告;

e) 恢复生产的书面申请;

f) 港口行政管理部门批复意见。

5.13　应急救援

5.13.1　应急预案

5.13.1.1　应按规定制定生产安全事故综合应急预案,并针对某种具体的、特定类型的紧急情况,制订专项预案,如:

——危险化学品泄漏事故;

——装卸作业伤亡事故;

——火灾事故;

——船舶靠离泊作业重大事故;

——重大自然灾害等专项预案。

5.13.1.2　应针对重点作业岗位制定应急处置方案或措施,形成安全生产应急预案体系。

5.13.1.3　应急预案应根据有关规定报港口行政管理部门和有关部门备案,并通报有关应急协作单位,建立应急联动机制。

5.13.1.4　应对所有员工进行应急救援预案的培训,定期(每季度至少一次)演练,评价演练效果,评价应急救援预案的充分性和有效性,并形成记录。

5.13.1.5　应急预案应定期评审,并根据评审结果或实际情况的变化进行修订和完善。

5.13.1.6　应急预案应至少每三年修订一次,预案修订情况应有记录并存档。

5.13.2　应急救援组织

5.13.2.1　应建立应急指挥系统,实行分级管理。

5.13.2.2　企业应建立应急救援队伍。

5.13.2.3　应明确各级应急指挥系统和救援队伍的职责。

5.13.3　应急装备物资

5.13.3.1　应按照预案的要求配备应急装备、储备应急物资。

5.13.3.2　防污染应急设备应按照 JT/T 451 的规定,根据企业实际情况配置,如配置围油栏、收油机、油拖网、吸油材料、溢油分散剂、溢油监视报警装置、浮油回收船等。

5.13.3.3　配备应急设备前,应将设备数量清单报主管部门核准,码头交工运行前,其应急设备配备情况应通过主管部门专项验收,运行过程中,应急设备变化和委托变化时,应及时报主管部门核准。

5.13.3.4　应建立应急通讯网络,并保证其 24 小时畅通。

5.13.3.5　应对应急物资及装备进行经常性的检查、维护、保养,确保其完好、可靠。

5.13.4　事故救援

5.13.4.1　当发生险情或事故时,应立即启动应急预案,采取应急行动,排除事故危害,防止事故进一步扩散。并按照有关规定向所在地港口行政管理部门和有关部门报告。

5.13.4.2　企业应协助做好现场抢救和警戒工作,保护事故现场。

5.13.4.3　抢险救援人员应佩戴好相应的防护器具,对伤亡人员及时进行抢救处理。

5.14　事故调查与处理

5.14.1　事故报告

5.14.1.1　发生生产安全事故后,事故现场有关人员除立即采取应急措施外,应按规定程序报告本单位负责人。

5.14.1.2　事故快报和事故季报应分别按以下规定处理:

a) 事故快报:

1) 若发生 10 人以上死亡或者 50 人以上重伤的特别重大事故或重大事故,应填写港口生产安全事故快报表,2h 内上报至交通运输部,同时将快报表抄送至省港口行政管理部门和所在地港口行政管理部门;

2) 若发生 3 人以上 10 人以下死亡或者 50 人以下重伤的较大事故,应填写港口生产安全事故快报表,立即逐级上报至省港口行政管理部门;

3) 若发生死亡 1 至 2 人的一般事故,应在 1h 内上报至所在地港口行政管理部门。

b) 事故季报:应在每季度后 3 个工作日内将上个统计期(即上季度)的本单位生产安全事故统计表报送至所在地港口行政管理部门。

5.14.1.3　事故快报表及事故统计表均应标明单位负责人、统计负责人、填表人、联系电话、上报日期,并加盖公章。

5.14.1.4　如发现错报、漏报事故报表的情况,应在 48h 之内报送更正后的报表。

5.14.2 事故调查和处理

5.14.2.1 发生生产安全事故后，企业应积极配合各级人民政府组织的事故调查，负责人和有关人员在事故调查期间不得擅离职守，应当随时接受事故调查组的询问，如实提供有关情况。

5.14.2.2 未造成人员伤亡的一般事故，上级主管部门委托企业负责组织调查的，企业应按规定成立事故调查组组织调查，按时提交事故调查报告。

5.14.2.3 事故调查处理应遵循“四不放过”原则，并切实落实事故整改和预防措施，防止事故再次发生。

5.14.3 事故分类管理

5.14.3.1 企业应建立事故档案和事故管理台账，对事故进行统计分析，将事件、一般事故、需要上报的事故分类管理。

5.14.3.2 企业应定期组织事故案例回顾分析讲座，以杜绝类似事故的再次发生。

6 检查与绩效评定

6.1 检查

企业应按 AQ 3013—2008 中 5.10.1 和 5.10.2 的规定严格执行安全检查制度。

6.2 绩效评定

6.2.1 企业应每年至少一次对本单位安全生产标准化的实施情况进行绩效评定，验证安全生产制度、安全投入、安全生产管理机构及人员、安全培训教育、事故报送及事故调查处理、隐患排查与治理等情况的适宜性、充分性和有效性，检查安全生产工作目标、指标的完成情况。

6.2.2 企业主要负责人应对绩效评定工作全面负责。评定工作应形成正式文件，并将结果向所有部门、所属单位和从业人员通报，作为年度考评的重要依据。

6.2.3 企业发生死亡事故后应重新进行绩效评定。

6.3 持续改进

6.3.1 企业应对绩效评定所发现的问题进行原因分析，制定整改措施，落实整改时间、责任人，并对整改情况进行验证，保存相应记录。

6.3.2 安全生产主管部门应对绩效评定中发现的问题和整改情况定期进行检查。

6.3.3 企业应根据安全生产标准化的评定结果和风险评价所反映的趋势，对安全生产目标、指标、规章制度、操作规程等进行修改完善，持续改进，不断提高安全绩效。

附件二　江苏省石油化工码头企业安全生产标准化考评细则

附表 2-1

基本要素	规 范 要 求	企业达标标准	考评方法	考评标准
企业法人营业执照	《中华人民共和国企业法人登记管理条例施行细则》要求： 具备企业法人条件的全民所有制企业、集体所有制企业、联营企业、在中国境内设立的外商投资企业（包括中外合资经营企业、中外合作经营企业、外资企业）和其他企业，应当根据国家法律法规及本细则有关规定，申请企业法人登记。 经营单位凭据登记主管机关核发的《企业法人营业执照》开展核准的经营范围以内的生产经营活动	1. 持有企业法人营业执照； 2. 所经营的项目在营业执照许可的范围内； 3. 营业执照在有效期内	查： 营业执照	其中任何一条达标标准不符合，考评结论为不合格
港口经营许可证	《港口经营管理规定》要求： 从事港口经营，应当申请取得港口经营许可。 符合资质条件的，由港口行政管理部门发给《港口经营许可证》。 《港口经营许可证》的有效期为 3 年	1. 持有港口经营许可证； 2. 所经营的项目在港口经营许可证许可的范围内； 3. 所装卸的货种在许可范围内； 4. 港口经营许可证在有效期内	查： 港口经营许可证（及危险货物港口作业认可证）	其中任何一条达标标准不符合，考评结论为不合格
相关安全评价	《危险化学品安全管理条例》要求： 生产、储存危险化学品的企业，应当委托具备国家规定的资质条件的机构，对本企业的安全生产条件每 3 年进行一次安全评价，提出安全评价报告； 在港区内储存危险化学品的企业，应当将安全评价报告以及整改方案的落实情况报港口行政管理部门备案。 《港口危险化学品安全管理规定》要求： 新建、改建、扩建从事港口危险化学品作业的建设项目，建设单位在申请设立安全审查前，应当自行对港口建设项目进行安全条件论证，并应当委托具有法律法规规定的资质的安全评价机构对该建设项目进行安全预评价	1. 按规定进行安全条件论证、安全预评价、安全验收评价、危险化学品装卸作业安全评价，并通过审查； 2. 由具备相应资质的评价单位进行安全评价； 3. 将安全评价报告以及整改方案的落实情况报港口行政管理部门备案； 4. 危险化学品装卸作业安全评价报告在有效期内	查： 1. 安全条件论证报告； 2. 安全评价报告； 3. 备案文件	其中任何一条达标标准不符合，考评结论为不合格

附表 2-2

一级要素	二级要素	规范要求	企业达标标准	考评方法	考评标准	
					否决项	扣分项
1 目标 （30 分）	1.1 目标合规性 （12 分）	应依据国家法律法规，结合企业实际，组织制订文件化的安全生产目标。 安全生产目标和指标应： 形成文件，并得到本单位所有从业人员的贯彻和实施； 符合或严于相关法律法规的要求； 与企业的职业安全健康风险相适应； 具有可考核性，体现企业持续改进的承诺； 企业员工及相关方易于获得 （12 分）	1. 组织制订符合国家相关法律法规要求、并结合企业实际的安全生产目标； 2. 形成文件，并得到本单位所有从业人员的贯彻和实施； 3. 符合或严于相关法律法规的要求； 4. 与企业的职业安全健康风险相适应； 5. 具有可考核性，体现企业持续改进的承诺； 6. 企业员工及相关方易于获得	查： 1. 企业安全生产目标发布文件； 2. 企业安全生产目标和指标。 问： 随机询问从业人员是否知道本企业的安全生产目标。 现场查看： 现场安全生产目标告知情况	二级否决项： 1. 无安全生产目标，扣 12 分； 2. 安全生产目标不符合国家法律法规的要求，扣 12 分	1. 与企业职业安全健康风险不相适应，扣 3 分； 2. 安全生产目标未文件化，扣 1 分 3. 不能体现持续改进，扣 3 分； 4. 从业人员不了解安全生产目标，一人次扣 1 分
	1.2 目标贯彻实施 （18 分）	应签订各级安全目标责任书，确定量化的年度安全生产工作指标，量化指标包括：人身伤害、财产损失、环境污染、设备设施完好率等内容，以保证企业年度安全生产目标的有效完成 （18 分）	1. 根据安全目标制订量化的安全生产工作指标，量化指标包括：人身伤害、财产损失、环境污染、设备设施完好率等内容； 2. 签订各级安全生产指标责任书； 3. 定期考核安全生产指标完成情况	查： 1. 量化的工作指标； 2. 各级安全生产指标责任书； 3. 安全生产指标考核与奖惩记录	二级否决项： 无量化的安全生产指标，扣 18 分	1. 量化的安全生产指标不全面，缺一级扣 2 分，指标内容缺一项扣 2 分； 2. 无各级安全生产目标责任书，缺一级扣 1 分； 3. 无考核奖惩记录，扣 2 分
2 机构设置与职责 （30 分）	2.1 机构设置 （15 分）	1. 应建立安全生产委员会或安全生产领导小组； 应按规定设置安全生产管理机构，配备专职安全生产管理人员 （10 分）	1. 企业应建立安全生产委员会或安全生产领导小组； 2. 按规定设置安全生产管理机构、配备专职安全生产管理人员	查： 1. 企业安全生产委员会或安全生产领导小组发布文件		未设置安全生产委员会（或安全生产领导小组），扣 4 分； 未设置安全生产管理部门，扣 4 分

续上表

一级要素	二级要素	规范要求	企业达标标准	考评方法	考评标准	
					否决项	扣分项
2 机构设置与职责（30分）	2.1 机构设置（15分）		专职安全生产管理人员应不少于企业员工总数的2%（不足50人的企业至少配备1人） （10分）	2. 组织机构及定员，安全生产管理部门或专职安全管理人员配备文件		安委会或领导小组未设置常务机构，扣4分； 未配备专职安全生产管理人员，扣4分； 专职安全管理人员配备不符合要求，扣2分
		2. 应建立健全从安全生产委员会或安全生产领导小组至基层班组的安全生产管理网络、工会安全监督网络 （5分）	1. 建立从安全生产委员会或安全生产领导小组至基层班组的安全生产管理网络； 2. 建立工会安全监督网络	查： 安全生产管理网络图； 工会安全监督网络图。 问： 随机询问安全生产管理网络图上的人员是否了解安全生产管理网络的构成		1. 未建立安全生产管理网络，扣5分； 2. 未建立工会安全监督网络，扣2分； 3. 安全生产管理网络中每缺一个单位，扣1分
	2.2 职责（15分）	1. 主要负责人应按照安全生产法律法规赋予的职责，全面负责安全生产工作，并履行安全生产义务 （4分）	1. 主要负责人是安全生产第一责任人； 2. 全面负责安全生产工作，并履行安全生产义务； 3. 安全生产第一责任人应具备与本企业所从事的生产经营活动相应的安全生产知识和管理能力	查： 1. 安全生产责任制； 2. 企业负责人年终述职总结或其他可体现其全面负责安全生产工作、履行安全生产义务的文件； 3. 主要负责人安全管理培训证书。 问： 企业负责人《安全生产法》赋予的职责		1. 企业主要负责人不是安全生产第一负责人，扣4分； 2. 主要负责人未取得安全管理培训证书，扣4分； 3. 企业负责人对其安全职责不清楚，扣2分； 4. 企业负责人未全面负责安全生产工作、未履行安全生产义务，扣2分

续上表

一级要素	二级要素	规范要求	企业达标标准	考评方法	考评标准	
					否决项	扣分项
						5. 安全生产第一责任人不具备与本企业所从事的生产经营活动相应的安全生产知识和管理能力，扣2分
2 机构设置与职责（30分）	2.2 职责（15分）	2. 建立安全生产责任制，明确安全生产委员会（或安全生产领导小组）、安全生产管理部门、其他各级部门、各岗位的安全生产职责 （6分）	1. 建立安全生产责任制； 2. 安全生产责任制中明确各级机构和岗位的安全生产职责	查： 安全生产责任制。 问： 随机询问安委会（或安全生产领导小组）成员1名、安全生产管理部门成员1名、其他部门成员1名、从业人员2名各自的安全生产责任		1. 无安全生产责任制，扣6分； 2. 安全生产责任制中责任不清，一处扣1分； 3. 相关人员不清楚其安全职责，一人次扣1分
		3. 建立安全责任考核机制，对各级管理人员及从业人员安全职责的履行情况进行定期考核，予以奖惩 （5分）	1. 企业应建立安全责任考核制度；（可包含在其他相关制度程序中） 2. 对各级管理人员及从业人员安全生产职责的履行情况进行定期考核，予以奖惩	查： 1. 安全生产责任考核制度； 2. 考核、奖惩文件； 3. 考核、奖惩记录		1. 无安全生产责任考核制度，扣5分； 2. 安全生产责任不清，一处扣1分； 3. 未按考核制度定期进行考核、予以奖惩，扣1分
3 法律法规与安全管理制度（100分）	3.1 法律法规与标准规范（15分）	1. 建立识别和获取适用的安全生产法律法规、标准及其他要求的管理制度，明确责任部门，确定获取渠道、方式和时机，及时识别和获取，并定期进行更新 （5分）	1. 建立识别和获取适用的安全生产法律法规、标准及其他要求的管理制度； 2. 明确责任部门、获取渠道、方式； 3. 及时识别和获取适用的安全生产法律法规、标准及其他要求，并定期更新，保证其为最新、有效版本	查： 1. 识别和获取适用的安全生产法律法规、标准及其他要求的制度； 2. 法律法规、标准及其他要求的清单及数据库； 3. 更新记录		1. 无识别和获取适用的安全生产法律法规、标准及其他要求的制度，扣5分； 2. 无责任部门、获取渠道、方式，一项扣0.5分

续上表

一级要素	二级要素	规 范 要 求	企业达标标准	考 评 方 法	考评标准	
					否决项	扣分项
3 法律法规与安全管理制度 (100分)	3.1 法律法规与标准规范 (15分)		4. 形成法律法规、标准及其他要求的清单和数据库			3. 无清单,扣0.5分; 4. 无数据库,扣0.5分; 5. 无更新记录,扣0.5分; 6. 缺少重要法律法规、与企业实际相关的标准及其他要求,每条扣0.5分; 7. 不是最新有效版本,每条扣0.5分
		2. 应将适用的安全生产法律、法规、标准及其他要求及时对从业人员进行宣传和培训,提高从业人员的守法意识,规范安全生产行为 (5分)	采用适当的方式、方法,将适用的安全生产法律、法规、标准及其他要求及时对从业人员进行宣传和培训	查: 1. 文件发放记录; 2. 培训记录、告知书、宣传材料。 问: 随机询问从业人员是否接收到企业传达的相关信息		1. 未及时将适用的法律、法规、标准及其他要求对从业人员进行宣传和培训,扣2分 2. 从业人员未接收到企业传达的相关信息,一人扣0.5分
		3. 每年应至少1次对适用的安全生产法律、法规、标准及其他要求进行符合性评价,以保证所有安全生产法律、法规、标准及其他要求均为适用、有效版本 (5分)	1. 每年至少1次对适用的安全生产法律、法规、标准及其他有关要求的执行情况进行评价; 2. 所有安全生产法律、法规、标准及其他要求均为适用、有效版本	查: 1. 符合性评价记录; 2. 法律法规、标准及其他要求的清单及数据库		1. 未对法律、法规、标准及其他有关要求进行符合性评价,一项扣2分; 2. 安全生产法律、法规、标准及其他要求不是适用、有效版本,一项扣1分

续上表

一级要素	二级要素	规范要求	企业达标标准	考评方法	考评标准	
					否决项	扣分项
3 法律法规与安全管理制度（100分）	3.2 安全生产管理制度（35分）	1. 应制订下列安全生产管理制度： （1）安全生产责任制； （2）法律法规、标准及其他要求的识别与获取管理制度； （3）安全生产工作会议制度； （4）安全投入保障制度； （5）安全生产奖惩制度； （6）安全检查管理制度； （7）安全生产隐患排查治理制度； （8）事故报告、调查、处理制度； （9）安全培训教育制度； （10）特种作业人员管理制度； （11）风险评估制度； （12）重大危险源管理制度； （13）危险作业许可制度； （14）船岸检查管理制度； （15）散装危化品装卸作业安全管理制度； （16）过驳作业安全管理制度； （17）浮码头安全管理制度； （18）装卸/储存设备安全管理制度； （19）特种设备、强检设备安全管理制度； （20）电气设备安全管理制度； （21）防爆设备安全管理制度； （22）安全防护设备设施管理制度； （23）监视和测量设备管理制度	1. 应制订符合法律法规、标准、条例规定并符合本企业实际的安全生产规章制度，并严格落实； 2. 各制度应明确责任部门、职责、工作要求； 3. 各制度应具有可操作性； 4. 除制订规范要求的管理制度外，还应制订与本企业实际情况密切相关的其他管理制度，如：添加抑制剂和稳定剂作业管理、易制毒品/易制爆品管理、危险化学品输送管道定期巡线等管理制度； 5. 企业主要负责人应组织审定并签发安全生产管理制度	查： 1. 安全管理制度及其清单（其清单中安全管理制度是否覆盖企业的所有工作）； 2. 随机抽查不少于制度总数1/3以上的管理制度； 3. 企业安全生产管理制度签发文件	二级否决项： 所有管理制度均没有，扣35分	1. 缺少一项相关的管理制度内容（制度名称不要求一样，但内容应涵盖），扣4分； 2. 制度中无责任部门、职责、工作要求等内容，一项不符合扣1分； 3. 安全生产管理制度未按规定审定并签发，扣2分

续上表

一级要素	二级要素	规 范 要 求	企业达标标准	考 评 方 法	考评标准	
					否决项	扣分项
3 法律法规与安全管理制度 (100 分)	3.2 安全生产管理制度 (35 分)	(24)消防管理制度; (25)应急管理制度; (26)相关方及外用工管理制度; (27)职业健康管理制度; (28)劳动防护用品管理制度; (29)无主、废弃危险化学品处理制度; (30)建设项目“三同时”管理制度; (31)变更管理制度; (32)管理制度评审和修订制度; (33)文件和档案管理制度; (34)其他管理制度 (22 分)				
		2. 应将安全生产管理制度发放到有关的工作人员,并对相关作业人员进行培训 (6 分)	将安全生产管理制度发放到有关的工作人员,并对相关作业人员进行培训	查: 1. 管理制度发放记录; 2. 相关培训记录。 问: 随机询问作业人员对企业安全生产管理制度的了解、掌握情况。 现场查看: 作业现场有无有效的安全生产管理制度(能适时获取,不一定张贴)		1. 无管理制度发放记录,扣 1 分; 2. 作业人员不清楚企业安全生产管理制度,一人次扣 1 分
		3. 应将相关的规章制度及时传达给相关方 (1 分)	将相关的规章制度及时传达给相关方	查: 给相关方发放相关规章制度的记录		未将相关的规章制度及时传达给相关方,扣 1 分

续上表

一级要素	二级要素	规范要求	企业达标标准	考评方法	考评标准	
					否决项	扣分项
3 法律法规与安全管理制度 (100分)	3.2 安全生产管理制度 (35分)	4. 定期对制度执行情况进行检查，并根据执行情况予以奖惩 (6分)	定期对制度执行情况进行检查，并根据执行情况予以奖惩(可以和安全生产检查合并)	查： 1. 检查记录； 2. 奖惩记录。 现场查看： 现场作业人员对管理制度的遵守情况		1. 无检查记录，扣2分； 2. 无奖惩记录，扣1分； 3. 现场发现有未执行企业安全生产管理制度的，一人次扣1分
	3.3 操作规程 (30分)	1. 应根据装卸工艺、设备设施的特点和装卸货种的特性，编制操作规程： (1)船舶靠离泊作业操作规程； (2)系解缆作业操作规程； (3)装卸船作业操作规程； (4)水上过驳作业操作规程； (5)进出罐作业操作规程； (6)汽车装车作业操作规程； (7)火车装车作业操作规程； (8)装桶作业操作规程； (9)停送电作业操作规程； (10)高压倒闸作业操作规程； (11)剧毒物品装卸/储存作业操作规程； (12)液化气装卸/储存作业操作规程； (13)装卸设备操作规程； (14)罐区设备操作规程； (15)消防设备操作规程； (16)其他操作规程 (16分)	1. 根据装卸工艺、设备设施的特点和装卸货种的危险性，编制操作规程，并发放至相关岗位； 2. 除制订规范要求的操作规程外，还应制订与本企业实际情况密切相关的其他操作规程，如压力容器安全技术操作规程等； 3. 操作规程应具有可操作性	查： 1. 操作规程及其清单(其清单中操作规程是否覆盖本企业的所有工作)； 2. 随机抽查不少于规程总数1/3的操作规程	二级否决项： 所有操作规程均没有，扣30分	1. 缺少一项相关的操作规程内容(操作规程名称不要求一样，但内容应涵盖)，扣4分； 2. 无操作规程清单，扣2分； 3. 操作规程存在缺陷，一项扣1分

续上表

一级要素	二级要素	规范要求	企业达标标准	考评方法	考评标准	
					否决项	扣分项
3 法律法规与安全管理制度 (100分)	3.3 操作规程 (30分)	2. 应将操作规程发放到相关人员，并组织相关作业人员进行培训 (6分)	1. 将操作规程发放到相关人员； 2. 组织相关作业人员进行培训	查： 1. 操作规程发放记录； 2. 操作规程培训记录。 问： 随机询问作业人员对操作规程的了解、掌握情况。 现场查看： 作业现场有无相关的操作规程(能适时获取,不一定张贴)		1. 操作规程未发放至相关人员,一个人次扣0.5分； 2. 作业人员不清楚操作规程,一人次扣0.5分
		3. 定期对操作规程执行情况进行检查,并根据执行情况予以奖惩 (6分)	定期对操作规程执行情况进行检查,并根据执行情况予以奖惩(可以和安全生产检查合并)	查： 1. 检查记录； 2. 奖惩记录。 现场查看： 现场作业人员对操作规程的遵守情况		1. 无检查记录,扣2分； 2. 无奖惩记录,扣1分； 3. 现场发现不按操作规程作业的现象,一人次扣0.5分
		4. 在新装卸工艺、新设备、有特殊作业要求的新货种投入运营前,组织编制新的操作规程 (2分)	新装卸工艺、新设备、有特殊作业要求的新货种投入运营前,组织编制新的操作规程	查： 1. 新装卸工艺、新设备、有特殊作业要求的新货种清单； 2. 新项目的操作规程		如有新项目但无新项目操作规程,缺一项扣1分
	3.4 修订 (10分)	1. 明确评审和修订安全生产管理制度和操作规程的时机和频次,定期进行评审和修订,确保其有效性和适用性。在发生以下情况时,及时对相关的管理制度或操作规程进行评审、修订	1. 制订安全生产管理制度和操作规程评审、修订制度； 2. 正常情况下,操作规程、安全生产管理制度,至少每3年评审和修订一次	查： 1. 安全生产管理制度和操作规程评审、修订制度;(可包含在其他相关制度中) 2. 安全生产管理制度、操作规程评审和修订记录		1. 未按规定评审和修订,扣1分； 2. 无评审、修订记录,扣0.5分

续上表

一级要素	二级要素	规范要求	企业达标标准	考评方法	考评标准	
					否决项	扣分项
3 法律法规与安全管理制度 (100分)	3.4 修订 (10分)	(1)当国家安全生产法律、法规、规程、标准废止、修订或新颁布时； (2)当企业归属、体制、规模发生重大变化时； (3)当生产设施新建、扩建、改建时； (4)当装卸/储存工艺、装卸/储存发生变更时； (5)当装卸货种危险有害特性增大时； (6)当相关行政管理部门提出相关整改意见时； (7)当安全评价、风险评估、安全检查过程中发现涉及规章制度层面的问题时； (8)当分析事故原因,发现制度性因素时； (9)其他相关事项 (4分)	3. 在发生有关情况时,及时评审、修订相关的管理制度、操作规程； 4. 修订的安全生产管理制度、操作规程应注明生效日期	3. 修订后的管理制度、操作规程		3. 修订后的管理制度、操作规程无生效日期,一项扣0.5分
		2. 应及时组织相关人员培训学习修订后的安全生产管理制度和操作规程 (3分)	1. 组织相关人员参加修订后的安全生产管理制度、操作规程的培训学习； 2. 保存培训学习记录	查： 培训、学习记录。 问： 随机询问相关人员对修订的管理制度、操作规程的了解情况		1. 未组织相关人员学习培训,扣3分； 2. 无培训、学习记录,扣1分； 3. 相关人员不了解管理制度、操作规程修订情况,一人次扣0.5分
		3. 应保证使用最新有效版本的安全生产管理制度和操作规程 (3分)	现行安全生产管理制度、操作规程是最新有效的版本	查： 最新版本安全生产管理制度、操作规程的发放记录		相关岗位使用失效的安全生产管理制度、操作规程,一个岗位扣0.5分

续上表

一级要素	二级要素	规范要求	企业达标标准	考评方法	考评标准	
					否决项	扣分项
3 法律法规与安全管理制度（100分）	3.4 修订（10分）			现场查看： 部门、岗位使用的安全生产管理制度和操作规程是否是最新、有效版本		
	3.5 文件和档案管理（10分）	1. 应严格执行文件和档案管理制度，确保安全管理规章制度和操作规程编制、使用、评审、修订的效力 （5分）	严格执行文件和档案管理制度，确保安全管理规章制度和操作规程编制、使用、评审、修订的效力	查： 文件和档案管理制度		文件和档案管理制度不能确保管理规章制度和操作规程编制、使用、评审、修订的效力，扣5分
		2. 应建立主要安全生产过程、事件、活动、检查的安全记录档案，及建立文件、档案接收、使用、过期/失效销毁记录档案 （5分）	建立主要安全生产过程、事件、活动、检查的安全记录档案，及建立文件、档案接收、使用、过期/失效销毁记录档案	查： 1. 主要安全生产过程、事件、活动、检查的安全记录档案； 2. 文件、档案接收、使用、过期/失效销毁记录		1. 无主要安全生产过程、事件、活动、检查的安全记录档案，扣2分 2. 无文件、档案接收、使用、过期/失效销毁记录，扣2分； 3. 记录不清，一处扣0.5分
4 风险管理（60分）	4.1 风险评估（20分）	1. 风险评估管理制度应明确风险评估的目的、范围和准则 （5分）	1. 风险评估管理制度应明确风险评估的目的、范围、准则； 2. 明确各部门及有关人员在开展风险评估过程中的职责和任务	查： 风险评估管理制度。 问： 随机询问相关人员是否了解风险评估制度的有关内容、自身的职责与任务		1. 风险评估制度中未明确风险评估的目的、范围、准则，一项扣0.5分； 2. 制度中未明确各部门及有关人员的职责和任务，一项扣0.5分； 3. 相关人员不了解自身职责与任务，一人次扣0.5分

续上表

一级要素	二级要素	规范要求	企业达标标准	考评方法	考评标准	
					否决项	扣分项
4 风险管理（60 分）	4.1 风险评估（20 分）	2. 应根据企业实际情况，选定合适的评估方法，定期、及时对作业活动（各岗位、各作业环节）和设备设施进行危险、有害因素识别和风险评估 （9 分）	企业可根据实际情况，针对不同的评估单元选用不同的评估方法，定期、及时对作业活动和设备设施进行危险有害因素识别和风险评估	查： 风险评估报告或风险评估记录	一级否决项： 从未进行过危险有害因素识别或从未进行过风险评估，扣 60 分	1. 所选用风险评估方法不当，扣 1 分； 2. 未定期或未及时进行危险、有害因素识别与风险评估，一项扣 2 分； 3. 作业活动/设备设施缺一项未进行评估，扣 1 分； 4. 无风险评估报告或风险评估记录，扣 2 分
		3. 风险评估的内容至少应包括： （1）识别风险存在的部位； （2）确定风险类型、程度； （3）提出控制风险及降低风险程度的措施 （6 分）	风险评估的内容除包括规范要求的内容外，还应结合企业自身实际情况，补充其他必要的评估内容	查： 风险评估报告或风险评估记录		风险评估报告或风险评估记录中缺识别风险存在的部位、风险类型、程度、控制风险及降低风险程度措施或其他必要的评估内容的，缺一项扣 1 分
	4.2 风险控制（20 分）	1. 应根据风险评估结果及运行情况等，确定不可接受的风险，制订并落实控制措施，将风险尤其是重大风险控制在可以接受的程度。在选择风险控制措施时应考虑：可行性、安全性、可靠性。可采取：工程技术措施、管理措施、培训教育措施、个体防护措施 （8 分）	1. 根据风险评估结果，确定不可接受风险，建立重大风险清单； 2. 风险控制措施应具有针对性、可操作性和可靠性	查： 1. 重大风险清单（如有重大风险）； 2. 风险控制措施		1. 有重大风险，但无重大风险控制措施，扣 8 分； 2. 有重大风险但无重大风险清单，扣 1 分； 3. 风险控制措施缺乏针对性、可操作性和可靠性，一项扣 1 分

续上表

一级要素	二级要素	规范要求	企业达标标准	考评方法	考评标准	
					否决项	扣分项
4 风险管理（60 分）	4.2 风险控制（20 分）	2. 应将风险评估的结果及所采取的控制措施对从业人员进行宣传、培训，使其熟悉工作岗位和作业环境中存在的危险、有害因素，掌握、落实应采取的控制措施 （4 分）	1. 制订风险管理培训计划； 2. 按计划开展宣传、培训	查： 1. 风险管理培训教育计划； 2. 风险管理培训教育记录。 问： 随机询问从业人员是否知道本岗位的危险、有害因素及应采取的控制措施		1. 无风险管理培训教育记录，扣 1 分； 2. 从业人员不了解本岗位风险及其控制措施，一人次扣 0.5 分
		3. 应对风险控制措施的落实情况，及风险控制措施的效果进行跟踪管理，以确保风险得到有效控制 （8 分）	1. 对风险控制措施效果进行跟踪管理，确保风险控制在可以接受的程度； 2. 保存跟踪管理记录	查： 风险控制措施跟踪管理记录。 现场查看： 风险控制措施现场落实情况		1. 未对风险控制措施的落实情况及控制效果进行跟踪管理，扣 8 分； 2. 未将风险控制在可接受的程度，扣 8 分； 3. 无风险控制措施效果跟踪管理记录，扣 2 分
	4.3 重大危险源（20 分）	1. 应按照《危险化学品重大危险源辨识》（GB18218-2009）的要求，进行重大危险源辨识，确定重大危险源级别，进行分级管理，对本单位的重大危险源登记建档 （3 分）	1. 按照（GB 18218—2009）的要求辨识并确定重大危险源； 2. 建立重大危险源档案，至少应包括：辨识、分级记录；重大危险源基本特征；所涉及的危险化学品安全技术说明书；区域位置图、平面布置图、工艺流程图和主要设备一览表；重大危险源安全操作规程；安全监控防护系统设备设施台账及检验检测报告；重大危险源关键装置、重点部位的责任人、责任部门名称；重大危险场所安全警示标志的设置情况；事故应急预案；安全评估报告及其他文件、资料	查： 1. 重大危险源清单； 2. 重大危险源档案		1. 未辨识、确定重大危险源，扣 3 分； 2. 无重大危险源清单，扣 1 分； 3. 每遗漏一处重大危险源，扣 3 分； 4. 无重大危险源档案，扣 1 分； 5. 档案内容，每遗漏一项或错一项，扣 0.5分

续上表

一级要素	二级要素	规范要求	企业达标标准	考评方法	考评标准	
					否决项	扣分项
4 风险管理（60分）	4.3 重大危险源（20分）	2. 应制订实施重大危险源安全管理与监控方案，每三年进行一次重大危险源安全评估。当出现新的重大危险源时，应对新的重大危险源进行评估 （3分）	1. 制订重大危险源安全管理与监控方案； 2. 每三年对重大危险源进行安全评估； 3. 当出现新的重大危险源时，对新的重大危险源进行评估	查： 1. 重大危险源安全管理与监控方案； 2. 重大危险源安全评估报告		1. 未按期进行重大危险源安全评估，扣3分； 2. 无重大危险源安全管理与监控方案，扣3分； 3. 当出现新的重大危险源时，未对新的重大危险源进行评估，扣3分
		3. 应按照有关规定对重大危险源设置安全防护设施和安全监控报警系统； 应在重大危险源所在场所设置明显的安全警示标志，写明紧急情况下的应急处置办法 （4分）	1. 根据危险化学品种类、数量、生产工艺（方式）或者相关设备、设施等实际情况，对重大危险源设置必要的安全防护设施和安全监控报警系统； 2. 在重大危险源所在场所设置明显的安全警示标志，写明紧急情况下的应急处置办法	查： 重大危险源安全监控报警、防护设备设施台账。 现场查看： 1. 安全监控报警、防护设备设施； 2. 重大危险源所在场所的安全警示标志		1. 无重大危险源安全监控报警、防护设备设施，扣4分； 2. 无重大危险源安全监控报警、防护设备设施台账，扣1分，台账不完整，缺一项扣0.5分； 3. 现场安全监控报警、防护设备设施与台账不符，一项扣0.5分； 4. 无警示标志，扣2分；警示标志中相关内容缺少或标志不清，一项扣0.5分
			1. 定期检查、维护重大危险源的安全设施和安全监控报警设备、设施，包括检测仪表、附属设备及配件；	查： 1. 重大危险源的安全设施和安全监控报警设备、设施定期检查记录		1. 未定期检查、维护，扣3分； 2. 无检查、维护记录，扣1分；

续上表

一级要素	二级要素	规范要求	企业达标标准	考评方法	考评标准	
					否决项	扣分项
4 风险管理（60分）	4.3 重大危险源（20分）	4. 应对重大危险源的安全设施和安全监控报警系统进行检测、检验，并进行经常性维护、保养，保证重大危险源的安全设施和安全监测监控系统有效、可靠运行。维护、保养、检测应当作好记录，并由有关人员签字（3分）	2. 检查情况应由有关人员签字，保存检查记录； 3. 按国家有关规定需要进行定期检测、检验的设备，应定期检测、检验，并应取得检验合格证； 4. 保存检验检测记录	2. 设备、设施的检验检测报告或检验检测合格证		3. 检查结果无有关人员签字，扣0.5分； 4. 未定期检验，一台次扣0.5分；检验不合格仍在使用，一台次扣1分； 5. 无检验报告或检验合格证，缺一份扣0.5分
		5. 应明确重大危险源中关键装置、重点部位的责任人或责任机构，并对重大危险源的安全生产状况进行定期检查，及时采取措施消除事故隐患。事故隐患难以立即排除的，应当及时制订治理方案，落实整改措施、责任、资金、时限和预案（3分）	1. 明确重大危险源中关键装置、重点部位的责任人或责任机构，并对重大危险源的安全生产状况进行定期检查，及时采取措施消除事故隐患。 2. 事故隐患难以立即排除的，应当及时制订治理方案，落实整改措施、责任、资金、时限和预案	查： 1. 重大危险源关键装置、重点部位清单、台账； 2. 对重大危险源安全生产状况定期检查记录		1. 重大危险源中所有关键装置、重点部位均无责任人或责任机构，扣2分； 2. 重大危险源中关键装置、重点部位无责任人或责任机构，一项扣0.5分； 3. 未对重大危险源的安全生产状况进行定期检查，未能及时采取措施消除事故隐患，一项扣0.5分； 4. 对于难以立即排除的事故隐患，未及时制订治理方案，落实整改措施、责任、资金、时限和预案，一项扣0.5分
		6. 构成重大危险源的危险化学品储存设施与国家规定的场所、设施、区域的距离应满足国家有关规定。	1. 构成重大危险源的危险化学品储存设施的防护距离满足国家规定要求	查： 1. 重大危险源安全评估报告/新建、改建、扩建工程的安全条件论证报告		1. 防护距离不符合规定要求，且无防范措施，扣2分

续上表

一级要素	二级要素	规范要求	企业达标标准	考评方法	考评标准	
					否决项	扣分项
4 风险管理(60分)	4.3 重大危险源(20分)	不符合规定的,应采取切实可行的防范措施,并在规定期限内进行整改 (2分)	2. 防护距离不符合国家规定要求的,采取切实可行的防范措施,并在规定期限内进行整改	2. 重大危险源防护距离存在问题的整改计划、措施,及目前采取的防范措施。 现场查看: 防范措施的落实情况		2. 未按期整改,扣2分; 3. 无整改计划、整改措施,缺一项扣1分
		7. 应将重大危险源及相关安全措施、应急措施报送港口行政管理部门及其他有关部门备案 (2分)	重大危险源及相关安全措施、应急措施形成报告,报送港口行政管理部门及其他有关部门备案	查: 备案材料		未备案,扣2分
5 安全投入及工伤保险(30分)	5.1 安全投入(20分)	1. 应依据国家有关安全生产费用提取规定,提取安全生产费用,专项用于安全生产 (10分)	按规定提取安全生产费用	查: 安全生产费用提取、支出财务记录		未按规定提取安全生产费用,扣10分
		2. 应按照规定的安全生产费用使用范围,合理使用安全生产费用,完善和改进安全生产条件,并应建立安全生产费用台账 (10分)	1. 所提取的费用专用于安全生产; 2. 建立安全生产费用台账,载明安全生产费用使用情况	查: 安全生产费用台账。 现场查看: 现场安全生产设备与台账记录是否相符		1. 无安全生产费用台账,扣1分; 2. 未专项用于安全生产,一项扣1分; 3. 安全生产费用实际使用情况与台账不符,一项扣1分
	5.2 工伤保险(10分)	应依法参加工伤社会保险,为从业人员缴纳工伤保险费 (10分)	依法参加工伤保险,为全体从业人员缴纳工伤保险费	查: 为从业人员缴纳保险的凭证	二级否决项: 未参加工伤社会保险,扣10分	每漏缴工伤保险费一人次扣1分

续上表

一级要素	二级要素	规范要求	企业达标标准	考评方法	考评标准	
					否决项	扣分项
6 教育培训 (80分)	6.1 教育培训管理 (20分)	1. 应确定安全教育培训主管部门,严格执行安全教育培训制度,依据国家、地方及行业规定和岗位需要,制订适宜的安全教育培训目标和要求。根据不断变化的实际情况和培训目标,定期识别安全教育培训需求,制订安全教育培训计划 (5分)	1. 确定安全教育培训主管部门; 2. 严格执行安全教育培训制度; 3. 制订全员安全教育培训目标和要求; 4. 定期识别安全教育培训的需求; 5. 制订安全教育培训计划	查: 1. 相关文件; 2. 安全教育培训制度; 3. 全员安全教育培训目标和要求; 4. 安全教育培训需求记录		1. 无安全教育培训主管部门,扣5分; 2. 无全员安全教育培训目标和要求,扣1分; 3. 未定期识别安全教育培训需求,扣1分; 4. 无安全教育培训计划,扣2分
		2. 应按计划组织安全教育培训,保证安全教育培训所需人员、资金和设施 (5分)	按安全教育计划组织安全教育培训,并保证安全教育培训所需人员、资金和设施	查: 1. 安全教育培训记录; 2. 安全生产费用台账。 问: 随机询问有关人员参加教育培训的情况		1. 未按照计划要求实施安全教育培训,扣5分; 2. 无安全教育培训所需人员、资金和设施,一项扣2分; 3. 有关人员不清楚参加教育培训的情况,一人次扣1分
		3. 应做好安全教育培训记录,建立从业人员安全教育培训档案 (5分)	1. 做好安全教育培训记录; 2. 建立从业人员安全教育培训档案	从业人员安全教育培训记录及档案		1. 无安全教育培训记录,扣3分 2. 无从业人员安全教育培训档案,扣3分 3. 从业人员安全教育培训档案,每缺一份,扣0.5分
		4. 应组织对培训效果的评审,改进提高培训质量 (5分)	对培训效果组织评审,不断改进提高培训质量	查: 评审记录/培训总结		1. 未组织评审,扣5分; 2. 无评审记录,扣2分; 3. 评审记录中无改进提高培训质量措施,扣2分

续上表

一级要素	二级要素	规范要求	企业达标标准	考评方法	考评标准	
					否决项	扣分项
6 教育培训（80分）	6.2 资格培训（32分）	1. 主要负责人和安全生产管理人员应接受安全培训，具备与所从事的生产经营活动相适应的安全生产知识和管理能力，由港口行政管理部门对其安全生产知识和管理能力进行考核，并取得安全资格证书 （8分）	主要负责人和安全生产管理人员接受安全培训；具备与所从事的生产经营活动相适应的安全生产知识和管理能力；取得安全资格证书	查： 1. 资格证书； 2. 培训档案		1. 主要负责人与安全生产管理人员均未取得由港口行政管理部门颁发的安全资格证书，扣6分； 2. 主要负责人未取得安全资格证书，扣4分； 3. 安全生产管理人员未取得安全资格证书，一人扣1分
		2. 装卸管理人员、申报人员等应接受有关法律、法规、规章和安全知识、专业技术、职业卫生防护和应急救援知识的培训，并取得港口行政管理部门核发的上岗资格证 （8分）	装卸管理人员、申报人员等接受有关法律、法规、规章和安全知识、专业技术、职业卫生防护和应急救援知识的培训，并取得港口行政管理部门核发的上岗资格证	查： 1. 安全教育培训记录； 2. 个人安全教育培训档案		1. 从未对装卸管理人员、申报人员等进行安全教育培训，扣6分； 2. 装卸管理人员、申报人员等未进行安全教育培训，一人次扣1分； 3. 无上岗资格证即上岗任职，一人次扣1分
		3. 特种设备作业人员应按有关规定参加安全教育培训，经考核合格取得《特种设备作业人员证》后，方可从事相应的特种设备作业或者管理工作，并按规定定期进行复审，复审前应参加再培训 （8分）	1. 特种设备作业人员按有关规定参加安全培训教育，取得特种设备作业人员证后，方可上岗作业； 2. 特种设备作业人员证定期复审，复审前参加再培训； 3. 建立特种设备作业人员管理台账	查： 1. 特种设备作业人员名单； 2. 安全教育培训记录； 3. 特种设备作业人员资格证书		1. 特种设备作业人员均未经培训，扣8分； 2. 从事特种设备作业的人员无证上岗，一人扣1分； 3. 特种设备作业人员未定期复审，一人次扣1分

续上表

一级要素	二级要素	规范要求	企业达标标准	考评方法	考评标准	
					否决项	扣分项
6 教育培训（80 分）	6.2 资格培训（32 分）	4. 特种作业人员必须经专门的安全技术培训并考核合格，取得《中华人民共和国特种作业操作证》后，方可上岗作业，并按规定定期进行复审，复审前应参加再培训。离开特种作业岗位 6 个月以上的特种作业人员，应重新进行实际操作考试，经确认合格后方可上岗作业 （8 分）	1. 特种作业人员按有关规定参加安全培训教育，取得特种作业操作证后，方可上岗作业； 2. 特种作业人员证定期复审，复审前参加再培训； 3. 离开特种作业岗位 6 个月以上的特种作业人员，重新进行实际操作考试，经确认合格后方可上岗作业； 4. 建立特种作业人员管理台账	查： 1. 特种作业人员名单； 2. 安全教育培训记录； 3. 特种作业人员操作证		1. 特种作业人员均未经培训，扣 8 分； 2. 从事特种作业的人员无证上岗，一人扣 1 分； 3. 特种作业人员未定期复审，一人次扣 1 分
	6.3 日常安全教育培训（28 分）	1. 应按有关规定，对新从业人员进行公司级、部门（作业队）级、班组级三级安全教育培训，经考核合格后，方可上岗。新从业人员安全教育培训时间不得少于国家或地方政府规定学时。对从事危险性作业的新从业人员还应安排岗位实习，指定具有较长岗位经历的同岗位员工对其进行带教指导，并经实习考核合格后，方可上岗 （8 分）	1. 新从业人员进行公司级、部门（作业队）级、班组级三级安全教育培训，经考核合格后，方可上岗； 2. 新从业人员安全教育培训的内容、时间应符合《生产经营单位安全培训规定》的要求； 3. 对从事危险性作业的新从业人员安排岗位实习，指定具有较长岗位经历的同岗位员工对其进行带教指导，并经实习考核合格后，方可上岗	查： 1. 安全教育培训记录； 2. 随机抽查新从业人员安全教育培训档案		1. 新从业人员未接受三级教育，一人扣 1 分； 2. 从事危险性作业的新从业人员未安排岗位实习，无具有较长岗位经历的同岗位员工对其进行带教指导，一人扣 1 分
		2. 应组织从事危险货物作业的人员进行强制性安全培训，保证其具备本岗位安全操作、自救互救以及应急处置所需的知识和技能 （6 分）	1. 组织从事危险货物作业的人员进行强制性安全培训； 2. 培训结束前进行考核，保证其具备本岗位安全操作、自救互救以及应急处置所需的知识和技能	查： 1. 危险货物作业人员名单； 2. 安全教育培训记录； 3. 培训考核记录		1. 危险货物作业人员无一人接受培训，扣 6 分； 2. 危险货物作业人员中一人未培训，扣 1 分； 3. 无培训记录，扣 1 分； 4. 无考核记录，扣 1 分

续上表

一级要素	二级要素	规范要求	企业达标标准	考评方法	考评标准	
					否决项	扣分项
6 教育培训（80分）	6.3 日常安全教育培训（28分）	3.应在新工艺、新设备、新货种投入运营前，对有关人员进行专门培训，经考核合格后，方可上岗（3分）	在新工艺、新设备、新货种投入运营前，对有关人员进行专门培训，经考核合格后，方可上岗	查： 1.安全教育培训记录； 2.随机抽查相关人员安全教育培训档案		相关人员未接受安全教育培训，一人扣1分
		4.从业人员转岗、脱离岗位一年以上（含一年）者，应进行部门（作业队）级、班组级安全教育培训，经考核合格后，方可上岗（6分）	转岗、脱离岗位一年以上（含一年）作业人员，进行部门（作业队）级、班组级安全教育培训，经考核合格后，方可上岗	查： 1.安全教育培训记录； 2.随机抽查转岗、脱岗人员安全教育培训档案		转岗、脱岗人员未接受二级教育，一人扣1分
		5.应对相关方进港作业人员进行进港安全教育，发放临时进港证，保存安全教育记录（3分）	1.对相关方进港作业人员进行进港安全教育，发放临时进港证； 2.保存安全教育记录及进港证发放记录	查： 1.相关方进港作业人员名单； 2.对相关方进行安全教育记录； 3.发放临时进港证记录。 问： 相关方进港作业人员是否接受过进港安全教育		1.未对相关方进港作业人员进行安全教育，一人次扣1分； 2.相关方进港作业人员无临时进港证，1名扣1分； 3.无对相关方进港作业人员进行进港安全教育记录，扣1分； 4.无临时进港证发放记录，扣1分
		6.应告知外来参观、学习等人员进港有关安全规定及安全注意事项（2分）	对外来参观、学习等人员进港告知其有关安全规定及安全注意事项	查： 1.外来参观、学习等人员登记记录； 2.对外来参观、学习等人员进港告知其有关安全规定及安全注意事项的相关材料		1.无外来参观、学习等人员登记记录，扣0.5分； 2.无对外来参观、学习等人员进港告知其有关安全规定及安全注意事项的相关材料，扣2分

续上表

一级要素	二级要素	规 范 要 求	企业达标标准	考 评 方 法	考评标准	
					否决项	扣分项
7 生产工艺及设备设施（172分）	7.1 生产工艺（20分）	1. 应根据总平面布置、装卸货种、吞吐量、储存方式等情况选择合适的符合规范要求的装卸、储运、扫线、倒罐、添加抑制剂/稳定剂、伴热/保温等工艺 （6分）	根据总平面布置、装卸货种、吞吐量、储存方式等情况选择合适的符合规范要求的装卸、储运、扫线、倒罐、添加抑制剂/稳定剂、伴热/保温等工艺	查： 1. 工程概况； 2. 工艺流程； 3. 安全评价报告		工艺流程与工程实际情况不相符，一处扣1分
		2. 应按规范要求设置装卸工艺控制系统，应具备超限报警、紧急制动、防止误操作等安全防护功能 （8分）	1. 按规范要求设置装卸工艺控制系统； 2. 该系统应具备超限报警、紧急制动、防止误操作等安全防护功能	查： 安全评价报告及相关资料。 现场查看： 工艺控制系统设置情况		未按规范要求设置具有超限报警、紧急制动、防止误操作等安全防护功能的装置，缺一项扣2分
		3. 作业人员应了解装卸货种的危险有害特性及装卸储存温度、管道安全流速、最高允许压力、储罐的安全液位等信息 （6分）	作业人员应了解装卸货种的危险有害特性及装卸储存温度、管道安全流速、最高允许压力、储罐的安全液位等信息	问： 随机询问作业人员对岗位工艺安全信息掌握情况		作业人员不了解本岗位工艺安全信息，一人扣1分
	7.2 设备设施的建设与维护（40分）	1. 应制订覆盖选型、购买、验收、安装、使用、维护、拆除、报废各个环节的设备设施管理制度，使用质量合格、设计符合要求的生产设备设施 （6分）	1. 制订覆盖选型、购买、验收、安装、使用、维护、拆除、报废各个环节的设备设施管理制度； 2. 使用质量合格、设计符合要求的生产设备设施	查： 1. 设备设施管理制度； 2. 随机抽查设备设施合格证； 3. 随机抽查设备到货验收报告、设施交工/竣工报告		1. 设备设施管理制度内容不全，缺一项，扣1分； 2. 设备设施无合格证，一台扣1分； 3. 无设备到货验收报告、设施交工/竣工报告，缺一项扣1分

续上表

一级要素	二级要素	规范要求	企业达标标准	考评方法	考评标准	
					否决项	扣分项
7 生产工艺及设备设施（172分）	7.2 设备设施的建设与维护（40分）	2. 设备检维修应有检维修计划，应建立设备设施点检/巡检卡，实行日常检查、定期检测及特殊检测相结合的管理模式，对出现的异常现象和故障及时处理，并保存记录 （6分）	1. 制订设备年度综合检维修计划； 2. 落实“五定”，即定检修方案、定检修人员、定安全措施、定检修质量、定检修进度； 3. 实行日常检查、定期检测及特殊检测相结合的管理模式，对出现的异常现象和故障及时处理，并保存记录	查： 1. 设备年度综合检维修计划； 2. 日常检查（点检/巡检卡）、定期检测及特殊检测记录； 3. 故障处理记录		1. 未制订年度综合检维修计划，扣4分； 2. 年度综合检维修计划未做到“五定”管理，一项扣0.5分 3. 无日常检查、定期检测及特殊检测记录，一项扣0.5分； 4. 未对出现的异常现象和故障及时处理，一次扣1分
		3. 设备设施检维修前应制订检维修方案，方案中应包含作业行为分析和控制措施 检维修过程中应执行风险控制措施并进行监督检查 （10分）	1. 在设备设施检维修前，制订检维修方案； 2. 检维修方案中应包括： （1）检维修前： ①进行危险有害因素识别、风险分析； ②办理工艺、设备设施交付检维修手续； ③对风险控制措施进行确认； ④为检维修作业人员配备适当的劳动保护用品； ⑤办理各种作业许可证。 （2）对检维修现场进行安全检查。	查： 1. 检维修方案； 2. 设备设施交付检维修手续； 3. 相应作业许可证及风险控制措施； 4. 对检维修作业现场进行安全检查的记录； 5. 检维修后交付使用的手续等； 6. 现场监督检查记录。 现场查看： 1. 检维修作业现场的安全管理状况； 2. 检维修作业人员配备劳动保护用品情况		1. 未制订检维修方案，扣8分； 2. 检维修方案缺一项内容，扣0.5分； 3. 未办理检维修前或检维修后的相关手续，一项扣0.5分； 4. 未对检维修过程进行风险分析，扣2分； 5. 风险控制措施未落实，扣10分； 6. 检维修相应作业票证未办理或办理不符合要求，扣0.5分； 7. 检修前未对检维修现场进行安全检查，扣1分

续上表

一级要素	二级要素	规范要求	企业达标标准	考评方法	考评标准	
					否决项	扣分项
7 生产工艺及设备设施（172 分）	7.2 设备设施的建设与维护（40 分）		(3)检维修过程中执行风险控制措施并进行监督检查。 (4)检维修后办理检维修交付使用手续			8. 检维修作业人员未按规定配备或使用劳动保护用品，一人次扣 0.5分； 9. 安全生产管理人员未对检维修现场进行安全检查，扣6分； 10. 检维修现场一项不符合扣0.5分
		4. 拆除作业前作业负责人应与需拆除设备设施的主管部门、使用单位、安全管理部门共同到现场进行作业前交底，并进行危险危害因素识别，制订拆除方案 （6分）	1. 拆除作业前作业负责人与需拆除设备设施的主管部门、使用单位、安全管理部门共同到现场进行作业前交底； 2. 共同进行危险危害因素识别，制订拆除方案； 3. 拆除作业现场应严格遵守作业许可等有关规定	查： 1. 设备设施拆除审批手续； 2. 危险危害因素识别记录； 3. 拆除方案； 4. 设备设施拆除交接手续。 现场查看： 拆除作业现场安全管理状况		1. 无设备设施拆除审批手续，一次扣1分； 2. 无设施拆除交接手续，一次扣1分； 3. 拆除作业前，相关单位未共同到现场进行作业前交底，一次扣1分； 4. 未对拆除作业进行危险危害因素识别，一次扣1分； 5. 未制订拆除方案，一次扣1分； 6. 拆除作业现场，一项不符合扣0.5分

续上表

一级要素	二级要素	规范要求	企业达标标准	考评方法	考评标准	
					否决项	扣分项
7 生产工艺及设备设施(172 分)	7.2 设备设施的建设与维护(40 分)	5. 欲报废、拆除的容器、设备和管道,报废、拆除前应进行清洗,检测合格后方可报废、拆除 (6 分)	需报废、拆除的容器、设备和管道,先清洗干净,分析、验收合格后方可报废、拆除	查: 需报废、拆除的容器、设备和管道分析、验收记录。 现场查看: 拆除、清洗作业现场安全管理状况		1. 未进行分析、验收或分析不合格便进行拆除作业,扣 8 分; 2. 无报废、拆除的容器、设备和管道分析、验收记录,扣 2 分
		6. 应建立设备设施台账、档案,对设备设施进行规范化管理 (6 分)	1. 建立设备设施台账; 2. 建立设备设施档案	查: 1. 设备设施台账; 2. 随机抽查设备设施档案		无设备设施台账,扣 2 分;无设备设施档案,一台扣 1 分
	7.3 特种设备及强检设备(40 分)	1. 特种设备投入使用前或者投入使用后 30 日内,企业应当向直辖市或者设区的市特种设备监督管理部门登记注册。登记标志应当置于或者附着于该特种设备的显著位置 (5 分)	1. 按规定在特种设备投入使用前或者投入使用后 30 日内向特种设备监督管理部门登记注册; 2. 登记标志置于或者附着于该特种设备的显著位置	查: 特种设备登记注册记录。 现场查看: 登记标志		1. 未办理登记注册,一台扣 1 分; 2. 无标志,一台扣 0.5 分
		2. 应对在用特种设备进行经常性日常维护保养,至少每月进行 1 次检查,并保存记录; 应对在用特种设备及安全附件、安全保护装置、测量调控装置及有关附属仪器仪表进行定期校验、检修,并保存记录 (5 分)	1. 对在用特种设备进行经常性日常维护保养,至少每月进行 1 次检查; 2. 对在用特种设备及安全附件、安全保护装置、测量调控装置及有关附属仪器仪表进行定期校验、检修; 3. 保存记录	查: 1. 特种设备维护保养记录; 2. 校验报告; 3. 检修记录。 现场查看: 特种设备日常维护保养状态		1. 未按规定进行检查和维护保养,扣 2 分; 2. 无日常维护保养、检查记录,或记录内容不符合要求,一项扣 0.5 分; 3. 设备附件未定期校验或无校验报告,一台次扣 1 分; 4. 设备附件未定期检修或未保存记录,一台次扣 0.5 分

续上表

一级要素	二级要素	规 范 要 求	企业达标标准	考 评 方 法	考评标准	
					否决项	扣分项
7 生产工艺及设备设施（172 分）	7.3 特种设备及强检设备（40 分）	3. 应在特种设备检验合格有效期届满前 1 个月向特种设备检验检测机构提出定期检验要求。未经定期检验或者检验不合格的特种设备，不得继续使用。企业应将安全检验合格标志置于或者附着于特种设备的显著位置 （8 分）	1. 特种设备检验合格有效期届满前 1 个月向特种设备检验检测机构提出定期检验要求； 2. 未经定期检验或者检验不合格的特种设备，不得继续使用； 3. 将安全检验合格标志置于或者附着于特种设备的显著位置	查： 1. 特种设备档案； 2. 定期检验申请资料。 现场查看： 特种设备检验合格标志		1. 未检验或检验不合格或无检验报告仍在用的特种设备，扣 5 分； 2. 未按规定提出检验要求的，一台次扣 1 分； 3. 特种设备上无检验合格标志，一台次扣 0.5分
		4. 特种设备存在严重事故隐患，无改造、维修价值，或者超过安全技术规范规定使用年限，应及时予以报废，并向原登记的特种设备监督管理部门办理注销 （5 分）	1. 特种设备存在严重事故隐患，无改造、维修价值，或者超过安全技术规范规定使用年限，及时予以报废； 2. 向原登记的特种设备监督管理部门办理注销	查： 1. 特种设备档案和事故隐患台账； 2. 报废的特种设备注销手续 现场查看： 是否有已报废的特种设备但仍在使用		1. 已报废的特种设备，仍在现场使用，一台扣 5 分； 2. 应报废但未及时报废，一台扣 5 分； 3. 未办理注销手续，一台扣 0.5 分
		5. 使用强检设备的企业，必须按照规定将其使用的强检设备登记造册，报当地县（市）级人民政府计量行政部门备案，并向其指定的计量检定机构申请周期检定 （5 分）	按照规定将强检设备登记造册，报当地县（市）级人民政府计量行政部门备案，并向其指定的计量检定机构申请周期检定	查： 1. 强检设备备案文件； 2. 定期检定报告		1. 未向有关部门备案，一台扣 0.5 分； 2. 未定期检定，一台扣 5 分； 3. 无定期检定报告，一台扣 0.5 分
		6. 不得使用未经检定或经检定不合格的强检设备 （8 分）	不得使用未经检定或经检定不合格的强检设备	现场查看： 是否有未经检定或经检定不合格的强检设备		未经检定或经检定不合格的强检设备仍在使用，扣 8 分

续上表

一级要素	二级要素	规范要求	企业达标标准	考评方法	考评标准	
					否决项	扣分项
7 生产工艺及设备设施(172分)	7.3 特种设备及强检设备(40分)	7.应建立特种设备、强检设备台账和安全技术档案。设备安全技术档案应包括以下内容： (1)设计文件、制造单位、产品质量合格证明、使用维护说明等文件以及安装技术文件和资料； (2)特种设备、强检设备登记注册表； (3)定期检验和定期自行检查的记录； (4)日常使用状况记录； (5)特种设备及其安全附件、安全保护装置、测量调控装置及有关附属仪器仪表的日常维护保养记录； (6)运行故障和事故记录； (7)高耗能特种设备的能效测试报告、能耗状况记录以及节能改造技术资料 (4分)	1.建立特种设备、强检设备台账； 2.建立特种设备、强检设备技术档案	查： 1.特种设备、强检设备台账； 2.特种设备、强检设备技术档案		1.无特种设备、强检设备技术档案，每项扣4分； 2.技术档案不符合要求，每项扣0.5分
	7.4 安全防护设备设施(32分)	1.应配置以下安全防护设施，并确保安全防护设施的配备符合国家有关规定和标准： (1)按照《港口防雷与接地技术》(JT 556—2004)、《建筑物防雷设计规范》(GB 50057—2010)的要求在港区安装防雷设施，并定期进行检测	根据企业实际情况设置安全防护设施	查： 安全防护设施台账。 现场查看： 各种安全防护设施的配备情况	二级否决项： 规范中的所有安全防护设施均未配备，扣32分	1.应配备的安全防护设施未配备，一项扣1分； 2.现场配备的安全防护设施与清单不符，一项扣1分

续上表

一级要素	二级要素	规 范 要 求	企业达标标准	考 评 方 法	考评标准	
					否决项	扣分项
7 生产工艺及设备设施(172 分)	7.4 安全防护设备设施(32 分)	(2)按照《装卸油品码头防火设计规范》(JTJ 237—1999)、《石油库设计规范》(GB 50074—2002)的要求在易燃、易爆、有毒区域设置固定式可燃气体和/或有毒气体的检测报警设施； (3)按照《装卸油品码头防火设计规范》的要求设置紧急切断阀、紧急脱离装置、放空装置、水幕及残液收集池、围油栏、消防人体静电等安全防护装置； (4)按照《储罐区防火堤设计规范》(GB 50351—2005)的要求在可燃液体罐区设置防火堤，在酸、碱罐区设置围堤并进行防腐处理； (5)按照《石油库设计规范》的要求设置储罐液位、温度、压力等检测仪表、声/光报警和安全联锁装置、喷淋冲洗装置等设施； (6)按照《个体防护装备选用规范》(GB 11651—2008)的要求配备个体防护设施； (7)按照《码头附属设施技术规范》(JTJ 297—2001)的要求配置护舷等防撞装置； (8)按照《港口大型装卸机械防风安全要求》(JT 399—1999)的规定为大型机械设置防风装置				3. 安全防护设施的配备、安装不符合有关标准规定，一项扣 1 分

续上表

一级要素	二级要素	规范要求	企业达标标准	考评方法	考评标准	
					否决项	扣分项
7 生产工艺及设备设施（172 分）	7.4 安全防护设备设施（32 分）	(9)根据海关总署 171 号令《中华人民共和国海关监管场所管理办法》的要求配置储存时间不少于 3 个月的视频监控系统，并满足全方位 24h 监控的需要； (10)其他安全防护设备设施 （10 分）				
		2. 严格执行安全防护设施管理制度，按照国家标准、行业标准或者国家有关规定对安全设施、设备进行经常性维护、保养，保证安全设施、设备的正常使用 （5 分）	1. 执行安全防护设施管理制度； 2. 经常性维护保养安全防护设施，并建立记录	查： 1. 安全防护设施管理制度；(可包含在其他相关制度中) 2. 安全防护设施维护保养检查记录。 现场查看： 安全防护设施的完好情况		1. 已损坏或失效的安全防护设施仍在使用，一项扣 5 分； 2. 未进行经常性的维护保养，一项扣 1 分； 3. 无维护保养检查记录，扣 1 分
		3. 各种安全防护设施应有专人负责管理，并应建立安全防护设施台账 （5 分）	1. 专人负责管理各种安全防护设施； 2. 建立安全防护设施台账	查： 安全防护设施台账		1. 所有安全防护设施均未指定专人负责管理，扣 5 分； 2. 一项安全防护设施无专人管理，扣 0.5 分； 3. 无安全防护设施台账，扣 1 分 (合计最多扣 5 分)
			1. 安全防护设施编入设备检维修计划，定期检维修； 2. 建立并保存检维修记录；	查： 1. 设备检维修计划； 2. 安全防护设施检维修记录； 3. 安全设施拆除、停用资料		1. 所有安全防护设施均未编入设备检维修计划，扣 5 分

续上表

一级要素	二级要素	规范要求	企业达标标准	考评方法	考评标准	
					否决项	扣分项
7 生产工艺及设备设施（172 分）	7.4 安全防护设备设施（32 分）	4. 安全防护设施应编入设备检维修计划，定期检维修。安全设施不得随意拆除、挪用或弃置不用，因检维修拆除的，检维修完毕后应立即复原，确因检维修需要拆除安全防护设备设施的，应采取临时安全措施 （5 分）	3. 安全防护设施不得随意拆除、挪用或弃置不用，因检维修拆除的，检维修完毕后立即复原，确因检维修需要拆除安全防护设备设施的，应采取临时安全措施	现场查看： 安全设施是否存在随意拆除、挪用或弃置不用的情况		2. 一项安全防护设施未编入设备检维修计划，扣 0.5 分； 3. 安全防护设施未按计划检维修的，一处扣 0.5 分； 4. 安全设施被随意拆除、停用、挪用或弃置不用，一处扣 1 分； 5. 因检维修拆除，检维修完毕未立即复原，一处扣 1 分； 6. 确因检维修需要拆除安全防护设备设施的，未采取临时安全措施，一处扣 1 分； 7. 无安全防护设施检维修记录，扣 0.5 分
		5. 应对监视和测量设备进行规范管理，建立监视和测量设备台账，定期进行校准和维护，并保存校准和维护活动的记录 （5 分）	1. 制订监视和测量设备管理制度； 2. 建立监视和测量设备台账； 3. 定期进行校准和维护； 4. 保存校准和维护活动的记录	查： 1. 监视和测量设备管理制度（可包含在其他相关制度中）； 2. 监视和测量设备台账； 3. 监视和测量设备检验报告； 4. 校验和维护记录。 现场查看： 监视和测量设备的校验合格标志		1. 未定期校验或校验不合格仍在使用，一台次扣 5 分； 2. 未建立监视和测量设备台账，扣 1 分； 3. 无监视和测量设备校验维护记录，一台扣 1 分； 4. 现场监视和测量设备无检验合格标志，一台扣 0.5 分

续上表

一级要素	二级要素	规 范 要 求	企业达标标准	考 评 方 法	考评标准	
					否决项	扣分项
7 生产工艺及设备设施（172分）	7.5 防爆电器设备（20分）	1. 爆炸危险场所应根据爆炸危险区域的划分采用相应的防爆电器 （8分）	1. 划分爆炸危险性区域； 2. 采用相应的防爆电器	查： 防爆电器设备清单		爆炸危险性区域未采用相应的防爆电器，一处扣8分
		2. 所有防爆电器应有防爆合格证 （5分）	所有防爆电器应有防爆合格证	查： 1. 防爆电器设备清单； 2. 防爆电器合格证		防爆电器无合格证，一台扣0.5分
		3. 应定期对防爆电器设备配电系统的继电保护装置、设备的绝缘电阻、电缆的绝缘状况等进行检查，并保留检查记录 未经检查或检查不合格的防爆电器不得使用 （5分）	1. 定期对防爆电器设备配电系统的继电保护装置、设备的绝缘电阻、电缆的绝缘状况等进行检查，并保留检查记录； 2. 未经检查或检查不合格的防爆电器不得使用	查： 检查记录。 现场查看： 防爆电器情况		1. 未经检查或检查不合格的防爆电器仍在使用，一台扣5分； 2. 未定期检查，一项扣0.5分； 3. 无检查记录，扣1分
		4. 应建立防爆电器设备台账、档案 （2分）	建立防爆电器设备台账、档案	查： 防爆电器设备台账、档案		1. 所有防爆电器设备均无档案，扣2分； 2. 无防爆电器设备台账，扣1分； 3. 一台防爆电器设备无档案，扣1分
	7.6 信息化管理软硬件设备（20分）	1. 应开展安全管理信息化系统的建设，安全管理信息化系统应根据企业实际情况建立相关子系统，安全管理信息化系统可包括但不限于下列子系统： （1）组织管理系统； （2）工艺流程安全自动控制系统； （3）重大危险源监控系统	开展安全管理信息化系统的建设，安全管理信息化系统应根据企业实际情况建立相关子系统，安全管理信息化系统可包括但不限于下列子系统： （1）组织管理系统； （2）工艺流程安全自动控制系统	查： 信息化系统		一级达标企业： 1. 未建立工艺流程安全自动控制子系统，扣3分； 2. 未建立重大危险源监控子系统及应急救援子系统，一项扣2分

续上表

一级要素	二级要素	规范要求	企业达标标准	考评方法	考评标准	
					否决项	扣分项
7 生产工艺及设备设施 (172 分)	7.6 信息化管理软硬件设备 (20 分)	(4)应急救援系统; (5)安全生产管理系统; (6)相关数据库 (10 分)	(3)重大危险源监控系统; (4)应急救援系统; (5)安全生产管理系统; (6)相关数据库			3. 未建立其他子系统,一项扣 1 分
		2. 建立健全信息化软硬件设备安全管理制度,保证本单位信息系统的安全 (10 分)	建立健全信息化软硬件设备安全管理制度,保证本单位信息系统的安全	查: 1. 信息化软硬件设备安全管理制度;(可包含在其他相关制度中) 2. 信息化软硬件设备管理、维护记录 现场查看: 信息化相关软硬件设备		一级达标企业: 1. 因信息化软硬件设备的安全管理不到位,造成设备故障影响生产安全的,扣 10 分; 2. 未建立信息化软硬件设备安全管理制度,扣 4 分; 3. 未及时修复故障的,一项扣 2 分; 4. 无信息化软硬件设备管理、维护记录,扣 2 分
8 作业安全 (210 分)	8.1 作业现场 (35 分)	1. 石油化工码头与取水口的距离应符合《饮用水水源保护区划分技术规范》(HJ/T 338—2007)的要求 (3 分)	码头与取水口的距离符合《饮用水水源保护区划分技术规范》的要求	查: 1. 安全条件论证报告; 2. 环境评价报告。 现场查看: 取水口位置		码头与取水口的距离不满足规范要求,扣 3 分
		2. 石油化工泊位与其他泊位的船舶间距、与罐区、散发明火的场所等安全距离均应满足《装卸油品码头防火设计规范》的要求 (3 分)	与其他泊位的船舶间距、与罐区、散发明火的场所等安全距离均满足《装卸油品码头防火设计规范》的要求	查: 1. 安全评价报告; 2. 公安机关消防机构抽查意见书		与其他泊位的船舶间距,与罐区、散发明火的场所等安全距离不满足规范要求,一项扣 3 分

续上表

一级要素	二级要素	规范要求	企业达标标准	考评方法	考评标准	
					否决项	扣分项
8 作业安全（210分）	8.1 作业现场（35分）	3. 罐区与周边居民区、工矿企业、交通线等的距离，罐区与港内建/构筑物、交通线的距离，以及罐区内罐与罐之间的距离等均应满足《石油库设计规范》的要求（3分）	罐区与周边居民区、工矿企业、交通线等的距离，罐区与港内建/构筑物、交通线的距离，以及罐区内罐与罐之间的距离等均满足《石油库设计规范》的要求	查： 1. 安全条件论证报告； 2. 环境评价报告； 3. 安全评价报告； 4. 公安机关消防机构抽查意见书		罐区与周边居民区、工矿企业、交通线等的距离，罐区与港内建/构筑物、交通线的距离，以及罐区内罐与罐之间的距离等不满足规范要求，一项扣3分
		4. 进入装卸区、罐区的机动车辆应办理相关手续，按指定线路行驶（2分）	1. 制订机动车辆进入装卸区、罐区管理规定； 2. 为进入装卸区、罐区的机动车辆办理相关手续、佩戴标准阻火器； 3. 划定进入装卸区、罐区的机动车辆行驶路线及停车点	查： 1. 机动车辆进入装卸区、罐区管理规定（可包含在其他相关制度中）； 2. 进入装卸区、罐区的机动车辆办理的相关手续。 现场查看： 1. 进入装卸区、罐区现场的机动车辆佩戴阻火器的情况； 2. 机动车行驶路线及停车点		1. 无机动车辆进入装卸区、罐区管理规定，扣2分； 2. 进入装卸区、罐区的机动车辆未办理相关手续，一辆车扣0.5分； 3. 进入装卸区、罐区现场的机动车辆未佩戴阻火器，一辆车扣0.5分； 4. 无机动车行驶路线及停车点，一项扣0.5分；机动车未按规定行驶、停车，一辆车扣0.5分
		5. 装卸、储存剧毒化学品或者国务院公安部门规定的易制爆危险化学品的企业，应如实记录其装卸、储存的剧毒化学品、易制爆危险化学品的	1. 如实记录装卸、储存的剧毒化学品、易制爆危险化学品的数量、流向； 2. 采取必要的安全防范措施，防止剧毒化学品、易制爆危险化学品丢失或者被盗	查： 1. 剧毒化学品、易制爆危险化学品装卸、储存记录； 2. 防止丢失或者被盗的措施		1. 无防范措施，一处扣2分； 2. 防范措施不到位，一处扣2分； 3. 无剧毒化学品、易

续上表

一级要素	二级要素	规范要求	企业达标标准	考评方法	考评标准	
					否决项	扣分项
8 作业安全（210分）	8.1 作业现场（35分）	数量、流向，并采取必要的安全防范措施，防止剧毒化学品、易制爆危险化学品丢失或者被盗 （2分）		现场查看： 防范措施		制爆危险化学品装卸、储存记录，扣0.5分
		6. 剧毒化学品及储存数量构成重大危险源的石油化工码头企业应将其储存数量、储存地点以及管理人员的情况，报港口行政管理部门和公安机关备案 （2分）	当剧毒化学品及储存数量构成重大危险源时，将其储存数量、储存地点以及管理人员的情况，报港口行政管理部门和公安机关备案	查： 1. 剧毒化学品储存清单。 2. 备案文件		未按规定备案，扣2分
		7. 剧毒化学品必须在专用储罐单独储存 （1分）	剧毒化学品必须在专用储罐单独储存	查： 剧毒品储存清单。 现场查看： 剧毒品储罐		剧毒品未在专用储罐单独储存，扣1分
		8. 重复使用的危险化学品包装物、容器，在重复使用前应进行检查；发现存在安全隐患的，应维修或者更换。并应对检查情况作出记录，记录的保存期限不得少于2年 （3分）	重复使用的危险化学品包装物、容器，在重复使用前应进行检查；发现存在安全隐患的，应维修或者更换。并应对检查情况作出记录，记录的保存期限不得少于2年	查： 检查记录		1. 重复使用前未检查，扣3分； 2. 发现隐患未及时维修或更换，扣3分； 3. 无检查记录，扣1分
		9. 应对在用危险化学品管道定期检查、检测，并保存检查检测记录 （3分）	对在用危险化学品管道定期检查、检测，并保存检查检测记录	查： 在用危险化学品管道检查检测记录		1. 未对在用危险化学品管道定期检查、检测，扣3分； 2. 无检查检测记录，扣1分

续上表

一级要素	二级要素	规范要求	企业达标标准	考评方法	考评标准	
					否决项	扣分项
8 作业安全（210分）	8.1 作业现场（35分）	10. 定期对码头前沿水深进行测量，并保存测量及清淤记录 （3分）	定期对码头前沿水深进行测量清淤，并保存测量及清淤记录	查： 测量及清淤记录		1. 既未定期测量，又未及时清淤，扣3分； 2. 未定期测量，扣2分； 3. 未及时清淤，扣2分； 4. 无测量、清淤记录，一项扣0.5分
		11. 定期对码头、罐区等地面沉降情况进行观测，并保存观测记录 （3分）	定期对码头、罐区等地面沉降情况进行观测，并保存观测记录	查： 地面沉降观测记录		1. 未定期进行沉降观测，扣3分； 2. 缺一次沉降观测记录，扣1分
		12. 应对作业区域内的施工现场实施有效的安全监督，发现问题及时提出整改要求 （1分）	1. 对作业区域内的施工安全监督纳入企业安全监管范围内，保证施工过程处于有序管理状态； 2. 发现问题及时提出整改要求	查： 作业区域内的施工现场安全监督检查记录。 现场查看： 施工现场是否有不符合要求的现象		1. 未进行现场安全监督检查，扣1分； 2. 发现问题未及时提出整改要求，一项扣0.5分； 3. 现场存在不符合要求的问题，一项扣0.5分
		13. 应保持作业环境整洁 （6分）	保持作业环境整洁	现场查看： 作业环境是否整洁		一处作业环境不整洁，扣0.5分
	8.2 作业许可（10分）	应对下列危险性作业活动实施作业许可管理，严格履行审批手续，各种作业许可证中应有危险、有害因素识别和安全措施内容	1. 对动火作业、进入受限空间作业、破土作业、临时用电作业、高处作业、断路作业、吊装作业、设备检修作业和抽堵盲板作业等危险性作业实	查： 1. 危险性作业安全管理制度（可包含在其他相关制度中）或操作规程		1. 未实施危险性作业许可管理，扣10分； 2. 作业许可审批手续不符合要求，一次扣1分

续上表

一级要素	二级要素	规范要求	企业达标标准	考评方法	考评标准	
					否决项	扣分项
8 作业安全(210 分)	8.2 作业许可(10 分)	(1)动火作业; (2)进入受限空间作业; (3)破土作业; (4)临时用电作业; (5)高处作业; (6)断路作业; (7)吊装作业; (8)设备检修作业; (9)抽堵盲板作业; (10)其他危险性作业 (10 分)	施作业许可管理,严格履行审批手续; 2. 作业许可证中有危险、有害因素识别和安全措施内容	2. 危险性作业记录清单; 3. 作业许可证		3. 作业许可证中危险有害因素与安全措施等内容不符合要求,一项扣 0.5 分
	8.3 作业行为(65 分)	1. 作业人员应严格执行各项操作规程,不违章指挥、不违章作业、不违反劳动纪律 (6 分)	作业人员严格执行各项操作规程和作业许可要求,不违章作业,不违反劳动纪律	查: 事故违章记录。 现场查看: 有无违章指挥、违章作业和违反劳动纪律(“三违”)现象		存在“三违”现象,一人次扣 1 分
		2. 靠离泊作业应执行船舶靠离泊作业安全操作指南,并遵守以下规定: (1)船舶靠离泊前,应将有碍船舶靠离泊的所有设施移至安全位置; (2)系解缆人员应在船舶靠离泊前到达现场,与船方保持联系,正确显示泊位信号; (3)带缆作业、甲板作业等临水作业人员应穿戴救生衣、防滑鞋等特殊防护用品,等 (6 分)	1. 执行船舶靠离泊作业安全操作指南或操作规程; 2. 遵守以下规定: (1)船舶靠离泊前,应将有碍船舶靠离泊的所有设施移至安全位置; (2)系解缆人员应在船舶靠离泊前到达现场,与船方保持联系,正确显示泊位信号; (3)带缆作业、甲板作业等临水作业人员应穿戴救生衣、防滑鞋等特殊防护用品,等	查: 船舶靠离泊作业安全操作指南或操作规程。 现场查看: 靠离泊作业情况		未按规定操作,一项扣 1 分

续上表

一级要素	二级要素	规范要求	企业达标标准	考评方法	考评标准	
					否决项	扣分项
8 作业安全(210分)	8.3 作业行为(65分)	3. 装卸/储存作业前应进行安全条件确认： (1)核对装卸/储存货种； (2)核对船舶、储罐、火车槽车、汽车槽车的拟装容积； (3)核对作业计划灌装量； (4)检查装卸/储存设备的技术状况； (5)检查各静电接地装置； (6)参加过驳作业的船舶是否处于适航状态； (7)灌装作业前检查火车槽车是否存在安全隐患； (8)装桶作业前检查桶的安全状况； (9)趸船浮码头的飘浮状态等 (6分)	1. 装卸/储存作业前根据规范要求进行安全条件确认； 2. 结合企业实际情况，补充作业前安全条件确认的内容	查： 操作规程。 现场查看： 作业人员作业前安全条件确认记录		装卸/储存作业前未根据规范要求进行安全条件确认，一人次一项扣0.5分
		4. 装卸/储存作业过程中，应遵守以下要求： (1)控制压力、流速、温度、液位； (2)防静电； (3)使用规定的防爆工器具、通信工具、照明用具等； (4)定时巡检，发现问题及时汇报、处理，问题未得到处理前暂停作业； (5)危险性作业应有人监护。等 (8分)	1. 装卸/储存作业过程中根据规范要求注意压力、流速、温度、防静电、防爆、巡回检查等内容； 2. 结合企业实际情况，补充作业过程中还应遵守的要求	现场查看： 1. 作业人员作业记录； 2. 巡回检查记录； 3. 故障及故障处理记录； 4. 作业人员是否遵循规范要求		1. 无作业记录，扣1分； 2. 无巡回检查记录，扣1分； 3. 无故障及故障处理记录，扣1分； 4. 作业人员未按规范要求操作，一人次扣1分

续上表

一级要素	二级要素	规范要求	企业达标标准	考评方法	考评标准	
					否决项	扣分项
8 作业安全(210分)	8.3 作业行为(65分)	5. 作业过程中船/岸安全检查应遵守以下规定： （1）装卸作业前：船/岸双方负责人应对港口企业建立的《船/岸安全检查表》中的所有检查条款进行现场安全检查、确认，对于检查出的不合格项应立即整改，如不能及时整改，应制订相应的防范措施，确保现场装卸作业的安全； （2）装卸作业期间：船/岸双方应随时有足够的人员在场以备处理紧急情况；应以最有效的方法保持通信联系，并以适当的方式作出记录，此记录应经船/岸双方代表确认，并指派具有适当专业操作知识、可用船/岸双方语言进行交流的人员与船方沟通； （3）随着船舶浮态的变化，船/岸双方应对系泊缆具定时检查以防船舶漂移而损坏金属软管或输油臂发生污染事故 （6分）	作业过程中船/岸安全检查遵守以下规定： （1）装卸作业前：船/岸双方负责人应对港口企业建立的《船/岸安全检查表》中的所有检查条款进行现场安全检查、确认，对于检查出的不合格项应立即整改，如不能及时整改，应制订相应的防范措施，确保现场装卸作业的安全； （2）装卸作业期间：船/岸双方应随时有足够的人员在场以备处理紧急情况；应以最有效的方法保持通信联系，并以适当的方式作出记录，此记录应经船/岸双方代表确认，并指派具有适当专业操作知识、可用船/岸双方语言进行交流的人员与船方沟通； （3）随着船舶浮态的变化，船/岸双方应对系泊缆具定时检查以防船舶漂移而损坏金属软管或输油臂发生污染事故	现场查看： 1. 船/岸安全检查表； 2. 船/岸双方通信记录； 3. 系泊缆具检查记录		1. 无船/岸安全检查表，扣1分； 2. 检查出的不合格项未及时整改或未制订防范措施，一项扣1分； 3. 无船/岸双方通信记录，扣0.5分；记录无船/岸双方代表确认签字，扣0.5分； 4. 未定时对系泊缆具进行检查，扣1分；无检查记录，扣0.5分
		6. 作业结束后应遵守下列要求： （1）保证足够的静电置放时间：储罐：120min、火车槽车：15min、汽车槽车：3min； （2）管道端部应装上盲板	1. 作业结束后根据规范要求确认应遵守的事项； 2. 结合企业实际情况，补充作业结束后应遵守的事项	查： 检查确认记录。 现场查看： 作业人员是否遵守规定		1. 无检查确认记录，扣1分； 2. 作业人员未按规范要求操作，一人次扣1分

续上表

一级要素	二级要素	规范要求	企业达标标准	考评方法	考评标准	
					否决项	扣分项
8 作业安全（210分）	8.3 作业行为（65分）	(3)按规定妥善处置残留物、有关工具及防护用品等 (6分)				
		7. 从事挥发性液体化学品或有毒液体装卸/储存作业的企业，应将作业过程中产生的气体通过气相管线进行收集处理 (5分)	从事挥发性液体化学品或有毒液体装卸/储存作业的企业，应将作业过程中产生的气体通过气相管线进行收集处理	现场查看： 挥发性液体化学品或有毒液体装卸/储存作业情况		挥发性液体化学品或有毒液体装卸/储存作业过程中所产生的气体未通过气相管线进行收集处理，扣5分
		8. 作业人员在进行可能会对人、设备或环境造成潜在伤害的非例行作业活动时，应持相应的作业许可证。作业活动监护人员应具备基本救护技能和作业现场的应急处理能力，持相应作业许可证进行监护作业，作业过程中不得离开监护岗位 (5分)	1. 进行可能会对人、设备或环境造成潜在伤害的非例行作业时，作业人员应持经过审批许可的相应作业许可证； 2. 作业活动监护人员具备基本救护技能和作业现场的应急处理能力； 3. 作业活动监护人员持相应作业许可证进行现场监护，不得离开监护岗位	查： 1. 许可作业相关记录； 2. 许可作业审批手续及相关记录。 现场查看： 1. 作业人员持作业许可证作业情况 2. 监护人员是否在现场监护		1. 作业人员未持相应作业许可证进行危险性作业，扣5分； 2. 作业许可证上未明确监护人员，扣1分； 3. 监护人员未持有相应作业许可证监护，一人次扣1分； 4. 监护人员擅离监护岗位，一人次扣2分
		9. 扫线工艺、扫线介质、扫线介质压力应满足《石油化工码头装卸工艺设计规范》（JTS 165-8—2007）的要求 (6分)	扫线工艺、扫线介质、扫线介质压力满足《石油化工码头装卸工艺设计规范》（JTS 165-8—2007）的要求	查： 1. 扫线作业相关记录； 2. 扫线作业操作规程		扫线工艺、扫线介质、扫线介质压力不满足规范要求，一项扣6分
		10. 由外单位人员从事石油化工品添加抑制剂或者稳定剂作业时，应与添加作业人员随时保持联系，及时得	当由外单位人员从事石油化工品添加抑制剂或者稳定剂作业时，与添加作业人员随时保持联系，及时得到	查： 添加抑制剂或者稳定剂作业记录		未与添加作业人员随时保持联系，不了解作业进度，扣5分

续上表

一级要素	二级要素	规范要求	企业达标标准	考评方法	考评标准	
					否决项	扣分项
8 作业安全 (210分)	8.3 作业行为 (65分)	到添加作业的进展情况 (5分)	添加作业的进展情况			
		11. 电气设备运行应执行工作票/作业票两票管理制度、值班人员岗位责任制、交接班制度、巡视检查制度、倒闸操作制度等 (6分)	1. 制订下列制度： (1)电气设备运行工作票/作业票两票管理制度； (2)值班人员岗位责任制； (3)交接班制度； (4)巡视检查制度； (5)倒闸操作制度； (6)无功补偿管理制度； (7)电气设备防火制度； 2. 严格执行上述制度	查： 各项制度及相关记录。 现场查看： 作业人员制度执行情况		1. 任何制度都没有，扣6分； 2. 缺一项必须的制度(内容)，扣1分； 3. 缺一项必须的记录，扣0.5分； 4. 作业人员未执行制度，一人次扣1分
	8.4 警示标志、报警装置 (20分)	1. 企业应按照《安全标志及其使用导则》(GB 2894—2008)的规定，设置符合规定的安全警示标志，安全警示标志包括但不限于： (1)重大危险源现场设置明显的安全警示标志； (2)可能产生严重职业危害作业岗位按照《工作场所职业危害警示标识》(GBZ 158—2003)的规定设置警示标识，同时设置告知牌，告知装卸、储存货种的特性参数、危险性、预防及应急救治措施等； (3)装卸、储存区域设置风向标； (4)管道上设置管内介质名称、流向的标志；	1. 按照规范要求设置警示标志； 2. 建立安全警示标志一览表，并载明每个安全标志使用的场所； 3. 结合企业实际情况设置的其他标志标识	查： 安全警示标志一览表。 现场查看： 罐区、装卸区等危险场所安全警示标志设置情况		1. 所有安全警示标志均未设置，扣12分； 2. 无安全警示标志一览表，扣1分； 3. 一览表中没有载明安全警示标志使用场所，一项扣0.5分； 4. 安全警示标志及使用不符合要求，一处扣0.5分； 5. 现场安全警示标志与一览表不符，缺一项，扣1分

续上表

一级要素	二级要素	规范要求	企业达标标准	考评方法	考评标准	
					否决项	扣分项
8 作业安全(210分)	8.4 警示标志、报警装置(20分)	(5)软管上设置最大工作压力、最高/最低工作温度标志,并标注检测日期; (6)阀门上设置明显的“开”、“关”标志; (7)码头及较长的引桥上设置警示红灯; (8)码头前沿设置禁止无关船舶停靠的标牌; (9)危险货物作业现场应有禁止吸烟、禁止拍照、禁止使用手机等相应的安全警示标志; (10)道路、引桥设荷载、限速、限高、禁行等标志; (11)消防“三提示”(提示性、警示性、禁止性)标志; (12)人员撤离路线指示标志及临时集合点标志; (13)设备检修时,相关电气闸刀上应有明显“维修中,禁止合闸”的标志; (14)设备设施检维修、施工、吊装等作业现场设置警戒区域和警示标志,在检维修现场的坑、井、洼、沟、陡坡等场所设置围栏和警示标志,等。 (12分)				

续上表

一级要素	二级要素	规范要求	企业达标标准	考评方法	考评标准	
					否决项	扣分项
8 作业安全(210分)	8.4 警示标志、报警装置(20分)	2. 作业场所应设置以下报警装置： (1)火灾报警装置； (2)可燃/有毒气体报警装置； (3)广播/对讲装置 (8分)	作业场所设置以下报警装置： (1)火灾报警装置； (2)可燃/有毒气体报警装置； (3)广播/对讲装置	查： 报警装置一览表。 现场查看： 危险场所报警装置设置情况		1. 无任何报警装置，扣8分； 2. 无报警装置一览表，扣2分； 3. 与报警装置一览表不符，缺一项扣1分
	8.5 相关方管理(10分)	1. 应执行承包商、供应商等相关方管理制度，对其资格预审、选择、服务前准备、作业过程、提供的产品、技术服务、表现评估、续用等进行管理； 不得将项目委托给不具备相应资质或条件的相关方 (3分)	1. 制订相关方管理制度； 2. 对相关方进行资格预审； 3. 将项目委托给具备相应资质或条件的相关方	查： 1. 相关方管理制度； 2. 对相关方进行资格预审记录； 3. 项目委托相关文件		1. 项目委托给了不具备相应资质或条件的相关方，一次扣3分； 2. 未对相关方进行资格预审，一次扣2分
		2. 企业应建立合格相关方的名录和档案，根据服务作业行为定期识别服务行为风险，并采取行之有效的控制措施。 (3分)	1. 建立合格相关方名录、档案(包括相关方资质、表现评价、合同等资料)； 2. 定期识别其服务行为风险； 3. 对作业过程进行监督检查	查： 1. 合格相关方名录、档案； 2. 相关方管理档案(或风险识别记录)； 3. 监督检查记录		1. 无合格相关方名录、档案，一项扣1分； 2. 未进行现场安全检查，一次扣1分； 3. 无对相关方进行监督检查记录，扣0.5分
		3. 作业区域内有其他企业进行生产经营活动时，应与其签订安全生产协议，明确各自的安全生产责任、义务和应当采取的安全措施，并指定专职安全生产管理人员进行安全检查与协调 (4分)	1. 与作业区域内的其他企业签订安全生产协议； 2. 协议中应明确各自的安全生产责任、义务和应采取的安全措施； 3. 指定专职安全生产管理人员进行安全检查与协调	查： 1. 同一作业区域内其他企业名册； 2. 安全生产协议； 3. 进行安全检查与协调的专职安全生产管理人员任命文件； 4. 安全检查与协调记录		1. 未与同一作业区域内其他企业签订安全生产协议，一家未签，扣2分； 2. 协议中未明确规定双方的安全生产责任、义务和应采取的安全措施，一项扣0.5分

续上表

一级要素	二级要素	规范要求	企业达标标准	考评方法	考评标准	
					否决项	扣分项
8 作业安全(210分)	8.5 相关方管理(10分)					3. 无进行安全检查与协调的专职安全生产管理人员，扣0.5分； 4. 无安全检查与协调记录，扣0.5分
	8.6 变更管理(10分)	1. 应执行变更管理制度，履行变更审批及验收程序 (5分)	1. 执行变更管理制度，履行以下变更程序： 变更申请—变更审批—变更实施—变更验收； 2. 保存变更申请、审批记录	查： 变更管理制度； 变更申请、审批记录		1. 未按程序履行变更，一项扣1分； 2. 无变更申请、审批记录，扣2分
		2. 应对变更全过程进行风险管理 (5分)	1. 未对变更全过程进行风险管理； 2. 保存变更风险分析记录； 3. 变更风险分析记录中应有风险控制措施	查： 1. 变更记录； 2. 变更风险分析记录； 3. 变更风险的控制措施		1. 未对变更全过程进行风险分析，扣2分； 2. 无变更隐患分析记录，扣0.5分； 3. 变更风险控制措施未落实，一项扣1分
	8.7 安全检查(30分)	1. 应严格执行安全检查管理制度，定期或不定期进行安全检查； 应根据安全检查管理制度，开展综合性检查、专业性检查、季节性检查、日常检查和节假日检查；各种安全检查均应按相应的安全检查表逐项检查，保存安全检查记录 (10分)	1. 依据安全检查管理制度，开展各类安全检查； 2. 保存安全检查记录	查： 1. 安全检查管理制度； 2. 安全检查记录	二级否决项： 从未进行安全检查，扣30分；	1. 缺一次安全检查，扣2分； 2. 无安全检查记录，扣2分

续上表

一级要素	二级要素	规范要求	企业达标标准	考评方法	考评标准	
					否决项	扣分项
8 作业安全（210分）	8.7 安全检查（30分）	2. 安全检查应有明确的目的、要求、内容和计划。各种安全检查均应编制安全检查表，安全检查表应包括检查项目、检查内容、检查标准或依据、检查结果等内容 （6分）	1. 制订安全检查计划，明确各种检查的目的、要求、内容和负责人； 2. 编制综合、专项、节假日、季节和日常安全检查表； 3. 安全检查表应包括检查项目、检查内容、检查标准或依据、检查结果等内容	查： 1. 安全检查计划； 2. 各种安全检查表		1. 未制订安全检查计划，扣3分，安全检查计划不符合要求，缺一项扣0.5分； 2. 安全检查表不全，缺少一种扣1分； 3. 安全检查表内容不符合要求，一项扣0.5分
		3. 各种安全检查表应作为企业有效文件，并在实际应用中不断完善 （4分）	1. 明确各种安全检查表的编制单位、审核人、批准人； 2. 每年评审修订各种安全检查表，保存评审记录	查： 1. 各种安全检查表； 2. 检查表评审修订记录		1. 安全检查表缺编制单位、审核人、批准人，一项不符合扣0.5分； 2. 安全检查表未定期评审修订，扣1分
		4. 安全检查结果的处置： （1）对经安全检查发现的安全隐患、违章违规事件，检查人员（部门）应提出整改处理意见，指定整改处理的责任部门和（或）责任人，明确整改期限；或将检查结果报告企业安全生产负责人，制订整改处理措施、方案。检查人员（部门）应对整改处理的落实情况进行复查、确认，并做好记录。 （2）对隐患和违章违规事件负有责任的部门、人员，应按照企业安全生产责任制度进行考核处理 （10分）	1. 对经安全检查发现的安全隐患、违章违规事件，检查人员（部门）提出整改处理意见，指定整改处理的责任部门和（或）责任人，明确整改期限；或将检查结果报告企业安全生产负责人，制订整改处理措施、方案。检查人员（部门）应对整改处理的落实情况进行复查、确认，并做好记录； 2. 对隐患和违章违规事件负有责任的部门、人员，应按照企业安全生产责任制度进行考核处理	查： 1. 安全检查处理结果记录； 2. 安全生产责任考核记录		1. 对安全隐患、违章违规事件无整改处理意见，扣10分； 2. 整改处理意见未落实，扣10分； 3. 整改处理意见中未明确责任部门、整改期限，扣3分； 4. 对隐患和违章违规事件负有责任的部门、人员未进行考核处理，一人扣1分

续上表

一级要素	二级要素	规范要求	企业达标标准	考评方法	考评标准	
					否决项	扣分项
8 作业安全(210分)	8.8 个体防护(10分)	1. 应根据接触危害的种类、强度,为从业人员提供符合国家标准或行业标准的个体防护用品和器具,并监督、教育从业人员正确佩戴、使用 (3分)	1. 为从业人员提供符合国家标准或行业标准的个体防护用品和器具; 2. 监督、教育从业人员正确佩戴、使用个体防护用品和器具	查: 个体防护用品台账。 现场查看: 1. 从业人员配备和使用的个体防护用品是否符合规定; 2. 从业人员是否能够正确佩戴、使用个体防护用品和器具	二级否决项: 未按规定为从业人员配备个体防护用品和器具,扣10分	1. 从业人员在生产现场未佩戴、使用个体防护用品,一人次扣1分; 2. 佩戴、使用个体防护用品或器具不符合规定要求,一人次扣0.5分
		2. 各种防护器具应定点存放在安全、方便的地方,并有专人负责保管、检查,定期校验和维护,每次校验后应记录、铅封 (3分)	1. 各种防护器具都应设置专柜,并定点存放在安全、方便的地方; 2. 专人负责保管防护器具专柜; 3. 定期校验和维护防护器具; 4. 防护器具校验后的记录、铅封	查: 1. 防护器具清单; 2. 防护器具校验记录。 现场查看: 1. 防护器具配备是否正确、齐全; 2. 防护器具专柜存放地点是否安全、方便; 3. 防护器具定期校验、维护,并记录和铅封		1. 未设置防护器具专柜,一处扣0.5分; 2. 防护器具专柜存放地点不符合要求,一处扣0.5分; 3. 无专人管理防护器具专柜,一处扣0.5分; 4. 防护器具未定期校验和维护,一项扣0.5分;校验和维护记录、铅封不符合要求,一项扣0.5分
		3. 应将损坏或者过期作废的个体防护用品及时回收和做妥善处置,保留回收记录,以防止污染环境和流落到其他人员手中非预期使用造成危害 (2分)	将损坏或者过期作废的个体防护用品及时回收和做妥善处置,保留回收记录	查: 损坏或过期作废的个体防护用品回收及处理记录。 现场查看: 是否有损坏或过期作废的个体防护用品还在使用		1. 无损坏或过期作废的个体防护用品回收及处理记录,扣1分; 2. 损坏或过期作废的个体防护用品还在使用,1次扣2分

续上表

一级要素	二级要素	规范要求	企业达标标准	考评方法	考评标准	
					否决项	扣分项
8 作业安全（210分）	8.8 个体防护（10分）	4. 应建立职业卫生防护设施及个体防护用品管理台账，加强对个体防护用品使用情况的检查监督，凡不按规定使用个体防护用品者不得上岗作业 （2分）	1. 建立职业卫生防护设施及个体防护用品管理台账； 2. 加强对劳动防护用品使用情况的检查监督，凡不按规定使用劳动防护用品者不得上岗作业	查： 1. 职业卫生防护设施台账； 2. 个体防护用品台账。 现场查看： 作业人员是否按规定使用个体防护用品		1. 未建立职业卫生防护设施管理台账，扣0.5分； 2. 未建立个体防护用品管理台账，扣0.5分； 3. 未按规定使用个体防护用品上岗作业，一人次扣0.5分
	8.9 港口设施保安（20分）	1. 港口设施保安符合证书 （1）为航行国际航线的客船、500总吨及以上的货船、500总吨及以上的特种用途船和移动式海上钻井平台服务的港口设施应在对外开放前向交通运输部申请《港口设施保安符合证书》，并将申请书抄送港口所在地交通（港口）管理部门； （2）《港口设施保安符合证书》的有效期为五年，证书到期前半年应重新进行保安评估、重新制订保安计划，保安评估报告及保安计划经交通运输部评审通过后，申请换证； （3）《港口设施保安符合证书》记载的内容发生变化或者证书丢失、毁损时，应向交通运输部书面申请换发或者补办，并附相关证明材料 （8分）	1. 符合规定的企业应按照规定取得保安符合证书； 2. 保安符合证书应在有效期内	查： 港口设施保安符合证书		1. 无港口设施保安符合证书，扣8分； 2. 保安符合证书过期失效，扣8分

续上表

一级要素	二级要素	规范要求	企业达标标准	考评方法	考评标准	
					否决项	扣分项
8 作业安全 (210分)	8.9 港口设施保安 (20分)	2. 保安年度核验 (1)港口设施经营人应于《港口设施保安符合证书》签发之日起每周年的前三个月内,向省级交通(港口)管理部门提出年度核验申请; (2)未通过年度核验的港口设施,在期限内改正完毕后,重新申请《港口设施保安符合证书》年度核验 (6分)	1. 按规定申请并通过保安年度核验; 2. 未通过年度核验的在限期内改成整改,重新申请	查: 港口设施保安符合证书		未通过年度核验,扣6分
		3. 保安薄弱环节整改: 港口设施经营人应对保安评估报告中提出的保安薄弱环节、省级交通(港口)管理部门年度核验中提出的保安薄弱环节及港口设施日常工作中发现的保安薄弱环节及时进行整改; (2) 保安薄弱环节的整改情况应有记录,并存档 (6分)	1. 对保安评估报告中提出的保安薄弱环节、省级交通(港口)管理部门年度核验中提出的保安薄弱环节及港口设施日常工作中发现的保安薄弱环节及时进行整改; 2. 记录保安薄弱环节的整改情况,存档	查: 保安薄弱环节整改记录		1. 保安薄弱环节未整改,一项扣6分; 2. 无整改记录,扣2分
9 消防管理 (40分)	9.1 消防安全管理 (12分)	应确定本单位的消防安全责任人和管理人,设有消防工作归口管理职能部门 (3分)	1. 确定本单位的消防安全责任人和管理人; 2. 设置消防工作归口管理职能部门	查: 1. 公司文件; 2. 消防安全责任制(可含在其他相关制度中)		1. 无消防安全责任人和管理人,扣1分; 2. 无消防工作归口管理职能部门,扣1分

续上表

一级要素	二级要素	规范要求	企业达标标准	考评方法	考评标准	
					否决项	扣分项
9 消防管理（40分）	9.1 消防安全管理（12分）	2. 应制订并实施企业年度消防工作计划，建立健全各项消防安全制度和保障消防安全的操作规程 （2分）	1. 制订并实施企业年度消防工作计划； 2. 严格执行防火安全检查、动火审核批准、消防设施及器材管理、消防培训教育、消防演练演习等制度； 3. 制订并执行消防设施操作规程	查： 1. 年度消防工作计划； 2. 消防制度； 3. 消防设施操作规程		1. 无年度消防工作计划，扣0.5分； 2. 消防制度中防火安全检查、动火审核批准、消防设施及器材管理、消防培训教育、消防演练演习等内容，缺一项扣0.5分； 3. 无消防设施安全操作规程，缺一项扣0.5分
		3. 主要港口、储存易燃易爆危险品的大型企业或火灾危险性较大、距离公安消防队较远的其他大型企业应建立专职消防队。专职消防队应符合国家有关规定，并报当地消防机构验收 （1分）	按规定需要建立专职消防队的企业，应建立专职消防队，并报当地消防机构验收	查： 1. 专职消防队名录； 2. 报当地消防机构验收的有关文件		1. 应建立但未建立专职消防队，扣1分； 2. 未报当地消防机构验收，扣1分
		4. 应建立志愿消防队，以及时扑灭初起火灾 （1分）	建立志愿消防队及志愿消防队员名册	查： 义务消防队员名册		1. 未建立志愿消防队，扣1分； 2. 无志愿消防队员名册，扣0.5分
		5. 消防安全责任人、消防安全管理人、消防控制室的值班/操作人员应接受消防安全专门培训，其中消防控制室值班/操作人员应持证上岗，资质证书每年审核一次 （2分）	1. 消防安全责任人、消防安全管理人、消防控制室的值班/操作人员应接受消防安全专门培训，消防控制室值班/操作人员应持证上岗； 2. 资质证书每年审核一次	查： 资质证书		1. 无资质证书，一人扣0.5分； 2. 资质证书未审核，一人扣0.5分

续上表

一级要素	二级要素	规范要求	企业达标标准	考评方法	考评标准	
					否决项	扣分项
9 消防管理(40分)	9.1 消防安全管理(12分)	6. 应将容易发生火灾、一旦发生火灾可能严重危及人身和财产安全以及对消防安全有重大影响的部位确定为消防安全重点部位,设置明显的防火标志,实行严格管理 (1分)	将容易发生火灾、一旦发生火灾可能严重危及人身和财产安全以及对消防安全有重大影响的部位确定为消防安全重点部位,设置明显的防火标志,实行严格管理	查: 消防重点部位清单。 现场查看: 消防重点部位及防火标志		1. 未按规定确定消防安全重点部位,扣1分; 2. 无消防重点部位清单,扣0.5分; 3. 消防重点部位无明显的防火标志,一处扣0.5分
		7. 应建立消防档案,消防档案应包括企业消防安全基本情况及消防安全管理情况。消防档案内容应符合公安部61号令《机关、团体、企业、事业单位消防安全管理规定》的要求 (1分)	根据公安部61号令《机关、团体、企业、事业单位消防安全管理规定》的要求,建立消防档案,消防档案应包括企业消防安全基本情况及消防安全管理情况	查: 消防档案		1. 无消防档案,扣1分; 2. 消防档案不符合要求,一处扣0.5分
		8. 应为本单位的消防安全工作提供必要的经费保障 (1分)	为消防安全工作提供必要的经费保障	查: 相关财务账单。 问: 相关消防管理人员		未能为消防安全工作提供必要的经费保障,扣1分
	9.2 火灾预防(12分)	1. 需要进行消防设计的建设工程,在取得施工许可之日起7个工作日内,将消防设计文件报公安机关消防机构备案,公安机关消防机构进行抽查,抽查不合格的,停止投入使用 (2分)	1. 在取得施工许可之日起7个工作日内,将消防设计文件报公安机关消防机构备案; 2. 公安机关消防机构进行抽查不合格的,停止投入使用	查: 1. 消防备案相关文件; 2. 公安机关消防机构抽查意见书。 现场查看: 有无抽查不合格的消防设施仍在使用		1. 抽查不合格的消防设施仍在使用,扣2分; 2. 无消防备案相关文件,扣0.5分; 3. 被抽查但无抽查意见书,扣1分

续上表

一级要素	二级要素	规范要求	企业达标标准	考评方法	考评标准	
					否决项	扣分项
9 消防管理（40分）	9.2 火灾预防（12分）	2. 应落实火灾隐患整改责任制 防火检查、防火巡查中发现的火灾隐患应按要求落实至责任部门、责任人进行整改 （3分）	落实火灾隐患整改责任制； 1. 防火检查、防火巡查中发现的火灾隐患按要求落实至责任部门、责任人进行整改； 2. 保存整改记录	查： 1. 火灾隐患整改责任制（可含在其他相关制度中）； 2. 整改记录		1. 隐患未整改，1处扣1分； 2. 隐患整改未按要求落实至责任部门、责任人，一项扣0.5分； 3. 无火灾隐患整改记录，扣0.5分
		3. 制订并执行防火安全检查、巡查制度，成立防火检查组/防火巡查队，按要求开展防火检查和防火巡查 （2分）	1. 制订并执行防火安全检查、巡查制度； 2. 成立防火检查组/防火巡查队； 3. 按要求开展防火检查和防火巡查； 4. 保存检查、巡查记录	查： 1. 防火安全检查、巡查制度（可含在其他相关制度中）； 2. 防火检查组/防火巡查队组成名单； 3. 防火检查和防火巡查记录		1. 无防火安全检查、巡查制度，扣0.5分； 2. 未按要求进行防火检查和防火巡查，扣1分； 3. 无防火检查/防火巡查记录，扣0.5分
		4. 作业人员应履行本岗位防火安全职责，开展班前、班后防火检查 （1分）	1. 作业人员履行本岗位防火安全职责，开展班前、班后防火检查； 2. 保存检查记录	查： 班前、班后防火检查记录		1. 未开展班前、班后防火检查，一项扣0.5分； 2. 无班前、班后防火检查记录，一项扣0.5分
		5. 制订消防设施及器材管理制度，消防器材及设施应有专人负责，定期组织检验、维修，保存检验、维修记录，确保所有消防器材及设施可靠、有效，随时可用 （2分）	1. 制订消防设施及器材管理制度（可含在其他相关制度中）； 2. 消防器材及设施有专人负责； 3. 定期组织检验、维修； 4. 保存检验、维修记录； 5. 确保所有消防器材及设施可靠、有效，随时可用	查： 1. 消防设施及器材管理制度； 2. 消防设施、器材清单； 3. 检验、维修记录； 4. 灭火剂换药记录。 现场查看： 消防器材、设施状况		1. 未制订消防设施及器材管理制度，扣1分； 2. 消防设施、器材无专人负责，扣0.5分； 3. 未定期组织检验、维修，扣0.5分

续上表

一级要素	二级要素	规范要求	企业达标标准	考评方法	考评标准	
					否决项	扣分项
9 消防管理(40分)	9.2 火灾预防(12分)					4. 无检验、维修记录,扣0.5分; 5. 无换药记录或灭火剂过期失效,一处扣0.5分
		6. 应保障码头、罐区、建筑物、公共场所安全出口、疏散通道及消防车通道的畅通,消防通道应有明显的指示标志 (2分)	1. 保证安全出口、疏散通道及消防车通道的畅通; 2. 消防通道有明显的指示标志	现场查看: 1. 安全出口、疏散通道及消防车通道状况; 2. 消防通道指示标志设置情况		1. 安全出口、疏散通道及消防车通道不畅通,一处扣0.5分; 2. 消防通道无明显的指示标志,一处扣0.5分
	9.3 灭火救援(10分)	1. 应建立扑救初起火灾的消防队伍,并有明确的任务分工 应建立第一、第二灭火应急力量 (3分)	1. 建立扑救初起火灾的消防队伍; 2. 有明确的任务分工; 3. 建立第一、第二灭火应急力量	查: 1. 扑救初起火灾的消防队伍人员名册; 2. 任务分工; 3. 第一、第二灭火应急力量名单		1. 无扑救初起火灾的消防队伍,扣3分; 2. 无明确的任务分工,扣1分; 3. 无第一、第二灭火应急力量,扣1分
		2. 制订灭火和应急救援疏散预案,并定期组织演练 (4分)	1. 制订灭火和应急救援疏散预案; 2. 定期进行消防演练演习或结合企业其他应急预案进行演练演习	查: 1. 灭火和应急救援疏散预案; 2. 演练演习记录		1. 从未进行演练演习,扣4分; 2. 无灭火和应急救援疏散预案,扣2分; 3. 无演练演习记录,扣1分; 4. 无演练演习方案,1次扣0.5分; 5. 无演练演习总结,1次扣0.5分

续上表

一级要素	二级要素	规范要求	企业达标标准	考评方法	考评标准	
					否决项	扣分项
9 消防管理（40分）	9.3 灭火救援（10分）	3. 制订消防设施的维护保养计划，自动消防设施应委托有资质的单位进行维护保养，并有记录 （3分）	1. 制订消防设施的维护保养计划； 2. 自动消防设施委托有资质的单位进行维护保养，并有记录	查： 1. 消防设施的维护保养计划； 2. 自动消防设施委托维护保养记录		1. 无消防设施的维护保养计划，扣2分； 2. 自动消防设施未委托有资质的单位进行维护保养，扣2分； 3. 无维护保养记录，扣1分
	9.4 消防宣传教育（6分）	1. 消防安全责任人、管理人应熟知消防安全知识 （2分）	消防安全责任人、管理人应熟知消防安全知识	查： 消防安全责任人、管理人培训证书。 问： 消防安全责任人、管理人有关消防安全知识		不熟知消防安全知识，一人次扣0.5分
		2. 执行消防培训教育制度，制订年度消防宣传教育培训计划，每半年进行一次消防安全教育培训，使相关人员具备扑救初起火灾的能力 （3分）	1. 执行消防培训教育制度（可包含在其他相关制度中）； 2. 对相关人员进行培训，使其具备扑救初起火灾的能力； 3. 保存培训记录	查： 1. 消防培训教育制度； 2. 培训记录		1. 无消防培训教育制度，扣2分； 2. 未定期对相关人员进行培训，扣2分； 3. 无培训记录，扣1分
		3. 应在人员密集场所的主要出入口设置固定的“消防安全告知书”和“消防安全承诺书” （1分）	在人员密集场所的主要出入口设置固定的“消防安全告知书”和“消防安全承诺书”	现场查看： 主要出入口有无“消防安全告知书”和“消防安全承诺书”		主要出入口无“消防安全告知书”和“消防安全承诺书”，缺一项扣0.5分

续上表

一级要素	二级要素	规范要求	企业达标标准	考评方法	考评标准	
					否决项	扣分项
10 职业健康（23 分）	10.1 职业危害申报（4 分）	应按规定，及时、如实向当地主管部门申报生产过程中存在的职业危害因素，并接受其监督 （4 分）	及时、如实向当地主管部门申报生产过程中存在的职业危害因素，并接受其监督	查： 相关申报文件		未如实申报，扣 4 分
	10.2 职业危害告知（5 分）	1. 与从业人员订立劳动合同时，应将作业过程中可能产生的职业危害及其后果和防护措施如实告知从业人员，并在劳动合同中写明 （2 分）	与从业人员订立劳动合同时，应将作业过程中可能产生的职业危害及其后果和防护措施如实告知从业人员，并在劳动合同中写明	查： 随机抽查劳动合同		有职业危害的岗位合同中未写明，一份扣 0.5分
		2. 应采用有效的方式对从业人员进行宣传，使其了解作业过程中的职业危害、预防和应急处理措施，降低或消除危害后果 （3 分）	采用有效的方式对从业人员进行宣传，使其了解作业过程中的职业危害、预防和应急处理措施，降低或消除危害后果	查： 相关宣传资料、文件、记录。 问： 随机询问从业人员对作业过程中可能产生的职业危害预防和应急处理措施的了解情况		1. 从未对从业人员进行宣传，扣 3 分； 2. 作业人员不了解作业过程中可能产生的职业危害预防和应急措施，一人扣 0.5 分
	10.3 职业病危害评价（6 分）	1. 在可行性论证阶段应委托具有相应资质的职业健康技术服务机构进行预评价。职业危害预评价报告应当报送建设项目所在地主管部门备案 （2 分）	1. 在可行性论证阶段委托具有相应资质的职业健康技术服务机构进行预评价； 2. 职业危害预评价报告报送建设项目所在地主管部门备案	查： 1. 职业病危害预评价报告； 2. 备案申报文件		1. 未进行职业病危害预评价，扣 2 分； 2. 评价单位无资质，扣 2 分； 3. 未报送主管部门备案，扣 2 分
		2. 建设项目在竣工验收前，建设单位应委托具有相应资质的职业健康技术服务机构进行职业病危害控制效果评价 （2 分）	建设项目在竣工验收前委托具有相应资质的职业健康技术服务机构进行职业病危害控制效果评价	查： 职业病危害控制效果评价报告		1. 未进行职业病危害控制效果评价，扣 2 分； 2. 评价单位无资质，扣 2 分

续上表

一级要素	二级要素	规范要求	企业达标标准	考评方法	考评标准	
					否决项	扣分项
10 职业健康（23 分）	10.3 职业病危害评价（6 分）	3. 职业危害控制效果评价报告、职业危害防护设施验收批复文件应报送建设项目所在地主管部门备案（1 分）	职业危害控制效果评价报告、职业危害防护设施验收批复文件应报送建设项目所在地主管部门备案	查： 备案申报、批复文件		无备案申报、批复文件，一项扣 1 分
		4. 建设项目竣工验收时，其职业病防护设施经卫生行政部门验收合格，并取得职业危害防护设施验收批复文件（1 分）	职业病防护设施经卫生行政部门验收合格，并取得职业危害防护设施验收批复文件	查： 验收批复文件		未经验收或无验收批复文件，一项扣 1 分
	10.4 作业场所职业危害管理（8 分）	1. 应按规定设置职业健康管理机构并配备专职/兼职的职业健康专业人员，负责本企业的职业病防治工作（1 分）	按规定设置职业健康管理机构并配备专职/兼职的职业健康专业人员，负责本企业的职业病防治工作	查： 1. 组织机构； 2. 配备专职/兼职的职业健康专业人员相关文件		无职业健康管理机构或未配备专职/兼职专业人员，扣 1 分
		2. 应制订职业危害防治计划和实施方案，对可能存在职业危害的作业场所的作业人员定期进行体检，并对体检结果进行分析和提出建议，建立、健全企业职业卫生档案和从业人员健康监护档案（2 分）	1. 制订职业危害防治计划和实施方案； 2. 对可能存在职业危害的作业场所的作业人员定期进行体检，并对体检结果进行分析和提出建议； 3. 建立、健全企业职业卫生档案和从业人员健康监护档案	查： 1. 职业危害防治计划和实施方案； 2. 体检统计分析记录； 3. 企业职业卫生档案； 4. 从业人员健康监护档案		1. 无职业危害防治计划和实施方案，扣 0.5分； 2. 未定期体检，扣 0.5分； 3. 无体检统计分析记录，或未提出建议，一项扣 0.5 分； 4. 无企业职业卫生档案，扣 0.5 分； 5. 无从业人员健康监护档案，扣 0.5 分

续上表

一级要素	二级要素	规 范 要 求	企业达标标准	考 评 方 法	考评标准	
					否决项	扣分项
10 职业健康（23 分）	10.4 作业场所职业危害管理（8 分）	3. 应在有可能发生急性职业损伤的有毒有害作业场所按规定设置报警设施、冲洗设施、防护急救器具专柜，设置应急撤离通道和必要的泄险区； 各种防护器具应有专人负责保管，并定期校验和维护，确保其处于正常状态 （2 分）	1. 在有可能发生急性职业损伤的有毒有害作业场所按规定设置报警设施、冲洗设施、防护急救器具专柜； 2. 设置应急撤离通道和必要的泄险区； 3. 各种防护器具应有专人负责保管； 4. 定期校验和维护，并记录	查： 1. 报警设施、冲洗设施、防护急救器具清单； 2. 各种防护器具负责人清单； 3. 定期校验和维护记录。 现场查看： 防护报警设施、应急撤离通道、必要的泄险区		1. 必要的防护报警设施、急救器具，缺一项扣 0.5 分； 2. 现场报警设施、冲洗设施、防护急救器具有一处与清单不符，扣 0.5 分； 3. 无应急撤离通道、必要的泄险区，缺一处扣 0.5 分； 4. 各种防护器具无专人负责，一项扣 0.5 分； 5. 无定期校验和维护记录，扣 0.5 分
		4. 对产生严重职业病危害的作业场所，应当在其醒目位置，设置警示标识和中文警示说明。警示说明应当载明产生职业病危害的种类、后果、预防以及应急救治措施等内容； 作业场所职业病危害因素不符合国家职业卫生标准和卫生要求时，企业应立即采取相应治理措施，仍然达不到国家职业卫生标准和卫生要求的，必须停止存在职业病危害因素的作业；职业病危害因素经治理后，符合国家职业卫生标准和卫生要求的，方可重新作业 （2 分）	1. 产生严重职业病危害的作业场所，在其醒目位置，设置警示标识和警示说明； 2. 警示说明中载明产生职业病危害的种类、后果、预防以及应急救治措施等内容； 3. 作业场所职业病危害因素不符合国家职业卫生标准和卫生要求时，立即采取相应治理措施； 4. 仍然达不到国家职业卫生标准和卫生要求时，停止作业； 5. 职业病危害因素经治理，符合国家职业卫生标准和卫生要求后，方可重新作业	查： 1. 不符合国家标准和卫生要求的职业病危害因素治理措施清单； 2. 治理效果记录。 现场查看： 1. 警示标识、警示说明； 2. 治理措施落实情况		1. 不符合国家标准和卫生要求的职业病危害因素未采取治理措施，一项扣 1 分； 2. 治理后未达到标准要求，仍在作业，一处扣 1 分； 3. 无警示标识和警示说明，一处扣 1 分； 4. 警示说明中未载明产生职业病危害的种类、后果、预防以及应急救治措施等内容，一项扣 0.5 分

续上表

一级要素	二级要素	规 范 要 求	企业达标标准	考 评 方 法	考评标准	
					否决项	扣分项
10. 职业健康（23 分）	10. 4 作业场所职业危害管理（8 分）	5. 不得安排上岗前未经职业健康检查的从业人员从事接触职业病危害的作业；不得安排有职业禁忌的从业人员从事禁忌作业 （1 分）	1. 未经职业健康检查的从业人员不得从事接触职业病危害的作业； 2. 不得安排有职业禁忌的从业人员从事禁忌作业	查： 1. 从事接触职业病危害的作业人员名册； 2. 健康检查报告。 问： 1. 随机询问作业人员是否接受过职业健康检查； 2. 随机询问作业人员是否有职业禁忌		1. 未经职业健康检查的从业人员仍在从事接触职业病危害的作业，一名扣 0.5 分； 2. 作业人员从事职业禁忌作业，一名扣0.5 分
11 安全文化建设（20 分）	11. 1 安全承诺（3 分）	1. 应建立包括安全价值观、安全愿景、安全使命和安全目标等在内的安全承诺。 安全承诺应： （1）切合企业特点和实际，反映共同安全志向； （2）明确安全问题在企业内部具有最高优先权； （3）声明所有与企业安全有关的重要活动都追求卓越； （4）含义清晰明了，并被全体员工和相关方所知晓和理解 （3 分）	1. 建立包括安全价值观、安全愿景、安全使命和安全目标等在内的安全承诺 2. 安全承诺应： （1）切合企业特点和实际，反映共同安全志向； （2）明确安全问题在企业内部具有最高优先权； （3）明确所有与企业安全有关的重要活动都追求卓越； （4）含义清晰明了，并被全体员工和相关方所知晓和理解	查： 安全承诺	二级否决项： 无安全承诺，扣 3 分	安全承诺部分要素缺失或不全面，缺一项，扣 0.5 分
	11. 2 安全行为激励（6 分）	1. 应建立员工安全绩效评估系统，建立将安全绩效与工作业绩相结合的奖励制度 （2 分）	建立员工安全绩效评估系统，建立将安全绩效与工作业绩相结合的奖励制度	查： 安全绩效与工作业绩相结合的奖励制度		无安全绩效与工作业绩相结合的奖励制度，扣 2 分

续上表

一级要素	二级要素	规范要求	企业达标标准	考评方法	考评标准	
					否决项	扣分项
11 安全文化建设（20 分）	11.2 安全行为激励（6 分）	2. 应在企业内部树立安全榜样或典范，发挥安全行为和安全态度的示范作用（2 分）	在企业内部树立安全榜样或典范，发挥安全行为和安全态度的示范作用	查：企业内部安全榜样或典范事例		无企业内部的安全榜样或典范，扣 2 分
		3. 鼓励员工识别安全缺陷，对员工所识别的安全缺陷，应给予及时处理和反馈（2 分）	鼓励员工识别安全缺陷，对员工所识别的安全缺陷，给予及时处理和反馈	查：相关安全缺陷记录、处理及反馈意见		1. 从未及时给予处理和反馈，扣 2 分； 2. 一次未及时给予处理和反馈，扣 0.5 分
	11.3 传播与沟通（4 分）	1. 应建立安全信息传播系统，综合利用各种传播途径和方式，提高传播效果（2 分）	建立安全信息传播系统，综合利用各种传播途径和方式，提高传播效果	查：安全信息传播途径和方式		未建立安全信息传播系统，或无安全信息传播途径和方式，扣 2 分
		2. 应将企业内部有关安全生产、管理的经验、实践和概念作为传播内容的组成部分（1 分）	将企业内部有关安全生产管理的经验、实践和概念作为传播内容的组成部分	查：安全信息传播相关资料		未将企业内部有关安全的经验、实践和概念作为传播内容的组成部分，扣 1 分
		3. 应就安全事项建立良好的沟通程序，确保企业与政府监管机构、相关方、各级管理者、员工及员工相互之间的沟通（1 分）	建立良好的沟通程序，确保企业与政府监管机构、相关方、各级管理者、员工及员工相互之间的沟通	查：沟通程序、方式		无良好的沟通程序及方式，扣 1 分
	11.4 自主学习与改进（4 分）	1. 应将与安全相关的任何事件，尤其是人员失误或组织错误事件，当作能够从中汲取经验教训的宝贵机会与信息资源，获得新的知识和能力（2 分）	将与安全相关的任何事件，尤其是人员失误或组织错误事件，当作能够从中汲取经验教训的宝贵机会与信息资源，获得新的知识和能力	查：安全信息记录		未将与安全相关的事件作为可从中汲取经验教训的安全信息资源，扣 2 分

续上表

一级要素	二级要素	规范要求	企业达标标准	考评方法	考评标准	
					否决项	扣分项
11 安全文化建设（20分）	11.4 自主学习与改进（4分）	2. 经验教训、改进过程等信息编写到企业内部培训课程或宣传教育活动的内容中，使员工广泛知晓 （1分）	经验教训、改进过程等信息编写到企业内部培训课程或宣传教育活动的内容中，使员工广泛知晓	查： 1. 企业内部培训课程内容； 2. 宣传教育活动内容		未将经验教训、改进过程等信息编写到企业内部培训课程或宣传教育活动的内容中，扣1分
		3. 应鼓励员工对安全问题予以关注，进行团队协作，利用既有知识和能力，辨识和分析可供改进的机会，对改进措施提出建议，并在可控条件下授权员工自主改进 （1分）	1. 鼓励员工对安全问题予以关注，进行团队协作，利用既有知识和能力，辨识和分析可供改进的机会； 2. 对改进措施提出建议，并在可控条件下授权员工自主改进	查： 员工提出的改进措施及落实情况，以及自主改进情况		对员工提出的改进措施，在可控条件下未授权员工自主改进，一次扣0.5分
	11.5 安全事务参与（3分）	可根据企业自身的特点和需要确定员工参与安全事务的形式，可包括但不局限于以下类型： （1）建立在信任和激励基础上的微小差错员工报告机制； （2）定期召开有员工代表参加的安全会议，讨论安全绩效和改进行动； （3）开展岗位风险预见性分析和不安全行为或不安全状态的自查自评活动 （6分）	根据企业自身的特点和需要确定员工参与安全事务的形式，可包括但不局限于以下类型： （1）建立在信任和激励基础上的微小差错员工报告机制； （2）定期召开有员工代表参加的安全会议，讨论安全绩效和改进行动； （3）开展岗位风险预见性分析和不安全行为或不安全状态的自查自评活动	查： 员工参与安全事务的记录。 问： 随机询问相关人员是否参与过企业安全事务		1. 员工从未参加过企业安全事务，扣3分； 2. 无记录，扣1分； 3. 一人未参与，扣0.5分

续上表

一级要素	二级要素	规范要求	企业达标标准	考评方法	考评标准	
					否决项	扣分项
12 隐患排查与治理 (55分)	12.1 隐患排查 (15分)	1. 企业应建立健全事故隐患排查治理、建档监控制度，并保证事故隐患排查治理所需资金 (4分)	1. 建立健全事故隐患排查治理、建档监控制度； 2. 保证事故隐患排查治理所需资金	查： 1. 事故隐患排查治理、建档监控制度； 2. 资金投入财务记录		1. 无事故隐患排查治理、建档监控制度，扣4分； 2. 事故隐患排查治理所需资金未得到保证，扣4分
		2. 应定期组织事故隐患排查工作，对排查出的事故隐患，按事故隐患等级进行登记，建立事故隐患信息档案 (5分)	1. 定期组织事故隐患排查； 2. 对排查出的事故隐患，按事故隐患等级进行登记，建立事故隐患信息档案	查： 1. 隐患排查记录； 2. 隐患信息档案		1. 从未定期组织事故隐患排查，扣5分； 2. 未按制度规定定期组织隐患排查，一次扣2分； 3. 无隐患排查记录，扣1分； 4. 无隐患信息档案，扣1分
		3. 在法律法规、标准规范发生变更或有新的公布，以及作业条件或装卸/储存货种发生重大改变，新建、改建、扩建项目建设，相关方进入、撤出或改变，对事故、事件或其他信息有新的认识，组织机构发生大的调整的，应及时组织隐患排查 (3分)	在法律法规、标准规范发生变更或有新的公布，以及作业条件或装卸/储存货种发生重大改变，新建、改建、扩建项目建设，相关方进入、撤出或改变，对事故、事件或其他信息有新的认识，组织机构发生大的调整时，及时组织隐患排查	查： 隐患排查记录		未及时组织隐患排查，一项扣1分
		4. 隐患排查前应制订排查方案，明确排查的目的、范围，选择合适的排查方法 (3分)	制订隐患排查方案，方案中包含排查目的、范围、方法等内容	查： 隐患排查方案		1. 无隐患排查方案，扣1分； 2. 方案内容不全，缺一项扣0.5分

续上表

一级要素	二级要素	规范要求	企业达标标准	考评方法	考评标准	
					否决项	扣分项
12 隐患排查与治理（55分）	12.2 隐患治理（30分）	1. 对隐患排查中发现的事故隐患，企业应及时组织隐患治理，做到定治理措施、定负责人、定资金来源、定治理期限 （4分）	1. 建立隐患治理台账； 2. 对查出的每个隐患都要明确责任人、治理措施、资金来源、治理时限	查： 隐患治理台账		1. 未建立隐患治理台账扣1分； 2. 隐患治理无责任人、无措施、无资金、无治理时限，一项扣0.5分
		2. 对于一般事故隐患，企业应立即组织整改； 对于重大事故隐患，企业应组织制订并实施事故隐患治理方案。重大事故隐患治理方案应包括以下内容： （1）治理的目标和任务； （2）采取的方法和措施； （3）经费和物资的落实； （4）负责治理的机构和人员； （5）治理的时限和要求； （6）安全措施和应急预案 （6分）	1. 一般事故隐患立即组织整改； 2. 按规范要求制订重大事故隐患治理方案； 3. 按规定治理时限完成整改，并保存治理记录	查： 1. 隐患治理通知书； 2. 隐患治理记录； 3. 重大事故隐患治理方案； 4. 重大事故隐患治理记录		1. 所有一般事故隐患均未立即组织整改，扣6分； 2. 一般事故隐患未立即组织整改，一项扣0.5分； 3. 未按时完成重大事故隐患治理，且无正当理由说明，扣6分； 4. 未向相关部门下达隐患治理通知书，一项扣0.5分； 5. 无重大事故隐患治理方案，扣1分； 6. 重大事故隐患治理方案内容不符合规范要求，缺一项扣0.5分； 7. 无重大事故隐患治理记录，扣0.5分

续上表

一级要素	二级要素	规范要求	企业达标标准	考评方法	考评标准	
					否决项	扣分项
12 隐患排查与治理（55分）	12.2 隐患治理（30分）	3. 在隐患治理过程中，应采取相应的安全防范措施，防止事故发生。隐患排除前或者排除过程中无法保证安全的，应当从危险区域内撤出作业人员，并疏散可能危及的其他人员，设置警戒标志，暂时停止作业或者停止使用；对暂时难以停止作业或者停止使用的相关生产储存装置、设施、设备，应当加强维护和保养，防止事故发生 （6分）	1. 在隐患治理过程中，采取相应的安全防范措施，防止事故发生； 2. 隐患排除前或者排除过程中无法保证安全的，从危险区域内撤出作业人员，并疏散可能危及的其他人员，设置警戒标志，暂时停止作业或者停止使用； 3. 对暂时难以停止作业或者停止使用的相关生产储存装置、设施、设备，加强维护和保养，防止事故发生	查： 1. 事故隐患治理方案； 2. 事故隐患治理记录； 3. 相关文件		1. 所有隐患治理过程中，均未采取相应的安全防范措施，扣6分； 2. 隐患治理过程中，缺一项相应安全防范措施，扣1分
		4. 全部或者局部停产停业治理的重大事故隐患，治理工作结束后，企业应组织本单位的技术人员和专家对重大事故隐患的治理情况进行评估，或委托具备相应资质的安全评价机构对重大事故隐患的治理情况进行评估。 经治理后符合安全生产条件的，企业应向港口行政管理部门和其他有关部门提出恢复生产的书面申请，经港口行政管理部门和有关部门审查同意后，方可恢复生产经营。申请报告应包括治理项目名称、治理方案、安全评价机构出具的评价报告等内容 （4分）	1. 全部或者局部停产停业治理的重大事故隐患，治理工作结束后，组织本单位的技术人员和专家对重大事故隐患的治理情况进行评估，或委托具备相应资质的安全评价机构对重大事故隐患的治理情况进行评估； 2. 经治理后符合安全生产条件的，向港口行政管理部门和其他有关部门提出恢复生产的书面申请，经港口行政管理部门和有关部门审查同意后，方可恢复生产经营； 3. 申请报告包括治理项目名称、治理方案、安全评价机构出具的评价报告等内容	查： 1. 重大事故治理评估报告； 2. 恢复生产经营的申请报告； 3. 港口行政管理部门和有关部门批复文件		1. 重大事故隐患治理后未经审查批准即投入使用，扣4分； 2. 无重大事故治理评估报告，缺一份扣1分； 3. 无恢复生产经营的申请报告，缺一次扣1分； 4. 申请报告不符合规范要求，一处扣0.5分

续上表

一级要素	二级要素	规范要求	企业达标标准	考评方法	考评标准	
					否决项	扣分项
12 隐患排查与治理（55分）	12.2 隐患治理（30分）	5. 对暂不具备整改条件的重大事故隐患，必须采取防范措施，并纳入计划； 无力解决的重大事故隐患，除应书面向企业直接主管部门报告外，应采取有效防范措施 （4分）	1. 暂不具备整改条件的和无力解决的重大事故隐患，必须采取有效防范措施； 2. 向主管部门提出书面报告，报告中说明暂不具备整改条件和无力解决的原因、整改计划和防范措施等	查： 1. 暂不具备整改条件和无力解决的重大事故隐患的防范措施； 2. 向主管部门提交的书面报告； 3. 隐患整改计划		1. 暂不具备整改条件和无力解决的重大事故隐患未采取防范措施，扣4分； 2. 未纳入计划限期整改或停产，扣3分； 3. 未向主管部门提交书面报告，扣2分
		6. 应对隐患治理效果进行跟踪管理，确保隐患已予以排除，跟踪管理情况应有记录，并归档保存 （6分）	1. 对隐患治理效果进行跟踪管理，确保隐患已予以排除； 2. 跟踪管理情况应有记录，并归档保存	查： 1. 隐患跟踪管理记录； 2. 档案目录		1. 未对隐患治理效果进行跟踪管理，扣6分； 2. 跟踪管理无记录或未归档，一项扣1分
	12.3 隐患排查治理的管理（10分）	1. 应每季、每年对本单位事故隐患排查治理情况进行统计分析，并分别于下一季度15日前和下一年1月31日前向港口行政管理部门和有关部门报送书面统计分析表。统计分析表应当由生产经营单位主要负责人签字 （3分）	1. 每季对本单位事故隐患排查治理情况进行统计分析，并于下一季度15日前向港口行政管理部门和有关部门报送书面统计分析表； 2. 每年对本单位事故隐患排查治理情况进行统计分析，并分别于下一年1月31日前向港口行政管理部门和有关部门报送书面统计分析表； 3. 统计分析表应当由生产经营单位主要负责人签字	查： 1. 最近的季度、年度事故隐患排查治理情况统计分析表； 2. 向港口行政管理部门和有关部门报送记录或相关文件		1. 无季度、年度事故隐患排查治理情况统计分析表，缺一份扣1分； 2. 未向港口行政管理部门和有关部门报送，缺一项扣1分； 3. 统计分析表上无主要负责人签字，扣0.5分
		2. 对于重大事故隐患，生产经营单位除按规定报送外，应及时向港口行政管理部门和有关部门报告。重大事故隐患报告内容应当包括	按规范要求及时向港口行政管理部门及有关部门报告重大事故隐患	查： 重大事故隐患报告相关资料文件		1. 未向港口行政管理部门及有关部门报告重大事故隐患，扣3分；

续上表

一级要素	二级要素	规范要求	企业达标标准	考评方法	考评标准	
					否决项	扣分项
12 隐患排查与治理（55分）	12.3 隐患排查治理的管理（10分）	（1）隐患的现状及其产生原因； （2）隐患的危害程度和整改难易程度分析； （3）隐患的治理方案，包括资金概算等情况 （3分）				2. 报告内容不符合要求，缺一项扣1分
		3. 重大事故隐患应建立档案，档案内容应包括： （1）隐患的现状及其产生原因； （2）隐患治理方案； （3）治理时间表和责任人； （4）隐患治理情况评估报告； （5）恢复生产的书面申请； （6）港口行政管理部门批复意见 （4分）	建立重大隐患档案，档案除包括规范要求的内容外，还结合企业实际情况增补其他相关的内容	查： 1. 重大隐患档案清单； 2. 重大隐患档案		1. 未建立重大隐患档案，扣4分； 2. 无重大隐患档案清单，扣1分； 3. 档案内容不全，缺一项扣0.5分
13 应急管理（70分）	13.1 应急预案（18分）	1. 应按规定制订生产安全事故综合应急预案，并针对某种具体的、特定类型的紧急情况，制订专项预案，针对重点作业岗位制订应急处置方案或措施，形成安全生产应急预案体系 （6分）	1. 按规定制订生产安全事故综合应急预案； 2. 针对某种具体的、特定类型的紧急情况，制订专项预案； 3. 针对重点作业岗位制订应急处置方案或措施	查： 1. 综合应急预案； 2. 专项预案； 3. 应急处置方案或措施。 问： 重点岗位作业人员对应急处置方案或措施的掌握情况	二级否决项： 所有应急预案均没有，扣18分	1. 无综合应急预案，扣6分； 2. 综合应急预案内容不符合标准要求，扣2分； 3. 无专项预案，缺一项扣2分； 4. 无应急处置方案或措施，一项扣2分； 5. 相关岗位人员不熟悉应急处置方案，一人次扣1分

续上表

一级要素	二级要素	规范要求	企业达标标准	考评方法	考评标准	
					否决项	扣分项
13 应急管理 (70 分)	13.1 应急预案 (18 分)	2. 应急预案应根据有关规定报港口行政管理部门和有关部门备案，并通报有关应急协作单位，建立应急联动机制 (4 分)	1. 应急预案报港口行政管理部门和有关部门备案； 2. 通报有关应急协作单位，建立应急联动机制	查： 1. 备案有关文件资料及回执； 2. 应急协作单位名录； 3. 通报应急协作单位记录及回执； 4. 应急联动相关文件		1. 未及时备案，扣 2 分； 2. 未通报当地应急协作单位，扣 1 分； 3. 未建立应急联动机制，扣 1 分
		3. 应对所有员工进行应急救援预案的培训，定期演练，评价演练效果，评价应急救援预案的充分性和有效性，并形成记录 (4 分)	1. 组织应急救援预案培训； 2. 综合应急救援预案每年至少组织一次演练；专项预案每半年至少组织一次演练；现场处置方案每季度至少组织一次演练； 3. 演练应有计划、方案、总结； 4. 演练后及时进行演练效果评价，并对应急预案评审； 5. 编制演练评价及预案评审报告	查： 1. 应急救援预案培训记录； 2. 应急救援预案演练记录； 3. 应急救援预案演练计划、方案、总结； 4. 演练评价及预案评审报告。 问： 有关人员是否熟悉应急救援预案内容及参加演练情况		1. 未对从业人员进行应急救援预案培训，一人次扣 0.5 分； 2. 未定期进行应急救援预案演练，扣 0.5 分； 3. 无演练计划、方案、总结，一项扣 0.5 分； 4. 未对预案演练进行效果评价，扣 0.5 分； 5. 演练后未对预案评审，扣 0.5 分； 6. 相关人员不熟悉预案内容或未参加演练记录中应急预案演练，一人次扣 0.5 分
		4. 应急预案应定期评审，并根据评审结果和实际情况的变化随时进行修订和完善，预案评审修订情况应有记录并存档 (4 分)	1. 定期评审应急救援预案，至少每三年评审修订一次； 2. 潜在事件和突发事故发生后，及时评审修订预案 3. 预案评审修订情况有记录并存档	查： 1. 应急救援预案评审修订规定； 2. 应急救援预案评审记录		1. 无应急救援预案评审修订规定，扣 2 分； 2. 未定期或及时评审修订应急救援预案，一项扣 1 分 3. 无评审修订记录，一项扣 1 分

续上表

一级要素	二级要素	规范要求	企业达标标准	考评方法	考评标准	
					否决项	扣分项
13 应急管理（70 分）	13.2 应急救援组织（10 分）	1. 应建立应急指挥系统（3 分）	建立应急指挥系统	查：应急救援预案		无应急指挥系统，扣 4 分
		2. 应建立应急救援队伍（3 分）	建立应急救援队伍	查：应急救援预案。问：相关人员是否了解应急救援队伍的组成		1. 未建立应急救援队伍，扣 4 分； 2. 相关人员不清楚应急救援队伍组成，一人次扣 0.5 分
		3. 应明确各级应急指挥系统和救援队伍的职责（4 分）	明确各级指挥系统和救援队伍职责	查：应急救援预案。问：相关人员是否了解各自的职责		1. 未明确各级应急指挥系统和救援队伍职责，一项不符合扣 0.5分； 2. 相关人员不了解其应急职责，一人次扣 0.5分
	13.3 应急物资、装备（16 分）	1. 应根据企业应急预案的要求配备应急装备、储备应急物资（3 分）	1. 针对可能发生的事故类型，按照应急预案要求配齐、配足相应的应急救援设备、器材、物资、急救药品； 2. 建立应急救援设备、器材、物资和急救药品台账	查： 1. 应急救援预案； 2. 应急救援器材、设备、物资、急救药品台账。 现场查看： 应急救援器材、设备、物资、急救药品配置情况		1. 未按有关规定及企业应急预案的要求配备足够的应急救援设备、器材、物资和急救药品，一项不符合扣 1 分； 2. 未建立应急救援设备、器材、物资和急救药品台账，一项扣 0.5 分； 3. 应急救援设备、器材、物资和急救药品配置情况与记录不符，一项扣 0.5 分

续上表

一级要素	二级要素	规范要求	企业达标标准	考评方法	考评标准	
					否决项	扣分项
13 应急管理（70 分）	13.3 应急物资、装备（16 分）	2. 防污染应急设备应按照《港口码头溢油应急设备配备要求》（JT/T451—2009）的规定，根据企业实际情况配置，如配置围油栏、收油机、油拖网、吸油材料、溢油分散剂、溢油监视报警装置、浮油回收船等。 在配备应急设备前，应将设备数量清单报主管部门核准，码头交工运行前，其应急设备配备情况应通过主管部门专项验收，运行过程中，应急设备变化时，应及时报主管部门核准 （5 分）	1. 按照《港口码头溢油应急设备配备要求》的规定及企业实际情况配置溢油应急设备； 2. 在配备应急设备前，将设备数量清单报主管部门核准； 3. 码头交工运行前，应急设备配备情况通过主管部门专项验收； 4. 运行过程中，应急设备变化时，及时报主管部门核准	查： 1. 溢油应急设备清单； 2. 在配备应急设备前，主管部门核准文件； 3. 码头交工运行前，主管部门专项验收文件； 4. 运行过程中，应急设备变化时，主管部门核准文件		1. 无溢油应急设备，扣 6 分； 2. 在配备应急设备前，未将设备数量清单报主管部门核准，扣 1 分； 3. 码头交工运行前，应急设备配备情况未通过主管部门专项验收，扣 6 分； 4. 运行过程中，应急设备变化时，未及时报主管部门核准，扣 2 分
		3. 自身无力承担围油栏布放和应急工作时，经主管部门核准，可将日常围油栏布放和应急业务委托给经主管部门认可的专业清污机构； 运行过程中，委托方变化时，应及时报主管部门核准 （2 分）	1. 自身无力承担围油栏布放和应急工作时，将日常围油栏布放和应急业务委托给经主管部门认可的专业清污机构； 2. 运行过程中，委托方变化时，及时报主管部门核准	查： 委托协议		1. 企业自身无能力又未委托专业清污机构，扣 2 分 2. 运行过程中，委托方变化时，未及时报主管部门核准，扣 2 分
		4. 按照《石油储备库设计规范》（GB50737—2011）的要求配备防止事故状态下原油及液体污染物流出港外的设施，如事故存液池、排水总出口切断阀等 （3 分）	配备防止事故状态下原油及液体污染物流出港外的设施，如事故存液池、排水总出口切断阀等	查： 防止事故状态下原油及液体污染物流出港外的设施清单。 现场查看： 防止事故状态下原油及液体污染物流出港外的设施情况		1. 无防止事故状态下原油及液体污染物流出港外的设施，扣 3 分； 2. 设施与清单不符，一处扣 1 分

续上表

一级要素	二级要素	规范要求	企业达标标准	考评方法	考评标准	
					否决项	扣分项
13 应急管理（70分）	13.3 应急物资、装备（16分）	5. 应对应急物资及装备进行经常性的检查、维护、保养，确保其完好、可靠（3分）	应急物资及装备进行经常性的检查、维护、保养，确保其完好、可靠	查： 应急救援物资、装备检查维护记录		应急救援物资、装备未定期检查维护，一项不符合扣1分
	13.4 应急通信（6分）	6. 应建立应急通讯网络，并保证其24小时畅通（6分）	1. 设置固定报警电话； 2. 明确应急救援指挥和各救援小组负责人电话； 3. 明确外部救援单位联络电话； 4. 报警电话24小时畅通	查： 应急救援预案； 内、外部通讯联络表。 问： 作业人员是否清楚内部、外部报警电话号码。 现场查看： 1. 是否设置报警电话； 2. 报警电话是否畅通； 3. 紧急联系电话告知情况	二级否决项： 未建立应急通讯网络，扣6分	1. 无固定报警电话，扣1分； 2. 内、外部通讯联络表，扣2分，表中联系人、联系电话缺一处扣0.5分； 3. 报警电话不能保证畅通，一处扣0.5分； 4. 作业人员不了解内外部报警电话号码，一人次扣0.5分
	13.5 抢险与救护（12分）	1. 当发生险情或事故时，应立即启动应急预案，采取应急行动，排除事故危害，防止事故进一步扩散。并按照有关规定向所在地港口行政管理部门和有关部门报告（4分）	1. 当发生险情或事故时，立即启动应急预案，采取应急行动，排除事故危害，控制事故进一步扩散； 2. 按照有关规定向所在地港口行政管理部门和有关部门报告	查： 1. 应急预案； 2. 向港口行政管理部门和有关部门报告的相关文件		1. 未及时采取应急行动，导致事故蔓延扩大，扣4分； 2. 未向港口行政管理部门和有关部门报告，扣4分
		2. 安全、技术、设备、动力、生产、消防、保卫等部门应协助做好现场抢救和警戒工作，保护事故现场（4分）	各有关部门协助做好现场抢救和警戒工作，保护事故现场	查： 应急预案中各部门的职责。 问： 各部门有关人员是否了解各自在应急抢险救援中的职责		1. 未明确各部门职责，一项扣0.5分； 2. 相关人员不了解其应急职责，一人次扣0.5分

续上表

一级要素	二级要素	规范要求	企业达标标准	考评方法	考评标准	
					否决项	扣分项
13 应急管理（70 分）	13.5 抢险与救护（12 分）	3. 及时做好人员应急撤离疏散，抢险救援人员应佩戴好相应的防护器具，对伤亡人员及时进行抢救处理（4 分）	1. 及时做好人员应急撤离疏散； 2. 抢险救援人员佩戴好相应的防护器具，对伤亡人员及时进行抢救处理	查： 1. 应急预案； 2. 应急预案培训教材、培训记录； 3. 应急预案演习记录		1. 事故状态下不能及时疏散人员，扣 4 分； 2. 未进行抢险救援知识培训，扣 1 分； 3. 抢救人员不了解基本急救知识，一人次扣 0.5 分
	13.6 人员疏散（8 分）	1. 制订疏散逃生预案并定期组织疏散逃生演练（2 分）	1. 制订疏散逃生预案；（可包含在其他相关预案中） 2. 定期组织疏散逃生演练（可与其他演练合并）	查： 1. 疏散逃生预案； 2. 演练记录		1. 无疏散逃生预案，扣 2 分； 2. 未定期演练，扣 2 分； 3. 无演练记录，扣 1 分
		2. 按规范要求设置消防安全疏散指示标志，配备疏散、逃生器材（3 分）	按规范要求设置消防安全疏散指示标志，配备疏散、逃生器材	现场查看： 安全疏散标志、疏散、逃生器材		安全疏散标志、疏散、逃生器材，缺一项，扣 0.5 分
		3. 从业人员应熟练掌握疏散逃生知识，会使用疏散逃生器材，熟知疏散逃生路线（3 分）	对从业人员进行培训，使其熟练掌握疏散逃生知识，会使用疏散逃生器材，熟知疏散逃生路线	查： 培训记录。 问： 相关人员		1. 未对从业人员进行培训，扣 3 分； 2. 无培训记录，扣 1 分； 3. 相关人员不会使用逃生器材，不知道逃生路线，一人次扣 0.5 分
14 事故/事件管理（50 分）	14.1 事故报告（16 分）	1. 发生生产安全事故后，事故现场有关人员除立即采取应急措施外，应按规定程序报告本单位负责人（4 分）	发生生产安全事故后，事故现场有关人员除立即采取应急措施外，按规定程序报告本单位负责人	查： 1. 事故报告程序； 2. 事故报告记录		1. 无事故报告程序，扣 2 分； 2. 无事故报告记录，1 次扣 1 分

续上表

一级要素	二级要素	规范要求	企业达标标准	考评方法	考评标准	
					否决项	扣分项
14 事故/事件管理 (50分)	14.1 事故报告 (16分)	2. 事故快报：发生死亡1人以上的事故，必须填写港口生产安全事故快报表，上报至交通运输部。其中： （1）若发生10人以上死亡或者50人以上重伤的特别重大事故或重大事故，应填写港口生产安全事故快报表，2h内上报至交通运输部，同时将快报表抄送至省（自治区、直辖市）港口行政管理部门和所在港口行政管理部门； （2）若发生3人以上10人以下死亡或者50人以下重伤的较大事故，应填写港口生产安全事故快报表，立即逐级上报至省（自治区、直辖市）港口行政管理部门； （3）若发生死亡1～2人的一般事故，应在1h内上报至所在地港口行政管理部门 （3分）	发生死亡1人以上的事故，必须填写港口生产安全事故快报表，上报至交通运输部。其中： （1）若发生10人以上死亡或者50人以上重伤的特别重大事故或重大事故，应填写港口生产安全事故快报表，2h内上报至交通运输部，同时将快报表抄送至省（自治区、直辖市）港口行政管理部门和所在港口行政管理部门； （2）若发生3人以上10人以下死亡或者50人以下重伤的较大事故，应填写港口生产安全事故快报表，立即逐级上报至省（自治区、直辖市）港口行政管理部门； （3）若发生死亡1～2人的一般事故，应在1h内上报至所在地港口行政管理部门	查： 1. 安全生产事故快报表； 2. 相关上报文件		应填写事故快报，但未按规定填写上报，一次扣3分
		3. 事故季报：应在每季度后3个工作日内将上个统计期（即上季度）的本单位生产安全事故统计表报送至所在地港口行政管理部门 （3分）	在每季度后3个工作日内将上个统计期（即上季度）的本单位生产安全事故统计表报送至所在地港口行政管理部门	查： 1. 安全生产事故统计表； 2. 相关上报文件		1. 无事故统计表，扣3分； 2. 未按规定上报，扣3分
		4. 事故快报表及事故统计表均应标明单位负责人、统计负责人、填	事故快报表及事故统计表均应标明单位负责人、统计负责人、填表人、联系电话、上报日期，并加盖公章	查： 事故快报表及事故统计表		事故快报表及事故统计表未标明单位负责人、统计负责人、填表

续上表

一级要素	二级要素	规范要求	企业达标标准	考评方法	考评标准	
					否决项	扣分项
14 事故/事件管理（50分）	14.1 事故报告（16分）	表人、联系电话、上报日期，并加盖公章（3分）				人、联系电话、上报日期、未加盖公章，缺一项扣0.5分
		5. 如发现错报、漏报事故报表的情况，应在48h之内报送更正后的报表（3分）	发现错报、漏报事故报表的情况，应在48h之内报送更正后的报表	查： 更正报表		1. 应报送更正报表，但未报送，扣3分； 2. 报送时间超过48h，扣3分
	14.2 事故调查与处理（22分）	1. 发生生产安全事故后，应积极配合港口行政管理部门和各级人民政府组织的事故调查，负责人和有关人员在事故调查期间不得擅离职守，应当随时接受事故调查组的询问，如实提供有关情况（8分）	1. 发生事故后，积极配合有关部门组织的事故调查； 2. 负责人和有关人员在事故调查期间不得擅离职守，随时接受事故调查组的询问； 3. 如实提供有关情况	查： 事故调查报告		1. 事故调查期间，负责人和有关人员擅离职守，扣4分； 2. 有关人员未如实提供情况，扣4分
		2. 未造成人员伤亡的一般事故，上级主管部门委托企业负责组织调查的，企业应按规定成立事故调查组组织调查，按时提交事故调查报告（6分）	1. 制订事故调查规定； 2. 按规定成立事故调查组，必要时请外部专家参加； 3. 认真组织一般事故调查，按时提交事故调查报告	查： 1. 事故调查规定； 2. 事故调查组组成； 3. 事故调查报告		1. 未按规定成立事故调查组，一项扣2分； 2. 调查组成员不能公正履行其职责，一人次扣1分； 3. 未及时提交事故调查报告，扣1分
		3. 事故调查处理应遵循“四不放过”的原则，并切实落实事故整改和	1. 事故调查处理应遵循“四不放过”的原则； 2. 切实落实事故整改和预防措施，	查： 事故调查处理报告		1. 未按“四不放过”原则进行事故调查、处理，一项扣2分；

续上表

一级要素	二级要素	规范要求	企业达标标准	考评方法	考评标准	
					否决项	扣分项
14 事故/事件管理（50分）	14.2 事故调查与处理（22分）	预防措施，防止事故再次发生（8分）	防止事故再次发生； 3.整改和预防措施包括： （1）工程技术措施； （2）培训教育措施； （3）管理措施			2.事故整改、预防措施不具体，缺乏针对性和可操作性，一项扣1分
	14.3 事故分类管理（12分）	1.应建立事故/事件档案和事故/事件管理台账，对事故、事件进行统计分析，将事件、一般事故、需要上报的事故分类管理（6分）	1.建立事故/事件管理台账，对事故、事件进行统计分析，将事件、一般事故、需要上报的事故分类管理； 2.建立事故/事件档案	查： 1.事故/事件管理台账； 2.事故/事件档案		1.未建事故管理台账，扣2分；内容不符合要求，一项扣0.5分； 2.未建立事故管理档案，扣2分；内容不符合要求，扣0.5分； 3.发生的事故与台账、档案不相符，一项扣1分
		2.应定期组织事故/事件案例回顾分析讲评，以杜绝类似事故/事件的再次发生（6分）	定期组织事故/事件案例回顾分析讲座，以杜绝类似事故/事件的再次发生	查： 事故/事件案例回顾分析讲评记录。 问： 相关人员是否参加过事故/事件案例回顾分析讲评		1.从未组织事故/事件案例回顾分析讲评，扣6分； 2.无事故/事件案例回顾分析讲评记录，一次扣2分； 3.相关人员未参加过事故/事件案例回顾分析讲评，一人次扣0.5分

续上表

一级要素	二级要素	规范要求	企业达标标准	考评方法	考评标准	
					否决项	扣分项
15 绩效评定与持续改进（30分）	15.1 绩效评定（10分）	1. 每年应至少一次对本单位安全生产标准化的实施情况进行绩效评定，验证安全生产制度、安全投入、安全生产管理机构及人员、安全培训教育、事故报送及事故调查处理、隐患排查与治理等情况的适宜性、充分性和有效性，检查安全生产工作目标、指标的完成情况 （4分）	1. 制订安全生产标准化绩效评定管理制度； 2. 成立绩效评定小组，由至少1名安全生产标准化内审员、相关部门和作业队（班组）有关人员参加，每年至少一次，实施企业标准化绩效评定； 3. 制订自评计划，明确绩效评定时间、编制自评检查表； 4. 编写绩效评定报告； 5. 提出进一步完善企业安全生产标准化工作的计划和措施； 6. 绩效评定有关资料存档管理	查： 1. 安全生产标准化绩效评定管理制度； 2. 开展绩效评定的相关文件资料； 3. 进一步完善企业安全生产标准化工作的计划和措施	二级否决项： 未进行绩效评定，扣10分	1. 无安全生产标准化绩效评定管理制度，扣4分； 2. 绩效评定文件不全，一项扣1分； 3. 无进一步完善企业安全生产标准化工作的计划和措施，扣3分
		2. 主要负责人应对绩效评定工作全面负责。评定工作应形成正式文件，并将结果向所有部门、所属单位和从业人员通报，作为年度考评的重要依据 （3分）	1. 企业主要负责人对绩效评定工作全面负责； 2. 评定工作应形成正式文件，并将结果向所有部门、所属单位和从业人员通报，作为年度考评的重要依据	查： 1. 开展绩效评定的相关文件； 2. 绩效评定结果向有关部门通报的文件。 问： 相关人员是否知道自评结果		1. 企业主要负责人未负责绩效评定工作，扣1分； 2. 评定工作未形成正式文件，扣1分； 3. 评定结果未向所有部门、所属单位和从业人员通报，扣1分 4. 相关人员不知道绩效考评结果，一人次扣0.5分
		3. 发生较大级别以上的事故时，应重新进行安全生产标准化绩效评定 （3分）	发生较大级别以上的事故时，重新进行安全生产标准化绩效评定	查： 开展绩效评定的相关文件		发生较大级别以上的事故后未重新进行安全生产标准化绩效评定，扣3分

续上表

一级要素	二级要素	规范要求	企业达标标准	考评方法	考评标准	
					否决项	扣分项
15 绩效评定与持续改进（30分）	15.2 持续改进（20分）	1. 应对绩效评定所发现的问题进行原因分析，制订整改措施，落实整改时间、责任人，并对整改情况进行验证，保存相应记录（6分）	1. 对自评、绩效评定所发现的问题进行原因分析，制订整改措施，落实整改时间、责任人，及时进行整改； 2. 对整改情况进行验证； 3. 保存检查、整改和验证等相关记录	查： 1. 绩效评定记录； 2. 整改措施； 3. 整改情况验证记录		1. 未对自评、绩效评定所发现的问题进行原因分析，一项扣1分； 2. 未对绩效评定所发现的问题进行整改，一项扣1分； 3. 未对整改情况进行验证，一项扣1分； 4. 未保存相应记录，一项扣0.5分
		2. 安全生产主管部门应对绩效评定中发现的问题和整改情况定期进行检查（7分）	安全生产主管部门对绩效评定中发现的问题和整改情况定期检查	查： 检查记录		1. 主管部门未对各级组织检查出的问题和整改情况定期检查，扣7分； 2. 无检查记录，扣2分
		3. 应根据安全生产标准化的评定结果和风险评价所反映的趋势，对安全生产目标、指标、规章制度、操作规程等进行修改完善，持续改进，不断提高安全绩效（7分）	根据安全生产标准化的评定结果和风险评价所反映的趋势，对安全生产目标、指标、规章制度、操作规程等进行修改完善，持续改进，不断提高安全绩效	查： 修改完善记录		未根据安全生产标准化的评定结果和风险评价所反映的趋势修改完善，一项扣1分 （合计最多扣7分）

注：1. 随机询问的人数以相关人员总数的10%计，至少询问一人。
2. 所有制度、操作规程、应急预案，不在于其名称，而在于内容，只要有该内容，且符合要求，则不予扣分。
3. 随机抽查设备数以相关设备总数的10%计，至少抽查一台。
4. 不重复扣分。
5. 每条扣分总数不得超过其目标分值。

附件三　石油化工码头和库区安全设施配备目录及技术要求

1. 码头安全设施目录

编号	安全设施名称		配置及技术要求
1-1	系船安全设施	普通系船柱	（1）普通系船柱的布置应结合泊位功能、码头结构型式及结构分段等综合考虑，并应符合下列规定： ①系船柱布置间距应满足船舶系泊作业需要，可参照 JTJ 297—2001 第 2.2.2.1 条表 2.2.2 确定； ②系船柱中心至码头前沿线的距离宜为 500 ~ 1200mm。对独立系缆墩，系船柱可根据受力和使用要求布置； ③船舶首、尾缆水平投影与船舶纵轴所成的夹角宜为 30° ~ 45°，但不得小于 25°； ④内河直立式码头应根据水位变幅和船型大小分层设置系船柱，层高宜取 3 ~ 4m。 （2）系船柱底盘的上表面宜与码头面齐平
1-2		风暴系船柱	当风暴条件下有系船要求时，应设置风暴系船柱。风暴系船柱宜设在泊位两端距码头前沿线较远处，且不应影响码头正常装卸作业
1-3		系船环	（1）直立式码头采用系船环时，系缆力不宜大于 150kN。斜坡式码头和其他专设系船地牛的码头采用系船环时，系缆力应按使用要求确定； （2）停靠小型船舶的直立式岸壁码头，设置带缆和移船用的系船环时，根据使用要求，可在码头顶面两个系船柱间设置系船环，亦可在码头岸壁的直立面上设一排或多排系船环。当码头岸壁的直立面上设系船环时，上排宜设在码头顶面高程以下 1 ~ 2m 处，上、下排竖向间距宜取 1.5 ~ 2.0m。系船环水平间距宜取 10 ~ 15m，上下两排可交错或同列布置； （3）系船环宜卧入码头顶面、直立墙面或坡面内
1-4		快速脱缆钩	（1）液化天然气码头应设置满足系泊要求的快速脱缆钩； （2）大、中型危险品码头、开敞式码头以及装卸甲乙类油品一级码头宜采用快速脱缆钩； （3）快速脱缆钩的型式和数量，应根据设计船型、系缆力大小和缆绳数量确定，满足系泊要求； （4）快速脱缆钩可采用遥控操作，亦可采用手工操作。遥控操作的快速脱缆钩，运动部分应装设适当的安全防护装置。快速脱缆钩宜设置测力装置

续上表

编号	安全设施名称		配置及技术要求
1-5	系船安全设施	绞缆机	(1)大、中型码头可根据需要设置绞缆机; (2)绞缆机具体位置应根据码头上部结构和安全使用要求确定。石油化工码头绞缆机应布置在输油口水平距离15m外; (3)绞缆机的型式应根据设计船型、码头型式等选定,宜选用2~3倍拖缆力的变速绞缆机; (4)绞缆机的电器开关应具有与所在地区的危险额定值相适应的保护措施
1-6	防冲安全设施	护舷	(1)码头应设置防冲设备。防冲设备应根据其适用条件、码头结构型式、水位变幅、靠泊船型和靠泊方式及安装、使用和维修要求等,通过技术经济比较后确定,满足船舶系泊作业需要和使用要求; (2)橡胶护舷可用于任何型式、任何吨级的码头;轮胎护舷可用于3000吨级以下的中、小型码头;木护舷可用于1000吨级以下的小型码头
1-7	防冲安全设施	防撞设施/防撞墩(桩)	船舶撞击危险性较大的码头和引桥应设置防撞设施
1-8	导、助航安全设施	视觉航标	码头宜设置完善的视觉航标系统,航标的配布和选型,应充分发挥其助航效能,满足航行安全的要求
1-9	导、助航安全设施	靠泊辅助系统/靠泊仪/靠岸测速仪	(1)液化天然气码头应设置靠泊辅助系统、缆绳张力监测系统和环境条件监测系统; (2)开敞式装卸油品一级码头宜设置靠岸测速仪; (3)大型专业化码头宜配置靠泊仪等监控设施
1-10	码头附属安全设施	爬梯	(1)根据需要,可在码头两端和中间设置爬梯; (2)爬梯宜设置在码头前沿临水面的凹槽内或端部的侧面,凹槽深度可取300~400mm,宽度不宜小于600mm。当爬梯突出码头前沿临水面时,爬梯与岸壁间距宜取150~200mm; (3)爬梯可采用钢质或橡胶材料。爬梯宽度不应小于500mm,横杆间距宜取250~300mm。爬梯下端不应高于设计低水位0.5m; (4)爬梯应在码头面上设置扶手,并不应影响系、带缆作业; (5)中、小型码头的爬梯可采用链式爬梯; (6)内河水位变幅大的码头,各层系靠船平台间应设置斜爬梯。爬梯与水平面之间的夹角不宜大于50°。爬梯的宽度不应小于700mm,两侧应设护栏,护栏高度可取700~1000mm。爬梯踏步宽度不应小于200mm。爬梯人孔宽度宜取900~1200mm,长度宜取1500~2200mm,人孔宜设栏杆
1-11	码头附属安全设施	护轮坎/护轮槛	(1)码头边缘宜设置护轮槛; (2)护轮槛可采用连续式或非连续式,需要时亦可采用活动式。其断面形状可采用直角形、外坡形和内坡形等,其边角应修圆; (3)护轮槛应在码头结构伸缩缝处分缝

续上表

编号	安全设施名称		配置及技术要求
1-11	码头附属安全设施	护轮坎/护轮槛	(4)系船柱底盘与码头面齐平时,护轮槛应在系船柱附近断开,断开的长度应根据设计船型及系缆角度确定,可取1500~4000mm。系船柱底盘与护轮槛的顶面齐平时,护轮槛可连续布置; (5)护轮槛高度可取150~300mm,底部宽度可取300~400mm; (6)护轮槛的底部应设置坡向临水侧的排水孔,间距宜为5000~10000mm,直径宜为50~80mm。根据需要可在码头前沿护轮槛顶面设置旗杆孔,间距宜为10000~20000mm,直径宜为50mm; (7)护轮槛应涂刷醒目的标志; (8)护轮槛可采用钢板护角,断开端部可采用圆弧形钢板全包保护
1-12		护栏	(1)码头引桥、操作平台、靠船墩、系船墩和码头其他需要防护的地方,宜设置固定式或活动式护栏,且不应影响装卸作业。登船梯两侧应有安全护栏且护栏高度不低于1.1m; (2)护栏可采用钢结构或钢筋混凝土结构,高度宜取1000~1200mm。开敞式油码头作业平台前沿设置护栏时,护栏高度不宜大于500mm。护栏的立柱间距宜为1500~2000mm; (3)当采用钢结构护栏时,扶手横栏和立柱钢管直径应通过计算确定,并不宜小于48mm。下横栏钢管的直径不宜小于30mm,采用拉链时,链径不宜小于8mm
1-13		人行通道和检修通道	石油化工码头上应设置必要的人行通道和检修通道并应采用不燃性或阻燃性材料
1-14		指示灯	大、中型码头前沿宜设置夜间和雾天指示灯,指示灯可采用固定式或移动式。固定式指示灯可设在护轮槛上
1-15		警示灯	液化天然气码头应设置警示标志和夜间警示灯
1-16		红灯信号	石油化工码头及引桥上应设置明显的红灯信号
1-17		可燃气体检测报警仪(固定式和移动式)	(1)石油化工码头装卸设备、取样口和输油管道阀门等部位水平距离15m范围内,宜设置固定式可燃气体检测报警仪,也可配置一定数量的便携式可燃气体检测报警仪代替固定式检测报警仪; (2)液化天然气码头应设置固定式可燃气体检测报警仪,并应配备一定数量的便携式可燃气体检测报警仪。在检测到的可燃气体或蒸气的浓度达到爆炸下限值的25%时,报警仪应能及时发出声光报警; (3)采用固定式可燃气体检测报警仪,探头的安装应符合下列规定: ①检测密度大于空气的可燃气体探头安装高度宜高出地面0.3~0.6m; ②检测密度小于空气的可燃气体探头安装高度宜高出气体释放源0.5~2.0m
1-18		安全网	登船梯应防滑防冻,并设置安全网

续上表

编号	安全设施名称		配置及技术要求
1-19	装卸工艺系统安全设施	视频监控系统	(1)液化天然气码头应设置监控电视等监控设施； (2)设有固定式遥控灭火装置的石油化工码头宜设置工业电视监视系统
1-20		紧急切断阀门	(1)石油化工码头工艺管线应设置紧急切断阀； (2)紧急切断阀宜在岸边陆侧适当位置，距码头前沿线不应小于20m。紧急切断阀应采取自动、遥控和手动等组合设计，应具备可靠的遥控和就地操作功能
1-21		启停联锁装置	码头装船系统与装船泵房之间应设置启停联锁装置
1-22		船岸紧急切断系统	液化天然气码头应设置船岸紧急切断系统
1-23		污水收集槽	石油化工码头作业面应设计污水收集槽，收集码头面污水及码头面冲洗水
1-24		围堰	石油化工码头装卸作业区应设置围堰
1-25	装卸设备安全设施	移动超限报警装置	装载臂应设置移动超限报警装置
1-26		快速联接器	装载臂与油船连接口处，宜配置快速联接器
1-27		紧急脱离系统	液化天然气码头装卸臂应设置紧急脱离系统
1-28		国际通岸法兰	(1)石油化工码头消防供水管上宜设置国际通岸法兰； (2)液化天然气码头应设置国际通岸法兰
1-29		管托	保温管道应设管托
1-30		金属波纹补偿器、方形补偿器等管道补偿器	输送管道应采取设置补偿器等补偿措施
1-31		涵洞/套管/其他防护措施	石油化工品管道穿越铁路和道路处、可燃气体或可燃液体的管道横穿铁路线或道路时、在液化石油气罐或卸车泵的进口管道等处应采取涵洞或套管或其他防护措施

续上表

编号	安全设施名称		配置及技术要求
1-32	装卸设备安全设施	盲板	石油化工品管道停用时,管道端部应设盲板
1-33		电伴热/蒸汽伴热/保温层等防凝措施	(1)输送易凝液体的石油化工品管道,应采取电伴热/蒸汽伴热/保温层等防凝措施; (2)管道的保温层外,应设良好的防水层
1-34		阴极保护/防腐涂层等防腐蚀设施	(1)石油化工品储罐和管道应采取阴极保护/防腐涂层等防腐蚀措施; (2)钢管及其附件的外表面须涂刷防腐涂层
1-35		防渗漏措施	石油化工品管道与管沟、电线沟和排水沟相交叉时,应采取防渗漏措施
1-36		系拉装置/紧固装置	(1)有防风抗台要求时,码头上的装卸运输机械,应设置安全可靠的防风抗台系拉装置,并根据所配置装卸机械设备的台数设置检修场地和装置; (2)系拉装置应与装卸机械配套进行设计与安装
1-37	防雷、防静电装置	防风装置	
1-38			
1-39		防静电接地装置/船岸跨接防静电接地装置	(1)石油化工码头的输油管道、装载臂和钢引桥等装卸设备及金属构件进行电气连接并应设置防静电、防雷接地装置。地上架空明敷或管沟敷设的输油管道的始末端、分支处及直线段每隔200~300m处应设置防静电、防雷的接地装置,接地点宜设在管道固定点处。接地装置的接地电阻不宜大于10Ω; (2)当石油化工码头采用装载臂装卸油品时,应在装载臂安装绝缘法兰;采用软管装卸油品时,应在每条软管管线上安装一根不导电短管,绝缘片和不导电短管的电阻值均应大于1MΩ。石油化工码头亦可采用其他有效的防静电和防杂散电流的装置; (3)当石油化工码头采用船岸间跨接电缆防止静电及杂散电流时,应设置为油船跨接的防静电接地装置,并应在码头设置与地通连的防爆开关。此接地装置应与码头上装卸油品设备的静电接地装置相连接; (4)石油化工码头每根金属管道均应与已接地的管架做等电位连接,其连接应采用接地连接件;多根金属管道可相互连接后,应再与已接地的管架做等电位连接。金属管道在始端、末端、分支处应设置防雷电感应的接地装置,其工频接地电阻不应大于30Ω。 (5)石油化工码头防雷设计应符合现行国家标准《建筑物防雷设计规范》(GB 50057—2010)和《石油与石油设施雷电安全规范》(GB 15599—1995)的有关规定
1-40		消除人体静电装置	石油化工码头的入口处及有爆炸危险场所的入口处应设置消除人体静电的装置
1-41		绝缘法兰	装卸臂应设绝缘法兰

续上表

编号	安全设施名称		配置及技术要求
1-42	通信设施	有线电话	(1)液化天然气码头应配置满足港口设施保安要求的通信设施; (2)石油化工码头应设置直通报警的有线电话
1-43		无线电通信器材	石油化工码头应设置必要的无线电通信器材
1-44		应急广播对讲系统	液化天然气码头宜设置具备报警、广播和对讲通话等功能的应急广播对讲系统
1-45	其他安全设施	应急锚地	液化天然气船舶应设置应急锚地,也可与油品运输船舶共用锚地。液化天然气船舶的锚位与其他锚地的安全净距不应小于1000m
1-46		拖船	(1)大、中型船舶宜根据实际靠离泊作业需要配置拖轮协助作业; (2)液化天然气船舶靠泊和离泊时宜配备全回转型拖船协助作业
1-47	安全防护措施	防滑措施	码头带缆作业区、登船梯等易滑倒区域应采取相应的防滑措施
1-48		防冻措施	登船梯、在寒冷地区设置的消防炮、水幕喷头和消火栓等固定消防设备应采取防冻措施
1-49		防水和排水措施	电缆沟、电缆隧道应采取防水和排水措施
1-50	溢油应急设备	围油栏	码头同时装卸油品和其它货种时,按要求高的数量配备。同一码头有多个泊位时,除永久布放型围油栏和溢油监视报警装置外,其他设备可按要求高的数量配备
1-51		阻燃型围油栏	石油化工码头宜设置阻燃型围油栏
1-52		溢油监视报警装置	(1)码头同时装卸油品和其他货种时,按要求高的数量配备。同一码头有多个泊位时,除永久布放型围油栏和溢油监视报警装置外,其他设备可按要求高的数量配备; (2)当油码头经营油品的粘度大于6000CST或港区水域的水温可能低于油品的凝点时应配备油拖网;油码头在5万吨级以上时,应配备溢油监视报警装置
1-53		浮油回收船	油码头在5万吨级以上时,应配备专业的浮油回收船和专门的围油栏布放艇。浮油回收船舱容超出$100m^3$时,超出部分可由油轮油舱替代。油码头在5000吨级~50000吨级(含)时,可使用《港口码头溢沙应急设备配备要求》(JT/T 451－2009)经改造后符合相关要求的船舶作为浮油回收船和围油栏布放艇。浮油回收船具有围油栏布放功能时,可不配备围油栏布放艇。油码头在1000吨级~5000吨级(含)时,其他码头在1000吨级以上时,可使用经改造后符合相关要求的船舶兼用或专用为围油栏布放艇

续上表

编号	安全设施名称		配置及技术要求
1-54	溢油应急设备	围油栏布放艇	(1)油码头在5万吨级以上时,应配备专业的浮油回收船和专门的围油栏布放艇。浮油回收船舱容超出 $100m^3$ 时,超出部分可由油轮油舱替代。油码头在5000吨级~50000吨级(含)时,可使用JT/T 451－2009经改造后符合相关要求的船舶作为浮油回收船和围油栏布放艇。浮油回收船具有围油栏布放功能时,可不配备围油栏布放艇。油码头在1000吨级~5000吨级(含)时,其他码头在1000吨级以上时,可使用经改造后符合相关要求的船舶兼用或专用为围油栏布放艇; (2)当油码头经营油品的黏度大于6000CST或港区水域的水温可能低于油品的凝点时应配备油拖网;油码头在50000吨级以上时,应配备溢油监视报警装置
1-55		油拖网	
1-56		收油机	危险化学品码头应配备收油机、吸油材料、溢油分散剂、溢油分散剂喷洒装置及储存装置
1-57		吸油材料	
1-58		溢油分散剂	
1-59		溢油分散剂喷洒装置	
1-60		储存装置	

2. 库场安全设施目录

编号	安全设施名称		配置及技术要求
2-1	总平面布置安全设施	围墙/栅栏	(1)石油化工品库区、液化天然气接收站、汽车装卸设施、液化石油气灌装站、危险货物仓库、港区加油站、液化天然气站场内的35kV及以上的交配电站、港区变配电所内变压器等区域的四周应设置围墙/栅栏进行封闭; (2)石油化工品库区应设高度不低于2.5m的非燃烧材料的实体围墙。山区或丘陵地带的石油化工品库区,可设置镀锌铁丝网围墙。企业附属石油化工品库区与本企业毗邻一侧的围墙高度不宜低于1.8m; (3)液化天然气接收站应设置高度不低于2.2m的非燃烧材料围栏或围墙,站场内的35kV及以上的交配电站应设置高度为1.5m的围栏或围墙; (4)港区内变电所宜设置不低于2.2m高的实体围墙;露天或半露天变电所的变压器四周应设置不低于1.7m高的固定围栏/墙; (5)加油加气站的工艺设施与站外建、构筑物之间的距离小于或等于25m以及小于或等于表GB 50156—2002 4.0.4中的防火距离的1.5倍时,相邻一侧应设置不低于2.2m的非燃烧体围墙; (6)行政管理区宜设围墙(栅)与其他各区隔开

续上表

编号	安全设施名称		配置及技术要求
2-2	总平面布置安全设施	安全出口	（1）地上、地下、半地下仓库或仓库的地下室、半地下室应设置安全出口，安全出口应分散布置，其数量等应符合相关要求； （2）每个防火分区、一个防火分区的每个楼层，其相邻2个安全出口最近边缘之间的水平距离不应小于5.0m，且每座仓库的安全出口不应少于2个，当一座仓库的占地面积小于等于300m^2时，可设置1个安全出口； （3）仓库内每个防火分区通向疏散走道、楼梯或室外的出口不宜少于2个，当防火分区的建筑面积小于等于100m^2时，可设置1个安全出口； （4）地下、半地下仓库或仓库的地下室、半地下室的安全出口不应少于2个，当建筑面积小于等于100m^2时，可设置1个安全出口
2-3		应急疏散口/应急通道	危险货物作业场所、停车场等应设置应急疏散口/应急通道
2-4		消防通道	（1）石油化工品库区应设环行消防道路，消防通道应保障消防车行驶畅通。一级石油化工品库区的储罐区和装卸区消防道路的路面宽度不应小于6m，其他级别石油化工品库区的储罐区和装卸区消防道路的路面宽度不应小于4m。四、五级石油化工品库区、山区或丘陵地带的石油化工品库区亦可设有回车场的尽头式消防道路； （2）石油化工品罐组、总容积大于或等于120000m^3的可燃液体罐组、总容积大于或等于120000m^3的两个或两个以上可燃液体罐组应设环形消防车道。可燃液体储罐区、可燃气体储罐区、装卸区及危险货物仓库区应设环形消防车道，当受地形条件限制时，也可设有回车场的尽头式消防车道。消防车道的路面宽度不应小于6m，路面内缘转弯半径不宜小于12m，路面上净空高度不应低于5m； （3）石油化工品库区内的铁路装卸区应设消防道路，铁路装卸区的消防道路宜与库区内道路构成环行车道，也可设有回车场的尽头式道路。在液化、可燃液体的铁路装卸区应设与铁路线平行的消防车道； （4）石油化工品库区汽车罐车或火车槽罐车装卸设施和石油化工品桶灌装设施，必须设置能保证消防车辆顺利接近火灾场地的消防道路； （5）港区内当两条或两条以上的主要出入口的道路与同一条铁路线平交时，其中若两条道路的间距小于所通过的最长列车的长度，应另设消防车道； （6）仓库区内应设置消防车道，其布置方式应满足使用要求
2-5	工艺系统安全设施	液位计	（1）石油化工品储罐应设置液位计，LNG储罐应配备两套独立的液位计； （2）石油化工品储罐宜优先采用雷达等非接触式液位计及磁致伸缩、光纤液位计； （3）采用卸油油气回收系统时，汽车加油站内油罐应设置带有高液位报警功能的液位计
2-6		流量计	石油化工品管道应设置管道流量计，确保管道内物料流速满足要求
2-7		温度计	（1）石油化工品储罐应设置温度计，低温储罐应设置温度指示仪。对于全冷冻式液化烃储罐还应设置真空泄放设施和高、低温度检测装置，并应与自动控制系统相联； （2）球形储罐本体应设置就地和远传温度计，并应保证在最低液位时能测量液相的温度而且便于观测和维护

续上表

编号	安全设施名称		配置及技术要求
2-8	工艺系统安全设施	压力表/压力监测系统	(1)石油化工品储罐、液化石油气蒸发器的气相部分应设置压力表； (2)石油化工品球形储罐本体上部应设置就地和远传压力表，并单独设压力高限报警装置。压力表与球形储罐之间不得连接其它用途的任何配件或接管。石油化工品球形储罐上的压力表的安装位置，应保证在最高液位时能测量气相的压力，并便于观测和维护
2-9		自动联锁切断进料装置	(1)可燃液体的油品储罐可设自动联锁切断进料装置； (2)频繁操作的油品储罐宜设自动联锁切断进料装置； (3)≥50000m^3的油品储罐应设自动联锁切断进料装置
2-10		定量装车控制设施	汽车罐车、火车槽罐车的石油化工品灌装宜设置定量装车控制设施
2-11	设备设施—库场安全设施	防火堤	(1)石油化工品库区应设置防火堤； (2)防火堤应采用非燃烧材料建造，并应能承受所容纳石油化工品的静压力且不应泄漏； (3)防火堤内的有效容积不应小于罐组内1个最大储罐的容积，当浮顶、内浮顶罐组不能满足此要求时，应设置事故存液池储存剩余部分，但罐组防火堤内的有效容积不应小于罐组内1个最大储罐容积的一半；对于固定顶石油化工品储罐，防火堤内的有效容量，不应小于油罐组内一个最大石油化工品储罐的容量； (4)相邻罐组防火堤的外堤脚线之间应留有宽度不小于7m的消防空地； (5)采用土质防火堤，堤顶宽度不应小于0.5m； (6)立式石油化工品储罐防火堤的计算高度应保证堤内有效容积需要，防火堤的高度应为计算高度加0.2m，但不应低于1.0m(以堤内设计地坪标高为准)，且不宜高于2.2m(以堤外3m范围内设计地坪标高为准)。立式石油化工品储罐的罐壁至防火堤内堤脚线的距离，不应小于罐壁高度的一半； (7)卧式石油化工品储罐的防火堤实高度不应低于0.5m(以防火堤内侧设计地坪计)，储罐的罐壁至防火堤内堤脚线的距离，不应小于3m； (8)储存酸、碱等腐蚀性介质的储罐组，防火堤堤身内侧均应进行防腐蚀处理。用于全冷冻式的储罐组的防火堤，应做防冻处理
2-12		隔堤	(1)立式石油化工品储罐罐组应设置隔堤； (2)多品种的液体罐组内应按下列要求设置隔堤： ①甲B、乙A类液体与其他类可燃液体储罐之间； ②水溶性与非水溶性可燃液体储罐之间； ③相互接触能引起化学反应的可燃液体储罐之间； ④助燃剂、强氧化剂及具有腐蚀性液体储罐与可燃液体储罐之间；

续上表

编号	安全设施名称		配置及技术要求
2-12	设备设施—库场安全设施		(3)隔堤应采用非燃烧材料建造,并应能承受所容纳石油化工品的静压力且不应泄漏; (4)隔堤内有效容积不应小于隔堤内1个最大储罐容积的10%; (5)隔堤顶面标高,应比防火堤顶面标高低0.2~0.3m
2-13		隔断墙	管沟在进、出易燃和可燃液体泵房、灌桶间和储罐组防火堤处应设置密封隔断墙
2-14		围堰	在可能有可燃液体泄漏、漫流的设备区周围应设置不低于150mm的围堰和导液设施
2-15		防火墙	(1)对于甲、乙类油品或液体化工品,泵与灌油(液体化工品)栓之间应设置防火墙; (2)甲、乙类或液体化工品的灌桶间与重桶库房之间应设置无门、窗、孔洞的防火墙; (3)当甲、乙类油品(液体化工品)重桶与丙类油品(液体化工品)重桶储存在同一栋库房内时,两者之间应设置防火墙; (4)当露天或半露天变压器供给一级负荷用电时,相邻的可燃油油浸变压器的防火净距若小于5m时,应设置防火墙
2-16		事故存液池	(1)石油化工品库区、液化天然气接收站工艺区、液化天然气接收站的汽车槽车装车区、液化天然气接收站的码头作业区等处应设置容纳泄漏可燃液体的事故存液池; (2)设有事故存液池的罐组应设导液管(沟),使溢漏液体能顺利地流出罐组并自流入存液池内; (3)事故存液池距防火堤的距离不应小于7m; (4)事故存液池和导液沟距明火地点不应小于30m; (5)事故存液池应有排水设施
2-17		阻火器	储存甲、乙、丙A类油品的固定顶石油化工品储罐,储存甲、乙类石油化工品的卧式储罐,储存丙A类石油化工品的地上卧式油罐的通气管上必须装设阻火器
2-18		自动脱水器	有脱水操作要求的石油化工品储罐宜装设自动脱水器
2-19		二次脱水系统	全压力式液化烃储罐宜采用有防冻措施的二次脱水系统
2-20		注水设施	丙烯、丙烷、混合C4、抽余C4及液化石油气的2-140球形储罐应设注水设施,注水管道宜采用半固定连接方式
2-21		水封装置/水封井	(1)石油化工品库区地面雨水和生产废水排出库区围墙之前应设置水封装置,水封装置与围墙之间的排水通道应采用暗渠或暗管; (2)石油化工品库区内的含油污水管道应在防火堤或建筑物、构筑物的排水管出口处,支管与干管连接处,干管每隔300m处设置水封井; (3)石油化工品罐组内的生产污水管道应有独立的排出口,且应在防火堤外设置水封,并应在防火堤与水封之间的管道上设置易开关的隔断阀; (4)当建筑物用防火墙分隔成多个防火分区时,每个防火分区的生产污水管道应有独立的排出口并设水封; (5)水封井的水封高度不应小于0.25m。水封井应设沉泥段,沉泥段自最低的管底算起,其深度不应小于0.25m

续上表

编号	安全设施名称		配置及技术要求
2-22	设备设施—库场安全设施	绝热层	液化天然气内罐和外罐之间应设置绝热层，绝热层应与 LNG 和天然气相适应，并为不可燃材料。绝热层不能因熔融、塌陷等而使绝热层的导热性明显变差
2-23		人行天桥	当穿越铁路走行线、调车线或道路的人流量较大时，可设人行天桥
2-24		装卸线车档	铁路装卸线应设置装卸线车档，装卸线上油罐车列的终端车位车钩中心线至装卸线车档的安全距离应为 20m
2-25	设备设施—管道安全设施	管托	保温管道应设管托
2-26		金属波纹补偿器、方形补偿器等管道补偿器	输送管道应采取设置补偿器等补偿措施
2-27		涵洞/套管/其他防护措施	石油化工品管道穿越铁路和道路处、可燃气体或可燃液体的管道横穿铁路线或道路时、在液化石油气罐或卸车泵的进口管道等处应采取涵洞或套管或其他防护措施
2-28		过滤器	在液化石油气罐或卸车泵的进口管道上应设过滤器。过滤器滤网的流通面积不应小于管道截面积的 5 倍，且能阻止粒度大于 0.2mm的固体杂质通过
2-29		挠性或柔性接装置	（1）石油化工品储罐主要进出口管道宜采用挠性或柔性连接方式； （2）对于（储罐的出液管设置在罐体底部时）充装泵的管路系统，泵的进、出口宜安装长度不小于 0.3m 挠性管或采取其他防震措施； （3）接在液化烃球形储罐上的管道应考虑支撑的措施，考虑到大型球形储罐可能存在地基的不均匀沉降，与其相接的管道应有一定的挠性
2-30		盲板	石油化工品管道停用时，管道端部应设盲板
2-31		电伴热/蒸汽伴热/保温层等防凝措施	（1）输送易凝液体的石油化工品管道，应采取电伴热/蒸汽伴热/保温层等防凝措施； （2）管道的保温层外，应设良好的防水层
2-32		阴极保护/防腐涂层等防腐蚀设施	（1）石油化工品储罐和管道应采取阴极保护/防腐涂层等防腐蚀措施； （2）钢管及其附件的外表面须涂刷防腐涂层
2-33		防渗漏措施	石油化工品管道与管沟、电线沟和排水沟相交叉时，应采取防渗漏措施
2-34		排水阻油措施	石油化工品库区内的雨水沟穿越防火堤处应采取排水阻油措施

续上表

编号	安全设施名称		配置及技术要求
2-35	设备设施—报警及警示装置	高低液位报警器	(1)石油化工品汽车装卸设施、火车装卸站台的鹤位处宜设定量高液位报警系统； (2)液化烃球形储罐应设高液位报警器和高液位连锁，必要时应加设低液位报警器
2-36		可燃/有毒气体浓度自动检测仪/报警装置(固定式和移动式)	(1)石油化工品库区或使用可燃气体及有毒气体的工艺系统和储运设施的区域内应设置可燃气体浓度自动检测仪和有毒气体浓度自动检测仪； (2)设有甲、乙类石油化工品设备的房间内，具有可燃气体释放源，且释放时空气中可燃气体的浓度有可能达到25% LEL的场所，宜设可燃及有毒气体浓度自动检测仪； (3)当被监测气体的比重小于空气的比重时，监测探头的安装位置应高于泄漏源0.5m以上；被监测气体的比重大于空气的比重时，安装位置应在泄漏源下方，但距离地面不得小于0.3m，检测仪与释放源的距离，室内不宜大于7.5m；室外不宜大于15m；(4)报警控制器应有其对应检测仪所在位置的指示标牌或检测仪的分布图
2-37		声光报警装置	可燃气体检测仪报警装置应设置声光报警，报警信号应发送至现场报警器和有人员值守的控制室或现场操作室的指示报警设备
2-38		氧气检测仪/二氧化碳检测仪	易造成缺氧窒息事故的储罐等场所可采用便携式氧气检测仪和二氧化碳检测仪进行检测
2-39		铁路道岔警冲标	石油化工品铁路装卸线应设置道岔警冲标，装卸线上油罐车列的始端车位车钩中心线至前方铁路道岔警冲标的安全距离不应小于31m
2-40		防盗报警器/入侵报警系统	(1)石油化工品库区等港区周界应设置入侵报警系统；(2)入侵报警系统应包括前端设备、传输设备和控制/显示/处理/记录设备
2-41		视频监控设施	石油化工品库区等应设置可靠的视频监控设施
2-42	设备设施—阀门	呼吸阀	(1)储存甲、乙类石油化工品的固定顶储罐和地上卧式储罐的通气管上应装设呼吸阀； (2)甲B、乙类液体的固定顶罐应设呼吸阀
2-43		紧急切断阀	液化石油气球形储罐液相进出口、石油化工品储罐物料进出管道靠近罐根处、距装卸车鹤位10m以外的装卸管道上(装车站内无缓冲罐时)、加气站和加油加气合建站等处应设紧急切断阀
2-44		安全阀	在非正常条件下，可能超压的下列设备应设安全阀，单个安全阀的开启压力(定压)应符合相关规定： (1)顶部最高操作压力大于等于0.1MPa的压力容器； (2)往复式压缩机各段出口或电动往复泵、齿轮泵、螺杆泵等容积式泵的出口(设备本身已有安全阀者除外)； (3)凡与鼓风机、离心式压缩机、离心泵或蒸汽往复泵出口连接的设备不能承受其最高压力时，鼓风机、离心式压缩机、离心泵或蒸汽往复泵的出口

续上表

编号	安全设施名称		配置及技术要求
2-44	设备设施—阀门	安全阀	(4)可燃气体或液体受热膨胀,可能超过设计压力的设备等; (5)单个安全阀的开启压力(定压),不应大于设备的设计压力。当一台设备安装多个安全阀时,其中一个安全阀的开启压力(定压)不应大于设备的设计压力;其他安全阀的开启压力可以提高,但不应大于设备设计压力的 1.05 倍; (6)液化天然气、液化石油气等液体化工品球形储罐应设置全启式安全阀。安全阀的规格应按《压力容器安全技术监察规程》(质技监局锅发〔1999〕154 号)的有关规定确定
2-45		排液阀	连续操作的可燃气体管道的低点应设两道排液阀,排出的液体应排放至密闭系统
2-46		拉断阀	加油站连接槽车的液相管道和气相管道上应设拉断阀
2-47		止回阀	液化石油气球形储罐的进料管、液相回流管和气相回流管上可设止回阀
2-48		排气阀	液化烃球形储罐项上应设置排气阀
2-49	设备设施—泄压、泄爆安全设施	泄爆装置/泄压装置/泄压措施	不放空、不保温的地上输油管道,无隔热层的液体物料管道,有爆炸危险的甲、乙类仓库等应设置泄压装置/泄压措施
2-50		泄爆管道	封闭区域内部的设备设施,如需泄爆时应设直通室外的泄爆管道
2-51	设备设施—防雷、防静电安全设施	避雷针(带)	(1)拱顶油罐和顶板厚度 <4mm 的钢油罐,应装设避雷针(网)。避雷针(网)应保护整个油罐; (2)装卸易燃石油化工品的鹤管和装卸栈桥(站台),在棚内进行装卸作业的,应装设避雷针(带)。保护范围应为爆炸危险 1 区
2-52		避雷带(网)	在平均雷暴日大于 40d/a 的地区,油泵房(棚)宜装设避雷带(网)防止雷击。避雷带(网)的引下线不少于 2 根,其间距不应大于 18m
2-53		防雷接地装置	(1)石油化工品库区、监控系统等应设置可靠的防雷、接地装置; (2)根据建(构)筑物的防雷类别,按有关标准规定设置防雷电设施,并定期检测,特别在每年雷雨季节之前,应检查、维修防雷电设备和接地; (3)钢储罐接地点不应少于 2 处。钢储罐接地点沿储罐周长的间距,不宜大于 30m,接地电阻不宜大于 10Ω; (4)监控系统防雷接地装置应能防感应雷电
2-54		防静电接地装置/静电消除装置	(1)储存甲、乙、丙 A 类石油化工品的钢储罐,地上或管沟敷设的输送管道,甲、乙、丙 A 类石油化工品的汽车槽罐车或桶灌装设施、油罐车、电缆的金属外皮或架空电缆金属槽、铁路石油化工品装卸栈桥,均应设置防静电接地装置/静电消除装置,装卸车静电接地与装卸实现连锁; (2)钢储罐的防雷接地装置可兼作防静电接地装置

续上表

编号	安全设施名称		配置及技术要求
2-54	设备设施—防雷、防静电安全设施	防静电接地装置/静电消除装置	(3)地上或管沟敷设的输送管道的始端、末端、分支处以及直线段每隔200~300m处,应设置防静电和防感应雷的接地装置; (4)地上或管沟敷设的石油化工品管道的防静电接地装置可与防感应雷的接地装置合用,接地电阻不宜大于30Ω,接地点宜设在固定管墩(架)处; (5)甲、乙、丙A类石油化工品的汽车罐车或桶灌装设施,应设置与罐车或桶跨接的防静电接地装置; (6)防静电接地装置的接地电阻,不宜大于100Ω; (7)石油化工品库区内防雷接地、防静电接地、电气设备的工作接地、保护接地及信息系统的接地等,宜共用接地装置,其接地电阻不应大于4Ω; (8)进出泵房(棚)的金属管道、电缆的金属外皮或架空电缆金属槽,在泵房(棚)外侧应做1处接地,接地装置宜与保护接地装置及防感应雷接地装置合用
2-55		消除人体静电装置	甲、乙、丙A类石油化工品码头和库区的下列场所应设置消除人体静电装置: (1)泵房的门外; (2)储罐的上罐扶梯入口处; (3)装卸作业区内操作平台的扶梯入口处; (4)码头上下船的出入口处
2-56		防静电地板	中控室应铺设防静电地板
2-57		电气连接装置	石油化工品储罐上安装的信息系统装置,其金属的外壳应与罐体做电气连接
2-58		金属线(跨接)	(1)输液(气)的石油化工品管道的法兰连接处应跨接。当不少于5根螺栓连接时,在非腐蚀环境下可不跨接; (2)平行敷设于地上或管沟的金属管道,其净距小于100mm时,应用金属线跨接,跨接点的间距不应大于30m。管道交叉点净距小于100mm时,其交叉点应用金属线跨接
2-59	设备设施—密封安全设施	二次密封装置	浮顶石油化工品储罐应采用二次密封装置
2-60		氮封系统	储罐在储存易氧化、易聚合不稳定的货种时应采取氮封或气体覆盖隔绝空气的措施
2-61		密闭管道系统	从下部接卸石油化工品的铁路罐车接卸系统,应采用密闭管道系统
2-62	设备设施—油气处理安全设施	油气回收系统	(1)汽油等石油化工品槽罐车卸油宜采用卸油油气回收系统,采用卸油油气回收系统时,应符合《石油化工企业设计防火规范》(GB 50156—2008)相关规定; (2)汽油等石油化工品总装车量(包括铁路装车量)大于20万吨/年的库区宜设置油气回收系统

续上表

编号	安全设施名称		配置及技术要求
2-63	设备设施—油气处理安全设施	火炬系统	(1)甲、乙、丙类石油化工品设备设施应设有事故紧急排放设施，并应符合： ①可燃液体储罐等设备设施，应能将设备设施内的可燃液体排放至安全地点(如事故存液池)，剩余的可燃液体应排入火炬系统； ②可燃气体储罐等设备设施应能将设备设施内的可燃气体排入火炬或安全放空系统。 (2)高架火炬宜位于生产作业区区全年最小频率风向的上风侧； (3)高架火炬的防火间距应根据人或设备允许的辐射热强度计算确定，对可能携带可燃液体的高架火炬防火间距不应小于《石油化工企业设计防火规范》(GB 50160—2008)表4.1.9的规定； (4)可燃气体放空管道在接入火炬前，应设置分液和阻火等设备； (5)封闭式地面火炬的设置除按明火设备考虑外，还应采取有效消烟等措施
2-64	设备设施—通气、通风、排烟安全设施	排放管	火炬系统、石油化工品泵站等处设备设施及安全阀应设排放管。排放管设置应符合： (1)泵站的液(气)石油化工品排放管的管口应设在泵房(棚)外，管口应高出周围地坪4m及以上； (2)设在泵房(棚)顶面上方的液(气)石油化工品排放管，其管口应高出泵房(棚)顶面1.5m及以上； (3)泵站的油气排放管的管口与配电间门、窗的水平路径不应小于5m。管口应装设阻火器
2-65		排气筒/放空管	受工艺条件或介质特性所限，无法排入火炬或装置处理排放系统的可燃气体，当通过排气筒、放空管直接向大气排放，排气筒、放空管的高度应符合下列相关规定： (1)连续排放的排气筒顶或放空管口应高出20m范围内的平台或建筑物顶3.5m以上，位于排放口水平20m以外斜上45°的范围内不宜布置平台或建筑物； (2)间歇排放的排气筒顶或放空管口应高出10m范围内的平台或建筑物顶3.5m以上，位于排放口水平10m以外斜上45°的范围内不宜布置平台或建筑物； (3)安全阀排放管口不得朝向邻近设备或有人通过的地方，排放管口应高出8m范围内的平台或建筑物顶3m以上
2-66		通气管	石油化工品储罐应装设通气管
2-67		排烟设施	占地面积大于1000m^2的丙类仓库应设置排烟设施
2-68		强制通风设备	危险货物仓库、受限空间、变电所等应设置强制通风设备
2-69	设备设施—防火、降温安全设施	火星熄灭装置	凡进入作业现场的水平运输机械应配备火星熄灭装置
2-70		喷淋设施	储存丁二烯等易聚合放热物质的储罐应设置水喷淋冷却系统
2-71	防护、隔离安全设施	防撞墩/防撞柱/防撞栏	仓库门口两侧、加油机、加气机附近、高杆灯下部、配电柜周边应设置防撞墩/防撞柱/防撞栏，并涂刷醒目标志

续上表

编号	安全设施名称		配置及技术要求
2-72	防护、隔离安全设施	护栏	(1)地上石油化工品储罐应设梯子和栏杆; (2)石油化工品铁路装卸栈桥上应设安全栏杆; (3)在设备、设施、管线上有发生坠落危险的部位,应配置便于人员操作、检查和维修的扶梯、平台、围栏和系挂装置等附属设施
2-73		围栏	停车场四周应设有围栏

3. 辅助生产系统安全设施目录

编号	安全设施名称		配置及技术要求
3-1	供配电系统安全设施	三遥装置	无人值班的变电所,宜装设遥信、遥测装置,需要时可装设遥控装置
3-2		固定遮栏	设置于变电所内的非封闭式干式变压器,应装设高度不低于1.7m的固定遮栏,遮栏网孔不应大于40mm×40mm。变压器的外廓与遮栏的净距不宜小于0.6m
3-3		绝缘垫	配电柜前应配备绝缘垫
3-4		隔离开关	(1)配电所当无继电保护和自动装置要求,且出线回路少无需带负荷操作时,可采用隔离开关或隔离触头; (2)从总配电所以放射式向分配电所供电时,该分配电所的电源进线开关宜采用隔离开关或隔离触头; (3)配电所的10kV或6kV非专用电源线的进线侧,应装设带保护的开关设备; (4)10kV或6kV母线的分段处当不需带负荷操作且无继电保护和自动装置要求时,可装设隔离开关或隔离触头; (5)两配电所之间的联络线,应在供电侧的配电所装设断路器,另侧装设隔离开关或负荷开关; (6)当配电所的引出线满足继电保护和操作要求时,可装设带熔断器的负荷开关; (7)向频繁操作的高压用电设备供电的出线开关兼做操作开关时,应采用具有频繁操作性能的断路器; (8)10kV或6kV固定式配电装置的出线侧,在架空出线回路或有反馈可能的电缆出线回路中,应装设线路隔离开关; (9)采用10kV或6kV熔断器负荷开关固定式配电装置时,应在电源侧装设隔离开关
3-5		防鼠板/防护网罩	变压器室、配电室、电容器室等应设置防止雨、雪和蛇、鼠类小动物从采光窗、通风窗、门、电缆沟等进入室内的设施,其防护等级不宜低于《外壳防护等级分类》(GB 4208—84)的IP3X级
3-6		通风孔防止雨、雪飘入的措施	直接与室外露天相通的通风孔应采取防止雨、雪飘入的措施
3-7		应急电源	(1)一级负荷中特别重要的负荷供电以及一、二、三级石油库信息系统应设置应急电源; (2)下列电源可作为应急电源: ①独立于正常电源的发电机组; ②供电网络中独立于正常电源的专用馈电线路; ③蓄电池; ④干电池

续上表

编号	安全设施名称		配置及技术要求
3-7	供配电系统安全设施	应急电源	(3)应急电源应根据允许中断供电的时间选择，并应负荷下列规定： ①允许中断供电时间为15s以上的供电，可选用快速自启动的发电机组； ②自投装置的动作时间能满足允许中断供电时间的，可选用带有自动投入装置的独立于正常电源之外的专用馈电线路； ③允许中断供电时间为毫秒级的供电，可选用蓄电池静止型不间断供电装置或柴油机不间断供电装置
3-8		备用交直流电源	重大危险源安全监控系统在供电失败后，备用交直流电源应能保证系统连续监控时间不小于30min，并应满足监控要求
3-9		防爆灯具	防爆区域内应按照防爆等级选择适用的防爆灯具
3-10		事故照明/应急照明设施	(1)消防泵房、消防控制室、变电所、变配电间、自备发电机房、消防值班室及屋内主要通道等处，应设置事故照明/应急照明； (2)爆炸危险场所应设置防爆型应急照明设施； (3)一、二、三级石油库区的消防泵站的事故照明可采用蓄电池作备用电源，其连续供电时间不应少于20min； (4)消防应急照明灯具和灯光疏散指示标志的备用电源的连续供电时间不应少于30min
3-11		漏电保护装置	非铠装电缆应有漏电保护功能
3-12		隔板	不同电压、不同用途的电缆，受条件限制需安装在同一层桥架上时，应用隔板隔开
3-13		防腐、隔热措施	电缆桥架若敷设在腐蚀性气体管道和热力管道的上方及腐蚀性液体管道的下方时，应采取防腐、隔热措施
3-14		防火隔离措施	电缆桥架在穿过防火墙及防火楼板时，应采取防火隔离措施
3-15		电缆防水、排水措施	变电所的电缆夹层、电缆沟和电缆室，应采取防水、排水措施
3-16		防止电缆火灾蔓延的阻燃及分隔措施	电缆从室外进入室内的入口处、电缆竖井的出入口处及主控制室与电缆层之间，应采取防止电缆火灾蔓延的阻燃及分隔措施
3-17		防雨装置	电器设备应设置防雨装置，且视情设置检查孔或检查窗
3-18	给排水及含油污水处理设备设施	泄空或防冻措施	冰冻地区的港口，当给水支管横穿码头结构至前沿上水栓井时，支管应有泄空或防冻措施
3-19		排水管阀门等封闭装置	覆土油罐罐室和人工洞油罐罐室应设排水管，并应在罐室外设置阀门等封闭装置
3-20		水封装置/水封井	(1)石油化工品库区地面雨水和生产废水排出库区围墙之前应设置水封装置，水封装置与围墙之间的排水通道应采用暗渠或暗管； (2)石油化工品库区内的含油污水管道应在防火堤或建筑物、构筑物的排水管出口处，支管与干管连接处，干管每隔300m处设置水封井

续上表

编号	安全设施名称		配置及技术要求
3-21	给排水及含油污水处理设备设施	水封装置/水封井	(3)石油化工品罐组内的生产污水管道应有独立的排出口,且应在防火堤外设置水封,并应在防火堤与水封之间的管道上设置易开关的隔断阀; (4)当建筑物用防火墙分隔成多个防火分区时,每个防火分区的生产污水管道应有独立的排出口并设水封; (5)水封井的水封高度不应小于0.25m。水封井应设沉泥段,沉泥段自最低的管底算起,其深度不应小于0.25m
		盖板	处理含石油化工品污水的构筑物或设备,宜采用密闭式或加设盖板
3-22	通信设备设施	语音广播系统	石油化工品码头、库区内应设置语音广播系统
3-23		受警录音电话	石油化工品码头、库区消防值班室内应设专用受警录音电话
3-24		火灾报警电话	石油化工品储罐区、装卸区和辅助生产区的值班室内,应设火灾报警电话
3-25	通风装置	排风设施	(1)易燃石油化工品的泵房和灌料间、人工洞石油库的洞内、柴油发电机间均应设置排风设施; (2)易燃石油化工品的泵房和灌料间机械排风换气次数不应小于每小时10次; (3)人工洞石油库的洞内,应设置固定式机械通风系统以及清洗油罐的机械排风系统。该系统宜与罐室的机械排风系统联合设置。人工洞石油库洞内排风系统的出口和油罐的通气管管口必须引至洞外,距洞口的水平距离不应小于2 0m,并应高于洞口,还应采取防止油气倒灌的措施; (4)洞内的柴油发电机间,应采用机械通风。柴油机排烟管的出口必须引至洞外,并应高于洞口,还应采取防止烟气倒灌的措施
3-26		强制通风设备	危险货物仓库、受限空间、变电所等应设强制通风设备

4. 消防安全设施目录

编号	安全设施名称		配置及技术要求
4-1	固定式消防设施	水炮	(1)装卸、储存甲、乙类可燃气体、可燃液体的码头、库区设置水炮保护,固定式水炮的布置应根据水炮的设计流量和有效射程确定其保护范围,其设置位置距被保护对象不宜小于15m。水炮应具有直流和水雾两种喷射方式; (2)采用固定式水泡的石油化工码头应符合下列规定: ①消防炮的数量和流量应根据《装卸油品码头防火设计规范》(JTJ 237—99)的有关规定,经计算后确定,消防炮的设置数量不应少于2门; ②水炮的射程应满足覆盖设计船型的全船范围,当有水上消防设施监护时,可联合满足上述要求; ③消防炮应具有变幅和回转的性能; ④靠近码头前沿的固定式消防炮宜采用遥控方式

续上表

编号	安全设施名称		配置及技术要求
4-1	固定式消防设施	水炮	（3）液化天然气码头应配置不少于 2 台固定式远控消防水炮。消防水炮应符合下列规定： ①消防水炮的射程应覆盖码头上的装卸工艺设施。消防水炮的额定射程不应小于实际所需射程的 1.1 倍； ②起火船舶着火罐和邻罐均需要喷水冷却，冷却水供给强度不宜小于 6L/min · m^2，冷却面积取设计船型最大储罐甲板以上部分的表面积； ③码头消防水炮可与消防船或消拖两用船协同工作以满足覆盖停泊设计船型的全船范围和冷却水量要求，码头消防炮的冷却水量比例不应小于所需冷却水总量的 50%； ④消防水炮的工作时间不应少于 6h； ⑤消防水炮应具备有线控制和无线控制功能； ⑥消防水炮宜采用液压驱动； ⑦消防炮塔应设置水幕或水喷雾保护装置
4-2		泡沫炮	（1）液体石油化工码头、库区宜采用低倍数泡沫灭火系统，其设计应符合现行国家标准《低倍数泡沫灭火系统设计规范》（GB 50151—92）的有关规定。泡沫灭火剂宜选用水成膜泡沫液、氟蛋白泡沫液或蛋白泡沫液； （2）下列场所应采用固定式泡沫灭火系统： ①甲、乙类和闪点等于或小于 90℃的丙类可燃液体的固定顶罐及浮盘为易熔材料的内浮顶罐： a. 单罐容积等于或大于 10000m^3 的非水溶性可燃液体储罐； b. 单罐容积等于或大于 500m^3 的水溶性可燃液体储罐； ②甲、乙类和闪点等于或小于 90℃的丙类可燃液体的浮顶罐及浮盘为非易熔材料的内浮顶罐：单罐容积等于或大于 50000m^3 的非水溶性可燃液体储罐； ③移动消防设施不能进行有效保护的可燃液体储罐和码头； ④单罐容量大于 1000m^3 的油罐。 （3）采用固定式泡沫炮的石油化工码头应符合下列规定： ①消防炮的数量和流量应根据 JTJ 237—99 的有关规定，经计算后确定，消防炮的设置数量不应少于 2 门； ②泡沫炮的射程应满足覆盖设计船型的油舱范围； ③消防炮应具有变幅和回转的性能； ④靠近码头前沿的固定式消防炮宜采用遥控方式。 （4）石油化工码头低倍数泡沫灭火系统的设计应符合下列规定： ①灭火面积应为设计船型最大油舱面积

续上表

编号	安全设施名称		配置及技术要求
4-2	固定式消防设施	泡沫炮	②泡沫混合液的供给强度不应小于 8.0L/min · m^2； ③泡沫混合液的连续供给时间，甲、乙类油品不应小于 40min，丙类油品不应小于 30min； ④泡沫原液的储备量，不应小于扑救一次油船火灾所需要的泡沫原液量与充满管道的泡沫混合液中所含泡沫原液量之和； ⑤泡沫混合液管道应采取排空和冲洗的措施。 （5）内浮顶油罐泡沫发生器的数量不应少于 2 个，且宜对称布置； （6）单罐容量≥50000m^3的浮顶油罐，泡沫灭火系统可采用手动操作或遥控方式；单罐容量≥100000m^3的浮顶油罐，泡沫灭火系统应采用自动控制方式
4-3		干粉炮	（1）扑救可燃气体火灾宜选用钠盐干粉。当干粉与氟蛋白泡沫灭火系统联用时，应选用硅化钠盐干粉； （2）采用固定式干粉炮的石油化工码头应符合下列规定： ①消防炮的数量和流量应根据 JTJ 237—99 的有关规定，经计算后确定，消防炮的设置数量不应少于 2 门； ②消防炮应具有变幅和回转的性能； ③靠近码头前沿的固定式消防炮宜采用遥控方式。 （3）液化天然气码头应配置至少包括 2 门干粉炮、2 支干粉枪的固定式干粉灭火系统。干粉灭火系统应符合下列规定： ①干粉炮的射程应覆盖装卸工艺设施； ②干粉连续供给时间不应小于 60s，干粉储备量不得少于 500kg； ③干粉储备量应符合《固定消防炮灭火系统设计规范》（GB 50338—2003）的有关规定。 （4）液化石油气码头，宜设置干粉灭火装置，干粉储备量不得少于 500kg
4-4		水枪	（1）石油化工码头采用水枪灭火时，应符合下列规定： ①水枪的流量不宜小于 7.5L/s，其数量应经计算确定； ②配套消火栓宜选用 DN65 消火栓，消火栓栓口处的出口压力超过时 0.5MPa 时，应有减压设施。 （2）可燃液体地上卧式罐宜采用移动式水枪冷却
4-5		泡沫枪	石油化工码头采用泡沫枪和水枪灭火时，应符合下列规定： （1）泡沫枪的流量不宜小于 8.0L/s，其数量应经计算确定； （2）配套消火栓宜选用 DN65 消火栓，消火栓栓口处的出口压力超过时 0.5MPa 时，应有减压设施； （3）当采用吸液式空气泡沫枪时，泡沫液背桶宜选 25L/只
4-6		干粉枪	液化天然气码头应配置至少包括 2 门干粉炮、2 支干粉枪的固定式干粉灭火系统

续上表

编号	安全设施名称		配置及技术要求
4-7	固定式消防设施	水幕	(1)液化石油气码头应在消防炮塔、操作平台和装卸设备前沿设置水幕； (2)甲B类油品的一级码头，可在装卸设备前沿设置水幕； (3)水幕的设置范围应为装卸设备的两端各延伸5m； (4)消防塔架应设置水幕或水喷雾保护装置； (5)水幕喷头的安装不得影响船舶的系缆作业； (6)水幕设计的基本参数应按下列要求选用： ①水幕的用水量宜为1.0～2.0L/s·m； ②水幕的工作时间应为1h； ③液化石油气码头水幕系统设计宜符合JTS 165-5—2009表9.2.5的要求。 (7)如果没有自然障碍物，水幕可位于LNG储罐的拦蓄区周围，作为LNG泄露后形成的低温天然气团的屏障： ①水幕的管嘴可向下安装，则需要高架总管。管嘴亦可向上，甚至可以倾斜。向下喷水的总管应升高，略高于计算的低温蒸汽团的高度； ②向上安装的喷嘴不允许低温LNG蒸汽云团从其下逸散，应靠近地面安装； ③管嘴的间距应允许相邻水喷射的外缘能略微重迭，两管嘴之间的间距不应超过3m； ④水幕应分散独立安装，以使只有在下风向侧，即面对低温LNG蒸气云团的部分能够起作用。上风向的水不进入栏蓄区。 (8)供水强度宜为70L/(min·m)，在水幕系统的操作压力下，给水系统应能够提供不小于最大的LNG泄漏事故中水幕所要求的水流量
4-8		喷淋/喷雾系统	(1)液化石油气码头消防炮覆盖不到的工艺设备应设置喷淋等冷却水系统； (2)固定水炮不能有效保护的码头、库区装卸、消防等具有特殊危险的设备及场所宜设水喷淋或水喷雾系统，其设计应符合下列规定： ①系统供水的持续时间、响应时间及控制方式等应根据被保护对象的性质、操作需要确定； ②系统的控制阀可露天设置，距被保护对象不宜小于15m； ③系统的报警信号及工作状态应在控制室控制盘上显示； ④水喷淋或水喷雾系统的设置应符合《水喷雾灭火系统设计规范》(GB 50219—95)的有关规定。 (3)液化烃泵、操作温度等于或高于自燃点的可燃液体泵，当布置在管廊、可燃液体设备、空冷器等下方时，应设置水喷雾(水喷淋)系统或用消防水炮保护泵，喷淋强度不低于9L/m^2·min； (4)全压力式及半冷冻式液氨储罐宜采用固定式水喷雾系统和移动式消防冷却水系统，冷却水供给强度不宜小于6L/min·m^2，其他消防要求与全压力式及半冷冻式液化烃储罐相同； (5)冷却喷水环管上宜设置膜式喷头，喷头布置间距不宜大于2m，喷头的出水压力不应小于0.1Mpa

续上表

编号	安全设施名称		配置及技术要求
4-9	固定式消防设施	消火栓	(1)消防冷却水系统应设置消火栓。环状消防给水管道的每段独立管段消火栓的数量不宜超过5个; (2)石油化工码头工作平台和操作平台、引桥或引堤上应设置与消防系统压力相匹配的消火栓,并在消火栓处配备消防水枪和水带其间距不宜超过60m。与石油化工码头泡沫枪和水枪配套的消火栓宜选用DN65消火栓,消火栓栓口处的出口压力超过时0.5MPa时,应有减压设施; (3)消火栓的数量及位置,应按其保护半径及被保护对象的消防用水量等综合计算确定,并应符合下列规定: ①消火栓的保护半径不应超过120m; ②高压消防给水管道上消火栓的出水量应根据管道内的水压及消火栓出口要求的水压计算确定,低压消防给水管道上公称直径为100mm、150mm消火栓的出水量可分别取15L/s、30L/s; ③固定式消防冷却水系统所设置的消火栓的间距不应大于60m。消火栓的保护半径不应大于120m,且距着火罐罐壁15m内的消火栓不应计算在内。 (4)罐区的消火栓应在其四周道路边设置; (5)寒冷地区消防水管道上设置的消火栓应有防冻、放空措施; (6)消火栓的设置应符合下列规定: ①宜选用地上式消火栓; ②消火栓宜沿道路敷设; ③消火栓距路面边不宜大于5m;距建筑物外墙不宜小于5m; ④地上式消火栓距城市型道路路边不宜小于1.0m;距公路型双车道路肩边不宜小于1.0m; ⑤地上式消火栓的大口径出水口应面向道路。当其设置场所有可能受到车辆冲撞时,应在其周围设置防护设施; ⑥地下式消火栓应有明显标志。 (7)室内消火栓的设置应符合下列要求: ①甲、乙、丙类厂房(仓库)、高层厂房及高架仓库应在各层设置室内消火栓,当单层厂房长度小于30m时,可不设; ②甲、乙类仓库、高层厂房及高架仓库的室内消火栓间距不应超过30m,其他建筑物的室内消火栓间距不应超过50m; ③多层甲、乙类仓库和高层厂房应在楼梯间设置半固定式消防竖管,各层设置消防水带接口;消防竖管的管径不小于100mm,其接口应设在室外便于操作的地点; ④室内消火栓给水管网与自动喷水灭火系统的管网可引自同一消防给水系统,但应在报警阀前分开设置; ⑤消火栓配置的水枪应为直流—水雾两用枪,当室内消火栓栓口处的压力大于0.50MPa时,应设置减压设施
4-10	移动式消防设施	灭火器	(1)扑救可燃气体、可燃液体火灾宜选用钠盐干粉灭火剂,扑救可燃固体表面火灾应采用磷酸铵盐干粉灭火剂,扑救烷基铝类火灾宜采用D类干粉灭火剂

续上表

编号	安全设施名称		配置及技术要求
4-10	移动式消防设施	灭火器	(2)库区应配置灭火器。库区的控制室、电话间、化验室宜选用二氧化碳灭火器；其他场所宜选用干粉型或泡沫灭火器。可燃气体、液化烃和可燃液体的地上罐组宜按防火堤内面积每 $400m^2$ 配置一个手提式灭火器，但每个储罐配置的数量不宜超过 3 个； (3)码头装卸区内宜设置干粉型或泡沫型灭火器，码头的中央控制室、装载臂控制室、消防控制室和变电所等宜设置二氧化碳等气体灭火器。码头装卸区内设置的灭火器的规格，宜按 JTJ 237—99 表 6.6.2 选用； (4)手提式干粉灭火器的配置，应符合下列规定： ①装卸甲、乙类油品的码头，灭火器最大保护距离不应超过 9m，装卸丙类油品的码头不应超过 12m；库区储存、装卸甲类设施的灭火器的最大保护距离不宜超过 9m，乙、丙类设施不宜超过 12m； ②每一个配置点的灭火器数量不应少于 2 具，多层构架应分层配置； ③危险的重要场所宜增设推车式灭火器。在甲、乙类油品装载臂或接口 15m 范围内宜增设一辆推车式干粉灭火器。 (5)液化天然气码头在工作平台和操作平台上应设置足够的手提式干粉灭火器和推车式干粉灭火器； (6)港区辅助生产场地的适当位置应设置于提式或推车式灭火器；辅助建筑物内应设置二氧化碳或干粉手提式灭火器； (7)可燃气体、液化烃和可燃液体的铁路装卸栈台应沿栈台每 12m 处上下各分别设置二个手提式干粉型灭火器； (8)各项灭火设施配置应符合现行国家标准《建筑灭火器配置设计规范》(GB 50140—2005)的有关规定
4-11		灭火砂	库区、加油站、危险品库场等应配置 $2m^3$ 的灭火砂
4-12		消防车	(1)石油化工码头消防车辆的车型应根据被保护对象选择，以大型泡沫消防车为主，且应配备干粉或干粉－泡沫联用车；大型石油化工企业尚宜配备高喷车和通讯指挥车； (2)通行消防车的液化石油气码头，宜采用干粉消防车； (3)设有固定消防系统的一级石油库中，固定顶罐单罐容量不小于 $10000m^3$ 或浮顶油罐单罐容量不小于 $20000m^3$ 时，应配备 2 辆泡沫消防车或 2 台泡沫液储量不小于 7000L 的机动泡沫设备； (4)设有固定消防系统，油库总容量 $\geq 50000m^3$ 的二级石油库中，固定顶罐单罐容量不小于 $10000m^3$ 或浮顶油罐单罐容量不小于 $20000m^3$ 时，应配备 1 辆泡沫消防车或一台泡沫液储量不小于 7000L 的机动泡沫设备
4-13		移动式消防炮	(1)采用半固定式灭火方式的石油化工码头，当选用移动式消防炮时应符合下列规定： ①消防炮的数量不应少于 2 门； ②与消防炮配套的消火栓或管牙接口的口径及数量应经计算确定。 (2)库区下列场所可采用移动式泡沫炮： ①罐壁高度小于 7m 或容积等于或小于 $200m^3$ 的非水溶性可燃液体储罐； ②润滑油储罐； ③可燃液体地面流淌火灾、油池火灾

续上表

编号	安全设施名称		配置及技术要求
4-14	移动式消防设施	消防水带	引桥或引堤上的消防供水管上应设消火栓或管牙接口，并在消火栓处配备消防水枪和水带其间距不宜超过60m
4-15	水上消防设施	消防船/消拖两用船	（1）石油化工码头作业期间，水上消防设施的监护应符合下列规定： ①消防船或拖消两用船的配备数量，应根据需要水上消防设施提供的冷却水量来确定； ②装卸甲类油品的一级码头，至少应有一艘消防船或拖消两用船进行监护； ③每艘消防船消防炮的总流量不应小于120L/s，每艘拖消两用船消防炮的总流量不应小于100L/s。 （2）液化天然气船舶装卸作业时，应有一艘警戒船在附近水面值守，并至少有一艘消防船或消拖两用船在旁监护； （3）液化天然气码头新建的消防船或消拖两用船的消防炮总流量、射程等对外消防性能应达到第1类消防船的要求。非新建的，每艘消防船消防炮的总流量不应小于120L/s，每艘消拖两用船消防炮的总流量不应小于100L/s
4-16	消防供水安全设施	消防泵房	（1）石油化工码头消防泵房的耐火等级不应低于二级，其位置宜靠近装卸石油化工码头，但与保护对象的距离不宜小于35m，并应满足水泵启动后将水或泡沫混合液输送到最远灭火点的时间不超过5min的要求； （2）石油化工码头消防泵房宜与生活或生产水泵房合建，其耐火等级不应低于二级
4-17		消防泵	（1）消防水泵应采用自灌式引水系统。当消防水池处于低液位不能保证消防水泵再次自灌启动时，应设辅助引水系统； （2）消防水泵的吸水管、出水管应符合下列规定： ①每台消防水泵宜有独立的吸水管；两台以上成组布置时，其吸水管不应少于两条，当其中一条检修时，其余吸水管应能确保吸取全部消防用水量； ②成组布置的水泵，至少应有两条出水管与环状消防水管道连接，两连接点间应设阀门。当一条出水管检修时，其余出水管应能输送全部消防用水量； ③泵的出水管道应设防止超压的安全设施； ④出水管道上，直径大于300mm的阀门不应选用手动阀门，阀门的启闭应有明显标志。 （3）消防水泵、稳压泵、泡沫混合液泵应分别设置备用泵；当消防冷却水泵与泡沫混合液泵的压力、流量接近时，可共用一台备用泵。备用泵的能力不得小于最大一台泵的能力； （4）泡沫消防泵泡沫比例混合器和泡沫原液罐的设计应符合现行国家标准《泡沫灭火系统设计规范》（GB 50151—2010）的有关规定； （5）消防水泵应在接到报警后2min以内投入运行。稳高压消防给水系统的消防水泵应能依靠管网压降信号自动启动； （6）消防水泵应设双动力源；当采用柴油机作为动力源时，柴油机的油料储备量应能满足机组连续运转6h的要求
4-18		消防水池（罐）	港区水源直接供给不能满足消防用水量、水压和火灾延续时间内消防用水总量要求时，应建消防水池（罐），并应符合下列规定

续上表

编号	安全设施名称		配置及技术要求
4-18	消防供水安全设施	消防水池(罐)	①消防水池的容积,应满足火灾延续时间内岸上消防设施用水量的要求,当在火灾情况下能保证向消防水池连续补水时,其容积可减去火灾延续时间内的补水量; ②当消防水池的容积超过 $1000m^3$ 时,应分设或分隔成两个消防水池,并在两池间设带阀门的连通管; ③消防水池的补水时间不宜超过48h。石油库设有消防水池时,其补水时间不应超过96h; ④消防用水与生活生产用水合并的水池,应有确保消防用水不被它用的技术措施; ⑤寒冷地区应设防冻措施; ⑥消防水池(罐)应设液位检测、高低液位报警及自动补水设施
4-19	火灾报警装置	手动报警按钮	(1)石油化工码头及引桥上应设置手动报警按钮; (2)储油区和装卸区内,宜设置户外手动报警设施; (3)甲、乙类装置区周围和罐组四周道路边应设置手动火灾报警按钮,其间距不宜大于100m
4-20		火灾自动报警系统	(1)液化天然气码头应设置声光自动火灾报警系统。码头控制室和配电间应设置火灾自动报警系统,并应设置气体灭火系统; (2)石油化工码头消防控制室内应设置灯光报警装置和音响报警装置,其中一种发生的任何故障不应影响另一种装置正常工作; (3)封闭式危险品集装箱库应设置火灾自动报警系统,其设置应符合现行国家标准《火灾自动报警系统设计规范》(GB 50116—98)的有关规定。 (4)单罐容量 $\geq 50000m^3$ 的浮顶油罐应设火灾自动报警系统; (5)火灾自动报警系统的设计应符合下列规定: ①生产区、公用工程及辅助生产设施、全厂性重要设施和区域性重要设施等火灾危险性场所应设置区域性火灾自动报警系统; ②两套及两套以上的区域性火灾自动报警系统宜通过网络集成为全厂性火灾自动报警系统; ③火灾自动报警系统应设置警报装置。当生产区有扩音对讲系统时,可兼作为警报装置;当生产区无扩音对讲系统时,应设置声光警报器; ④区域性火灾报警控制器应设置在该区域的控制室内;当该区域无控制室时,应设置在24h有人值班的场所,其全部信息应通过网络传输到中央控制室; ⑤火灾自动报警系统可接收电视监视系统(CCTV)的报警信息,重要的火灾报警点应同时设置电视监视系统; ⑥重要的火灾危险场所应设置消防应急广播。当使用扩音对讲系统作为消防应急广播时,应能切换至消防应急广播状态; ⑦全港区性消防控制中心宜设置在中央控制室或生产调度中心,宜配置可显示全港区消防报警平面图的终端
4-21	其他消防安全设施	自动灭火系统	(1)仓库内设置自动灭火系统时,每个防火分区的最大允许建筑面积可按《建筑设计防火规范》(GB 50016—2006)第3.3.1条的规定增加1.0倍。当丁、戊类的地上厂房内设置自动灭火系统时,每个防火分区的最大允许建筑面积不限。 (2)仓库内局部设置自动灭火系统时,其防火分区增加面积可按该局部面积的1.0倍计算

续上表

编号	安全设施名称		配置及技术要求
4-22	其他消防安全设施	防火门	（1）在丙、丁类仓库内设置的办公室、休息室，应采用耐火极限不低于2.50h的不燃烧体隔墙和1.00h的楼板与库房隔开，并应设置独立的安全出口。如隔墙上需开设相互连通的门时，应采用乙级防火门； （2）防火门按其耐火极限可分为甲级、乙级和丙级防火门，其耐火极限分别不应低于1.20h、0.90h和0.60h； （3）防火门的设置应符合下列规定： ①应具有自闭功能。双扇防火门应具有按顺序关闭的功能； ②常开防火门应能在火灾时自行关闭，并应有信号反馈的功能； ③防火门内外两侧应能手动开启（GB 50016—2006第7.4.12条第4款规定除外）； ④设置在变形缝附近时，防火门开启后，其门扇不应跨越变形缝，并应设置在楼层较多的一侧
4-23		防火卷帘	防火分区间采用防火卷帘分隔时，应符合下列规定： （1）防火卷帘的耐火极限不应低于3.00h。当防火卷帘的耐火极限符合现行国家标准《门和卷帘耐火试验方法》GB 7633有关背火面温升的判定条件时，可不设置自动喷水灭火系统保护；符合现行国家标准《门和卷帘耐火试验方法》GB 7633有关背火面辐射热的判定条件时，应设置自动喷水灭火系统保护。自动喷水灭火系统的设计应符合现行国家标准《自动喷水灭火系统设计规范》（GB 50084—2011）的有关规定，但其火灾延续时间不应小于3.0h； （2）防火卷帘应具有防烟性能，与楼板、梁和墙、柱之间的空隙应采用防火封堵材料封堵
4-24		疏散门	建筑中的疏散用门应符合下列规定： （1）民用建筑和厂房的疏散用门应向疏散方向开启。除甲、乙类生产房间外，人数不超过60人的房间且每樘门的平均疏散人数不超过30人时，其门的开启方向不限； （2）民用建筑及厂房的疏散用门应采用平开门，不应采用推拉门、卷帘门、吊门、转门； （3）仓库的疏散用门应为向疏散方向开启的平开门，首层靠墙的外侧可设推拉门或卷帘门，但甲、乙类仓库不应采用推拉门或卷帘门； （4）人员密集场所平时需要控制人员随意出入的疏散用门，或设有门禁系统的居住建筑外门，应保证火灾时不需使用钥匙等任何工具即能从内部易于打开，并应在显著位置设置标识和使用提示
4-25		消防电源	（1）装卸甲、乙类油品的一、二级码头的消防设备，应按一级负荷供电；装卸甲、乙类油品的三级和丙类石油化工码头的消防设备，应按二级负荷供电。一、二级负荷的供电要求应符合现行国家标准《供配电系统设计规范》（GB 50052—95）的有关规定； （2）当仅采用电源作为消防水泵房设备动力源时，应满足一级负荷供电要求； （3）石油化工码头消防供电的第二电源，宜采用外接电源。当采用外接电源确有困难或不经济时，应设置自备发电设备； （4）石油化工码头的消防用电设备应采用专用的供电回路，当发生火灾切断生产、生活用电时，应仍能保证消防用电，其配电设备应有明显的标志； （5）消防用电设备的两个电源，应在最末一级配电箱处自动切换。自备发电设备，应设有自动启动装置

5. 安全标志目录

编号	安全设施名称		配置及技术要求
5-1	禁止标志	禁止吸烟	有甲、乙、丙类火灾危险物质的场所和禁止吸烟的公共场所等，如：石油化工品码头及库区、木工、油漆作业场地等，应设置禁止吸烟标志
5-2		禁止烟火	有甲、乙类、丙类火灾危险物质的场所，如：石油化工品码头及库区、施工工地等，应设置禁止烟火标志
5-3		禁止用水灭火	储运、使用中有不准用水灭火的物质的场所，如：变压器室、乙炔站、各种油库等，应设置禁止用水灭火标志
5-4		禁止放置易燃物	具有明火设备或高温的作业场所，如：石油化工品库区、各种焊接、切割场所等，应设置禁止放置易燃物标志
5-5		禁止堆放	消防器材堆放处、消防通道及石油化工品库区主通道等，应设置禁止堆放标志
5-6		禁止启动	暂停使用的设备附近，如：设备检修、更换零件等，应设置禁止启动标志
5-7		禁止合闸	设备或线路检修时，相应开关附近，应设置禁止合闸标志
5-8		禁止转动	检修或专人定时操作的设备附近，应设置禁止转动标志
5-9		禁止机动车辆通行	禁止机动车辆通行的场所，应设置禁止机动车辆通行标志
5-10		禁止靠近	不允许靠近的危险区域，如：高压线、输变电设备的附近等，应设置禁止靠近标志
5-11		禁止入内	易造成事故或对人员有伤害的场所，如：高压设备室、各种污染源入口处等，应设置禁止入内标志
5-12		禁止停留	对人员有直接危害的场所，如：危险路口等处，应设置禁止停留标志
5-13		禁止通行	有危险的作业区，如：道路施工工地等，应设置禁止通行标志
5-14		禁止跨越	禁止跨越的危险地段，如：专用的运输通道、其他作业流水线，作业现场的沟、坎、坑等，应设置禁止跨越标志
5-15		禁止穿化纤服装	有静电火花会导致灾害或有炽热物质的作业场所，如：易燃易爆物质的场所等，应设置禁止穿化纤服装标志
5-16		禁止穿带钉鞋	有静电火花会导致灾害或有触电危险的作业场所，如：有易燃易爆气体或带电作业场所
5-17		禁止开启无线移动通讯设备	火灾、爆炸场所，如：石油化工品码头及库区、加油站等，应设置禁止开启无线电移动通讯设备标志
5-18		禁止拍照	火灾、爆炸场所，如：石油化工品码头及库区、加油站等，应设置禁止拍照标志
5-19		禁止无关船舶停靠	码头前沿应设置禁止无关船舶停靠的标志

续上表

编号	安全设施名称		配置及技术要求
5-20	警告标志	注意安全	易造成人员伤害的场所及设备等,应设置注意安全标志
5-21		当心火灾	易发生火灾的危险场所,如:可燃性物质储运、使用等地点,应设置当心火灾标志
5-22		当心爆炸	易发生爆炸危险的场所,如:易燃易爆物质的储运、使用和受压容器等地点,应设置当心爆炸标志
5-23		当心腐蚀	有腐蚀性物质〔《危险货物品名表》(GB 12268—2005)中第8类所规定的物质〕的作业场所,应设置当心腐蚀标志
5-24		当心中毒	剧毒品及有毒物质〔《危险货物品名表》(GB 12268—2005)〕中第6类第一项所规定的物质的作业场所,应设置当心中毒标志
5-25		当心触电	有可能发生触电危险的电器设备和线路,如:配电室、开关等,应设置当心触电标志
5-26		当心电缆	在暴露的电缆或地面下有电缆施工的地点,应设置当心电缆标志
5-27		当心自动启动	配有自动启动装置的设备,应设置当心自动启动标志
5-28		当心机械伤人	易发生机械卷入、轧压、碾压、剪切等机械伤害的作业地点,应设置当心机械伤人标志
5-29		当心落物	易发生落物危险的地点,如:高处作业的下方等,应设置当心落物标志
5-30		当心吊物	有吊装设备作业的场所,如:码头、仓库、施工地点等,应设置当心吊物标志
5-31		当心碰头	有产生碰头危险的场所,应设置当心碰头标志
5-32		当心扎脚	易造成脚部伤害的作业地点,如:堆放尖角散料等处,应设置当心扎脚标志
5-33		当心弧光	由于弧光造成眼部伤害的各种焊接作业场所,应设置当心弧光标志
5-34		当心高温表面	有灼烫物体表面的场所,应设置当心高温表面标志
5-35		当心低温	易于导致冻伤的场所,如:冷库、存在液化气体的场所等,应设置当心低温标志
5-36		当心电离辐射	能产生电离辐射危害的作业场所,如:储运、使用 GB 12268—2005 规定的第7类物质的作业场所,应设置当心电离辐射标志
5-37		当心叉车	有叉车通行的场所,应设置当心叉车标志
5-38		当心车辆	港区内车、人混合行走的路段,道路的拐角处、平交路口,车辆出入较多的仓库、车库等出入口,应设置当心车辆标志
5-39		当心火车	港区内铁路与道路平交路口,港区内铁路运输线等,应设置当心火车标志
5-40		当心坠落	易发生坠落事故的作业地点,如:高处作业场所等,应设置当心坠落标志
5-41		当心落水	落水后可能产生淹溺的场所或部位,如:码头前沿、引桥、消防水池等,应设置当心落水标志
5-42	指令标志	必须戴防护眼镜	对眼镜有伤害的各种作业场所,应设置必须戴防护眼镜标志

续上表

编号	安全设施名称		配置及技术要求
5-43	指令标志	必须配戴遮光护目镜	存在紫外、红外、激光等光辐射场所，如：电气焊等，应设置必须配戴遮光护目镜标志
5-44		必须戴防毒面具	具有对人体有害的气体、烟尘等作业场所，如：有毒物散发的地点等，应设置必须戴防毒面具标志
5-45		必须戴护耳器	噪声超过 85dB 的作业场所，应设置必须戴护耳器标志
5-46		必须戴安全帽	头部易受外力伤害的作业场所，如：码头、起重吊装处等，应设置必须戴安全帽标志
5-47		必须系安全带	易发生坠落危险的作业场所，如：高处作业，应设置必须系安全带标志
5-48		必须穿救生衣	易发生溺水的作业场所，应设置必须穿救生衣标志
5-49		必须穿防护服	具有放射、高温、腐蚀等作业的场所，应设置必须穿防护服标志
5-50		必须戴防护手套	易伤害手部的作业场所，如：具有腐蚀、污染、灼烫、冰冻及触电危险的作业地点，应设置必须戴防护手套标志
5-51		必须穿防护鞋	易伤害脚部的作业场所，如：具有腐蚀、灼烫、触电、砸（刺）伤等危险的作业地点，应设置必须穿防护鞋标志
5-52		必须洗手	接触有毒有害物质作业后，应设置必须洗手标志
5-53		必须加锁	剧毒品、危险货物库房、堆场等地点，应设置必须加锁标志
5-54		必须接地	防雷、防静电场所，应设置必须接地标志
5-55		消除人体静电标志	石油化工码头及库区等应设置消除人体静电装置，并设置“消除人体静电”指令标志
5-56	提示标志	紧急出口	便于安全疏散的紧急出口处，应设置明显醒目的紧急出口标志，紧急出口标志应与方向箭头结合设在通向紧急出口的通道等处
5-57		疏散指示标志	危险性作业场所，应设置疏散指示标志，疏散指示标志的备用电源的连续供电时间不应少于 30min
5-58		临时集合点标志	在紧急疏散出口附近的开阔区域，应设置临时集合点标志
5-59		可动火区	经有关部门划定的可使用明火的地点，应设置可动火区标志
5-60	警示标志	液化天然气码头警示标志	液化天然气码头应设置警示标志
5-61		限制荷载标志/最大安全负荷标志	码头前方应设置明显的限制荷载标志/最大安全负荷标志
5-62		限速标志	港区出入口处、港区内道路适当位置应设置限速标志

续上表

编号	安全设施名称		配置及技术要求
5-63	警示标志	限高标志	管线跨越道路等场所，应设置限高标志
5-64		非作业车辆停泊标志	可用于停放非作业车辆的区域应设置非作业车辆停泊标志
5-65		接电箱井盖识别标志	码头、港区内接电箱井盖应设置识别标志
5-66		上水栓井盖识别标志	码头、港区内上水栓井盖应设置识别标志
5-67		护轮坎/护轮槛警示标志	护轮坎/护轮槛应涂刷醒目的标志
5-68		管廊架桥墩警示标志	管廊架桥墩下部应设置带有警示色的标志
5-69		职业病危害警示标志	对产生严重职业病危害的作业岗位，应当在其醒目位置，设置警示标识和中文警示说明。警示说明应当载明产生职业病危害的种类、后果、预防以及应急救治措施等内容
5-70		消防安全标志	消防设施、器材应设置消防安全标志
5-71		防火标志	消防安全重点单位应确定消防安全重点部位，设置防火标志，实行严格管理
5-72	设备、管线及电缆标志	设备、管线标志	设备、管线应按有关标准的规定涂识别色、识别符号和安全标志
5-73		管道介质名称标志	物料管道应涂刷介质名称标志
5-74		管道介质流向标志	物料管道应涂刷介质流向标志
5-75		软管最大工作压力标志	软管应设置最大工作压力标志
5-76		软管最高/最低工作温度标志	软管应设置最高/最低工作温度标志
5-77		配电箱标志	配电箱应设置明显标志
5-78		电缆标记	电缆桥架内的电缆应在首端、尾端、转弯及每隔50m处，设有编号、型号及起止点等标记

续上表

编号	安全设施名称		配置及技术要求
5-79	交通标志、标线	交通标志	码头、港区内交通标志的设置应符合现行国家标准《道路交通标志和标线》(GB 5768—1999) 的有关规定。在设置地上交通标志时,应避免与生产设施发生矛盾
5-80		行车道标线	码头、库区应设置明显的行车道标志
5-81		分道线	停车场应有明确的分道线标志
5-82		车辆运行路线标线	码头、港区内应设定明显的车辆运行路线标识
5-83		人行线	码头、港区内应标划明显的人行线标志
5-84		引导标志	车辆通道应有明显的引导标志
5-85		停车位标志	停车场应有明确的停车位标志
5-86		车辆等候区标线	港区内车辆等候区应设置明显的车辆等候区标线
5-87	人员配戴标志	装卸作业指挥人员标志	装卸作业指挥人员佩戴的标志应明显,指挥信号应清晰、准确
5-88		夜间警示灯	(1)大中型码头前沿宜设置夜间指示灯; (2)液化天然气码头应设置夜间警示灯; (3)指示灯可采用固定式或移动式。固定式指示灯可设在护轮槛上
5-89		雾天指示灯	大中型码头前沿宜设置雾天指示灯,指示灯可采用固定式或移动式。固定式指示灯可设在护轮槛上
5-90		事故报警信号	在易发生事故和人员不易观察到的地方、场所和装置,应设置声、光或声光结合的事故报警信号
5-91		灯光疏散指示标志	消防泵房、消防控制室、变电所、变配电间、自备发电机房、消防值班室及屋内主要通道等处,应设置灯光疏散指示标志,其备用电源的连续供电时间不应少于 30min
5-92		装车台信号灯	铁路装、卸车台进车端应设有指示装、卸作业是否完成的信号灯,其开关宜设在栈台上
5-93		铁路信号	(1)铁路信号标志的设置、信号显示和使用方法,应参照铁道部《铁路技术管理规程》的有关规定执行; (2)进站、通过、遮断和防护信号不得小于 500 m; (3)出站、进路、预告、驼峰及翻车机信号机不得小于 400 m;如达不到上述规定时,可设置复示信号机; (4)调车、矮型出站、矮型进路、复示、容许、引导信号和各种表示器,均不得小于 200 m; (5)因地形、地物影响视线的地方、进站、通过、预告、遮断和防护信号机的显示距离,在最坏的条件下,不得小于 200 m; (6)白天因天气恶劣,影响瞭望,以致使调车手信号在显示距离内不能辨认时,应改用夜间手信号或者音响信号; (7)铁路信号、通信光电(缆)埋设铺设地点,铁路运输企业应按标准设置易于识别的警示保护标志

6. 个体防护设备设施目录

编号	安全设施名称		配置及技术要求
6-1	头部护具类	安全帽	石油化工码头前沿、石油化工品库区等存在头部可能造成冲击、刺穿、挤压等伤害危险场所内的作业人员应佩戴安全帽
6-2		工作帽	化验室等场所存在头部脏污、擦伤、长发被绞碾的作业人员应佩戴工作帽
6-3		防寒帽	寒冷地区冬季室外露天作业场所等存在头部或面部冻伤的作业人员应佩戴防寒帽
6-4	呼吸护具类	过滤式防毒面具	石油化工码头或石油化工品库区等存在窒息、中毒等危险作业场所的作业人员应配备过滤式防毒面具(使佩戴者呼吸器官与周围大气隔离,由肺部控制或借助机械力通过导气管引入清洁空气供人体呼吸)
6-5		自给式空气呼吸器	石油化工品储罐内部、船舱内部等存在对人体有害的毒气、烟雾及悬浮于空气中的有害污染物或缺氧的危险场所作业人员应佩戴自给式空气呼吸器或长管面具
6-6		长管面具	
6-7	眼(面)护具类	焊接眼面防护具	焊接作业场所等存在因有害弧光、熔融金属飞溅或粉尘等有害因素而易造成眼睛、面部(含颈部)伤害的作业人员应佩戴焊接眼面防护具
6-8		防冲击眼护具	维修车间等场所存在因铁屑、灰砂、碎石等物体飞溅易造成对眼部伤害的作业人员应佩戴防冲击眼护具
6-9		防放射性护目镜	从事石油化工品储罐罐壁探伤等危险作业的人员为了防御 X、Y 射线、电子流等电离辐射物质对眼部的伤害应佩戴防放射性护目镜
6-10		防强光、紫外线、红外线护目镜或面罩	夏季室外露天作业等场所内需要防止可见光、红外线、紫外线中的一种或几种对眼面造成伤害的作业人员应佩戴防强光、紫外线、红外线护目镜或面罩
6-11		防腐蚀液护目镜	需要防御酸、碱等有腐蚀性化学液体飞溅对人眼产生伤害的作业人员应佩戴防腐蚀液护目镜
6-12		太阳镜	室外露天作业场所等需要阻挡强烈的日光及紫外线、防止刺眼光线及眩目光线、提高视觉清晰度的作业人员应佩戴太阳镜
6-13		洗眼器	石油化工码头、库区等有可能发生作业人员化学性灼伤及经皮肤黏膜吸收引起急性中毒的工作地点应配置洗眼器,且应根据可能产生或存在的职业性危害因素及其危害特点设置,作业人员应用不间断的清洁水冲洗眼部,以免眼球等部位发生化学性灼伤
6-14	耳朵防护类	耳塞	设备维修车间等暴露在强噪声环境中的作业人员为了避免听力受到损伤应佩戴耳塞
6-15		耳罩	清管作业等暴露在强噪声环境中的工作人员为了保护听觉、避免噪声过度刺激及不适宜戴耳塞时应使用耳罩
6-16	手部防护类	防寒手套	寒冷地区冬季室外露天作业场所等需要防止手部冻伤的作业人员应佩戴防寒手套
6-17		防化学品手套	石油化工品库区等需要防御有毒物质伤害手部的作业人员应佩戴防化学品手套
6-18		防微生物手套	港口检疫场所等需要防御微生物伤害手部的作业人员应佩戴防微生物手套
6-19		防静电手套	需要防止静电积聚引起伤害的作业人员应佩戴防静电手套
6-20		焊接手套	设备维修车间等需要防御焊接作业火花、熔融金属、高温金属、高温辐射对手部造成伤害的作业人员应佩戴焊接手套

续上表

编号	安全设施名称		配置及技术要求
6-21	手部防护类	耐酸碱手套	酸碱储罐区等需要防御接触酸(碱)造成伤害的作业人员应佩戴耐酸碱手套
6-22		耐油手套	油泵房等场所需要防御保护手部皮肤以避免受油脂类物质刺激的作业人员应佩戴耐油手套
6-23		防机械伤害手套	设备检维修等作业人员为了保护手部免受磨损、切割、刺穿等机械伤害应佩戴防机械伤害手套
6-24		绝缘手套	变配电所等场所的作业人员为了确保手部与带电物体绝缘、免受电流伤害应佩戴绝缘手套
6-25	脚部防护类	防水胶靴	供排水管道维修、疏浚等作业人员为了达到防水、防滑和耐磨的要求应穿戴防水胶靴
6-26		防寒鞋	冬季寒冷地区室外露天作业等场所的作业人员为了确保鞋体结构与材料都具有防寒保暖作用应穿戴防寒鞋
6-27		隔热阻燃鞋	需要防御高温、熔融金属火花和明火等伤害的作业人员应穿戴隔热阻燃鞋
6-28		防静电鞋	在石油化工码头、库区等场所需要能及时消除人体静电积累的作业人员应穿戴防静电鞋
6-29		防化学品鞋(靴)	酸、碱泵房等场所需要保护脚或腿防止化学飞溅所带来伤害的作业人员应穿戴防化学品鞋(靴)
6-30		耐油鞋	污油池等场所需要防止油污污染的作业人员应穿戴耐油鞋
6-31		防滑鞋	需要防止滑倒以及用于登高或在油渍、钢板、冰上等湿滑地面上行走的作业人员应穿戴防滑鞋
6-32		绝缘鞋	变配电房等场所需要在电气设备上工作时防范触电伤害的作业人员应穿戴绝缘鞋
6-33		耐酸碱鞋	需要防范酸、碱对足部造成伤害的作业人员应穿戴耐酸碱鞋
6-34		焊接防护鞋	防御焊接作业的火花、熔融金属、高温金属、高温辐射对足部的伤害
6-35	防护服类	一般防护服	化验室等场所需要一般性防护的作业人员应穿戴一般防护服
6-36		防水服	雨季露天作业等场所需要防御水透过和漏入的作业人员应穿戴防水服
6-37		水上作业服	工作船水上作业场所等需要防止落水沉溺及便于救助的作业人员应穿戴水上作业服
6-38		防寒服	冬季室外作业场所等需要防御寒冷的作业人员应穿戴防寒服
6-39		化学品防护服	需要防御危险化学品飞溅、与人体接触易造成危害的作业人员应穿戴化学品防护服
6-40		阻燃防护服	明火、散发火花附近操作有辐射热和对流热、在有易燃物质并有着火危险场所的作业人员应穿戴阻燃防护服,以便一定时间内能阻止本身被点燃、有焰燃烧和阴燃
6-41		防静电服	石油化工码头及库区、便配电所等存在引发电击、火灾及爆炸危险场所的作业人员应穿戴防静电服,以便能及时消除本身静电积聚危害
6-42		焊接防护服	焊接作业等场所需要防御熔融金属飞溅及其热伤害的作业人员应穿戴焊接防护服

续上表

编号	安全设施名称		配置及技术要求
6-43	防护服类	镀反射膜类隔热服	石油化工品储罐火灾现场等场所需要防止高热物质接触或强烈热辐射伤害的人员应穿戴镀反射膜类隔热服
6-44		热防护服	需要防御高温、高热、高湿度的作业人员应穿戴热防护服
6-45		防酸(碱)服	需要防御酸(碱)危害的作业人员应穿戴防酸(碱)服
6-46		防油服	污油池清理作业现场等场所需要防御油污接触人体的作业人员应穿戴防油服
6-47		救生衣(圈)	码头前沿等需要防止落水沉溺及便于救助的作业人员应穿戴救生衣(圈)
6-48		带电作业屏蔽服	在 10kV ~ 500kV 电器设备上进行带电作业时需要防护人体免受高压电场及电磁波危害的作业人员应穿戴带电作业屏蔽服
6-49		绝缘服	带电作业时需要身体防护(防 7000V 以下高电压)的作业人员应穿戴绝缘服
6-50		防电弧服	便配电间等场所需要防御人体意外碰到电弧爆炸或火焰危害的作业人员应穿戴防电弧服,防电弧服应具备在人体意外碰到电弧爆炸或火焰的状况下可通过服装面料纤维会膨胀变厚、关闭布面的空隙、将人体与热隔绝并增加能源防护屏障,以将人体伤害程度减至最低
6-51		棉布工作服	维修车间等需要防御烧伤伤害的作业人员应穿戴棉布工作服
6-52	防坠落护具类	安全带	需要减小人体从高处坠落时产生的冲击力、防止坠落者与地面或其他障碍物碰撞、有效控制整个坠落距离的作业人员应佩戴安全带,主要用于高处作业、攀登及悬吊作业,保护对象为体重及负重之和最大 100kg 的使用者
6-53		安全网	码头前沿、船梯两侧等处需要防止人、物坠落或用来避免、减轻坠落物及物击伤害的场所应设置安全网
6-54	其他防护类	防晒霜、防晒露等劳动护肤剂	码头前沿等露天作业场所在高温季节需要有效阻隔紫外线照射等有害因素的作业人员应在皮肤上涂抹防晒霜、防晒露等劳动护肤剂
6-55		不断水的冲淋设施	可能发生化学性灼伤及经皮肤粘膜吸收引起急性中毒的工作场所应设置不断水的冲淋设施,以防范或减小危险化学品灼伤等意外伤害,且应根据可能产生或存在的职业性危害因素及其危害特点设置

参考文献

[1] 宗蓓华,真虹. 港口装卸工艺学[M]. 北京:人民交通出版社,2008.

[2] 真虹. 港口货运[M]. 北京:人民交通出版社,2008.

[3] 任树奎,刘铁民. 作业场所职业危害预防与管理[M]. 北京:中国劳动社会保障出版社,2005.

[4] 邢娟娟. 职业危害评价与控制[M]. 北京:航空工业出版社,2005.

[5] 张维森. 有机溶剂职业病危害防护实用指南[M]. 北京:化学工业出版社,2007.

[6] 杨乐华. 建设项目职业病危害因素识别[M]. 北京:化学工业出版社,2006.

[7] 刘铁民. 安全生产管理知识[M]. 北京:煤炭工业出版社,2005.

[8] 王显政. 安全评价[M]. 北京:煤炭工业出版社,2005.

[9] 交通运输部安全监督司. 港口码头企业安全生产标准化考评指南[M]. 北京:人民交通出版社,2012.